北京大学震旦古代文明研究中心学术丛书编辑委员会

主　任：李伯谦
副主任：王天有　　王邦维　　程郁缀　　郭之虞
　　　　徐天进　　赵化成
委　员：（以姓氏笔画为序）
　　　　王天有　　王邦维　　李伯谦　　严文明
　　　　宋豫秦　　赵化成　　赵　辉　　拱玉书
　　　　夏正楷　　徐天进（常务）　　高崇文
　　　　郭之虞　　程郁缀

北京大学震旦古代文明研究中心学术丛书之四十四

海岱地区商周考古与齐鲁文化研究

刘延常 著

上海古籍出版社

图书在版编目(CIP)数据

海岱地区商周考古与齐鲁文化研究／刘延常著. —
上海：上海古籍出版社，2022.11
（北京大学震旦古代文明研究中心学术丛书）
ISBN 978-7-5732-0368-7

Ⅰ.①海… Ⅱ.①刘… Ⅲ.①商周考古—研究—山东
②文化史—研究—山东 Ⅳ.①K871.34②K295.2

中国版本图书馆 CIP 数据核字（2022）第 118943 号

北京大学震旦古代文明研究中心学术丛书
海岱地区商周考古与齐鲁文化研究
刘延常　著

上海古籍出版社出版发行

（上海市闵行区号景路 159 弄 1—5 号 A 座 5F　邮政编码 201101）

(1) 网址：www.guji.com.cn
(2) E-mail：guji1@guji.com.cn
(3) 易文网网址：www.ewen.co

上海展强印刷有限公司印刷

开本 787×1092　1/16　印张 28.25　插页 2　字数 602,000
2022 年 11 月第 1 版　2022 年 11 月第 1 次印刷
ISBN 978-7-5732-0368-7
K·3212　定价：138.00 元
如有质量问题，请与承印公司联系
电话：021-66366565

Aurora Centre for the Study of Ancient Civilizations, Peking University

Publication Series, No.44

Research on Shang-Zhou Archaeology and Qilu Culture in the Haidai Region

Liu Yanchang

Shanghai Chinese Classics Publishing House

序

山东地处中国东方的黄淮下游,史前时期的文化自成体系,是中国史前文化多元一体中的重要一元。海岱地区是探索文明起源和早期国家形成的重要区域,东夷族团及其创造的东夷文化,为华夏文化的形成做出了重要贡献。商文化东渐及其与东夷文化的融合,周文化东渐及其与商文化、东夷文化的融合,诸多古族、古国以及周边古文化古国的交流,使得山东地区成为古代文化交流融合的最佳平台,形成了具有鲜明特点的齐鲁地域文化,为研究中华传统文化的形成发展做出了重要贡献。

山东地区商周考古工作起步早。二十世纪三四十年代就对临淄齐国故城、曲阜鲁国故城、青州苏埠屯商代墓地等进行过考古调查,据记载,元代、清代在山东地区就出土过周代齐国和鲁国青铜器,著录中亦常见齐、鲁、邾、莒等许多古国传世青铜器;新中国建立后随即对齐国故城、鲁国故城展开考古工作,二十世纪六七十年代中国社会科学院考古研究所、北京大学、山东大学、山东省博物馆等单位陆续在山东开展考古调查勘探与发掘工作,如济南大辛庄、青州苏埠屯商代遗址和墓葬的发掘,齐国故城、鲁国故城的勘探发掘,鲁中南地区遗址调查等项目,为田野考古、文物保护和专业队伍建设进行了积极探索。

山东地区商周考古取得诸多重要成果,文化谱系和系统研究均走在了全国前列。文献记载商王朝不断征伐东方、夷商交融,山东成为商王朝的大东,西周时期则以分封的齐国、鲁国而闻名,东周时期典籍记载更为丰富。考古工作的持续开展,证明了山东地区商周时期文化资源丰富,是夷人文化、商文化、周文化及其相互融合的重要地区。二十世纪八十年代以来,众多科研单位、高校对此十分重视并在山东地区开展考古工作,山东省文物考古研究所(院)、山东大学考古系是主力军,取得了系列重要成果,如大辛庄商代遗址、定陶十里铺北岳石文化与商文化遗址、齐国故城、鲁国故城、高青陈庄西周城址与贵族墓葬、济阳刘台子西周贵族墓葬、滕州薛国故城、邹城邾国故城、长清仙人台寺国贵族墓地、沂水刘家店子春秋大墓、枣庄东江小邾国贵族墓地、新泰市周家庄东周墓地、滕州市大韩东周贵族墓地等重要发现。北京大学在胶东半岛发掘珍珠门遗址并探索商代夷人文化遗存、发掘青州郝家庄遗址后提出岳石文化郝家庄类型、发掘菏泽安邱堌堆遗址后提出岳石文化安邱堌堆类型、发掘章丘邢亭山和乐盘遗址促进了商文化遗存研究,中国社会科学院考古研究所数次发掘滕州前掌大商代至西周早期墓地、发掘牟平照格庄岳石文化遗址,与山东省文物考古研究所(院)合作开展龙口归城遗址的调查勘探发掘和研究。其中,入选全国十大考古新发现的商周考古项目:商代有济南大辛庄遗址、滕州前掌大墓地、寿光双王城盐业遗址群,西周时期有高青陈庄西周城址与贵族墓葬,春秋时期有长清仙人台寺国贵族墓地、临淄后李春秋车马坑、沂水纪王崮春秋大墓,战国时期有临淄淄河店二号战国大墓。众多考古发现奠定了考古学研究良好基础,较早系统地建立起了山东地区商周时期考古学文化谱系——岳石文化、商文化、珍珠门文化、齐文化、鲁文化、莒文化等,诸多古族、古国得以发现与确立,文化交流融合现象解读更加清晰。

我一直关注山东地区商周考古成果、支持考古研究工作,经常到山东现场考察重要考古发现,与山东的同仁保持密切友好交流交往,也为山东商周考古的持续进展由衷地感到高兴。近些年,我多次到山东参加刘延常同志组织或主持的考古研究活动,如曲阜鲁国故城、滕州大韩东周贵族墓地发掘,在新泰、莒县、曲阜、临淄、济南、滕州等地方举办的商周时期考古学文化学术研讨会与座谈会等,在全国商周考古座谈会和学术研讨会上,也经常听到刘延常同志发言介绍情况。通过以上各类活动,加深了我对山东地区商周考古的了解,对其活跃的研究氛围印象深刻,也促使着我不断思考和研究。

《海岱地区商周考古与齐鲁文化研究》收录了刘延常同志于1998年至2021年间发表的28篇文章,内容分为商周考古研究、齐鲁文化研究、东夷文化研究和青铜器研究四个单元。"商周考古研究"单元,内容侧重于考古发现及其认识,主要包括山东地区商周考古学文化谱系研究、商周考古发现研究史、商代考古研究、新泰市周家庄东周墓地和滕州市大韩东周墓地的收获与认识。"齐鲁文化研究"单元,内容侧重于山东地区周代考古学文化内涵研究,包括齐鲁文化谱系研究、发现与研究史梳理,齐文化、鲁文化、莒文化研究,山东地区吴文化、越文化、楚文化、燕文化等周边古文化遗存研究,相关古国文化遗存研究。"东夷文化研究"单元,内容包含了传说时代、夏代、商代和周代东夷文化,包括五莲县丹土遗址大汶口文化和龙山文化遗存、岳石文化王推官类型、晚商至西周早中期珍珠门文化研究,还讨论了东夷文化与日本考古学文化的关系。"青铜器研究"单元,包括对山东地区出土古代青铜器的整体梳理研究、西周晚期至春秋早期东土青铜器群的研究、山东地区周代青铜殳的研究。

通过研读《海岱地区商周考古与齐鲁文化研究》,我认为有以下几个特点比较突出:

1. 绝大多数文章是作者主持考古项目的研究成果,或是从中找出研究题目扩展而成。体现出了考古学科特点,即重视田野考古和从实际材料出发,这是学术研究的基础。

2. 所选文章均为山东地区商周考古研究的重要内容,填补了诸多研究空白、解决了相关学术问题。体现出了作者考古研究工作的学术意识和问题导向,"学思践悟"终有所得。

3. 从文章内容和文集体例选排看,包括了考古资料的初步分析到文化谱系研究,再到区域文化及其交流融合研究,从而以考古学视野研究古代社会与传统文化。体现出了作者学术研究的系统性,为构建山东商周考古学科体系、学术体系和话语体系所做出的努力探索。

4. 作者既是学习考古、从事考古的专业研究人员,又较早地长期做管理工作,研究文章多是利用节假日、晚上时间加班加点完成的,体现出了个人努力拼搏与执着追求的学术精神,彰显出了新时代考古工作者的使命感和责任感。

目前,山东地区商周考古研究已经取得阶段性成果,展示出了其丰富文化内涵和区域特点,奠定了良好的工作与研究基础。在此我提出三点建议:一是要加强商周时期山东地区与中原地区、淮海地区、环渤海地区及东北亚地区的文化关系研究;二是从实际问题出发规划考古工作与课题研究,如加大对齐国、鲁国早期都城和相关诸侯国都城的考古工作力度,积极开展和细化对胶东半岛、鲁东南地区、鲁中南地区商周考古学文化谱系与聚落考古研究;三是发挥山东地区商周考古研究优势,加大阐释与宣传力度,为中华传统文化的挖掘、研究、弘扬、传承做出更多贡献。

当前,考古学科理论研究持续创新、科技手段应用不断加强、学科交叉日益融合、国际交流与跨界合作深入拓展、公众考古深入民心,中国考古学真正进入了黄金时代。考古学在保护文化遗产、挖掘阐释价值和让文物活起来等方面,彰显出了学科优势;考古工作者在满足人民群众日益增长的文化需求、服务经济社会发展大局、提供文化智慧和提升文化自信等方面,能够扛起行业使命和时代责任。

让我们共同接续奋斗,一起向未来。期待山东商周考古、东夷文化、齐鲁文化研究取得更多新成就。

李伯谦

目　录

序 ····································· 李伯谦　1

商周考古研究

山东地区商周时期考古学文化格局与演变 ································· 3
20世纪山东商代考古的发现与研究 ······································ 22
鲁东南地区商代文化遗存调查与研究 ···································· 46
从鲁东南地区商文化遗存的发现谈商人东征 ······························ 85
近年来山东地区周代考古的新进展 ······································ 95
新泰市周家庄东周墓葬相关问题研究 ··································· 104
山东滕州市大韩东周墓地发掘收获与认识 ······························· 115

齐鲁文化研究

齐鲁文化的考古发现与研究 ··· 133
齐鲁文化的考古学解读 ··· 162
考古学视野下的齐文化发展与融合 ····································· 184
曲阜鲁国故城、鲁文化与传统文化 ····································· 195
莒文化探析 ··· 207
莒文化解读——一种文化发展模式的思考 ······························· 223
山东地区吴文化遗存分析 ··· 239
山东地区越文化遗存分析 ··· 250
山东地区楚文化因素分析 ··· 260
山东地区燕文化遗存分析 ··· 269
山东地区西周封国的考古发现与研究 ··································· 280
山东地区周代古国文化遗存研究 ······································· 305

东夷文化研究

山东五莲县丹土遗址大汶口、龙山文化遗存分析 ························· 325

试论岳石文化王推官类型及其相关问题……………………………… 336
珍珠门文化初探………………………………………………………… 347
西岳庄大墓：解读一段东夷小国的历史……………………………… 363
试论东夷文化和日本考古学文化的关系……………………………… 369

青铜器研究

山东地区古代青铜器发现与研究……………………………………… 381
山东地区先秦时期青铜器的发现与研究……………………………… 392
西周晚期至春秋早期山东地区东土青铜器群的转变与传承………… 406
山东地区青铜殳研究…………………………………………………… 424

后记……………………………………………………………………… 437

商周考古研究

山东地区商周时期考古学文化格局与演变

20世纪山东商代考古的发现与研究

鲁东南地区商代文化遗存调查与研究

从鲁东南地区商文化遗存的发现谈商人东征

近年来山东地区周代考古的新进展

新泰市周家庄东周墓葬相关问题研究

山东滕州市大韩东周墓地发掘收获与认识

山东地区商周时期考古学文化格局与演变

山东地区古称海岱,地处黄淮下游,东临渤海与黄海,中部为隆起的泰沂山脉、鲁中和鲁中南山地,河流向四周辐射,形成了相对独立的地理单元。良好的环境和区位优势,成就了完整的持续发展的史前文化谱系——旧石器、细石器、新石器时代文化(后李文化、北辛文化、大汶口文化、龙山文化),是中华传统文化形成过程中多元一体的重要组成部分,其中以大汶口、龙山文化为代表的东夷族团创造了辉煌灿烂的文明,奠定了山东地区传统文化的根基,并为中华文明的形成做出了重要贡献。

商周时期是中华文明发展的青铜时代,历史进入王国时期。随着商、周王朝的更替,商文化、周文化渐次东进,开始了中原地区商文化与东夷文化的融合、周文化与商文化的融合、周文化与东夷文化的融合,逐渐形成了新的地域文化——齐鲁文化。解读商周时期考古学的格局与演进,对研究中国古代文化交流、民族融合和中华传统文化的形成等具有重要意义,以考古学视野研究山东地区商周时期考古学文化是很好的案例。

一、商代山东地区考古学文化格局

1. 商文化东渐

商文化的时空分布与聚落特点反映了商文化替代式的东渐,体现了商王朝的东扩战略,使山东地区逐渐成为商王朝的东方。商文化是文化融合的主体因素。山东地区二里岗上层时期——中商早期商文化遗存的发现,证明其与岳石文化并行,同时又有夷商文化融合因素,如大辛庄遗址第二类遗存、[1]城子崖遗址二里岗上层时期岳石文化墓葬、[2]桓台史家遗址祭祀坑[3]等。

早商时期:基本沿着两条线路推进。菏泽与济宁(陶器为代表的文化面貌)为

---

[1] 山东大学东方考古研究中心:《大辛庄遗址1984年秋试掘报告》,《东方考古(第4集)》,科学出版社,2008年。
[2] 山东省文物考古研究院发掘材料。
[3] 淄博市文物局、淄博市博物馆、桓台县文物管理所:《山东桓台县史家遗址岳石文化木构架祭祀器物坑的发掘》,《考古》1997年第11期。

商文化区;东扩北路线沿济水推进,主要据点有长清前平、①大辛庄②,波及影响区至章丘城子崖;东扩南路线向鲁中南地区推进,主要据点有大康留、③前掌大④等(图一)。

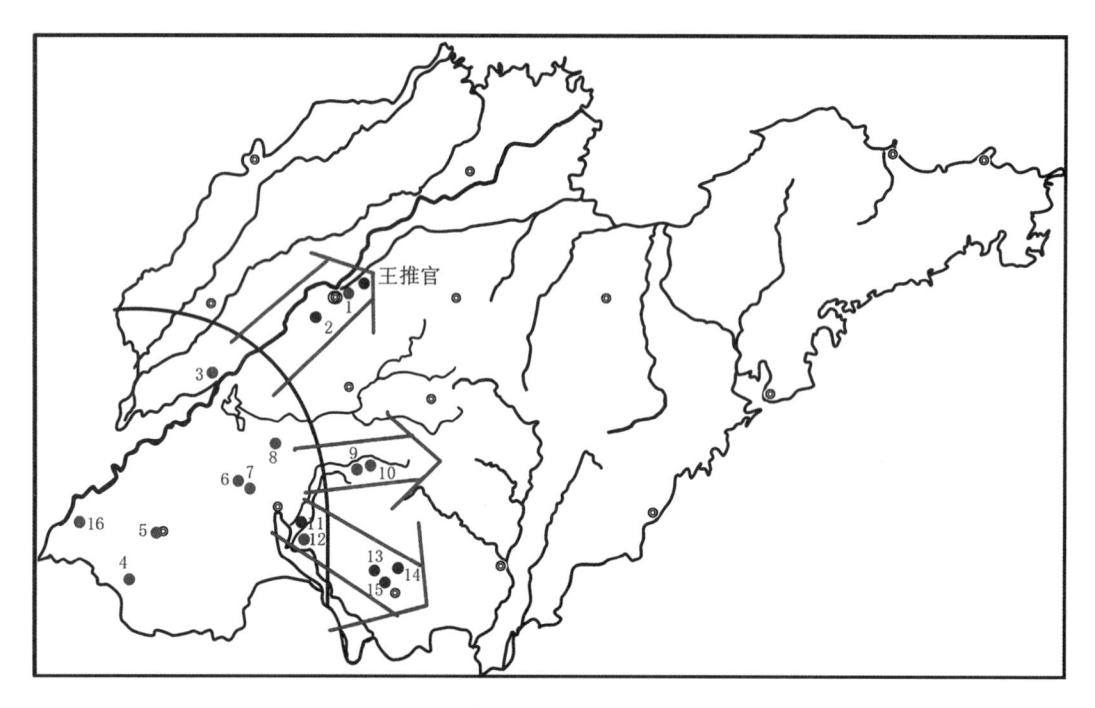

图一 早商时期商文化东渐示意图

1. 济南大辛庄 2. 长清归德南平村 3. 茌平南陈 4. 曹县莘冢集 5. 菏泽安邱堌堆 6. 济宁潘庙 7. 济宁凤凰台 8. 兖州梓椇树 9. 泗水尹家城 10. 泗水天齐庙 11. 邹城北宿镇西丁 12. 邹城西朝阳村 13. 滕州官桥镇大康留村 14. 滕州官桥镇轩辕庄 15. 滕州官桥镇吕楼村 16. 东明窦堌堆

中商时期:商王朝加大了东扩力度。统治区北部扩展至鲁北淄河以西地区,主要据点有桓台史家、⑤青州肖家等,向东波及至莱西;统治区南部至鲁南枣滕地区,向东路线据点扩至莒南县虎园水库⑥(图二)。

晚商早段:殷墟一、二期继续东扩,基本控制了局势并稳定了范围。统治区北部在鲁北至潍河以西,向东波及胶东半岛;南部在鲁东南至沂河西岸(图三、图四)。

---

① 韩明祥:《山东长清、桓台发现商代青铜器》,《文物》1982年第1期。
② 山东大学东方考古研究中心、山东省文物考古研究所、济南市考古研究所:《济南市大辛庄商代居址与墓葬》,《考古》2004年第7期;山东大学历史文化学院考古系、山东省文物考古研究所:《济南大辛庄遗址139号商代墓葬》,《考古》2010年第10期;山东大学考古学与博物馆学系、山东省文物考古研究院、济南市考古研究所:《济南市大辛庄遗址商代墓葬2010年发掘简报》,《考古》2020年第3期。
③ 万树瀛:《山东滕州市薛河下游出土的商代青铜器》,《考古》1996年第5期。
④ 中国社会科学院考古研究所编著:《滕州前掌大墓地(上、下)》,文物出版社,2005年。
⑤ 李日桂:《山东桓台发现"祖戊"爵觚》,《考古与文物》1998年第4期。
⑥ 刘延常、赵国靖、刘桂峰:《鲁东南地区商代文化遗存调查与研究》,《东方考古(第11集)》,科学出版社,2014年。

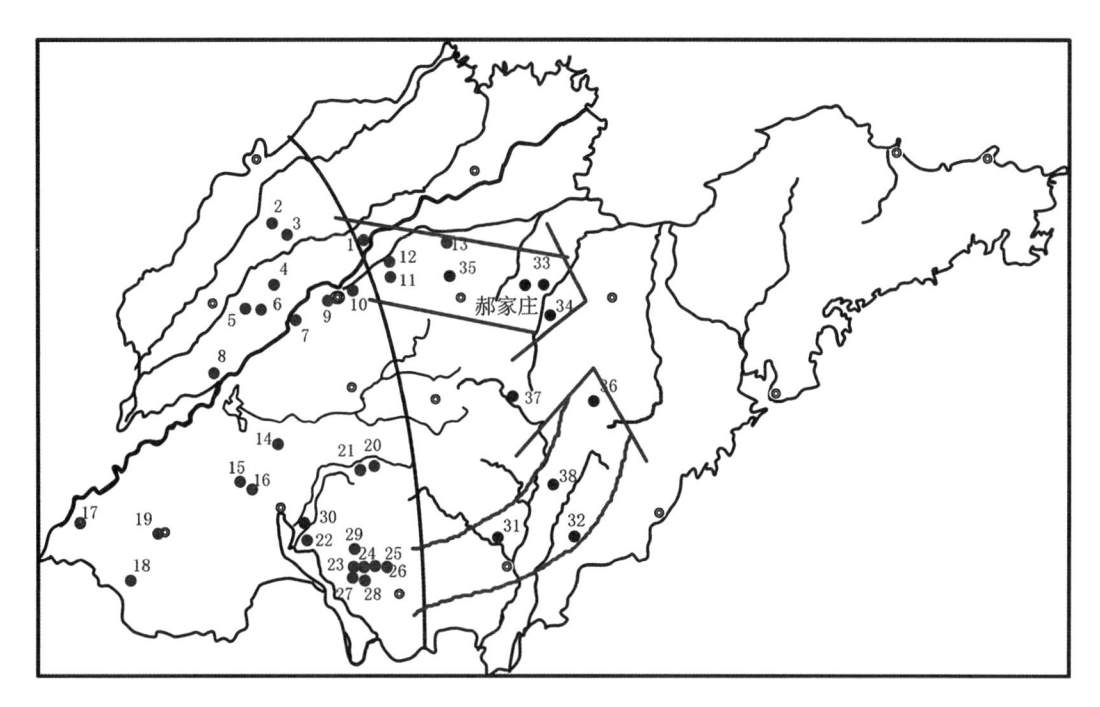

图二　中商时期商文化东渐示意图

1. 济阳邝冢　2. 禹城蒋芦　3. 禹城周尹　4. 齐河尹屯　5. 茌平李孝堂　6. 齐河曹庙　7. 长清前平　8. 茌平南陈　9. 济南旧军门巷　10. 济南大辛庄　11. 章丘盘子崖　12. 章丘马彭北　13. 邹平丁公　14. 兖州梓椁树　15. 济宁潘庙　16. 济宁凤凰台　17. 东明窦堌堆　18. 曹县莘冢集　19. 菏泽安邱堌堆　20. 泗水天齐庙　21. 泗水尹家城　22. 邹城西朝阳村　23. 滕州轩辕庄　24. 滕州大康留　25. 滕州北辛　26. 滕州西薛河　27. 滕州吕楼　28. 滕州前掌大　29. 滕州后荆沟　30. 邹城北宿镇西丁　31. 费县墩头　32. 莒县虎园水库　33. 青州谭坊肖家庄　34. 寿光孙家集街道南王村　35. 桓台史家　36. 沂水西黄庄　37. 沂源东安故城　38. 莒县前石窟

晚商晚段：商王朝加强了在东部地区的统治，如济南刘家庄、[1]大辛庄，寿光益都侯城、[2]兰陵县密家岭[3]等出土殷墟三期青铜器。殷墟四期进行了大规模的征伐，几处高规格青铜器地点，如长清小屯、[4]济南大辛庄、青州苏埠屯、[5]滕州前掌大、兰陵东高尧、[6]平邑洼子地、[7]费县朱田、[8]沂源东安故城[9]等，应与帝乙帝辛征人方有关（图五、图六）。

---

[1] 李晓峰、杨冬梅：《济南刘家庄商代青铜器》，《东南文化》2001年第3期；济南市考古研究所：《济南市刘家庄遗址商代墓葬M121、M122发掘简报》，《中国国家博物馆馆刊》2016年第7期；济南市考古研究所：《济南市刘家庄遗址商代墓葬发掘报告》，《海岱考古（第十一辑）》，科学出版社，2018年。
[2] 贾效孔：《山东寿光县新发现一批纪国铜器》，《文物》1985年第3期。
[3] 刘延常、赵国靖、刘桂峰：《鲁东南地区商代文化遗存调查与研究》，《东方考古（第11集）》，科学出版社，2014年。
[4] 山东省博物馆：《山东长清出土的青铜器》，《文物》1964年第4期。
[5] 山东省文物考古研究所、青州市博物馆：《青州市苏埠屯商代墓地发掘报告》，《海岱考古（第一辑）》，山东大学出版社，1989年。
[6] 临沂文物收集组：《山东苍山县出土青铜器》，《文物》1965年第7期。
[7] 平邑县文史资料委员会、平邑县文化体育局：《平邑县政协文史资料第5辑·平邑文物》，中国文化出版社，2006年。
[8] 程长新、曲得龙、姜东方：《北京拣选一组二十八件商代带铭铜器》，《文物》1982年第9期。
[9] 沂源县文物管理所编著：《沂源东安古城》，文物出版社，2016年。

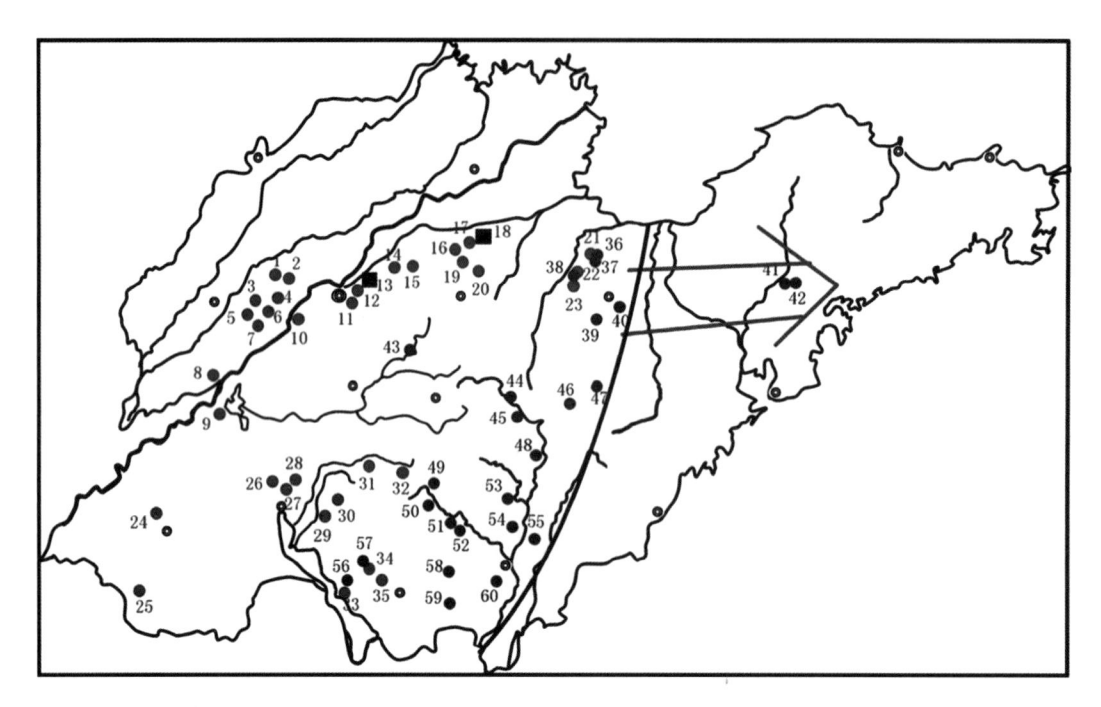

图三　殷墟一期商文化东渐示意图

1. 齐河曹庙　2. 齐河郝庄　3. 茌平台子高　4. 茌平南陈　5. 茌平东一甲　6. 茌平腰庄　7. 茌平西路庄　8. 阳谷黑堌堆　9. 梁山青堌堆　10. 长清小屯　11. 济南刘家庄　12. 济南洪家楼　13. 济南大辛庄　14. 济南裴家庄　15. 章丘乐盘　16. 邹平大河崖　17. 邹平丁公　18. 桓台史家　19. 邹平史营　20. 淄博南家　21. 寿光丁家殿子　22. 寿光钓鱼台　23. 昌乐冯家　24. 菏泽安邱堌堆　25. 曹县莘冢集　26. 济宁潘庙　27. 济宁凤凰台　28. 济宁南赵庄　29. 邹城西丁　30. 邹城化肥厂　31. 泗水尹家城　32. 泗水天齐庙　33. 微山鲍楼　34. 滕州前掌大　35. 滕州后黄庄　36. 寿光圣城街道桑家庄　37. 寿光圣城街道南津　38. 寿光孙家集街道南王村　39. 寒亭沟西公社响火子村　40. 寒亭马司公社鞠家庄　41. 莱西沽河办前我乐村东　42. 莱西院上镇山后村　43. 莱芜羊里镇城子县村　44. 沂源东安故城　45. 沂水群子峪　46. 沂水五山　47. 沂水姑子顶　48. 沂水大匡庄　49. 平邑杨谢南墩　50. 平邑李家　51. 费县曹车　52. 费县崮子村　53. 沂南南匣石　54. 临沂市兰山区呼家墩　55. 临沂市河东区上郑庄村东　56. 滕州级索镇龙堌堆　57. 滕州薛国故城　58. 兰陵晒米城　59. 兰陵刘家堡　60. 兰陵东高尧

2. 早商、中商时期的夷人文化——岳石文化

岳石文化早期分布范围最广,文化特征一致,继承了山东龙山文化传统,随着时间的推移,呈现出区域发展的不同特点,晚期已经进入早商和中商时期。岳石文化从早到晚区域文化互动与变化较大,体现出了有消、有长的总体变化态势。除了各自文化传统发展与内部互动外,主要原因是与二里头文化、下七垣文化(先商文化)之间的相互影响与融合。鲁北地区郝家庄类型中晚期岳石文化遗存中先商文化因素较多,如较多绳纹深腹罐、鼓腹盆及个别鬲等。近几年定陶十里铺北、[①]乐陵尹家、[②]济南彭家庄、[③]章丘城子崖等遗址岳石文化遗存的新发现,为深入研究岳石文化和夷夏、夷商关系提供了新资料、

[①] 高明奎：《山东定陶十里铺北遗址》,《大众考古》2016年第4期。
[②] 山东省文物考古研究院：《乐陵尹家遗址发掘报告》,《海岱考古(第十辑)》,科学出版社,2017年。
[③] 山东省文物考古研究院等：《济南彭家庄遗址2008年发掘报告》,山东省文物考古研究院编著：《京沪高速铁路山东段考古报告集》,文物出版社,2017年。

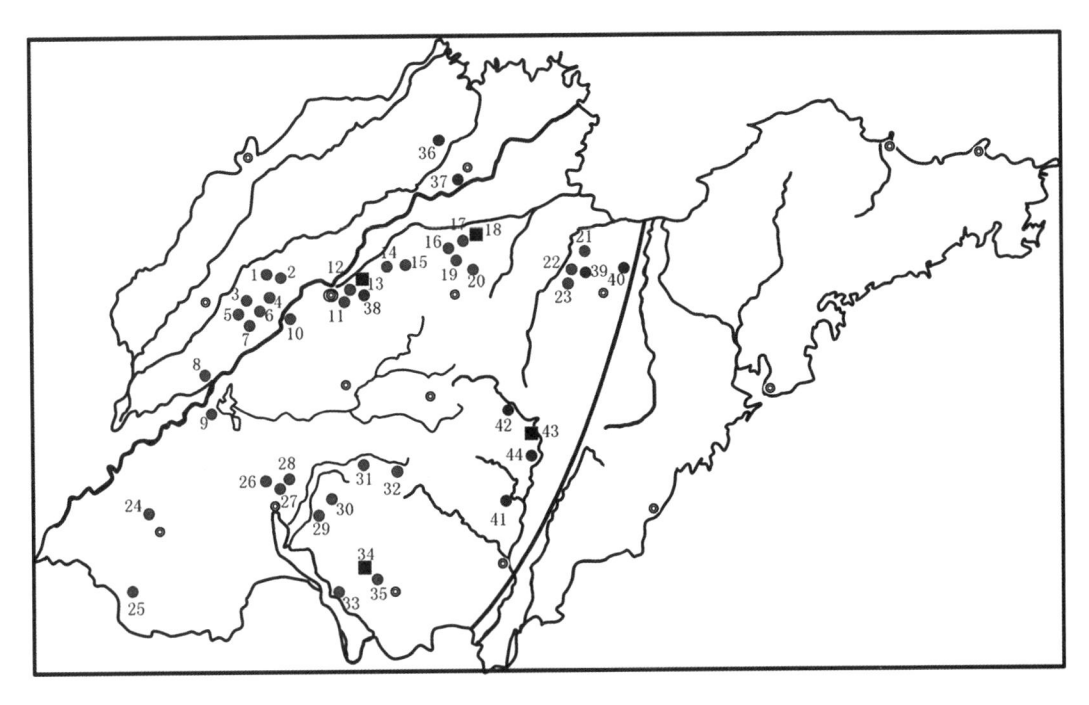

图四 殷墟二期商文化东渐示意图

1. 齐河曹庙 2. 齐河郝庄 3. 茌平台子高 4. 茌平南陈 5. 茌平东一甲 6. 茌平腰庄 7. 茌平西路庄 8. 阳谷黑堌堆 9. 梁山青堌堆 10. 长清小屯 11. 济南刘家庄 12. 济南洪家楼 13. 济南大辛庄 14. 济南裴家庄 15. 章丘乐盘 16. 邹平大河崖 17. 邹平丁公 18. 桓台史家 19. 邹平史营 20. 淄博南家 21. 寿光丁家殿子 22. 寿光钓鱼台 23. 昌乐宁家 24. 菏泽安邱堌堆 25. 曹县莘冢集 26. 济宁潘庙 27. 济宁凤凰台 28. 济宁南赵庄 29. 邹城西丁 30. 邹城化肥厂 31. 泗水尹家城 32. 泗水天齐庙 33. 微山鲍楼 34. 滕州前掌大 35. 滕县后黄庄 36. 惠民大郭村 37. 滨州滨城区兰家 38. 章丘明水北涧西村 39. 寿光文家街道文家村 40. 昌邑北孟镇山西村 41. 沂南南匣石 42. 沂水群子峪 43. 沂水信家庄 44. 沂水大匡庄

新思路。

3. 晚商时期的夷人文化——珍珠门文化[①]

山东地区在商代不同时期分布着岳石文化、商文化和珍珠门文化,其文化特征不同,时空关系交叉,反映了商进夷退的基本格局(图七)。珍珠门文化主要分布在鲁北地区东部、胶东半岛,年代自殷墟二期至西周早期,文化特征主要是以夹砂素面褐陶为代表。

二、夷人文化东退和夷商文化融合

1. 夷商文化的对峙与融合

早、中商时期的文化替代:商文化东进,岳石文化东退。文化融合:体现在大辛庄第

---

① 刘延常:《珍珠门文化初探》,《华夏考古》2001年第4期。

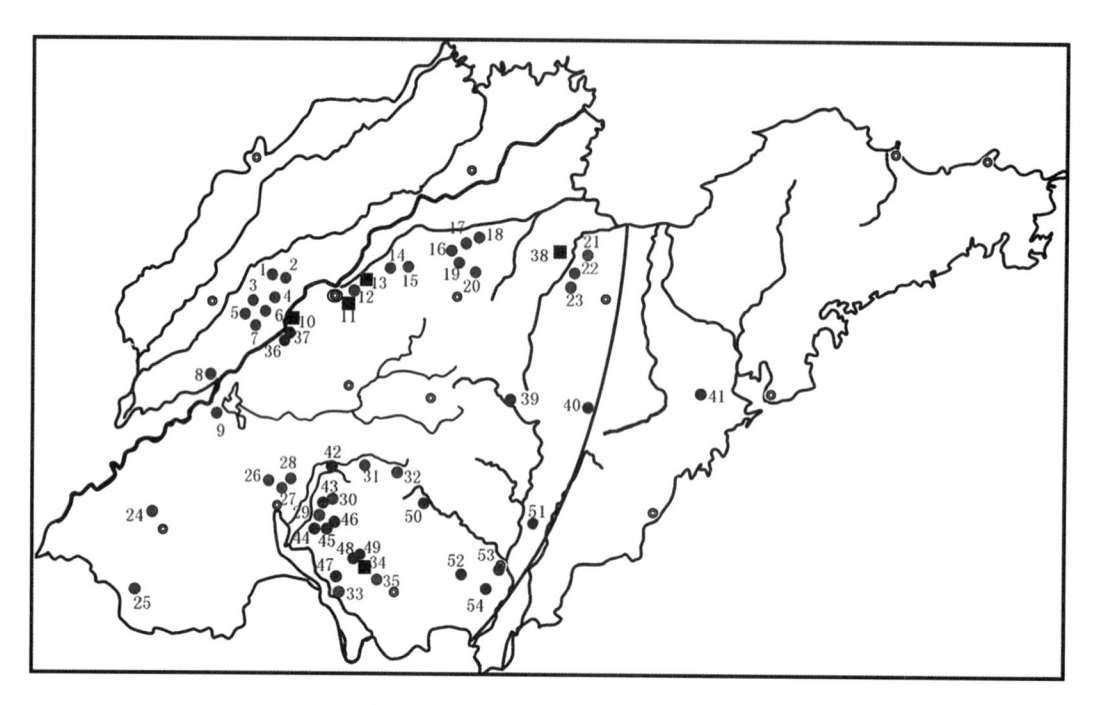

图五 殷墟三期商文化东渐示意图

1. 齐河曹庙 2. 齐河郝庄 3. 茌平台子高 4. 茌平南陈 5. 茌平东一甲 6. 茌平腰庄 7. 茌平西路庄 8. 阳谷黑堌堆 9. 梁山青堌堆 10. 长清小屯 11. 济南刘家庄 12. 济南洪家楼 13. 济南大辛庄 14. 济南裴家庄 15. 章丘乐盘 16. 邹平大河崖 17. 邹平丁公 18. 桓台史家 19. 邹平史营 20. 淄博南家 21. 寿光丁家殿子 22. 寿光钓鱼台 23. 昌乐宁家 24. 菏泽安邱堌堆 25. 曹县宰冢集 26. 济宁潘庙 27. 济宁凤凰台 28. 济宁南赵庄 29. 邹城西丁 30. 邹城化肥厂 31. 泗水尹家城 32. 泗水天齐庙 33. 微山鲍楼 34. 滕州前掌大 35. 滕县后黄庄 36. 平阴安城镇让庄园 37. 平阴洪范池镇臧庄 38. 寿光古城街道益都侯城 39. 沂源东安故城 40. 沂水信家庄 41. 胶州市西皇姑庵 42. 泗水高峪镇寺台 43. 邹城千泉街道小西苇村 44. 邹城千泉街道原南关 45. 邹城石墙镇石墙村 46. 邹城北宿镇西丁 47. 滕州级索十一中学 48. 滕州官桥镇前莱村 49. 枣庄薛城区兴仁乡东托村 50. 平邑铜石西南 51. 莒南墩后 52. 费县轴沟 53. 临沂革委会大院 54. 临沂市罗庄区西店子

二类文化遗存,[1]菏泽市定陶县十里铺北遗址岳石文化灰坑出土先商文化陶鬲,[2]章丘市城子崖岳石文化墓葬出土商文化陶豆[3]等。

晚商时期的文化替代:体现在商文化东进与珍珠门文化对峙,[4]鲁中南、鲁南地区商文化替代当地土著文化。文化融合:体现在商代末期夷商文化因素共存,例如鲁北地区的淄河、弥河流域,临淄后李遗址墓葬[5]等;地方文化的形成,在济南地区、淄博地区、潍坊

---

[1] 山东大学东方考古研究中心:《大辛庄遗址1984年试掘报告》;徐基、陈淑卿:《论岳石文化的终结——兼谈大辛庄商文化第二类遗存的性质》,均见于山东大学东方考古研究中心编:《东方考古(第4集)》,科学出版社,2008年。
[2] 高明奎:《山东定陶十里铺北遗址》,《大众考古》2016年第4期。
[3] 山东省文物考古研究院、北京大学考古文博学院:《济南市章丘区城子崖遗址2013-2015年发掘简报》,《考古》2019年第4期。
[4] 刘延常:《珍珠门文化初探》,《华夏考古》2001年第4期。
[5] 济青公路文物考古队:《山东临淄后李遗址第一、二次发掘简报》,《考古》1992年第11期;济青公路文物考古队:《山东临淄后李遗址第三、四次发掘简报》,《考古》1994年第2期。

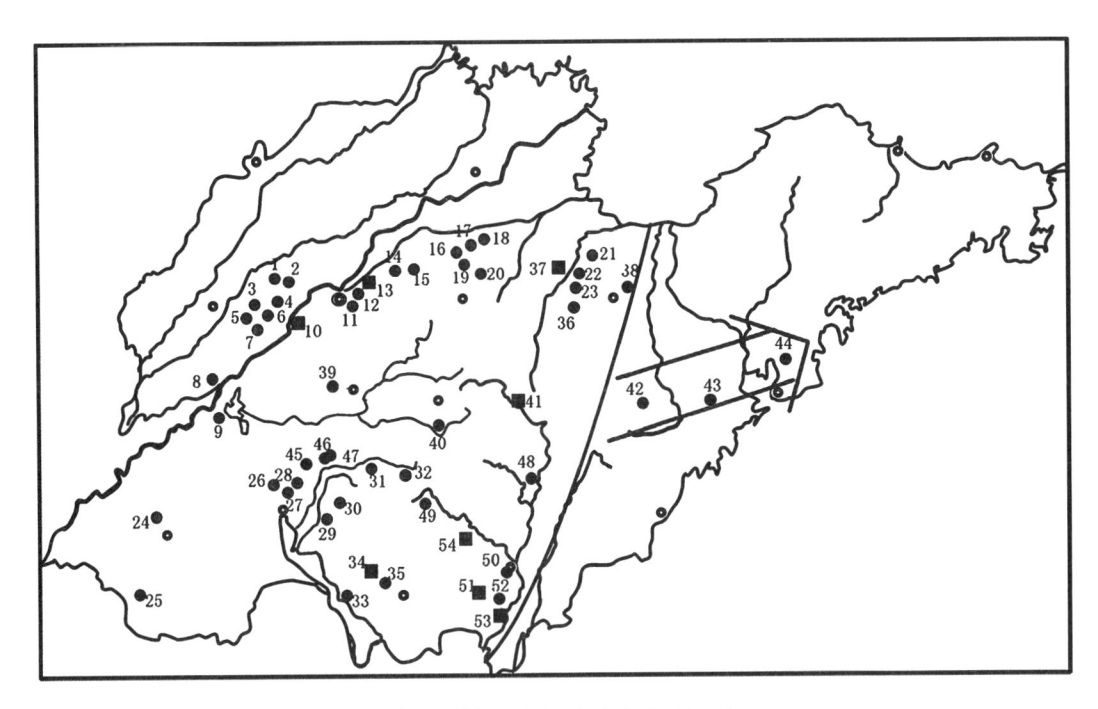

图六 殷墟四期商文化东渐示意图

1. 齐河曹庙 2. 齐河郝庄 3. 茌平台子高 4. 茌平南陈 5. 茌平东一甲 6. 茌平腰庄 7. 茌平西路庄 8. 阳谷黑堌堆 9. 梁山青堌堆 10. 长清小屯 11. 济南刘家庄 12. 济南洪家楼 13. 济南大辛庄 14. 济南裴家庄 15. 章丘乐盘 16. 邹平大河崖 17. 邹平丁公 18. 桓台史家 19. 邹平史营 20. 淄博南家 21. 寿光丁家殿子 22. 寿光钓鱼台 23. 昌乐宁家 24. 菏泽安邱堌堆 25. 曹县莘冢集 26. 济宁潘庙 27. 济宁凤凰台 28. 济宁南赵庄 29. 邹城西丁 30. 邹城化肥厂 31. 泗水尹家城 32. 泗水天齐庙 33. 微山鲍楼 34. 滕州前掌大 35. 滕县后黄庄 36. 青州谭坊于家庄北岭 37. 青州苏埠屯 38. 寒亭治浑街于家候孟 39. 泰安市龙门口水库 40. 新泰市府前街市政府宿舍 41. 沂源东安故城 42. 诸城石桥子齐家近戈庄村 43. 青岛城阳夏庄街道 44. 胶州西皇姑庵 45. 兖州李宫 46. 宁阳葛石镇河洼村 47. 宁阳东疏乡滩头村 48. 沂南南寨 49. 平邑铜石西南 50. 临沂革委会大院 51. 兰陵神山密家岭 52. 兰陵晒米城 53. 兰陵东高尧 54. 费县朱田镇

地区比较明显,亦夷亦商;夷商文化的插花式分布,例如鲁东南地区;夷人文化的反弹,如济南唐冶遗址。[①]

2. 夷商关系的认识

岳石文化与先商文化的密切关系反映了夷商联盟,商文化东进、夷人文化东退反映了夷商对峙、商王朝东征东扩。

商王朝东扩、商文化东渐的路线比较清晰,不同时间体现出不同的重点与方式。苏北地区、鲁中南、鲁南地区、鲁北南部地区均被商王朝占领,为典型商文化区域;胶东半岛则是岳石文化、珍珠门文化的东夷文化分布区;鲁东南地区商代夷人文化——岳石文化、珍珠门文化遗存较少,商文化在这一区域推进到沂河西岸,商王朝对鲁东南地区东夷进行了持续而彻底的征伐。文献(包括甲骨文、金文、竹简等)记载仲丁征兰夷、征人方、"纣克东夷而陨其身"、东夷或服或叛、"殷移民"、方国与族属等历史,基本得到了考古资料的证明。

---

① 济南市考古研究所:《济南市唐冶遗址考古发掘报告》,《海岱考古(第六辑)》,科学出版社,2013年。

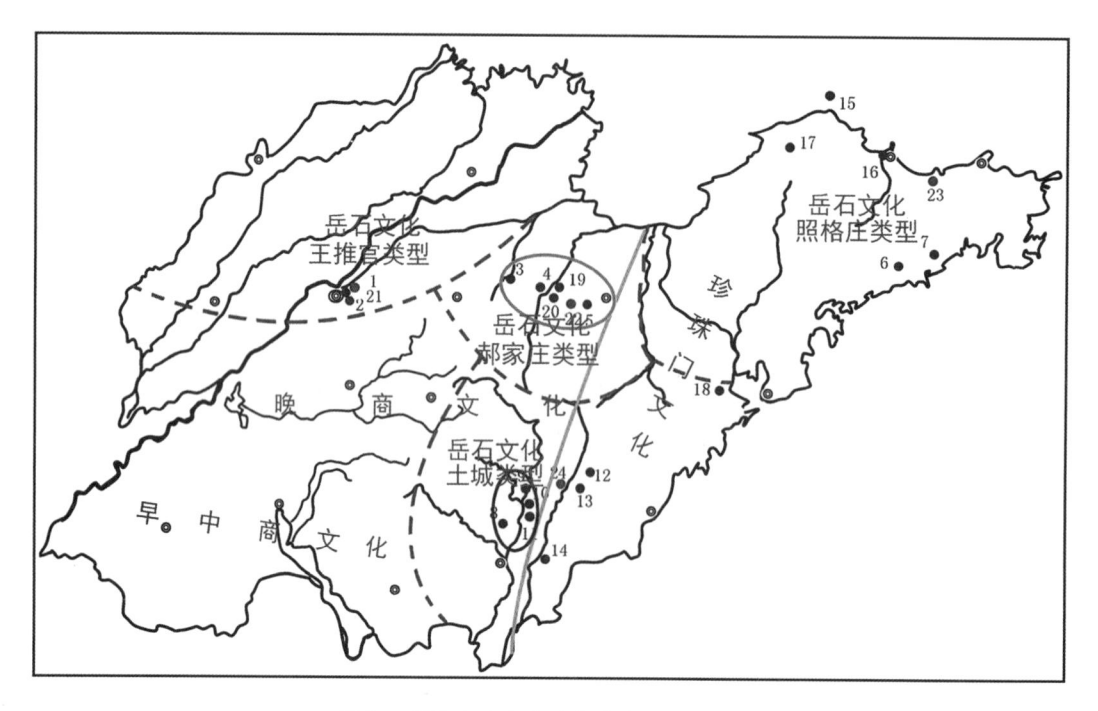

图七　商代夷人文化遗存分布格局示意图

1. 济南大辛庄　2. 济南唐冶　3. 淄博临淄后李　4. 青州赵铺　5. 昌乐后于刘　6. 乳山市寨山　7. 乳山市南黄庄　8. 沂南高家坊庄　9. 沂南埠子　10. 沂南孙家黄疃　11. 沂南榆林　12. 莒县西苑　13. 莒县石龙口　14. 莒南王油坊庄　15. 长岛珍珠门　16. 烟台芝水　17. 黄县归城　18. 胶州西菴　19. 寿光达字刘　20. 寿光呙宋台　21. 章丘王推官　22. 青州郝家庄　23. 牟平照格庄　24. 莒县塘子

　　珍珠门文化的存在体现了不同地区夷商文化融合程度与方式的差异。土著文化、地方商文化成为日后周代东夷文化复苏、传承的重要渊源，是齐鲁文化丰富内容的重要来源。

　　商文化东渐与夷商文化的融合，是东夷文化与中原文化进一步融合的重要阶段，奠定了齐鲁文化形成的丰厚基础。对深入研究岳石文化及其与先商文化、商代地方文化的形成具有重要意义。对研究齐、鲁格局，山东地区周代格局，以及与淮夷文化的关系等具有重要意义。

三、青铜器的发现反映出西周早期周王室对东土的控制

1. 青铜器的发现

　　胶东半岛出土启尊、启卣[1]和芮公簋，[2]龙口归城及其周边、招远等地出土早期青铜

---

[1]　齐文涛：《概述近年来山东出土的商周青铜器》，《文物》1972年第5期。
[2]　王锡平、唐禄庭：《山东黄县庄头西周墓清理简报》，《文物》1986年第8期。

器,①胶州西菴出土早期青铜器,②齐故城河崖头出土几件西周早期青铜器,③高青县陈庄出土早期青铜器,④寿光、寒亭、淄博、桓台等地出土早期青铜器,⑤济阳刘台子"夆"组青铜器,⑥滕州庄里西出土滕侯青铜器,⑦滕州前掌大出土青铜器,新泰、⑧泰安、邹城、⑨兖州、⑩济宁⑪等地出土早期青铜器(图八)。传世青铜器有西周早期鲁侯器、莒小子簋等。

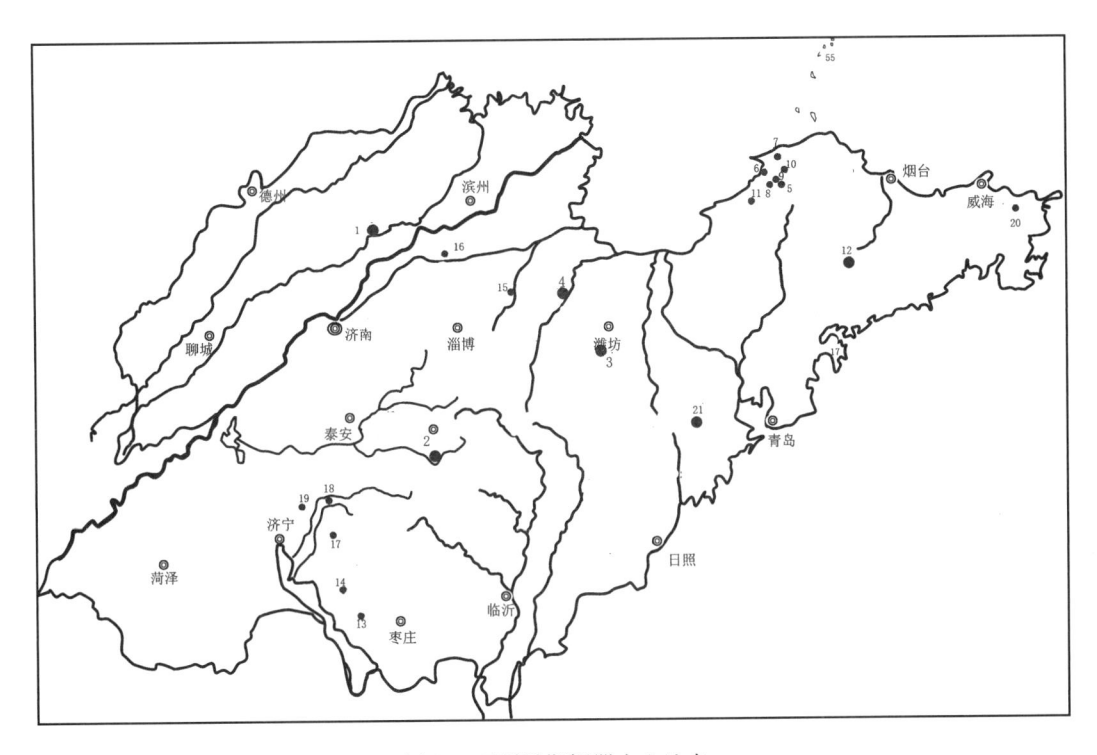

图八 西周早期铜器出土地点

1. 济阳县刘台子 2. 新泰市府前街市政府宿舍 3. 寒亭马司公社鞠家庄(现为坊子区) 4. 寿光孙家集街道呙宋台 5. 龙口市兰高镇归城姜家村 6. 龙口市龙港街道海云寺徐家村 7. 龙口市兰高镇和平村 8. 龙口市石良镇东营周家村 9. 龙口市芦头镇韩栾村 10. 黄县(今龙口)归城小刘庄 11. 招远县灵山乡东曲城村 12. 海阳上尚都(现为上上都村) 13. 滕州官桥镇前掌大村 14. 滕州姜屯镇庄里西村 15. 临淄齐都镇河崖头村 16. 高青陈庄 17. 邹城市千泉街道小西苇村 18. 曲阜鲁故城(荀家村) 19. 兖州嵫山南(现为兹山) 20. 荣成市埠柳镇学福村 21. 胶州西皇姑庵

---

① 中国社会科学院考古研究所、哥伦比亚大学东亚语言和文化系、山东省文物考古研究院编著:《龙口归城:胶东半岛地区青铜时代国家形成过程的考古学研究(公元前1000—前500年)》,科学出版社,2018年。
② 山东省昌潍地区文物管理组:《胶县西菴遗址调查试掘简报》,《文物》1977年第4期。
③ 李剑、张龙海:《山东临淄齐国故城西周墓》,《考古》1988年第6期。
④ 山东省文物考古研究所:《山东高青县陈庄西周遗存发掘简报》,《考古》2011年第2期。
⑤ 见于各地博物馆藏品。
⑥ 德州行署文化局文物组、济阳县图书馆:《山东济阳县刘台子西周早期墓发掘简报》,《文物》1981年第9期;德州地区文化局文物组、济阳县图书馆:《山东济阳刘台子西周墓地第二次发掘》,《文物》1985年第12期;山东省文物考古研究所:《山东济阳刘台子西周六号墓清理报告》,《文物》1996年第12期。
⑦ 滕县博物馆:《山东滕县发现滕侯铜器墓》,《文物》1984年第4期。
⑧ 魏国:《山东新泰出土商周青铜器》,《文物》1992年第3期。
⑨ 国家文物局考古领队培训班:《山东邹县南关遗址发掘简报》,《文物》1991年第2期;王言京:《山东省邹县又发现商代铜器》,《文物》1974年第1期;王军:《山东邹城市西丁村发现一座商代墓葬》,《考古》2004年第1期。
⑩ 郭克煜等:《索氏器的发现及其重要意义》,《文物》1990年第7期。
⑪ 田立振:《山东省济宁市出土一批西周青铜器》,《文物》1994年第3期。

2. 青铜器反映出西周王室对东土的控制

西周早期，周王室控制山东地区的模式主要分为北部和中南部两种。北部，分封齐国，以其为中心镇抚鲁北地区，同时采取诸多措施稳定局势，如派出贵族势力、王师、册封归顺的小国稳定边区局势，布局贵族势力拱卫齐国地位；中南部，分封鲁国镇抚鲁中南地区，周边布局贵族势力拱卫稳定鲁国局势，同时采取措施分封滕国协助镇抚鲁南地区，北部、南部边缘地区则布局归顺的商贵族。

西周早期的布局奠定了齐国、鲁国的中心地位，稳定了地方局势；奠定了地方区域文化——齐文化、鲁文化、莒文化、莱文化的形成与发展基础；对分析研究小诸侯国的来源、受封、布局及相互关系很有帮助；对分析殷遗民问题，如投降归顺、远逃，或就近拱卫鲁国、齐国等很有帮助。

四、东土青铜群的出现及反映的考古学文化格局

从西周晚期开始，周王朝势力衰退，地方文化势力复苏，山东地区开始出现有自身特色的东土青铜器群，[①]集中出现在西周晚期到春秋早中期（图九、图十）。这批青铜器不同于周文化青铜器，但又继承了周文化因素，发展成为地方文化因素，主要分布在山东地区东部，是山东地区土著或者原著古国贵族创造使用的。在日照崮河崖、[②]沂源姑子坪、[③]临朐泉头村、[④]莱阳前河前、[⑤]安丘东古庙、[⑥]临沂中洽沟、[⑦]莒南中刘山[⑧]等地均有发现，另外还在沂水李家庄、[⑨]枣庄东江墓地、[⑩]长清仙人台[⑪]等地有一些零星发现。东土青铜器器型包括鼎、莒式鬲、壶、铫、提链小罐、豆形簋等，其中鼎、鬲数量最多，壶的种类最多，有一些新的器型，也有一些特色纹样。

胶东半岛和鲁东南地区是东土青铜器的核心分布区，东土青铜器以组合为主，多是新器类，个别墓葬或组合中有少部分周文化因素。鲁中南地区、汶泗流域是东土青铜器群的直接影响区，东土青铜器有一定数量。鲁北地区、鲁西北地区则仅见个别东土青铜器，这

---

① 刘延常、徐倩倩：《西周晚期至春秋早期山东地区东土青铜器群的转变与传承》，《青铜器与金文（第一辑）》，上海古籍出版社，2017年。
② 杨深富：《山东日照崮河崖出土一批青铜器》，《考古》1984年第7期。
③ 山东大学考古系等：《山东沂源县姑子坪周代墓葬》，《考古》2003年第1期。
④ 临朐县文化馆等：《山东临朐发现齐、曾诸国铜器》，《文物》1983年第12期。
⑤ 李步青：《山东莱阳县出土己国铜器》，《文物》1983年第12期；常兴照等：《试论莱阳前河前墓地及有铭陶盉》，《北方文物》1990年第1期。
⑥ 安丘市博物馆：《山东安丘柘山镇东古庙村春秋墓》，《文物》2012年第7期。
⑦ 临沂市博物馆：《山东临沂中洽沟发现三座周墓》，《考古》1987年第8期。
⑧ 张文存编著：《莒南文物志》第十章"文物考古发现"，青岛出版社，2014年。
⑨ 山东省文物管理处等：《山东省文物选集（普查部分）》，文物出版社，1959年。
⑩ 枣庄市博物馆等：《枣庄市东江周代墓葬发掘报告》，《海岱考古（第四辑）》，科学出版社，2011年；枣庄市政协台港澳侨民族宗教委员会等：《小邾国遗珍》，中国文史出版社，2006年。
⑪ 山东大学考古系：《山东长清县仙人台周代墓地》，《考古》1998年第9期。

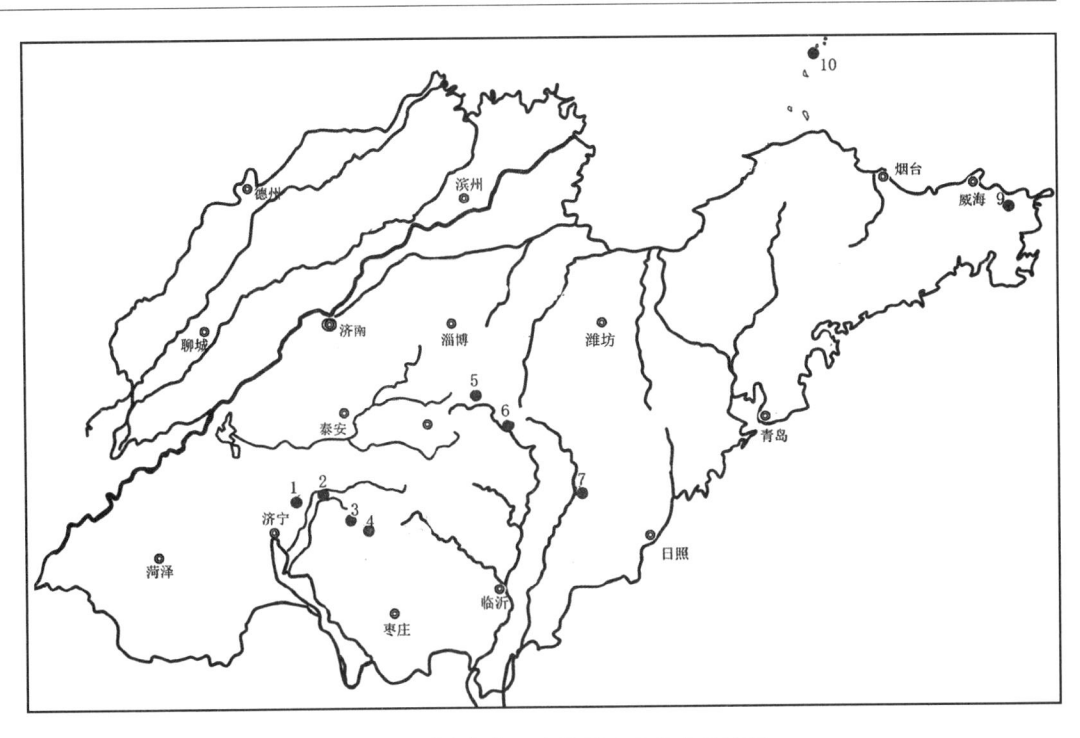

图九 西周晚期东土青铜器出土地点示意图

1. 兖州嵫山南（现为兹山） 2. 曲阜鲁故城 3. 邹城市田黄镇栖驾峪 4. 邹城市张庄镇小彦村 5. 沂源西鱼台 6. 沂源东里镇东安村 7. 莒县西大庄 8. 日照崮河崖 9. 荣成市埠柳镇学福村 10. 长岛大钦岛北村

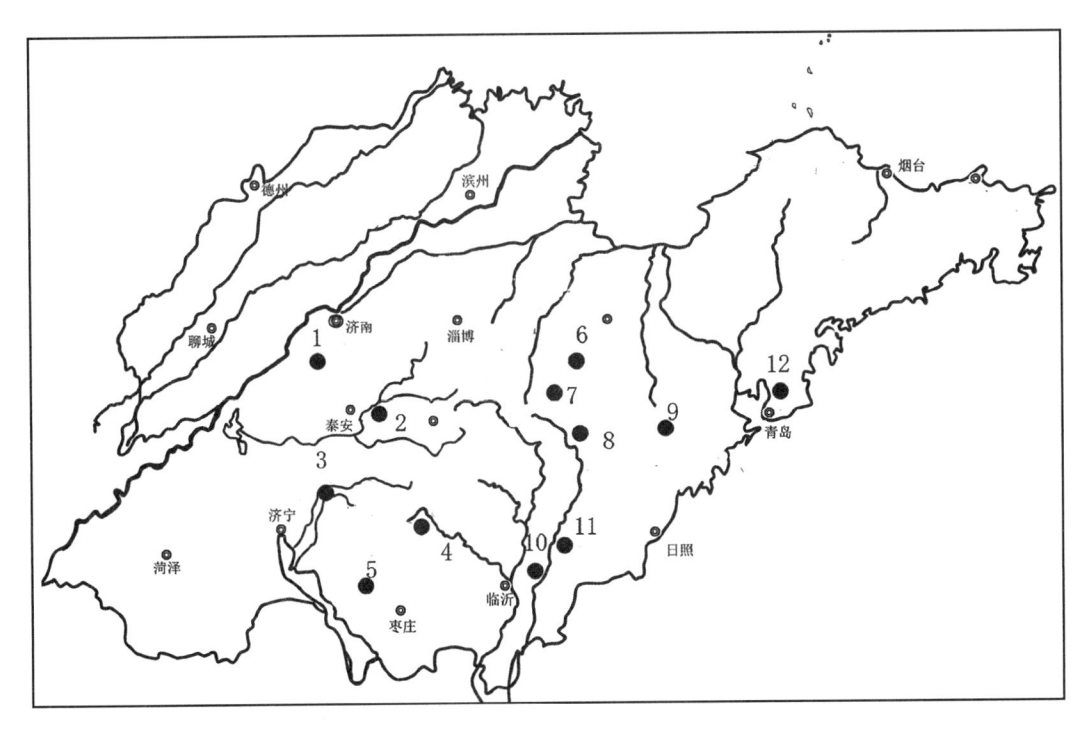

图十 春秋早期东土青铜器出土地点示意图

1. 长清仙人台 2. 泰安城前村 3. 曲阜林前村 4. 平邑铜石镇锅泉林场 5. 枣庄东江墓地 6. 安丘柘山东古庙 7. 临朐泉头村 8. 沂水李家庄 9. 诸城新九台村 10. 临沂中洽沟 11. 莒南中刘山 12. 黄岛大珠山

些地方属于东土青铜器的波及影响区。

东土青铜器群对齐、鲁及泗上十二诸侯等国的青铜器产生较大影响,同时对江淮地区、中原地区等也产生了一定影响。

五、山东地区周代考古学文化的格局

齐鲁文化主要内涵包括山东地区周代考古学文化、古国文化和周边古代文化,三大部分文化的演变、互动交流、融合形成了内涵丰富、特色鲜明的地域文化——齐鲁文化。

1. 周代考古学文化

(1) 齐文化

齐文化的形成与发展是动态的,地域范围不断扩大。西周时期主要分布在以临淄为中心的鲁北地区中部,春秋时期向东扩展至胶东半岛、向西扩展至当时济水东岸,战国时期扩展到鲁中、鲁东南地区、长岛列岛和苏北地区。以临淄为中心的鲁北地区在商代晚期其文化面貌即由商文化与土著文化融合形成了一种新的地方文化,齐文化是周文化与这种地方文化融合形成的。都城的布局,墓葬结构与埋葬习俗,陶器组合及其形态,青铜器,货币,瓦当等均反映出了齐文化的鲜明特征。齐文化区内发现的古国主要有齐、夆、纪、莱国等(图十一)。[1]

(2) 鲁文化

主要分布在汶泗流域,从城内布局、墓葬结构与习俗、陶器组合及其形态、青铜器、货币等方面反映出了鲁文化的特征。鲁文化区域内考古发现有鲁国、邾国、小邾国、滕国、薛国、郜国。鲁文化是周文化的传承,鲁国因继承周人的礼乐典章制度和推行周王室政策而享誉诸侯,进入东周之后更是周文化的代表。鲁文化是在地方文化、周文化及周边文化的影响交流融合后形成的,逐渐成为中华传统文化的核心内容(图十二)。[2]

(3) 莒文化

分布于鲁东南地区西周中期至战国早期的考古学文化,文献记载该区域的古国包括莒国、向国、鄟国、阳国、郯国、缯国等,以莒国势力最为强大,结合金文发现"莒"字等,将这支考古学文化称为莒文化。莒文化是周文化与地方文化融合,或土著文化受周文化影响融合形成的地方文化,莒国等与楚文化系统陈国、黄国及江淮地区古国联系较多(图十三)。[3]

---

[1] 刘延常、王子孟:《考古学视野下的齐文化发展与融合》,《管子学刊》2019年第2期。
[2] 刘延常、戴尊萍:《曲阜鲁国故城、鲁文化与传统文化》,《保护与传承视野下的鲁文化学术研讨会论文集》,上海古籍出版社,2018年。
[3] 刘延常:《莒文化解读——一种文化发展模式的思考》,何驽主编:《李下蹊华——庆祝李伯谦先生八十华诞论文集》,科学出版社,2017年。

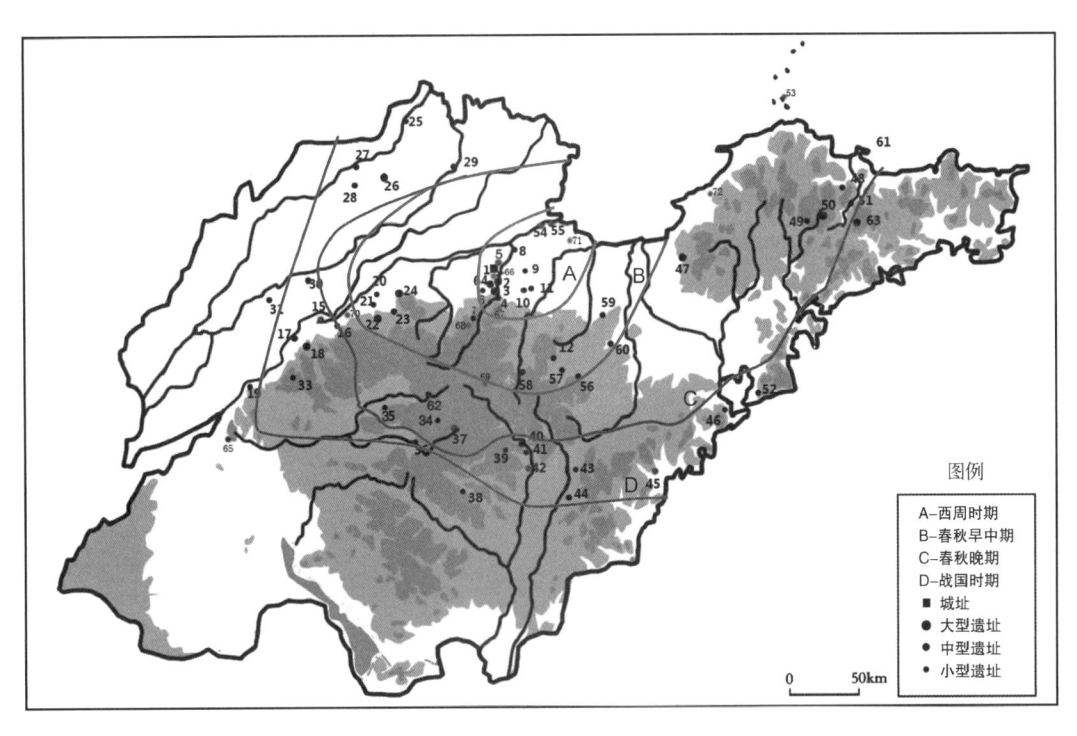

图十一 齐文化遗存分布示意图

1. 临淄齐故城 2. 临淄淄河店 3. 临淄郎家庄 4. 临淄后李 5. 临淄东古 6. 临淄两醇 7. 淄川南韩 8. 广饶五村 9. 青州凤凰台 10. 青州赵铺 11. 青州戴家楼 12. 昌乐岳家河 13. 诸城葛布口 14. 诸城臧家庄 15. 济南王府 16. 济南千佛山 17. 长清月庄 18. 长清岗辛 19. 平阴臧庄 20. 章丘宁家埠 21. 章丘王推官 22. 济南左家洼 23. 章丘孟白 24. 章丘女郎山 25. 庆云孟张 26. 阳信西北村 27. 乐陵冢上 28. 乐陵惠王家 29. 沾化西壑村 30. 禹城周尹 31. 茌平南陈 32. 邹平小巩 33. 肥城王庄 34. 莱芜戴鱼池 35. 泰安康家河 36. 新泰郭家泉 37. 新泰周家庄 38. 蒙阴后里 39. 沂水马兰 40. 沂水下泉村 41. 沂水上常庄 42. 沂水埠子 43. 莒县大朱村 44. 莒县杭头 45. 五莲丹土 46. 黄岛灵山 47. 平度东岳石 48. 栖霞金山 49. 栖霞大丁家 50. 栖霞杨家圈 51. 栖霞石门口 52. 青岛安乐 53. 长岛王沟 54. 寿光郭井子 55. 寿光蔡央子 56. 昌乐前张次 57. 昌乐河西 58. 临朐十字路口 59. 潍坊大崖头 60. 潍坊东上虞河 61. 烟台大瞳 62. 莱芜西上崮 63. 海阳西古现 64. 临淄乙烯 65. 梁山土山

（4）珍珠门文化

是岳石文化之后的商代晚期至西周早中期的夷人文化遗存,分布于胶东半岛、鲁北东部和鲁东南地区,以夹砂素面褐陶为代表的陶器群是其主要特征,聚落数量少、等级低。随着商王朝、周王朝向东扩张,珍珠门文化逐渐东退、空间渐小,在鲁北地区与地方文化融合比较密切,夷人文化的孑遗延续至战国早期。[①]

2. 山东地区周代古国文化遗存

自周初分封齐、鲁等国家镇抚东方以来,山东地区就分布着众多古国,至春秋时期见于文献记载的就达60余个。从考古学文化时空关系、都城、大型墓葬、青铜器铭文并结合历史文献记载分析,目前能够确认的古国有齐、夆、纪、莱、莒、郾、郯、鄀、鲁、滕、薛、小邾、

[①] 刘延常:《珍珠门文化初探》,《华夏考古》2001年第4期;魏峋巍:《试论鲁北地区的珍珠门文化》,《中原文物》2015年第4期。

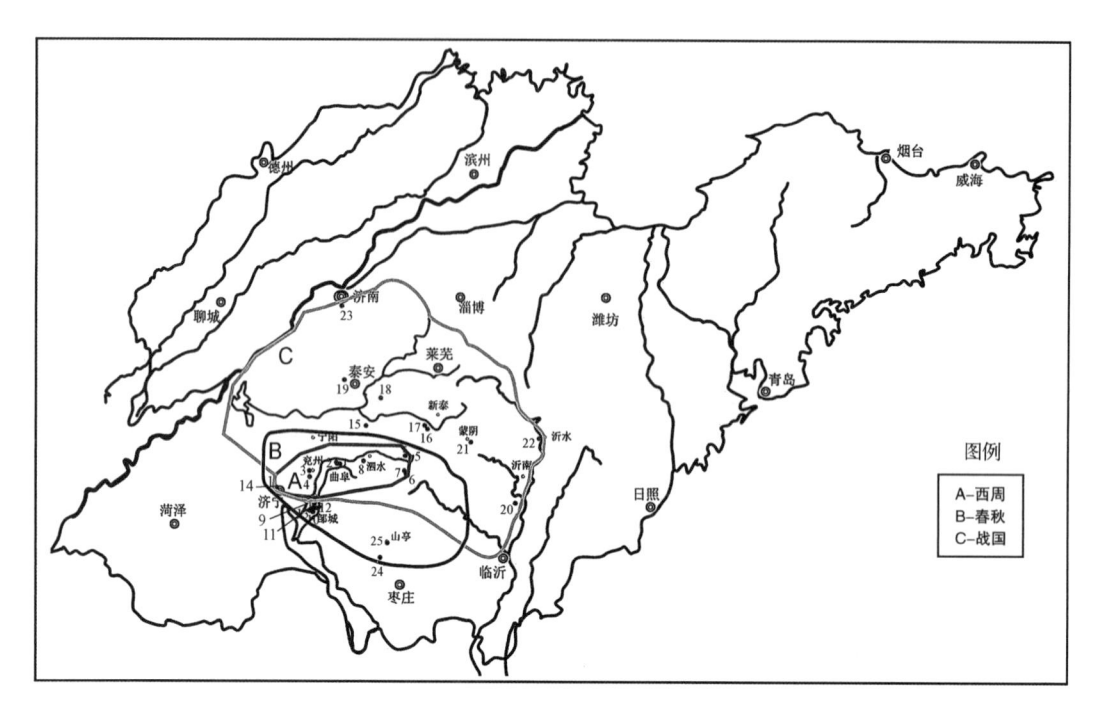

图十二　鲁文化遗存分布示意图

1. 曲阜鲁故城　2. 曲阜孔林东　3. 兖州西吴寺　4. 兖州郭家村　5. 泗水泉林古城　6. 泗水天齐庙　7. 泗水姑蔑城址　8. 泗水尹家峪　9. 邹城七家峪(栖驾峪)　10. 邹城邾国故城　11. 邹城灰城子　12. 邹城康王城　13. 邹城前瓦屋　14. 济宁商业局(出土铜器)　15. 宁阳郈城　16. 新泰凤凰泉　17. 新泰郭家泉　18. 泰安城前村　19. 泰安龙门口　20. 沂南西岳庄　21. 蒙阴后里　22. 沂水东河北　23. 济南历城北草沟　24. 枣庄东江墓地　25. 滕州凤凰岭(今山亭区驻地)

邾等14个。还发现芮国、黄国、江国、陈国、吴国、燕国、杞国、曾国、费国、宋国、魏国、韩国、赵国等古国的有铭青铜器(图十四)。

对周代古国有如下认识：本土不断发展变化的、融合的，从属古文化的古国，如齐国、鲁国和莒国。发现国君墓葬和有铭青铜器的，直接证明为古国文化遗存的，如牟国、邿国、小邾国、滕国、纪国、薛国、莱国。根据都城、墓葬规格并结合文献证明古国文化遗存的，如鄅国、郯国、邾国。发现大量文化遗存或文化因素，结合文献记载为占领或有战争关系的古国，如楚国、燕国、吴国、越国、韩国、魏国、赵国等。发现一些为媵器或赠品类的铭文铜器，如陈国、黄国、江国、宋国、芮国。出土有铭青铜器，但无其他依据，目前不能确定地望的，如杞国、费国。

目前发现的古国春秋时期最多，西周早期和战国时期数量少。反映了西周早期分封稳定、春秋时期王室衰弱诸侯四起和战国时期战争兼并的历史。

3. 周代山东地区周边文化遗存

包括吴文化、越文化、楚文化、晋与三晋文化、燕文化，涉及媵器、赠贿、战利品、交流等古国文化遗存，结合文献记载分析，这些古国与山东地区诸国有会盟、婚姻、人员往来、战

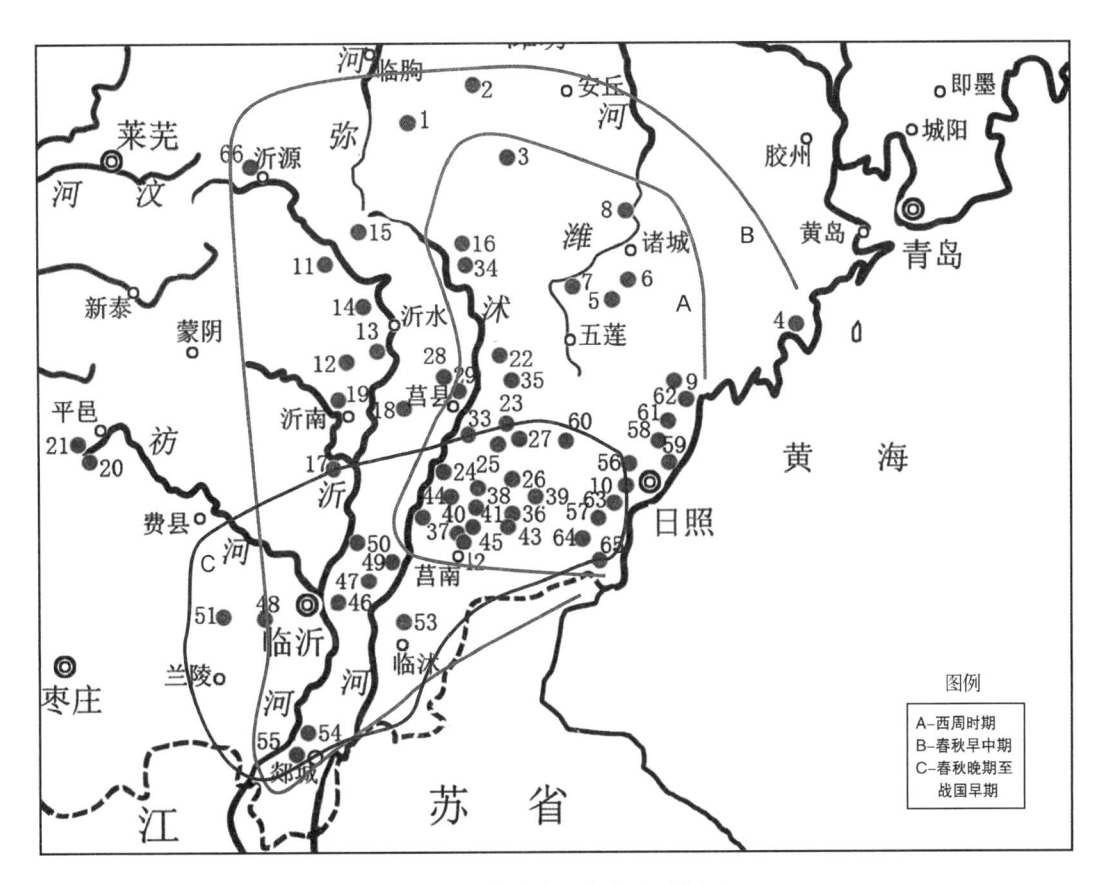

图十三　莒文化遗存分布示意图

1. 临朐县辛寨镇大岭　2. 安丘市郚山镇贾孟村　3. 安丘市柘山镇东古庙村　4. 黄岛区大珠山镇顾家崖头　5. 诸城市皇华镇杨家庄子东河岸　6. 诸城市皇华镇黄沟村　7. 诸城市枳沟镇小埠头村　8. 诸城市解留镇新九台村　9. 五莲县潮河镇丹土　10. 日照崮河崖　11. 沂水县泉庄镇纪王崮　12. 沂水县院东头镇刘家店子　13. 沂水李家庄　14. 沂水县黄山铺乡东河北村　15. 沂水县诸葛镇略疃村　16. 沂水县杨庄镇李家坡　17. 沂南县砖埠镇西岳庄　18. 沂南县湖头镇路家庄　19. 沂南县界湖镇西明生村　20. 平邑县铜石镇锅泉林场　21. 平邑县平邑镇蔡庄村　22. 莒县果庄乡天井汪　23. 莒县龙山镇王家山　24. 莒县小店镇卢家孟晏　25. 莒县寨里河乡老营村　26. 莒县中楼镇崔家岭　27. 莒县中楼镇于家沟村　28. 莒县二十里堡乡栗林村　29. 莒县城阳镇钱家屯　30. 莒故城刀币铸造遗址　31. 莒县丝绸大酒店　32. 莒县马庄（30-32均位于莒县县城）　33. 莒县陵阳镇杭头　34. 莒县东莞镇大沈刘家　35. 莒县店子镇西大庄　36. 莒南涝坡镇卢范大庄　37. 莒南十字路镇中刘山　38. 莒南大店镇后官庄　39. 莒南县文疃镇东上涧　40. 莒南县大店镇老龙腰　41. 莒南县大店镇花园村　42. 莒南县十字路镇尤家庄子　43. 莒南县柳沟乡卢范大庄　44. 莒南县陡山乡陡山村　45. 莒南县北园乡虎园村　46. 临沂市河东区相公镇凤凰岭　47. 临沂市河东区汤河乡中洽沟　48. 临沂市罗庄区涧头　49. 临沂市河东区大范庄　50. 临沂河东区太平东张屯　51. 临沂市兰陵县仲村　52. 临沭县临沭镇西朱车村　53. 郯城庙山镇大埠村　54. 郯城县第二中学　55. 日照揪齐园　56. 日照赵家庄　57. 日照陶家村　58. 日照董家滩　59. 日照邱前村　60. 日照松竹村　61. 日照两城镇　62. 日照尧王城　63. 日照六甲庄　64. 日照小村　65. 日照东灶子村　66. 沂源姑子坪

争、赗赙、馈赠等交流，有的或长或短时间统治、占领山东某一区域，主要包括吴、越、楚、燕、韩、魏、赵等古（国）文化遗存（文化因素），对齐鲁文化的形成具有重要意义。

（1）山东地区吴文化遗存

主要分布于泰沂山脉以南的鲁东南和鲁中南地区，年代集中在春秋晚期，以吴国兵器

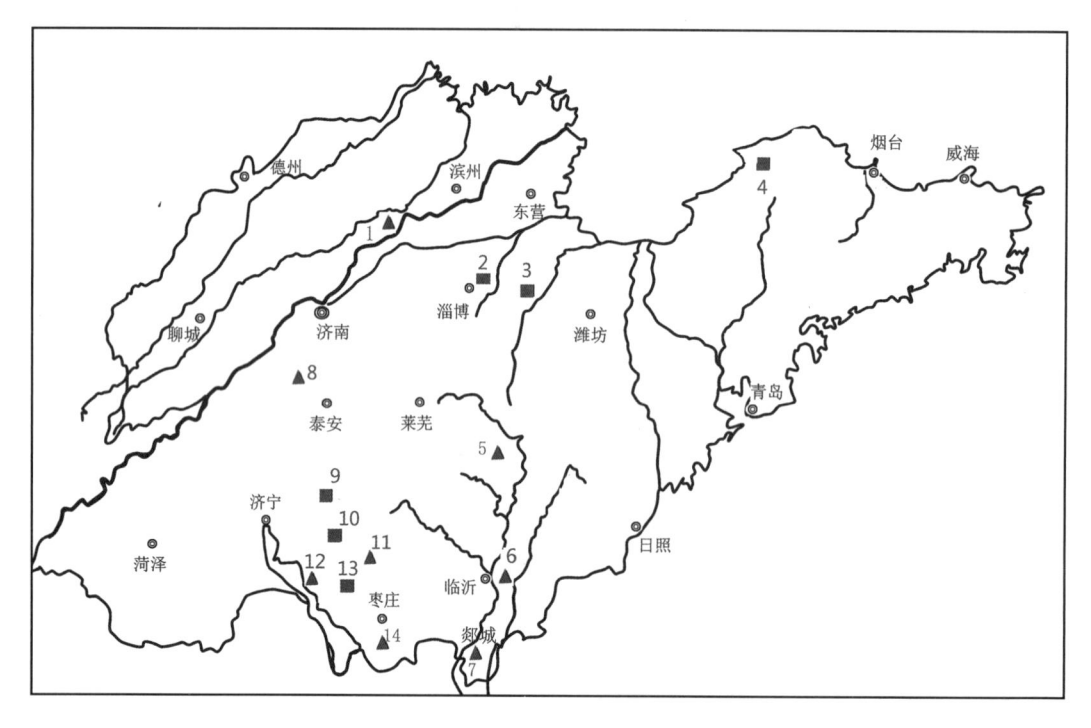

图十四　山东古国遗存分布示意图(部分)

1. 夆国——济阳刘台子西周墓　2. 齐国——临淄齐国故城　3. 纪国——寿光纪侯台　4. 莱国——龙口归城　5. 莒国——沂水刘家店子　6. 鄅国——临沂凤凰岭春秋墓　7. 郯国——郯城郯国故城　8. 郜国——长清仙人台　9. 鲁国——曲阜鲁国故城　10. 邾国——邹城邾国故城　11. 小邾国——枣庄山亭区东江墓葬　12. 滕国——滕州庄里西墓地　13. 薛国——滕州薛国故城　14. 郳(滥或鄫国)——枣庄峄城区徐楼墓地

遗存为主,①其中新泰市周家庄东周墓葬出土兵器最为集中。兵器的形制、纹样、铸造工艺等,如剑首为同心圆纹(一般11周)、剑身与矛饰菱形纹、复合剑都是典型的吴国兵器特征,②更有几件剑的铭文直接表明为吴王和太子。③出土吴国兵器的墓葬属于齐国、莒国、鄅国、邾国等诸多古国。

(2)山东地区越文化遗存

集中在春秋末期、战国早中期,主要发现于鲁东南南部、鲁中南地区,青铜器应是馈赠或战利品,印纹陶和印纹硬陶则是日常生活用品。越国在春秋末期就开始了与鲁国的往来,并干预鲁国、邾国的政务。越灭吴后,北上与齐国、鲁国会盟,取得霸王称号;战国早期势力强大,莒国依附,伐齐,灭滕,亡郯,后又灭缯。④

---

① 刘延常、曲传刚、穆红梅:《山东地区吴文化遗存分析》,《东南文化》2010年第5期。
② 丁忠明、曲传刚、刘延常、吴来明、穆红梅:《山东新泰出土东周青铜复合剑制作技术研究》,《文物保护与考古科学》2012年第24卷增刊;丁忠明、吴来明、刘延常、曲传刚、穆红梅:《山东新泰出土同心圆剑首连接技术研究》,《文物保护与考古科学》2014年第3期。
③ 山东省文物考古研究所、新泰市博物馆编著:《新泰周家庄东周墓地(上、下)》,文物出版社,2014年。
④ 刘延常、徐倩倩:《山东地区越文化遗存分析》,《东方考古(第9集)》,科学出版社,2012年。

(3) 山东地区楚文化遗存

主要发现于鲁东南和鲁中南地区,春秋时期楚文化因素比较少,地点分散,主要出现于大中型墓葬中,应是包括政治联盟、联姻、赠赙等友好交流的结果。春秋时期鲁东南地区主要是莒国、鄅国、郯国,鲁中南地区主要是鲁国、薛国、邾国等国家。

战国中晚期楚文化因素较多,如墓葬习俗、铜鼎、铜豆、铜盉、铜罍、陶鬲、陶壶、石磬等,有些器物是典型楚器,许多则具楚文化器物风格,尤其是众多地点出土了楚国金属货币等。战国时期楚文化因素的特点是楚国逐渐北上争霸形成的,楚灭鲁后疆域扩展到曲阜一带,鲁中南地区、鲁东南地区在战国中晚期属楚国占领区。①

(4) 山东地区晋文化遗存

西周、春秋时期晋国与齐国、鲁国等交往甚多,包括会盟、通婚、人员与使者往来、战争等,但是在山东地区目前没有发现晋文化遗存。战国时期在山东地区发现的文化遗存主要是韩国钱币,魏国和赵国兵器,从地域看主要是与齐国战争、贸易等。

(5) 山东地区燕文化遗存

山东寿张梁山出土7件西周早期燕国青铜器(梁山七器),河北易县出土春秋中期"齐侯四器"(齐国媵器),春秋齐庄公时期伐燕的"庚壶",战国时期齐国伐燕的"陈璋壶",燕伐齐的"燕王职壶"等,山东地区出土大量燕国戈、剑和刀币等。山东地区发现的燕文化遗存及其他燕、齐文物证明了燕国与齐国之间往来较多的事实,与文献记载相对照,反映出相互之间文化的交融,包括战争、婚姻、会盟、人员往来等。②

六、齐鲁文化形成机制分析

1. 内部文化融合与周边文化互动

珍珠门文化——夷人文化的消长,与齐文化、莒文化的融合得以传承;齐文化是周文化与山东地方文化(包括土著文化)的融合,奠定了地域文化的深厚基础,反映了其包容、开放、快速发展,思想文化繁荣;鲁文化继承周文化,政治制度、礼乐文明早期积极推进,春秋时期对周礼保存、传承,鲁国是融合中原与南部地区诸国文化的核心;战国时期齐鲁文化高度融合,儒家学说充分发展与传播,齐文化、楚文化融合。③ 考古学文化的区域性与互动代表了大众的、民众的文化,是文化传统传承的基础,虽说是小传统却影响着政治发展方向——大传统的传承。④

齐鲁地域古国众多、渊源有自、互动频繁,并与周边古国交流融合,如会盟、婚姻、人员

---

① 刘延常、高本同、郝导华:《山东地区楚文化因素分析》,《楚文化研究论集》(第七集),岳麓书社,2007年。
② 刘延常、徐倩倩、李凤琴:《山东地区燕文化遗存分析》,《中国考古学会第十五次年会论文集》,文物出版社,2013年。
③ 刘延常、戴尊萍:《曲阜鲁国故城、鲁文化与传统文化》,山东省文物考古研究院:《保护传承视野下的鲁文化学术研讨会论文集》,上海古籍出版社,2018年。
④ 徐良高:《以大传统与小传统理论重新思考三代考古学文化》,《中国文物报》2014年4月25日。

往来、战争、赠赂、馈赠等。这种贵族文化及古国间的交流,对文化传播与融合产生积极促进作用,属于文化的大传统。

东周时期周边古国之间的互动,体现了社会变革阶段的时代特征——争霸称雄,促进了文化艺术的繁荣与交流,促进了地缘文化的融合。

总之,齐鲁文化构成基础丰厚、内部融合充分,与周边古文化古国互动交流充分,形成了富有鲜明地域特色的齐鲁文化。

2. 纵向继承与传承

齐鲁文化是我国地域文化的重要组成部分,在这种历史文化基础上产生出了孔子及其儒家思想,经战国时期诸子百家学说的交流融合、儒家学派的发展,最终形成了齐鲁地域思想文化,[①]西汉"罢黜百家,独尊儒术"后以新儒家思想为核心的齐鲁文化上升为中华传统文化的主流文化。[②]

传说时代的三大族团的互动、文化融合,大汶口文化中晚期东夷族团文化繁荣、势力扩展,向西发展至中原地区、向南发展至安徽、湖北;龙山文化时代中后期中原龙山文化影响山东地区西部、西南部,龙山文化晚期、岳石文化早期东夷族团逐鹿中原,"夷夏东西"文化融合在鲁西南地区、江苏北部、安徽东部形成淮夷文化。夏代中后期夷商关系密切,体现在鲁西、鲁西北和鲁北地区,商代商王朝东扩、商文化东渐,山东地区纳入商王朝版图,商王朝在山东不同地区的策略,体现出了商文化与夷人文化融合的地域特点,[③]从而影响了周代文化的格局,齐国、鲁国等国家政治制度与发展方向等深受影响。文化基因世代相传,演变为优秀文化的传承延续。

结　语

商周时期多种文化、多种文化传统、多种文化因素在山东地区交流、交汇与融合,向上继承、传承史前文明,向后延续齐风鲁韵,创造了儒家思想为代表的诸子百家学说,逐渐演进为中华优秀传统文化的核心组成部分。孔子创立儒家学说,上承三代,祖述尧舜,宪章文武,为集文化大成,孔子以前的2000多年的文化在山东地区历经多次充分大融合、积累沉淀,是齐鲁文化形成、产生的历史背景,也是孔子与儒家思想产生的历史背景,也是中华优秀传统文化的形成过程。文化的交流、融合是大浪淘沙,体现出先进文化的创新发展、主动发展、传播交流,还体现出包容开放、吸收吸纳、改革发展、和谐发展、共享发展,引领与带动发展,促进社会持续发展。

[①] 刘延常:《解读儒家思想形成的背景——以鲁文化研究为例》,颜炳罡主编:《儒家文明论坛(第2期)》,山东人民出版社,2016年。

[②] 刘延常、刘智:《齐鲁文化的考古学解读》,山东省文物考古研究院、山东大学历史文化学院、临淄区齐文化发展研究中心、齐文化博物院:《传承与创新:考古学视野下的齐文化学术研讨会论文集》,上海古籍出版社,2019年。

[③] 刘延常:《从鲁东南地区商文化遗存的发现谈商人东征》,郑州中华之源与嵩山文明研究会、河南省文物局、北京大学考古文博学院主编:《中华之源与嵩山文明研究(第3辑)》,科学出版社,2017年。

以考古学视野与思路研究商周时期山东地区考古学文化的格局与演进,解读文化融合的背景、过程、特点,对讲清楚中华传统文化的渊源、文化心理认同和价值理念的传承延续,对深入挖掘、研究、阐发、弘扬与传承中华优秀传统文化,具有重要的学术价值和现实意义。

(原发表为刘延常:《山东地区商周时期考古学文化格局与演变》,《青铜器、金文与齐鲁文化学术研讨会论文集》,上海古籍出版社,2020年)

20世纪山东商代考古的发现与研究

史籍记载,有商一代,山东地区与商王朝关系密切,学术界曾有人主张商族起源于山东,商王朝曾在山东建都、分封诸侯,也曾多次用兵东夷。因此,山东商代考古备受学者关注。20世纪山东商代考古做了大量工作,考古研究也逐渐深入并取得了丰硕成果,为山东考古学文化体系和商史研究等重大课题,提供了许多具有重要价值的物质文化资料。

一、发现与认识

山东商代考古工作于20世纪30年代就已开始。最初虽未做专题田野考古发掘,但毕竟考古工作起步较早,让我们了解到商文化在山东广有分布。1930年中研院历史语言研究所李济、吴金鼎等发掘著名的城子崖遗址时,就发现了晚商文化陶鬲,[①]唯当时未识出而归入了龙山文化。1933年山东古迹研究会在山东南部调查发现郳国青铜器,并对滕县安上村遗址进行了发掘。1936年祁延霈调查山东益都县苏埠屯村出土的铜器,得知县民众教育馆收藏的15件商代铜器出自两座墓葬,铜器铭文有"亚醜",[②]使传世品"亚醜"铭文铜器有了归宿。30至40年代在齐鲁大学任教的加拿大学者明义士和英国学者林仰山,他们共同调查过益都苏埠屯遗址。林仰山在济南、邹平和周村等地进行考古调查,发现了大辛庄、路家洼等遗址,调查结果用英文发表在《华裔杂志》和《中国杂志》上。[③] 中国学者发表了济南大辛庄、历城县王舍人庄商代遗址的调查材料。[④]

50至70年代,山东商代考古得到初步发展,开始了科学的考古调查和发掘,积累了一定的资料。山东省文物管理委员会、山东省博物馆、中国科学院考古研究所山东队、山东大学和北京大学等,先后组织了商代遗址的调查和发掘,共发现了30余处商代遗址。1953年山东省文管会又调查了大辛庄遗址,发表了调查报告,[⑤]1955-1963年山东大学多

---

① 傅斯年等:《城子崖——山东历城县龙山镇之黑陶文化遗址》,中研院历史语言研究所,1934年。
② 祁延霈:《山东益都苏埠屯出土铜器调查记》,《中国考古学报》1947年第2册。
③ Drake, a. Ancientpottery from shantung "MONUMENT SERICA" Ⅳ (1939/40); b. Shang Dynasty FindatTa-hsinchuang, shantungTHECHINAJOURNALVOL. XXXI No.2 (August 1939); c. Shang Dynasty Site at Li-cheng, Shantung. THE CHINA JOURNAL VOL. XXXI No.3 (September 1939); d. Ta-hsin Chuang Again THE CHINA JOURNAL VOL. XXXIII No.1 (July 1940); e. Stone Implements from shantung THE CHINA JOURNAL VOL. XXXI No.4 (August. 1940).
④ 何天行:《山东大辛庄商代遗址的发现》,《学术》1940年第3辑。又:《历城县王舍人庄商代遗址的发现》,《学术》1940年第4辑。
⑤ 《山东省文管会调查大辛庄古遗址》,《文物参考资料》1954年第4期。

次调查大辛庄遗址,采集到大量标本,认为其年代包括早商至殷末。① 1954年在曲阜孔府花园、凫村发现商代遗物;②1956年11月至1957年6月展开的全省文物普查,又发现一批商代遗址,有长清小屯和兴复河、滕县井亭和种寨、邹县城关、苍山东高尧、海阳尚都村、滨州兰家、广饶东营、淄博市褚家、寿光台头和泰安满庄等,③小屯、兴复河、井亭和兰家均出土带铭文铜器;长清除兴复河外还有其他遗址出土青铜器,④其中兴复河出土青铜器有容器16件、兵器58件、生产工具11件和车马器14件,器物多带有族徽铭文;滕县除井亭外还发现了其他商代遗址;⑤1963年苍山县东高尧出土一组商代器物,有铜爵2、觚2、尊1、簋1、觯1、钟1、戈2和釉陶罐1件,有"戎"字族徽铭文,应出自墓葬。⑥ 济南大辛庄、邹县化肥厂和滕县种寨村出土青铜器⑦也相继发表,大辛庄出土的觚、爵、戈和刀具有早商文化的特点,邹县化肥厂计有觚、爵、戈、削和弓形器等,其中觚和爵有族徽铭文,滕县种寨村发现鼎、鬲各一件,鬲有铭文,作者认为是"眉氏"。1973年邹县小西韦村发现铜爵、觚,有铭文;⑧1973年惠民县大郭发现一商代墓,有殉人和殉狗,出土铜鼎、觚、爵、方彝、铙、戈、矛、刀、钺、锛,还见石斧和玉环;⑨1963年中国科学院考古研究所山东队在泗水、兖州调查发现了尹家城等遗址,⑩70年代山东大学历史系多次调查了尹家城遗址,采集了大量遗物标本。

这一时期开始了正式发掘,尚局限于几个遗址和个别墓葬,发掘面积也较小,主要收获是发现商文化遗存晚于龙山文化,包括早商文化至殷墟文化。山东省文管会1955年发掘大辛庄遗址60平方米,⑪1958年发掘50平方米,⑫发现有早商文化遗物。1959年中国科学院考古研究所山东队发掘了平阴朱家桥遗址,⑬这是山东地区第一次发掘商代遗址,发现房址21座、灰坑34个、墓葬8座,多为晚商遗物;同年山东队又发掘了梁山青堌堆遗址,⑭发现了商文化遗存叠压在龙山文化层之上。1965年山东省博物馆、北京大学实习队发掘了临淄于家和青州张家河圈遗址。1965年至1966年山东省博物馆在苏埠屯发掘了4座商代墓葬,⑮其中最大的一座墓⑯为长方形土坑竖穴,有四条墓道,出土大量青铜器、

---

① 蔡凤书:《济南大辛庄商代遗址的调查》,《考古》1973年第5期。
② 孔繁银:《山东曲阜县发现古代蚌器玉器及陶器》,《文物参考资料》1954年第10期。
③ 山东省文管处、山东省博物馆:《山东文物选集(普查部分)》,文物出版社,1959年;王思礼:《惠民专区几处古文化遗址》,《文物》1960年第3期。
④ 山东省博物馆:《山东长清出土的青铜器》,《文物》1964年第4期。
⑤ 孔繁银:《山东滕县井亭煤矿等地发现商代铜器及古遗址、墓葬》,《文物》1959年第12期。
⑥ 临沂文物收集组:《山东苍山县出土青铜器》,《文物》1965年第7期。
⑦ 齐文涛:《概述近年来山东出土的商周青铜器》,《文物》1972年第5期。
⑧ 王言京:《山东邹县又发现商代青铜器》,《文物》1974年第1期。
⑨ 山东惠民县文化馆:《山东惠民县发现商代青铜器》,《考古》1974年第3期。
⑩ 中国科学院考古研究所山东队:《山东泗水、兖州考古调查简报》,《考古》1965年第1期。
⑪ 山东省文管处:《济南大辛庄遗址勘察纪要》,《文物》1959年第11期。
⑫ 山东省文管处:《济南大辛庄遗址试掘简报》,《考古》1959年第4期。
⑬ 中国科学院考古研究所山东发掘队:《山东平阴朱家桥殷代遗址》,《考古》1961年第2期。
⑭ 中国科学院考古研究所山东发掘队:《山东梁山青堌堆发掘简报》,《考古》1962年第1期。
⑮ 王恩田:《益都发现三千年前的商代墓》,《大众日报》1965年11月30日。
⑯ 山东省博物馆:《山东益都苏埠屯第一号奴隶殉葬墓》,《文物》1972年第8期。

玉器和金箔,其中2件铜钺最为有名,应是方国方伯一类人物的墓。1973年3月至4月,山东大学考古专业对尹家城遗址进行了第一次试掘,发现有商周时期文化遗存;①1979年秋,山东大学考古教研室对尹家城遗址进行了第二次发掘。②

这一阶段的研究主要是发表遗址、墓葬的调查和发掘报告,报道商代的文化遗存资料,有早商文化和晚商文化遗物;综合研究则认为商文化遗址分布全省;③由于报道中铜器较多,对铜器及其铭文,尤其是相关族属的研究比较注意,如对大辛庄出土铜器的意见,④对苏埠屯墓葬出土铜器"亚醜"铭文的认识,⑤认为滕县种寨出土铜器铭文是"眉氏"族徽⑥等,总之山东存在商代方国和殷代古族。

80年代以来至今,商代考古工作和研究进入繁荣时期,山东省文物考古研究所、中国社会科学院考古研究所、山东大学考古系、北京大学考古系及各地(市)、县文物部门都做了大量工作。1981年开始的两次全省文物普查,各种专题调查和配合基本建设进行的考古调查,使商代文物点增加到400余处,采集了大批实物标本。经过科学发掘的遗址达三十多处,发现众多商代文化遗迹,出土大量遗物。在发表调查报告、发掘简报和发掘报告报道商代文化材料基础上,商代考古学文化研究取得了一系列新的进展,使山东商代考古学文化面貌不断清晰,研究逐渐深入。

山东大学考古专业1981－1985年三次发掘泗水县尹家城遗址,⑦1984年发掘了大辛庄遗址,⑧1984年发掘了茌平县南陈庄遗址,⑨1985－1992年对邹平县丁公遗址进行了5次发掘,发现了丰富的商代文化遗存,⑩1987年调查了邹平县古遗址,发现了部分商代遗址。⑪ 1982、1983年北京大学考古系发掘了长岛县珍珠门遗址、⑫烟台芝水遗址、⑬1984年发掘了菏泽安邱堌堆遗址,⑭1985年发掘了章丘县邢亭山遗址、⑮昌乐县邹家庄遗址,⑯1986年发掘了章丘县乐盘遗址,⑰均发现了商代中晚期文化遗存。山东省文物考古研究

---

① 山东大学历史系考古专业:《山东泗水尹家城第一次试掘》,《考古》1980年第1期。
② 山东大学历史系考古专业等:《泗水尹家城遗址第二、三次发掘简报》,《考古》1985年第7期。
③ 山东省博物馆:《三十年来山东省文物考古工作》,《文物考古工作三十年》,文物出版社,1979年。
④ 王思礼:《对济南大辛庄采集的小型青铜器的意见》,《文物参考资料》1957年第12期。
⑤ 殷之彝:《山东益都苏埠屯墓地和"亚醜"铜器》,《考古学报》1977年第2期。
⑥ 齐文涛:《概述近年来山东出土的商周青铜器》,《文物》1972年第5期。
⑦ 山东大学历史系考古教研室:《泗水尹家城》,文物出版社,1990年。
⑧ 山东大学历史系考古专业等:《1984年秋济南大辛庄遗址试掘述要》,《文物》1995年第6期。
⑨ 山东大学历史系考古专业等:《山东茌平县南陈庄遗址发掘简报》,《考古》1985年第4期。
⑩ 山东大学历史系考古专业等:《山东邹平丁公遗址试掘简报》,《考古》1989年第5期;《山东邹平丁公遗址第二、三次发掘简报》,《考古》1992年第6期。
⑪ 山东大学历史系考古专业:《山东省邹平县古文化遗址调查简报》,《华夏考古》1996年第1期。
⑫ 张江凯:《长岛县珍珠门遗址》,《中国考古学年鉴1984》,文物出版社,1984年。
⑬ 北京大学考古实习队等:《烟台芝水遗址发掘报告》,《胶东考古》,文物出版社,2000年。
⑭ 北京大学考古系商周组:《菏泽安邱堌堆遗址发掘简报》,《文物》1987年第11期。
⑮ 严文明:《章丘县邢亭山大汶口文化至商代遗址》,《中国考古学年鉴1986》,文物出版社,1988年。
⑯ 北京大学考古实习队:《山东昌乐邹家庄遗址发掘简报》,《考古》1987年第5期。
⑰ 严文明:《章丘县乐盘大汶口文化至商代遗址》,《中国考古学年鉴1986》,文物出版社,1988年。

所1984年发掘了青州凤凰台遗址,①1986年发掘了青州苏埠屯6座商代墓葬,②1988－1989年发掘了章丘县宁家埠遗址,③1989、1990年发掘了章丘王推官庄遗址,④1990年发掘了章丘焦家和董东遗址,⑤1990年发掘了昌乐县后于刘遗址,⑥1997年发掘了潍坊市会泉庄遗址,⑦1999年发掘了滕州市西康留遗址,⑧发现了众多商代文化遗存。中国社会科学院考古研究所山东队1981－1995年6次发掘滕州前掌大遗址,⑨发现了商代中期至商晚期文化遗存,尤其大墓的发现最重要。国家文物局田野考古领队培训班1986年发掘了济宁凤凰台、⑩潘庙遗址,⑪1987年发掘邹县南关遗址,⑫1988－1989年发掘了泗水县天齐庙遗址,⑬获得丰富的商文化遗存。青州市博物馆1986年清理了赵铺遗址。⑭淄博市文物局1996年发掘了桓台史家遗址,获重要发现。⑮ 1983年寿光县益都侯城故址出土商代铜器64件,⑯19件有铭文,另有陶器、玉石器等伴出,当为纪国之器。在此期间,零星的商代青铜器时有发现,主要发现于桓台、长清、⑰泗水、⑱滕州、⑲新泰、⑳平阴、㉑沂水、㉒黄县、㉓

---

① 山东省文物考古研究所等:《青州市凤凰台遗址发掘》,《海岱考古(第一辑)》,山东大学出版社,1989年。
② 山东省文物考古研究所等:《青州市苏埠屯商代墓地发掘报告》,《海岱考古(第一辑)》,山东大学出版社,1989年。
③ 济青公路文物考古队:《章丘宁家埠遗址发掘简报》,《济青高级公路章丘工段考古发掘报告集》,齐鲁书社,1993年。
④ 山东省文物考古研究所:《山东章丘王推官庄遗址发掘报告》,《华夏考古》1996年第4期。
⑤ 李学训:《章丘县焦家新石器时代至商周遗址》,《章丘县董东新石器时代至商周遗址》,《中国考古学年鉴1991》,文物出版社,1992年。
⑥ 于海广:《昌乐县后于刘商周及汉代遗址》,《中国考古学年鉴1990》,文物出版社,1991年;李学训:《昌乐县后于刘龙山文化至汉代遗址》,《中国考古学年鉴1991》,文物出版社,1992年。
⑦ 刘延常:《潍坊市会泉庄遗址考古发掘的意义》,《中国文物报》1998年3月25日;山东省文物考古研究所等:《山东潍坊市会泉庄遗址发掘报告》,《山东省高速公路考古报告集1997》,科学出版社,2000年。
⑧ 山东省文物考古研究所1999年发掘材料。
⑨ 中国科学院考古研究所山东发掘队:《山东省滕县前掌大遗址发掘四座殷墓》,《中国历史学年鉴1982》,后在《中国考古学年鉴》1986年、1988年、1992年、1994年和《中国文物报》1995年1月8日均有报道;中国社会科学院考古研究所山东工作队:《滕州前掌大商代墓葬》,《考古学报》1992年第3期;中国社会科学院考古研究所山东工作队:《山东滕州市前掌大商周墓葬1998年发掘简报》,《考古》2000年第7期。
⑩ 国家文物局田野考古领队培训班:《山东济宁凤凰台遗址发掘简报》,《文物》1991年第2期。
⑪ 国家文物局田野考古领队培训班:《山东济宁潘庙遗址发掘简报》,《文物》1991年第2期。
⑫ 国家文物局田野考古领队培训班:《山东邹县南关遗址发掘简报》,《文物》1991年第2期。
⑬ 国家文物局田野考古领队培训班:《泗水天齐庙遗址发掘的收获》,《文物》1994年第12期。
⑭ 青州市博物馆:《青州市赵铺遗址的清理》,《海岱考古(第一辑)》,山东大学出版社,1989年。
⑮ 张光明等:《桓台史家遗址发掘获重大成果》,《中国文物报》1997年5月18日;淄博市文物局等:《山东桓台县史家遗址岳石文化木构架祭祀器物坑的发掘》,《考古》1997年第11期。
⑯ 寿光县博物馆:《山东寿光县新发现一批纪国铜器》,《文物》1985年第3期。
⑰ 韩名祥:《山东长清、桓台发现商代青铜器》,《文物》1982年第1期。
⑱ 解华英:《山东泗水发现一批青铜器》,《考古》1986年第12期;赵宗秀:《山东泗水发现商代青铜器》,《考古》1988年第3期。
⑲ 滕州市博物馆:《山东滕州市发现商代青铜器》,《文物》1993年第6期;《山东滕州出土商代青铜器》,《考古》1994年第1期;《山东滕州市薛河下游出土的商代青铜器》,《考古》1996年第5期。
⑳ 魏国:《山东新泰出土商周青铜器》,《文物》1992年第3期。
㉑ 平阴县博物馆筹建处:《山东平阴洪范商墓清理简报》,《文物》1992年第4期。
㉒ 马玺伦:《山东沂水发现商代青铜器》,《文物》1989年第11期;沂水县文物管理站:《山东沂水出土商铜器》,《考古》1990年第8期。
㉓ 李步青等:《山东黄县出土一件青铜甗》,《考古》1989年第3期。

潍坊①等地。另外,许多地(市)、县发表了调查资料,如济南市、济阳县、章丘市、邹平县、广饶县、滨州市、淄博市、周村、桓台县、青州市、寿光市、昌乐县、菏泽市、梁山县、曹县、济宁市、兖州市、曲阜市、微山县、邹城市、枣庄市、滕州市、禹城市、齐河县、聊城市、茌平县、阳谷县和东阿县等,为商代考古学文化的研究提供了大量资料(图一)。

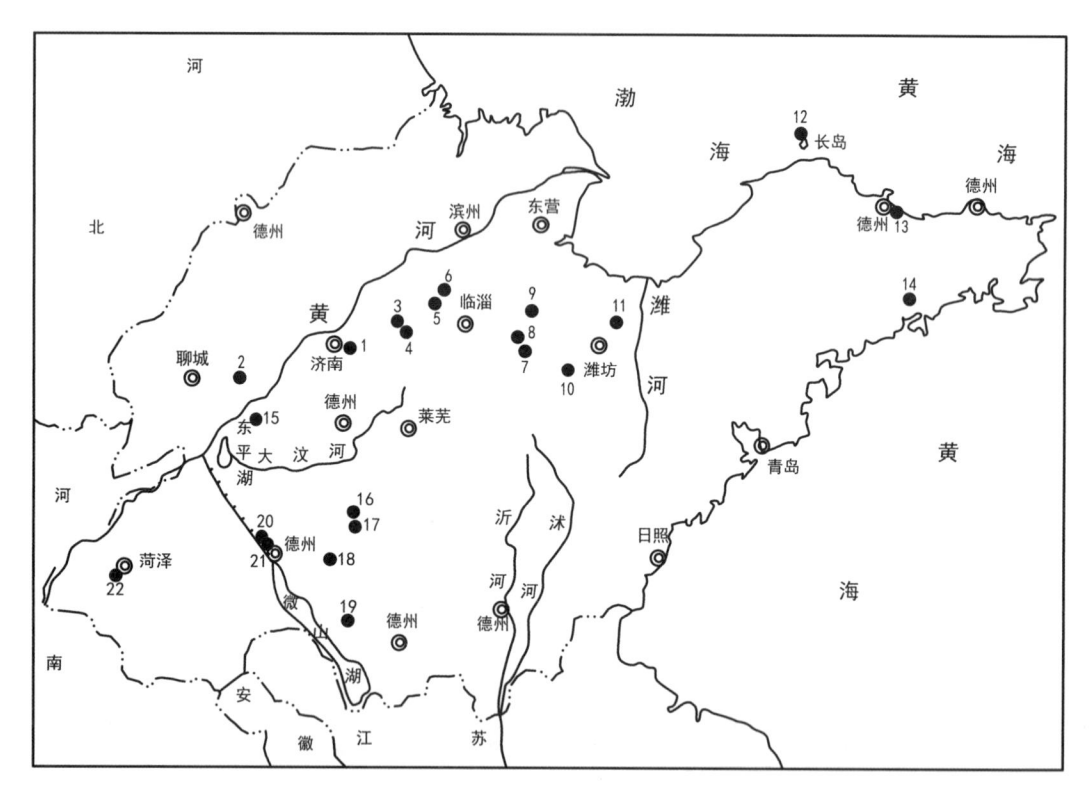

图一 山东商代时期重要遗址分布示意图

1. 济南大辛庄 2. 茌平南陈庄 3. 章丘宁家埠 4. 章丘王推官 5. 邹平丁公 6. 桓台史家 7. 青州苏埠屯 8. 青州赵铺 9. 青州凤凰台 10. 昌乐邹家庄 11. 寒亭会泉庄 12. 长岛珍珠门 13. 烟台芝水 14. 乳山寨山 15. 平阴朱家桥 16. 泗水尹家城 17. 泗水天齐庙 18. 邹平南关 19. 滕州前掌大 20. 济宁凤凰台 21. 济宁潘庙 22. 菏泽安邱堌堆

山东商代考古研究,主要是发表了考古调查和考古发掘报告,对商代考古学文化特征、分期与年代、地方类型及相关古史问题进行了报道和初步探讨,在此基础上展开了综合研究。首先,山东商代考古学文化被区分为商文化和地方文化②或商文化和夷人文化;③商文化与中原商文化基本一致,同时又有山东地方特点,在此基础上又分为大辛庄类型、④安

---

① 曹元启:《坊子区院上遗址发现商代青铜器》,《海岱考古(第一辑)》,山东大学出版社,1989年。
② 张学海:《论四十年来山东先秦考古的基本收获》,《海岱考古(第一辑)》,山东大学出版社,1989年。
③ 佟佩华、刘延常:《八十年代以来山东商代考古的新进展》,《东南文化》1999年第6期。
④ 徐基:《商文化大辛庄类型初论》,《中国考古学会第九次年会论文集》,文物出版社,1997年。

邱堌堆类型、①史家类型、苏埠屯类型、②潘庙类型、凤凰台类型和前掌大类型,薛城类型;③夷人文化为商代土著文化,有人也对此进行了初步探讨。④ 目前商文化的分期研究比较清楚的有,以大辛庄遗址商文化为代表分七期,1－3期相当于二里岗上层文化后段,与小双桥遗址商文化遗存相始终,4－7期与殷墟文化的1－4期对应。⑤ 泗河流域的商文化以潘庙、凤凰台、南关、天齐庙为代表,分三期七段;⑥鲁西南地区商文化以安邱堌堆遗址商文化遗存的分期为代表,分两期六段。⑦ 山东地区商文化总的分布态势是自西向东时代由早及晚,商文化因素由浓渐弱,地方文化或土著文化因素越来越浓;规格高的遗址或墓葬商化程度越高,一般遗址则体现出较强的融合面貌或并存面貌。总之,表现为商王朝东扩、夷人东退,商文化东渐,商文化和夷人文化融合的过程,与文献记载的历史大体吻合。栾丰实和许宏先生主要分析了鲁北地区的商代文化遗存特征,⑧任相宏先生认为鲁北地区商文化遗存的时空关系反映了商人东征和商文化东渐,⑨徐基先生和佟佩华先生分别撰写了论述商文化东渐的文章,⑩方辉先生和徐基先生分别对山东商代考古进行了综合性论述,⑪陈淑卿先生还就山东商文化做了研究生论文,⑫王迅先生的博士论文中对山东商代文化做了研究,⑬王恩田就商征人方以及山东商代考古与相关古史问题进行了探讨。⑭ 商代东方方国和族属也有较深入的研究,如苏埠屯墓葬规格较高,出土带铭文的青铜器,有学者认为是"融族"的遗存,⑮或与斟鄩、斟灌有关,⑯或为"醜族",⑰或认为是

---

① 宋豫秦:《论鲁西南地区的商文化》,《华夏考古》1988年第1期。
② 任相宏:《从泰沂山脉北侧的商文化遗存看商人东征》,《中国文物报》1997年11月23日。
③ 陈淑卿:《山东地区商文化编年与类型研究》,1998年山东大学硕士研究生学位论文;徐基:《山东商代考古研究的新进展》,《三代文明研究》(一),科学出版社,1999年。
④ 严文明:《东夷文化探索》,《文物》1989年第9期;佟佩华等:《八十年代以来山东商代考古的新进展》"夷人文化探索"部分,《东南文化》1999年第6期。
⑤ 山东大学历史系考古专业等:《1984年秋济南大辛庄遗址试掘述要》,《文物》1995年第6期;徐基:《山东商代文化研究的若干问题》,《中国文物报》1998年4月22日;徐基:《关于济南大辛庄商代遗存年代的思考》,《夏商周文明研究》,中国文联出版社,1999年。
⑥ 李季、何德亮:《泗河流域古代文化的编年与类型》,《文物》1991年第7期。
⑦ 宋豫秦:《论鲁西南地区的商文化》,《华夏考古》1988年第1期。
⑧ 栾丰实:《东夷考古》,山东大学出版社,1996年;栾丰实:《商时期鲁北地区的夷人遗存》,《三代文明研究》(一),科学出版社,1999年;许宏:《对山东地区商代文化的几点认识》,《纪念山东大学考古专业创建二十周年文集》,山东大学出版社,1992年;许宏:《试论鲁西北地区商文化》,1984年山东大学硕士研究生学位论文。
⑨ 任相宏:《从泰沂山脉北侧的商文化遗存看商人东征》,《中国文物报》1997年11月23日。
⑩ 徐基:《商文化东渐初论》,《南方文物》1994年第2期;佟佩华等:《八十年代以来山东商代考古的新进展》"商文化东渐"部分,《东南文化》1999年第6期。
⑪ 方辉等:《山东商代考古小史》,《中国文物报》1997年8月3日;徐基:《中国文物报》1998年4月15日、22日和5月20日;徐基:《山东商代考古研究的新进展》,《三代文明研究》(一),科学出版社,1999年。
⑫ 陈淑卿:《山东地区商文化编年与类型研究》,1998年山东大学硕士研究生学位论文。
⑬ 王迅:《东夷文化与淮夷文化研究》,北京大学出版社,1994年。
⑭ 王恩田:《人方位置与征人方路线新证》,《胡厚宣先生纪念文集》,科学出版社,1998年;王恩田:《山东商代考古与商史诸问题》,《中原文物》2000年第2期。
⑮ 山东省文物考古研究所等:《青州市苏埠屯商代墓地发掘报告》,《海岱考古》(第一辑),山东大学出版社,1989年。
⑯ 王献唐:《山东古国考》,齐鲁书社,1983年;杜在忠:《关于夏代早期活动的初步探索》,《夏史论丛》,齐鲁书社,1985年;王树明:《"亚醜"推论》,《华夏考古》1989年第1期。
⑰ 王恩田:《山东商周青铜器与山东古史》,《山东文物纵横谈》,中国广播电视出版社,1992年。

薄姑故地;①滕州前掌大商代遗址和墓葬的发现,有的学者认为是薛国的前身,②或为商奄故地;③寿光发现商代纪器,当是纪国范围;④北京拣选出一组28件商代铜器,多数有铭文,传说出自山东费县,⑤有学者认为与商代"莒"相关。⑥ 值得提及的是,先秦史学会曾在新泰市召集专门会议,讨论商周杞国问题,王恩田先生等力主商杞在新泰,并由此谈及商人征夷路线等历史上悬而未决的重大学术问题。⑦

二、商人文化系统遗存

(一) 文化分布

根据调查、发掘发现的资料,依据文化因素分析法,以商文化因素为主的标准,判断遗址或墓葬,排除个别铜器或陶器的影响,目前学术界基本达成共识:山东商文化主要分布在鲁西南、鲁中南、鲁西北、鲁北中西部地区,在鲁北向东不超过潍河,大致到潍坊以西,潍河、弥河之间;鲁中地区以蒙山为界,鲁中山区和蒙山以东地区还没有发现;鲁南地区向东不超过沂河,分布到费县、临沂和苍山西部一线。我们认为胶莱平原、胶东半岛、鲁中山区和鲁东南广大地区存在着土著夷人文化,个别遗址发现的少量商代铜器和陶器仅是商文化因素的个别分布,不宜作为商文化分布范围的确凿证据。

(二) 重要遗址和重要发掘

1. 大辛庄遗址

位于济南市东郊大辛庄村东南,面积超过30万平方米,包括龙山文化、岳石文化、商文化、西周时期、战国时期和汉代文化遗存,商文化是主要文化遗存。自20世纪40年代至80年代中期,文物部门对大辛庄遗址进行过多次调查、试掘和发掘,获得丰富的遗物。1984年秋山东大学历史系、山东省文物考古研究所等单位共同发掘880平方米,收获最大。文化堆积中3-11层为商文化遗存,遗迹有房址、窖穴、灰坑、水井和墓葬,遗物有铜器、陶器、原始青瓷、石器、骨器和甲骨。其中陶器数量最多,器型以鬲、甗、簋、豆、盆、瓮、罐最常见,大口尊、缸次之,鼎、斝、壶、甑、瓿、爵较少;青铜器以鼎、瓿、爵为基本组合,还有戈、钺等兵器;发现卜用甲骨约400片。发掘报告将商文化遗存分为七期,1-3期属早商

---

① 殷之彝:《山东益都苏埠屯商代墓地和"亚醜"铜器》,《考古学报》1977年第2期。
② 张学海:《论四十年来山东先秦考古的基本收获》,《海岱考古(第一辑)》,山东大学出版社,1989年;李鲁滕:《略论前掌大商代遗址群的文化属性和族属》,《华夏考古》1997年第4期。
③ 胡秉华:《商奄史之初探》,《东夷古国史研究》第二辑,三秦出版社,1990年。
④ 杜在忠:《寿光纪器新发现及几个纪史问题的再认识》,《东夷古国史研究》第一辑,三秦出版社,1988年。
⑤ 程长新等:《北京拣选一组二十八件商代青铜器》,《文物》1982年第9期。
⑥ 孙敬明:《莒史缀考》,《东夷古国史研究》第二辑,三秦出版社,1990年。
⑦ 中国先秦史学会等编:《杞文化与新泰》,中国文联出版社,2000年;王恩田:《从考古材料看楚国灭杞国》,《汉江考古》1988年第2期。

后段,4-7期为晚商,相当于二里岗上层晚段至殷墟四期;甲骨分五期,从早到晚均有发现。另外,商代早期遗存中存在"第二类文化遗存",以夹砂素面褐陶鬲、甗、鼎、罐等为代表,应是岳石文化的延续,是夷人文化因素。

2. 史家遗址

位于桓台县田庄镇史家村南,面积约30万平方米,包括龙山文化、岳石文化、商、战国和汉代文化遗存。自1964年以来出土商代不同族徽的铭文铜器20余件,1995年发现一座商代墓葬,查明遗址北部为贵族墓地。1996年淄博市文物局等单位对遗址进行了勘探,发掘1300余平方米,发现龙山文化、岳石文化至商代城壕和夯土,岳石文化至西汉时期墓葬14座,水井7眼,灰坑11个,岳石文化大型木架结构祭祀器物窖藏1处,商代杀殉乱葬坑1个,殉猪祭坑3个,房基2座,发现5片刻字卜骨,商代文化遗存从殷墟一期至商代末期。从遗址规模、重要遗迹和遗物分析,史家遗址应是商代重要方国都邑所在。

3. 丁公遗址

位于邹平县苑城乡丁公村东,面积约18万平方米,包括大汶口文化、龙山文化、岳石文化、商代和汉代文化遗存。山东大学1985年至1992年共发掘5次,商代文化层较厚,遗迹有房基、灰坑、水井和墓葬,遗物以陶器为主,器型有鬲、甗、豆、盆、簋和圜底尊等,发掘简报将其年代定在殷墟中晚期至商末周初。

4. 苏埠屯墓地

位于青州市东北10千米苏埠屯村东的埠岭上,东距弥河约1.5千米,发现有商代和汉代墓葬。30年代就发现两座墓葬出土商代"亚醜"铜器。1965-1966年、1986年山东省博物馆和山东省文物考古研究所共发掘了10座商代墓葬,墓葬均为土坑墓。墓葬形制有四条墓道的"亚"字形大墓、两条墓道的"中"字形墓、一条墓道的"甲"字形墓,还有长方竖井式墓。墓葬棺椁齐全,多有殉人,流行腰坑且殉狗,填土经分层夯实。随葬品丰富精美,主要有铜器、陶器、玉石器、骨蚌器等。铜器分酒器、食器、兵器、工具、杂器、乐器和车马器等类,主要器型有鼎、簋、觚、爵、斝、卣、觯、钺、戈、矛、刀、镞、锛、凿、斧、铙、铃等,铭文有"醜"、"融"、"册融"等,车马器有车饰、軎、辖、轭、马镳、当卢、銮、弓形器、盖弓帽等;[①]陶器有鬲、簋、觚、爵、豆、盘、罐、瓿、盉、器盖、陶拍等;玉器有琮、玦、戈、鱼等。还有石器、骨器、蚌器及大量穿孔贝。该墓地的年代自殷墟三期至商代末期,应是重要方国方伯墓葬,也还有许多学者对其铜器铭文进行了研究。

5. 尹家城遗址

位于泗水县金庄乡尹家城村西南一个高台上,面积保存4000余平方米,包括大汶口文化、龙山文化、岳石文化、商代、西周、战国、汉代和唐宋时期文化遗存。1973-1986年山东大学历史系考古专业先后五次对该遗址进行了发掘,商文化堆积较厚,分布较广。发现房基3座、灰坑52个;遗物有铜镞、石器、骨角牙器、蚌器和陶器。陶器有鬲、方鼎、盆、罐、

---

① 夏名采等:《山东青州市苏埠屯墓群出土的青铜器》,《考古》1996年第5期。

斝、簋、豆、碗、拍子、网坠和纺轮等。商文化遗存的年代与二里岗上层、殷墟早期的年代相当。这里首先发现相当于二里岗上层的遗迹打破岳石文化地层的关系,为确定商文化到达鲁中南地区的时间及岳石文化在这一地区早于商文化提供了证据。

6. 天齐庙遗址

位于泗水县南陈村乡天齐庙村北,面积约 4500 平方米,包括大汶口文化、龙山文化、岳石文化、商文化和周代文化遗存。1988－1989 年国家文物局田野考古领队培训班对遗址进行了发掘,发掘面积 2400 平方米。地层中第 4 层属商文化堆积,发现遗迹有房基、灰坑、灰沟和墓葬,房基下有奠基性质的瓮棺葬,墓葬有腰坑和殉狗的现象;遗物多为陶器,器型有鬲、甗、罐、瓮、缸、大口尊、盆、瓿、钵、盂和器盖等,其中鬲、罐、盆、豆、簋等形态富于变化。商文化遗存年代处在二里岗上层至藁城台西遗址晚期阶段。

7. 南关遗址

位于邹县县城东约 1 千米的胡家山下的高台地上,保存面积较小,包括龙山文化、商文化遗存,以商文化遗存为主。1987 年国家文物局考古领队培训班发掘 115 平方米,发现商文化灰坑 21 个、墓葬 1 座,遗物除少量石器、骨器外,以陶器最多。器型有鬲、甗、盆、簋、罍、罐、瓮等,其中鬲的形态比较复杂。商文化遗存年代与殷墟四期相当,可分为前后两段。

8. 潘庙遗址

位于济宁市郊区南张乡潘庙村西约 300 米,面积 22000 平方米,包括商代、汉代和唐代文化遗存,以商文化为主。1986 年国家文物局第三期考古领队培训班发掘 1250 平方米,4、5 层为商文化堆积,发现灰坑 42 个、房基 1 座、水井 1 口、墓葬 2 座,遗物有陶器、石器、骨器、铜器和蚌器。陶器器型以鬲、甗、罐、盆、簋、钵为主,还有豆、大口尊、罍、爵;石器有斧、锛、镰;骨器有镞、锥、笄;还有蚌镰、铜镞、卜骨。商文化遗存分两期四段,相当于殷墟一期、二期。

9. 凤凰台遗址

位于济宁市郊区南张乡凤凰台村内,西北距潘庙遗址约 2 千米,以商文化遗存为主,也见龙山文化、岳石文化、周代和汉代遗物。1986 年国家文物局考古领队培训班发掘 200 平方米,2－7 层均为商文化堆积,发现灰坑 6 个,遗物以陶器为主,器类有鬲、甗、豆、簋、盘、钵、罐、瓮,还发现石镰、骨镞及大量鹿角。商文化遗存分为两段,年代相当于殷墟一期晚段至二期。

10. 前掌大遗址

位于滕州市官桥镇前掌大村及南北,西距著名的薛国故城遗址约 1 千米,面积约 10 万平方米,包括龙山文化、商代、西周、战国和汉代文化遗存。1981－1998 年中国社会科学院考古研究所发掘六次,发现商代文化遗存最多,有商代中晚期居址、壕沟;清理商代晚期"中"字形大墓、"甲"字形中型墓 7 座,小墓 20 余座。大中型墓纵横排列,布局规整,墓葬结构包括墓室、墓道、二层台、棺椁、殉犬坑和墓上建筑。尽管墓葬多次被盗,随葬品依然丰富,主要有陶器、印纹硬陶、原始青瓷、青铜器、玉石器、蚌器等。年代属商代晚期,主要是殷墟四期遗存,发掘者认为前掌大遗址与薛国有关。

11. 安邱堌堆遗址

位于菏泽市郊区佃户屯乡曹楼村东南的安邱堌堆上,面积约2500平方米,包括龙山文化、岳石文化和商文化。1976、1981年山东省博物馆进行过试掘。1984年北京大学考古系发掘210平方米,商文化堆积为3-7层,遗迹有灰坑、陶窑,遗物以陶器为主,器型有鬲、甗、簋、豆、罐、盆、瓮等。商文化遗存从早商一直延续到晚商,各分三段,早商一段相当于二里岗上层偏晚阶段,二段与藁城台西商代晚期遗址相当,三段相当于殷墟一期;晚商一至三段分别与殷墟一至三期相当。

(三) 文化面貌

1. 遗迹

主要发现有壕沟、房基、水井、窖穴、灰坑、灰沟、陶窑、墓葬、车马坑、殉马坑、殉猪祭坑、人殉乱葬坑等。

壕沟在前掌大和史家均有发现,史家还发现大面积夯土,详细资料尚未发表,很难做进一步分析和研究。

房基,多地面建筑(仅大辛庄发现一座半地穴式),以长方形为主,少部分圆形;墙为土筑,墙内立柱,门向东或偏北;房基经铺垫,居住面多加白灰土加工,有长期居住形成的多层居住面,有的经烧烤。天齐庙的房基居住面发现瓢形和圆形灶,房基垫土或居住面下有奠基性儿童瓮棺葬。

水井,长方形,直壁或斜壁,脚窝设于一隅,上下错落。

灰坑,一部分为大灰坑,圆形,筒状或袋状,比较规整,有的底面发现板灰,当为窖穴之功能;一般灰坑有圆形、椭圆形和不规则形,多为垃圾坑。

墓葬,小型墓葬皆长方形土坑竖穴,排列有序,有二层台,大部分有棺,个别有椁,流行腰坑、殉狗,个别墓二层台殉狗或陪葬儿童。部分墓无随葬品,有随葬品的也在10件以内,多数1-4件,主要随葬陶器,有鬲、盆、豆、鬲、盆(簋)或单鬲组合等,个别墓随葬铜器,有鼎、甗、爵、戈等,也葬极少的玉器。大中型墓葬仅在苏埠屯和前掌大发现,同时也有车马坑和殉马坑。

苏埠屯墓地共发现、发掘12座墓。1936年调查2座,1965-1966年发掘4座,1986年发掘6座。分大、中、小三类。大型墓一座,4条墓道,"亚"字椁室;中型墓为有两条墓道的"中"字形墓和有一墓道的"甲"字形墓;小型墓为长方竖井形状。大中型墓比较有特点。M1是大型墓,东、西、南、北四条墓道,"亚"字形椁室,椁底铺一层木炭,椁室中部有"T"字形腰坑,殉狗,其下有一奠基坑,二层台、腰坑、奠基坑及南墓道和椁室间的"门道"内共有殉人48个;由于墓葬早年被盗,随葬品仅存小件器物和一些器物残片及陶器,其中以带"亚醜"铭文的大铜钺最为有名(图二)。M11是中型墓,有二层台,南部一条有19级

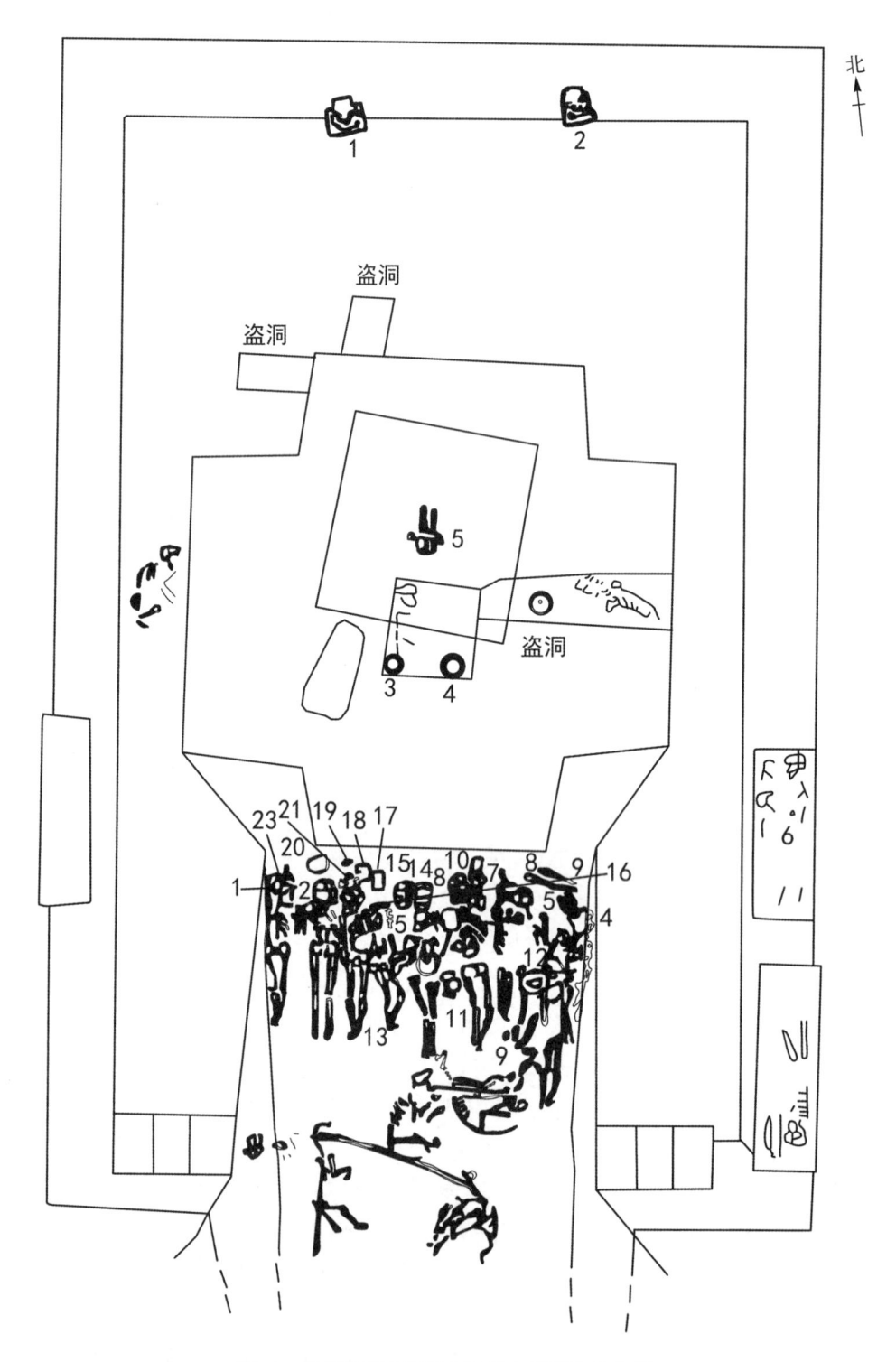

图二 青州苏埠屯墓地 M1 殉人及遗物分布图

1. Ⅰ式铜钺 2. Ⅱ式铜钺 3. 陶罐 4. 陶尊 5. 骨簪 6. 绿松石饰 7. 铜矛残片（表面有粟痕）
8. 陶甑 9. 陶瓠 10. 铜铃 11. 彩绘图案痕迹 12—23. 殉人

台阶的墓道,一棺一椁,有腰坑并殉有一只狗,由于被盗严重,随葬品及其他情况不明;M8 为甲字形墓,一斜坡状墓道,生土二层台,两椁一棺,有长方形腰坑,二层台和棺顶殉狗两只,随葬品多置于棺椁之间,礼器、乐器、兵器和杂器等摆放有一定规律。M7 为小型墓,有二层台,长方形腰坑内殉狗 1 只,二层台上有 3 个殉人。

前掌大墓地 1991 年发掘 M4 为"中"字形大墓,有南北两条墓道,墓室南北长 9.18、东西宽 5.54－5.72、深 5.15 米,墓葬南北全长 16.72 米;有熟土夯筑的二层台,其中三面有多种色彩的彩绘图案;有内外两椁和一棺,棺面绘有多彩纹饰,棺底铺有朱砂,朱砂间夹有大量海贝,内椁与棺之间有一殉犬坑;填土为花土逐层夯筑而成,夯窝清晰;该墓发现 13 个盗洞,剩余随葬品有陶器及大量小件近 2000 件,其中海贝 1400 余件;M4 比较有特点的是墓口外围有地面建筑的台基基底、柱洞,以及墓道口外围的柱洞、石础、散水设施,墓室、墓道底部也发现柱洞,可以肯定墓葬上部曾有地面建筑物(图三)。M3 是"甲"字形中型墓葬,由墓室、南墓道、熟土二层台、椁室、殉犬坑组成,墓室南北长 8、东西残宽 3.3－3.4 米,墓葬全长 9.35 米;随葬品放置在棺椁之上,以及椁底与棺的东侧,分五层堆放,虽然被盗,随葬品剩存近 1300 件,其中原始瓷器 13 件,蚌器、海贝数量较多。于墓内随葬大量蚌器和嵌蚌饰件,棺侧挖坑殉狗的做法等均显示出明显的地方特色。

史家遗址发现殉猪祭坑 4 个,为不规则圆形和椭圆形,一般较深,多次使用,殉猪多成对杀祭,有的分层殉猪,有的坑底还放置器物,如 17 号坑即使用 4 次,两层殉猪两层器物。人殉乱葬坑一个,不规则圆形,长 2.95、宽 2.4、深 0.8 米,坑内分布零乱的人头骨、盆骨、肢骨、肱骨等,并且有明显的砍锯痕迹。遗址内还发现多处祭祀、占卜和人殉迹象。

2. 遗物

有陶器、青铜器、石器、玉器、骨器、蚌器、角器、牙器和甲骨等。

陶器数量最多,最具代表性,也富于变化,大致可分为三群。第一群陶器陶色以灰色调为主,陶胎较薄,火候较高,纹饰常见绳纹、交叉绳纹、弦纹、三角划纹等,流行方唇、折沿,主要器物组合是鬲、甗、豆、簋、盆、罐、圜底尊、大口尊、瓮等;这一陶器群因时间早晚和地域的不同所占比例也不相同,但始终占有主导地位,特征与中原地区商文化陶器一致,是山东商文化的主体,可称为商文化陶器群(图四)。第二群陶器陶色以红褐色和褐色为主,陶胎较厚,器类主要有鬲、甗、簋、盆、罐、圜底尊、瓮等;这一陶器群数量少于第一群,因地域和时间的不同而器型变化较多,地方特点浓厚,是商文化在地方的变体,可称为地方文化陶器群。第三群陶器为夹砂素面褐陶系,器类有鬲、甗、罐、瓮、豆、盆等,这一陶器群数量较少,不同的地区和不同的遗址或多或少地存在,可称为土著文化陶器群。个别遗址还出土少部分印纹硬陶(主要器类是罍、尊、罐)和原始瓷器(图五)(主要器类是豆、尊、罍、罐)。

青铜器出土地点目前已有 30 余处,主要出土于重要遗址和墓葬中,其他遗址多见小件器物。主要分礼器、乐器、兵器、工具和车马器等类;礼器常见器型有鼎、鬲、爵、觚、簋、斝、尊、角、卣等(图五);兵器有钺、戈、镞、弓形器、矛、刀等;乐器有铙、铃等,工具有

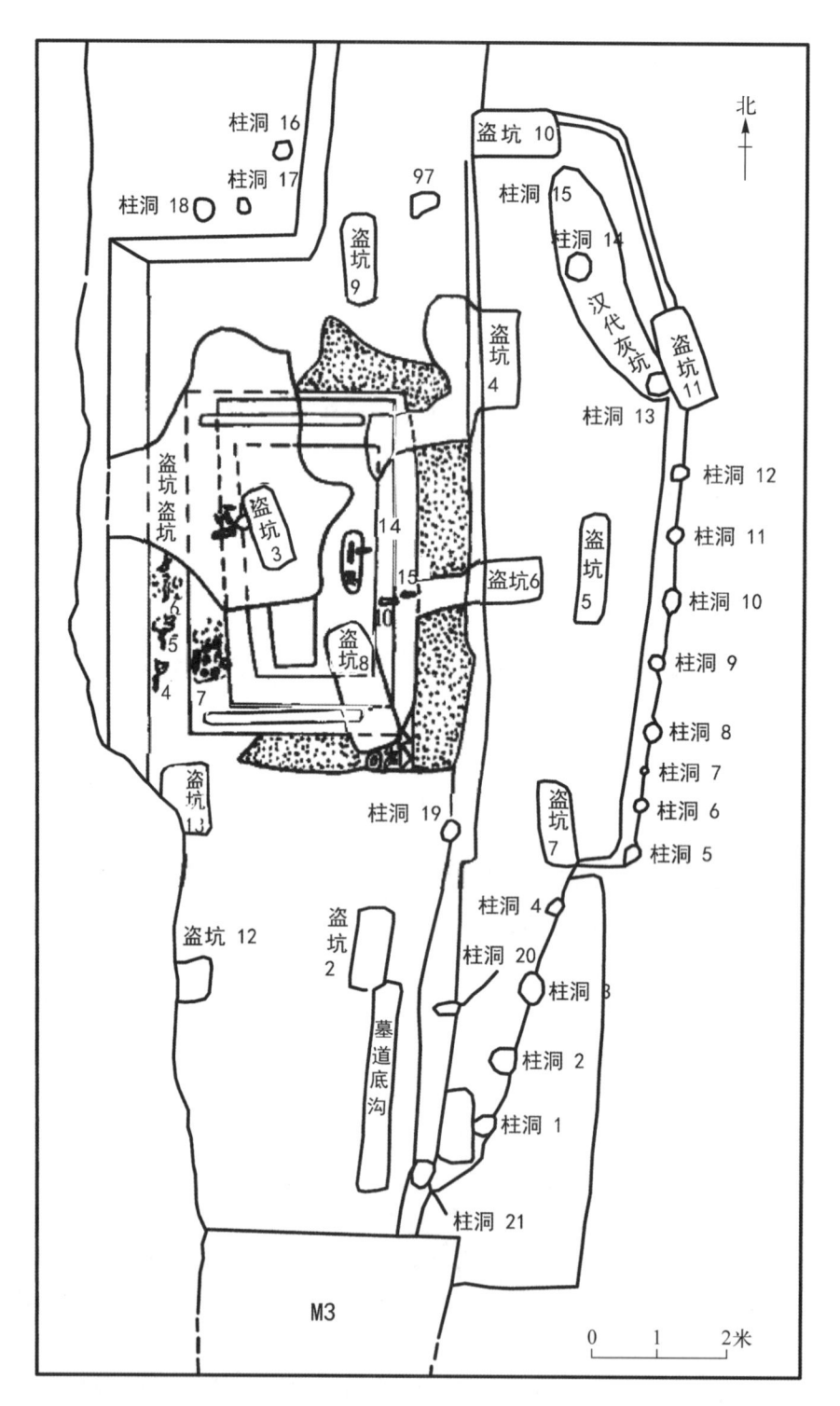

图三 滕州前掌大墓地 M4 平面图

4、5、6、7. 镶嵌蚌片漆牌饰　10. 铜镳　14. 铜管饰　15. 铜车軎　97. 石磬（1、2、3 及 97 以前的器物是扰坑中出土，98 以后为棺椁下出土的，故图上缺，涂黑处为彩绘痕）

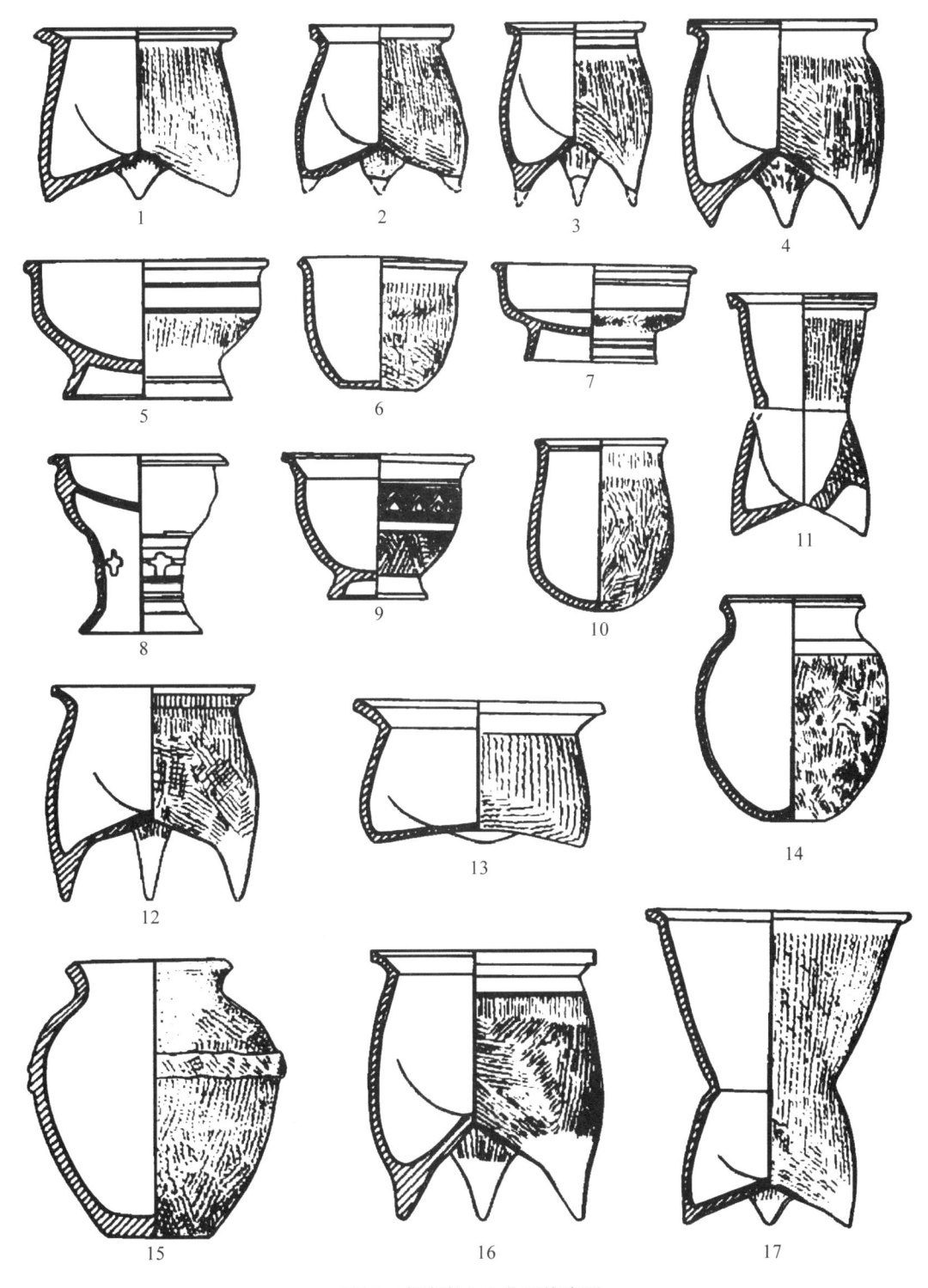

图四 商代商人文化系统陶器

1-4、12、13、16. 鬲(丁公 M23:2,天齐庙 F57:3,大辛庄 2H71:1、6C14:1,尹家城 H57:1,南陈庄 T2③:6,尹家城 H35:8) 5、7、9. 簋(潘庙 H86:1,大辛庄 2J2:4,凤凰台 H671:1) 6. 盆(丁公 M23:1) 8. 豆(大辛庄 6H45:1) 10. 盔形器(丁公 H17:3) 11、17. 甗(安邱堌堆 T22⑧47、丁公 H36:2) 14、15. 罐(大辛庄 6H96:1,苏埠屯 M1:66)

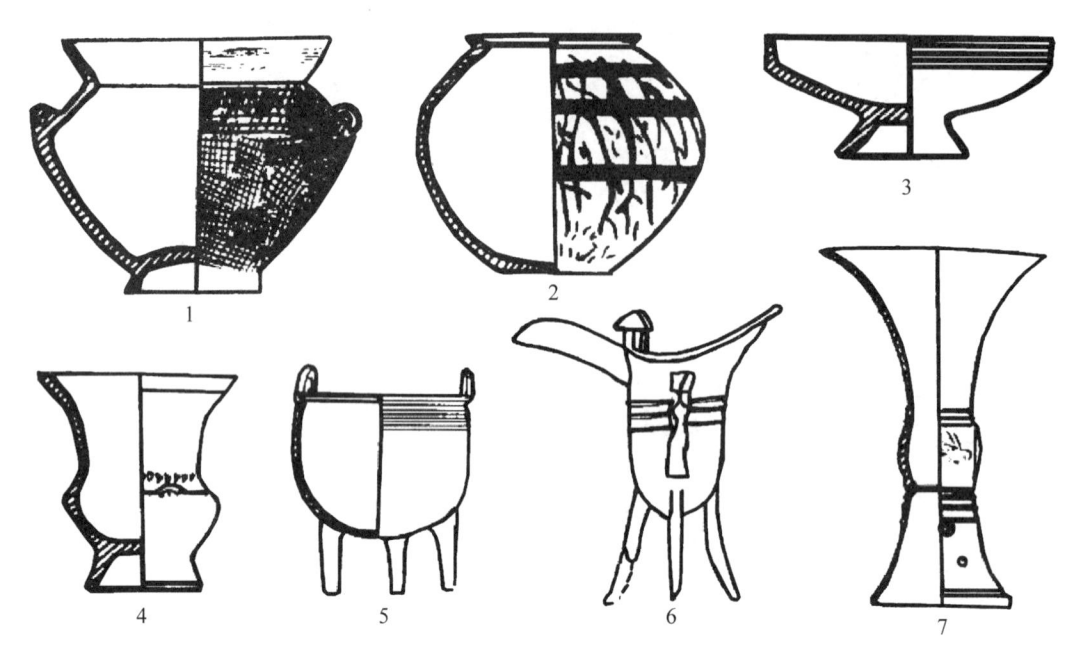

图五　商代商人文化系统器物

1. 印纹硬陶罐(前掌大 M4∶11)　2. 原始瓷罐(前掌大 M3∶6)　3. 原始瓷豆(前掌大 M4∶10)　4. 原始瓷尊(前掌大 M3∶84)　5. 铜鼎(大辛庄 M5∶3)　6. 铜爵(大辛庄 M5∶4)　7. 铜觚(大辛庄 M5∶5)

斧、锛、凿、削等;车马器有軎、辖、马衔、马镳、銮铃、轴饰、节约及车马饰部件。青铜器种类、组合及器形均与中原地区商文化比较一致。在苏埠屯、史家、前掌大、种寨、兖州、长清等遗址发现许多铭文铜器,对研究山东古国古族属具有重要意义。

石器发现数量较少,主要器类有斧、钺、铲、刀、镰、杵、锛、凿、磬、镞、纺纶等。

玉器主要出土于前掌大、苏埠屯、大辛庄等遗址中的墓葬,主要器类有璧、琮、璜、玦、斧、戈、动物造型(主要有龙、虎、鹿、枭、鱼、蝉、兽面饰件)、管等,另外还出土绿松石、玛瑙和水晶饰件。

骨器主要见于居址,大中型墓葬出土较多,主要器型有锥、针、笄、镞、耳勺等,还出土牙梳。

蚌器发现数量较少,尹家城遗址出土13件,前掌大、苏埠屯墓葬出土蚌器多为饰件,主要有璧、璜、管、鱼、勺及蚌片、蚌泡,还出土大量海贝。

甲骨发现较少,见于大辛庄、史家、丁公、尹家城和潘庙遗址,尤以大辛庄遗址出土最多,也最有特点。早期只见卜骨,先有小钻后见大钻,无凿;晚期出现卜甲,腹甲较多,背甲较少,凿、钻都比较有特点。

(四) 分期与年代

经过正式发掘的商文化遗址发现了许多明确的层位关系,为分期提供了可靠的科学依据;遗址出土陶器众多,研究人员基本摸清了陶器演变序列的规律、陶器组合的变化,为分期提供了类型学依据。由于商文化出土铜器与中原一致,出土陶器与中原商文化基本一致,这为分析山东商文化的年代提供了准确的可比较资料。总之,山东商文化分期和断代的条件已成熟。

目前已有数位学者对商文化进行了分期与断代。徐基先生将大辛庄遗址商文化遗存分为七期,1-3为大辛庄商文化前期,相当于郑州二里岗上层文化,4-7期为大辛庄商文化后期,相当于殷墟商文化1-4期。[1] 邹衡先生将安邱堌堆遗址商文化分为早商、晚商两大阶段,又分别分成三段,早商一段相当于郑州二里岗上层偏晚阶段,二段稍晚于一段而早于殷墟1期,三段相当于殷墟1期;晚商一段至三段相当于殷墟2至4期。[2] 宋豫秦先生以安邱堌堆遗址商文化遗存为主分析了鲁西南地区的商文化,将商文化分为六期,一至六期的年代与邹衡先生的早商三段、晚商三段分别一致。[3] 李季等先生将汶泗流域的商文化分为三期七段,分别相当于郑州二里岗上层晚段至殷墟文化四期。[4] 陈淑卿先生在其硕士研究生论文《山东地区商文化编年与类型研究》一文中将山东商文化做了综合考察,分为六期7段:一期1段见于大辛庄遗址,2段见于安邱堌堆、南陈庄、天齐庙等遗址,1段相当于二里岗上层晚段,与邹衡先生所分早商文化三段Ⅴ组、与小双桥遗址早段大致同时,2段相当于邹衡先生所分早商文化三段Ⅵ段、与小双桥遗址中段大致同时;二期除上述几处遗址外,还发现于潘庙、凤凰台、尹家城、前掌大等遗址,与小双桥遗址晚段同时;三至六期分别与殷墟文化1-4期对应,三期除上述遗址外还发现于乐盘、史家等遗址,四期除上述遗址外还发现于滨县兰家遗址,五期遗址在鲁北地区发现较多,六期遗址发现增多,昌乐邹家庄、青州苏埠屯及赵铺、邹县南关和章丘宁家埠等遗址。[5]

总之,大家的认识基本一致,山东商文化最早始于二里岗上层晚段,下至殷墟文化四期。在年代学上,大致相当于商中期的仲丁王至商末帝辛亡国或稍后。鲁西南、鲁中南、鲁西北地区的商文化上述几期都存在,鲁北地区西段即济南以东淄河以西地区商文化最早到殷墟文化一期,淄河以东至潍坊市以西地区商文化目前仅见早到殷墟文化三期的遗存。上述商文化分期中各期在各地发展不平衡,其主要集中的期别也不同,也就是说各地最丰富、文化最发达的时段不一致。

(五)文化类型

考古学文化地方类型的划分主要依据其内在的文化特征(主要以陶器组合及其特

---

[1] 山东大学历史系考古专业等:《1984年秋济南大辛庄遗址试掘述要》,《文物》1995年第6期;徐基:《山东商代文化研究的若干问题》,《中国文物报》1998年4月22日;徐基:《关于济南大辛庄商代遗存年代的思考》,《夏商周文明研究》,中国文联出版社,1999年。
[2] 北京大学考古系商周组:《菏泽安邱堌堆遗址发掘简报》,《文物》1987年第11期。
[3] 宋豫秦:《论鲁西南地区的商文化》,《华夏考古》1988年第1期。
[4] 李季、何德亮:《泗河流域古代文化的编年与类型》,《文物》1991年第7期。
[5] 陈淑卿:《山东地区商文化编年与类型研究》,1998年山东大学硕士研究生学位论文;徐基:《山东商代考古研究的新进展》,《三代文明研究》(一),科学出版社,1999年。

征)、区域历史文化传统、相对独立的自然地理环境和周边同时期诸文化影响,另外还有自然灾害和战争造成的影响。山东商文化地方类型,许多学者进行过研究,如徐基先生论述了大辛庄类型;①宋豫秦先生论述了鲁西南地区的商文化;也有学者对汶泗流域的商文化进行了总结,有的学者探讨了前掌大遗址及其周围地区的商文化;任相宏先生分析了鲁北地区的商文化,提出了大辛庄、史家和苏埠屯类型;②陈淑卿先生将山东商文化分为六个类型,即鲁西南地区的安邱堌堆类型、枣庄滕州地区的前掌大类型、汶泗流域的潘庙类型、鲁西北地区的大辛庄类型、鲁北地区的史家类型和淄河以东的苏埠屯类型。③

各地方类型既有相对独立的地理单元,又多少受到地方传统文化的影响,因此,商文化各类型都体现了一定的特点。大辛庄类型有高体、直腹鬲,大折沿深腹盆,小口、矮领瓮,敛口、圆唇绳纹盆;另外,素面鬲、甗、鼎、高圈足簋等显然继承了岳石文化风格,也是其他类型罕见的。史家类型的方唇、卷沿、束颈、鼓腹鬲,腹壁斜直的矮裆鬲,长颈、浅腹、高圈足簋,直口、筒腹、圜底尊,柱状足鼎式鬲,卷沿、鼓腹、厚胎盆等是地方特点。苏埠屯类型出土较多的素面鬲,还有瘪裆绳纹甗,带鋬小鬲,直口、筒腹、圜底尊,直口、鼓腹罐,夹砂素面折肩罐,卷沿瓮等,土著文化因素明显比其他类型多。潘庙类型有直口、鼓肩、瘪裆鬲,小口、长颈、袋足鬲,鼓腹、窄裆、乳状袋足鬲,浅腹、大平底、绳纹盆,豆的圈足外鼓以及罍等具有地域特点。前掌大类型前掌大遗址发现大中型墓,棺下无腰坑,旁边另设殉狗坑,配前后廊道的"中"字形墓上建筑,随葬品不见陶觚、陶爵,遗址出土小口、鼓肩、瘪裆鬲,束颈、大袋足鬲,宽卷沿鬲,豆圈足底部内突等均具有自己的特点。安邱堌堆类型早商时期基本与中原商文化一致,晚商时期则多夹粗砂厚胎红褐陶,多束颈、盘口鬲,平口、圆唇豆,方唇、折肩罐等,这均是地方特点。

各地方类型特点明显,但由于各类型做的工作不平衡,发现情况也不同,许多发掘资料没有详细报道,因此对商文化地方类型的划分与研究还有很大局限性,值得深入细致的再研究。

(六)方国或族属

根据商文化地方类型特点的认识和划分,结合各地出土铜器铭文,与文献记载中的方国和族属的地望相联系,我们看到了这些地方类型划分的实际意义。换句话说,关于商代东方方国和族属研究,因考古工作的深入而取得了初步成果。

史家类型所处地域、年代及出土陶器、祭祀坑等重要文化遗存,联系文献,这一带应是薄姑的地望,属商王朝的方国。苏埠屯墓葬出土"亚醜""融""册融"等铭文铜器,这一带也应是方国,有学者认为苏埠屯大墓是薄姑国君之墓,有学者认为是"斟𪓐""斟灌"族的

---

① 徐基:《商文化大辛庄类型初论》,《中国考古学会第九次年会论文集》,文物出版社,1997年。
② 任相宏:《从泰沂山脉北侧的商文化遗存看商人东征》,《中国文物报》1997年11月23日。
③ 陈淑卿:《山东地区商文化编年与类型研究》,1998年山东大学硕士研究生学位论文。

遗物,有学者认为是"融"族创造的遗物。鉴于这里表现出浓厚的商文化特点,我们则倾向于它是商帝国诸侯(方伯)国。前掌大遗址和墓葬也是方国遗存,有学者考证为"商奄"故地,有学者认为与"薛文化"有关,我们倾向于后者。潘庙类型主要集中在泗水、曲阜、邹城、兖州和济宁地区,尽管没有发现高规格的遗址和墓葬,但晚商时期地方文化因素特别浓厚,这里是文献记载的商奄故地,我们认为这一带应是奄国范围。寿光县益都侯城发现晚商纪器,结合文献记载和春秋时期纪国的地望,寿光一带应是纪国疆域。

三、夷人文化系统遗存

(一) 珍珠门文化的发现与分布

严文明先生指出,在胶东半岛岳石文化之后不是商文化,而是以长岛珍珠门遗址一类文化遗存为代表的土著文化,其文化特征表现在陶器方面是夹砂素面褐陶,器类有鬲、甗、鼎、簋、盆、罐、碗、瓮和器盖等,显然继承了岳石文化。它主要分布在胶东半岛中部以东的地区,可以称之为"珍珠门文化",代表胶东半岛商代夷人文化遗存。[1]

1997 年 7 月,山东省文物考古研究所发掘了潍坊市会泉庄遗址,发现了较为单纯的夷人文化遗存,文化特征与珍珠门文化遗存一致,年代为商代晚期至西周早期,因此,我们认为珍珠门文化能够代表山东地区商代夷人文化,[2]其分布范围到达潍河流域。

检索已发表的资料,属珍珠门文化的遗址有长岛县汪沟、店子、珍珠门、大口、大钦北,[3]烟台芝水,文登、荣城也发现许多遗址。[4] 大辛庄遗址第二类文化遗存也是夷人文化遗存[5](但它沦为商文化的附庸)。此外还有乳山市南黄庄墓地,[6]潍坊会泉庄、姚官庄遗址,[7]昌乐后于刘遗址,[8]寿光火山埠、呙宋台、达字刘、前曹庄遗址,[9]青州赵铺、凤凰台遗址,[10]临淄后李、东古城遗址,[11]苏北铜山、沭阳万北遗址[12]等。最近在乳山市寨山遗址

---

[1] 严文明:《东夷文化探索》,《文物》1989 年第 9 期。
[2] 刘延常:《潍坊市会泉庄遗址考古发掘的意义》,《中国文物报》1998 年 3 月 25 日;山东省文物考古研究所等:《山东潍坊市会泉庄遗址发掘报告》,《山东省高速公路考古报告集 1997》,科学出版社,2000 年。
[3] 北京大学考古实习队等:《山东长岛县史前遗址》,《史前研究》1983 年创刊号。
[4] 王锡平:《胶东半岛夏商周时期的夷人文化》,《北方文物》1987 年第 2 期。
[5] 徐基:《从济南大辛庄遗址的第二类遗存探索岳石文化的发展去向》,《辽海文物学刊》1990 年第 1 期。
[6] 北京大学考古实习队等:《乳山南黄庄石椁墓》,《胶东考古》,文物出版社,2000 年。
[7] 山东省博物馆:《山东姚官庄遗址发掘报告》,《文物资料丛刊》1981 年第 5 期。
[8] 山东省文物考古研究所等:《昌乐后于刘龙山文化至汉代遗址》,《中国考古学年鉴 1991》,文物出版社,1992 年。
[9] 寿光县博物馆等:《寿光县古遗址调查报告》,《海岱考古(第一辑)》,山东大学出版社,1989 年。
[10] 山东省文物考古研究所等:《青州市凤凰台遗址发掘》;青州市博物馆:《青州市赵铺遗址的清理》,均发表于《海岱考古(第一辑)》,山东大学出版社,1989 年。
[11] 济青公路文物考古队:《山东临淄后李遗址第一、二次发掘简报》,《考古》1992 年第 11 期;济青公路文物考古队:《山东临淄后李遗址第三、四次发掘简报》,《考古》1994 年第 2 期;山东省文物考古研究所:《临淄东古墓地发掘简报》,《海岱考古(第一辑)》,山东大学出版社,1989 年。
[12] 俞伟超:《铜山丘湾商代社祭遗迹的推定》,《考古》1973 年第 5 期;俞伟超:《苏鲁豫皖考古座谈会》,《文物研究》第七辑,1991 年。

发现了比较单纯的珍珠门文化遗存。①

珍珠门文化的分布大致分两种情况：一类以珍珠门、芝水、会泉庄等遗址为代表，文化面貌单纯，不属商文化分布区，主要分布在弥河以东的潍河流域、胶莱平原、胶东半岛，鲁东南地区基本未发现夷人文化遗存，但不属商文化分布区。另一类，有单纯的夷人文化遗存，如墓葬随葬单件素面鬲，同时又有商文化因素共出一个单位，如墓葬随葬素面鬲亦随葬绳纹罐、豆等，这两种情况又同存在于一个遗址或墓地，这样形成一个交叉分布区，主要分布在淄弥流域和苏北地区。形成这种分叉分布的原因应是商文化延伸并和夷人文化融合的结果，是夷人文化孑遗的证据。

（二）重要遗址和重要发掘

1. 珍珠门遗址

位于长岛县北长山岛西北部，遗址的范围东西和南北均为八九十米，土层较薄，地面见直径 2-3 米的圆形灰坑，灰坑地面铺有海砂子，推测应是季节性的棚舍；有些小圆形灰坑，填灰烬和蛎子壳。采集陶器主要有素面鬲、鼎足、罐底、碗和绳纹鬲等。1982 年、1983 年北京大学等单位两次发掘珍珠门遗址，发现了比较丰富的文化遗存，陶器以夹砂或夹云母红褐陶为主，器类有鬲、甗、簋、碗、罐及绳纹盆等，发掘者认为珍珠门遗存延续时间很长，大体可分为三个阶段，早段相当于商代中晚期，晚段到西周时期。②

2. 芝水遗址

位于烟台市芝罘区西郊只楚镇芝水村西，遗址处于夹河下游的二级阶地，北距入海口约 5 千米。遗址南北长约 200、东西宽约 60 米，现存面积约 12000 平方米。1961 年发现该遗址，1964 年山东省博物馆与烟台市博物馆进行过试掘，中国社会科学院考古研究所等对遗址做过多次调查，1983 年、1988 年北京大学考古系和烟台市博物馆两次发掘芝水遗址。遗址文化遗存分三期，一期为岳石文化，二期为珍珠门文化，三期为西周中期。珍珠门文化遗存发现灰坑 9 个，多椭圆形或近圆形，个别不规则形，出土遗物有陶器、石器和骨器。陶器以夹云母为主，夹砂陶次之，泥质陶较少，陶色以红褐色为主，主要器类有甗、罐、盆、钵、碗、豆、网坠、纺轮等。石器有斧、铲、刀、凿、镞等，骨器较少，有铲、锥、镞、匕等。二期文化遗存的年代大致可定在商代。

3. 会泉庄遗址

位于潍坊市寒亭区朱里镇会泉庄东南约 300 米，遗址范围东西约 130、南北约 30 米，山东省文物考古研究所于 1997 年 7 月对遗址进行了发掘。发现灰坑 16 个，有圆形和椭圆形两种，出土遗物除个别石器外，主要是陶器，绝大部分为夹砂素面红褐陶，器类有甗、

---

① 姜书振：《山东乳山市寨山商代遗址调查》，《考古》2000 年第 5 期。
② 王锡平：《胶东半岛夏商周时期的夷人文化》，《北方文物》1987 年第 2 期。

罐、盆、碗、鬲、簋、杯、鼎、器盖及少量泥质陶簋、罐和圜底尊等。我们认为以灰坑及其出土陶器为代表的一类遗存属珍珠门文化,并将其分为三段,第一段相当于殷墟文化三期,第二段相当于殷墟文化四期,第三段相当于西周早期。

(三) 文化面貌

1. 遗迹

发现有灰坑和墓葬。灰坑多圆形、直壁、平底,有的面积较大,可能作为临时性住房用途;有的灰坑较小,填灰土等。墓葬较少,为长方形土坑竖穴单人墓,有的头部一侧置壁龛,随葬素面鬲或罐,多者3件,有的亦随葬商文化陶鬲、簋、豆或罐。

2. 遗物

以陶器为主,少量石器和骨器。石器主要有斧、铲、刀、凿、镞等,骨器有铲、锥、镞、匕等。陶器可分两类:一类是夹砂素面褐陶系,是珍珠门文化的主体和代表,器类主要有鬲、甗、鼎、盆、罐、簋、瓮、碗、杯和器盖等;另一类为泥质灰陶系,数量极少,器类有鬲、簋、盆、罐、豆等,这一类是商文化因素。夹砂陶以夹细砂为主,绝大部分羼有云母,部分夹粗砂或小石英石子;陶色以红褐色为主,褐色次之,另有黑褐、灰褐色,往往一器多色,火候不均;器表以素面为主,另有按窝纹、指甲纹、个别乳钉纹、附加堆纹、划纹,器物外表常见篦刮痕迹,按窝纹、指甲纹多饰于器口沿、颈部、领部、腰部和圈足部分;制法以手制为主,多泥条盘筑和泥片粘接,另有捏塑、慢轮修整,烧制火候不高;流行卷沿、圈足作风,器型有鬲、甗、鼎、盆、罐、瓮、碗、杯、器盖等(图六)。

(四) 分期与年代

主要根据会泉庄文化遗存的分期,对比其他遗址出土陶器,再参照商文化陶器的年代,暂将珍珠门文化商代部分分为三期:第一期以珍珠门早段、芝水二期为代表,出土高实足尖、分裆素面鬲,方唇、折沿绳纹鬲,相当于殷墟文化二期;第二期以珍珠门中段、会泉庄早段遗存为代表,另有赵铺遗址,陶器明显晚于一期,鬲裆、足尖变矮,芝水出土浅盘豆,赵铺M1出土三角划纹簋,珍珠门出土甗等与殷墟三期同类器相近,年代与之相近;第三期,以会泉庄中段为代表,另有东古城M1002、后李M93等,粗袋足、低裆鬲,窄沿、折肩绳纹罐,绳纹簋等与殷墟文化四期同类器相近,年代与之相当。

大辛庄第二类遗存的文化面貌除半月形双孔石刀外,主要表现在陶器方面,分夹砂褐陶和泥质陶两类,主要器类有甗、鬲、鼎、盆、瓮、豆、尊形器和器盖等,鼎、甗、豆、盆、尊形器与岳石文化晚期同类器相近,出土素面鬲、甗则明显受到商文化因素影响。大辛庄第二类遗存存在于商代文化遗存1-3期中,根据出土商文化器物判断,1-3期的年代为二里岗上层晚段。大辛庄第二类遗存应是受商文化影响而形成的土著文化因素,是商人统治下的夷人文化遗存。

岳石文化分期研究表明,岳石文化中晚期的年代介于商文化二里岗上层晚段至殷墟

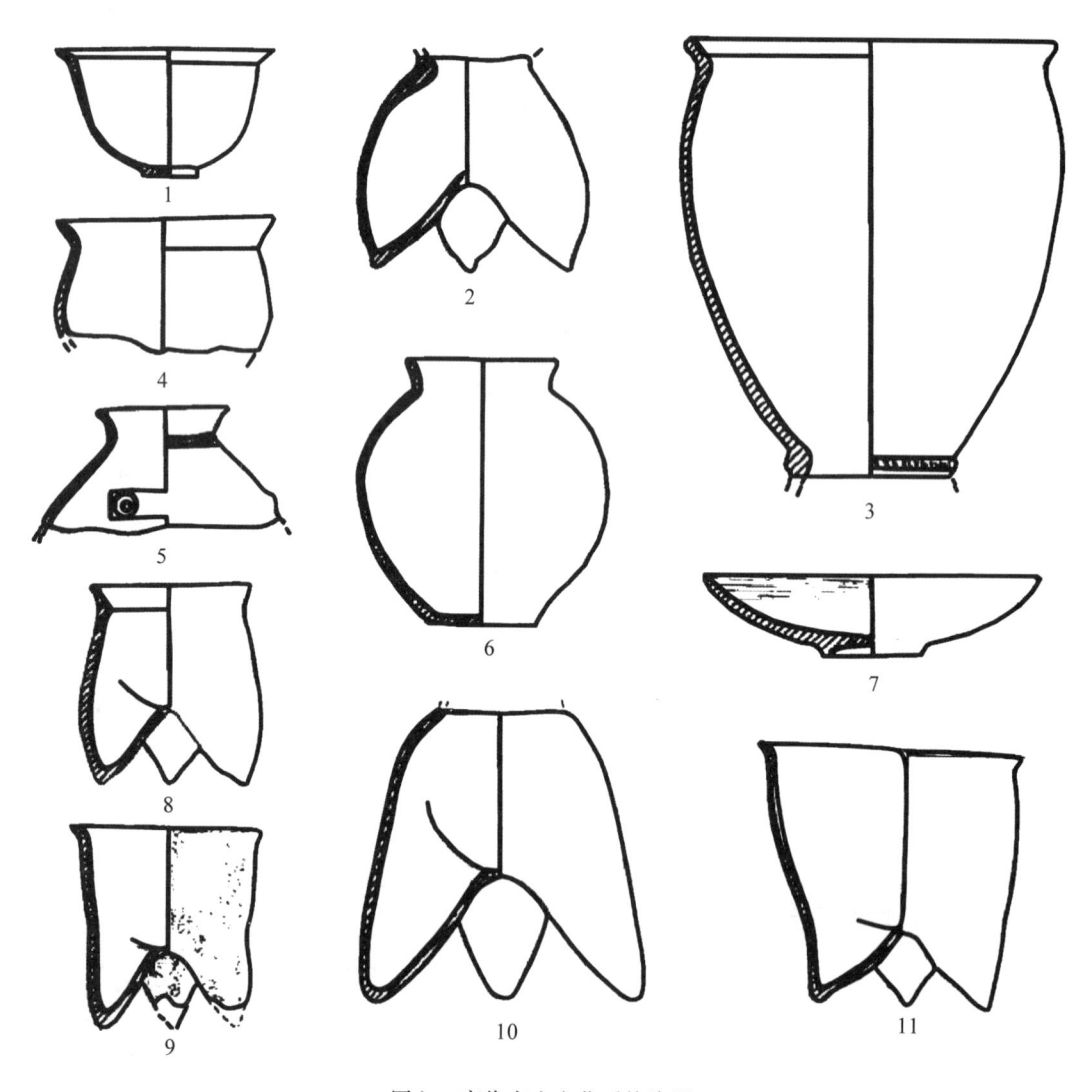

图六　商代夷人文化系统陶器

1. 盆(会泉庄 H6：2)　2、3、10. 甗(会泉庄 H12：20、芝水 H1：4、芝水 T403③：11)　4、6. 罐(会泉庄 H1：1、芝水 T424④：28)　5. 瓮(会泉庄 H16：1)　7. 盘(芝水 H1：6)　8、9、11. 鬲(赵铺 M1：2、北长山岛珍珠门采集)

文化一期,并且岳石文化的年代下限自西而东延迟,这与商文化东渐的现象是一致的。因此,商代的夷人文化遗存当然包括岳石文化中晚期遗存。

（五）地方类型

目前珍珠门文化划分地方类型的条件还不十分成熟,依据珍珠门文化遗存的发现,主要是陶器的变化,结合自然环境和岳石文化地方类型的传统,我们将珍珠门文化划分为两个地方类型,即胶东半岛地区的珍珠门类型和分布在潍弥流域、胶莱平原的会泉庄类型。另外,鲁东南地区和苏北地区也可分别视为一个类型。

珍珠门类型以珍珠门遗址、芝水遗址的商代部分文化遗存为代表,灰坑较大,填有海砂子和牡蛎壳,陶器颜色以褐色为主,夹云母者较多,器类中大口素面鬲最有特点,宽卷沿鼓腹矮圈足盆较多,圈足碗占一定比例。会泉庄类型以会泉庄遗存为代表,陶器除鬲有少量云母外则以夹细砂为主,还有的夹粗砂和小石英石子,素面鬲为小口、窄沿、斜长乳状袋足,圈足器比例较大,其中盆、罐和碗的数量较多。

(六)族属

珍珠门文化陶器群从陶器的质地、颜色、纹饰和器物的形态,均继承自岳石文化,年代上与岳石文化也相衔接,分布地域也与岳石文化的一部分重合,总之,我们认为珍珠门文化和岳石文化一样是东夷文化遗存。《尚书·禹贡》:"海岱惟青州,嵎夷既略,潍淄其道……莱夷作牧。"嵎夷,孔安国《尚书》注谓"东表之地称嵎夷",薛季宣《书古文训》谓:"嵎夷,海隅诸夷,今登州。"与文献记载相对应,结合地理和年代分析,我们认为珍珠门类型文化是嵎夷及其后裔创造的,会泉庄类型文化则可能是莱夷或其后裔创造的。

四、商文化东渐及夷商关系

由本节文化分期与年代分析可知,商文化在山东的分布有一个自西而东、由早到晚的过程。鲁北地区向东至潍河以西,鲁南地区到平邑、费县、泗水和枣庄一线以西地区全为商文化范围;鲁中山区、沂沭河流域和胶东半岛仅见个别商文化遗物,虽属商文化因素,却最多受商文化的影响,是个别器物的流传,这些区域不是商文化分布范围,应是夷人文化分布区。商文化最早在二里岗上层晚段时期进入山东西部并取代岳石文化,这一时期商文化自西向东分布,向东大致在济南—泗水—枣庄一线;到殷墟文化二期,商文化向东分布到淄河以西,鲁中南则到达平邑一带;殷墟文化三、四期则分布到淄河以东,鲁中南至费县一带。

山东商文化发现与研究的主要成果之一就是从年代和文化特征方面证明了商文化不可能起源于山东,同时文献记载"契居蕃"和"汤都亳"的"蕃"与"亳"都不会在山东境内。

早商时期,山东商文化面貌与中原地区的商文化基本一致,以后则表现出了浓厚的地方特点,各地方类型又有区域差异。在鲁北地区和鲁中南泗水、平邑、费县一线,商文化越向东土著文化因素越多,文化融合现象越明显;遗址或墓葬的规格或级别越高,商文化特征就越明显,也就是说商化程度越大;遗址级别越小越低,土著文化因素就越浓。学术界把这种现象称之为"商文化东渐"。徐基先生发表了《商文化东渐初论》文章,[1]任相宏先

---

[1] 徐基:《商文化东渐初论》,《南方文物》1994年第2期。

生认为鲁北地区商文化遗存反映了商文化东渐的史实。①

王恩田先生研究了五期征夷方卜辞,结合文献记载和山东发现的商代有铭铜器,认为帝辛征东夷的路线中有众多地方在山东。如滕州是攸族居住地,泰安为商氏居住地,杞国在新泰市。同时考证,周初成王分封给鲁国的"殷民六族",实际上是居住在鲁国周围的殷商遗民;其中,徐氏在鲁东,条氏、萧氏在鲁南,索氏在鲁西,长勺氏、尾勺氏在鲁北。

珍珠门文化的发现与研究表明,商人东征,商文化东渐并未扩展到山东东部,相反,夷人势力还很强大。广阔的胶东半岛,鲁东南地区还属夷人控制区,与商王朝对峙,直至商王朝灭亡并延续到西周。夷人势力与商王朝抗争的同时,还以其特有的文化面貌影响着商文化的发展,为多盛多彩的中华古文化的融合谱写了重要篇章。

考古学文化和文献记载相对照,反映了一定的客观历史。早商时期,成汤建立商王朝,处在上升阶段,四处扩张,至仲丁时期向东征"蓝夷",取代了鲁西地区的岳石文化。武丁前后,商王朝盛极一时,继续向东扩张,商文化向东继续延伸。商代后期,王朝衰退,东夷诸族"或服或叛,三百余年","武乙衰敝,东夷浸室",表现在考古学文化方面是各地方类型中土著文化因素普遍增多。帝乙、帝辛时期,东夷势力强大,商王朝继续东征,卜辞中记载较多,"纣克东夷而陨其身"。于是殷墟文化晚期,商文化因素反而越浓厚了,但已阻挡不住商王朝灭亡的历史车轮。

总之,随着商王朝向东扩张,商文化也逐渐渗透。只是推进过程时快时慢。时进,时停和时退,各区域推进形势不同,但最终是以渗透和取代而结束。商文化的传播,即反映了这种历史发展的必然,它是中华民族文化大融合进程的组成部分。

回顾20世纪山东商代考古工作,由起步较早、初步发展到繁荣阶段,积累了大量的考古实物资料,基本解决了山东商代考古学文化面貌和编年问题,完善了山东地区考古学文化发展谱系,促进相关商史和夷商关系等重大学术课题的研究,为中国历史的研究做出了贡献。展望21世纪,商代考古任重而道远,许多课题值得大家思考。继续加强商文化编年问题研究,使之更详细、更清楚,进一步做好地方类型的划分,使各文化因素更清楚,努力构筑商代考古学文化时空框架,进一步完善山东地区考古学文化发展谱系。鲁中山区和鲁东南地区商代文化面貌还不清晰;珍珠门文化的研究还需要深入。我们认为商人东征和商文化东渐主要通过三条路线实施的:北线是沿泰沂山脉北侧向东推进,近十几年来这一区域的考古工作较多,文化面貌比较清楚,但也需要进一步做工作及深入研究;中线是沿曲阜、泗水、平邑、费县一线向东推进的,目前这一地区主要是蒙山南侧浚河流域的商代考古学文化年代序列尚未建立,文化面貌不甚清晰;南线是在枣庄南部、苍山一带、苏北地区的扩张,这一区域商代考古学文化的研究比较薄弱,文化面貌和年代序列不清楚,需要做大量的工作。商史研究如方国和族属的问题还有待深入。专题研究如青铜器、玉器和原始瓷器的研究还需要加强。在以上考古工作的基础上,加强与中原地区商文化及

---

① 任相宏:《从泰沂山脉北侧的商文化遗存看商人东征》,《中国文物报》1997年11月23日。

周边地区商代考古学文化的比较研究,结合文献记载,对夷商关系进行综合研究,是山东商代考古的主要目标。

(原发表为刘延常:《山东20世纪的考古发现和研究》第四章"夏商周时期"第二节"商时期",文物出版社,2005年;现题目为作者新更换)

鲁东南地区商代文化遗存调查与研究

山东地区是商王朝东方的重要组成部分。随着商王朝的东扩和商文化的东渐,夷商文化不断融合,东夷关系着商王朝的兴盛衰亡,因此山东地区商代文化对研究夷商关系、齐鲁地域文化的形成等具有重要意义。众多学者已撰写文章研究山东地区商代文化,诸如商文化的发现、年代、聚落分布、商文化东渐、青铜器、族属等,珍珠门文化(夷人文化)的分布、文化特征、年代、族属等也基本清楚,但鲁东南地区商代考古与研究比较薄弱。

鲁东南地区商代考古工作开展较少,资料发表也不多,影响了山东地区商代考古的深入研究。近些年来,我们利用到鲁东南地区开展考古工作的机会考察了诸多博物馆、文物管理所的库房,其中发现有众多商文化和珍珠门文化器物和标本。现值《东方考古》刊发之机,将鲁东南地区商代文化遗存介绍出来,以促进学术研究。

一、鲁东南地区商代文化遗存的发现

鲁东南地区(山东省的东南部区域),地理区划包括沂山山脉以南、蒙山山脉以东至黄海的区域,或为沂沭河流域及以东的滨海地区,行政区划包括临沂市、日照市及淄博市南部、潍坊市南部和青岛市南部的一部分。

鲁东南地区商文化遗存过去只是零星报道发现几处,如苍山县(2013年更名为兰陵县)东高尧、沂水县信家庄遗址出土商代青铜器、费县拣选青铜器等,众多学者撰写研究山东地区商文化文章时也限于资料而对鲁东南地区较少涉及。笔者2007年在莒南县发掘东上涧莒文化春秋大墓期间,考察县博物馆时发现有商代青铜器、商文化和珍珠门文化陶器标本;2012年在沂水县博物馆查看陶器标本时发现有几处遗址出土商文化陶片;于是,调查研究鲁东南地区商文化和珍珠门文化遗存的想法愈加强烈。契机来自2014年3月中国殷商文化学会在广汉三星堆遗址博物馆召开"夏商周方国文明国际学术研讨会",笔者选择"鲁东南地区商代文化遗存发现与研究"为题准备会议发言文稿,为此专程到临沂市和莒县、沂源县等6个县博物馆考察库房文物和陶器标本,结果收获颇丰,发现30余处商文化和珍珠门文化遗址,陶器标本和青铜器遗存比较丰富。在三星堆会议研讨中得到与会者的广泛重视,大家认为资料极其重要,填补了空白,呼吁及时发表报告。2014年4月、5月期间,笔者两度赴平邑县、费县和临沂市博物馆考察库房文物标本,发现20余处商代文化遗址有典型的商文化青铜器和陶器标本。

目前,在10个县(区)共有54处文物点发现商代文化遗存,包括临沂市平邑县10处(1处出土青铜器)、费县8处(3处出土青铜器)、原临沂县(包括现在的兰山区、罗庄区、河东区)6处(1处出土青铜器)、兰陵县7处(原苍山县,3处出土青铜器)、莒南县3处(1处出土青铜器)、日照市东港区1处、莒县4处(1处出土青铜器)、临沂市沂南县7处、沂水县7处(1处出土青铜器)、淄博市沂源县1处(出土青铜器)(图一)。其中50处商文化文物点中有12处出土青铜器,其余为陶器标本,8处文物点出土珍珠门文化陶器标本(沂水县1处、沂南县4处、莒县2处、莒南县1处),3处文物点既有商文化也有珍珠门文化陶器标本。这些青铜器和陶器标本绝大部分是二十世纪八十年代以前征

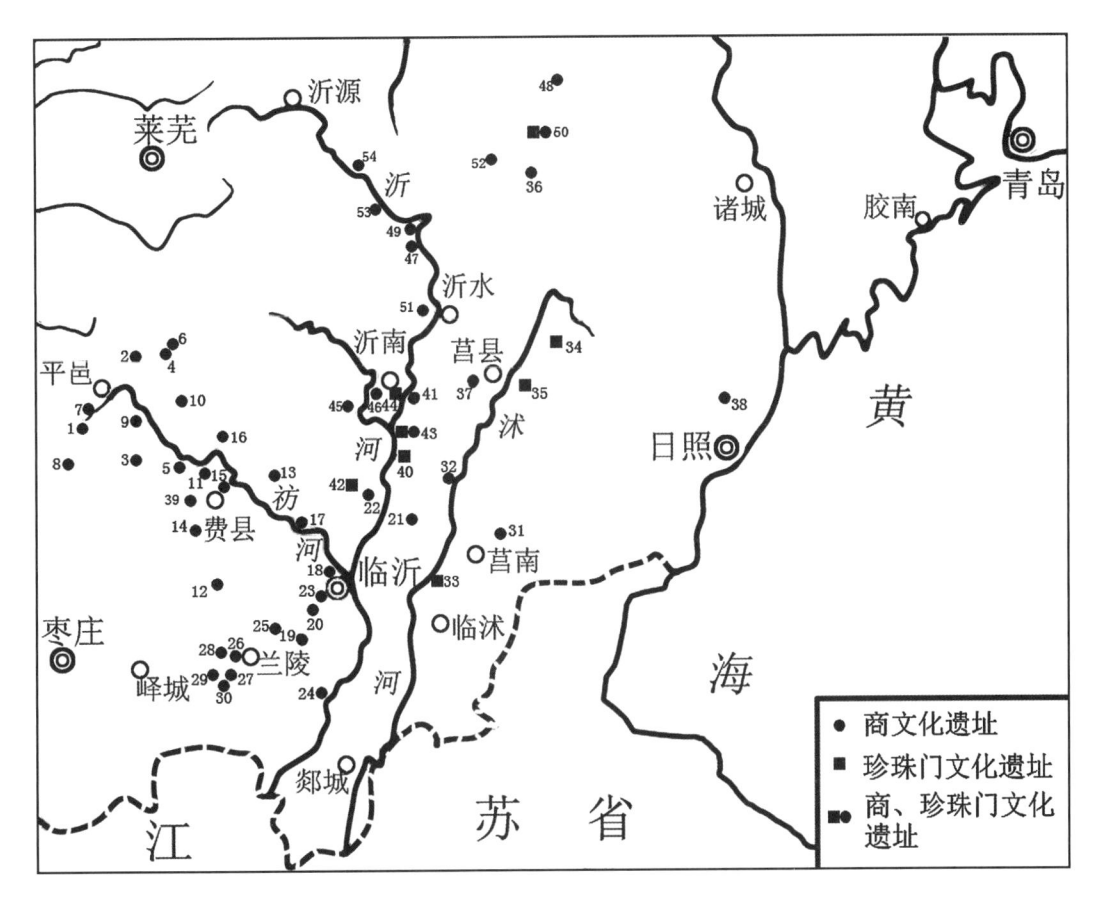

图一 鲁东南地区商文化、珍珠门文化遗址分布示意图

1. 平邑洼子地 2. 平邑前南埠崖 3. 平邑李家 4. 平邑杨谢南墩 5. 平邑地方 6. 平邑杨谢天公庙 7. 平邑蔡庄 8. 平邑瓦子埠南 9. 平邑铜石西南 10. 平邑左庄 11. 费县曹车 12. 费县轴沟 13. 费县故城 14. 费县吴家村 15. 费县崮子村 16. 费县双丘 17. 费县墩头 18. (临沂市兰山区)临沂县革委会大院 19. 临沂市罗庄区西店子 20. 临沂市罗庄区后盛庄 21. 临沂市河东区上郑庄村东 22. 临沂市兰山区呼家墩 23. 临沂市兰山区金雀山 24. 兰陵东高尧 25. 兰陵密家岭 26. 兰陵晒米城 27. 兰陵作字沟 28. 兰陵杭头 29. 兰陵高王庄 30. 兰陵刘家堡 31. 莒南县虎园水库 32. 莒南墩后 33. 莒南王家坊 34. 莒县西苑 35. 莒县石龙口 36. 莒县东莞 37. 莒县前石窑 38. 日照两城镇联合村 39. 费县朱田镇 40. 沂南榆林 41. 沂南孔家庄 42. 沂南高家坊庄 43. 沂南孙家黄疃 44. 沂南埠子顶 45. 沂南南匡石 46. 沂南南寨 47. 沂水信家庄 48. 沂水西黄家庄 49. 沂水仙姑寨 50. 沂水姑子顶 51. 沂水大匡庄 52. 沂水五山 53. 沂水群子峪 54. 沂源东安故城

集、收购和调查采集所得，其数量和文物点分布密度具有较高的代表性。遗址概况是在一普、二普基础上获得的，多在第三次全国不可移动文物调查过程中进行了专题复查与认定。

本文以介绍器物及其标本为主，遗址概况依据各单位登记为准，仅做简要叙述。现以县（区）为顺序将商代文化遗存报告如下。

1. 临沂市平邑县：10处文物点发现商文化遗存，其中1处出土青铜器。①

（1）流峪镇洼子地遗址 位于流峪镇洼子地村东北约300米，面积约15000平方米。遗址东、南两面临兴水河，地势较高，为河旁台地，东部断崖暴露文化堆积厚约1.5米。据采集陶器标本分析，遗址包括龙山文化、商、周和汉代文化遗存。

遗址出土4件商文化青铜器：

鸮卣（图二，1）：椭圆形口，直径，垂腹，四蹄足，盖顶饰兽面纹，双耳挂提梁。口径12.6-15.7、通高19.7厘米。

觚（图二，2）：大喇叭口，长束颈，鼓腹，喇叭状圈足、起台。腹部饰兽面纹。口径14.9、高24、腹深16、足径8.4、壁厚0.2-0.4厘米。

爵（图二，3）：尾高于流，伞状方柱，位于流尾交接处，深腹，卵圆底，腹的一侧有一半环形鋬。鋬内侧腹壁铸一"史"字，三棱形三足外撇明显。器腹中部饰两组兽面纹，以云雷纹填底。流尾距17.3、腹深9.8、足高10、通高21、壁厚0.3厘米。

觯（图二，4）：椭圆形子口盖，盖面鼓起，中央一半环形钮；器身椭圆形口，侈口，束颈，溜肩，鼓腹，圜底，高圈足外撇，器盖、颈部、圈足饰凹弦纹。盖钮饰两组兽面纹。口径7.8、足径7.4-7.7、通高18.2、壁厚0.3厘米。

（2）保太镇前南埠崖遗址 位于保太镇前南埠崖村西南，遗址南靠河，地势北高南低，面积约23000平方米，文化堆积厚约1米。据采集陶器标本分析，该遗址包含大汶口文化、龙山文化、商周汉代文化遗存。

其中商文化陶鬲足6件，均为抹实足根、内勾。

鬲足（图三，1）：夹砂灰陶，足根部饰绳纹。残高6.6厘米。

鬲足（图三，2）：夹砂红陶，残高6.5厘米。

鬲足（图三，3）：夹砂红陶，残高8.3厘米。

鬲足（图三，4）：夹砂灰陶，有手抹痕迹。残高6.3厘米。

鬲足（图三，5）：夹砂红陶，残高6.9厘米。

鬲足（图三，6）：夹砂红陶，残高6.2厘米。

（3）铜石镇李家遗址 位于铜石镇李家村东约50米处，遗址北临彭泉河，南邻小水库，为高出地面约20米的土台子，当地俗称"平顶台"。遗址面积约12000平方米，文化堆积厚约1米。据采集陶器标本分析，该遗址包含龙山文化、商周文化遗存。

---

① 平邑县博物馆馆长王相臣参加考察并提供相关资料。

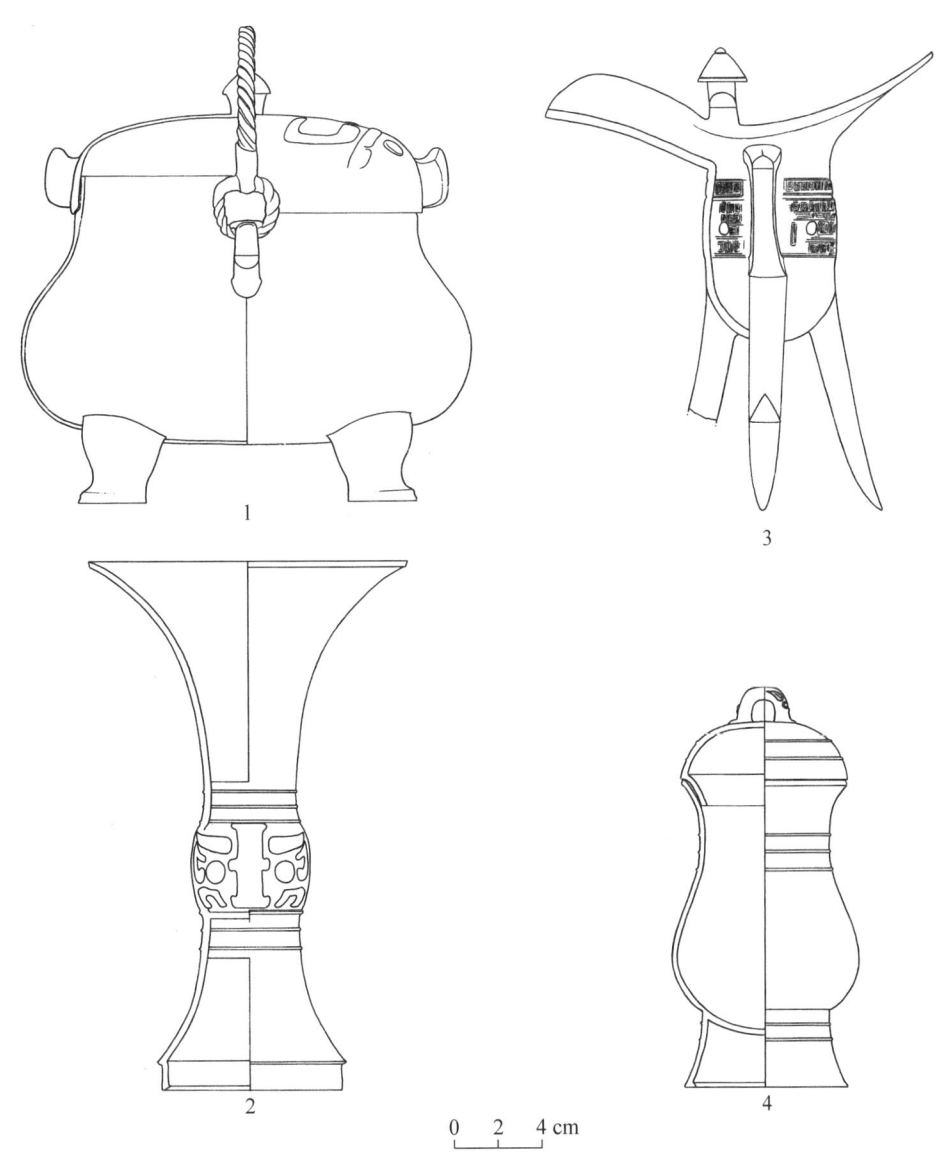

图二 平邑县洼子地遗址出土商文化铜器

1. 鸮卣 2. 铜觚 3. 铜爵 4. 铜觯

采集商文化标本陶鬲足3件,均抹实足根、内勾。

鬲足(图四,1):夹砂红陶,袋足饰交叉拍印绳纹。残高5.3厘米。

鬲足(图四,2):夹砂灰陶,足根饰绳纹。残高5厘米。

鬲足(图四,3):夹砂灰陶,足根饰绳纹。残高8.8厘米。

(4)柏林镇杨谢南墩遗址 位于柏林镇杨谢村南约500米处,遗址西100米为柏林河,地势较高,遗址面积约50000平方米,局部文化堆积厚约3米。据采集陶器标本分析,

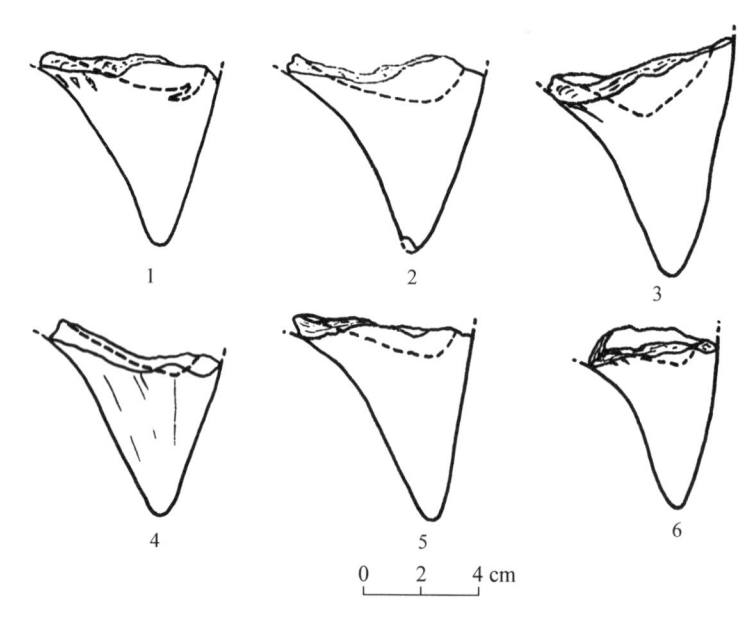

图三 平邑县前南埠崖遗址采集商文化陶器标本

该遗址包含商、周、汉代文化遗存。

采集商文化标本陶鬲足4件，均抹实足根、内勾。

鬲足（图四,4）：夹砂红陶，足根饰交叉中绳纹。残高10.3厘米。

鬲足（图四,5）：夹砂灰陶，足根饰绳纹，实足根较高。残高8.6厘米。

鬲足（图四,6）：夹砂红陶，足根部饰绳纹。残高8厘米。

鬲足（图四,7）：夹砂红陶，有刮抹痕，足根见绳纹痕迹。残高5.3厘米。

（5）地方镇地方遗址　位于地方镇进展村北100米，遗址北临浚河，面积约15000平方米，文化堆积厚约0.8－3米。据采集陶器标本分析，该遗址包含龙山文化、商周文化遗存。

其中采集商文化陶器标本有簋圈足、鬲足。

簋圈足（图四,8）：泥质灰陶，圈足径约14、残高4.8厘米。

鬲足（图四,9）：夹砂灰陶，残高5.4厘米。

簋圈足（图四,10）：泥质灰陶，磨光黑皮，矮圈足外撇，圜底。圈足径14.4、残高5.2厘米。

（6）柏林镇杨谢天公庙遗址　位于柏林镇杨谢村东约300米处，当地称"天公庙"。遗址西、北两面均临河流，为河旁台地，高出地表约3米。由于砖场取土，遗址残存面积约15000平方米。据采集陶器标本分析，该遗址包含商、周代文化遗存。

采集1件商文化陶鬲足（图五,1）：夹砂红陶，抹实足根、内勾。残高6.2厘米。

（7）平邑镇蔡庄遗址　位于平邑镇蔡庄村西北150米，当地俗称"堡子地"。遗址东邻兴水河，为河旁台地，面积约30000平方米，文化堆积厚0.5－0.7米，东北部文化堆积厚

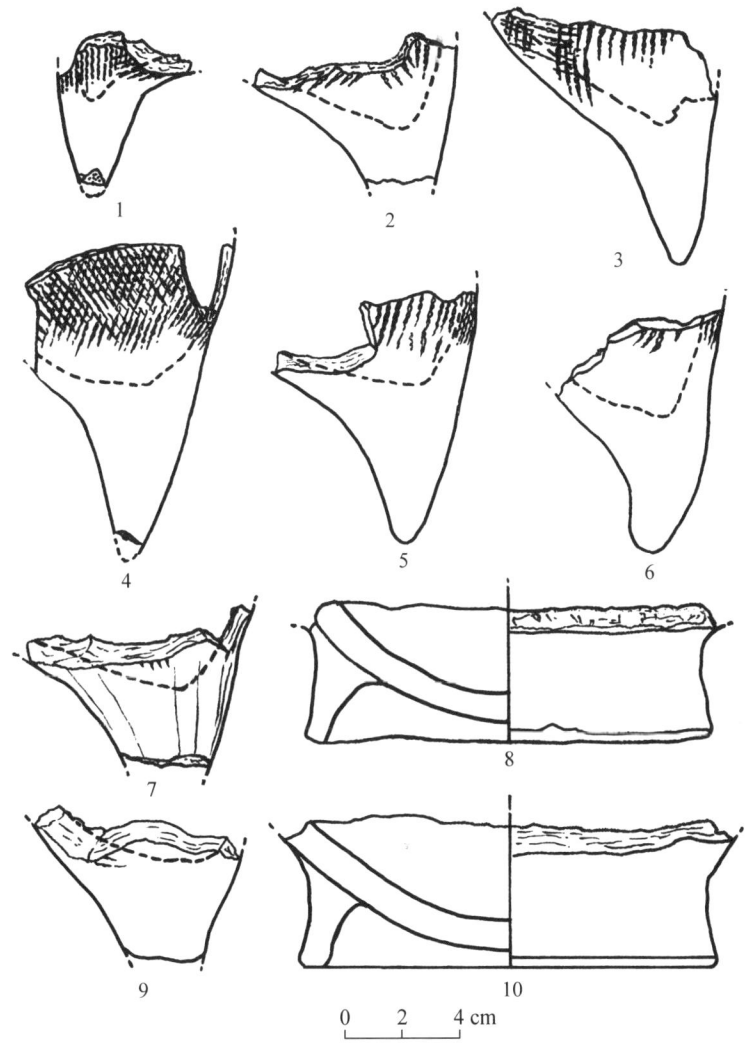

图四 平邑县李家、杨谢南墩、地方遗址采集陶器标本
1-7、9. 陶鬲足 8、10. 陶簋圈足

约3米。据采集陶器标本分析,该遗址包含大汶口文化,商、周、汉代文化遗存。

采集1件商文化陶鬲足(图五,2):夹砂红陶,袋足饰绳纹,抹实足根、内勾。残高5.6厘米。

(8)临涧镇瓦子埠南遗址 位于临涧镇瓦子埠村南,南临小河。遗址原面积较大,地势较高,由于砖厂取土,遗址损毁严重,仅残存约3500平方米,文化堆积厚约0.3-0.5米。据采集陶器标本分析,该遗址包含龙山文化,商、周、汉代文化遗存。

采集1件商文化陶鬲足(图五,3):夹砂灰陶,有刮擦痕迹,抹实足根、内勾。残高6厘米。

(9)铜石镇铜石西南遗址 位于铜石镇铜石村西南,东部临浚河,遗址面积约5000平

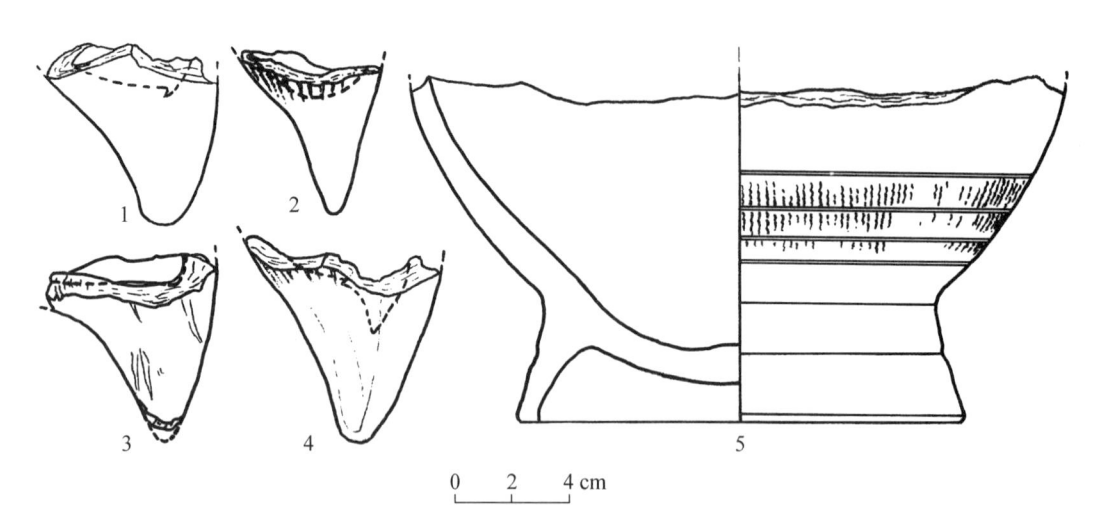

图五 平邑县杨谢天公庙、蔡庄、瓦子埠南、铜石西南、左庄遗址采集陶器标本
1—4. 陶鬲足 5. 陶簋

方米,文化堆积厚约 0.5—1 米。据采集陶器标本分析,该遗址包含龙山文化、商周文化遗存。

采集 1 件商文化陶鬲足(图五,4):夹砂红陶,抹实足根、内勾,足根部饰粗绳纹。残高 7.1 厘米。

(10)下桥镇左庄遗址 位于下桥镇左庄村南,遗址西邻金线河,地势较高,属河旁台地。遗址面积约 40000 平方米,从河岸断崖看,文化堆积厚约 1 米。据采集陶器标本分析,该遗址包含商、周、汉代文化遗存。

采集 1 件商文化陶簋(图五,5):腹部以上残,泥质灰陶,下腹部饰竖行中绳纹、四周凹弦纹。圈足径 15.6、残高 12 厘米。

2. 临沂市费县:8 处商文化文物点,其中 3 处出土青铜器。[①]

(1)费城镇曹车遗址 位于费城镇曹车村东 300 米,面积约 1500 平方米,文化堆积厚约 0.4 米。据采集陶器标本分析,该遗址包含商、周、汉代文化遗存。

采集商文化陶器标本有:

豆(图六,1):残存豆盘,为假腹豆。泥质灰陶,直口、平沿、圆唇、弧腹,盘较浅,腹下部饰一周凹弦纹。口径 17.5、残高 5.1 厘米。

绳纹陶片(图六,2):夹砂黄褐陶,拍印中绳纹,印痕较深。

绳纹陶片(图六,3):夹砂黄褐陶,拍印中绳纹,印痕较深。

鬲足(图六,4):夹砂灰陶,抹实足根较高、略内勾,袋足饰中绳纹。残高 8.4 厘米。

鬲足(图六,5):夹砂红陶,抹实足根较高、略内勾。残高 5.2 厘米。

(2)新庄镇轴沟遗址 位于新庄镇轴沟村东 200 米,面积约 6000 平方米,文化堆积

---

① 费县文物管理所所长潘振华、尹传亮等参加考察并提供了相关资料。

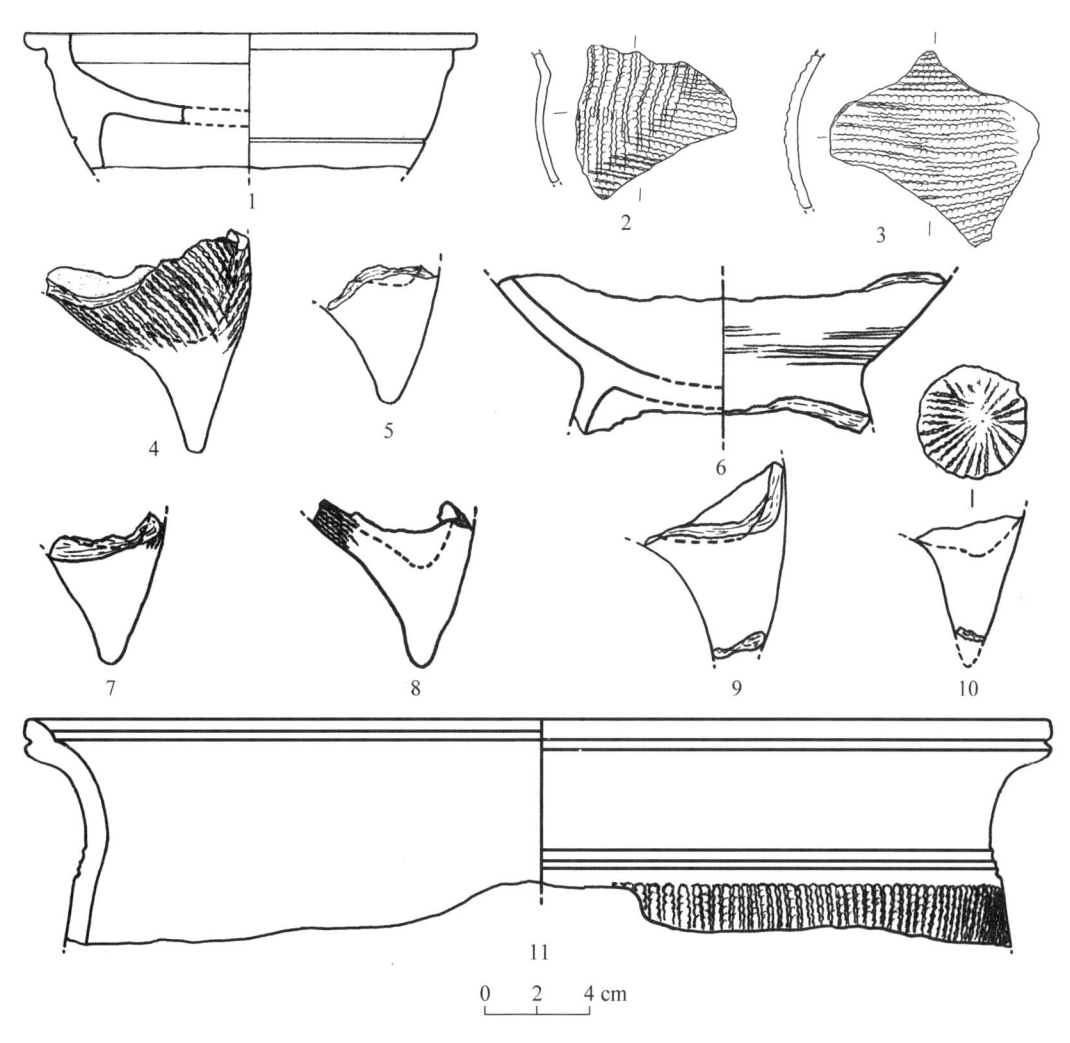

图六 费县曹车、轴沟、费县故城、吴家村、崮子遗址采集商文化陶器标本
1. 陶豆 2、3. 绳纹陶片 4、5、7-10. 陶鬲足 6. 陶簋 11. 陶甗

厚约0.6米。据采集陶器标本分析,该遗址包含商周文化遗存。

采集商文化陶器标本有:

簋圈足(图六,6):泥质灰陶,残存底部,圈足残缺,弧壁,圜底;器表磨光黑皮,腹下部有刮抹痕。残高6厘米。

鬲足(图六,7):夹砂灰陶,抹实足根、略内勾。残高5.8厘米。

鬲足(图六,8):夹砂红陶,袋足饰中绳纹,抹实足根较高、略内勾。残高6.3厘米。

(3)费县故城遗址 位于上冶镇古城村,故城平面近长方形,圆角。面积约380万平方米。东墙长1935米,西墙长2170米,南墙长约1010米,北墙长约954米;现仍大部保存,残高1-5米,基残宽8-21米,黄灰土夯筑。城内文化堆积厚约1.2米。据采集的陶器标本分析,该遗址包含有商、周、汉代文化遗存。

采集1件商文化陶鬲足(图六,9):夹砂红陶,实足根较高、略内勾。残高6.9厘米。

(4)费城镇吴家村　位于费城街道吴家村东南约1千米,东临许家崖水库,地势东高西低,面积约45000平方米。据采集陶器标本分析,该遗址包含有商、汉文化遗存。

采集1件商文化陶鬲足(图六,10):夹砂灰陶,实足与袋足粘接处、接面多绳纹,实足根较高,略内勾。残高4.7厘米。

(5)城北乡崮子村遗址　位于城北乡崮子村北,面积约2400平方米,文化堆积厚约4米。据采集陶器标本分析,该遗址包含龙山文化、商周文化遗存。

采集1件商文化陶鬲口沿(图六,11):夹砂红陶,侈口、方唇、唇缘一周凹槽,卷沿,鼓腹,肩部饰两周凹弦纹,腹饰粗绳纹。口径40、残高8.4厘米。

(6)上冶镇双丘遗址　位于上冶镇双丘村北,面积约150000平方米,文化堆积厚约0.3-1.2米。据采集陶器标本分析,该遗址包含龙山文化,商、周、汉代文化遗存。

出土1件商文化青铜爵(图七):长流,尾较短,流、尾交接处两较高蘑菇状柱,卵圆形腹较浅,腹部一侧有半环形鋬,三足外撇。通高17.6厘米。

(7)新桥镇墩头遗址　位于新桥镇墩头村北,面积约3000平方米。1968年2月该遗址出土商文化铜戈1件。

图七　费县上冶镇双丘遗址出土铜爵

铜戈(图八):长援,前锋较尖,援近阑处饰兽面纹,阑上、下宽出,弯内、内上饰夔纹。通长30.6厘米。

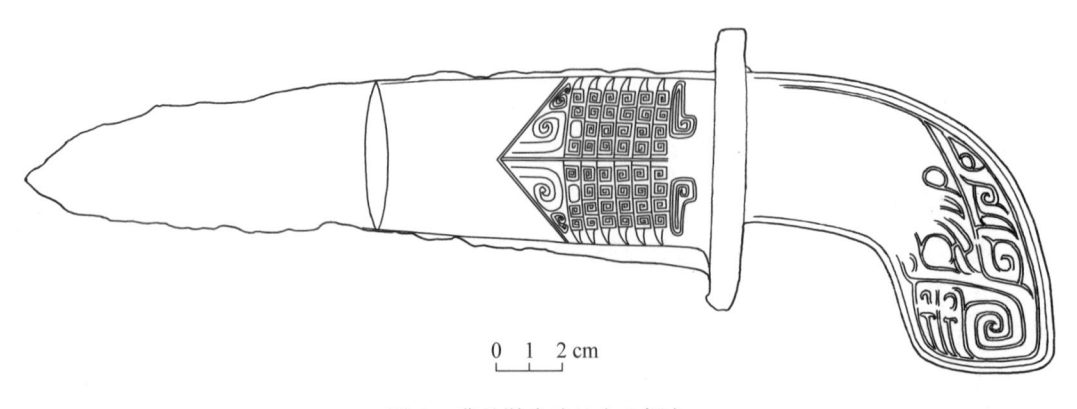

图八　费县墩头遗址出土铜戈

（8）朱田遗址　1981年北京拣选一组28件青铜器，据调查出土于费县朱田镇，诸多学者根据器物组合、形态、铭文等认为其年代为商代末期。①

3. 原临沂县（现今包括临沂市罗庄区、河东区和兰山区）：发现6处商文化文物点，其中1处出土青铜器。②

（1）临沂县革委大院（兰山区）：1970年代出土1件商代末期青铜鼎，残损严重，圆唇，平沿，弧壁，平底，柱状足，双立耳微外撇，腹部饰扉棱和兽面纹。口径15.6、通高22.5厘米（图九）。

图九　临沂县革委会大院出土铜鼎

（2）罗庄区西店子遗址　位于汤庄街道西店子村西邻，面积约60000平方米，文化堆积厚约0.7米。据采集陶器标本分析，该遗址包含龙山文化，商、周、汉代文化遗存。

采集商文化标本陶鬲足2件：

鬲足（图一〇，1）：夹砂红陶，抹实足根，足根饰绳纹。残高5.3厘米。

鬲足（图一〇，2）：夹砂红陶，抹实足根、内勾，足根饰绳纹。残高5.5厘米。

（3）罗庄区后盛庄遗址　位于盛庄街道后盛庄西邻，面积仅存约42平方米，文化堆积厚约0.5米。据采集陶器标本分析，该遗址包含龙山文化、商文化遗存。

采集商文化标本陶鬲足2件：

鬲足（图一〇，3）：夹砂红陶，足根饰中绳纹，实足与袋足粘接处有绳纹。残高5.8厘米。

鬲足（图一〇，4）：夹砂红陶，抹实足根。残高7.1厘米。

（4）河东区上郑庄村东遗址　位于汤头镇上郑庄东20米，面积约30000平方米，文化堆积厚约0.5米。据采集陶器标本分析，该遗址包含龙山文化，商、汉代文化遗存。

---

① 程长新等：《北京拣选一组二十八件商代带铭青铜器》，《文物》1982年第9期。
② 临沂市博物馆馆长王培晓、副馆长李斌、尹世娟、杨锡开、高博参加考察并提供了相关资料。

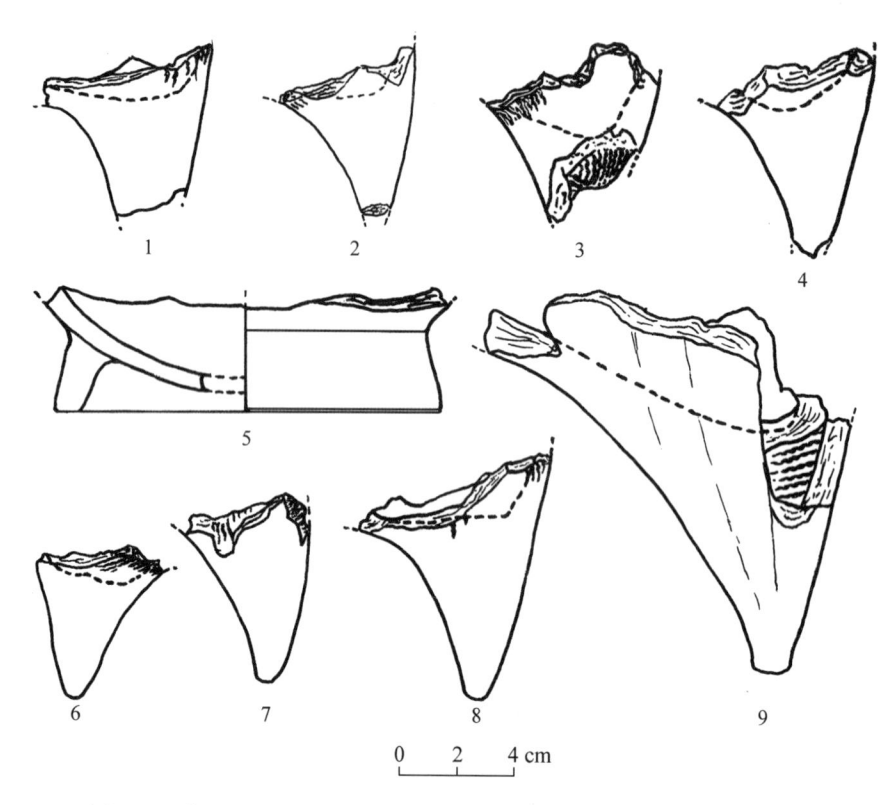

图一○ 临沂西店子、后盛庄、上郑庄、呼家墩、金雀山遗址采集陶器标本
1-4、6-9. 陶鬲足　5. 陶簋

采集 1 件商文化陶簋圈足（图一○,5）：夹砂灰陶，圜底，矮圈足外撇。圈足径 13.6，残高 4.3 厘米。

（5）兰山区呼家墩遗址　位于李官乡三官庄南 200 米,面积约 3 万平方米,文化堆积厚约 0.8 米。据采集陶器标本分析,该遗址包含龙山文化、岳石文化、商周文化遗存。

采集商文化陶器标本陶鬲足 3 件：

鬲足（图一○,6）：夹砂红陶,实足根、略内勾。残高 5.5 厘米。

鬲足（图一○,7）：夹砂红陶,实足根较高、略内勾。残高 6.3 厘米。

鬲足（图一○,8）：夹砂红陶,抹实足根、内勾,足根饰绳纹。残高 8.4 厘米。

（6）兰山区义堂金雀山遗址　遗址为 1980 年代文物普查时发现,现已为乡镇驻地。采集 1 件商文化陶鬲足（图一○,9）：夹砂红陶,从断面看,实足为后粘接,粘接处内有绳纹痕迹。残高 13.5 厘米。

4. 临沂市兰陵县（原苍山县）：7 处文物点发现商文化遗存,其中 3 处出土青铜器。[①]

（1）庄坞镇东高尧遗址　位于庄坞镇东高尧村北 100 米处,东临沂河支流武河,遗址

[①] 兰陵县文物管理所所长金爱民、副所长王树栋参加考察并提供相关资料。

发现于 1957 年。遗址呈土丘式高台堆积,面积约 160000 平方米,文化层厚约 3 米。据采集陶器标本分析,遗址包含大汶口文化、龙山文化、商及汉代文化遗存。遗址于 1963 年出土一批商代青铜器和釉陶。①

青铜器有觯、爵、觚、铃、甗、戈、簋等:

觯(图一一,1):1 件。口部呈椭圆形,侈口,束颈,垂腹,圜底,矮圈足,颈部饰三周凸弦纹。腹底外壁铸铭文"", 腹底内壁铸铭文""(释"宁女")。口径 7.4×7、圈足径 6.4×5.7、壁厚 0.2-0.3 厘米。

爵(图一一,2):2 件。纹饰、大小、形制均一致。长流,长尾,尾呈三角形,圆口微侈,深腹,卵圆形底,三棱形细尖足外撇明显。流、尾交接处两伞状柱,柱钮顶饰半圆形涡纹。腹一侧有一半环形鋬,鋬首饰一浅浮雕牛首饰,腹饰带状云雷纹。鋬内侧腹部铸有铭文""。通高 21.5、足高 10.4、腹深 10.1、壁厚 0.25-0.4 厘米。

觚(图一一,3):2 件。体瘦长,形制、纹饰、大小均一致。大敞口,方圆唇,长束颈,平底,高喇叭状圈足。中腰和圈足均有四组扉棱,颈部饰四组蕉叶纹,内填以云雷纹。中腰和圈足均饰以分解兽面纹,以云雷纹填底。圈足内壁铸有铭文""。口径 17.6、高 32、圈足直径 11.2、壁厚 0.2-0.4 厘米。

铃(图一一,4):1 件,通高 9 厘米。

甗(图一一,5):1 件。侈口,方唇,两耳微外侈立于口沿上,斜直壁内收,束腰。腰部有近圆形箅子,箅有半环形提钮,钮上有一圆孔,箅上有五个"十"字形镂孔,箅下有三个齿突起支撑作用。鬲部分裆,三袋足上各饰一组浮雕分解兽面纹,兽面为牛首状,角呈宽柳叶形,方圆目暴突,叶形大耳,菱形凸起的巨鼻。三柱足,足略呈细蹄状。上腹部饰一周连体兽面纹带。腹内壁一侧铸有一铭文""。通高 50.4、口径 30、壁厚 0.7 厘米。

戈(图一二,1):1 件。长援,短胡,无阑,直内、单銎、有穿。銎平面呈卵形,内后端呈圆弧状,下角有一小缺口,内后部两侧有一半圆形乳突。援体中部起脊,横截面呈菱形,尖锋,上下刃平直。通长 24.7、援长 15.3、援中宽 3.8、援厚 0.8、内长 4.5、内宽 3.3 厘米。

簋(图一二,2):1 件。侈口,方唇,弧壁,圜底近平,高圈足外撇。腹两侧附有牛首装饰的半环形耳、下附珥。上腹部与圈足饰兽面纹带,有锈。腹底内壁铸有铭文""。口径 21.6、底径 16.8、通高 16、壁厚 0.4-0.6 厘米。

尊(图一二,3):1 件。大敞口,方唇,束颈,鼓腹,圜底,高喇叭圈足。颈底部和圈足上部饰两周弦纹;中腰和圈足饰八道扉棱;中腰饰两组分解兽面纹,圈足上饰两组浮雕分解兽面纹。圈足内壁铸有铭文""。口径 26.6、口径 21.6、圈足径 15.2、腹深 20.4、壁厚 0.6 厘米。

---

① 临沂文物收集组:《山东苍山县出土青铜器》,《考古》1988 年第 1 期。

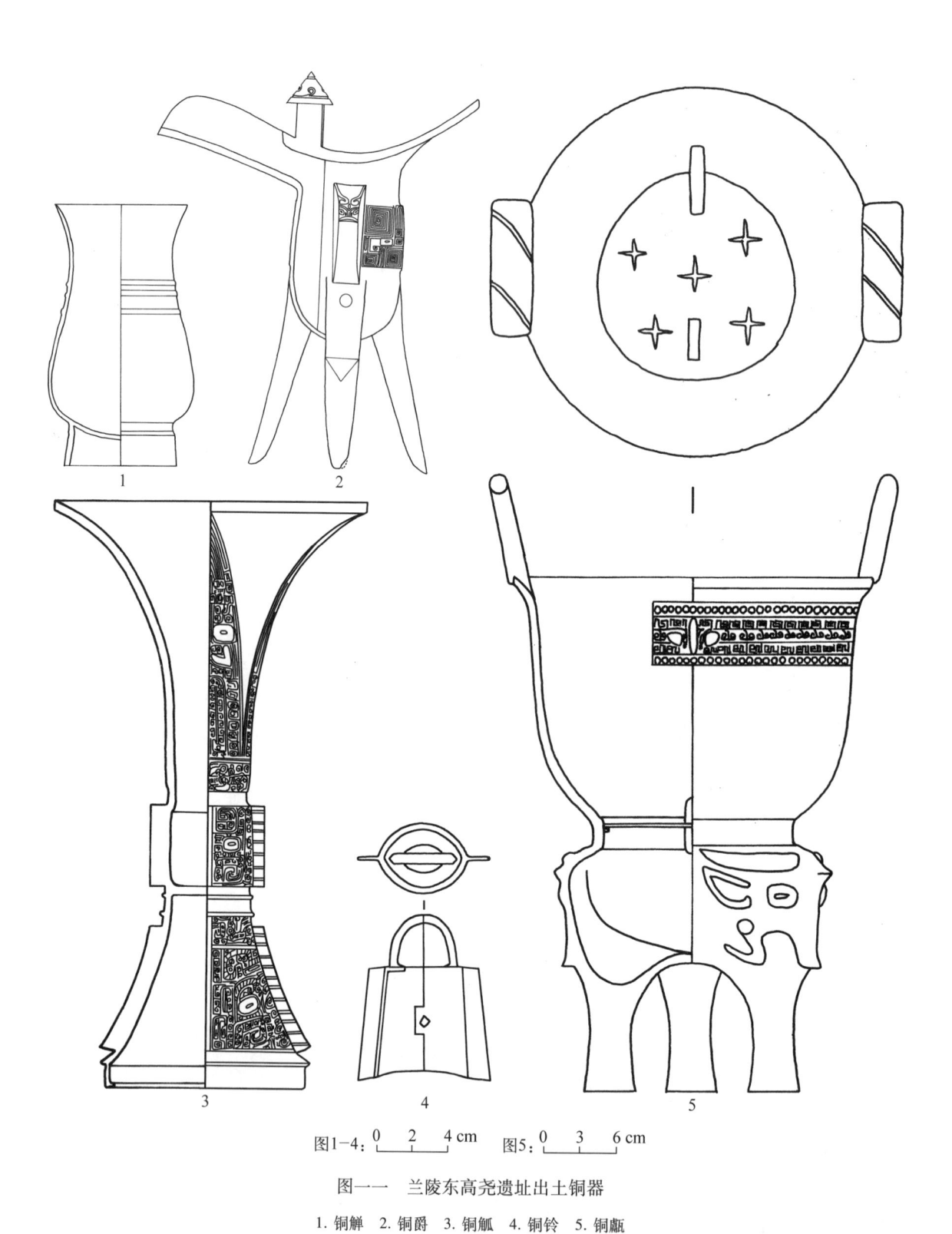

· 58 ·　　　　　　　　　海岱地区商周考古与齐鲁文化研究

图1-4: 0　2　4 cm　　图5: 0　3　6 cm

图一一　兰陵东高尧遗址出土铜器

1. 铜觯　2. 铜爵　3. 铜觚　4. 铜铃　5. 铜甗

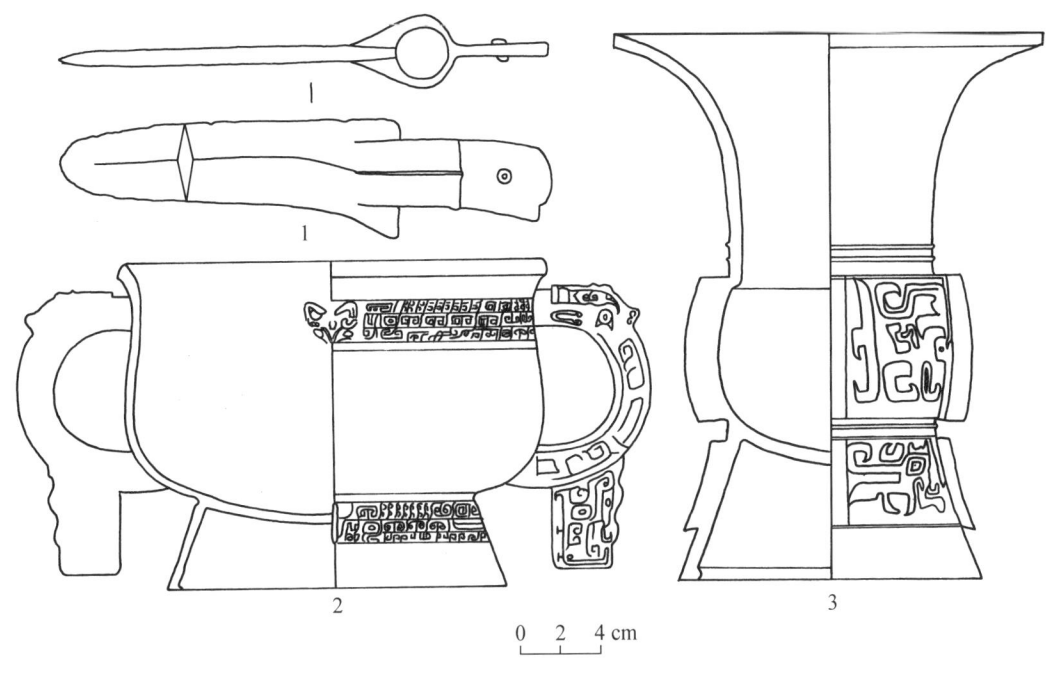

图一二　兰陵东高尧遗址出土铜器
1. 铜戈　2. 铜簋　3. 铜尊

（2）神山镇密家岭遗址　位于神山镇西北村西北约1000米处，为一墓葬群。墓群所在丘陵称密家岭，位于神山西麓约400米处。墓群南北长约150、东西宽约240米，面积约36000平方米。东部高台为商周墓群，西部平缓地区为汉代墓群。

出土商代铜鼎、铜觚、铜觯、陶豆：

铜觚（图一三,1）：锈蚀严重，纹饰不清。体瘦长，大喇叭口，束颈，束腰，高台喇叭圈足，腰部上下饰弦纹，中腰和圈足均以云雷纹填底。口径16.4、通高28、底径9.8、腹深17.8厘米。

铜鼎（图一三,2）：锈蚀严重。方唇，敛口，鼓腹，圜底，圆柱状足。双立耳。腹部饰六条扉棱，三组分解兽面纹，以云雷纹填底。腹内壁铸有铭文"𓏃"（释"口乙父"）。口径16、通高21.6、腹深10.6、壁厚0.4厘米。

铜觯（图一三,3）：锈蚀严重，器身布满绿锈。尖唇，侈口，呈椭圆形口，束颈，垂腹，圜底，高圈足。颈部饰一周云雷纹带，突出于器表；圈足上饰两道凸弦纹，底部内壁铸有铭文"𓏃"。口径7.4、通高15、底径6.6、壁厚0.2－0.3厘米。

陶豆（图一三,4）：泥质灰陶。敞口，方唇，平沿，浅盘，斜收腹，平底，粗圈足，素面磨光。口径15、高13.6、底径10.8、壁厚1厘米。轮制。

（3）卞庄镇晒米城遗址　位于卞庄街道办事处葛庄村南，面积约60000平方米。据采集陶器标本分析，该遗址包含商、周、汉代文化遗存。1996年10月，因旧城改造、新城扩建，该遗址几乎无存。1974年出土一批商代青铜器，有尊1（有铭文"巫"）、爵2、提梁卣

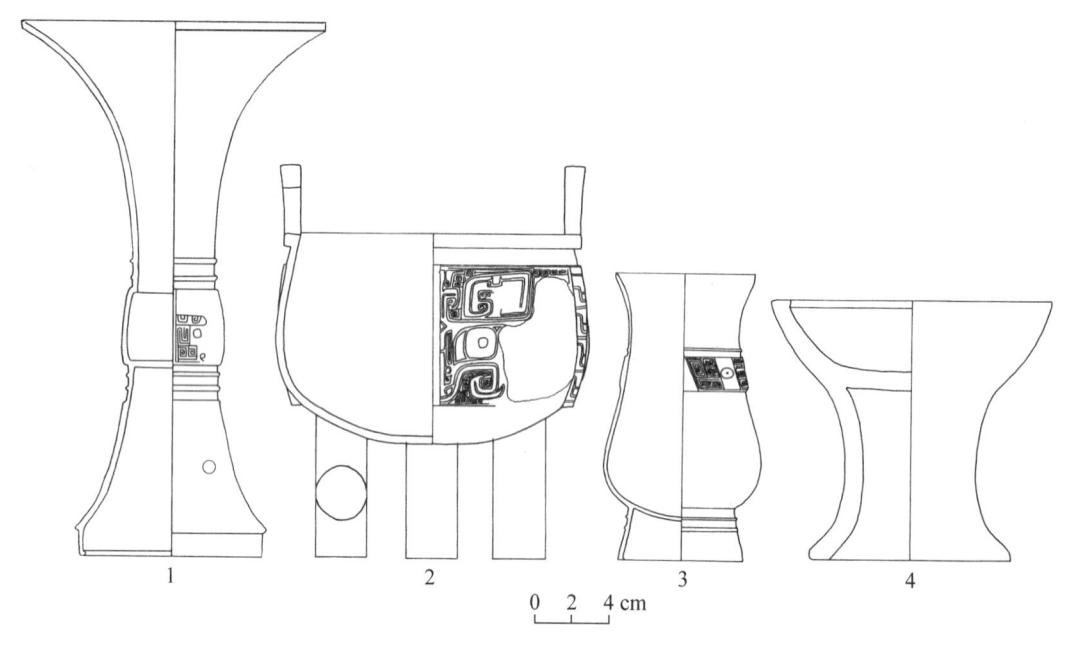

图一三 兰陵神山密家岭遗址出土铜器
1. 铜觚 2. 铜鼎 3. 铜斝 4. 陶豆

2、觚2、鼎1(铭文"史")等。

鼎：残，锈蚀严重，纹饰不清。尖唇，斜折沿，微鼓腹，双立耳稍外撇，腹部饰分解兽面纹，腹内壁铸有铭文"史"(图一四,1)。复原口径14.6、残高16.5、壁厚0.2-0.4厘米。

爵：2件。形制与纹饰均一致,大小不同。爵1(图一五,1),完整,锈蚀严重;长流、长尾、直口,卵形底,三棱形足外撇,伞形柱、钮上饰半圆形涡纹,腹一侧饰一半环形錾,腹饰三周凸弦纹;流尾距17.5、通高20、足高8.5、腹深10.4、壁厚0.3-0.4厘米。爵2,较第一件较小,尾部残。锈蚀严重,纹饰不清。通高18.5、足高8、腹深8.9厘米。

图一四 兰陵晒米城遗址出土铜鼎残片

觚(图一五,2)：腹部以上残缺。锈蚀严重,纹饰斑驳不清。鼓腹,平底,高喇叭圈足,腹部与圈足均饰成组云雷纹。底径9、残高14.4厘米。

觚(图一五,3)：腹部以上残。锈蚀严重,纹饰斑驳不清。鼓腹,平底,高喇叭圈足。腹部与圈足均饰成组云雷纹。底径9.4、残高17.5。

提梁卣：2件。形制与纹饰均一致,大小不同。提梁卣1(图一五,4)：圈足与器盖部分

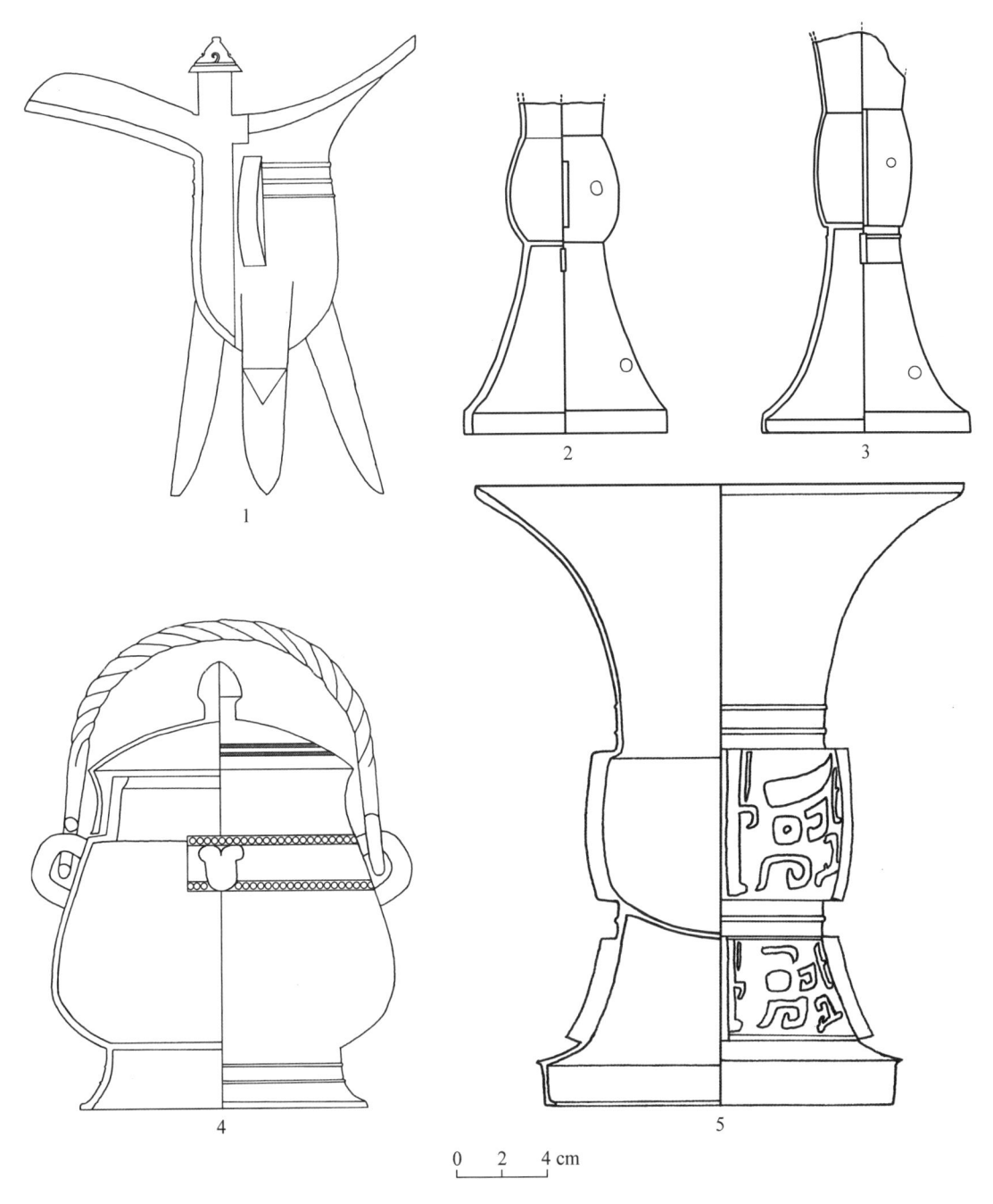

图一五　兰陵晒米城遗址出土铜器

1. 铜爵　2、3. 铜觚　4. 提梁卣　5. 铜尊

残缺，锈蚀严重，纹饰不清，仅联珠纹较为清晰。子母口，方唇，直领，垂腹，平底，圈足外撇明显，索状提梁。蘑菇钮盖，盖面微隆起，盖壁内弧。盖钮上有纹样，锈蚀不清；盖面饰一周菱形雷纹带；肩部饰两周联珠纹；腹上部隐约饰与盖上相同纹饰；圈足上饰两周凸弦纹。通高20.8、

腹深11.9、器高14.5、口径9.6×7.3、底径12.8×9.2、壁厚0.3－0.5厘米。提梁卣2：底残缺，与上件纹饰形制相同，但个体较大。通高32.5、口径14.5×12、器高21.7、壁厚0.3－0.5厘米。

尊(图一五,5)：锈蚀严重。大喇叭口较粗，方唇，束颈，鼓腹，圜底，大喇叭圈足。腹部、圈足饰扉棱与两组分解兽面纹，颈底部饰两周凸弦纹，足上部饰一周凸弦纹。圈足内壁铸有铭文"巫"(释"巫")。口径21.8、高27.2、底径15.6、壁厚0.4、腹深19.8厘米。

(4) 兰陵镇作子沟遗址　位于兰陵镇作字沟北村西北500米，东临西泇河，原地势较高，面积约75000平方米，文化堆积厚约2米。据采集陶器标本分析，遗址包含大汶口文化、龙山文化、商、周、汉代文化遗存。

采集1件商文化标本陶鬲足(图一六,1)：夹砂灰陶，抹实足根、内勾。残高7.2厘米。

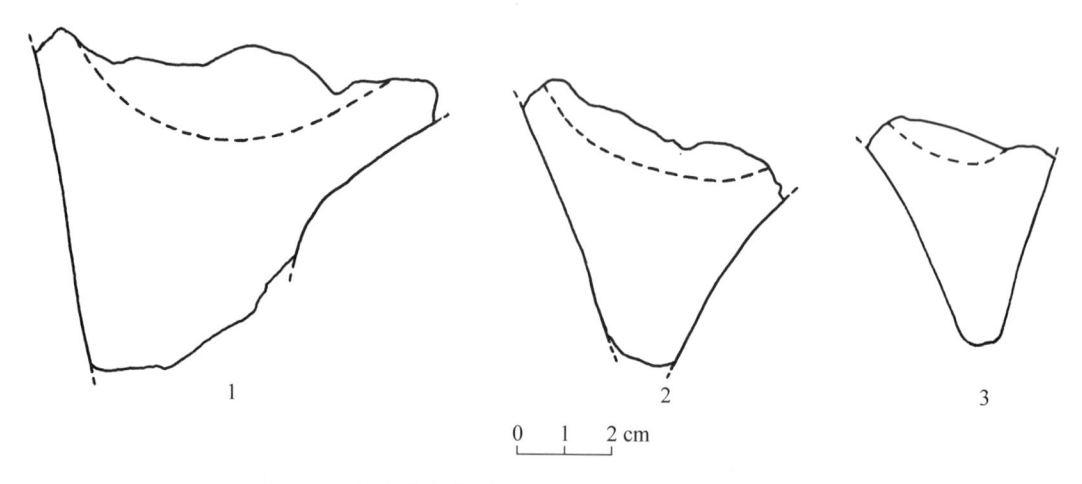

图一六　兰陵作字沟、杭头、高王庄遗址采集陶鬲足标本

(5) 向城镇杭头遗址　位于向城镇杭头村东200米，遗址中心略高，四周渐缓，面积约40000平方米。据采集陶器标本分析，遗址包含商、周、汉代文化遗存。

采集1件商文化标本陶鬲足(图一六,2)：夹砂灰陶，抹实足根。残高5.2厘米。

(6) 新兴镇高王庄遗址　位于新兴镇高王庄村东400米，地势中部略高，四周平缓，遗址西300米处为十沟河，面积约75000平方米，文化堆积厚约1.2米。据采集陶器标本分析，遗址包含龙山文化、岳石文化、商、周、汉代文化遗存。

采集1件商文化标本陶鬲足(图一六,3)：夹砂灰陶，抹实足根。残高4.7厘米。

(7) 兰陵镇刘家堡遗址　位于刘家堡子村北，面积约40000平方米。据采集陶器标本分析，遗址包含龙山文化、商周文化遗存。采集商文化陶器标本罐口沿、鬲足等。

罐口沿(图一七,1)：泥质灰陶，侈口，斜折沿，斜肩，肩部饰一周凹弦纹，以下饰中绳纹。口径20.8、残高6厘米。

鬲足(图一七,2)：夹砂红陶，抹实足根。残高4.9厘米。

鬲足(图一七,3)：夹砂红陶，抹实足根、内勾。残高5厘米。

鬲足(图一七,4)：夹砂灰陶，抹实足根，足根有绳纹痕迹。残高8厘米。

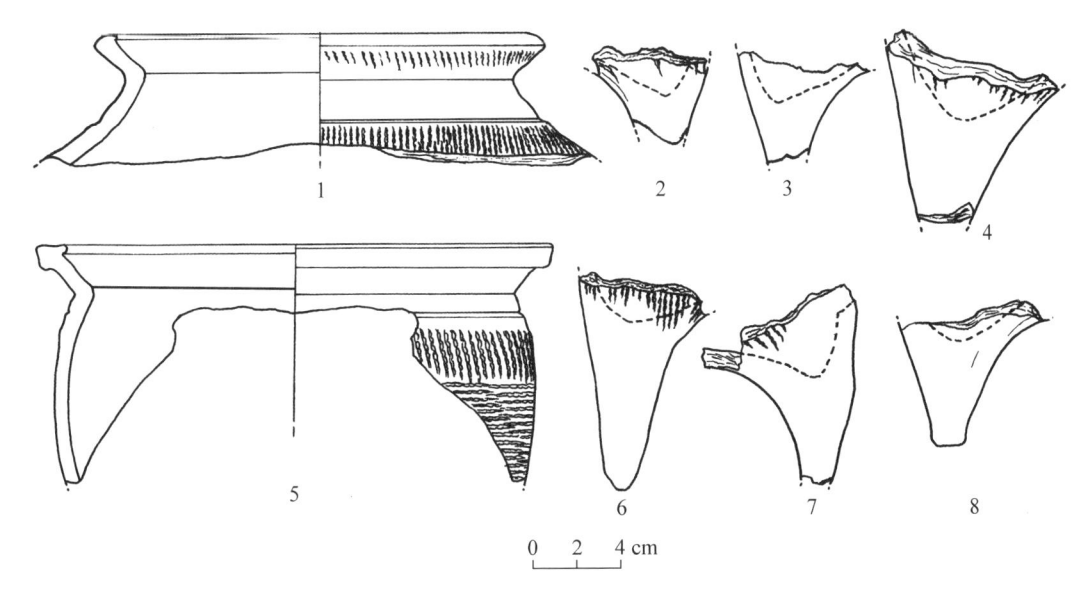

图一七 兰陵刘家堡遗址采集陶器标本

1. 陶罐 2—4、6—8. 陶鬲足 5. 陶鬲

鬲口沿（图一七，5）：仅存口沿及腹部，夹砂灰陶，侈口，方唇，斜折沿，束颈，腹微鼓，肩部饰一周凹弦纹，腹饰交错拍印中绳纹。口径24、残高10.8厘米。

鬲足（图一七，6）：夹砂红褐陶，抹实足根较高、略内勾，足根部饰绳纹。残高9.7厘米。

鬲足（图一七，7）：夹砂红褐陶，抹实足根、内勾，足根部饰绳纹。残高8.6厘米。

鬲足（图一七，8）：夹砂灰陶，抹实足根、略内勾，有刮抹痕迹。残高6.9厘米。

5. 临沂市莒南县：发现3处商代文物点，其中1处出土青铜器、1处既有商文化又有珍珠门文化遗存。[1]

（1）虎园水库地点　虎园水库位于莒南县中部，南距县城约7000米。1959年出土商代铜觚、铜爵。

觚（图一八，1）：1件。喇叭口，束腰，平底，喇叭圈足，腰部饰两组饕餮纹和两周珠联纹。残高14.9厘米。

爵（图一八，2）：1件。长流，短尾，蘑菇状柱位于流的尾端，敞口，卵形腹较粗，三棱形细尖足外撇，腹部一侧有半环形鋬。腹饰三周凸弦纹。通高16、流尾距13.5厘米。

（2）汀水镇墩后遗址　位于汀水镇墩后村东南，东临沭河，处在沭河西侧3级高台地，面积约131000平方米，文化堆积厚约2.5米。据采集陶器标本分析，遗址包含大汶口—岳石文化及商、周、汉代文化遗存。

采集商文化陶器标本有鬲足、簋圈足、盆等：

鬲足（图一九，1）：夹砂灰陶，抹实足根较高，足根处饰绳纹。残高9厘米。

---

[1] 莒南县文物管理所所长张文存、孙运波、薄萍、吴峰、张晓莉等参加考察并提供相关资料。

图一八 莒南县虎园水库出土铜器

1. 铜觚　2. 铜爵

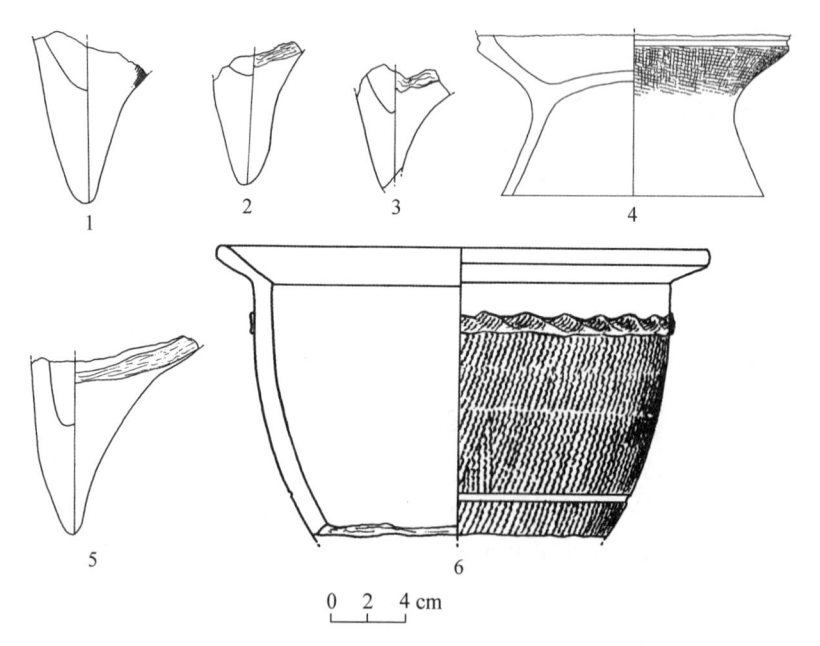

图一九 莒南墩后遗址采集陶器标本

1—3、5. 陶鬲足　4. 陶簋　6. 陶盆

鬲足（图一九，2）：夹砂灰陶，抹实足根、内勾。残高6.9厘米。

鬲足（图一九，3）：夹砂红褐陶，抹实足根、内勾。残高6.4厘米。

簋圈足（图一九，4）：泥质灰陶，粗圈足，腹下部饰绳纹和凹弦纹。复原底径14、残高8.4厘米。

鬲足（图一九，5）：夹砂灰陶，抹实足根、内勾。残高9.9厘米。

盆（图一九，6）：残存口沿及腹部。泥质灰陶，侈口，方唇，斜折沿，弧壁内收。腹部饰中绳纹，肩部饰一周附加堆纹。复原口径26.4、残高15厘米。

（3）板泉镇王家坊遗址 位于板泉镇王家坊庄村南500米，地势中部微隆，遗址面积约160000平方米，文化堆积厚约2米。据采集陶器标本分析，遗址包含龙山文化、珍珠门文化及商、西周、汉代文化遗存。

商文化陶器标本2件。盆腹部残片（图二○，1）：泥质灰皮红褐胎陶，饰绳纹和附加堆纹；残长7、残宽9.6、壁厚0.7厘米。鬲足（图二○，2）：夹砂红褐陶，素面；残高5.9厘米。

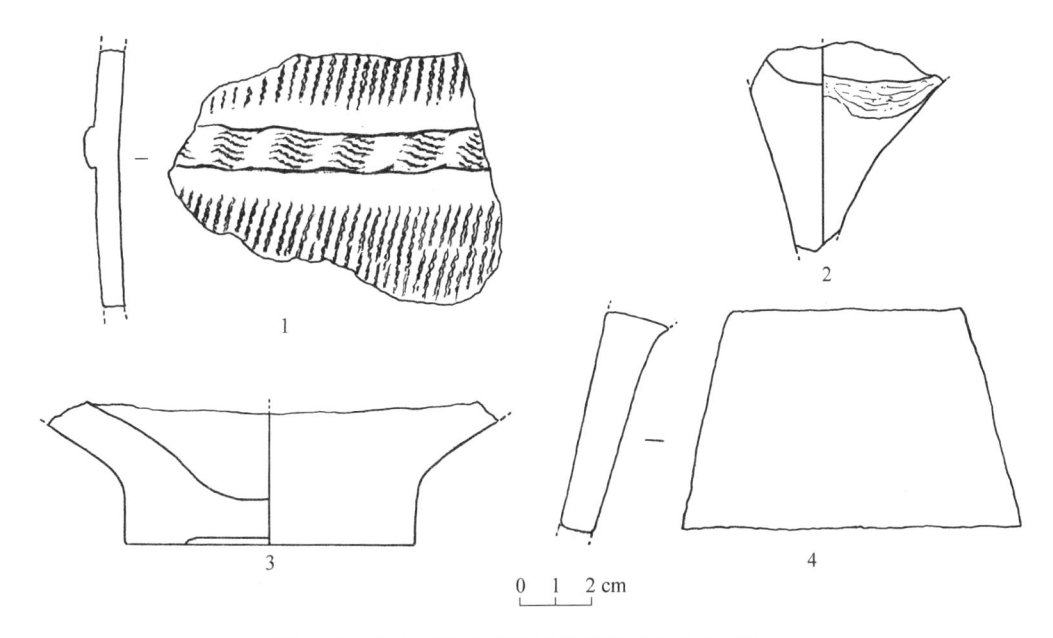

图二○ 莒南王坊庄遗址采集珍珠门文化陶器标本

1.绳纹、附加堆纹陶片 2.陶鬲足 3.陶罐底 4.陶簋圈足

珍珠门文化陶器标本2件。罐底（图一九，3）：夹砂红褐陶，腹壁斜收，小平底，矮圈足，素面；复原底径8.2、残高4厘米。簋圈足残片（图二○，4）：夹砂褐陶，圈足较高，素面。残长6、残宽9.7厘米。

6. 日照市莒县：4处商代文物点，其中2处商文化文物点、2处珍珠门文物点。①

（1）桑园乡西苑遗址 位于桑园乡西苑庄北50米，面积约40000平方米，文化堆积

---

① 莒州博物馆馆长刘云涛、副馆长王建和何绪军参加考察并提供相关资料。

厚约 0.8 米。据采集陶器标本分析,遗址包含龙山文化、珍珠门文化遗存。

采集 1 件珍珠门文化陶簋圈足(图二一,1):圈足较高、较细,夹砂红褐陶,素面。残高 4.9 厘米。

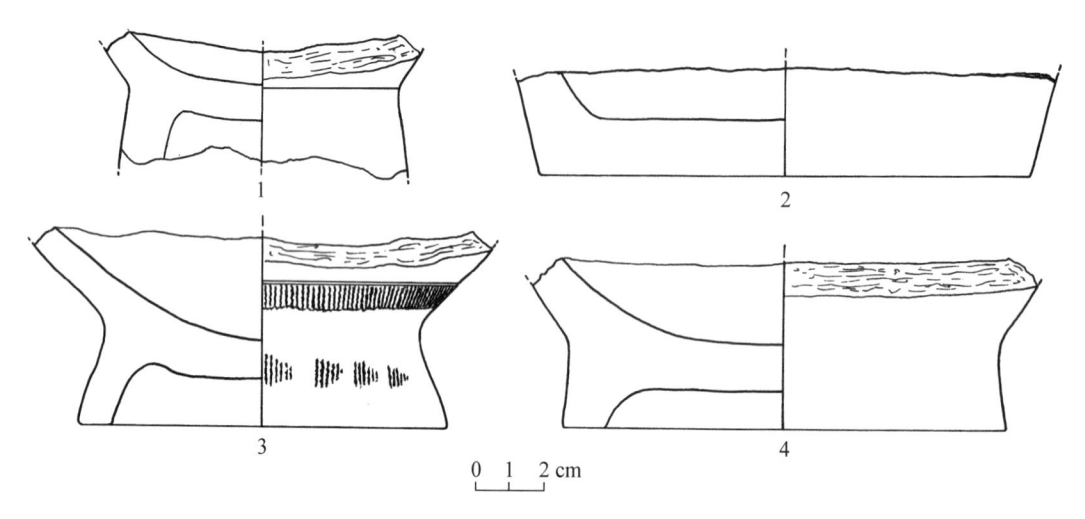

图二一　莒县西苑、石龙口、东莞遗址采集珍珠门文化陶器标本
1、3、4. 陶簋圈足　2. 陶罐底

（2）龙山镇石龙口遗址　位于龙山镇石龙口村南 500 米,面积约 40000 平方米。据采集陶器标本分析,遗址包含龙山文化、珍珠门文化遗存。

采集珍珠门文化陶器标本有罐底、簋圈足:

罐底(图二一,2):夹砂红褐陶,烧制火候较低,素面。底径 14.6、壁厚 1.3 厘米。

簋圈足(图二一,4):夹砂红褐陶,圈足较粗,素面。复原足径 6.6、残高 5、壁厚 1.3 厘米。

（3）东莞镇东莞遗址　位于东莞镇东莞村东 20 米,面积约 20000 平方米,文化堆积厚约 0.8 米。据采集陶器标本分析,遗址包含大汶口文化、商文化遗存。

采集 1 件商文化标本陶簋圈足(图二一,3):泥质红褐陶,矮圈足外撇,腹下部饰一周凹弦纹和绳纹。复原足径 11.2、残高 5.6、壁厚 1 厘米。

（4）浮来山镇前石窑遗址　1988 年文物普查时前石窑村民上缴一件青铜戈。

戈(图二二,1):长援,直内,单銎,銎平面呈卵形无胡。残长 18、援中宽 3.4、内长 3.3、内宽 3.3 厘米。

7. 日照市东港区两城镇:1 处商文化文物点。

日照两城镇联合村[①]　位于东港两城镇联合村,遗址北起潮河与北小河交汇处的冲积平地并向西、向南延伸,遗址大部分为两城镇所占压。遗址面积 2500 平方米。据采集陶器标本分析,遗址包含龙山文化、岳石文化及商、周、汉代文化遗存。采集 1 件商文

---

① 中美两城地区联合考古队:《山东日照市两城地区的考古调查》,《考古》1997 年第 4 期。

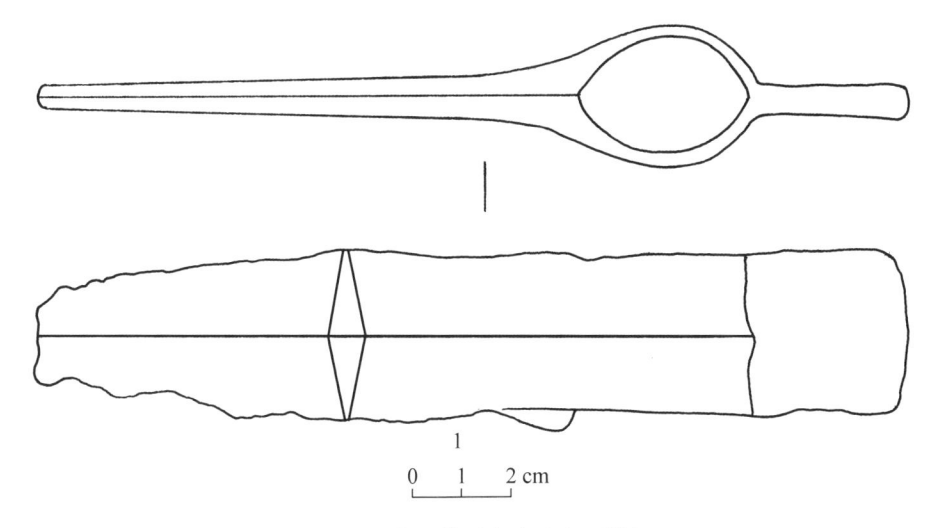

图二二 莒县前石窑遗址出土铜戈

化陶鬲足(图二三,1):夹砂红陶,抹实足根。

8. 临沂市沂南县:7处商代文物点,其中5处商文化文物点、4处珍珠门文化文物点(其中两处二者兼有)[1]

(1) 砖埠镇榆林遗址 位于砖埠镇榆林村东沂河西侧岸边高台地上,遗址地势西高东低,东西略窄呈长方形。面积约40000平方米,从南部断崖剖面看,文化堆积厚约1.5米。据采集陶器标本分析,遗址包含大汶口文化、龙山文化、珍珠门文化、周、汉代文化遗存。

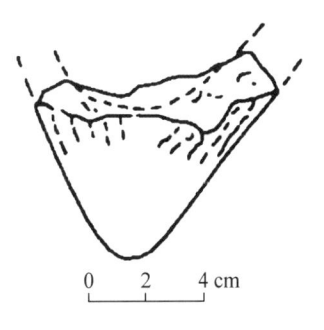

图二三 日照两城镇联合村采集陶鬲足

采集1件珍珠门文化标本陶簋圈足(图二四,1):残,夹砂红褐陶,素面。残高3.7、壁厚1厘米。

(2) 开发区孔家庄遗址 位于沂南县大庄镇孔家庄村东南50米的沂河西岸,地势隆起,北部为丘陵,西部、南部为平原,面积约30000平方米,文化堆积厚约0.5米。据采集陶器标本分析,遗址包含龙山文化、商周文化遗存。

采集商文化陶器标本有鬲足等:

鬲足(图二四,2):夹砂灰陶,抹实足根、内勾,素面。残高6厘米。

鬲腹部残片(图二四,3):夹砂灰陶,饰交叉拍印绳纹。残长4.7、残宽4.1、壁厚0.8厘米。

(3) 青砣镇高家坊庄遗址 位于青驼镇高家坊庄村西北100米的蒙河高台地上,南距蒙河50米,面积约4万平方米,文化堆积厚约0.3米。据采集陶器标本分析,遗址包含珍珠门文化、汉代文化遗存。

---

[1] 沂南县博物馆馆长吕宜乐、袁俊国、徐仰俊、刘平平参加考察并提供相关资料。

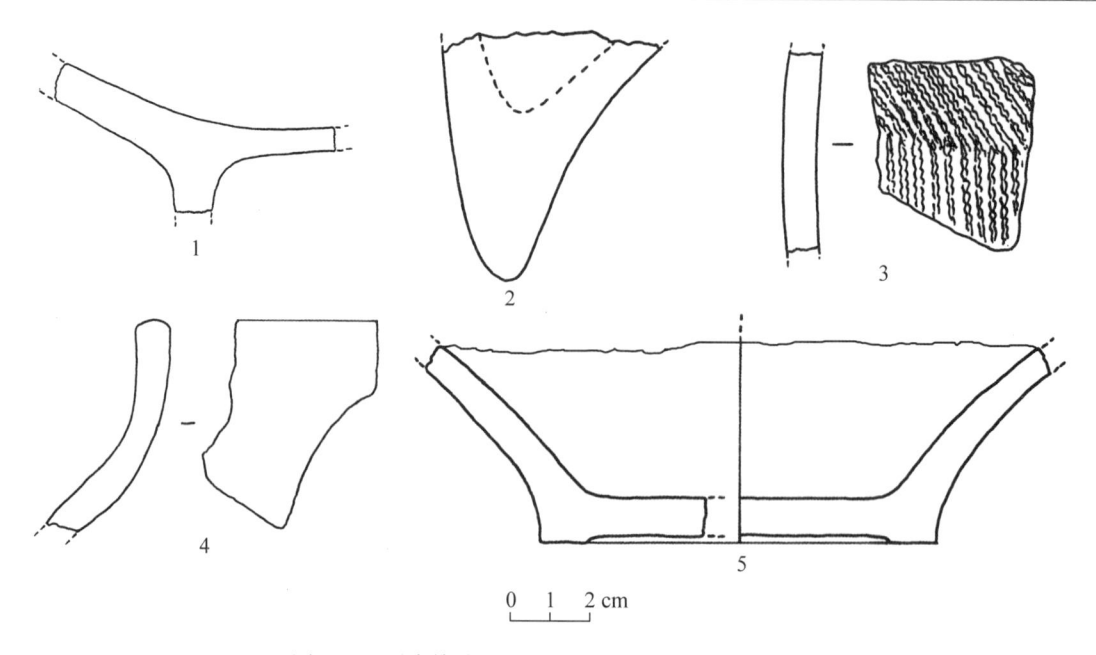

图二四　沂南榆林、孔家庄、高家坊庄遗址陶器标本

1. 陶簋圈足　2. 陶鬲足　3. 绳纹陶片　4. 陶罐口沿　5. 陶罐器底

采集珍珠门文化陶器标本有罐口沿、罐底等：

罐口沿（图二四，4）：夹砂红褐陶，圆唇，卷沿，素面。残长4.5、残高5.2厘米。

罐底（图二四，5）：夹砂红褐陶，腹壁斜收，平底，矮圈足，素面。复原底径10、残高4.7厘米。

（4）砖埠镇孙家黄疃遗址　位于砖埠镇孙家黄疃村北部，东距沂河1千米，北距汶河3千米，面积约10000平方米，文化堆积厚约1.3米。据采集陶器标本分析，遗址包含龙山文化、珍珠门文化、商周文化遗存。

采集1件商文化标本陶鬲足（图二五，1）：夹砂灰陶，抹实足根、内勾。残高6厘米。

采集珍珠门文化陶器标本，有罐底、罐腹壁残片：

罐底（图二五，2）：夹砂红褐陶，腹壁斜收，矮假圈足，素面。复原底径9.2厘米。

罐腹壁残片（图二五，3）：夹砂红褐陶，弧壁，素面。残长10.8、残宽9.7、壁厚0.7－1.6厘米。

（5）大庄镇埠子顶遗址　位于大庄镇埠子顶村村东100米，东邻沂河，北部为丘陵，南部地势平展，遗址中心高，四周低，面积约40000平方米，文化堆积厚约0.7－1米。据采集陶器标本分析，遗址包含龙山文化、珍珠门文化及商、周、汉代文化遗存。

采集商文化陶器标本有鬲足、罐口沿等：

鬲足（图二六，5）：夹砂黄褐陶，抹实足根。残高6厘米。

罐口沿（图二六，9）：夹砂黄褐陶，方唇，折沿，溜肩，腹部饰绳纹和三角形划纹。复原口径24.8、残高11.4厘米。

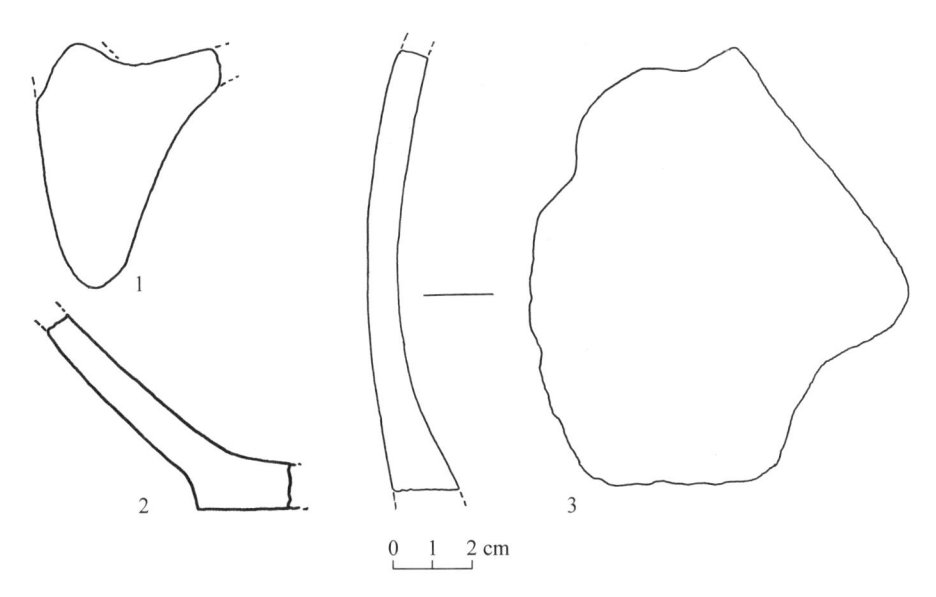

图二五 沂南孙家黄疃遗址采集商、珍珠门文化陶器标本

1. 陶鬲足 2. 陶罐器底 3. 陶罐壁

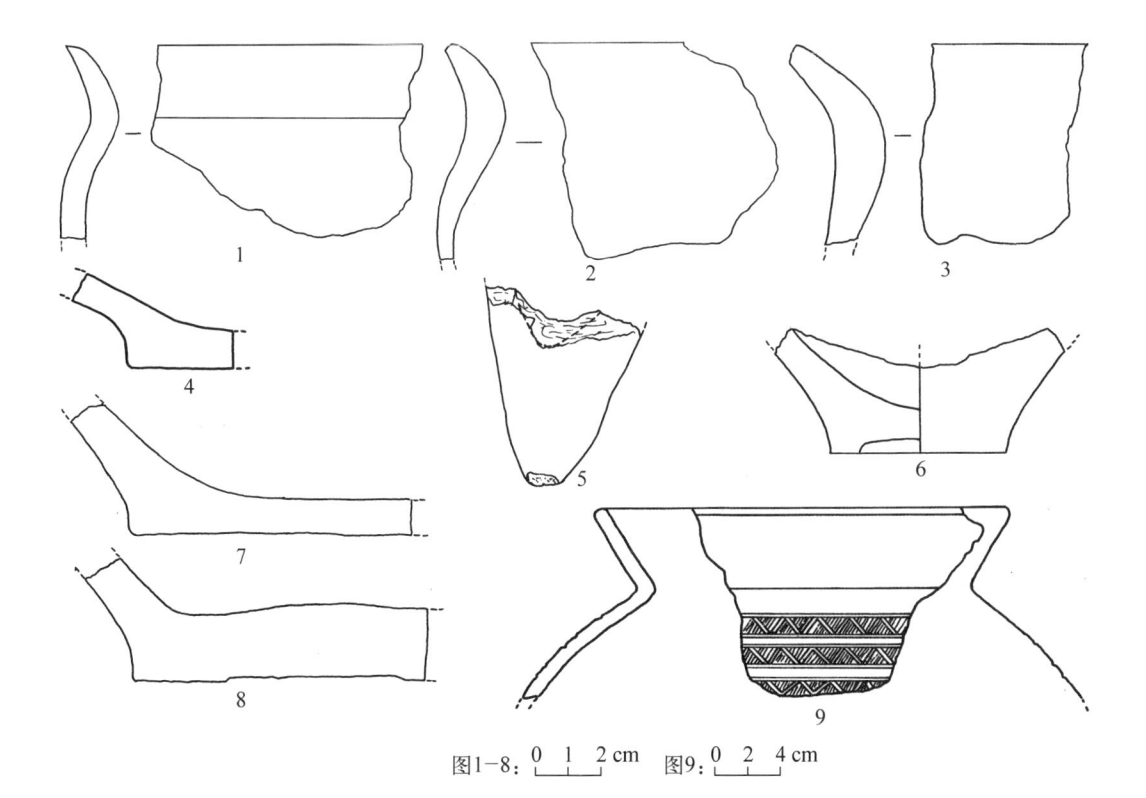

图二六 沂南埠子顶遗址陶器标本

1-3、9. 陶罐口沿 4、6-8. 陶罐底 5. 陶鬲足

采集珍珠门文化陶器标本有罐口沿、罐器底等:

罐口沿(图二六,1):夹砂黄褐陶,尖唇,侈口,卷沿,素面。残高 5.8 厘米。

罐口沿(图二六,2):夹砂红褐陶,圆唇,卷沿,较厚,素面。残高 6.5 厘米。

罐口沿(图二六,3):夹砂红褐陶,圆唇,卷沿,较厚,素面。复原口径 13.2、残高 6 厘米。

罐底(图二六,4):夹砂黄褐陶,斜收壁,矮假圈足,素面。复原足径 12、残高 3.8 厘米。

罐底(图二六,6):夹砂黄褐陶,圈足较小,素面。残高 3.7、底径 5.8 厘米。

罐底(图二六,7):夹砂红褐陶,斜收壁,大平底,素面。复原底径 14、壁厚 1.2 厘米。

罐底(图二六,8):夹砂红褐陶,大平底较厚,底内壁不平整,矮圈足,素面。复原底径 10.8、壁厚 1.3 厘米。

(6)孙祖镇南匣石遗址 位于孙祖镇南匣石村西南部的季节河北岸,遗址北高南低,呈缓坡状,面积约 30000 平方米,文化堆积厚约 0.7 米。据采集陶器标本分析,遗址包含龙山文化及商、周、汉代文化遗存。

采集商文化陶器标本有鬲足、附加堆纹陶片等:

鬲足(图二七,1):夹砂灰陶,抹实足根较高。残高 12.2 厘米。

鬲足(图二七,2):夹砂灰陶,抹实足根、内勾。残高 9.4 厘米。

鬲足(图二七,3):夹砂灰陶,抹实足根、略内勾。残高 6.7 厘米。

附加堆纹陶片(图二七,4):夹砂灰陶。残长 5.7、残宽 9.2 厘米。

鬲足(图二七,5):夹砂灰陶,抹实足根、略内勾,足根处饰绳纹。残高 5.7 厘米。

(7)界湖镇南寨遗址 位于界湖镇南寨村南 500 米,汶河东岸高台地上,面积约 20000 平方米,文化堆积厚约 0.5 - 0.8 米。据采集陶器标本分析,遗址包含龙山文化及商、周、汉代文化遗存。

采集商文化陶器标本有鬲足、鬲口沿等:

鬲足(图二七,6):夹砂红褐陶,足根处饰绳纹,实足尖脱落、粘接处露出绳纹。残高 6.4 厘米。

鬲足(图二七,7):夹砂红褐陶,实足尖崩落露出绳纹。残高 4.4 厘米。

鬲口沿(图二七,8):夹砂红褐陶,方唇,侈口,折沿,肩部饰粗绳纹。残高 5.7、壁厚 0.6 厘米。

9.临沂市沂水县:7 处商文化文物点,①其中 1 处出土青铜器,1 处同时有珍珠门文化遗存。

(1)龙家圈乡信家庄遗址 位于龙家圈乡信家庄村南,三面环山,东距沂河约 1 千米,面积约 15000 平方米。据采集陶器标本分析,遗址包含商周文化遗存。1982、1991 年

---

① 沂水县博物馆馆长颜世全、尹纪亮、王春富、高丽参加考察并提供相关资料。

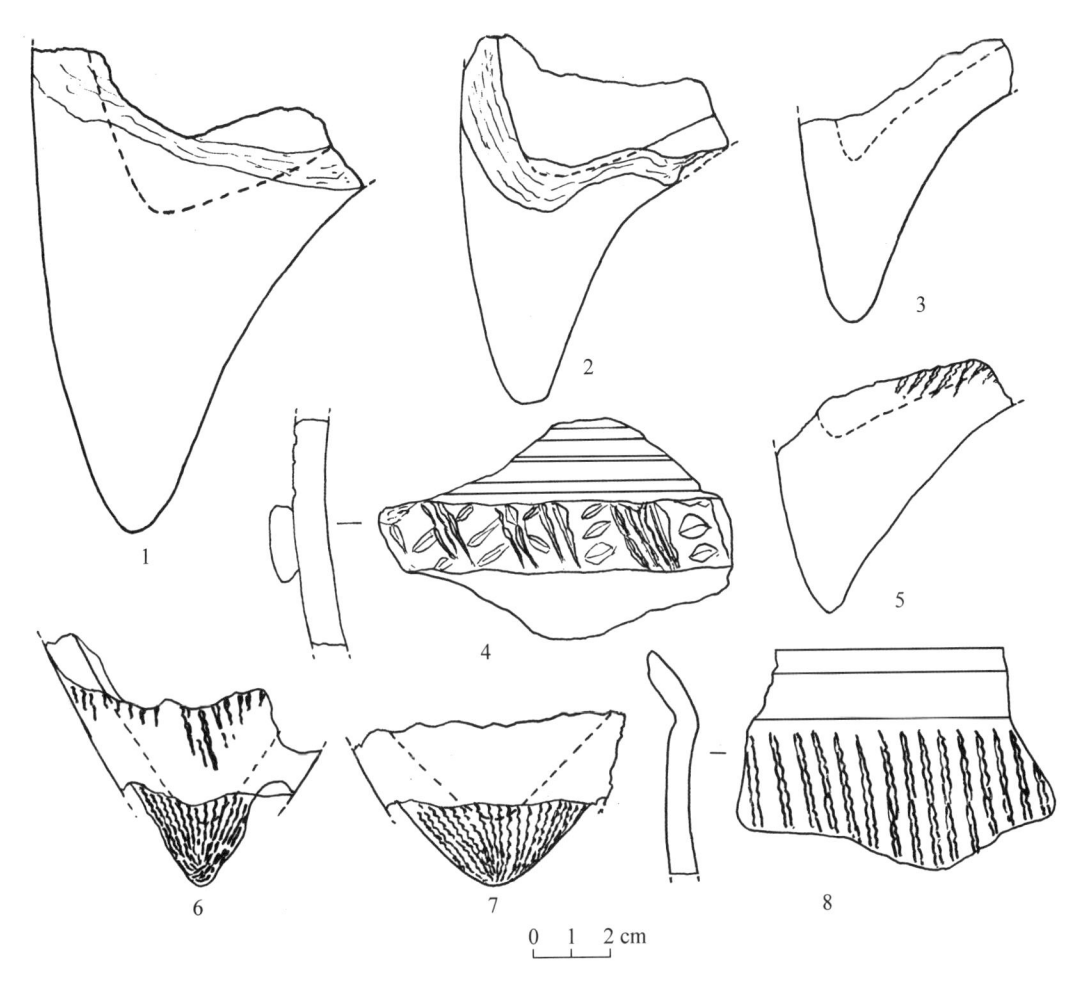

图二七 沂南县南匣石、南寨遗址采集陶器标本

1—3、5—7. 陶鬲足　4. 附加堆纹饰陶片　8. 陶鬲口沿

出土有铜爵、觚、戈及陶簋等商代器物。①

其中商文化遗物有铜戈、铜爵、铜觚、陶簋：

铜觚（图二八，1）：残。喇叭口，长颈，腹微鼓，喇叭圈足。腹部饰饕餮纹两组，圈足饰云雷纹一周（锈蚀严重，纹样不清）。口径14、高26、圈足径9、厚0.3厘米。

铜戈（图二八，2）：长直援，三角形前锋，援中部起脊、横截面呈菱形，无胡，上下有阑、下阑较长，长内、中部有穿，后端呈圆弧状、下有一个三角缺口，饰鸟形 纹样。全长22.7、援长14.9、援中宽4.7、内长6.9、内宽3.9厘米。

铜爵（图二八，3）：长流，三角形短尾，流后部有两蘑菇状柱，杯体直口，深腹，卵圆形

---

① 沂水县文物管理站：《山东沂水县出土商代青铜器》，《考古》1990年第8期；马玺伦：《山东沂水新发现一件带鸟形象形文字的铜戈》，《文物》1995年第7期。

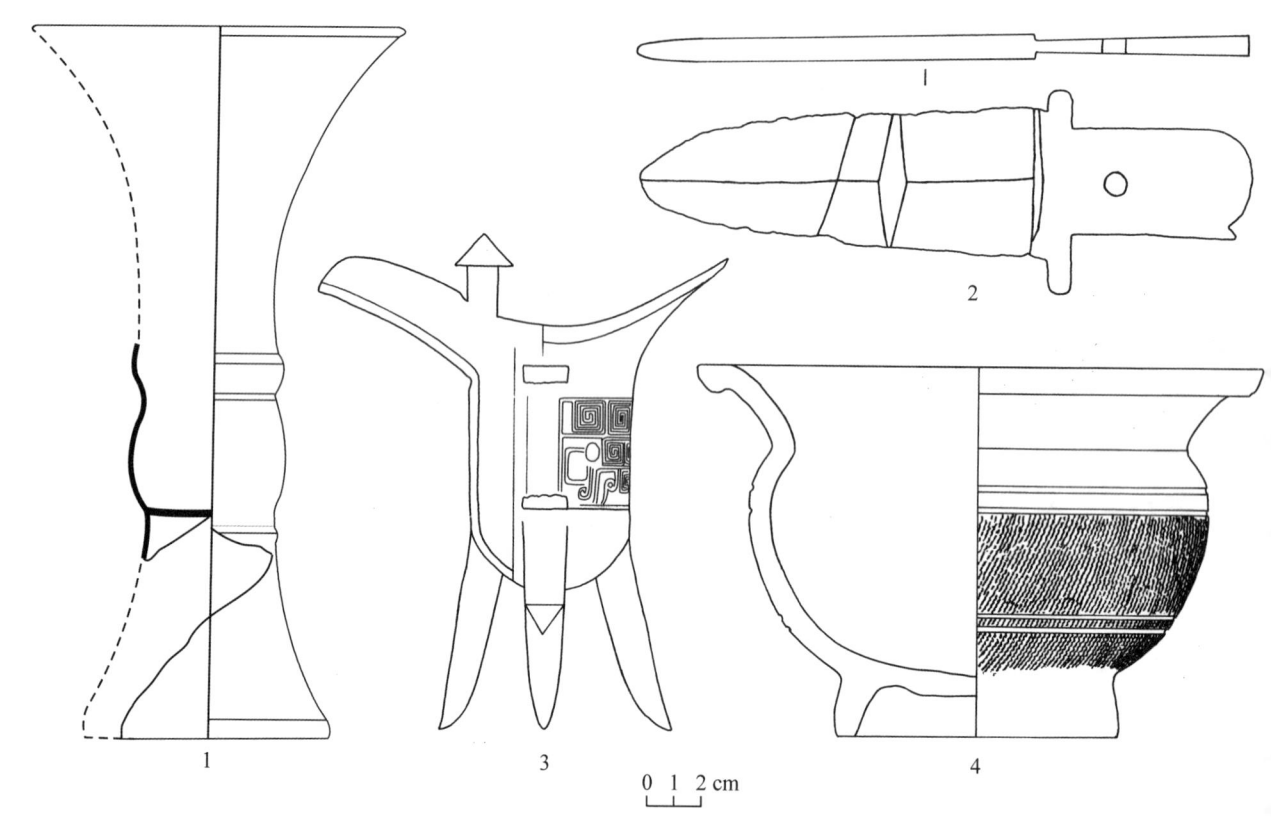

图二八　沂水信家庄遗址出土铜觚、铜戈、铜爵、陶簋

1. 铜觚　2. 铜戈　3. 铜爵　4. 陶簋

底,三棱形细尖足,外撇明显,腹部的一侧有一半环形鋬,残。腹饰云雷纹带。流尾距15.3、通高18、腹深9.6、壁厚0.4厘米。

陶簋(图二八,4):泥质灰陶,敞口,方唇,宽卷沿,鼓腹,圜底近平,矮圈足,肩部饰凹弦纹,腹部饰绳纹。口径21、高13.5、圈足径10.4、壁厚0.8厘米。

(2)姚店子乡西黄家庄遗址　位于姚店子镇西黄家庄村西1000米小山中上部,地处沂水县西南部丘陵山区,北临峙密河。面积约8000平方米,断面可见文化堆积大量暴露。据采集陶器标本分析,遗址包含有龙山文化、商周文化遗存。

采集商文化陶器标本有鬲足4件、绳纹及附加堆纹陶片、盆口沿等:

鬲足(图二九,1):夹砂灰陶,抹实足根,足根饰绳纹。残高7.2厘米。

鬲足(图二九,2):夹砂灰陶,抹实足根、略内勾,足根饰绳纹。残高7.8厘米。

鬲足(图二九,3):夹砂灰陶,抹实足根、内勾。残高5.7厘米。

鬲足(图二九,4):夹砂灰陶,抹实足跟、内勾。残高6.6厘米。

绳纹陶片(图二九,5):泥质黄褐陶,残长7、残宽12.2、壁厚1厘米。

绳纹、附加堆纹陶片(图二九,6):泥质灰陶,残长9、残宽11.6、壁厚0.7厘米。

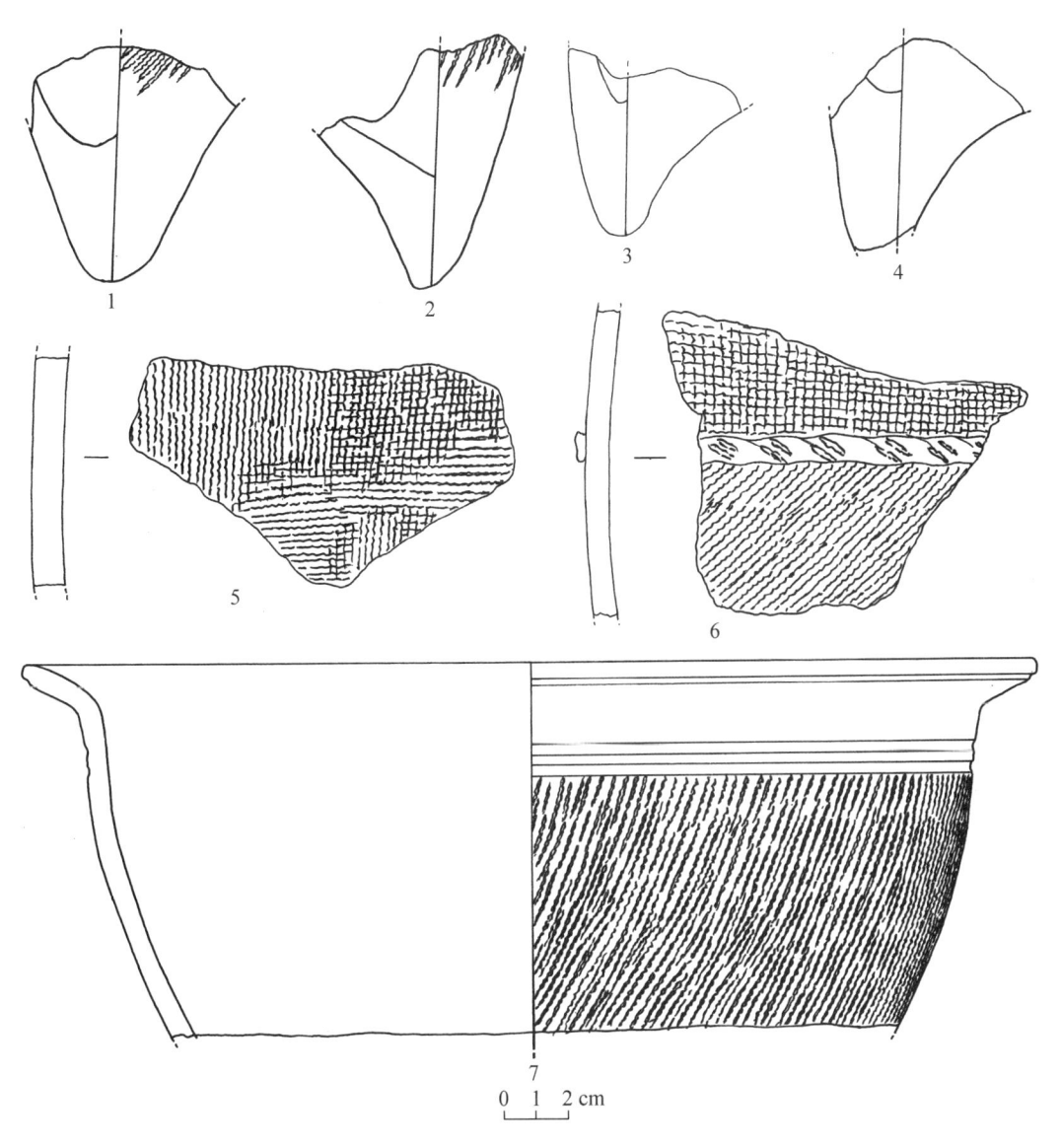

图二九 沂水西黄家庄遗址采集陶器标本

1-4. 陶鬲足　5、6. 绳纹陶片　7. 陶盆口沿

盆口沿(图二九,7):泥质灰陶,敞口,圆唇,斜折沿,斜收腹,腹部饰绳纹,肩部饰绳纹。复原口径32.4、残高11.4、壁厚0.6厘米。

(3)沂水镇河奎仙姑寨遗址　位于沂水镇河奎村南500米一高台地上,地处沂水北部丘陵山区地带,东临沂河。面积约9000平方米,文化堆积厚约1米。据采集陶器标本分析,遗址包含有商、周代文化遗存。

采集商文化陶器标本有绳纹陶片、鬲足等:

绳纹陶片(图三〇,1):泥质灰陶,饰交叉拍印中绳纹。残长6.6、残宽10.6、壁厚1厘米。

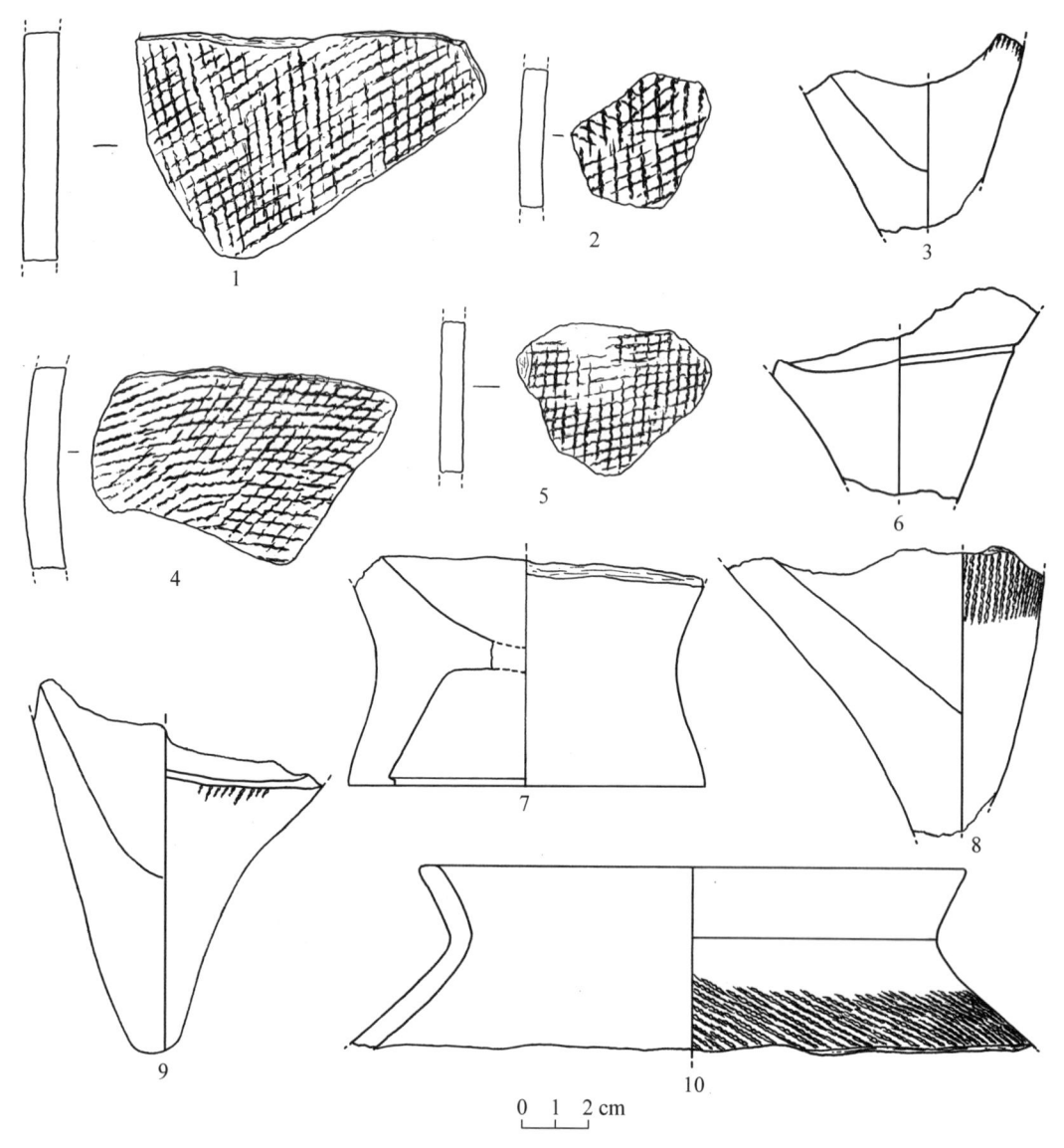

图三〇 沂水县仙姑寨、姑子顶遗址采集陶器标本

1、2、4、5. 绳纹陶片 3、6、8、9. 陶鬲足 7. 陶簋圈足 10. 陶罐口沿

绳纹陶片（图三〇,2）：泥质黄褐陶，饰交叉拍印中绳纹。残长3.9、残宽4.1、壁厚0.7厘米。

鬲足（图三〇,3）：夹砂灰陶，抹实足根，足根部饰绳纹。残高5厘米。

绳纹陶片（图三〇,4）：泥质红褐陶，饰交叉拍印中绳纹。残长5.8、残宽9.2、壁厚1厘米。

绳纹陶片（图三〇,5）：泥质黄褐陶，饰交叉拍印中绳纹。残长4.4、残宽5.8、壁厚0.6厘米。

鬲足（图三〇,6）：夹砂红褐陶，抹实足根较高，足根部有一周凹弦纹。残高5.9厘米。

(4) 富官庄乡姑子顶遗址 位于富官庄乡何家庄子村西南 1000 米,地处沂水县东北部山区,为高台地遗址,高出四周 3 米余。遗址面积约 60000 平方米,南部断崖暴露文化堆积厚约 1－3 米。据采集陶器标本分析,该遗址包含龙山文化、珍珠门文化及商、周、汉代文化遗存。

采集商文化陶器标本有鬲足、罐口沿等:

鬲足(图三〇,8):夹砂灰陶,抹实足根、内勾,足根部饰绳纹。残高 9 厘米。

鬲足(图三〇,9):泥质灰陶,抹实足根较高、略内勾。残高 10.4 厘米。

罐口沿(图三〇,10):泥质灰陶,圆唇,侈口,卷沿,溜肩,肩部饰交叉细绳纹。复原口径 16.4、残高 5.2 厘米。

采集 1 件珍珠门文化陶簋圈足(图三〇,7):泥质灰陶,圜底,圈足较高、较细,素面。复原口径 10.6、残高 6.8 厘米。

(5) 黄山铺镇大匡庄遗址 位于黄山铺镇大匡庄村西,地处沂水县西部丘陵山区,东 3 千米为沂河,为临河高台地,高出地表 1－3 米。面积约 20000 平方米,文化堆积厚约 1－2 米。据采集陶器标本分析,遗址包含商、周、汉代文化遗存。

采集商文化陶器标本有鬲足、簋、盆口沿等:

鬲足(图三一,1):夹砂灰陶,抹实足跟、内勾。残高 7.2 厘米。

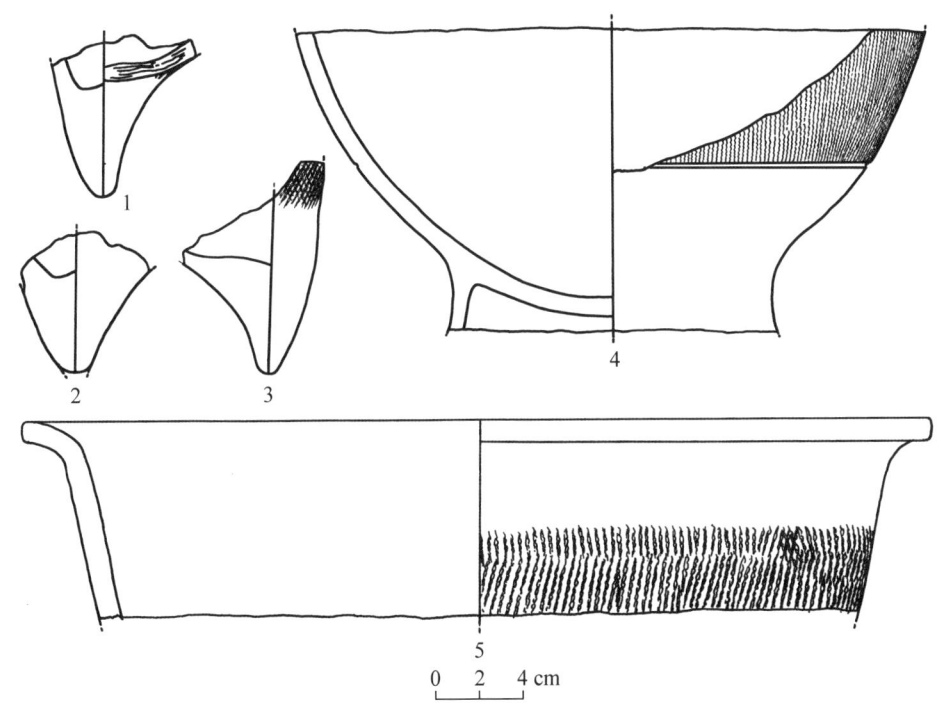

图三一 沂水县大匡庄遗址采集陶器标本

1－3.陶鬲足 4.陶簋 5.陶盆口沿

鬲足(图三一,2):夹砂红褐陶,抹实足根。残高9.3厘米。

鬲足(图三一,3):夹砂灰陶,抹实足跟、内勾,足根饰交叉绳纹。残高9.5厘米。

簋(图三一,4):为腹部与圈足残片。泥质灰陶,弧壁圜收,圜底,矮圈足,腹部饰绳纹。残高13.1、壁厚1厘米。

盆口沿3件,标本(图三一,5):泥质红褐陶,敞口,方唇,卷沿,腹壁斜直,饰绳纹。复原口径42、残高8.8厘米。

(6) 杨庄镇五山遗址　位于杨庄镇五山村西南1000米,地处山岭地带,为一高台地,北临水库,南临壕沟,面积约2000平方米,因修水库文化层已被破坏。据采集陶器标本分析,遗址包含商文化遗存。

采集商文化陶器标本有鬲足、绳纹陶片等:

鬲足(图三二,1):夹砂灰陶,抹实足根、内勾,足根部饰绳纹。残高10.2厘米。

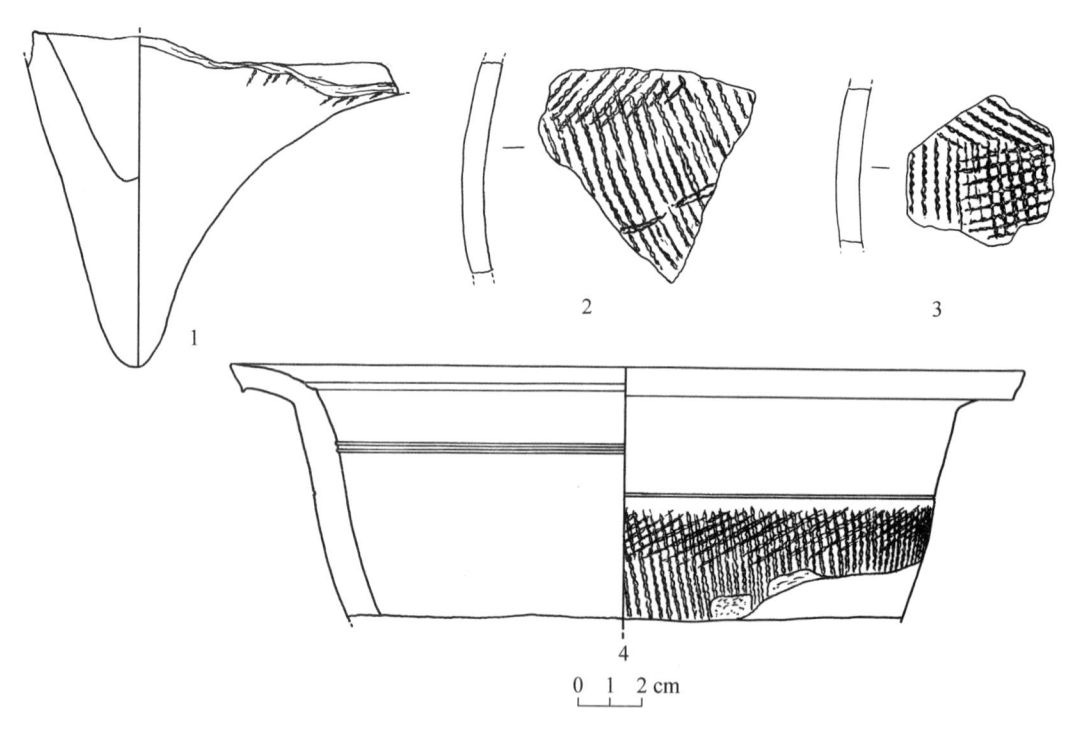

图三二　沂水县五山、群子峪遗址采集陶器标本
1. 陶鬲足　2、3. 绳纹陶片　4. 陶盆口沿

绳纹陶片(图三二,2):泥质灰陶,饰交叉拍印中绳纹。残长7.5、残宽6.9、壁厚0.7厘米。

绳纹陶片(图三二,3):夹砂灰陶,饰交叉拍印中绳纹。残长4.6、残宽4.6、壁厚0.7厘米。

(7) 泉庄镇群子峪遗址　位于泉庄镇群子峪村南,东临沂河,南、西部被群山环抱,属高坡台地遗址,面积约7000平方米。据采集陶器标本分析,遗址包含龙山文化、商周文化遗存。

采集1件商文化陶盆口沿(图三二,4):泥质灰陶,敞口,方唇,斜收壁,腹部饰交叉拍印绳纹。复原口径25.2、残高7.8、壁厚0.9厘米。

10. 淄博市沂源县:1处商文化文物点。①

东安故城遗址　位于淄博市沂源县东里镇东安村西北,南邻沂河,北面是黄崖子河,东面是红水河,为临河丘陵高台地,地势相对较高。遗址大部分被叠压在东安村下,面积约35000平方米,文化层堆积厚约2-4米不等。据采集陶器标本分析,遗址包含龙山文化及商、春秋、汉代文化遗存。该遗址早年出土一批青铜器,群众上缴文物管理所。曾清理过灰坑堆积。

商文化遗物有铜铙、铜弓形器、铜戈、陶鬲足、陶盆等:

铜铙　3件,分大中小三型。小型铜铙(图三三,1),合瓦体,矮而宽扁,器壁较厚,口

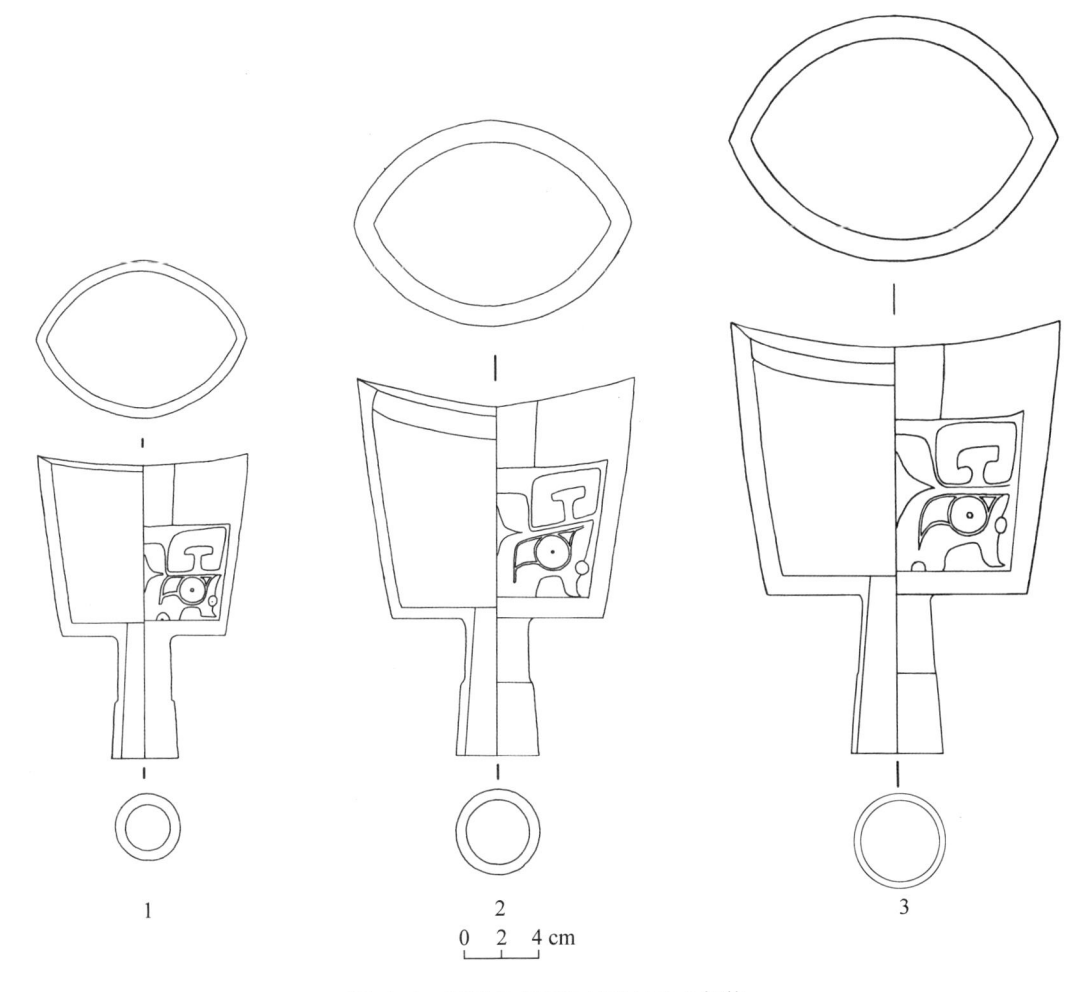

图三三　沂源县东安故城遗址出土铜铙

---

① 沂源县文物管理所所长杨中华、郑德平、苏琪、刘洪亮参加考察并提供相关资料。

内凹成弧形。阔钲面,窄鼓部,钲面饰浮雕兽面纹,兽面成弯折大出角,"臣"字形巨目,大圆睛暴突,圆形瞳孔,宽额,高鼻梁,鼻梁呈菱形,大咧嘴。嘴角外翻,两侧腮部有孔突,兽面纹外有梯形阳线边框。口径8.2×11.4、顶部6.6×8.8、通高16.1、壁厚0.5－0.7厘米。中型铜铙(图三三,2),口径11×15、顶部8.4×11.4、通高20、壁厚0.6厘米。大型铜铙(图三三,3),口径13×18、顶部9.8×14、通高22.8、壁厚1厘米。

铜弓形器2件。标本一(图三四,1):宽桥形,桥形弓背,背的两端有半圆形弯梁,梁端有一个圆铃,铃内装有圆球,背部中间饰圆形太阳纹,中央镶嵌绿松石;长31.1、宽5.4厘米。标本二(图三四,2):宽桥形,桥形弓背,背部两端有半圆形弯梁,梁端有一个圆铃,内装有圆球,背部中间饰八角形太阳纹并嵌绿松石片。长35.6、宽5.6厘米。

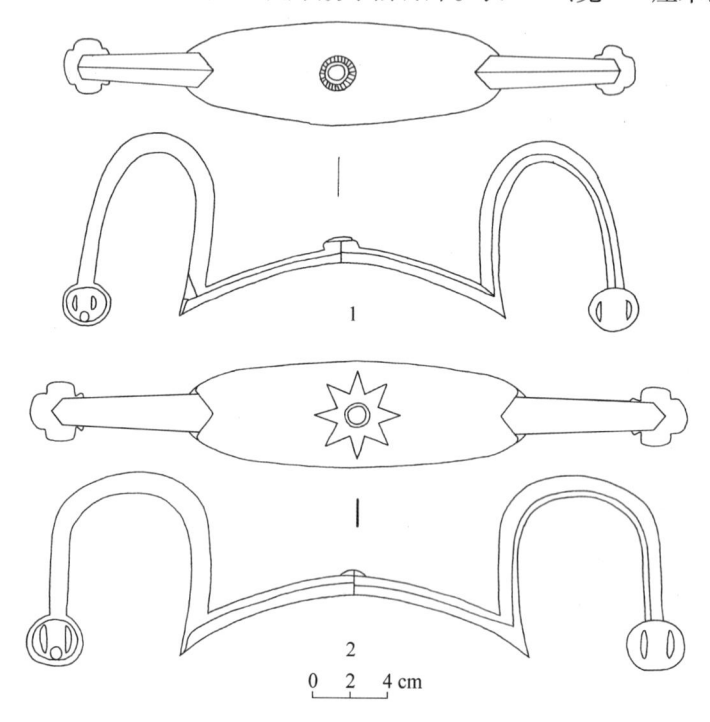

图三四　沂源县东安故城商文化铜弓形器

铜戈(图三五,1):1984年5月墓葬出土。长直援,尖锋,援体前窄后宽,不起脊,横截面呈梭形,上下有阑、下阑略长;长内、中部有穿,后端呈圆弧状,下有缺口。后端饰有"臣"纹样。全长27.1、援长18.7、援中宽4.2、厚0.7、内长7.4、内宽3.9厘米。

陶鬲足(图三五,2):H3出土,泥质灰陶,抹实足根,足根部有绳纹。残高6厘米。

陶盆(图三五,3):H3出土,泥质灰陶,腹部饰绳纹和附加堆纹。残长7.3、残宽7.9厘米。

另外,1984年沂源县土产公司废铜中拣选1件青铜戈:三角形援、横截面呈菱形,卵形銎,直内、略呈梯形。长22.4,援长15.8、援宽5.4、内长4.3、内宽3.2－4.2厘米(图三六,1)。

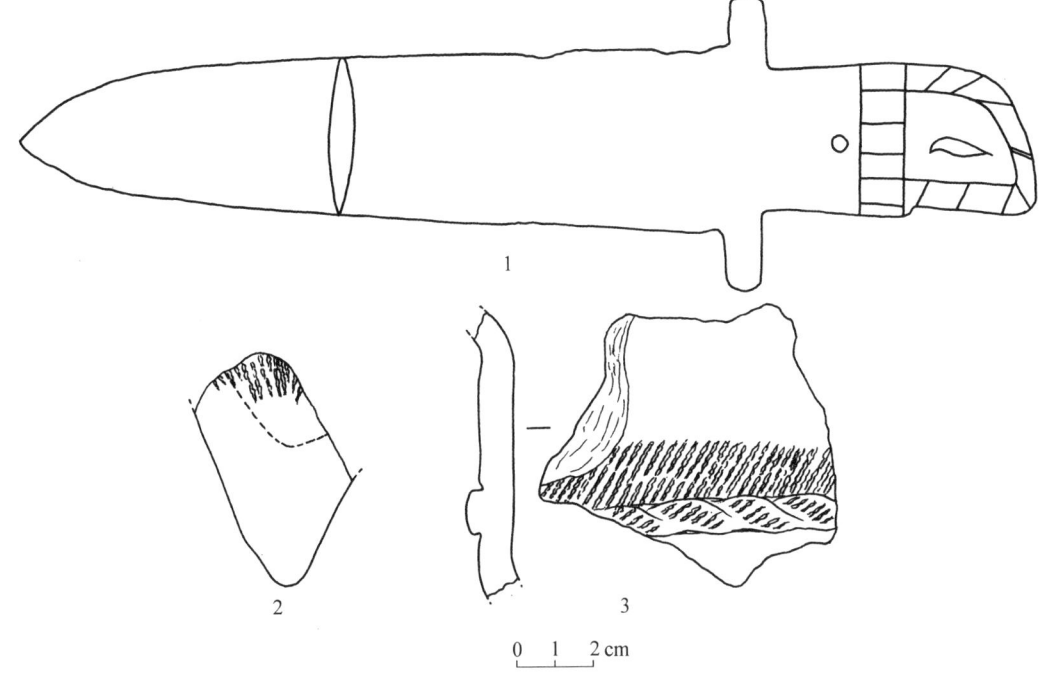

图三五　沂源县东安故城商文化铜戈、陶器

1. 铜戈　2. 陶鬲足　3. 陶盆

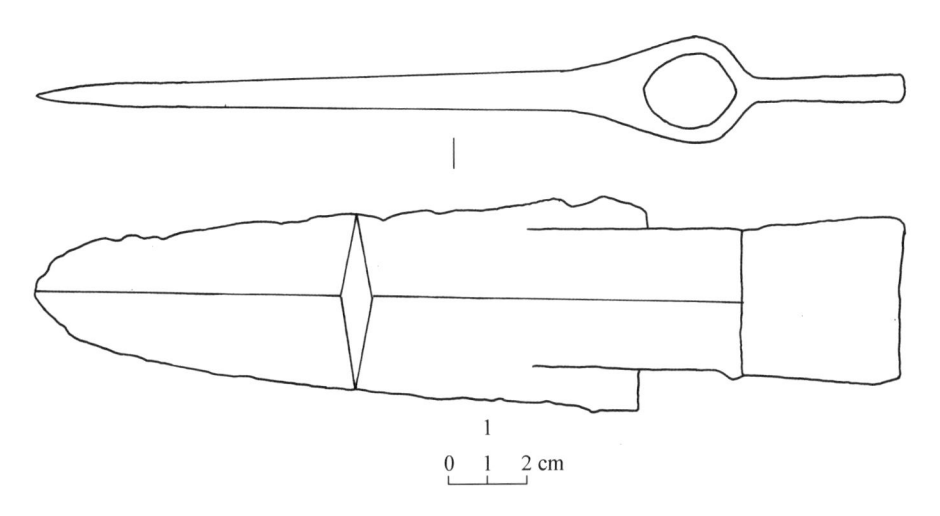

图三六　沂源县土产公司拣选商文化铜戈

三、文化特征与年代分析

1. 文化特征

（1）商文化陶器主要以夹砂灰陶、红褐陶、泥质灰陶为主，火候较高；纹饰以拍印交叉绳纹、绳纹、附加堆纹、三角划纹为主；鬲足全部为抹实足根，绝大部分内勾，实足与袋足粘接痕迹明显；器类主要有鬲口沿、鬲足、豆、簋、簋口沿、圈足、盆口沿、罐口沿等。从陶质、陶色、纹饰、器形等特征分析，与郑州地区、殷墟商文化陶器，山东地区商文化陶器特征基本一致，为典型商文化特征。

青铜器有鼎、甗、觚、爵、觯、簋、尊、提梁卣、铙、戈、弓形器等，器物组合及其形态、纹样等均为典型商文化特征。

（2）珍珠门文化陶器标本均为夹砂素面红褐陶、褐色陶，多手制，火候较低，器型有罐口沿、罐圈足，翻领罐，高圈足簋等残片。从陶质、陶色、纹饰、器形等特征分析，与淄弥流域珍珠门文化会泉庄类型陶器特征基本一致。而与当地商文化、周文化陶器特征完全不同。

2. 商文化遗存年代分析

（1）陶器标本年代分析：主要依据鬲足抹实足根的变化和鬲口沿、豆盘、罐口沿、簋圈足、盆口沿等特征，与陈淑卿先生关于山东地区商文化分期中陶器的对比，①参考邹衡先生关于殷墟文化分期②和唐际根先生关于中商文化研究③中陶器的分析，将鲁东南地区商文化遗存分为中商时期、殷墟一期至四期(表一)。

表一　鲁东南地区商代文化遗存年代分析对照表

中商 (13处)	殷墟一期 (23处)	殷墟二期 (11处)	殷墟三期 (10处)	殷墟四期 (7处)	珍珠门文化 (8处,殷墟四期)
平邑县李家	平邑县前南埠崖	平邑杨谢南墩	平邑县左庄	平邑县洼子地	莒南县王家坊
平邑县蔡庄	平邑县地方	平邑县地方	兰山区金雀山	（兰山区）临沂县革委会大院	莒县西苑遗址
费县曹车	费县曹车	平邑县杨谢天公庙	兰陵县密家岭	兰陵县东高尧	莒县石龙口
费县故城	费县轴沟	平邑县瓦子埠南	莒南县墩后	兰陵县密家岭	沂南榆林
费县吴家村	费县崮子村	平邑县铜石村西南	莒县东莞	兰陵县晒米城	沂南县高家坊庄
费县墩头	罗庄区西店子	费县曹车	日照两城镇联合村	沂源县东安故城	沂南县孙家黄疃

---

① 陈淑卿：《山东地区商文化编年与类型研究》，《华夏考古》2003年第1期。
② 邹衡：《试论殷墟文化分期》，《夏商周考古学论文集》，文物出版社，1980年。
③ 唐际根：《中商文化研究》，《考古学报》1999年第4期。

续表

中商 (13处)	殷墟一期 (23处)	殷墟二期 (11处)	殷墟三期 (10处)	殷墟四期 (7处)	珍珠门文化 (8处,殷墟四期)
兰陵县刘家堡	罗庄区后盛庄	费县轴沟	沂南县埠子顶	费县朱田	沂南县埠子顶
莒县前石窖	河东区上郑庄村东	沂南县南匣石	沂南县南寨		沂水县姑子顶
沂水县西黄家庄	兰山区呼家墩	沂水县信家庄	沂水县姑子顶		
沂水县仙姑寨	兰陵县作字沟	沂水县西黄家庄	沂源县东安故城		
沂水县姑子顶	兰陵县杭头	沂水县大匡庄			
沂源县东安故城	兰陵县高王庄				
莒南县虎头水库	兰陵县刘家堡				
	莒南县墩后				
	莒南县王家坊				
	沂南县孔家庄				
	沂南县孙家黄疃				
	沂南县南匣石				
	沂水县姑子顶				
	沂水县大匡庄				
	沂水县五山				
	沂水县群子峪				
	沂源县东安故城				

（2）与中原地区和山东地区其他地点出土商代青铜器对比,确定鲁东南地区出土青铜器年代(表一)。

莒南县虎园水库铜觚与郑州回民食品厂窖藏出土铜觚[①]形制基本一致,铜爵与河北

---

① 杨育彬、于晓兴：《郑州新发现商代窖藏青铜器》,《文物》1983年第3期。

藁城台西商代遗址出土铜爵M85：4、M22：6形制相似，①费县墩头遗址出土铜戈与藁城台西商代遗址采集铜戈C：9形制基本一致，莒县浮来山镇前石窑遗址出土铜戈与河北藁城台西商代遗址出土铜戈M38：3形制相似，东安故城出土铜戈与盘龙城出土铜戈PWZH7：9②形制基本一致。以上虎园水库、墩头、前石窑、东安故城遗址出土觚、爵、戈，与藁城台西、黄陂盘龙城遗址出土同类器一致，目前均暂定为中商时期。

沂水信家庄出土铜戈与安阳大司空村出土一件铜戈83M663：17③相似，沂源土产公司拣选铜戈与安阳殷墟郭家庄商代墓葬M64：4④出土有銎铜戈形制基本一致，可定为殷墟二期早段。

平邑县洼子地遗址出土铜觯与滕州前掌大墓地铜觯M119：4⑤形制相似。兰陵县庄坞镇东高尧遗址出土铜觯与滕州前掌大墓地出土铜觯M121：1、M21：21形制相似，铜觚与滕州前掌大墓地铜觚M128：3、M128：4及安阳殷墟郭家庄商代墓葬出土铜觚M220：4形制一致，铜甗与滕州前掌大墓地M120：7、M11：78形制基本一致，铜簋与安阳殷墟出土铜簋GM1573：2⑥形制基本一致，且铸相同族徽，东高尧铜爵、铜觚、铜甗、铜簋上所见人左手持戈右手持盾族徽也见于安阳殷墟遗址，在1969-1977年殷墟西区墓葬发掘中第八墓区的M217、M284、M1125的三件铜器均有 图形铭文。⑦ 兰陵县神山密家岭遗址出土铜觚与滕州前掌大墓地出土铜觚M123：1、M21：4形制基本一致，铜觯与滕州前掌大墓地铜觯M21：3、M120：20等形制基本一致，陶豆与殷墟西区墓葬陶豆298：1形制基本一致。兰陵晒米城遗址出土两件铜卣与滕州前掌大墓地M38：61、M38：66和安阳殷墟郭家庄商代墓葬出土铜卣M50：15相似。沂源东安故城遗址出土铜铙与滕州前掌大墓地出土铜铙M213：65和安阳殷墟花园庄东地商代墓葬M54⑧出土三件铜铙形制基本相似，出土圆形太阳纹弓形器与安阳殷墟郭家庄商代墓葬M1：4出土弓形器形制纹饰基本一致，八角形纹弓形器与滕州前掌大墓地M40：11、M45：32出土弓形器形制一致。以上洼子地、东高尧、密家岭、晒米城、东安故城出土青铜器与殷墟郭家庄、花园庄东地、滕州前掌大等墓地出土同类器比较一致，大致可定为殷墟四期晚段。

总之，鲁东南地区商文化遗存年代大致分为中商13处、殷墟一期23处、殷墟二期11处、殷墟三期10处、殷墟四期7处（表一）。由于青铜器绝大多数不是发掘品而缺少共存关系，陶器多是采集标本，其年代无法进行细致划分。

---

① 河北省文物考古研究所：《藁城台西商代遗址》，文物出版社，1985年。
② 湖北省文物考古研究所：《盘龙城：1963-1994考古发掘报告》，文物出版社，2001年。
③ 中国社会科学院考古研究所安阳工作队：《安阳大司空村东南的一座殷墓》，《考古》1988年第10期。
④ 中国社会科学院考古研究所：《安阳殷墟郭家庄商代墓葬1982-1992年考古发掘报告》，中国大百科全书出版社，1998年。
⑤ 中国社会科学院考古研究所：《滕州前掌大墓地（上、下）》，文物出版社，2005年。
⑥ 转引自岳洪彬：《殷墟青铜礼器研究》，中国社会科学出版社，2006年。
⑦ 中国社会科学院考古研究所安阳工作队：《1969-1977年殷墟西区墓葬发掘报告》，《考古学报》1979年第1期。
⑧ 中国社会科学院考古研究所：《安阳殷墟花园庄东地商代墓葬》，科学出版社，2007年。

3. 珍珠门文化遗存年代分析

共8处遗址出土珍珠门文化陶器,其罐口沿、圈足罐底、簋圈足及高圈足簋等特征与潍坊市会泉庄出土同类器一致,为珍珠门文化三期,①相当于殷墟四期(表一)。

四、聚落分析

1. 鲁东南地区商文化遗存的认识

(1) 分布特点

主要沿沂河西侧、沭河中上游分布,向东越过沭河,个别临近黄海。比较集中分布于沂河中下游西侧的鲁中南地区东南部的兰陵县、临沂市西南部,沂河支流——祊河、浚河的平邑县、费县,沂河中游西侧的沂南县、沂水县,沂河上游的沂水县与沂源县,沭河上游的莒县北部、沂水县东北部。遗址面积不大,背山临河,多为河边台地,遗址文化堆积较厚,包含多个时期。

(2) 聚落分析

中商时期聚落已经较多分布,并到达沭河东侧,其中较高等级的聚落(出土青铜器)较多,分布于兰陵县、东至莒南县、平邑县西部,沂源县东南部。可以看出商王朝向东扩张的三条线路:南线自滕州前掌大沿鲁南山区向东,中线自曲阜、泗水沿蒙山南侧向东(平邑)方向,北部自鲁北潍河上游西南部向沂河上游推进。整个殷商晚期也是基本沿这三条线路扩张与发展的。

殷墟一期聚落分布最多,达到顶峰,说明商王朝在这个地区持续推进,基本占领了该区域。殷墟二期、三期则明显减少,出土青铜器地点亦少,说明商王朝对该地区统治放松。殷墟四期至末段商文化因素和一般聚落少见,高规格的聚落却增加不少,出土大量高规格青铜器就是证明,如兰陵县东高尧、密家岭、晒米城、临沂革委、平邑县洼子地、费县朱田、沂源县东安故城等应是军事据点和统治中心。

鲁东南地区商文化遗存反映了文献记载的商王朝与东夷的关系基本得到印证,如古本《竹书纪年》"仲丁即位,征于蓝夷","河檀甲征蓝夷,再征班方";《后汉书·东夷列传》"武乙衰敝,东夷浸盛,遂分迁淮岱,渐居中土";"纣克东夷而陨其身",甲骨卜辞记载商代晚期多次征人方等等,证明了商王朝已经扩张至沂沭河流域为腹地的鲁东南地区。

2. 珍珠门文化遗存的认识

珍珠门文化遗存年代基本为殷墟四期,聚落少,等级低,分布散且比较偏僻,如在沭河以东、莒县西北部、沂水北部,个别与商文化聚落呈插花式分布。

---

① 山东省文物考古研究所等:《山东潍坊会泉庄遗址发掘报告》,《山东省高速公路考古报告集1997》,科学出版社,2000年;刘延常:《珍珠门文化初探》,《华夏考古》2001年第4期。

余 论

通过上文对鲁东南地区商代文化遗存的介绍、梳理与分析,基本廓清了该地区商代文化遗存的基本状况,填补了山东地区商代考古的空白。明确区分出来典型商文化遗存和夷人文化遗存,从其特征、年代、空间分布与聚落等级等可以认识到商文化的东渐、夷人文化的退缩和夷商关系的融合。这种现象与山东其他地区商文化、珍珠门文化的发现与认识是一致的,联系江苏地区商文化的发现,联系商代历史背景,证明商王朝对夷人的征伐、对东方的控制是长期持续的。尽管因此商王朝灭亡了,但最终体现的是文化的融合,形成了山东地区地方文化特点,为周代齐鲁地域文化的形成奠定了基础。

由于这次对鲁东南地区商代文化遗存的调查仅限于器物与标本,多数为非发掘品,年代的分析难免受局限,但是基本特征与时空框架大致如此。今后应对相关遗址开展考古发掘,搞清楚鲁东南地区商代文化面貌与年代序列,对周边地区的市县开展专题调查,加强与山东地区、苏北地区、皖北地区商代文化的比较。希望更多的学者关注鲁东南地区商代文化的发现与研究。

本文器物绘图由赵国靖和房成来同志完成,照片由张文存、杨中华、王相臣、王树栋、尹传亮提供。

(原发表为刘延常、赵国靖、刘桂峰:《鲁东南地区商代文化遗存调查与研究》,《东方考古(第 11 集)》,科学出版社,2014 年)

从鲁东南地区商文化遗存的发现谈商人东征

有商一代,山东地区是商王朝的重要组成部分,即文献中记载的东土,东夷关系着商王朝的兴盛衰亡,夷商关系是商代历史的重要研究内容。诸多学者从不同角度对商文化东渐、夷商文化融合等重大学术问题进行了探讨,一般认为这种现象主要是商王朝对东夷军事征伐向东扩张形成的,并随着山东地区商文化遗存的发现而不断深化认识。本文在前人研究基础上,分析近年鲁东南地区商文化遗存的发现,认为鲁东南地区及其东夷势力是商王朝东征的主要方向和对象之一,从而全面控制了东方局势。不当之处,请大家指正。

一、鲁东南地区商代文化遗存的发现

1. 关于鲁东南地区

鲁东南地区(山东省的东南部区域),地理区划包括沂山山脉以南、蒙山山脉以东至黄海的区域,或为沂沭河流域及以东的滨海地区,行政区划包括临沂市、日照市及淄博市南部、潍坊市南部和青岛市南部的一部分。该区域地形以低山、砂岩与砂土丘陵、河流冲积扇为主,因自然力破坏、人类活动等因素致使古文化遗存暴露较多,建国至今,文化文物部门进行了三次全国不可移动文物普查,因而目前的考古发现基本能够讲清楚本区域古代文化的演变。

2. 鲁东南地区先秦时期古代文化演变

鲁东南地区旧石器时代晚期、细石器文化遗存发现较多;大汶口文化晚期至龙山文化中晚期遗存最为丰富、最为强盛,有著名的莒县陵阳河大汶口文化晚期遗址,日照两城镇、尧王城、五莲丹土等大汶口文化和龙山文化城址;西周中晚期至战国早期为富有地域特色的莒文化,[①]尤其发现较多大中型墓葬,出土大量青铜器、陶器等。而新石器时代后李文化遗存、北辛文化遗存、大汶口文化早期遗存仅有零星发现,大汶口文化中晚期文化遗存数量也不多,龙山文化晚期遗存相比龙山文化中期急剧减少,岳石文化遗存则更少,商代文化遗存为数不多。总之,鲁东南地区相对独立的地理单元,形成了东临黄海、南连江苏、北接鲁北和胶东半岛的重要通道与文化走廊,腹地则西向内陆,这一区域的先秦时期古代

---

① 刘延常:《莒文化探析》,《东南文化》2002年第7期。

文化几经变化、出现数次高峰与低谷,其文化演变成因发人深省,在文明起源、华夏文化和齐鲁文化形成过程中、在中华传统文化交互作用融合的过程中扮演着重要角色。

3. 鲁东南地区商代文化遗存的发现

鲁东南地区商文化遗存,过去只是零星报道几处发现,如苍山县(2013 年更名为兰陵县)东高尧、①沂水县信家庄遗址出土商代青铜器、②费县拣选青铜器③等,众多学者撰写研究山东地区商文化文章时也限于资料而对鲁东南地区较少涉及。笔者于 2007 年借在莒南县工作之机会,考察文物库房时开始注意到这里有典型商文化青铜器和陶器,直至 2014 年两次集中时间到鲁东南地区各市、县博物馆考察库房文物与标本,又发现众多商文化遗存和部分夷人文化——珍珠门文化遗存,填补了山东地区商代考古空白,并立即发表调查报告,以期促进学术研究。④

目前,在 10 个县(区)共有 54 处文物点发现商代文化遗存,包括临沂市平邑县 10 处(1 处出土青铜器)、费县 8 处(3 处出土青铜器)、原临沂县(包括现在的兰山区、罗庄区、河东区)6 处(1 处出土青铜器)、兰陵县 7 处(原苍山县,3 处出土青铜器)、莒南县 3 处(1 处出土青铜器)、日照市东港区 1 处、莒县 4 处(1 处出土青铜器)、临沂市沂南县 7 处、沂水县 7 处(1 处出土青铜器)、淄博市沂源县 1 处(出土青铜器)(图一)。其中 50 处商文化文物点中有 12 处出土青铜器,其余为陶器标本,8 处文物点出土珍珠门文化陶器标本(沂水县 1 处、沂南县 4 处、莒县 2 处、莒南县 1 处),3 处文物点既有商文化也有珍珠门文化陶器标本。这些青铜器和陶器标本绝大部分是二十世纪八十年代以前征集、收购和调查采集所得,其数量和文物点分布密度具有较高的代表性。

二、鲁东南地区商文化遗存分析

1. 文化特征

商文化陶器主要以夹砂灰陶、红褐陶、泥质灰陶为主,火候较高;纹饰以交叉拍印绳纹、绳纹、附加堆纹、三角划纹为主;鬲足全部为抹实足根,绝大部分内勾,实足与袋足粘结痕迹明显;器类主要有鬲口沿、鬲足、豆盘、簋、簋口沿、圈足、盆口沿、罐口沿等。从陶质、陶色、纹饰、器形等特征分析,与郑州地区、殷墟商文化陶器、山东地区商文化陶器特征基本一致,为典型商文化特征。

青铜器有鼎、甗、觚、爵、觯、簋、尊、提梁卣、铙、戈、弓形器等,器物组合及其形态、纹样、铭文字体及铸造方法等均为典型商文化特征。

---

① 临沂文物收集组:《山东苍山县出土青铜器》,《考古》1988 年第 1 期。
② 沂水县文物管理站:《山东沂水县出土商代青铜器》,《考古》1990 年第 8 期。
③ 程长新等:《北京拣选一组二十八件商代带铭青铜器》,《文物》1982 年第 9 期。
④ 刘延常、赵国靖、刘桂峰:《鲁东南地区商代文化遗存调查与研究》,《东方考古(第 11 集)》,科学出版社,2014 年。

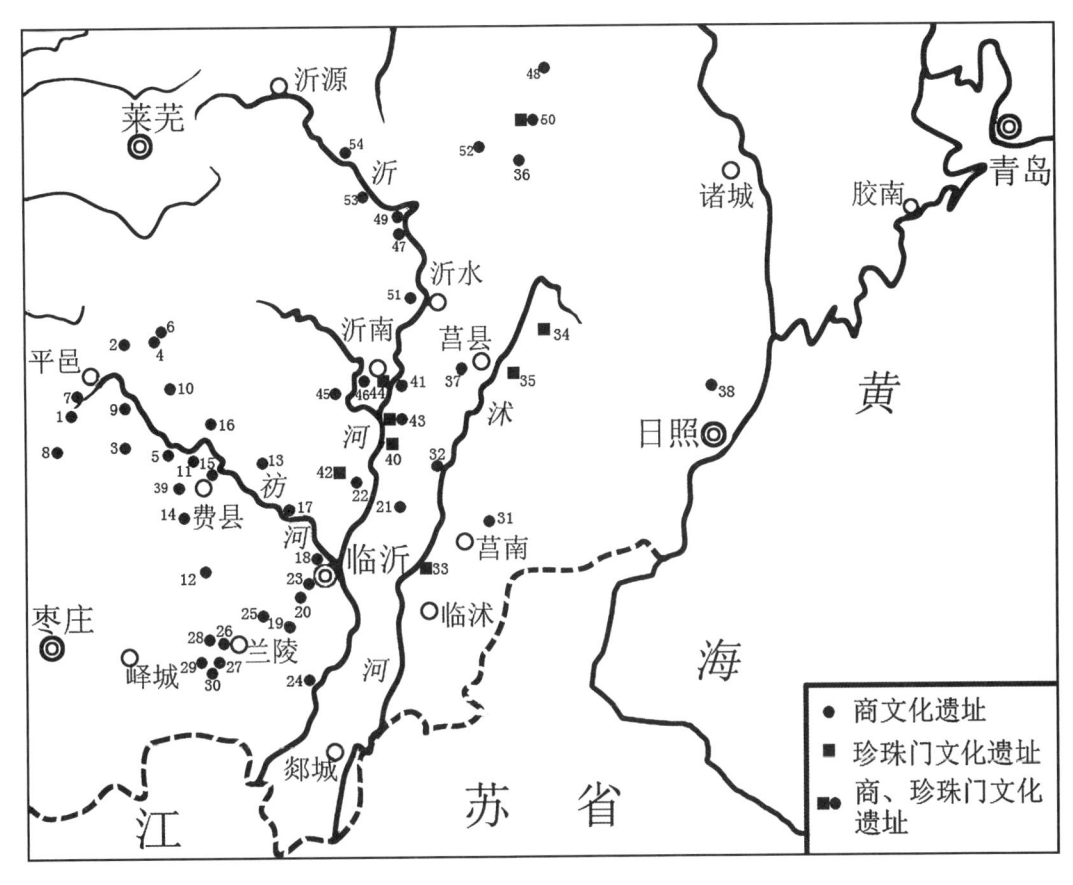

图一　鲁东南地区商文化、珍珠门文化遗址分布示意图

1. 平邑洼子地　2. 平邑前南埠崖　3. 平邑李家　4. 平邑杨谢南墩　5. 平邑地方　6. 平邑杨谢天公庙　7. 平邑蔡庄　8. 平邑瓦子埠南　9. 平邑铜石西南　10. 平邑左庄　11. 费县曹车　12. 费县轴沟　13. 费县故城　14. 费县吴家村　15. 费县崮子村　16. 费县双丘　17. 费县墩头　18. （临沂市兰山区）临沂县革委会大院　19. 临沂市罗庄区西店子　20. 临沂市罗庄区后盛庄　21. 临沂市河东区上郑庄村东　22. 临沂市兰山区呼家墩　23. 临沂市兰山区金雀山　24. 兰陵东高尧　25. 兰陵密家岭　26. 兰陵晒米城　27. 兰陵作字沟　28. 兰陵杭头　29. 兰陵高王庄　30. 兰陵刘家堡　31. 莒南县虎头水库　32. 莒南墩后　33. 莒南王家坊　34. 莒县西苑　35. 莒县石龙口　36. 莒县东莞　37. 莒县前石窟　38. 日照两城镇联合村　39. 费县朱田镇　40. 沂南榆林　41. 沂南孔家庄　42. 沂南高家坊庄　43. 沂南孙家黄疃　44. 沂南埠子顶　45. 沂南南匣石　46. 沂南南寨　47. 沂水信家庄　48. 沂水西黄家庄　49. 沂水仙姑寨　50. 沂水姑子顶　51. 沂水大匡庄　52. 沂水五山　53. 沂水群子峪　54. 沂源东安故城

2. 年代分析

（1）陶器标本年代

主要依据鬲足抹实足根的变化和鬲口沿、豆盘、罐口沿、簋圈足、盆口沿等特征，与陈淑卿女士关于山东地区商文化分期中同种陶器的对比，[1]参考邹衡先生关于殷墟文化分期[2]和唐际根先生关于中商文化研究中同种陶器的分析，[3]将鲁东南地区商文化遗存分为

---

[1] 陈淑卿：《山东地区商文化编年与类型研究》，《华夏考古》2003年第1期。
[2] 邹衡：《试论殷墟文化分期》，《夏商周考古学论文集》，文物出版社，1980年。
[3] 唐际根：《中商文化研究》，《考古学报》1999年第4期。

中商时期、殷墟一期至四期。

（2）青铜器年代

将鲁东南地区出土商代青铜器（表一）与郑州商城、河北藁城、湖北盘龙城、山东滕州前掌大、安阳殷墟等遗址出土同种类器进行比较，大致确定其年代。

表一　鲁东南地区出土商代青铜器地点分布与年代对照表

中　　商	殷 墟 二 期	殷　墟　四　期
莒南虎头水库（觚、爵）	沂水县信家庄（觚、爵、戈）	平邑县洼子地（觚、爵、觯、提梁卣）
费县墩头（戈）		临沂县革委会大院（鼎）
莒县前石窑（戈）		兰陵县东高尧（甗、簋、觚、爵、觯、尊、戈、铃）
沂源东安故城（戈）		兰陵县密家岭（鼎、觚、觯）
		兰陵县晒米城（鼎、觚、爵、尊、提梁卣）
		沂源县东安故城（铙、弓形器）
		费县上冶双丘（爵）
		费县朱田（鼎、甗、簋、豆、觚、爵、角、觯、提梁卣、斝、尊、罍、盉、勺、刀、戈）

莒南县虎头水库铜觚、铜爵，费县墩头遗址出土铜戈，莒县浮来山镇前石窑遗址出土铜戈和沂源县东安故城出土铜戈，与郑州回民食品厂、藁城台西、黄陂盘龙城遗址出土同类器一致，可定为中商时期。

沂水信家庄出土铜戈与安阳大司空村 83M663 出土一件铜戈相似，沂源土产公司拣选铜戈与安阳殷墟郭家庄商代墓葬 M64 出土有銎铜戈形制基本一致，可定为殷墟二期早段。

平邑县洼子地遗址出土铜觯，兰陵县庄坞镇东高尧遗址出土铜觯、铜觚、铜甗、铜簋，所见"人左手持戈右手持盾"族徽也见于安阳殷墟遗址，兰陵县神山密家岭遗址出土铜觚、铜觯，兰陵晒米城遗址出土两件铜卣，沂源东安故城遗址出土铜铙、太阳纹弓形器、八角形纹弓形器，与殷墟郭家庄、花园庄东地、滕州前掌大等墓地出土同类器比较一致，可定为殷墟四期晚段。

总之，通过对各遗址出土陶器标本和青铜器的比较分析，而有些遗址包含多个时间阶段，将鲁东南地区商文化遗存年代大致统计如下：中商13处、殷墟一期23处、殷墟二期11处、殷墟三期10处、殷墟四期8处，详细情况见表二。

表二　鲁东南地区商文化遗存年代分析对照表

中　　商	殷墟一期	殷墟二期	殷墟三期	殷墟四期
平邑县李家	平邑县前南埠崖	平邑杨谢南墩	平邑县左庄	平邑县洼子地
平邑县蔡庄	平邑县地方	平邑县地方	兰山区金雀山	临沂县革委会大院
费县曹车	费县曹车	平邑杨谢天公庙	兰陵县密家岭	兰陵县东高尧
费县故城	费县轴沟	平邑县瓦子埠南	莒南县墩后	兰陵县密家岭
费县吴家村	费县崮子村	平邑县铜石村西南	莒县东莞	兰陵县晒米城
费县墩头	罗庄区西店子	费县曹车	日照两城联合村	沂源县东安故城
兰陵县刘家堡	罗庄区后盛庄	费县轴沟	沂南县埠子顶	费县朱田
莒县前石窑	河东区上郑庄村东	沂南县南匣石	沂南县南寨	费县上冶双丘
沂水西黄家庄	兰山区呼家墩	沂水县信家庄	沂水县姑子顶	
沂水县仙姑寨	兰陵县作字沟	沂水县西黄家庄	沂源县东安故城	
沂水县姑子顶	兰陵县杭头	沂水县大匡庄		
沂源东安故城	兰陵高王庄			
莒南虎头水库	兰陵县刘家堡			
	莒南县墩后			
	莒南王家坊			
	沂南孔家庄			
	沂南孙家黄疃			
	沂南南匣石			
	沂水姑子顶			
	沂水大匡庄			
	沂水县五山			
	沂水群子峪			
	沂源东安故城			

3. 聚落分析

（1）分布特点

比较集中分布于鲁中南山区东南部的兰陵县、临沂市西南部,沂河支流—浚河(祊河)的平邑县、费县,沂河中游西侧的沂南县、沂水县,沂河上游的沂水县与沂源县,沭河上游的莒县北部、沂水县东北部。遗址面积不大,背山临河,多为河边台地,遗址文化堆积较厚,一般包含多个时期;主要沿沂河西侧、沭河上游分布,个别向东越过沭河(莒南虎头水库)。

（2）聚落分析

中商时期聚落已经较多分布,并到达沭河东侧,其中出土青铜器的较高等级聚落增多,且兵器为主。相对集中分布于三个区域:一是沂河上游、沭河上游,以沂源东安故城为中心(据点);二是蒙山南侧的沂河的支流—浚河(祊河),如费县墩头出土铜戈(据点);三是鲁中南山区南侧。它们基本沿河呈线性分布,但相对集中成片而尚未连接成面,个别向东跨过沂河(莒县前石窟出土铜戈),且越过了沭河(莒南县虎头水库出土铜觚与爵)。

殷墟一期聚落分布最多,达到顶峰,沿沂河西侧分布,中商时期的几片区域有所扩大、增加,并连接成面。殷墟二期聚落较多,但相对一期的数量则大大减少,由西向东沿浚河、祊河再向北至沂河中游分布更加密集。殷墟三期聚落与二期数量相近,但是浚河、祊河流域分布变少,而在鲁中南山区南侧、沭河流域明显增加。殷墟一期至三期商文化遗存丰富,聚落密度增加,但仅在沂水信家庄出土殷墟二期的铜戈,其他地点未见青铜器。殷墟四期商文化一般聚落少见,出土大量青铜器(包括礼器、乐器、车马器、兵器)高规格的聚落却增加不少,沂河上游西部(沂源县)、浚河与祊河流域(平邑与费县)、鲁中南山区东南部(兰陵县)成为区域聚落中心。

三、鲁东南地区商文化遗存反映的商王朝东征

关于商王朝征伐东夷,甲骨卜辞、金文等有大量记载,历史文献却记载较少且语焉不详,诸多学者撰文研究,但观点分歧较大。除了地名、族名、人名难以考证外,关于东夷包括多少族系和支系等具体情况也不清楚,考古发现遂成为推进这一课题研究的主要推手。结合历史文献记载分析,我们认为鲁东南地区商文化遗存主要与商王朝对这一地区东夷势力持续征伐的历史背景相关,伴随着而来的是商文化的东渐。

1. 对商王朝征伐东夷的认识

甲骨文、金文中多见商王伐"人方""尸方""虘""夷方""东夷"等,尽管学者研究意见多有不同,且多是对帝乙、帝辛征人方的地点、路线有争议,但基本共识是商王朝东征对象主要是东夷、淮夷,尤以前者为主。郭沫若先生认为:旧多释尸为人,余谓当是尸字,假为夷。他辞言在齐次佳王来正尸,则夷方即东夷也。征尸方所至之地有在淮河流域者,则殷代尸方乃合山东之鸟夷与淮夷而言。陈秉新先生认为"人方之写法,在甲骨文中与尸字区

别甚严,不容混淆。人方与林方、尸(夷)方等都是东夷集团中的方国之一并非东夷或淮夷的泛称。人方当是淮夷中势力较强、对商王朝威胁较大的一个方国。在商王朝的几次讨伐中损伤惨重,曾有两位首领被掳为牺牲"。①

据陈秉新、李立方先生统计甲骨文中关于"人方"卜辞,一期"令人方"仅有1条,三期有"人方不出"2条,四期有"征人方"与"敦人方邑"各1条,五期全为"征人方"43条详细记载往返行程;殷墟卜辞关于"尸方"21条,除有1条是四期外,余皆为一期卜辞;殷墟卜辞关于"虘"16条,一期1条、三期9条、五期5条。

历史文献所见商王朝征伐东夷的记载不多。《竹书纪年》载"仲丁即位,征于蓝夷",《后汉书·东夷列传》载"至于仲丁,蓝夷作寇。自是或服或畔,三百余年",《竹书纪年》载"河亶甲征蓝夷,再征班方",《后汉书·东夷列传》载"武乙衰敝,东夷浸盛,遂分迁淮、岱,渐居中土",《左传》昭公四年"商纣为黎之蒐,东夷叛之"、昭公十一年"纣克东夷,而陨其身"。

综合甲骨文、金文和历史文献记载,结合考古发现出土实物资料,很多学者对商人东征、商文化东渐等进行了研究。我们认为商王朝东征主要是针对商代的"东土",包括今山东地区、苏北、皖东和豫东地区,以分布在山东地区的东夷为主要征伐对象,还涉及东南区域的淮夷;东夷是东方的族团,包括淮夷,同时分别包含众多方国、支族系,它们因局势动荡义应该是发展、迁徙和变化的。因此,商王朝既有对鲁北地区、胶东半岛东夷的征伐,也有对鲁东南地区东夷的征伐,还有对苏北地区东夷(含淮夷)的征伐。综合考古发现,我们认为见于文献记载的东征,应主要针对鲁东南地区的东夷。

2. 鲁东南地区商文化遗存反映的商王朝东征

中商时期鲁东南地区商文化遗存分布在三个区域中心,可以看出商王朝对这一区域东征大致分为北、中、南三条线路:北部自鲁北潍河上游到沭河上游、向西至沂河,进驻沂源县东南部的东安古城;中线自泗水上游沿蒙山南侧向东,顺浚河(平邑)、祊河(费县)推进;南线沿鲁南山区南侧自西向东到达兰陵县。我们认为北部征伐的对象主要是"人方""虘"("虘"之地望晚商在费县东南部,周代在莒国中心区域②),南部(包括江苏北部)征伐对象为"尸方",中部主要征伐的为仲丁和河亶甲时期征伐的蓝夷和班方,我们同意丁山先生的考证意见"征伐蓝夷或许与仲丁迁敖有关,自洙泗上游进入沂蒙山区","蓝夷应是春秋时期的滥邑,位于汉代东海郡昌虑县蓝乡,今滕州市东南";"班方,引《荀子》《水经注》证明位于汉代东海郡的襄贲",今临沂东部。③ 商王朝驱赶这里的东夷并占领该区域,同时向东对东夷进行追踪和军事打击,沭河西侧的莒县前石窟出土铜戈、沭河东侧的莒南县虎头水库出土铜觚、爵就是证明。

尽管文献记载殷墟一、二期商王朝征伐东夷不多,而鲁东南地区商文化遗存在中商占

---

① 陈秉新、李立方著:《出土夷族史料辑考》,安徽大学出版社,2005年。
② 孙敬明:《莒史缀考》,《东夷古国史研究》第2辑,三秦出版社,1990年。
③ 丁山:《商周史料考证》,中华书局,1988年。

领、征伐的基础上,有了新的扩展,聚落密度增加,但是出土青铜器地点较少,说明此时商王朝平稳推进。武丁时期,有卜辞记载东夷与商王朝往来,夷商关系相对缓和,主要精力对西方、北方进行征伐,对东夷偶有征伐,对鲁南、苏北地区的尸方征伐较多。到廪辛、康丁时期,主要征伐虘,卜辞中伐"虘"的有三期9条,"虘"在沂河以东、沭河中游区域,如上所述在今莒县为中心的周代莒国区域。武乙、文丁时期商王朝衰弱,偶尔对人方、尸方进行征伐。

鲁东南地区出土殷墟四期商文化遗存主要是青铜器,年代当为帝辛时期,青铜器包括礼器、乐器、车马器、兵器,同时青铜器铸有"史""戎"等铭文,规格相当高,如出土铙、镶嵌绿松石的八角形纹弓形器等,其地位堪比青州苏埠屯、滕州前掌大,应该与文献记载帝辛时期大规模征伐东夷相关,"纣克东夷,而陨其身"。鲁东南地区商文化这些高等级聚落分布在沂河沿线,都是以前征伐后已经占领的统治中心,我们认为主要征伐的东夷对象是"叡"和"人方"的主力。殷代金文有"叡"字青铜礼器18件,据传为山东费县朱田出土(按:朱田位于祊河下游东南),属殷代末期,包括鼎、甗、簋、豆、觯、斝、尊、卣、爵、觚、罍、盉等,① 如上所述"叡"的地望和卜辞、金文关于伐"虘"的地点和认识是一致的,自中商至殷末、到周代一直在鲁东南地区腹地,属东夷族团一支,以费县及以东的沂河、沭河中游为中心区域。

帝乙帝辛时期,卜辞和金文中记载有十祀、十五祀和二十祀三次征伐"人方"大的战争,其中以十祀规模最大、时间最久。关于征人方的研究目前还存在不同观点,我们同意王恩田先生、方辉先生的考证意见,认为人方主要在山东,② 同时人方在鲁北、鲁东南、鲁南和苏北地区均有分布,它应该包含比较多的族支系,其中鲁东南地区的人方是帝辛时期主要征伐对象。

以王恩田先生根据二十世纪五十、七十年代滕州后黄庄一带出土铭文青铜器考证,这一代应是"攸"的地望,攸至迟在武丁时已经建国,是帝乙、帝辛十祀征人方最重要的地点,也是西周早期分封予鲁的"殷遗民中的条氏"。③ 商王或所派军队在攸地(出土青铜器地点在滕州柴胡店镇后黄庄,距离前掌大比较近)与当地方国(前掌大史族、攸族等)共同商讨并从这里向东征伐东夷。殷末两条卜辞载"醜"参与了征伐夷方活动,如"……小臣醜其作𡈽于东……""……醜其驿至于攸……",④ 学者均认为"醜"即来自山东青州苏埠屯出土"亚醜"青铜器之方国或族系。

方辉先生根据殷末金文和卜辞考证,并同意丁山、李学勤先生从卜辞、金文分析的意见,认为二十祀征伐人方地点已经到达沭水以东莒地一带,且自北部沿沭水至苏北

---

① 程长新等:《北京拣选一组二十八件商代带铭铜器》,《文物》1982年第9期。
② 王恩田:《人方位置与征人方路线新证》,《胡厚宣先生纪念文集》,科学出版社,1998年;方辉:《从考古发现谈商代末年的征人方》,《东方考古(第1集)》,科学出版社,2004年。
③ 王恩田:《人方位置与征人方路线新证》,《胡厚宣先生纪念文集》,科学出版社,1998年。
④ 方辉:《从考古发现谈商代末年的征人方》,《东方考古(第1集)》,科学出版社,2004年。

地区。①

另外,鲁东南地区发现有8处珍珠门文化遗存(莒县西苑、莒县石龙口、莒南县王家坊、沂水县姑子顶、沂南榆林、沂南县高家坊庄、沂南县孙家黄疃、沂南县埠子顶),年代基本为殷墟四期,聚落少,等级低,分布散,有的比较偏僻如在沭河上游、沭河中游东岸和沂河北部,有3处文物点夷商文化因素共存,与商文化聚落形成插花式分布。② 同时,鲁东南地区岳石文化遗存也非常少。那么,这里的东夷人都到哪里去了?我们认为与中商、晚商征伐有关,商王朝将东夷势力打败,或伤亡或俘获,还有部分则逃亡,总之东夷主力已不在鲁东南地区。从历史来分析,东夷势力强大主要指其军事势力,因而具有游动性和不长期固定据点的特点,与考古学文化意义上的遗址、墓葬等聚落不能完全对应。

总之,商王朝自中商时期征伐鲁东南地区的东夷,占领区域至沂河西侧,以此为前沿阵地,向东进行军事打击;殷墟一至三期时期在这一地区又不断扩展,帝乙、帝辛时期针对东夷的反扑进行了坚决的镇压,却也耗尽了元气。商王朝征伐鲁东南地区东夷采取北、中、南三条线路,占领三个区域,以据点为中心进行统治与军事打击。这种战略战术分别依托北部、中部和南部三个大后方进行:北部自鲁北南部(青州至安丘一带)越过沂山山脉向沂沭河上游征伐,西部从邹城、泗水一带沿蒙山南侧顺浚河向东推进,南部以滕州东南部前掌大等地为依托沿鲁南山地南侧向东进攻至兰陵县、向东南地区伸入到苏北铜山并直达连云港,形成三面包围之势,打败俘获鲁东南地区东夷势力,从此稳定住了整个地方局势。

余 论

由于过去鲁东南地区商代文化遗存考古发掘少,资料报道极少,影响了山东地区商代考古学文化时空关系、文化谱系、夷商关系等课题的全面认识与深入研究。最近我们通过调查与研究,基本搞清楚了鲁东南地区商文化面貌,对商王朝东征等学术问题提出了新的认识。鲁东南地区商代考古学文化对研究区域文化融合与演变,对研究东夷与淮夷、夷商关系,对研究周代莒文化的渊源等诸多重要学术问题都具有重要意义,需要今后科学地做大量的区域考古调查和发掘工作,需要加强周边地区商代考古学文化的比较研究,需要学术界同仁共同关注与研究。

鲁北地区在中商时期,商王朝已经扩张到青州弥河流域,③但文献中不见对此区域的征伐。甲骨文卜辞贞问是否征伐"莱"条属殷墟一期,据考证莱在今山东龙口市归城一带,属东夷文化范畴,说明中商晚期夷商还对峙。晚商时期,东夷文化的珍珠门文化会泉

---

① 方辉:《从考古发现谈商代末年的征人方》,《东方考古(第1集)》,科学出版社,2004年。
② 刘延常、赵国靖、刘桂峰:《鲁东南地区商代文化遗存调查与研究》,《东方考古(第11集)》,科学出版社,2014年。
③ 陈雪香:《山东地区商文化聚落形态演变初探》,《华夏考古》2007年第1期。

庄类型分布至潍河以西,淄弥河流域则显示夷商文化因素共存,说明该地区局面相对稳定。

潍河流域和胶东半岛在早商、中商时期分布着岳石文化,晚商时期则分布着珍珠门文化,①文化遗存丰富,聚落分布比较密集。

鲁中南地区自中商至商末的商文化遗存分布密集,也出土不少青铜器,主要集中在泗水县和邹城市境内,这里也是商王朝稳固的统治中心;鲁南地区发现了诸多中商时期商文化遗存,如滕州前掌大、轩辕庄、吕楼、大康留出土了较多的青铜器,直到商末枣滕地区都是商王朝比较稳定的统治中心。②

江苏省北部地区商文化遗存主要集中在中商时期和殷墟四期,长江以北地区典型商文化遗存的发现,证明商王朝已经扩展到东南部并牢牢控制了该地区,③而这一地区征伐的对象主要是淮夷,也包括鲁东南地区和苏北地区的东夷。

综上所述,鲁东南地区之南部的苏北地区、西部的鲁中南、鲁南地区、北部的鲁北南部地区均被商王朝占领,为典型商文化区域;其东北部为胶东半岛岳石文化、珍珠门文化的东夷文化分布区;而鲁东南地区商代夷人文化——岳石文化、珍珠门文化遗存较少,商文化在这一区域推进到沂河西岸,因而说明了商王朝对鲁东南地区东夷进行了持续而彻底的征伐。

商王朝东征伴随着商文化的东渐,同时促进了夷商文化的融合,为我们探讨东方区域文化的演变和中华民族传统文化的形成提供了极好的案例。

(原发表为刘延常:《从鲁东南地区商文化遗存的发现谈商人东征》,《中华之源与嵩山文明研究》第三辑,科学出版社,2017年)

---

① 方辉:《岳石文化区域类型新论》,《刘敦愿先生纪念文集》,山东大学出版社,2000年;刘延常:《珍珠门文化初探》,《华夏考古》2001年第4期。

② 唐际根:《中商文化研究》,《考古学报》1999年第4期;高广仁:《海岱地区的商代文化遗存》,《考古学报》2000年第2期;邵望平:《商王朝东土的夷商融合》,《东方考古(第4集)》,科学出版社,2008年;燕生东:《泗水流域的商代——史学与考古学的多重构建》,《东方考古(第4集)》,科学出版社,2008年。

③ 燕生东:《江苏地区的商文化》,《东南文化》2011年第6期。

近年来山东地区周代考古的新进展

夏商周时期山东地区分布着东夷族,西周前期东夷势力依然强大,史籍中多有记载。武王分封齐、鲁等国家以镇抚东方,继而周公东征,由此夷周关系逐渐融合,形成了极具特色的"齐鲁文化"。山东地区周代考古工作起步早,揭露出丰富的考古学文化遗存,结出丰硕研究成果,彰显出齐鲁文化的重要地位。

经过几十年数代考古工作者的不断努力,山东地区周代考古学文化以齐文化、鲁文化为代表的时空框架基本建立。近十年来,随着配合基本经济建设考古工作的开展,不断发现新的重要考古学文化遗存,齐文化、鲁文化的研究更加深入,夷人文化面貌逐渐清晰,莒文化、楚文化遗存和诸多古国文化遗存被识别出来,专题研究和综合研究空前繁荣。

本文旨在通过梳理近十年来山东地区周代考古的新发现,介绍新的研究成果,以期共同促进周代考古的深入研究。

一、周代重要考古新发现

十年来,山东省的基本经济建设持续发展,在开展配合工程建设的文物保护工作中,新发现了丰富的考古学文化遗存。多家合作、多学科合作进行的课题研究,也提供出新的资料。因此,山东地区周代考古新资料急剧增加,其中有许多重要发现。

1. 潍坊市会泉庄遗存的发掘[1]

山东省文物考古研究所1997年7月对潍坊市会泉庄遗址进行了发掘,发现商周时期灰坑16个,出土遗物除个别石器外,主要是陶器,绝大部分为夹砂素面红褐陶,器类有鬲、罐、盆、碗、甗、簋、杯、鼎、器盖及少量泥质陶簋、罐和圜底尊等。发掘者认为以灰坑及其出土陶器为代表的一类遗存属珍珠门文化,并提出会泉庄类型。会泉庄遗存分为三段,分别相当于殷墟文化三期、殷墟文化四期和西周早期。

2. 淄博市北沈马商末周初遗存的发掘[2]

山东大学考古系2001年发掘了淄川区北沈马遗址,清理商周时期房址、墓葬等丰富的遗迹,其中以商末周初最为丰富。出土的遗物有陶、石、骨角和铜器等,陶器纹

---

[1] 山东省文物考古研究所等:《山东潍坊市会泉庄遗址发掘报告》,《山东省高速公路考古报告集1997》,科学出版社,2000年。

[2] 任相宏、曹艳芳等:《淄川北沈马遗址的发掘与研究》,《淄川考古》,齐鲁书社,2006年。

饰以绳纹为主,素面陶也占有一定比例,手制的陶器多为素面夹砂红褐陶,器型有鬲、甗、簋、罐、盆、敛口钵、豆、尊、罍、盔形器等。

3. 沂源县姑子坪周代遗址的发掘①

山东大学考古系于1990年、2000年和2001年共三次对沂源县姑子坪遗址进行了发掘。后两次发掘面积近1000平方米,清理周代夯土建筑基址2处、窖穴87个、灰坑56个、墓葬3座。出土有陶器、石器、铜器、骨器等。陶器主要有鬲、簋、盂、豆、盘、钵、盆、罐、陶拍、纺轮等。从陶器看,周代遗存中包含有土著文化因素和齐文化因素。发掘者认为遗址中的周代遗存时代从西周中期偏晚一直延续到春秋中期。②

4. 沂源县姑子坪周代墓葬的发掘③

山东大学考古系2001年对姑子坪遗址进行发掘时,清理了3座周代墓葬。M1椁室有边箱2个,头箱1个,椁室底部有腰坑,葬具为二椁三棺。M2椁室有1个器物箱,底部有腰坑,坑内殉狗1只,葬具为一椁一棺,棺内铺有朱砂。M1随葬品均为铜器,共70余件,其中礼器有鼎、簋、甗、壶、盘、方彝和匕等;兵器50余件,包括剑、戈、镞等。M2随葬品18件,铜器有鼎、戈、镞等。发掘者推定M1、M4年代在西周晚期,M2处在两周之际或春秋早期。M1、M2规模较大,都随葬有铜礼器和铜兵器,墓主身份属贵族;M4规模小,仅随葬陶器,墓主身份为平民。姑子坪周代墓葬特别是M1的发现,对东夷古国史研究具有重要意义。

5. 沂南县西岳庄春秋大墓的发掘④

山东省文物考古研究所1998年发掘了沂南县西岳庄春秋墓葬,其中M1有斜坡式墓道,墓室结构北部为椁室,南为器物库。有五重棺椁,椁室构筑坚固精巧,所用木材尚未腐朽。器物库又分南北两室。椁室周围殉葬5人,均施单棺,其中3个殉人人脑尚保存完整。因早期被盗,随葬品残存150余件,包括青铜器、玉器、陶器和漆木器等。发掘者认为1号墓年代在春秋早期晚段,根据文献记载推定墓主可能是东夷古国——阳国国君。

6. 青州市西辛战国大墓的发掘⑤

山东省文物考古研究所2004年对青州市西辛战国墓进行了抢救性发掘,该墓为"中"字形的大型土坑竖穴墓,墓葬全长约100米,由南、北墓道和墓室组成。墓道呈台阶状。墓室平面呈长方形,墓壁呈三级台阶状内收。石构椁室,顶部一层巨石覆盖,底部为大石板铺筑。石板缝以铁汁或铅汁浇灌。石椁内有木质椁棺,木椁东侧与石椁间有一木质器物箱。陪葬坑5个。因该墓曾被盗扰,残剩文物100余件,有陶、铜、金、银、玉、漆、骨角器等。墓葬年代在战国末期,墓主人为齐国贵族。

---

① 山东大学考古系等:《山东沂源县姑子坪遗址的发掘》,《考古》2003年第1期。
② 任相宏:《山东沂源县姑子坪周代遗存相关问题探讨》,《考古》2003年第1期。
③ 山东大学考古系等:《山东沂源县姑子坪周代墓葬》,《考古》2003年第1期。
④ 刘延常等:《西岳庄大墓——解读一段东夷小国的历史》,《文物天地》2004年第6期。
⑤ 胡常春等:《山东青州西辛战国墓》,《2004中国重要考古发现》,文物出版社,2005年。

7. 新泰周家庄东周墓葬的发掘①

山东省文物考古研究所等单位于 2002－2004 年共三次对新泰市周家庄墓地进行了抢救性发掘。共清理东周时期中小型墓葬 77 座。墓葬分布集中,有部分夫妻并穴合葬墓。在椁的顶部和腰坑内有殉葬狗的葬俗。出土文物 2000 余件(组),主要有青铜器、陶器、骨器、玉器、蚌器、石器、漆木器和铁器等。兵器多达 350 余件,有十几件铸有铭文,其中有数件吴国兵器。根据墓葬形制和出土文物,发掘者认为这批墓葬年代在春秋晚期至战国晚期,属齐国墓葬,并推断周家庄一带是齐国的一个重要封邑。

8. 新泰周家庄齐国陶文的发现②

2002 年 4 月,在山东省新泰市第一中学校园内扩建教学楼时发现 200 余片带有陶文的陶片,经拼合后共 165 方。陶文系用玺印横向或竖向盖于杯形器、釜形器等器物的上腹部。陶文皆竖排两行,以阳文为主。字数一般 4－5 字。陶文的主要格式为:地名+陈某+立事岁+人名及其省略形式,如"陈口立事仆""平阴陈得"等等。研究者认为这批陶文是齐国陶文,年代属战国中晚期,陶文陶器应是齐国官府量器。又根据两方印文为"平阳廪""平阳市口"的陶器,结合着新泰市周家庄周代墓葬判断,新泰市一带应该是文献中记载的"平阳"所在地。

9. 长清县仙人台邿国墓地的发掘③

山东大学考古系 1995 年对长清县仙人台墓地进行了发掘,共发现 6 座墓葬,自东向西排列有序。墓葬均为长方形竖穴土坑墓。墓室的面积最大者 20 多平方米,最小者 10 平方米左右。椁室四周有二层台,多在二层台与棺椁之间用木板构建一或两个器物箱。椁室底部有椭圆形腰坑,内有殉狗。墓室内置棺椁,多者重椁重棺,少者为一椁一棺。随葬品丰富,有青铜礼器、乐器、兵器、车马器及玉器、陶器、骨器等。部分铜器中带有"邿"字铭文。墓葬的年代从西周晚期到春秋晚期。发掘者认为仙人台墓地属于东夷古国——邿国贵族墓地,其中 M6 当是国君墓。

10. 枣庄市东江小邾国墓地的发掘④

枣庄市文物管理办公室等单位 2002 年对枣庄市山亭区东江墓地进行了抢救性发掘,清理墓葬 3 座,均为土坑竖穴墓,葬具为一棺一椁,棺底部铺有朱砂。M1 被盗掘,出土有铜鬲 4 件、瓶 1 件,均有铭文。M2 为"甲"字形大墓,四周有熟土二层台,斜坡式墓道,木椁南侧有器物箱,内放 52 件器物,其中铜器 39 件,分别为鼎、簠、壶、鬲、盘、甗、戈、剑、镞等,其中 10 件铜器带铭文。M3 器物箱内 34 件随葬品,19 件铜器,有鼎、鬲、壶、簠、甗、盘、方盒、刀等,其中 9 件铜器带铭文。出土铜器铭文主要涉及邾国,还包括多个国族、姓氏和婚

---

① 刘延常等:《齐国墓再现春秋争霸——山东新泰周家庄东周墓葬》,《文物天地》2004 年第 2 期。
② 刘延常等:《山东新泰市出土的大批齐国陶文》,《中国文物报》2004 年 4 月 16 日。
③ 山东大学考古系:《山东长清县仙人台周代墓地》,《考古》1998 年第 9 期。
④ 李光雨等:《山东枣庄春秋时期小邾国墓地的发掘》,《中国历史文物》2003 年第 5 期;李光雨等:《枣庄发现春秋小邾国贵族墓地》,《中国文物报》2004 年 7 月 16 日;赵友文主编:《小邾国遗珍》,中国文史出版社,2006 年。

姻制度。发掘者认为墓葬属春秋早期小邾国贵族墓。

11. 滕州市前掌大商周贵族墓地的发掘①

中国社会科学院考古研究所山东工作队先后于1981年、1985年、1987年、1991年、1994年、1998年和2001年多次对滕州市前掌大墓地进行了发掘,其中1998年的发掘共清理墓葬30座,其中19座为西周早期墓葬。绝大部分为长方形土坑竖穴墓,3座为"甲"字形墓。设有熟土二层台,少量有腰坑。清理2座西周早期车马坑,坑内均埋有两马一车,马车主体为木构,部分位置使用青铜构件。坑内出土的车马器是目前山东地区保存最为完好、时代最早的车马器。墓葬出土丰富精美的随葬品,包括铜、玉、陶、木、瓷、蚌器等。这批墓葬材料是商末至西周早期山东地区保存最为完整和丰富的考古学材料,对于研究西周早期山东方国的历史具有极其重要的价值。

12. 寿光市大荒北央西周遗址的发掘②

山东大学考古系2001年发掘了寿光市大荒北央西周遗址,发现西周时期的灰坑5个、灰沟1条及白色沉淀物硬面等。灰坑大小相若,口径约0.5、深0.3 – 0.4米。多为圆形、圜底,内壁、底均涂抹有厚约2厘米的红褐黏土。遗物多为陶器,另有少量石、骨器。陶器有盔形器、鬲、簋、盆、罐、圆陶片、纺轮和支柱等。其中盔形器占所有出土陶器的90%以上。该遗址时代为西周前期。该遗址的发掘,为商周时期鲁北沿海制盐业的研究提供了重要材料。

13. 广饶县南河崖盐业遗址的调查与发掘③

2002年以来北京大学和山东省文物考古研究所合作开展鲁北地区先秦时期盐业考古调查与研究,2005年申报有关科研课题。2007年上半年对广饶县南河崖盐业遗址群进行了专题调查,发现61处遗址,其中商末、西周时期53处、东周时期12处。2008年3 – 6月,山东大学东方考古研究中心发掘南河崖遗址1000平方米,发现西周中晚期大型煮盐作坊,出土卤水坑、刮卤摊坑、淋卤坑、盐灶等遗迹和众多的煮盐器具。广饶县南河崖商周制盐遗址群的发现与遗址的发掘极大地促进了盐业考古的进展。目前,山东省文物考古研究所为配合南水北调东线工程第二批控制性项目建设在寿光市大规模地发掘商周时期盐业遗址,已经取得重要收获。

另外,山东省文物考古研究所还发掘了长清区王府遗址,④平阴县张沟周代遗址、墓地,⑤滕州东小宫东周墓地、⑥东康留东周墓地,⑦临沂市西陆庄周代遗址,⑧费县故城遗

---

① 中国社会科学院考古研究所:《滕州前掌大墓地(上、下)》,文物出版社,2005年。
② 山东大学东方考古研究中心等:《山东寿光市大荒北央西周遗址的发掘》,《考古》2005年第12期。
③ 李水城等:《山东广饶南河崖发现大规模制盐遗址群》,《中国文物报》2008年4月23日第2版;王青等:《山东东营市南河崖西周煮盐遗址的考古新发现》,《中国文物报》2008年7月11日第2版。
④ 山东省文物考古研究所:《山东济南王府遗址发掘报告》,《山东省高速公路考古报告集1997》,科学出版社,2000年。
⑤ 李振光等:《山东平阴张沟周、汉代墓地有重要发现》,《中国文物报》2006年4月5日。
⑥ 山东省文物考古研究所等:《山东滕州市东小宫周代、两汉墓地》,《考古》2000年第10期。
⑦ 高明奎:《滕州市东康留周代及元明墓地》,《中国考古学年鉴2000》,文物出版社,2002年。
⑧ 郑同修:《临沂市西陆庄周代遗址》,《中国考古学年鉴1999》,文物出版社,2001年。

址,①郯城县大埠春秋中型墓葬,②日照市小古城周代遗址,③莒县西大庄西周墓葬,④五莲县丹土东周墓葬,⑤胶州市赵家庄东周环壕聚落,⑥莱州市黑羊山周代遗址,⑦青州市东朱鹿和赵家庄遗址,⑧临淄区相家战国大墓⑨等,济南市考古研究所发掘了章丘市马安周代遗址,⑩山东大学考古系等于2000年春季发掘了平阴县西山古墓地,其中有部分东周时期墓葬,⑪还有其他许多发掘等等。通过众多遗址、墓葬的发掘,发现了丰富的周代文化遗存,为山东地区周代考古学文化面貌研究、年代学研究、区域文化分区研究和专题研究等提供了大量新的物质资料,开拓了周代考古研究的视野。

二、周代考古研究新进展

丰富的考古学文化新资料,为山东周代考古研究开拓了新视野,开辟了许多新领域,学术研究空前繁荣。

1. 夷人文化研究

二十世纪 80 年代,严文明先生提出珍珠门文化的命名,代表胶东半岛商代夷人文化遗存。1997 年发掘潍坊市会泉庄夷人文化遗存后,我们对珍珠门文化做了深入探讨,认为其年代下限可到西周早中期,⑫陶器仍然以夹砂素面褐陶系为代表。西周早期主要分布在潍坊潍水以东至大海的地区,势力比较强大;西部的淄弥河流域在诸如淄川区北沈马等众多周代遗址中还存在着浓厚的夷人文化因素,与周文化融合共同形成了鲁北地区周代地方文化。早中期则退缩至胶东半岛东部,夷人势力逐渐衰退。

珍珠门文化面貌清晰后,近年来又在莱州市黑羊山周代遗址、朱汉遗址、⑬青岛市南营遗址、⑭日照市境内⑮等地发现了比较单纯的周代夷人文化遗存,更加深化了对夷人文化的研究。

---

① 李振光等:《费县故城遗址》,《中国考古学年鉴 2004》,文物出版社,2005 年。
② 山东省文物考古研究所 2002 年配合北京—福州高速公路(山东段)考古发掘资料。
③ 党浩等:《日照市小古城西周、汉代遗址》,《中国考古学年鉴 1999》,文物出版社,2001 年。
④ 莒县博物馆:《山东莒县西大庄西周墓葬》,《考古》1999 年第 7 期。
⑤ 山东省文物考古研究所:《五莲县丹土发现大汶口文化城址》,《中国文物报》2001 年 1 月 17 日。
⑥ 燕生东等:《山东胶州赵家庄先秦聚落考古获重要收获》,《中国文物报》2006 年 5 月 8 日。
⑦ 李振光等:《山东莱州黑羊山遗址有重要发现》,《中国文物报》2003 年 4 月 30 日。
⑧ 党浩等:《青州市东朱鹿东周遗址》、刘延常等:《青州市赵家庄战国夯土台基遗址及汉代墓葬》,《中国考古学年鉴 1999》,文物出版社,2001 年。
⑨ 魏成敏等:《临淄战国齐墓发掘又获新成果》,《中国文物报》1997 年 3 月 30 日;山东省文物考古研究所:《临淄齐墓》(第一集),文物出版社,2007 年。
⑩ 郭俊峰等:《山东济南马安遗址抢救性发掘成果丰硕》,《中国文物报》2005 年 8 月 1 日。
⑪ 崔大勇等:《平阴发现春秋至宋元墓群》,《中国文物报》2000 年 5 月 10 日。
⑫ 刘延常:《珍珠门文化初探》,《华夏考古》2001 年第 4 期。
⑬ 党浩等:《山东莱州抢救发掘一批汉代墓葬》,《中国文物报》2003 年 4 月 18 日。
⑭ 山东省文物考古研究所配合济南—青岛高速公路(南线)工程考古发掘资料。
⑮ 山东大学东方考古研究中心 2003 年区域系统考古调查资料,据方辉教授介绍,日照市境内发现 4 处。

2. 莒文化研究

广阔的鲁东南地区周代考古学文化既不是齐文化，也不属于鲁文化，有自己的特点。1998–2002年，在我们发掘了沂南县西岳庄周代遗址、①春秋大墓、五莲县丹土东周墓葬、郯城县大埠春秋中型墓葬后丰富了这一认识。随后检索本地区已经发表的考古资料，如莒南大店春秋墓、②沂水县刘家店子春秋墓、③莒县西大庄西周墓葬、临沂市凤凰岭春秋墓④的发掘等，先后考察了临沂市、莒县、莒南县、五莲县等市县博物馆调查材料和馆藏文物，结合历史文献记载，我们对莒文化进行了分析研究。⑤

莒文化主要分布于鲁东南地区，包括沂、沭河流域中上游及东南沿海地区，其年代主要集中于西周中晚期至战国早期，墓葬结构、习俗、随葬品组合、陶器、青铜器等文化遗存具有较强的一致性，具有独特的代表性器物，如鬲为鼓肩、弧裆、高实足，还有豆形簋，罐为鼓肩、曲腹腹；青铜鬲与陶鬲形制相似。莒文化以莒国文化遗存为主，还包括诸如郯国、鄅国、阳国、向国等其他小古国文化遗存，其总体文化面貌应是夷人文化与周文化融合而形成的，与齐文化、鲁文化相比具有浓郁的地方文化特点。

沂源县姑子坪发掘3座西周晚期墓葬，其中M1随葬品丰富，规格高，根据墓葬结构、埋葬习俗和随葬品特征，发掘者认为属莒国贵族墓，并推测沂源县姑子坪一带当是文献记载中的"盖邑"，是莒国或东夷古国之重邑，以后则是齐国之要地。⑥

3. 齐文化研究

临淄区相家战国大墓的发掘是齐文化考古的重要收获之一，发掘3个大型封土下6座大墓，其中1–4号墓葬为异穴合葬，但营造时间有先后，地上墓室保存比较完整，对研究临淄地区包括"四王塚"在内的大型齐国贵族封土墓的结构具有重要意义。青州市西辛战国末期齐国贵族大墓墓室结构保存完整，为研究战国晚期乃至西汉初期的齐国葬制提供了重要资料。

新泰市周家庄78座中小型墓葬的年代介于春秋晚期至战国晚期，墓葬保存较好，出土文物2000余件，尤以出土大量兵器而引人关注，是近年来山东地区周代考古的重要发现。我们根据墓葬结构、埋葬习俗、随葬品组合和器物形态分析，周家庄东周墓葬是具有浓厚军事色彩的齐国墓葬，据此推测这一带应是齐国军事前沿，是齐国自春秋晚期开始越过齐长城向南扩张的重要阵地，以此威镇鲁国，拒吴退楚。墓葬资料对研究齐国争霸历史，研究齐国与鲁国、吴国等古国关系，历史地理等课题具有重要意义。⑦

距离新泰市周家庄墓地不远的新泰市第一中学内发现大量陶文，从陶文格式、字体等

---

① 刘延常等：《沂南县西岳庄西周遗址》，《中国考古学年鉴2000》，文物出版社，2002年。
② 山东省博物馆等：《莒南大店春秋时期莒国殉人墓》，《考古学报》1978年第3期。
③ 山东省文物考古研究所等：《山东沂水刘家店子春秋墓发掘简报》，《文物》1984年第9期。
④ 山东省兖石铁路文物考古工作队：《临沂市凤凰岭东周墓》，齐鲁书社，1987年。
⑤ 刘延常：《莒文化探析》，《东南文化》2002年第7期。
⑥ 任相宏：《山东沂源县姑子坪周代遗存相关问题探讨》，《考古》2003年第1期。
⑦ 刘延常等：《山东省新泰市周家庄周代墓葬出土兵器的初步研究》，《孙子的军事思想与中国古代军事历史论文集》，中国公共安全出版社，2007年。

方面分析,属于典型的战国时期齐国陶文,铃盖陶文的陶器应该为战国中晚期齐国官府量器,是山东周代考古的重要发现。根据"平阳廪""平阳市□"印文,结合着新泰市周家庄墓葬分析,新泰市一带应该是文献中记载的"平阳"所在地。这批陶文的发现,对研究战国时期齐国陶文、书法、齐国历史等具有重要学术意义,同时为周家庄东周墓葬属于齐国提供了佐证。①

1996－1997年,5位年已花甲的泰安市老人,用时一年多的时间徒步考察了长达600余千米的齐长城遗址,并将调查资料出版,②掀起了研究齐长城的热潮。对齐长城的修建历史背景,结构设计,建筑技术,地形地势,修筑年代以及与其他古国的关系等等诸多问题进行了有益的探讨。其中,长清区孝里镇广里村一带是齐长城最西端的重要军事要塞,是齐长城的源头,始建于春秋晚期偏晚阶段,盛行于战国时期,延续到西汉早期。③

4. 楚文化遗存研究

文献记载,楚国在战国中晚期向北扩张与齐国争霸,曾占领并统治山东南部地区一段时间。楚文化遗存的考古资料报道不多,有学者曾对鲁故城周代墓葬中发现的楚文化因素进行了分析,还有学者对山东地区出土的楚国金属货币进行了研究。近几年随着工作的开展和考古研究的深入,我们注意到在鲁东南南部、鲁中南地区出土大量楚文化遗物,因此检索已发表的考古资料,结合史籍记载,对楚文化因素进行了梳理研究。④

楚义化因素在春秋早中期表现为墓葬施青膏泥和随葬漆木器等方面,春秋晚期则出现了一些铜鼎、陶鬲等楚文化风格的青铜器与陶器。总之,春秋时期楚文化因素比较少,地点分散,主要出现于大中型墓葬中,应是友好交流形成的,多是与受楚文化影响较深的国家交流的结果。

战国时期楚文化因素大致分布在鲁东南地区沂、沭河中游,鲁中南地区南四湖以东及汶河、泗河中游地域。分布范围扩大,文化遗存地点数量增加,并且密度相对集中。文化因素涉及墓葬习俗、铜鼎、豆、盉、罍、陶鬲、壶、罄等,有些器物是典型楚器,许多则具楚文化器物风格,众多地点出土了大量楚国金属货币等。考古发现与文献记载相吻合,我们认为战国时期楚文化因素的形成是军事战争和占领统治的结果,楚文化是山东地区周代考古学文化的重要组成部分。

5. 相关古国文化遗存研究

长清县仙人台墓地发现6座西周晚期到春秋晚期贵族墓葬,根据墓葬结构、埋葬习俗、随葬品和"邿"字铭文铜器等特征,结合文献记载,发掘者认为这批墓葬是东夷古国——邿国贵族墓葬,其中M6当为国君墓。⑤ 若此,应与《左传·襄公十三年》所载鲁取之邿有直接联系,其地望也当在长清县仙人台一带。证明了诸多历史文献中记载的邿不

---

① 刘延常等:《山东新泰市出土的大批齐国陶文》,《中国文物报》2004年4月16日。
② 路宗元等:《齐长城》,山东友谊出版社,1999年。
③ 任相宏:《齐长城源头建置考》,《东方考古(第1集)》,科学出版社,2004年。
④ 刘延常等:《山东地区楚文化因素分析》,《楚文化研究论集》第七辑,岳麓书社,2007年。
⑤ 任相宏:《山东长清县仙人台周代墓地及相关问题初探》,《考古》1998年第9期。

在滕州安上、济宁寺堌堆和平阴亭山。

枣庄市山亭区东江墓地发现3座春秋早期贵族墓，出土随葬品93件，其中63件青铜器，24件带有铭文。铭文中有"邾友父鬲""邾君庆壶""兒庆鬲""邾公害簠"等，发掘者结合历史文献、历史地理研究认为这批墓葬是小邾国贵族墓。如是，小邾国地望当在枣庄市山亭区东江村一带。① 2004年10月枣庄市、山亭区召开了小邾国文化学术研讨会，对小邾国都城、埋葬制度、历史文化及其与其他古国关系等诸多学术问题进行了探讨。②

滕州市前掌大西周早期墓葬及车马坑的发掘，出土了丰富精美的随葬品，墓主人应是级别比较高的贵族，发掘者根据墓葬形制结构、埋葬习俗、器物特征、历史地理、文献记载研究认为与古薛国有一定关系。③

沂南县西岳庄春秋大墓发掘后，我们依据墓葬结构、埋葬习俗、随葬品特征分析，认为墓葬属东夷文化性质，其级别应属小诸侯国国君，结合历史文献、历史地理等推测该墓为阳国国君墓。如此，阳国地望当在沂南县西岳庄一带。④

6. 盐业考古研究

最近几年，盐业考古成为山东地区周代考古中最为亮丽的热点之一。2001年山东大学考古系等单位发掘了寿光市大荒北央西周遗址，⑤发现西周制盐遗存；2002年北京大学考古文博学院在鲁北莱州湾及胶东沿海地区进行了关于盐业考古的实地考察，并对调查资料进行了分析；⑥2003－2004年山东省文物考古研究所为配合南水北调东线双王城水库工程建设，三次对水库工程范围内及周围进行了考古调查、勘探和试掘工作，发现西周早期制盐遗址39处；⑦中国科技大学朱继平博士等具体分析了鲁北地区盐业遗址出土相关陶器及土壤样本，结果表明盔形器为当时的制盐容器。⑧

通过对渤海南岸盐业遗址的调查、发掘与研究，基本取得了共识。盐业遗址主要集中在商代晚期和西周早期，遗址规模不大，堆积与功能基本一致，盔形器数量占出土器型的90%以上，是制盐、运盐的主要工具，这里是商王朝、西周早期齐国的制盐中心。还有学者结合历史文献、甲骨文、金文等论述了商周时期鲁北沿海地区制盐业相关问题，说明了商王朝、西周早期齐国对盐业资源的控制；⑨有学者从制盐技术、产盐地域等方面对商周时

---

① 李光雨等：《山东枣庄春秋时期小邾国墓地的发掘》，《中国历史文物》2003年第5期；李光雨等：《枣庄发现春秋小邾国贵族墓地》，《中国文物报》2004年7月16日；赵友文主编：《小邾国遗珍》，中国文史出版社，2006年。
② 枣庄市山亭区政协：《小邾国文化》，中国文史出版社，2006年。
③ 中国社会科学院考古研究所：《滕州前掌大墓地（上、下）》，文物出版社，2005年。
④ 刘延常等：《西岳庄大墓——解读一段东夷小国的历史》，《文物天地》2004年第6期。
⑤ 山东大学东方考古研究中心等：《山东寿光市大荒北央西周遗址的发掘》，《考古》2005年第12期。
⑥ 李水城等：《莱州湾地区古代盐业考古调查》，《近年来中国盐业考古领域的新进展》，《盐业史研究》2003年第1期。
⑦ 燕生东等：《山东寿光双王城发现大型商周盐业遗址群》，《中国文物报》2005年2月4日；《渤海南岸商周时期盐业考古的新进展》，待刊。
⑧ 朱继平等：《鲁北地区商周时期的海盐业》，《中国科学技术大学学报》2005年第35卷1期。
⑨ 方辉：《商周时期鲁北地区海盐业的考古学研究》，《考古》2004年第4期。

期鲁北沿海地区制盐业进行了探讨。①

另外,许多学者对山东地区周代墓葬、玉器、兵器、陶文等进行了系统的专题研究,②对山东地区20世纪周代考古的发现与研究进行了总结③等,都是极有意义的探索。还有许多学者发表了新的研究成果,这里不再一一列举。

三、关于今后周代考古的思考

山东地区周代考古学文化谱系基本建立,近十年来重要考古材料不断涌现,科学研究呈现出繁荣景象,以此为基础,理清今后山东周代考古工作的思路,把握学术前沿和学术重点,推进周代考古再上新台阶,是摆在我们目前的重要任务。

结合配合工程考古工作,搞清楚鲁东南、鲁中南、鲁西和鲁西北地区周代考古学文化面貌与年代框架。

采取区域系统考古调查和试掘的方法,完善重要文化小区的周代考古学文化谱系。应用聚落考古的方法,开展城址、遗址的发掘和研究工作,深入探讨周代社会的政治、经济和文化发展状况。重点解决商代末期与西周初期的分界问题。

加强夷人文化遗存的考古调查与研究,探索夷人文化与地方文化的融合过程和夷周关系。注重研究山东地区内楚、吴、越、韩、魏、燕、赵等古国文化遗存,分析文化因素,探讨相关古史问题。

对山东地区周代历史进行综合研究,加强民族统一、文化融合方面的研究,深入挖掘齐鲁文化为代表的山东地区周代文化的深刻内涵,弘扬优秀传统文化。

(原发表为刘延常、兰玉富:《近年来山东地区周代考古的新进展》,《东南文化》2009年第6期)

---

① 王青:《山东北部商周盔形器的用途与产地再论》,《考古》2006年第4期;《山东北部沿海地区盐业考古的几个问题》,《文物》2006年第4期。
② 王青:《海岱地区周代墓葬研究》,山东大学出版社,2002年;尹锋超:《山东地区东周时期玉器研究》、梁法伟:《山东地区东周时期兵器研究》、卫松涛:《新泰出土陶文及相关问题研究》,以上3篇文章系山东大学历史文化学院2004年和2005年硕士学位论文。
③ 山东省文物考古研究所:《山东20世纪的考古发现与研究》第四章第三、第四节,科学出版社,2005年。

新泰市周家庄东周墓葬相关问题研究

一、墓葬文化性质与文化因素分析

根据墓葬形制结构、主要陶器组合及其形态、主要青铜器形态、丧葬习俗等分析,周家庄墓地为春秋晚期至战国中晚期齐国以军事营地将士为主的墓葬。同时部分陶器具有鲁文化特点,部分青铜兵器为吴国特点。

1. 墓葬属齐国墓葬

M1 为甲字形土坑竖穴中型墓葬,墓室以石块垒砌石椁,为战国时期齐国典型贵族墓葬特点;M19 墓室填充河卵石,M5、M67、M70 设有壁龛并放置随葬品等,均为战国时期齐国墓葬特点;而鲁文化、莒文化中基本不见。流行殉狗,25 座墓葬在椁顶、二层台殉葬大狗,椁底腰坑等殉葬小狗;器物内随葬牲肉;以上均为齐文化埋葬习俗。

随葬品多呈偶数组合,如陶豆、罐、华盖壶、簋、笾、铜豆、舟、剑、戈等,齐文化墓葬及鲁文化甲组墓随葬品流行偶数组合,是东夷人的传统。素面陶鬲、大部分绳纹陶鬲、浅盘豆、B 型陶罍、陶敦、A 型有颈罐、B 型有领罐等主要陶器组合和形态与鲁北地区东周时期齐文化器物特点一致。M32 随葬铜敦与齐侯午敦基本一致,属典型的齐国特点。

综上所述,我们认为周家庄墓葬为齐国墓葬。

2. 墓葬具有浓厚的军事色彩

周家庄墓地共有 43 座墓葬随葬兵器,约占 55%。随葬陶器、青铜礼器等并不是衡量等级的标准。而兵器组合的差异、数量的多少反映墓主人至少有 5 个等级之分,大部分应是贵族兵,少部分为平民。有 10 座墓葬随葬大狗,应为军犬性质。有 4 座规格较高的墓葬随葬行军指挥的铎,有 16 座规格较高的墓葬随葬具有指挥或仪仗功能的殳。M1 出土较多的"车戈",M2 随葬具有仪仗功能的竹节戈。墓主人基本是男性,近一半为单身,绝大多数青壮年、中年死亡,应是战争阵亡。无论兵器的配备,还是兵器的数量,墓主人的等级,兵器的功能等,都可以看出周家庄墓地具有浓厚的军事色彩。

3. 鲁文化因素

墓葬普遍施青膏泥,与新泰郭家泉墓葬一致。B 型陶鼎、B 型华盖壶、B 型有颈罐、B 型有领罐、觯、杯等与新泰郭家泉、曲阜鲁故城出土东周时期同类器一致,属鲁文化特点,但随葬器物数量较少。

4. 吴、越文化因素

部分墓葬随葬吴国、越国兵器,包括有7柄剑(M2:24、M61:3、M1:54、M1:55、M4:14、M1:56、M52:2),剑身饰暗菱形网格纹,剑首同心圆,有的剑格籥镶嵌绿松石;有2柄剑为复合金技术铸造双色剑(M1:53、M1:57);M11出土"攻吾王姑发者反之子通自作元用"剑,明确为吴王诸樊之子"通"所造。M61:1矛,饰暗网格纹,束腰,长鋬至锋部;M3多戈戟(M3:37、38、39)由三件戈组成,援的长度依次递减,援末有鼻饰;2件燕尾戈(M56:2、M56:3);M2出土"王"矛、戈,M1出土"王武之车戈",经过分析也应当是吴国兵器。以上所述青铜兵器特征均为春秋晚期至战国早中期吴国和越国典型兵器特点,这些兵器的年代比相应墓葬年代略早。

二、关于墓地性质认识

根据随葬兵器和墓葬综合分析,周家庄墓地具有浓厚的军事色彩,应是军事营地性质的墓葬。以下试做分析。

1. 一期墓葬。共15座。其中12座头向北,占80%,3座头向东。根据人骨鉴定和随葬兵器推断有9位男性,占75%,其中有3对夫妇。男性年龄经鉴定有成年4人,35-40岁4人,45-50岁1人。只有2座墓葬规格较高,位于北部,男性为主,说明军事开创时期的残酷性。

素面鬲绝大多数出现在一期。素面鬲主要在鲁北地区发现,是东夷文化的孑遗,应是齐文化因素构成之一。因此,我们认为随葬素面鬲的墓主人来自鲁北;头向北,由此推测墓地中头向北的墓主人或来自相同地区。这对分析军事力量的来源或有所帮助,而头向东的墓主人与头向北的墓主人不知是辈分差异还是来自不同的地区。看墓葬分布规律,应当不是前者。

2. 二期墓葬。18座。其中12座头向北,约占67%;6座头向东。根据人骨鉴定和随葬兵器推断有10位男性,占56%,其中有6对夫妇。男性年龄经鉴定有成年2人,25-30岁1人,30岁2人,35岁1人,35-40岁2人,40-45岁1人,45岁1人。有9座墓葬规格较高,说明在这一期军事势力发展比较快,也比较稳定。

3. 三期墓葬。23座。其中12座头向北,约占52%,11座头向东。根据人骨鉴定和随葬兵器推断有14位男性,约占61%,其中有3对夫妇。男性年龄经鉴定有成年5人,20-25岁2人,25-30岁1人,35-40岁2人,40岁1人,40-45岁1人,45-50岁2人。此期出现了墓地规格最高的M1,M4、M5规格也较高,随葬兵器较多,显然兵力增强。结合文献记载,战国早期是吴国在艾陵之战打败齐国之后,也是越国灭亡吴国之后向北扩张的时期,齐国接受失败的教训而加强了军事前沿的控制。

4. 四期墓葬。12座。其中5座头向北,约占41%,6座头向东,1座头向南。10位男性,约占83%,其中2对夫妇。男性年龄经鉴定有成年4人,20-25岁1人,25岁1人,35

-40岁2人,45岁1人,45-50岁1人。随葬兵器较多的墓葬M16、M18、M32、M67等规格较高,说明战国中期战争依然残酷,投入兵力较多。

5. 墓地没有未成年人墓葬,也仅一位老年女性,不同时期均以军士身份为主,同时都有夫妇墓葬,说明周家庄墓葬应是军营部队的墓地,有将士及家属,还有少部分规格低且无随葬品的墓葬或许是勤杂人员。头向北的墓葬比例逐渐减少,或许说明随着齐国的扩张与占领,周家庄一带已经成为齐国区域,但军队中当地人数量逐渐增加。

6. 具有军旌作用、壮军威和指挥功能的殳在四个阶段的数量基本稳定;殉葬军犬的墓葬一期1座、二期4座、三期2座、四期3座,可以看出军犬在军事活动中应用比较普遍,且第二期得到加强;随葬行军过程中用铎的墓葬一期1座、二期1座、三期2座;矛的数量很少,戟、镞的数量较多也比较稳定;每期墓葬中都有随葬大量兵器、规格较高的墓葬,第二期最多;平民兵墓葬一、二期较少,三、四期增多。

通过以上分析可以看出,周家庄墓葬所反映的军事斗争形势在一至四期延续下来,一直不断加强,尤其第二期、三期更为突出。结合墓葬的葬俗、器用制度等情况,也说明了当时社会形势的发展变化。

三、兵器相关问题的认识

1. 兵器装备

(1) 兵器组合与身份。大致分为5个组合。第一种组合:兵器种类比较齐全,随葬戈、剑、矛、戟、殳、镞等,有6座墓。第二种组合:以戈、剑、戟、殳为基本组合,有9座墓。第三种组合:以戈、剑、矛(或戟或镞)为基本组合,有10座墓。第四种组合:以戈、剑为组合,有9座墓。第五种组合:随葬1-3件戈,有3座墓;随葬单剑,有5座墓。综合墓葬面积、棺椁体积、随葬品数量等分析,青铜兵器组合最能反映出墓主人的等级,结合文献记载可分为大夫、上士、中士、下士、平民5个等级。

(2) 组合反映出兵器装备。总体上配备比较齐全,以戈、剑为基本装备。有远攻的镞,车战的戈,格斗和护身的剑,指挥用戈、殳,行军用铎和战车等。有10座规格较高的墓葬随葬大狗,狗的体型大,带有项圈,当为军犬性质。

2. 军队建制与作战方式

(1) 军队建制。有将领、指挥官和一般士兵之分,或有更多等级之分。有4座墓随葬"铎",为行军中常用器,这几座墓葬随葬兵器较多,应是军队中指挥将官。铸有"王"的竹节戈应为指挥或仪仗用,墓主人当为军事将领。墓葬出土一批殳,而且多出土在规格比较高的墓葬内,根据殳的特征分析,我们认为它不仅具有打击功能,更重要的是具有指挥功能,或为军旗作用,应多置于战车上。

(2) 作战方式。3座墓随葬车,并有29座墓葬随葬车马器,戈应有车戈和徒戈之分,有7件戈铸"车戈"铭文,"车戈"形制的戈数量最多(90余件),说明当时车战比较盛行。

普遍随葬剑,剑多随葬两把,一长一短,长者(较厚重)用于作战,短者多用于护身、防身。说明战斗也常常发生近身格斗,步兵也已占较大比例。

3. 兵器功能

(1) 关于殳的认识

新泰市周家庄墓地有 16 座墓葬出土 19 件殳,出土时铜套两端銎口相对,距离多在 2-2.5 米,中间常见 3-5 个铜环为箍,铜套内常遗留柲的朽木。与文献记载相符,是一种长兵器,两端为铜套,无刃。殳不仅具有打击功能,更重要的是具有指挥功能。山东地区自春秋至战国时期有十几处墓葬出土殳,[①]殳头多凸出圆形或多边形,顶部多有小钮或穿。凡随葬殳的墓葬,规格比较高,随葬兵器也多。过去出土的较为分散,多报道为镈或镦。山东地区出土殳的形制、使用方法以及使用者的身份都具有浓郁的地方特色,与湖北曾侯乙墓出土"晋殳"形制相似。

(2) 关于戟的认识

戟是常见的兵器,新泰市周家庄墓葬出土大量的戟为进行类型学分析提供翔实的资料。首先,根据出土位置与保存状况可以确定戟为组合兵器,是戈或钜与刺的组合,因而分别称为戈戟、钜戟。戈戟出土数量较多,刺一般较长、较宽,銎的直径较大,组合使用时为戟,分别使用时即为戈与矛;钜戟出土数量较少,刺一般较窄,銎直径较小,钜本身也较薄,似乎不宜分别单独使用,应是文献记载中的"钩矛"。我们认为钜戟与戈戟功能应有所不同,戈戟比较厚重,杀伤力较大,是主要作战兵器之一;钜戟相对单薄,推测是辅助兵器,或为作战时兼具刺杀战马的用途。

(3) 关于剑的认识

山东地区东周时期出土剑主要集中在春秋晚期以后,这反映两方面的变化:一是春秋中期以后"礼崩乐坏",一般士级贵族甚至个别平民都可以佩剑;一是春秋早中期作战方式以车战为主,到晚期骑兵作战或步兵作战方式增加,剑成为主要兵器之一。新泰市周家庄墓葬一般随葬 2 把剑,一把为长剑、重剑,当为主要作战用器或日常佩带用剑;一把为短剑,当为近身格斗护卫用剑,还具有匕首功能。

(4) 关于镞的认识

镞的种类、数量都比较多,镞射程远,具有准确、便捷和射杀力强的特点,是作战的重要兵器。从出土情况分析,随葬镞的墓主人等级一般比较高,说明当时对镞极其重视。一种镞,镞身较宽大厚重,銎径较大,需要花费大气力或用弩机发射,应是重兵器。有的镞,翼为倒刺状,增强杀伤力。周家庄 M1 出土一件镞,镞身为花蕾形,中空,周侧有小孔,銎较长,可能是传递信号或发布命令的"响箭",即文献记载的"鸣镝"。还有部分镞为平顶,不具杀伤力,或许为贵族弋射用的"缯矢"。

---

① 刘延常、徐倩倩:《山东地区青铜殳研究》,《中国国家博物馆馆刊》2015 年第 3 期。

4. 关于出土兵器铭文的认识

共有 6 座墓葬出土 19 件青铜器有铭文,均为兵器。

(1) 春秋晚期早段 3 座墓葬出土 4 件:M3:70 戈在胡部铸有 2 字"公戈",M11:23 剑铸有 14 字"攻吾王姑发者反之子通自作元用",M11:32、33 戟的戈之胡部铸有 1 字"季"(按清华大学李学勤先生隶定意见),M48:24 戈胡部铸有 2 字"叔中"(此铭文于 2013 年青铜器去锈保护工作过程中发现)。

春秋晚期早段,齐国多称侯而鲁国常称公,文献记载这一时期齐国多次征伐鲁国,因此推测"公戈"当为齐国伐鲁国的战利品,戈的形制亦为山东地区常见。M11 出土"吴王太子通"剑,如前所述应为齐国与吴国友好的馈赠品,辗转至将士手中。"季"戟、"叔中"戈应为鲁国卿大夫铸造兵器,均为齐国战利品。

(2) 春秋晚期晚段 1 座墓葬出土 3 件:M2:10、11 两件矛分别铸有 1 字"王",M2:8 竹节戈援的尾端铸有 1 字"王","王"上有一点。"王"字与吴国兵器中常见字一致,应为吴国兵器;竹节戈"王"虽然有点(与下述 M1 出土"王武之车戈"的"王"字一致),其主要形态与矛上"王"字一致,也应为吴国兵器。竹节戈无刃,刃部、锋部均仿竹节形状,应是南方地区风物的写照。文献记载齐国称王是在战国中期齐威王时期,与墓葬年代不符,因此不属齐王兵器。尽管东周齐国陶文、金文中的"王"字上有点或出头,但不一定就是齐国特有的,如 1987 年山东临淄出土的铜豆铭文中的"王"字有点(《山东临淄出土一件有铭铜豆》,《考古》1990 年第 11 期),此件铜豆为媵器,显然不是齐器。周家庄墓地墓主是齐国大夫所率齐国军队,也不可能出现"士"拥有本国国王的兵器。综上所述,M2 出土 3 件铭文兵器应是吴国某王的兵器,为齐国的战利品。

(3) 战国早期 1 座墓葬出土 10 件:其中 7 件戈(M1:18-23、44)的胡部铸有 2 字"车戈",2 件戈(M1:24、25)铸有 5 字"王武之车戈","王"字上有一点(清华大学李学勤先生、吉林大学林沄先生均隶定为"王")。上海博物馆做 M1:53 残剑 X 光分析时在剑脊两侧各发现一字"姬"和"剑",为鸟篆体文。

如上所述,"王武之车戈"之"王"与 M2 竹节戈铭文"王"一致,其上有点,应是吴王兵器,是齐国战利品。"车戈"及其此类形制戈的数量最多,说明春秋晚期至战国早期,车战仍然是主要作战方式。

鸟篆体文"姬"剑或为战国早期越国兵器战利品,应与文献记载越国灭吴后北上与齐国争霸有关。

(4) 战国中期 1 座墓葬出土 2 件:M32:10、9 戟之戈的内部铸有 5 字"裔膡敦年戟"(按清华大学李学勤先生隶定意见),"裔膡"应为人名,"敦"当为征伐之意,"年"或为地名,也可能代表年份(依北京大学朱凤瀚先生释读意见)。M32:6 戈的内部铸有 2 字"亡口",背面铸有一符号"◇"。结合 M32 随葬青铜器均为齐国典型器物特点,推测以上两件兵器铭文应是齐国某地方制造兵器的标识。

总之,以上 19 件兵器铭文反映春秋晚期至战国中期齐国向南扩张与吴国、鲁国、越国频发战争的历史,当时流行兵器铸造铭文,物勒工名现象,也体现了文化交流与融合。

5. 关于吴国、越国兵器的认识

如前所述周家庄墓葬出土较多的典型吴国兵器,另外还有部分兵器保存较好,光亮、富有银灰色泽,硬度大、锋利,也应是吴国兵器。根据吴国兵器的年代分析,多早于其随葬的墓葬年代,说明吴国兵器经过一段流转时间,有的延续使用至战国早期,如墓葬中M11、M3、M56、M61的年代为春秋晚期早段,M2、M52为春秋晚期晚段。M1、M4为战国早期,应为越国兵器。结合山东其他地区出土吴国兵器和文献记载,我们认为周家庄东周贵族墓葬出土较多的吴国兵器,年代集中在春秋晚期晚段,正是齐国与吴国交往的历史证明,这些吴国兵器作为珍品馈赠后又长期使用,更多的或许是战利品,或许与吴国争霸和齐国发生艾陵之战有关。

山东其他地区还出土较多吴国典型器物,如临沭县出土的印纹硬陶罐,莒南县出土的青铜钵,平度市、邹城市出土吴王夫差剑,沂水县出土吴王剑,临沂市、莒县出土青铜矛等。从文献记载看,吴国崛起之后不久就与山东地区的古国(齐、鲁、莒、郯、向、滕、薛、邾、小邾等)开始密切的联系,直至吴国灭亡也没有间断,主要集中于两大时间段内。一是寿梦称王之后到诸樊诸王时期,这个时期的联系主要是友好的、和平的,包括会盟、出使、婚姻、人员往来等;二是阖闾、夫差称霸时期,以战争方式为多。越国灭吴后北上,与山东古国联系密切,山东多个地点出土越国遗物。在周家庄墓地出土越国兵器,反映了吴、越争霸的历史。

四、埋葬制度分析

1. 墓地布局

发掘78座墓葬,只有4组墓葬具有打破关系,还有13组26座墓葬为夫妇并穴合葬,每期墓葬数量、方向、规格等都有相应的变化,说明墓地是事先经过周密规划的。

从墓葬面积、棺椁体积、随葬兵器组合及其数量、随葬青铜礼器、车马器等方面能够比较清楚的区分出墓葬的等级,其分布有一定规律:或许与地势西北向东南倾斜有关,规格高的墓葬在北部和西部,如最高的M1在最西北部,规格较高的M3、M7、M2、M4等均在北部;头向东的夫妇墓葬中男性在北部,头向北的夫妇墓葬中男性在西部。

从墓葬头向和墓葬分期情况分析,墓地有分组的可能:墓地西北部以头向东为主,西南部以头向北为主,集中在第一期和第三期,墓地东北部以头向北为主,集中在三、四期,墓地南部、东南部以头向东为主。再根据夫妇墓葬及单身男性墓葬等情况分析,这些分组既有家族的延续,也有地域的差异。

2. 棺椁制度

周家庄78座墓葬中M1规格最高,但因严重破坏,葬具不清楚;M23仅存墓底,葬具不清楚;有2座墓为一椁两棺,65座墓为一棺一椁,9座墓为一棺。关于棺椁制度文献多有记载,如《礼记·檀弓上》"天子之棺四重",郑弦注"尚深邃也。诸公三重,诸侯再重,大夫一重,士不重";《荀子·礼论篇》"天子棺椁十重,诸侯五重,大夫三重,士再重"。《庄子·杂篇·天下》"天子棺椁七重,诸侯五重,大夫三重,士再重"。赵化成先生结合其他文献记载和考古发现论证,将棺椁制度概括为"天子三椁四棺,诸侯二椁三棺,大夫一椁二棺,士一椁一棺。这一制度形成于春秋中期至战国早期,战国中晚期为僭越与破坏期"。① 山东地区东周时期的考古发现基本符合上述观点,下面分析周家庄墓葬棺椁使用特点。

墓葬规格与棺椁体积的大小密切相关,墓葬规格与墓室面积、棺椁体积、板材厚度和宽度呈正比,尽管绝大部分墓葬为一棺一椁,但墓主人身份至少能够区分5个等级。

M1的棺椁不清楚,但是为甲字形中型墓葬,有石椁,推测应为一棺一椁,属典型齐文化贵族墓葬,与战国早期齐国墓葬比较应为大夫(下大夫)级别,这与M1出土大量随葬品以及在墓地中规格最高是相符的。

M2为一椁两棺,M4为两椁一棺,综合其墓室面积、随葬品及其他墓葬的比较证明应为上士,明显存在僭越现象。

65座墓葬为一棺一椁,但是墓葬明显可分为等级,其中有平民等级,如M27、M63无随葬品,有的仅随葬剑或戈,有些随葬品较少。棺椁使用明显存在僭越现象。

9座墓葬为一棺,应均为战国中晚期,但M19、M71依然随葬兵器,说明这一时期平民一般为一棺。

关于棺椁木材的使用文献也有记载,《礼记·丧大记》云:"君松椁,大夫柏椁,士杂木椁。"而送检测的周家庄M3、M22、M36、M4、M15、M16为"士"(包括上、中、下)一级,其棺椁用材均为松木,不符合先秦旧制,或许正是春秋晚期、战国时期礼崩乐坏的体现,普遍存在僭越现象。

总之,周家庄墓葬棺椁的应用,明显而且普遍地存在僭越现象,显示出对将士的重视,对兵的重视,对战争的重视。

3. 器用制度

随葬器物普遍存在偶数组合现象,尤其是陶豆、罐、壶、簋、筳及铜盖豆、舟、剑、戈、车軎辖、马衔、马镳等。

用鼎及青铜礼器随葬。M2随葬两件青铜鼎,其他19座墓葬均随葬1件,但均为规格较高的墓葬,可以认为墓主人为士级别,与《仪礼》等书中所见东周用鼎制度"诸侯用大牢九鼎,卿、上大夫用大牢七鼎,下大夫用少牢五鼎,士用牲三鼎或特一鼎"②一致;周家庄墓葬随葬青铜鼎在一期、二期较多,三期减少,第四期只有1座墓葬;绝大部分鼎为实用器,兵器使用时间较长,而有几件鼎足或腹部以下为范土,应为明器。仅2座墓葬随葬甗,3座墓葬随葬敦。青铜礼器基本组合为盖豆、舟,鼎、盖豆、舟次之,鼎、盖豆、舟、提梁壶、盘组合占一定比例,少数墓葬随葬匜。综上分析,在随葬使用青铜礼器方面,这批墓葬没有

---

① 赵化成:《周代棺椁多重制度研究》,《国学研究》第五卷,北京大学出版社,1998年。
② 俞伟超:《周代用鼎制度研究》,《先秦两汉考古学论集》,文物出版社,1985年。

僭越,一般为士和平民身份,与实际情况相符。

仿铜陶礼器中鼎、盖豆、罍相对稳定,但是鼎呈减少趋势。随葬盘、匜、敦的墓葬较少,多为明器。有13座墓葬共随葬79件彩绘陶器。有7座墓葬随葬华盖壶、簠、笾。仿铜陶礼器未反映出僭越现象,烧制火候较低,多为明器,应为象征性礼制。

车马器随葬。有三座墓葬随葬车,共有30座墓葬随葬车马器。主要种类有车軎、车辖、马衔、马镳、骨贝马饰、盖弓帽,绝大部分车軎、马衔为实用器,如马衔两环之间有磨损痕迹,少部分为明器。车马器应象征着战车、战马的随葬。

实用器制度:陶器中绝大部分鬲、罍、较大型的罐为实用器,一期、二期实用器比例较大。青铜礼器中鼎、提梁壶、铎多为实用器。兵器中除少数为明器外,绝大多数为实用器,部分兵器有长期使用现象。相当部分车马器为实用器。骨角器多数为实用器,多随葬于规格较高的墓葬,并且与性别也有密切关系,如马镳绝大部分随葬于规格较高的男性墓葬中,应代表着随葬战马;管均随葬于高规格的男性墓葬中,应是兵器矛镦和戈镈,贝饰也象征着马饰,多随葬高规格墓葬中;盒绝大部分随葬于女性墓葬中,应是盛装化妆品类的用器;簪、笄多随葬于女性墓葬中,说明主要是女性用于装束长发的;梳、篦则男女墓葬中均见,为日常生活用品。

总之,周家庄墓葬随葬器物反映的礼制相对稳定,基本没有僭越现象,而注重兵器的特点十分突出。

4. 埋葬习俗

流行施青膏泥,37座墓葬的椁室四周与底部施青膏泥,占47.5%。

流行殉狗,共有25座墓葬殉狗,约占32%。其中有8座墓葬椁顶和2座墓葬二层台随葬大狗,应是军犬性质;15座墓葬的椁底部有殉狗,其中3个头坑、7个腰坑、4个腿坑、1个椁底部随葬小狗。

流行随葬牲肉习俗,有28座墓葬见有兽骨,约占36%。其中17座墓葬的棺椁之间,6座墓葬的器物内,3座墓葬的二层台及1座墓葬的椁底随葬牲肉。随葬动物见有牛、羊、猪、狗、兔子骨骼,其随葬种类组合与顺序反映墓葬的规格及等级,依次为1座墓葬随葬动物种类齐全,1座墓葬随葬牛、羊、猪,3座墓葬随葬羊、猪、狗,3座墓葬随葬羊、猪,2座墓葬随葬羊、狗,5座墓葬随葬猪、狗,2座墓葬随葬羊,9座墓葬随葬猪。随葬猪、羊右侧前肢为主,分别占63%和46%,左侧前肢分别占17%和24%;猪的死亡年龄大体包括了两个阶段,即小于1岁和1-3岁(2岁左右),羊的死亡年龄集中于两个阶段:小于3岁的未成年个体和大于3.5岁的成年个体。

有19座墓葬在椁顶随葬器物,1座墓葬随葬牲肉,说明埋葬过程最后还有一个祭祀环节。

M16、M68在椁顶随葬车,M35随葬两辆车,但仅有车轮、舆,后者属拆分车随葬现象。随葬车是东周时期的埋葬习俗,也说明直到战国中晚期车战在某些区域依然存在。

有5座墓葬在二层台一角放置陶鬲一件。3座墓葬人骨架上有朱砂,2座墓葬墓主口含宝贝。

M3 随葬 Bb 型陶鼎，M7 随葬 B 型华盖壶、AaⅢ型方座簋、B 型筵，应是鲁文化特点器物，与同墓随葬组合中的同类器物明显不同，或是助丧现象的证明。

五、相关历史与社会的认识

1. 随葬品反映出高度发达的生产力发展水平

（1）高超的青铜器铸造水平

通过北京科技大学冶金与材料史研究所对周家庄墓葬出土青铜器成分与金相组织分析，说明当时铸造青铜器时很注意根据器物的不同种类进行合金配比，已经完全掌握了铜、锡、铅合金的使用规律。青铜器普遍具有较高铅含量，但兵器的铅含量却受到严格的控制，含铅量非常低甚至不含铅，应该是一种目的明确的熟练操作的结果。不同墓葬出土同种类型的器物有着比较相似的金相组织，且同种器物类型的含锡量比较稳定，说明较为严格地执行锡料配方。青铜器在制造过程上存在着相似之处，可能属于同一作坊所造或者当时可能已经实现铜器制造的标准化。

上海博物馆实验室对周家庄墓葬出土青铜器铸造工艺进行了分析研究，认为新泰周家庄青铜器各项制作技术运用娴熟，展现了独特的技术特点，说明齐国青铜器铸造业有相当高的水平。诸如铸接及铸焊技术的普及，完善的工艺流程，化繁为简，为批量规模化生产创造了条件；焊料以纯铅为主，青铜礼器的合金成分中加入了大量铅，呈现低锡高铅的青铜合金，说明当地工匠已经熟知铅在青铜器成形中的作用；密集而细小的金属芯撑的合理使用技术，能够铸造薄壁容器。

我们从周家庄墓葬出土的青铜兵器殳入手，进而对山东地区的殳进行了梳理与分析，实物殳的形制、尺寸、功能与《考工记》等文献对殳的描述比较相符。[①] 结合周家庄青铜器反映出的齐国高超的青铜铸造工艺，或许从一个侧面证实《考工记》是以齐国人记载的齐国手工业技术内容为主。

（2）先进的骨角器制作工艺

45 座墓葬随葬骨、角、牙器 365 件（组），分为马饰件、兵器配件、日常生活用具、装饰品和其他共 5 类，器型有马镳、贝饰、剑鞘、剑首、管（矛镦、戈镦和其他）、盒、梳、篦、簪、笄、尺子、珠、楔子、牙器及其他共 15 种。

所用动物原料绝大部分是斑鹿的角，极少部分是大型食草动物的长骨，个别海贝，1件獐牙。所见制作工艺有烤、锯、切割、凿、削、锉、钻、打磨抛光等，制作工艺娴熟、精湛，有较强的统一性，应是手工业作坊专门生产的。

另外，仿铜陶礼器的生产，金箔、玉器、漆器、车辆、棺椁细木工艺及铁器的制造与使用

---

① 刘延常、徐倩倩：《山东地区青铜殳研究》，《中国国家博物馆馆刊》2015 年第 3 期。

等均反映出了当时先进的生产技术、制作工艺水平,说明生产力水平是比较发达的。

2. 墓葬反映的社会现象

(1) 礼制的传承与突破

周家庄墓葬春秋晚期早段的陶器组合相对稳定,实用器较多,礼制比较稳定。春秋晚期晚段以后,用明器随葬现象增多,说明礼制变得松散。

墓葬反映的礼制方面主要反映"在戎",随葬兵器多并且是衡量身份等级的重要标志,而"在祀"多体现在维护和象征意义。许多墓葬陶器组合不全,有的仅随葬1件鬲,有的墓葬不随葬陶器,仿铜礼器较多但形态变化不大,且种类多样,春秋晚期晚段以后至战国中期陶器逐渐明器化、火候较低、数量变少,反映了整个墓地不重视使用陶器随葬。青铜器礼器组合不全,数量较少,延续时间比较长,早期比较厚重、实用,后期逐渐明器化。车马器随葬仅表达象征意义。

周家庄墓葬棺椁制度普遍存在僭越,如一棺两椁墓葬应为大夫级别,实际为士级别;一棺一椁墓葬中许多不是士的身份,一方面说明礼制的破坏与僭越,也说明对将士的重视,证明战国早期以后平民通过军功能够提高身份。

M3为中小型墓,却殉有2人,既反映了礼制的僭越,也反映墓地军事性质的特殊性,受世俗约束较轻。

兵器绝大多数为实用器。周家庄墓葬殉葬小狗、随葬牲肉、棺椁底部及四周施青膏泥等现象从早到晚比较普遍,反映出习俗的稳定与传承。

以上说明,周家庄墓葬军事性质显著,将士的待遇相对较高,生活及其习俗比较稳定,基本属性随着社会发展变化而变化。

(2) 生活风尚

玉器主要出土在规格较高的男性墓葬,应为佩玉。有几座墓葬出土骨质剑鞘及其饰件,有几柄剑残存木质剑鞘的痕迹,说明高规格的男性贵族有佩剑风尚。水晶、玛瑙、蚌珠、珍珠饰件等串饰主要出土于规格较高的女性墓葬中,梳妆头发的篦、簪、笄和盛装化妆品的盒也多出土于女性墓葬。饲养小狗显示出浓厚的生活气息。

较多精美的朱、黄、白色彩绘图案,彰显了高超的艺术创作水平和审美情趣。

(3) 文化交流与融合

春秋晚期以前周家庄一带为鲁国境地,为鲁文化面貌。而周家庄墓葬反映的是齐文化面貌为主,应是战争导致文化的直接进入与替代,如素面鬲主要随葬在一期,一期有齐文化典型陶器、青铜器等。春秋时期也吸收了少量鲁文化陶器因素。部分吴国和越国兵器的接受与随葬直接体现了战争带来的文化交流。

3. 墓葬反映的相关历史

(1) 齐国军事扩张

周家庄东周墓葬的发现,证明这里自春秋晚期开始被齐国占领。新泰市区还在"新泰一中"出土大量战国齐国陶文,有西南关制陶作坊等许多遗址,均为东周时期齐国文化遗存。我们推测周家庄一带是鲁国的"平阳城"(《春秋·宣公八年》"城平阳",杜预注"今泰山有平阳县"),春秋晚期齐国向南扩张争霸,占领"平阳城"作为军事重镇,作为齐国的"南鄙",是与鲁国、吴国、越国等开展军事斗争的前沿。

以柴汶河流域为中心的新泰市境内发现出土东周时期兵器的文物点多达24个,出土兵器与周家庄墓葬随葬兵器特点基本一致,绝大部分是齐国兵器;放城乡南涝坡出土"陈×造戈",是典型的齐国兵器。考古发现证明齐国在春秋晚期至战国时期牢牢控制了这一地区,背依齐长城,为齐国的称雄奠定了牢固的基础。

(2)齐国、吴国交战

墓葬出土大量吴国兵器是一个重要发现,根据文献记载应与吴国和齐国争霸发生的战争有关。《史记·仲尼弟子列传》:"田常欲作乱于齐,惮高、国、鲍、晏,故移其兵欲以伐鲁。"子贡受命出使齐、吴、越、晋国,利用儒家学说游说,促成吴国北伐齐国,决战艾陵,大败齐师。达到了"故子贡一出,存鲁,乱齐,破吴,强晋而霸越。子贡一使,使势相破,十年之中,五国各有变"的目的与效果。《左传》哀公十一年(公元前484年):"公会吴子伐齐。五月,克博(泰安东南),壬申,至于嬴(莱芜西北)。……甲戌,战于艾陵(莱芜东北,一说泰安东南),展如败高子,国子败胥门巢。王卒助之,大败齐师。获国书、公孙夏、闾丘明、陈书、东郭书,革车八百乘,甲首三千,以献于公。"

春秋末期吴国北上争霸,在泰安东南、莱芜南境与齐国发生了一次大的战役,包括在"博""嬴"和"艾陵"进行了三次战斗,互有胜负,吴国虽然决战胜利却因国内发生危机迅速撤回,实际上对齐国大局没有大的影响。周家庄墓葬随葬吴国、越国兵器,绝大部分应是战利品的延续使用。

(原发表为山东省文物考古研究所等:《新泰周家庄东周墓地(上、下)》第五章,文物出版社,2014年。个别内容略有修改。)

山东滕州市大韩东周墓地发掘收获与认识

大韩墓地位于山东省枣庄市滕州市官桥镇大韩村东,地处泗河中游的薛河与小魏河之间(图一),墓地面积约7000平方米,山东省文物考古研究院、滕州市文物局于2017－2020年对墓地进行了全面揭露,共发掘东周时期墓198座(图二)。包括战国末期小型墓150座、春秋晚期至战国晚期大中型墓48座,出土陶器、青铜器、玉石器、骨角器、蚌器、铅锡器、漆木器、金器等文物3000余件,发掘取得重要成果。①

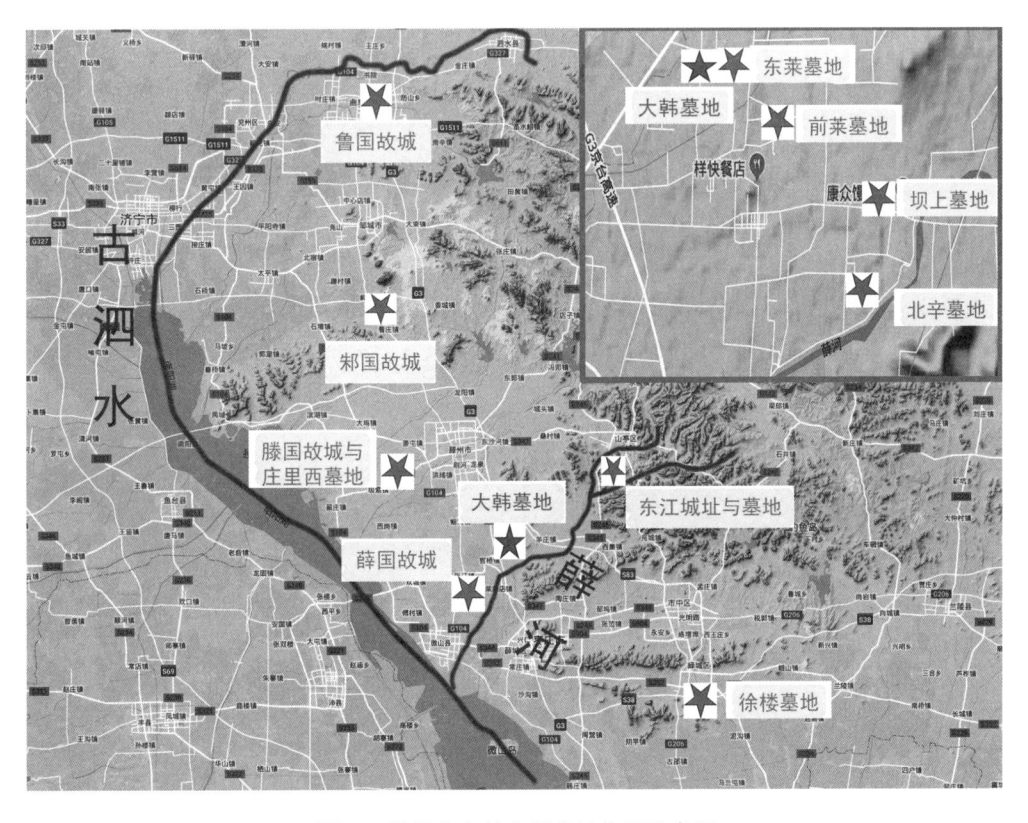

图一 滕州市大韩东周墓地位置示意图

---

① 山东省文物考古研究院等:《山东滕州大韩东周墓地第一次发掘简报》,《考古》2021年第2期;2019年全国十大考古新发现入围项目"山东滕州大韩东周墓地",郝导华等:《山东滕州大韩墓地发掘获重要发现》,《中国文物报》2018年7月27日。

图二 滕州市大韩东周墓地总平面图

一、发 掘 收 获

1. 小型墓多为战国末期平民墓葬,分布于整个墓地,面积小、随葬品少,其中数十座墓葬打破大中型墓葬。大中型墓皆为贵族墓,自春秋晚期延续至战国晚期,皆为土坑竖穴(图三)。春秋晚期墓葬多分布在墓地中部,周边有沟环绕,头向东,墓室面积20平方米左右,M208与M57(图四)一组面积最大,近50平方米,两墓之间陪葬一小马坑。一部分为带有墓道的甲字形墓,墓道一般向东(个别向西)、较短、较浅,墓道底部一般凹凸不平,或有凹槽。墓室皆分为椁室与器物箱,葬具多为一棺一椁,个别二棺一椁。墓主人骨架多为仰身直肢,个别为俯身葬,头向东。部分椁下有腰坑和殉狗,椁室周围有1至10个殉人,墓主棺内一般撒有朱砂,器物箱流行放置殉牲的习俗,一部分放置车舆及马镳、马衔等车马构件。随葬品多放置于器物箱、椁室。随葬品以青铜器、陶器、玉器为主,青铜器有鼎、盖豆、敦、舟、罍、匜、盘、匜、成套钮钟、车軎车辖、马衔、剑、戈、镞等,陶器有鬲、鼎、盂、豆、罐(罍)等,多饰彩绘,几座墓葬随葬石编磬。

2. 大中型战国墓主要分布于墓地周边或穿插于墓地里面墓葬之间,整体分布在环沟以内,部分墓葬打破环沟。墓道以东、西向为主,仅一座墓葬向南,个别墓道呈弧形,墓道更长、墓坑更深,个别墓未设墓道,在墓地东部还发现了两座马坑,墓室面积30平方米左右。部分墓葬有腰坑和殉狗,个别设有壁龛,葬具多为一棺一椁,棺流行装饰玉器的荒帷,随葬品主要放置在器物箱,棺椁之间出现了随葬器物的现象。随葬品亦有变化,主要有鼎、簠、豆、舟、壶、鉴、盘、匜、车軎车辖、马衔、剑、戈、镞等青铜器,鼎、豆、壶、鸟柱盘、方座龙耳簋、圈足凤耳簋、投壶等陶器(多为仿铜礼器),其中一部分为彩绘陶器;棺椁之间随葬兵器,棺内随葬玉器,其中水晶、玛瑙器较多(图五)。

3. 春秋晚期24座墓葬分为早中晚三段,墓地外围有兆沟,以两座大墓为中心——M208、M57规格最高,按左昭右穆方式排列,左边墓葬规格高,墓葬头向东。有7对夫妇并穴合葬墓。

兆沟打破了春秋早中期文化堆积,又被战国墓葬打破,为春秋晚期;兆沟宽6-17、深1.5-2米,沟的内壁斜陡、外壁平缓,底部略平坦,宽3.5-5米。

9座墓葬设有墓道,其中8个向东,墓道较短、较浅。墓室面积以45、20、10平方米为界分为4个等级,葬具多一棺一椁,亦有两椁两棺、两椁一棺情况。墓室均设有较大的边箱。

5座墓葬有殉人,一般殉葬2-5人,M208殉葬10人,殉人以女性为主,年龄多25-35岁。50%以上墓葬有腰坑并殉狗,器物箱内普遍随葬动物牲体,主要包括牛、羊、猪的四肢和肋排。6座级别高的墓葬随葬青铜镈钟、甬钟、钮钟和石编磬等乐器。8座高级别的墓葬随葬组玉佩,玉器材质丰富,种类多样,工艺精细。墓主人以男性为主,年龄多25-40岁(图六)。

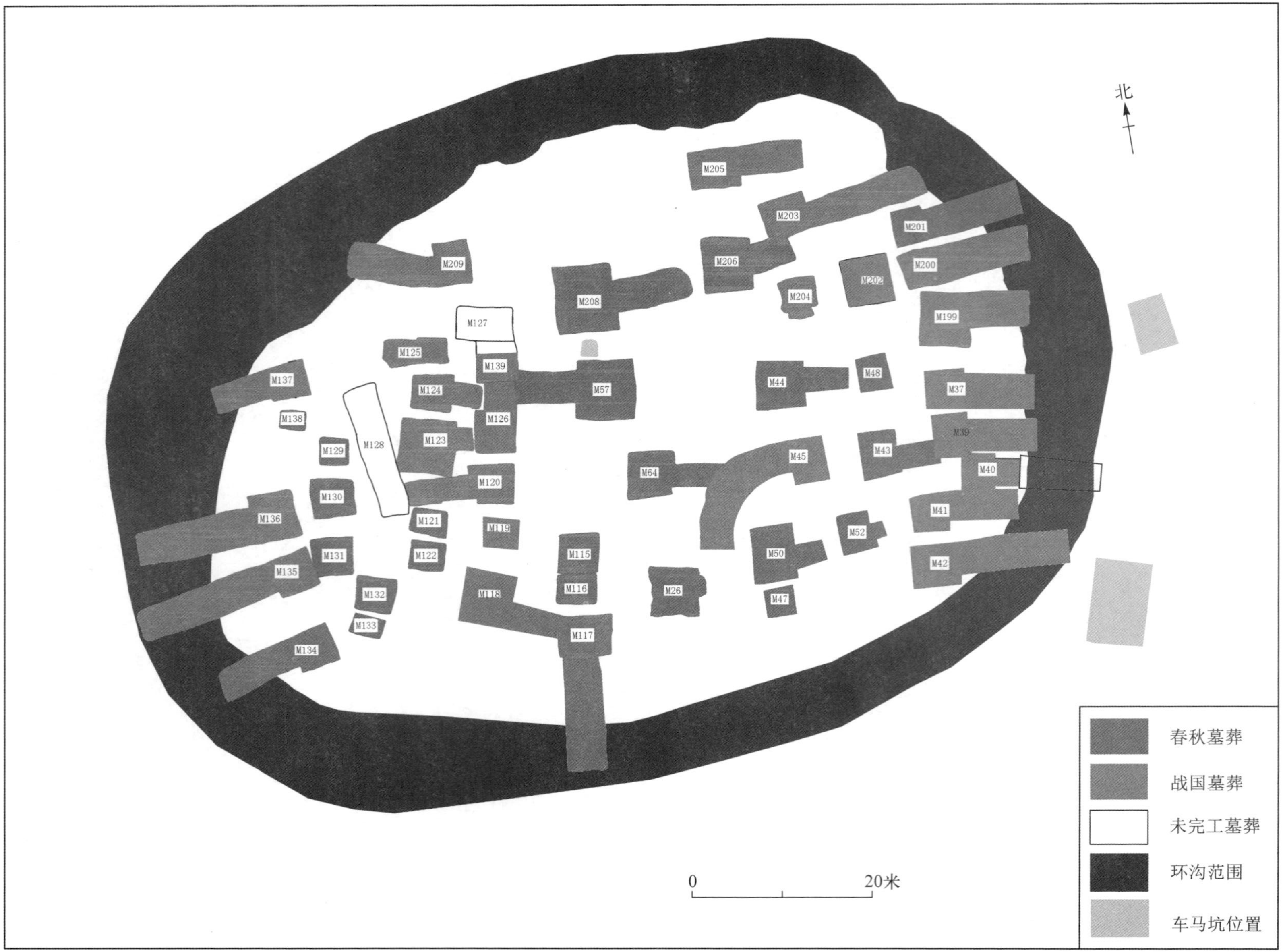

图三 滕州市大韩东周大中型墓葬平面布局图

图四　M208（上）与 M57（下）平面图（春秋晚期）

图五　M209 平面图（战国时期）

图六　M64 墓室平面图（春秋晚期）

4. 24座战国时期大中型墓葬主要分布于墓地周边,部分穿插于春秋墓葬之间,兆沟废弃,基本按左昭右穆排列,左边墓葬等级较高,头向东。

墓室面积一般16-20平方米。墓道以东、西向为主,一座墓葬向南,个别墓道呈弧形,部分墓则未设墓道。相比于春秋晚期墓葬,墓道更长、墓室更深。在墓地东部还发现了两座车马坑。

墓葬年代可分为战国早期、中期和晚期三个阶段。

20座有墓道,墓道长在5米以上。墓室面积差距不大,一般16-20平方米;几座墓在25平方米以上;少数在16平方米以下。两椁一棺墓葬约占40%,其余为一棺一椁。部分墓葬有荒帷,装饰有玉器或滑石制品。墓室内设边箱,特别值得一提的是M200边箱设在墓道一侧。

50%以上的墓葬有殉人,一般殉葬2-4人,个别殉葬1个殉人,以女性为主,年龄多25-35岁。普遍随葬动物牲体,腰坑比春秋时期减少,普遍施朱砂。墓主人男性占多数,年龄多25-45岁。M123随葬5件锡钮钟,极为罕见(图七)。

图七 M126墓室平面图(战国晚期)

5. 从墓葬要素分析,大中型墓葬是东夷文化属性的贵族家族墓地,如墓主头向东,设边箱,殉人多而延续时间长,设腰坑并殉狗,随葬牛、羊、猪、狗等大量动物牺牲体,随葬品流行偶数组合,陶器、青铜器组合及其形态特征具有土著特征等。战国时期与春秋时期相比,又富有时代特征的变化如墓室变深、墓道变长,墓道方向多样,流行殉人,常施荒帷,随葬水晶、滑石制品等(图八)。

图八　战国时期墓葬荒帷及明器出土情况(M199)

出土的青铜器铭文有郳公克父、大司马等,显示与郳国相关,如收缴出土的郳公戈铸有"郳公克父择其吉金,作其元用"铭文,M43铜盘铭文为"唯正月初吉,辰哉庚午,郳大司马疆择其吉金,为其盥盘,故寿其身,眉寿无疆,曼即无期,子子孙孙永宝用之"。在青铜器保护去锈过程中,在春秋晚期M64随葬镈钟上发现5字铭文,经朱凤瀚、吴镇烽、周亚、孙敬明等先生释读为:繇(音维)子□之钟。繇为古族后裔,铭文为解读大韩家族墓地提供了新资料。

6. 大中型贵族墓葬文化性质与文化因素:墓葬整体属东夷文化属性,具有自己的特点——头向东、流行大边箱、殉人多、普遍随葬动物牺牲体、多腰坑并殉狗,随葬黑皮陶及素面鬲、青铜器多东土器类,随葬品流行偶数组合,青铜器具有自己的特点。

文化因素又呈现多样性特点:9座大中型战国墓葬随葬越文化器物,其中6座墓葬随葬越式鼎、6座墓葬随葬越式剑、两座墓葬随葬印纹硬陶和原始瓷器。M40出土"越王越王,州勾州勾"错金铭文青铜剑。

楚文化因素的鼎、簠,江淮地区风格的缶。燕文化因素的青铜戟、动物纹样的提梁壶,三晋文化因素的陶鸟柱圈足盘。战国时期陶浅盘豆的形态及其演变与齐文化陶豆一致,还有青铜敦,均属齐文化因素(图九至图一二)。

图九 墓葬出土部分陶器
1. 豆 2. 盂 3. 罐 4. 鼎 5. 龙耳方座簋 6. 鸟柱盘 7. 瓶形器 8、9. 投壶

大中型墓葬布局以中间规格最高的M208和M57为中心,中部比较稀疏,似有预留空间;埋葬则有昭穆排列迹象,春秋晚期墓在内部,战国墓在外围,战国晚期墓葬有填补空间而埋葬现象,有的见打破关系,M209与M45墓道则呈弧形,M45或为避免破坏M64而为;北部未有墓葬,或为墓地入口,墓地当时为高地,外有环沟(应为兆沟),整个墓地埋葬较

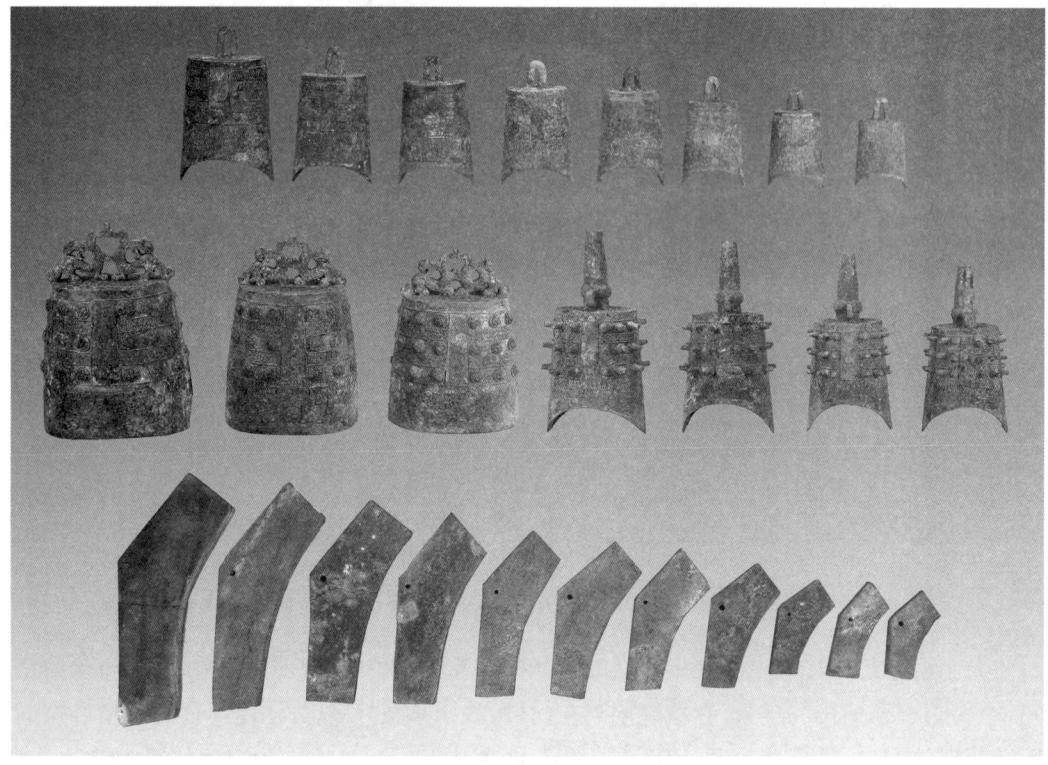

图一〇 墓葬出土部分铜器和石编磬（春秋晚期）

图一一　M39出土铜器（战国早期）

1、6.盂　2、5.铧　3、4.罍　7、10.盘　8、9.匜　11、16、17.鼎　12-15.豆　18、20.簠　19.提梁壶

为局促却明显存在规划布局。大中型墓整体为东夷文化属性,与邾国、小邾国文化遗存比较一致,从M43随葬的4件铜器皆有"郳大司马"铭文及追缴自该墓地的"郳公克父"戈看,墓地或为郳国(小邾国)贵族家族墓地。墓主多为士一级贵族,一部分为卿大夫级别,而M208与M57为一对夫妇并穴合葬墓,或为一代诸侯国君及其夫人级别的墓葬。该墓地自春秋晚期至战国晚期没有间断,呈现完整布局,墓葬要素具有很强的延续性,同时战国时期也发生较大变化。从随葬品来看,文化因素极其丰富,显示出强烈的本土特征和周边文化交流融合的特点。

7. 聚落分析：在对大韩墓地进行发掘的同时,我们对大韩遗址及墓地周边持续进行了勘探,以探寻与大韩东周贵族墓地相关的城邑,目前尚未发现相关的城址。另一方面,大韩贵族墓地是延续300年左右的家族墓地,规模不大,没有对应的城邑是可以理解的。同时,大韩墓地距离薛国故城5千米,其周边还分布着4处东周时期的贵族墓地,包括大韩墓地东临的东莱贵族墓地,东南部2千米范围内连续分布着前莱、坝上、北辛等东周墓地,特点与大韩大中型墓葬出土青铜器一致,为我们探讨墓地与薛国故城的关系提供了新

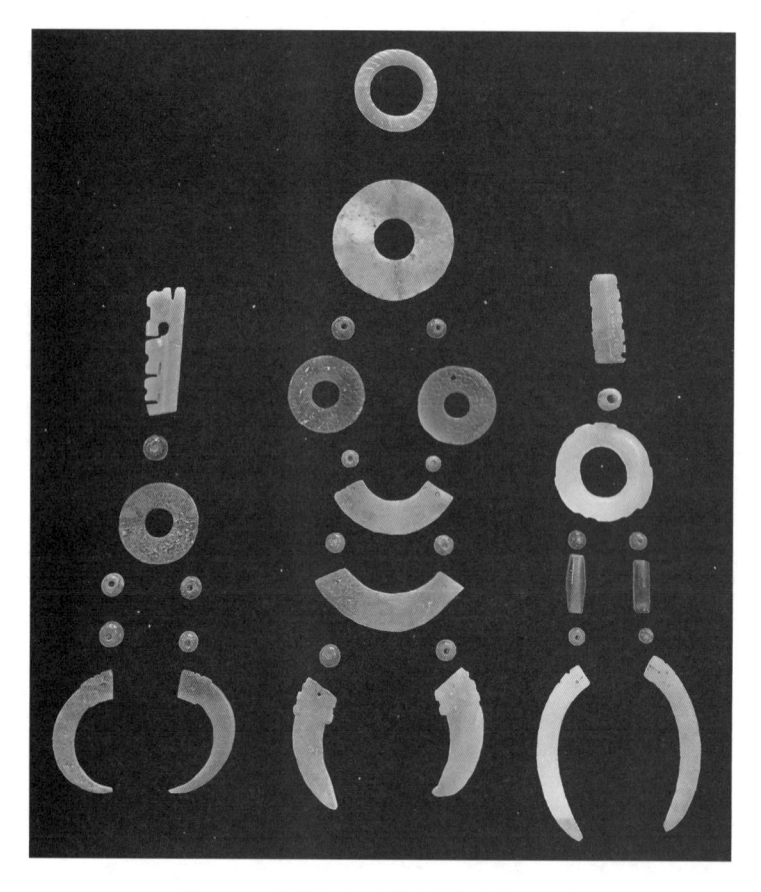

图一二　墓葬出土玉器(春秋晚期 M64)

的思路,对研究贵族家族墓地的性质及其延续等学术问题开阔了新视野,期待考古工作的新成果与综合研究的新进展。

　　大韩墓地以东及东南部 2 千米范围内连续分布东莱、前莱、坝上、北辛等出土东周青铜器的墓地,该墓地西南距薛国故城约 5 千米,东北距东江小邾国墓地约 18 千米,西北距滕国故城约 18.5 千米,而目前尚未确定与这些墓地对应的相关城址,更值得深入思考和研究。大韩墓地所处的泗河中游,为齐、鲁、莒、吴、越、楚和中原文化的交界区,墓地与周边的薛国、滕国、小邾国、郳国、邳国等古国文化遗存关系密切,在春秋晚期至战国晚期这个动荡的时代,在这个位置特殊且重要的区域能够长时间延续埋葬贵族家族墓地,是十分值得研究的重要现象,对研究东周时期埋葬制度、泗上十二诸侯国及古国关系、地域文化交流融合、齐鲁地域文化与区域传统文化的形成等学术问题具有重要意义。

　　8. 发掘工作秉持"安全、干净、清楚、科学、高效、惠民、和谐"的原则与思路,形成了考古发掘与规范管理、公众考古、文物保护与修复、资料整理、专家咨询、综合研究同时同地进行,广泛运用现代科技手段、积极开展多学科合作和全国多家科研院校共同研究模式,并将聚落考古的理念贯穿其中,探索相关城邑,结合区域考古调查成果进行遗址专题复查与聚落研究,很好地促进了对该地区古国关系及考古学文化的综合深入研究。

二、关于大韩东周墓葬发掘的基本认识

1. 大韩墓地延续时间长,从春秋晚期一直延续至战国末期,从墓葬层位关系、墓葬规模、葬俗、随葬品等诸方面看,明显分为两个大的时期、两个不同性质的墓地,即春秋晚期至战国晚期的大中型贵族墓地、战国末期的小型平民墓地。而大中型贵族墓地是重要发现。如此长时段的出土材料将大大促进泗水流域考古年代研究。目前东周各主要文化区域考古学编年初步完善后,中小型诸侯国已成为亟待突破的研究前沿和热点,年代跨度大、等级覆盖广,且于史有征的大韩墓地考古工作,必将成为东周小型诸侯国研究的范式和标尺。

2. 大中型贵族墓地年代从春秋晚期持续至战国晚期,历时两个多世纪,埋葬具有很强的延续性。从墓葬头向、葬俗、随葬品来看,具有东夷文化属性,而从M43随葬的4件器物皆有"郳大司马"的铜器铭文及追缴自该墓地的"郳公克父"戈看,墓地或为郳国贵族家族墓地。部分墓葬与春秋经传所载春秋晚期史料高度对应,是近年难得的可与传世文献对证的考古发现。《左传》载小邾穆公娶于鲁国季氏(季公若),其女(宋景曹)嫁于宋元公,生子为宋景公,生女嫁于鲁国执政卿季平子。宋景公嫁妹于吴,鲁昭公娶于吴。大韩墓地公元前500年前后出土实物,与郳、宋及相关的鲁、吴诸国通婚有密切关联,其中国君级夫妇墓M208与M57的研究意义非同寻常(或为史载小邾惠公),能够为东周青铜器研究提供重要的标准器。

3. 墓地埋葬布局似有规划,以中间规格最高的墓葬M208和M57为中心,中部比较稀疏,似乎有预留空间;埋葬则有昭穆排列现象,春秋晚期墓葬在内部,战国墓葬在外围,春秋时期墓道一般向东,个别向西,战国时期墓葬则向东、向西为主,一座向南;战国晚期墓葬有填补空间而埋葬现象,有的见打破现象,M45墓道则呈弧形或为避免破坏M64而为;北部未有墓葬,或为墓地入口,墓地当时应为高地,四周有环沟的迹象,或为兆沟,墓葬外围已现大型车(马)坑。大韩墓地的发掘,对研究东周时期贵族墓地的埋葬布局规划提供了新的考古材料。

4. 从墓室面积、棺椁使用、随葬品(用鼎)数量、殉人情况等分析,墓主人多为士一级贵族,一部分为卿大夫级别,而M208与M57为一对夫妇并穴合葬墓,或为一代诸侯国君及其夫人墓(追缴的"郳公克父"戈或出自M208)。除此之外,墓地中还有十几对夫妇并穴合葬墓,而更多的则是单身墓葬,现象耐人寻味。

5. 大中型贵族墓葬文化因素呈现多样性特点。墓主头向东,殉人多而延续时间长,设腰坑并殉狗,随葬牛、羊、猪、狗等大量动物牲肉,流行大器物箱,陶器多黑皮陶且多偶数组合等东夷文化属性皆有体现,也显示了较多吴、越、楚、齐、鲁等文化因素的影响,与邻近的滕、薛也存在较大差异,体现了异常复杂的文化关联,呈现出相当独特的礼制面貌。

6. 该墓地青铜器来源广泛,不同文化因素的青铜器常常同出于一墓,对综合比较其时代和技术提供了难得的条件,将是目前校正各不同文化区域所出青铜器断代差异的标尺。其中多件越式青铜器,是研究淮河及长江下游地区铸铜技术的宝贵材料。越式青铜容器的材质多为高锡青铜,铸造泥芯中钙含量很低,孔隙率高,这些特征均与同时期海岱及楚地青铜器有所不同。墓地出土青铜器制作工艺十分多样,成型工艺上存在浑铸、分铸、锻打、焊接、铸接等,表面装饰工艺上存在包金、错嵌、铸镶、镶嵌、刻纹、填纹等,其中的铸镶红铜、锻制刻纹、错铜及错嵌金银等重要装饰技术应用较多,其中不乏艺术价值极高的佳作,是研究东周青铜器铸造及装饰技术演变的宝贵实例。墓地铜器及铅器的铅同位素比值显示,春秋晚期主要使用来自中原地区的铅料,正与晋主导下中原诸国频繁会盟的历史背景相对应;少量器物来自楚及吴越。而进入战国后,南方与中原的金属资源在大韩墓地皆得到使用。墓地除常见的青铜器外,所出的铅锡器类,类别有铅器、锡器、铅锡器,值得关注,而从春秋晚期延续到战国晚期墓葬铁器出土一直极少这一现象也值得思考。正因为墓地延续时间之长,得以完整地观察青铜铸造加工制作工艺及金属资源使用随时代的变化规律,是构建东周各区域青铜技术与资源利用框架的关键支撑。

7. 大韩墓地地处泗水中游的鲁南滕州,由山地向平原过渡地带,而控扼薛河和泗河中游即可控制鲁南。该墓地西南距薛国故城约5千米,东北距东江小邾国墓地约18千米,西北距滕国故城约18.5千米,墓葬要素却与薛故城薛国贵族墓葬、滕州庄里西滕国贵族墓葬不同,在春秋晚期至战国晚期这个动荡的时代,在这个位置特殊且重要的区域能够长时间延续埋葬贵族家族墓地,是十分值得研究的重要现象,必将深化泗上十二诸侯国及其与周边古国关系、地域间文化交流融合、齐鲁地域文化与区域传统文化的形成等学术问题的研究。

8. 在该墓地以东30多米,又发现一处同时期的东莱贵族墓地,东南部还连续分布着出土东周时期青铜器的墓葬(前莱、坝上、北辛等地点),目前虽尚未确定相关城址,但如此大规模的埋葬足以暗示该地区错综复杂的地缘政治情势。实际上大韩墓地所在的泗水中游地区在东周时期形成了密度极高的高等级城邑群。而该墓地自春秋晚期至战国中期没有间断,呈现完整布局,随着对该墓地相关考古工作与综合研究的推进,必将对细致剖析本区域的社会结构、国家形态,加深东夷族群华夏化的相关认识大有裨益。

三、发掘研究工作理念与方法

1. 政府重视:滕州市政府拨款抢救发掘,国家文物局支持发掘和青铜器、彩绘陶器保护资金,顾玉才、宋新潮副局长和闫亚林司长莅临发掘现场指导,山东省文旅厅、枣庄市和滕州市政府重视大韩墓地发掘工作。

2. 指导思想:聚落考古、古代社会考古研究、区域文化与传统文化研究。

3. 工作理念:安全、干净、清楚、科学、高效、惠民、和谐。

4. 工作模式：全面实践考古学科、学术和话语体系，诸如规范管理、精细化考古、现场文物保护、实验室考古、多学科多家单位合作、公众考古与宣传报道、学术研究。专家组验收3次均为优秀、召开3次专家论证会和1次全国学术会议。

5. 文物保护与多学科合作研究：在墓地发掘过程中，广泛运用现代科技手段、积极开展多学科研究。例如对墓葬进行三维扫描；对保存完好的墓葬整体移取开展实验室考古；与山东大学合作，从体质人类学、稳定同位素分析、古DNA分析等多个方面进行研究；与山东大学合作，进行动物考古；与北京大学、北京科技大学、中国科学院自然科学史研究所、上海博物馆等多家单位合作进行包含青铜器加工制作工艺、同位素研究在内的冶金考古研究与金属器的保护修复等，与中国社会科学院考古研究所合作开展玉器研究，与秦始皇帝陵博物院合作研究彩绘陶器等。争取了国家文物保护专项资金的支持，全面开展了对青铜器和彩绘陶器的保护修复工作。

（作者为大韩墓地考古发掘项目负责人，结合2019年全国十大考古新发现参评资料，总结的主要收获和基本认识。目前墓地发掘资料正在整理过程中）

齐鲁文化研究

齐鲁文化的考古发现与研究

齐鲁文化的考古学解读

考古学视野下的齐文化发展与融合

曲阜鲁国故城、鲁文化与传统文化

莒文化探析

莒文化解读——一种文化发展模式的思考

山东地区吴文化遗存分析

山东地区越文化遗存分析

山东地区楚文化因素分析

山东地区燕文化遗存分析

山东地区西周封国的考古发现与研究

山东地区周代古国文化遗存研究

齐鲁文化的考古发现与研究

考古学意义上的齐鲁文化是指周代以齐国、鲁国为代表的东方地域文化。[①] 地域范围主要是山东地区,兼及与周边省份的交界区域,时间范围是整个周代。山东省地处黄河、淮河下游,北临渤海、东临黄海,泰沂山脉在中部隆起,鲁中南、鲁东南和胶东半岛为低山丘陵,形成了河流向四周辐射的独特的地理面貌,也形成了自成体系的史前文化谱系,是古代文明化进程中重要的"一元",大汶口文化、龙山文化、岳石文化为代表的"东夷族团"传统是地方文化的基因,商王朝东扩、商文化东渐使山东地区成为商文化的大东,形成了商文化、珍珠门文化、东夷文化融合共存的局面,西周早期分封齐、鲁等遂与中原文化、周边文化再度融合,在西周中晚期到战国时期形成了极具特色的齐鲁地域文化。

一、考 古 发 现

经过一个世纪数代考古工作者的努力,齐鲁文化内涵得以清晰,研究逐渐深入,考古研究成果丰硕,对阐发山东地区历史文化、古代社会和中国周代考古发展做出重要贡献。根据目前的考古发现和研究,齐鲁文化的内涵主要包括齐文化、鲁文化、莒文化、莱文化、珍珠门文化、邿文化等考古学文化,齐国、鲁国、莒国、莱国、纪国、邾国、小邾国、郳国、滕国、薛国等古国文化遗存,周边地区吴文化、越文化、晋文化、燕文化遗存;在多种文化交流融合的基础上,又继承了东夷文化、商文化和周文化,形成齐鲁文化,构成产生儒家文化传统,逐渐成为中华传统文化的核心内容。

山东地区已发现周代遗址(含墓地)千余处,出土了大量极具学术价值的文化遗物。[②] 学术研究的课题广泛而全面,尤其在考古学文化、古国研究、城址研究、墓葬研究、器物研究等方面取得了丰硕的学术成果。山东地区周代考古的发现与研究历程可分为四个阶段。

(一) 1949 年以前

1949 年以前山东地区的考古工作尚未系统开展,只零星出土一些周代遗物,如胶县

---

① 刘延常、刘智:《齐鲁文化的考古学解读》,山东省文物考古研究院等编:《传承与创新——考古学视野下的齐文化学术研讨会论文集》,上海古籍出版社,2019 年。
② 国家文物局编著:《中国文物地图集·山东分册》,中国地图出版社,2006 年。

灵山卫(今属黄岛区)出土"齐氏三量(子禾子铜釜、陈纯铜釜和左关铜𨮫)",①黄县(今龙口市)出土"鲁堵叙匜"及多件"𣄰"铭铜器,②曲阜林前村出土一批"鲁大司徒元"器,③孔府花园挖井时出土陶器、玉质串珠、蚌器、刻纹铜片,④滕县(今滕州市)出土邾国彝器⑤等等。

有一些学者对山东地区的周代遗址进行过一些小规模的考古调查和发掘。1933年,董作宾主持了滕县(今滕州市)安上遗址的发掘,并对薛国故城进行了调查。⑥ 1933年,山东大学生物系刘咸带队参与了董作宾在鲁南的发掘,发掘结束后,刘子衡对滕县纪王城遗址(即邹城邾国故城遗址)进行了考察。⑦ 1940年,日本学者关野雄对临淄齐国故城、鲁国故城和滕、薛两国故城进行了调查并收集了部分古代文物。⑧

国内学者对山东地区出土周代遗物的关注始于宋代,清代有了专门针对山东地区的金石学著录。民国期间组织了几次小规模的调查和发掘,但主持者多未受过专门的现代考古学训练,许多周代遗迹和遗物的发现也属于偶然。总而言之,这一时期的田野工作数量很少、规模小、专业性不足。在学术研究方面,研究方法和理念基本沿袭了金石学的模式,研究对象以青铜器和陶文为主,这些研究成果一定程度上为后来山东地区周代考古学的发展奠定了基础。

(二) 1949－1978年

新中国成立以来,考古队伍正式建立,山东地区周代考古开始步入正轨。中国科学院考古研究所山东工作队对滕故城、薛故城、齐故城等都开展了一些工作;北京大学考古系在胶东白石村、照格庄、诸城前寨等遗址都开展过发掘工作;1954年成立山东省博物馆,下设文物组,在全省范围内开展了诸多考古工作;山东大学在1972年成立考古专业,开始了考古学专业人才的培养。

1977年以前基本以考古遗址特别是周代城址的调查为主。尤其在1956年至1964年这段时间,中国科学院考古研究所山东工作队、枣庄市文物管理站、滕县文化馆、邹县文物保管所等单位对整个山东地区或者各自辖区内进行了多次田野考古调查和复查,发现周

---

① 山东省文物事业管理局:《山东文物事业大事记》,山东人民出版社,2000年;"左关铜𨮫"器最初被定名为"左关铜钟",后经李学勤先生考证,"钟"应释读为"枳",即酒器"𨮫"。李学勤:《释东周器名𨮫及有关文字》,《文物中的古文明》,商务印书馆,2008年。
② 王献唐:《黄县𣄰器》,《山东古国考》,齐鲁书社,1983年。
③ 马承源:《商周青铜器铭文选》第四卷,文物出版社,1990年。
④ 中国科学院考古研究所山东工作队、曲阜县文物管理委员会:《山东曲阜考古调查试掘简报》,《考古》1965年第12期。
⑤ 王献唐:《春秋邾分三国考·三邾疆邑图考》,齐鲁书社,1982年。
⑥ 许星园、马维新:《滕县安上遗址发掘纪要》,《励学》1933年第1期;《鲁南考古记》,《益世报》1933年11月4日第3版。
⑦ 《鲁南考古工作结束》,《申报》1933年12月9日第8版。
⑧ 关野雄:《齐都临淄的调查》,《考古学杂志》1942年第32卷11号。

代遗址近百处,采集到铜器、石器、陶器和卜骨等文化遗物。①

主动的考古发掘和勘探工作相对较少,其中以临淄齐故城、曲阜鲁故城的发掘为代表。1958年,山东省文物训练班对齐故城进行了调查、钻探和试掘。1964－1966年,山东省文化主管部门组织文物工作队对临淄齐国故城进行全面勘察、钻探和试掘。1971年,山东省文物干部培训班对齐故城进行试掘。通过一系列工作,初步查明了故城的形制、范围及城墙保存情况,以及城内地层堆积、交通干道、排水系统、手工业作坊、宫殿建筑等遗存的分布状况,还发现2处墓地和1处大型殉马坑。②1964－1976年,山东省博物馆临淄文物工作队清理临淄河崖头多座高规格东周贵族墓及其殉马坑。③ 1977－1978年,对曲阜鲁故城开展大规模的勘探和发掘工作,获得重要收获,其中的工作方法和理念至今仍有许多借鉴意义。④ 除此之外,沾化杨家东周窑址群、⑤临淄郎家庄1号墓、⑥泗水尹家城遗址、⑦长岛王沟战国墓群、⑧莱阳前河前西周墓葬和车马坑、⑨莒南大店东周莒国殉人墓、⑩长清岗辛大型战国墓、⑪胶县(今胶州)西菴遗址、⑫蓬莱县(今蓬莱区)村里集周代墓葬⑬等文物点也在这一时期得到发掘。

除了主动性发掘和调查带来的考古发现,生产建设活动的大规模开展使一批珍贵的周代文物得以问世,如楚高罍、⑭邾伯罍、⑮伯骈父盘、鲁宰驷父鬲、吴王夫差剑、徐子鼎、冀侯鼎、己华父鼎、索氏器、启卣、启尊、鲁伯大夫膝季姬铜簠、薛仲赤簠、薛子仲安簠等,⑯为了解山东地区的文化面貌和历史进程提供了重要资料。

随着考古队伍的正式建立,田野和研究工作都逐渐步入正轨。田野工作的主要目的

---

① 山东省文物管理处、山东省博物馆:《山东文物选集·普查部分》,文物出版社,1959年;枣庄市文物管理站:《枣庄市南部地区考古调查纪要》,《考古》1984年第4期;中国社会科学院考古研究所山东队、滕县博物馆:《山东滕县古遗址调查简报》,《考古》1981年第1期;中国科学院考古研究所山东工作队:《山东泗水、兖州考古调查简报》,《考古》1965年第1期;中国科学院考古研究所山东工作队:《山东邹县滕县古城址调查》,《考古》1965年第12期;中国社会科学院考古研究所山东工作队、邹县文物保管所:《山东邹县古代遗址调查》,考古编辑部编:《考古学集刊》第3集,中国社会科学出版社,1983年;中国社会科学院考古研究所:《滕州前掌大墓地》(上、下),文物出版社,2005年。
② 山东省文物管理处:《山东临淄齐故城试掘简报》,《考古》1961年第6期;群力:《临淄齐国故城勘探纪要》,《文物》1972年第5期。
③ 张学海、罗勋章:《齐故城五号东周墓及大型殉马坑的发掘》,《文物》1984年第9期。
④ 山东省文物考古研究所:《曲阜鲁国故城》,齐鲁书社,1982年;解华英:《曲阜鲁故城址》,《中国考古学年鉴1992》,文物出版社,1994年;党浩、项春生:《曲阜鲁故城东城墙》,《中国考古学年鉴2002》,文物出版社,2003年。
⑤ 山东省地方史志编纂委员会编:《山东省志·文物志》,山东人民出版社,1996年。
⑥ 山东省博物馆:《临淄郎家庄一号东周殉人墓》,《考古学报》1977年第1期。
⑦ 山东大学历史系考古专业教研室:《泗水尹家城》,文物出版社,1990年。
⑧ 烟台市文物管理委员会:《山东长岛王沟东周墓群》,《考古学报》1993年第1期。
⑨ 常兴照、程磊:《试论莱阳前河前墓地及有铭陶盉》,《北方文物》1990年第1期。
⑩ 山东省博物馆、临沂地区文物组、莒南县文化馆:《莒南大店春秋时期莒国殉人墓》,《考古学报》1978年第7期。
⑪ 山东省博物馆、长清县文化馆:《山东长清岗辛战国墓》,《考古》1980年第7期。
⑫ 山东省昌潍地区文物管理组:《胶县西菴遗址试掘简报》,《文物》1977年第4期。
⑬ 山东省烟台地区文管组:《山东蓬莱县西周墓发掘简报》,《文物资料丛刊》1980年第3期。
⑭ 袁明:《山东泰安发现的古代铜器》,《文物参考资料》1954年第7期。
⑮ 王献唐:《邾伯罍考》,《考古学报》1963年第2期。
⑯ 齐文涛:《概述近年来山东出土的商周青铜器》,《文物》1972年第5期。

是宏观把握山东地区整体的考古学文化面貌,所以各单位花费大量人力和物力致力于田野调查,进行了第一次全国不可移动文物普查,大致了解了山东地区周代文化遗存状况。齐故城的发掘对于了解城址和齐文化的内涵具有重要意义,同时也起到了很好的示范作用。学术研究立足于田野工作的成果,围绕相关课题展开。

(三) 1979–1999 年

改革开放之后的二十年,考古工作随着大规模经济建设快速发展,考古学研究主要围绕完善考古学文化谱系、区域文化进行。除了考古学自身理论体系的建立和完善之外,考古学开始进行多学科的合作,科技考古开始兴起,国际合作等都有了突飞猛进的发展,科研力量迅速增强。

1981 年,山东省文物考古研究所成立,自此开始在山东地区考古工作中占据主导地位。山东大学的考古学科快速发展,并较早的在全国范围内开展国际合作。科研队伍逐渐壮大。国家文物局在兖州西吴寺、兖州六里井、济宁潘庙、泗水天齐庙等开办考古领队培训班。建立工作站成为此时期的重要特点,山东省文物考古研究所设有临淄工作站,山东大学考古系设有丁公工作站,中国社会科学院考古研究所设有曲阜工作站等。

1979 年之后进入大规模主动发掘阶段,特别是城址、墓葬的发掘明显增多。长时间持续发掘的重要遗址有临淄齐故城、[①]滕州薛故城、[②]庄里西、[③]前掌大、[④]兖州西吴寺[⑤]等。齐故城内外的两醇厂墓群、[⑥]相家村、[⑦]东古城村、[⑧]南马坊村、[⑨]后李村、[⑩]淄河店、[⑪]赵王村、[⑫]安

[①] 山东省文物考古研究所编著:《临淄齐故城》,文物出版社,2013 年。
[②] 山东省济宁市文物管理局:《薛国故城勘查和墓葬发掘报告》,《考古学报》1991 年第 4 期;张学海:《滕县薛国故城》,《中国考古学年鉴 1987》,文物出版社,1988 年,第 172 页;孙波、燕生东:《薛故城》,《中国考古学年鉴 1994》,文物出版社,1997 年。
[③] 万树瀛、杨孝义:《山东滕县出土西周滕国铜器》,《文物》1979 年第 4 期;滕县博物馆:《山东滕县发现滕侯铜器墓》,《考古》1984 年第 4 期;吴文琪:《滕县西周"滕皇"编钟》,《中国考古学年鉴 1984》,文物出版社,1984 年;杜传敏、张东峰、魏慎玉:《1989 年山东滕州庄里西西周墓发掘报告》,《中国国家博物馆馆刊》2012 年第 1 期;何德亮:《滕州市庄里西村龙山文化至汉代遗址》,《中国考古学年鉴 1996》,文物出版社,1997 年;燕生东、刘延常:《滕州市庄里西新石器时代至汉代遗址》,《中国考古学年鉴 2003》,文物出版社,2004 年。
[④] 吴文琪:《滕县西周"滕皇"编钟》,《中国考古学年鉴 1984》,文物出版社,1984 年;胡秉华:《前掌大遗址发掘纪实》,枣庄市政协文史资料委员会:《枣庄文博览》,齐鲁书社,2001 年;滕州市博物馆:《滕州前掌大村南墓地发掘报告(1998–2001)》,《海岱考古(第三辑)》,科学出版社,2010 年。
[⑤] 国家文物局考古领队培训班:《兖州西吴寺》,文物出版社,1990 年。
[⑥] 山东省文物考古研究所、齐城遗址博物馆:《临淄两醇墓地发掘简报》,《海岱考古(第一辑)》,山东大学出版社,1989 年。
[⑦] 山东省文物考古研究所编著:《临淄齐墓》第一集,文物出版社,2007 年。
[⑧] 山东省文物考古研究所、齐城遗址博物馆:《临淄东古墓地发掘简报》,《海岱考古(第一辑)》,山东大学出版社,1989 年。
[⑨] 淄博市博物馆:《山东淄博市临淄区南马坊一号战国墓》,《考古》1999 年第 2 期。
[⑩] 济青公路文物工作队:《山东临淄后李遗址第一、二次发掘简报》,《考古》1992 年第 11 期;《山东临淄后李遗址第三、四次发掘简报》,《考古》1994 年第 2 期。
[⑪] 山东省文物考古研究所:《山东淄博市临淄区淄河店二号国墓》,《考古》2000 年第 10 期;山东省文物考古研究所编著:《临淄齐墓》第一集,文物出版社,2007 年。
[⑫] 魏成敏:《临淄赵王战国墓》,《中国考古学年鉴 1990》,文物出版社,1991 年。

乐唐、①东夏庄、②孙家庄、③赵王村、④大夫观、⑤后李官庄、⑥单家庄、⑦商王村、⑧相家庄、⑨刘家村、⑩南马坊村、⑪徐家村,⑫及鲁故城内外的董大城、⑬林前村、⑭坊上村、⑮长春坊⑯等地点都得到发掘。

除了上述几处遗址,这一时期经过发掘的周代遗址还有临沂中洽沟、⑰凤凰岭、⑱大兴屯、⑲郯国故城、⑳沂水东河北村、㉑刘家店子、㉒崔家峪、㉓略疃村、㉔全美官庄、㉕埠子村;㉖沂南西岳庄;㉗蒙阴后里村;㉘莱芜戴鱼池;㉙威海市区墓、㉚南郊村;㉛烟台大疃村、㉜金沟寨;㉝栖霞石门口、㉞栾家夼、㉟金山村;㊱海阳嘴子前、㊲西古现村;㊳蓬莱张家村、㊴柳各

---

① 淄博市临淄区文物局:《山东淄博市临淄区发现一座战国墓葬》,《考古》2008年第11期。
② 山东省文物考古研究所编著:《临淄齐墓》第一集,文物出版社,2007年。
③ 山东省文物考古研究院编著:《临淄齐墓》第二集,文物出版社,2018年。
④ 魏成敏:《临淄赵王战国墓》,《中国考古学年鉴1990》,文物出版社,1991年。
⑤ 文物编辑委员会:《文物考古工作十年(1979-1989)》,文物出版社,1991年。
⑥ 济青公路文物工作队:《山东临淄后李遗址第一、二次发掘简报》,《考古》1992年第11期;《山东临淄后李遗址第三、四次发掘简报》,《考古》1994年第2期。
⑦ 山东省文物考古研究所编著:《临淄齐墓》第一集,文物出版社,2007年。
⑧ 淄博市博物馆、齐故城博物馆:《临淄商王墓地》,齐鲁书社,1997年。
⑨ 山东省文物考古研究所编著:《临淄齐墓》第一集,文物出版社,2007年。
⑩ 魏成敏:《临淄刘家村战国墓》,《中国考古学年鉴1996》,文物出版社,1998年;临淄区文物管理局:《淄博市临淄区刘家村战国墓葬M38、M39的发掘》,《海岱考古(第九辑)》,科学出版社,2016年。
⑪ 淄博市博物馆:《山东淄博市临淄区南马坊一号战国墓》,《考古》1999年第2期。
⑫ 山东淄博市临淄区文化旅游局:《山东淄博市临淄徐家村战国西汉墓的发掘》,《考古》2006年第1期。
⑬ 山东省文物考古研究所、曲阜市文物管理委员会:《曲阜董大城遗址的发掘》,《海岱考古(第二辑)》,科学出版社,2007年,第338-352页。
⑭ 资料藏于山东省文物考古研究院,未正式发表。
⑮ 曲阜市地名志编纂委员会编:《曲阜市地名志》,山东友谊出版社,1998年。
⑯ 曲阜年鉴编纂委员会编:《曲阜年鉴(1996-1998)》,齐鲁书社,1999年。
⑰ 临沂市博物馆:《山东临沂中洽沟发现三座周墓》,《考古》1987年第8期。
⑱ 山东省兖石铁路文物考古工作队:《临沂凤凰岭东周墓》,齐鲁书社,1988年。
⑲ 李曰训:《苍山县大兴屯龙山文化及周代遗址》,《中国考古学年鉴1999》,文物出版社,2001年。
⑳ 常兴照:《郯城县郯国故城遗址》,《中国考古学年鉴1991》,文物出版社,1992年。
㉑ 马玺伦:《山东沂水发现一座西周墓葬》,《考古》1986年第8期。
㉒ 山东省文物考古研究所:《山东沂水刘家店子春秋墓发掘简报》,《文物》1984年第9期。
㉓ 沂水县文物管理站:《山东沂水发现两座战国墓》,《文物》1986年第6期。
㉔ 沂水县文物管理站:《山东沂水县发现工䖒王青铜剑》,《文物》1983年第12期。
㉕ 沂水县博物馆:《山东沂水县全美官庄东周墓》,《考古》1997年第5期。
㉖ 沂水县博物馆:《山东沂水县埠子村战国墓》,《文物》1992年第5期。
㉗ 刘延常、高本同:《沂南县西岳庄西周遗址》,《中国考古学年鉴2000》,文物出版社,2002年。
㉘ 刘延常、党浩:《蒙阴县后里春秋至汉代遗址》,《中国考古学年鉴1998》,文物出版社,2000年;山东省文物考古研究所、蒙阴县文物管理所:《山东蒙阴后里遗址发掘简报》,山东省文物考古研究所编者:《山东省高速公路考古报告集1997》,科学出版社,2000年。
㉙ 莱芜市图书馆、泰安市文物考古研究室:《山东莱芜市戴鱼池战国墓》,《文物》1989年第3期。
㉚ 郑同修、隋裕仁:《山东威海市发现周代墓葬》,《考古》1995年第1期。
㉛ 郑同修、隋裕仁:《山东威海市发现周代墓葬》,《考古》1995年第1期。
㉜ 烟台市博物馆:《山东烟台芝罘岛新石器时代遗址和春秋、战国时期墓葬》,《文物资料丛刊》3,文物出版社,1980年。
㉝ 烟台市博物馆:《山东烟台金沟寨战国墓葬》,《考古》2003年第4期。
㉞ 林仙庭、高大美:《山东栖霞出土战国时期青铜器》,《文物》1995年第7期。
㉟ 李元章:《山东栖霞栾家夼村发现1座东周墓》,《考古》1992年第4期。
㊱ 烟台市文管会、栖霞市文管处:《山东栖霞市金山东周遗址的清理》,《考古》1996年第4期。
㊲ 烟台博物馆、海阳博物馆:《海阳嘴子前》,齐鲁书社,2002年。
㊳ 滕鸿儒、高京平:《山东海阳郭城镇出土战国青铜器》,《文物》1994年第3期。
㊴ 林仙庭、闫勇:《山东蓬莱市站马张家战国墓》,《考古》2004年第12期。

庄;①长岛珍珠门;②邹平大省村、③小巩、④阳信西北村、⑤枣庄二疏城、⑥滕州东小宫、⑦东康留、⑧西康留、⑨孟庄、⑩后荆沟、北辛村、⑪泗水天齐庙、⑫兖州六里井、⑬微山李堌堆;⑭泰安康家河、⑮新泰市区墓、⑯崖头河、⑰郭家泉、⑱肥城东焦村、⑲日照小古城、⑳六甲庄、㉑莒县西大庄、㉒杭头、㉓大朱家村、㉔大沈刘庄、㉕五莲丹土村、㉖昌乐岳家河、㉗青州凤凰台、㉘戴家楼、㉙寒亭前埠下村、㉚后埠下村、㉛会泉庄、㉜临朐泉头村、㉝湾头河、㉞广饶傅家、㉟

---

① 烟台市文物管理委员会:《山东蓬莱县柳格庄墓群发掘简报》,《考古》1990年第9期。
② 北京大学考古实习队、烟台地区文管会、长岛县博物馆:《山东长岛县史前遗址》,《史前研究》1983年第1期。
③ 山东省惠民地区文物组、邹平县图书馆:《山东邹平县大省村东周墓》,《考古》1986年第7期。
④ 言家信、许宏:《山东邹平小巩出土的战国陶器》,《考古》1995年第8期。
⑤ 惠民地区文物普查队、阳信县文化馆:《山东阳信城关镇西北村战国墓器物陪葬坑清理简报》,《考古》1990年第3期。
⑥ 中国社会科学院考古研究所、枣庄市博物馆:《枣庄市二疏城遗址发掘简报》,《海岱考古(第四辑)》,科学出版社,2011年,第1-29页。
⑦ 王守功、李鲁滕:《滕州市东小宫周代及汉代墓地》,《中国考古学年鉴1999》,文物出版社,2001年;山东省文物考古研究所、滕州市博物馆:《山东滕州市东小宫周代、两汉墓地》,《考古》2000年第10期。
⑧ 高明奎:《滕州市东康留周代及元代墓地》,《中国考古学年鉴2000》,文物出版社,2002年。
⑨ 山东省文物考古研究所、滕州市博物馆:《山东滕州市西康留遗址调查、钻探、试掘简报》,《海岱考古(第三辑)》,科学出版社,2000年。
⑩ 党浩、石敬东、孙柱才:《滕州市孟庄周代遗址》,《中国考古学年鉴2006》,文物出版社,2007年。
⑪ 滕州市博物馆:《山东滕州市北辛村发现1座战国墓》,《考古》2004年第3期。
⑫ 国家文物局田野考古领队培训班:《泗水天齐庙遗址发掘的主要收获》,《文物》1994年第12期。
⑬ 国家文物局考古领队培训班编著:《兖州六里井》,科学出版社,1999年。
⑭ 杨建东:《微山发掘战国墓葬》,《中国文物报》2000年1月19日第1版。
⑮ 山东省泰安市文物局:《山东泰安康家河村战国墓》,《考古》1988年第1期。
⑯ 魏国:《山东新泰出土商周青铜器》,《文物》1992年第3期。
⑰ 魏国:《山东新泰出土一件战国"柴内右"铜戈》,《文物》1994年第3期;赵敏:《新泰市博物馆藏"成阳左戈"铭戈》,《文物》2018年第8期。
⑱ 山东大学历史系考古专业、山东省新泰市文化局:《山东新泰郭家泉东周墓》,《考古学报》1989年第10期。
⑲ 肥城市文物管理所:《山东肥城市王庄镇出土战国铜器》,《考古》2003年第6期。
⑳ 党浩、刘红君:《日照市小古城西周、汉代遗址》,《中国考古学年鉴1999》,文物出版社,2001年。
㉑ 山东大学历史文化学院考古系:《山东日照市六甲庄遗址2007年发掘简报》,《考古》2016年第11期。
㉒ 莒县博物馆:《山东莒县西大庄西周墓葬》,《考古》1999年第7期。
㉓ 山东省文物考古研究所、莒县博物馆:《山东莒县杭头遗址》,《考古》1988年第12期。
㉔ 何德亮:《山东莒县大朱家村发现战国墓》,《考古》1991年第10期。
㉕ 莒县博物馆:《山东莒县大沈刘庄春秋墓》,《考古》1999年第1期。
㉖ 刘延常、王学良:《五莲丹土大汶口文化、龙山文化城址和东周时期墓葬》,《中国考古学年鉴2001》,文物出版社,2002年。
㉗ 山东省潍坊市博物馆、山东省昌乐县文物所:《山东昌乐岳家河周墓》,《考古学报》1990年第1期。
㉘ 山东省文物考古研究所、山东大学历史系考古教研室、青州市博物馆:《青州市凤凰台遗址发掘》,《海岱考古(第一辑)》,山东大学出版社,1989年。
㉙ 山东省文物考古研究所:《山东青州市戴家楼战国西汉墓》,《考古》1995年第12期。
㉚ 山东省文物考古研究所、寒亭区文物管理所:《山东潍坊前埠下遗址发掘报告》,山东省文物考古研究所:《山东省高速公路考古报告集1997》,科学出版社,2000年。
㉛ 山东省文物考古研究所、寒亭区文物管理所:《山东潍坊后埠下墓地发掘报告》,山东省文物考古研究所:《山东省高速公路考古报告集1997》,科学出版社,2000年。
㉜ 山东省文物考古研究所、寒亭区文物管理所:《山东潍坊会泉庄遗址发掘报告》,山东省文物考古研究所:《山东省高速公路考古报告集1997》,科学出版社,2000年。
㉝ 临朐县文化馆、潍坊地区文物管理委员会:《山东临朐发现齐、郭、曾诸国铜器》,《文物》1983年第12期。
㉞ 宫德杰:《山东临朐县湾头河春秋墓》,《考古》1999年第2期。
㉟ 山东省文物考古研究所、东营市博物馆:《山东广饶县傅家遗址的发掘》,《考古》2002年第9期。

五村;①莱西下马庄;②淄川南韩村;③北沈马村、磁村;⑤南阳村;⑥乳山南黄庄;⑦阳谷景阳岗;⑧章丘女郎山墓群、⑨王推官庄、⑩孟白村;⑪长清仙人台、⑫岗辛村;⑬历城左家洼;⑭长清王府庄;⑮平阴西山村;⑯安丘东古庙⑰等。

田野工作在这一时期得到大规模开展,经过系统发掘的遗址有百余处,几乎遍布整个山东地区,积累了丰富的经验和大量的资料。研究课题涉猎广泛,包括城址、墓葬、文化序列、青铜器、陶器、玉器、文字等各个方面,相较前两个阶段,这一时期研究成果的数量和水平都得到了很大提升。尤其是《曲阜鲁国故城》,除了详细公布发掘材料之外,主编者张学海先生对主要遗物进行了类型学划分,对墓葬的分期和族属问题进行了深入讨论,⑱对其他遗址的报告编写和研究工作具有重要指导意义。

(四) 2000－2020 年

考古工作进入新的阶段,表现在以下几个方面:第一,规范进行文物资源的普查工作。开展第三次全国不可移动文物普查、第一次全国可移动文物普查。第二,随着国家大遗址保护工作的开展,开始国家遗址公园的建设工作。鲁故城、齐故城都开始了国家遗址公园建设,并进行一系列的主动性考古发掘工作。第三,主动性、科研目的强的考古工作重点扶持与发展。齐故城、鲁故城、邾国故城等已经开展了数年的主动性考古发掘工作并且已经获得了重要的考古成果。第四,聚落考古调查、社会研究等考古学理论在考古工作

---

① 山东省文物考古研究所、广饶县博物馆:《广饶县五村遗址发掘报告》,《海岱考古(第一辑)》,山东大学出版社,1989 年,第 61－123 页。
② 山东省文物考古研究所、莱西市考古研究所:《山东莱西市下马庄、仙格庄遗址发掘简报》,山东省文物考古研究所:《山东省高速公路考古报告集 1997》,科学出版社,2000 年。
③ 于嘉芳:《淄博市南韩村发现战国墓》,《考古》1988 年第 5 期。
④ 任相宏、张光明、刘德宝主编:《淄川考古:北沈马遗址发掘报告暨淄川考古研究》,齐鲁书社,2006 年。
⑤ 淄博市博物馆:《山东淄博磁村发现四座春秋墓葬》,《考古》1991 年第 6 期。
⑥ 张光明:《山东淄博南阳村发现 1 座周墓》,《考古》1986 年第 4 期。
⑦ 王锡平:《山东乳山县南黄庄西周石板墓发掘简报》,《考古》1991 年第 4 期。
⑧ 聊城地区博物馆:《山东阳谷县景阳岗村春秋墓》,《考古》1988 年第 1 期。
⑨ 济青公路文物考古队绣惠分队:《章丘绣惠镇女郎山一号战国大墓发掘报告》,山东省文物考古研究所编:《济青高级公路章丘工段考古发掘报告集》,齐鲁书社,1993 年,第 115－149 页;济青公路文物考古队绣惠分队:《章丘女郎山战国、汉代墓地发掘报告》,山东省文物考古研究所编:《济青高级公路章丘工段考古发掘报告集》,1993 年,齐鲁书社,第 150－178 页;济南市考古研究所:《章丘女郎山》,科学出版社,2013 年。
⑩ 山东省文物考古研究所:《山东章丘市王推官庄遗址发掘报告》,《华夏考古》1996 年第 4 期。
⑪ 章丘市博物馆:《山东章丘市孟白战国墓》,《考古》1990 年第 11 期。
⑫ 山东大学考古系:《山东长清县仙人台遗址发掘简报》,《考古》1998 年第 9 期;山东大学考古系:《山东长清县仙人台周代墓地》,《考古》1998 年第 9 期;任相宏:《山东长清县仙人台周代墓地及相关问题初探》,《考古》1998 年第 9 期;山东大学历史文化学院考古系:《长清仙人台五号墓发掘简报》,《文物》1998 年第 9 期;山东大学历史文化学院考古与博物馆学系:《山东济南长清仙人台周代墓地 M4 发掘简报》,《考古》2019 年第 4 期。
⑬ 山东省博物馆、长清县文化馆:《山东长清岗辛战国墓》,《考古》1980 年第 7 期。
⑭ 济南市文物局文物处、历城区文化局:《山东济南市左家洼出土战国青铜器》,《考古》1995 年第 3 期。
⑮ 山东省文物考古研究所:《山东济南王府遗址发掘报告》,《山东省高速公路考古报告集 1997》,科学出版社,2000 年。
⑯ 崔大庸、王金贵、刘善沂、房道国:《平阴发现春秋至宋元墓群》,《中国文物报》2000 年 5 月 10 日第 1 版。
⑰ 安丘市博物馆:《山东安丘柘山镇东古庙村春秋墓》,《文物》2012 年第 7 期。
⑱ 山东省文物考古研究所:《曲阜鲁国故城》,齐鲁书社,1982 年。

中发挥巨大的理论指导作用,科技在考古工作中应用广泛而普遍,注重考古学与历史学、社会学、文献学等的结合。第五,除了对考古学遗存本身的研究之外,对考古学文化和社会的研究受到重视,科研成果丰硕,齐文化、鲁文化、莒文化等考古学文化逐渐得到认识。第六,一些重点区域的考古学研究有了重要进展,东夷文化的研究持续推进,泗河流域的考古遗存更加得到关注。第七,商周时期考古学文化研究持续推进,齐鲁文化的研究也逐渐深入。第八,青铜器的研究逐渐受到重视并且深入,《中国出土青铜器全集·山东卷》的出版,带动了整个山东地区青铜器的整理和研究工作。在此项工作的带动下,临淄、沂源、五莲、莒南、日照、潍坊等地都以出版图录的方式将本地的青铜器加以整理研究。

与前一阶段相比,2000年以来的田野工作持续性和主动性更强,而且在聚落考古、社会考古等新的研究理念的指引下,课题性也明显增强。为了配合大遗址保护利用,系统性的考古工作不断开展。如为了进一步了解城址的布局、结构和文化内涵,对齐故城内外的隽山村、[1]赵家徐姚、[2]孙家徐姚、[3]国家村、[4]董褚村、[5]辛店城区墓群、[6]安乐店村、[7]刘家新村、[8]范家、[9]永流村、[10]粉庄村、[11]褚家村、[12]尧王村[13]等遗址进行发掘;对鲁故城周公庙台地、外郭城城墙进行系统勘探,[14]对周公庙遗址群基址区、南东门遗址、望父台墓地、曲阜老农业局、杏坛学校墓地进行发掘;[15]对邹城邾国故城遗址进多次调查、勘探和发掘;[16]

---

[1] 山东省文物考古研究所、淄博市文物局:《山东淄博隽山战国墓发掘简报》,《文物》2016年第10期。
[2] 淄博市临淄区文化局:《山东淄博市临淄区赵家徐姚战国墓》,《考古》2005年第1期。
[3] 淄博市临淄区文物局:《山东淄博市临淄区孙家徐姚战国墓地》,《考古》2011年第10期。
[4] 王会田:《山东临淄清理两座大型殉人战国墓》,《中国文物报》2004年1月30日;淄博市临淄区文物局:《山东淄博市临淄区国家村战国墓》,《考古》2007年第8期;山东淄博市临淄区文物局:《山东淄博市临淄区国家村战国及汉代墓葬》,《考古》2011年第11期。
[5] 高明奎、燕生东、于崇远:《临淄区董褚新石器时代和周代遗址及东周宋金元墓葬》,《中国考古学年鉴2004》,文物出版社,2005年。
[6] 淄博市临淄区文物局:《山东淄博市临淄城区一号战国墓的发掘》,《考古》2008年第11期。
[7] 淄博市临淄区文物局:《山东淄博市临淄区发现一座战国墓葬》,《考古》2008年第11期。
[8] 临淄区文物局:《山东淄博市临淄区刘家新村春秋墓》,《考古》2013年第5期。
[9] 临淄区文物局:《淄博市临淄区范家南墓地M112、M113的发掘》,《海岱考古(第七辑)》,科学出版社,2014年;淄博市临淄区文物局:《山东临淄范家村墓地2012年发掘简报》,《文物》2015年第4期;淄博区文物局:《山东淄博市临淄区范家墓地战国墓》,《考古》2016年第2期。
[10] 临淄区文物管理局、齐故城遗址博物馆:《淄博市临淄区永流战国墓的发掘》,《海岱考古(第九辑)》,科学出版社,2017年;临淄区文物管理局:《淄博市临淄区永流M4—M7发掘简报》,山东省文物考古研究院编:《海岱考古(第十一辑)》,科学出版社,2018年。
[11] 朱磊:《临淄粉庄2号东周至汉代墓地》,《中国考古学年鉴2017》,中国社会科学出版社,2018年;王子孟、杨小博:《临淄粉庄1号战国及宋金墓地》,中国考古学会编:《中国考古学年鉴2017》,中国社会科学出版社,2018年。
[12] 山东省文物考古研究院、临淄区文物管理局:《山东淄博市临淄区褚家墓地两座战国墓葬的发掘》,《考古》2019年第9期。
[13] 临淄区文物管理局:《山东淄博市临淄区尧王战国墓的发掘》,《考古》2017年第4期。
[14] 韩辉、徐倩倩、高明奎等:《曲阜鲁国故城考古工作取得重要成果》,《中国文物报》2017年3月10日5版;韩辉、刘延常、徐倩倩、赵国靖:《曲阜鲁故城考古新发现与初步研究》,山东省文物考古研究所编著:《保护与传承视野下的鲁文化学术研讨会论文集》,上海古籍出版社,2018年。
[15] 资料现藏于山东省文物考古研究院,均未正式发表。
[16] 山东大学历史文化学院考古系、邹城市文物局:《山东邹城市邾国故城遗址2015年发掘简报》,《考古》2018年第3期;山东大学邾国故城遗址考古队:《山东邹城邾国故城遗址2017年发掘简报》,《东南文化》2019年第3期;山东大学邾国故城遗址考古队:《山东邹城邾国故城遗址宫殿区南部2016年秋季调查简报》,《东南文化》2019年第3期;山东大学历史文化学院:《山东邹城邾国故城遗址2015-2018年田野考古的主要收获》,《东南文化》2019年第6期;山东大学历史文化学院考古系、邹城市文物局:《山东邹城市邾国故城西岗墓地一号战国墓》,《考古》2020年第9期。

对滕故城、①枣庄偪阳古城、②横岭埠③进行调查和发掘等等。

新泰周家庄东周墓地④和滕州大韩东周墓地⑤的发掘代表田野工作进入大规模全面揭露、整体获取信息的新阶段。淄川北沈马村，⑥沂源姑子坪，⑦费县西毕城村，⑧郯城大埠二村，⑨枣庄东江村、⑩徐楼村、⑪横岭埠村、⑫章丘毕杨村、⑬呆家村、⑭阳信李屋村、⑮沂水纪王崮、⑯青州西辛村、⑰马石村、⑱南辛村、⑲长清四街村、⑳历城梁二村、㉑平阴张沟村、㉒沂源南官庄、㉓即墨北阡村、㉔莒南东上涧、㉕莱州水南村、㉖龙口西三甲村、㉗昌乐都北村、㉘日照东灶子村、㉙兰陵鄫国故城茔盘墓地㉚等遗址在这一时期也得

---

① 资料现存于山东省文物考古研究院，未正式发表。
② 王泽冰：《枣庄市西周偪阳古城遗址》，《中国考古学年鉴2014》，中国社会科学出版社，2015年。
③ 王春云：《枣庄市山亭区横岭埠西周及汉代遗址》，《中国考古学年鉴2017》，中国社会科学出版社，2018年。
④ 山东省文物考古研究所、新泰市博物馆：《新泰周家庄东周墓地（上、下）》，文物出版社，2014年。
⑤ 资料现存于山东省文物考古研究院，未正式发表。刘延常、郝导华、王龙、张桑：《山东滕州大韩东周墓葬群》，《大众考古》2018年第8期。
⑥ 任相宏、张光明、刘德宝主编：《淄川考古：北沈马遗址发掘报告暨淄川考古研究》，齐鲁书社，2006年。
⑦ 山东大学考古系、淄博市文物局、沂源县文管所：《山东沂源县姑子坪周代墓葬》，《考古》2003年第1期。
⑧ 郑同修、李曰训：《费县西毕城战国汉代墓地》，《中国考古学年鉴2002》，文物出版社，2003年。
⑨ 山东省文物考古研究所、临沂市文物管理委员会、郯城县文物管理所：《郯城县大埠二村遗址发掘报告》，《海岱考古（第十辑）》，科学出版社，2017年。
⑩ 李光雨、张云：《山东枣庄春秋时期小邾国墓地的发掘》，《中国历史文物》2003年第10期；枣庄市博物馆、枣庄市文物管理办公室：《枣庄市东江周代墓葬发掘报告》，《海岱考古（第四辑）》，科学出版社，2011年。
⑪ 枣庄市博物馆、枣庄市文物管理委员会办公室、枣庄市峄城区文广新局：《山东枣庄徐楼东周墓发掘简报》，《文物》2014年第1期。
⑫ 王春云：《枣庄市山亭区横岭埠西周及汉代遗址》，《中国考古学年鉴2017》，中国社会科学出版社，2018年。
⑬ 崔圣宽、胡常春、兰玉富、曲世广、孙涛：《配合章丘电厂建设发掘一批战国至明清时期的墓葬》，《中国文物报》2004年3月24日第1版。
⑭ 章丘市博物馆：《章丘市呆家村战国墓葬》，《海岱考古（第十辑）》，科学出版社，2017年。
⑮ 燕生东、常叙政：《阳信县李屋商代遗存和东周、汉代、宋元墓葬》，《中国考古学年鉴2004》，文物出版社，2005年。
⑯ 山东省文物考古研究所、临沂市文物考古队、沂水县博物馆：《沂水县纪王崮一号春秋墓及车马坑》，《海岱考古（第十辑）》，科学出版社，2017年；山东省文物考古研究所：《山东沂水纪王崮二号墓发掘取得重要收获》，《中国文物报》2014年1月31日第8版。
⑰ 青州市博物馆：《山东青州西辛战国陪葬墓发掘简报》，《文物》2010年第7期。
⑱ 青州市博物馆：《山东青州新发现的战国墓葬》，《东方考古（第7集）》，科学出版社，2010年。
⑲ 崔圣宽：《青州市南辛战国墓》，《中国考古学年鉴2010》，文物出版社，2011年。
⑳ 孙波：《济南市四街战国两汉及唐宋墓葬》，《中国考古学年鉴2005》，文物出版社，2006年。
㉑ 房振、刘秀玲、郭俊峰、王惠明：《济南市历城区梁二村春秋木构水井及战国墓》，《中国考古学年鉴2017》，中国社会科学出版社，2018年。
㉒ 李振光、乔正罡、马文平、张辉、党浩：《山东平阴张沟周、汉代墓地有重要发现》，《中国文物报》2006年3月29日第1版。
㉓ 郝导华、孙波：《沂源县南官庄东周时期遗址》，《中国考古学年鉴2006》，文物出版社，2007年。
㉔ 山东大学历史文化学院考古学系、青岛市文物保护考古研究所、即墨市博物馆：《山东即墨市北阡遗址2007年发掘简报》，《考古》2011年第11期。
㉕ 张子晓、刘延常：《莒南县春秋大型墓葬》，《中国考古学年鉴2008》，文物出版社，2009年。
㉖ 崔圣宽、张英军、李玉：《莱州市水南战国汉晋和清代墓地》，《中国考古学年鉴2008》，文物出版社，2009年。
㉗ 烟台市博物馆：《山东烟台发现战国到魏晋大型墓葬群》，《中国文物报》2015年7月17日第8版；孙兆锋：《龙口市西三甲战国及汉晋时期墓群》，《中国考古学年鉴2015》，中国社会科学出版社，2016年。
㉘ 山东省文物考古研究院、潍坊市博物馆、昌乐县博物馆：《昌乐都北遗址M53、M60的发掘》，《考古》2018年第9期；此文又见于山东省文物考古研究院编：《海岱考古（第九辑）》，科学出版社，2018年。
㉙ 日照市文物考古研究所、山东省文物考古研究院：《日照市东灶子遗址发掘简报》，《海岱考古（第十辑）》，科学出版社，2017年。
㉚ 山东大学历史文化学院、临沂市考古队、兰陵县文物管理所：《山东兰陵县鄫国故城遗址考古调查与发掘》，《考古》2018年第5期。

到了系统发掘。

在进一步积累考古资料的同时,学术研究也逐渐深入。这一时期学界对山东地区的周代考古学文化面貌有了基本了解,建立了较为完整的考古学文化序列。科技考古、聚落考古和社会考古研究的理念被广泛接受并应用到实践中,相关的研究成果也日益增多。

二、学 术 研 究

经过多年的积累,山东地区周代考古已经取得了丰硕的成绩。田野工作的持续系统开展为我们了解山东地区周代考古学文化面貌提供了丰富而全面的资料,并极大促进了学术研究的进步。下面分别对重要考古发现和代表性学术成果进行简单论述。

(一)齐鲁文化基础研究

齐鲁文化的内涵包括山东地区周代考古学文化、古国文化遗存和周边周代文化遗存三个层面。①

1. 周代考古学文化

包括齐文化、鲁文化、莒文化、莱文化、珍珠门文化和泗河中游地区的周代文化。

齐文化是齐鲁文化的核心组成部分,形成于西周中晚期,春秋时期快速发展,战国时期最为繁荣。西周中晚期主要分布在以临淄为中心的鲁北地区中部;春秋早中期向东到达潍水以西地区,向西到达济水以东,向东南部到达沂山山脉以南区域;春秋晚期西南向汶河上游地区扩张,向东扩展至胶东半岛;战国早中期扩张至汶河上游,向东南扩展至沂沭河上游地区;战国晚期向东已经到达长岛列岛,向西至济水以西区域,向东南达鲁东南地区腹地和苏北地区。② 西周早中期周文化与夷人文化融合、共存,西周中晚期形成以周文化因素为主的齐文化,东周时期齐文化的地域特点形成,并呈现出更多的东夷文化特点。齐文化与莱文化、莒文化、鲁文化关系密切,在西周至春秋早中期大致是平行发展且互相影响的,但到春秋晚期至战国时期,齐文化基本覆盖或部分覆盖了其他文化的分布区域。而且齐文化区域内还发现诸多如吴、越、楚、燕、宋、赵、魏、韩等古国文化因素。

鲁文化是中原周文化的继承,是周文化在山东地区的代表。主要分布在汶泗流域,其空间分布由小变大再缩小。西周晚期至战国早期向南至邹城市北境,战国中晚期向南至滕州市中南部和枣庄山亭区,战国晚期向北退缩至大汶河中游一带。③ 鲁文化中包含少

---

① 刘延常、刘智:《齐鲁文化的考古学解读》,山东省文物考古研究院等编:《传承与创新:考古视野下的齐文化学术研讨会论文集》,上海古籍出版社,2019年。
② 刘延常、王子孟:《考古学视野下的齐文化发展与融合》,《管子学刊》2019年第2期;刘智:《鲁东南苏北地区的东周齐文化遗存及相关问题浅析》,山东省文物考古研究院等编:《传承与创新:考古视野下的齐文化学术研讨会论文集》,上海古籍出版社,2019年。
③ 刘延常、戴尊萍:《曲阜鲁故城、鲁文化与传统文化》,山东省文物考古研究院:《保护与传承视野下的鲁文化学术研讨会论文集》,上海古籍出版社,2018年。

量莒、齐、楚、越等文化因素。鲁国铭文青铜器在山东滕州、山亭、邹城、泰安、济南、莒县及河南登封等地均有发现,反映了鲁国与其他诸侯国的交流。

莒文化是分布于鲁东南地区西周中晚期至战国早期的考古学文化。文献记载该区域在周代分布莒、向、鄟、阳、郯、鄅等诸侯国,其中以莒国势力最为强大,结合曾发现"莒"字铭文,将这支考古学文化称为莒文化。莒文化形成于西周中晚期,在西周晚期春秋初期主要分布于鲁东南地区北部;春秋早期、中期分布达到最盛,北部与齐交界,西部与鲁国交界,南部至郯城北部;春秋晚期至战国早期,主要分布在鲁东南地区南部和东南部;战国早期以后基本消亡。① 莒文化在西周时期继承吸收周文化而形成了自己的特点,春秋时期又吸收了齐、鲁、楚、吴、越等文化因素,其中莱文化与齐文化对其影响较大。此外,在莒文化区域内还发现许多齐、莱、陈、黄、江等国的青铜器,可能为媵器、赗赙、战利品或赠品。而且莒文化与淮夷及相关古国关系密切,对鲁文化和泗河中游及邾、小邾等古国影响较大。

莱文化主要分布于胶东半岛。西周早中期,胶东半岛同时存在周文化系统和以珍珠门文化为代表的夷人文化系统。西周晚期,随着周王室的衰亡和齐王室的内乱,莱文化正式形成。② 它以周文化为核心,融合土著文化,形成自己独特的文化风格。春秋晚期,莱文化被齐文化取代。

珍珠门文化是岳石文化之后商代晚期至西周早中期的夷人文化,③主要分布于胶东半岛、鲁北东部和鲁东南地区。随着商王朝和周王朝的东扩,珍珠门文化逐渐东退,其孑遗延续至战国早期。尽管其范围越来越小,文化发展水平不高,但反映了东夷文化与商文化、周文化的融合过程与方式,是齐文化、莱文化形成的基因,是莒文化的重要源头。南黄庄文化遗存是春秋早中期的东夷文化,应当是"东莱文化"遗存。④

鲁中南泗河中游区域属于南北交通要道,是商、西周王朝向东扩张的重要前沿,东周时期是泗上十二诸侯国的腹地。其北部为鲁文化分布区,东部为莒文化分布区,南部先后为徐、吴、越、楚等文化分布区,西部为宋国等中原文化区。由于古国众多,文化交流频繁,这里的文化面貌十分复杂,可以分为邾文化圈、薛文化圈、徐文化圈等多个文化小区。近二十年来持续对该区域内的邾国故城、滕国故城、薛国故城、东江小邾国墓地、滕州大韩、枣庄徐楼、邳州九女墩、梁王城等墓地的研究,促进了对齐鲁文化的研究。⑤

2. 周代古国文化遗存

自周初分封以来,山东地区就分布着众多诸侯国,春秋时期见于文献记载的达六十多个。目前能够从城址、墓葬或有铭青铜器等考古学证据确认的,有齐、逄、纪、郭、鲁、滕、

---

① 刘延常:《莒文化解读——一种文化发展模式的思考》,《李下蹊华——庆祝李伯谦先生八十华诞论文集》,科学出版社,2017年。
② 王青:《海岱地区周代墓葬与文化分区研究》,科学出版社,2012年。
③ 刘延常:《珍珠门文化初探》,《华夏考古》2001年第4期。
④ 王锡平:《试论山东地区的素面陶鬲》,《中国考古学会第九次年会论文集1993》,文物出版社,1997年。
⑤ 刘延常、刘智:《齐鲁文化的考古学解读》,山东省文物考古研究院等编:《传承与创新:考古视野下的齐文化学术研讨会论文集》,上海古籍出版社,2019年。

薛、邾、小邾、莱、莒、鄅、郯等13个古国文化遗存。① 此外，山东地区还发现大量楚、燕、吴、越、韩、赵、魏国的遗物，证明它们与山东地区有战争或占领关系，以及陈、黄、华、江、宋、芮国的媵器或赠品，说明它们与山东地区有姻亲或赠赇往来。

从文化属性来看，鲁、滕、齐来自关中地区，纪、莱、莒、郜、邾、小邾、鄅、郯等为本土古国，属于东夷文化，薛、杞、费、鄫等源自上古。山东地区既有本土东夷古国、商代古族古国，也有西周分封的姬姓国家和异性国家，多种文化因素相互影响相互融合，加之与中原、南方、北方地区的古国交流密切，构成了齐鲁文化融合发展的内涵和特点。

3. 周边周代文化遗存

山东地区发现了比较丰富的周边地区古文化、古国文化遗存，主要为东周时期的青铜礼乐器、兵器、钱币、原始瓷、印纹硬陶等，文化属性主要包括吴文化、越文化、楚文化、三晋文化、燕文化等。此外秦文化遗存在战国晚期亦有少量发现。

吴文化遗存主要分布于泰沂山脉以南的鲁东南和鲁中南地区，以春秋晚期的兵器遗存最为丰富。② 兵器的出土地点主要在鲁东南地区、汶泗流域和胶东半岛，与文献记载吴国北上和齐国争霸路线基本吻合，其中新泰周家庄东周墓地出土兵器最为集中。③

越文化遗存主要发现于鲁东南南部、鲁中南地区和鲁北齐国故城附近，以战国早中期的青铜器、印纹陶和印纹硬陶为主，④出土于滕州大韩东周贵族墓地、⑤章丘小峨眉山东周铜器窖藏、⑥济南历城区梁庄战国大墓、⑦邹城邾国故城M1战国墓⑧等遗址。另外，临淄齐文化博物院收藏了几件齐故城出土的越国青铜兵器。

楚文化遗存主要发现于鲁东南和鲁中南地区。春秋时期楚文化因素较少，主要发现于大中型墓葬中，应是友好交流的结果，如政治联盟、联姻和赠赇等。⑨ 战国中晚期，楚灭鲁后占领鲁东南、鲁中南地区，楚文化因素扩展到曲阜一带。

晋文化遗存主要是战国时期的韩国钱币以及赵、魏国兵器。⑩ 虽然西周至春秋时期晋国与齐、鲁国交往甚多，但目前没有发现这一时期的晋文化遗存。滕州大韩东周墓地发现一批与赵文化有关的器物，可能与赵、齐两国的战争和贸易等活动有关。⑪

---

① 刘延常、徐倩倩：《山东地区周代古国文化遗存研究》，陕西省考古研究院等编：《两周封国论衡——陕西韩城出土芮国文物暨周代封国考古学研究国际学术研讨会论文集》，上海古籍出版社，2014年。
② 刘延常、曲传刚、穆红梅：《山东地区吴文化遗存分析》，《东南文化》2010年第5期。
③ 山东省文物考古研究所、新泰市博物馆：《新泰周家庄东周墓地（上、下）》，文物出版社，2014年。
④ 刘延常、徐倩倩：《山东地区越文化遗存分析》，山东大学文化遗产研究院：《东方考古（第9集）》，科学出版社，2012年。
⑤ 郝导华、张桑、刘延常：《山东滕州大韩东周墓地发掘获重要发现》，《中国文物报》2018年7月27日；刘延常、郝导华、王龙、张桑：《山东滕州大韩东周墓葬群》，《大众考古》2018年第8期。
⑥ 宁荫棠、王方：《山东章丘小峨眉山发现东周窖藏铜器》，《考古与文物》1996年第1期。
⑦ 房振、刘秀玲、郭俊峰等：《济南历城发现战国大型墓葬和周代木构水井》，《中国文物报》2017年7月14日。
⑧ 山东大学历史文化学院考古系、邹城市文物局：《山东邹城市邾国故城西岗墓地一号战国墓》，《考古》2020年第9期。
⑨ 刘延常、高本同、郝导华：《山东地区楚文化因素分析》，《楚文化研究论集》第七集，岳麓书社，2007年。
⑩ 刘延常：《山东地区三晋文化遗存分析》，待刊。
⑪ 资料藏于山东省文物考古研究院，尚未正式发表。刘延常、郝导华、王龙、张桑：《山东滕州大韩东周墓葬群》，《大众考古》2018年第8期。

燕文化遗存主要发现于鲁北和鲁东南地区。遗物有梁山七器、齐侯四器、庚壶、陈璋壶、燕王职壶,及大量燕国兵器和刀币等。① 滕州大韩贵族墓地出土的战国时期的燕国戈,又增加了燕文化遗存的分布地点。② 战国晚期的燕文化遗存集中分布于临淄齐故城、莒县莒国故城、平度即墨故城周围,与文献记载燕国占领齐国、围攻莒邑和即墨城事件相吻合。

(二) 重要考古成果及其研究

随着田野考古工作的广泛开展和材料的逐步积累,相关的研究工作也在同步进行,并已取得了丰富的成果。研究的重点内容有以下几类。

1. 城址研究

主要讨论城址的年代、性质、城墙结构、城内布局等问题。目前讨论较多的有临淄齐故城、曲阜鲁故城、高青陈庄西周城址等。

齐故城的性质主要有两种观点:有学者认为是西周初年太公所封之营丘,③也有学者认为齐故城为献公自薄姑所迁之齐国晚期都城。④ 随着城址发掘工作的推进,越来越多的证据证明临淄与营丘联系密切。⑤ 城址形制和布局问题自考古工作正式开展之初就受到学界关注,如《山东临淄齐故城试掘简报》⑥《临淄齐国故城勘探纪要》⑦等文章根据发掘和勘探情况对城址的范围、形制、功能区分布等进行了系统阐述。近年来随着田野工作的持续开展,这些问题也越来越明晰。有对齐故城城址的布局进行的讨论,⑧也有学者从不同角度解读了城址背后的营建思想。⑨

鲁故城的始建年代一直有争议,张学海先生认为鲁故城始建于西周初年,从伯禽开始到鲁顷公为楚所灭,鲁城位置一直没有变化。⑩ 王恩田先生探讨了曲阜鲁故城墓葬、居址

---

① 刘延常、徐倩倩:《山东地区燕文化遗存分析》,中国考古学会编:《中国考古学会第十五次年会论文集》,文物出版社,2013年。
② 郝导华、张桑、刘延常:《山东滕州大韩东周墓地发掘获重要发现》,《中国文物报》2018年7月27日;刘延常、郝导华、王龙、张桑:《山东滕州大韩东周墓葬群》,《大众考古》2018年第8期。
③ 王恩田:《关于齐国建国史的几个问题》,《东岳论丛》1981年第4期;王恩田:《齐都营丘续考》,《管子学刊》1988年第1期。
④ 张学海:《齐营丘、薄姑、临淄三都考》,《张学海文集》,文物出版社,2020年。
⑤ 群力:《临淄齐国故城勘探纪要》,《文物》1972年第5期。
⑥ 山东省文物管理处:《山东临淄齐故城试掘简报》,《考古》1961年第6期。
⑦ 群力:《临淄齐国故城勘探纪要》,《文物》1972年第5期。
⑧ 刘敦愿:《齐国故城所体现的国家职能以及早期城市特点》,《东岳论丛》1982年第5期;曲英杰:《〈春秋〉经传有关临淄齐故城的记述》,《管子学刊》1996年第2期;吕京庆等:《齐国故都临淄形制研究》,《四川建筑科学研究》2012年第5期;张龙海等:《临淄齐国故城的排水系统》,《考古》1988年第9期;姚庆丰:《齐文化视域下临淄故城空间形态研究》,山东大学2018年硕士学位论文。
⑨ 曲英杰:《先秦都城复原研究》,黑龙江人民出版社,1991年;戴吾三:《论〈管子〉的城市规划和建设思想》,《管子学刊》1994年第3期;宣兆琦等:《齐都的再建》,《管子学刊》2001年第3期;苏畅等:《〈管子〉营国思想于齐都临淄之体现》,《华南理工大学学报》(社会科学版)2005年第1期;周玄星等:《〈管子〉与〈周礼〉营国思想比较》,《华中建筑》2008年第12期;张越:《齐国建筑艺术及其特色》,《山东社会科学》2008年第12期;刘福智等:《先秦时期齐文化视域下城市与建筑研究》,重庆大学出版社,2012年。
⑩ 张学海:《浅谈曲阜鲁城的年代和基本格局》,《文物》1982年第12期。

和城墙的年代问题,判断曲阜鲁故城年代上限不早于西周晚期,研究结果不支持周公、伯禽或炀公说,西周早、中期的居址和墓葬材料还有待发现。① 曲英杰先生结合文献资料和城内发现的遗迹现象,推测鲁故城筑于西周前期,为伯禽所筑,后作为鲁都长期沿用,并将文献记载的城门和东市与考古发现一一对应。② 许宏先生对居址和墓葬重新进行了分期和断代,判断城垣的建造年代为两周之际或更晚,而鲁都曲阜的年代可能早到西周初年。③

对于城址的综合研究,王献唐先生曾综合文献和出土材料,对山东地区的周代城址进行了梳理,并系统考证了三邾的地望和疆域问题。④ 杨宽先生讨论了鲁故城的"坐西朝东"布局和齐故城的西"城"东"郭"连接布局。⑤ 许宏先生对山东地区周代城址进行了整体梳理和系统归纳,并对各个城址的年代、性质、布局、形成过程等问题进行了分析。⑥

2. 墓葬研究

研究的问题主要是年代、性质和埋葬制度(包括器用制度、墓葬形制、葬俗等内容)。

大型墓地的年代和性质问题最易引发讨论,以鲁故城周代墓地和前掌大商周墓地为例。张学海先生曾将鲁故城1977年、1978年发掘的159座两周墓葬分为甲、乙两组,详细比较了两组墓葬的墓地位置、墓葬形制、随葬品和葬俗,判断甲组墓为夷人墓,乙组墓为周人墓。⑦ 但对于这些墓葬分期和年代,学界还存在一些分歧。发掘报告将甲组墓分为六期,分别对应西周早、中、晚和春秋早、中、晚期,将乙组墓分为七期,分别对应西周早、中、晚、末期和春秋末年至战国初期、战国早期、战国中期或稍晚。⑧ 李丰、王恩田先生则认为这些墓葬最早只能到西周晚期。⑨ 许宏先生认为报告中西周墓的年代上限应不早于西周中期,下限可至春秋中期,甲、乙两组西周末墓均可分为三期,分别对应西周中期、西周晚期、春秋早期。⑩ 王青先生也认为年代上限应不早于西周中期。⑪

诸多学者都对滕州前掌大墓地的族属和性质问题提出过不同看法。发掘之初,许多学者认为墓地的年代为商代晚期,性质为奄人文化的墓地。⑫ 后来随着研究的深入,有观点认为前掌大商代遗址群是商代至西周早期的一处方国遗址,商代史氏是周代薛人之前

---

① 王恩田:《曲阜鲁故城的年代及其相关问题》,《考古与文物》1988年第2期。
② 曲英杰:《先秦都城复原研究》,黑龙江人民出版社,1991年。
③ 许宏:《曲阜鲁国故城之再研究》,《先秦城市考古学研究》,北京燕山出版社,2000年。
④ 王献唐:《春秋邾分三国考·三邾疆邑图考》,齐鲁书社,1982年。
⑤ 杨宽:《中国古代都城制度史研究》,上海古籍出版社,1993年。
⑥ 许宏:《先秦城市考古学研究》,北京燕山出版社,2000年;许宏:《先秦城邑考古》,西苑出版社,2017年。
⑦ 张学海:《试论鲁城两周墓葬的类型、族属及其反映的问题》,中国考古学会编:《中国考古学会第四次年会论文集》,文物出版社,1985年。
⑧ 山东省文物考古研究所:《曲阜鲁国故城》,齐鲁书社,1982年。
⑨ 王恩田:《曲阜鲁故城的年代及其相关问题》,《考古与文物》1988年第2期;李丰:《黄河流域西周墓葬出土青铜礼器的分期与年代》,《考古学报》1988年第4期。
⑩ 许宏:《曲阜鲁国故城之再研究》,《先秦城市考古学研究》,北京燕山出版社,2000年。
⑪ 王青:《海岱地区周代墓葬研究》,山东大学出版社,2002年;王青:《海岱地区周代墓葬与文化分区研究》,科学出版社,2012年。
⑫ 胡秉华:《滕州市前掌大商代遗址》,《中国文物报》1989年3月10日第3版。

身,前掌大商代至西周早期的墓地正是薛人墓地。① 这一观点曾一度在学界成为主流认识,不过近来有学者提出不同意见。李朝远先生认为薛的社会地位、综合国力都难与"史"之望族相连。② 冯时等学者认为具有晚商特征的青铜器实际上可能是西周早期所作,说明史氏墓主定居于此的时间应该在西周早期,与薛国故城之间没有直接继承关系。③ 曹斌先生认为前掌大"史"氏从年代上与殷商的"史"族关系更近,与西周薛侯无必然联系,而前掌大墓地应是商末弃商投周、西周早期封国、西周中期衰落的"史"国墓地。④ 李楠先生认为前掌大墓葬葬俗葬制与商人相同,所以该遗址"应当是商末周初阶段殷人所建地方政权","与周初始封的妊姓薛国无涉"。⑤

在埋葬制度方面,张学海先生最早关注山东地区周代墓葬的器物组合情况,并对不同地区的墓葬形制和葬俗进行了比较研究。⑥ 印群先生对山东地区周代墓葬的葬地制度、棺椁制度、葬俗等问题进行了探讨。⑦ 王青先生对海岱地区的两周墓葬及其随葬品进行了系统的类型学研究和分期断代,并将海岱地区的周代考古学文化分为鲁南、鲁北、鲁东南、胶东四个文化区,对各个文化区的丧葬习俗和文化特征进行了归纳总结。⑧

有学者对特定国家或地区的埋葬制度进行了系统的讨论。多位学者综合讨论了齐国贵族随葬品的器物组合、墓地制度、墓葬结构、棺椁制度、陪葬和殉葬制度等问题;⑨也有学者对莒国埋葬制度的各方面内容进行了系统的研究;⑩小邾国墓地的埋葬制度也引起了很多学者的讨论,⑪除了专门的研究性文章或著作,越来越多的发掘报告在公布基础资

---

① 胡秉华:《滕州前掌大商代墓葬地面建筑浅析》,《考古》1994年第1期;李鲁滕:《略论前掌大商代遗址群的文化属性和族属》,《华夏考古》1997年第4期;冯时:《前掌大墓地出土铜器铭文汇释》,中国社会科学院考古研究所:《滕州前掌大墓地》,文物出版社,2005年。
② 李朝远:《前掌大墓地中的"史"及其他——读〈滕州前掌大墓地〉》,山东大学东方考古研究中心编:《东方考古(第4集)》,科学出版社,2008年。
③ 冯时:《前掌大墓地出土铜器铭文汇释》,中国社会科学院考古研究所:《滕州前掌大墓地》,文物出版社,2005年;冯时:《殷代史氏考》,陕西师范大学:《黄盛璋先生八秩华诞纪念文集》,中国教育文化出版社,2005年。
④ 曹斌:《前掌大墓地性质辨析》,《考古与文物》2015年第2期。
⑤ 李楠:《前掌大商周墓地结构与族属辨析》,山东省文物考古所等编:《青铜器与山东古国学术研讨会论文集》,上海古籍出版社,2017年。
⑥ 张学海:《关于齐鲁文化的几个问题》,苏秉琦主编:《考古学文化论集》(2),文物出版社,1989年。
⑦ 印群:《黄河中下游地区的东周墓葬制度》,社会科学出版社,2001年。
⑧ 王青:《海岱地区周代墓葬研究》,山东大学出版社,2002年;王青:《海岱地区周代墓葬与文化分区研究》,科学出版社,2012年。
⑨ 罗勋章:《田齐王陵初探》,中国考古学会编:《中国考古学会第九次年会论文集》,文物出版社,1993年;靳桂云:《东周齐国贵族埋葬制度研究》,《管子学刊》1994年第3期;张明东:《试论齐国的墓葬特色》,《管子学刊》1995年第2期;张光明:《齐文化的考古发现与研究》,齐鲁书社,2004年;郝导华:《齐鲁演化过程及墓葬制度初步研究》,山东大学2014年硕士学位论文;张国文:《两周齐国贵族墓葬葬制与葬俗研究》,2014年曲阜师范大学硕士学位论文;崔盼:《东周齐墓研究》,吉林大学2015年硕士学位论文。
⑩ 刘延常:《莒文化探析》,《东南文化》2002年第7期;吴伟华:《从随葬铜器墓看周代莒国贵族埋葬制度》,《文博》2009年第2期;印群:《论山东枣庄东江墓地春秋时期贵族墓的埋葬特点——与长清仙人台等墓地之比较》,山东大学东方考古研究中心编:《东方考古(第13集)》,2016年;丁雨辰:《莒文化研究》,山东师范大学2014年硕士学位论文。
⑪ 杨爱国:《小邾国贵族丧葬礼俗初探》,《枣庄学院学报》2005年第1期;李锦山:《郳国公室墓葬及相关问题》,枣庄市山亭区政协编:《小邾国文化》,中国文史出版社,2006年;苏昭秀、孙晋芬:《小邾国贵族墓葬的形制及埋葬制度讨论》,枣庄市山亭区政协编:《小邾国文化》,中国文史出版社,2006年;袁俊杰、贾一凡:《小邾国历史文化的考古学研究》,科学出版社,2020年。

料的同时,也加强了对上述问题的讨论,如《曲阜鲁国故城》[①]《临淄齐墓》[②]《新泰周家庄东周墓地》[③]等。

也有学者对埋葬制度的某个具体问题进行专门研究。如探讨山东地区墓葬结构的地域多元性问题,[④]分析周代东夷文化的墓葬形制和葬俗问题,[⑤]讨论山东地区东周时期的人殉习俗问题;[⑥]研究山东地区商周时期的腰坑葬俗问题。[⑦]

3. 器物研究

研究的对象包括青铜器、陶器、玉器等。

青铜器方面,学界对山东地区周代青铜器的关注时间较早,宋代《宣和博古图》《啸堂集古录》《金石录》及清代《西清古鉴》《十六长乐堂古器款识考》《两罍轩彝器图释》《缀遗斋彝器款识考释》等都对山东地区的部分青铜器进行了著录。《山左金石志》《续山左金石志》《济州金石志》等则对山东地区青铜器进行了专门辑录。

近代以来,考古工作带来了大量的材料,促进了研究的深入开展,研究方向涵盖类型学、分期断代、器用制度、纹饰、铭文考释、古国史、诸侯国关系、政治经济文化制度等各个方面。齐文涛先生对山东地区20世纪60至70年代初出土的商周青铜器进行了研究,对形制、铭文、纹饰等问题进行了探讨。[⑧]王恩田先生对山东各地出土东周齐国青铜器进行了梳理,并做了断代、地望等方面的探讨。[⑨]刘彬徽先生将山东地区的东周青铜器分为六期,对主要器类进行了类型学分析,并将山东地区的用鼎制度与中原和楚地进行比较。[⑩]王迅先生探讨了莒国青铜器的器用制度的地域性问题。[⑪]杜廼松先生对20世纪90年代以前出土的东周时期齐鲁青铜器的形制和铭文进行了探索。[⑫]朱凤瀚先生将山东地区的周代青铜器分为西周、春秋、战国三个发展时期,收录了每个时期重要遗址出土的青铜器,对其形制、纹饰、铭文、器用制度等进行了分析,并与中原地区同期青铜器进行对比研究。[⑬]高广仁、邵望平对山东地区东周青铜器的区域性特点及不同时期的造型和装饰工

[①] 山东省文物考古研究所等:《曲阜鲁国故城》,齐鲁书社,1982年。
[②] 山东省文物考古研究所编著:《临淄齐墓》第一集,文物出版社,2007年;山东省文物考古研究院编著:《临淄齐墓》第二集,文物出版社,2018年。
[③] 山东省文物考古研究所、新泰市博物馆:《新泰周家庄东周墓地(上、下)》,文物出版社,2014年。
[④] 毕经纬:《试谈商周墓葬的几个问题——以山东地区为例》,《考古与文物》2013年第3期。
[⑤] 王迅:《东夷文化与淮夷文化研究》,北京大学出版社,1994年。
[⑥] 黄展岳:《中国古代的人牲人殉》,科学出版社,1990年;魏成敏、宋玮:《山东地区商周时期的殉人问题》,山东大学考古学系编:《刘敦愿先生纪念文集》,山东大学出版社,1998年;印群:《论东周时期的齐殉人陪葬墓》,《管子学刊》2015年第4期。
[⑦] 王志友:《东周秦汉时期墓葬中的腰坑浅议》,《秦文化论丛》第十辑,三秦出版社,2003年;杨华:《论黄河流域先秦时期腰坑墓葬俗文化——兼说与长江流域同类墓葬俗的关系》,《华夏考古》2008年第1期;张庆久、杨华:《山东地区周代腰坑墓葬考古研究》,《中国历史文物》2008年第2期。
[⑧] 齐文涛:《概述近年来山东出土的商周青铜器》,《文物》1972年第5期。
[⑨] 王恩田:《东周齐国铜器的分期与年代》,中国考古学会编:《中国考古学会第九次年会论文集》,文物出版社,1993年。
[⑩] 刘彬徽:《山东地区东周青铜器研究》,《中国考古学年会第九次年会论文集》,文物出版社,1993年。
[⑪] 王迅:《东夷文化与淮夷文化研究》,北京大学出版社,1994年。
[⑫] 杜廼松:《东周时代齐、鲁青铜器探索》,《南方文物》1995年第2期。
[⑬] 朱凤瀚:《古代中国青铜器》,上海古籍出版社,1995年。

艺进行了讨论。① 王青先生对2000年以前山东地区周代贵族墓葬中出土的青铜器进行了类型学分析和分期断代,对各个文化区的器物组合进行了讨论。② 毕经纬先生专门讨论了山东地区出土的东周容礼器,进行了类型学研究及分期与分区研究,对器物组合、摆放位置、纹饰、铭文等进行了分析,并讨论了部分青铜器的文化因素、族属和国别问题。③ 路国权先生探讨了山东地区东周铜容器的形制发展规律,及典型铜器群的分组、分期和断代问题。④ 吴伟华先生系统考察了山东地区东周青铜器在随葬组合形式、形制及纹饰上的地域特征。⑤ 刘延常先生对山东地区出土青铜器及其研究进行了综述分析。⑥ 可除此之外,王青、刘延常先生还探讨了山东地区周代铜枳(卮)的起源问题。⑦ 多位学者对兵器、⑧乐器⑨进行了专门研究。

陶器方面,王青先生对山东地区两周墓葬中的陶器进行了详细的类型学划分和分期断代,并对不同文化区的典型器物和组合方式进行了对比研究。⑩ 蓝秋霞、⑪徐波⑫等先生也讨论了山东地区周代陶器的形制演变规律和年代问题。对于特定器类的研究,杜在忠⑬和王锡平⑭先生探讨了山东地区商周素面鬲的问题。张森先生讨论了包括山东地区在内的周代陶瓦的形制变化规律。⑮ 刘艳菲先生对邾国陶量及反映的量制问题进行了研究。⑯

玉器方面,孙庆伟先生对山东地区周代服饰用玉、瑞玉及丧葬用玉制度进行了研究。⑰ 杨建芳先生在对西周玉器的分期探讨中指出,曲阜鲁国故城出土的部分玉器

---

① 高广仁、邵望平:《海岱文化与齐鲁文明》,江苏教育出版社,2005年。
② 王青:《海岱地区周代墓葬研究》,山东大学出版社,2002年;王青:《海岱地区周代墓葬与文化分区研究》,科学出版社,2012年。
③ 毕经纬:《山东出土东周青铜容礼器研究》,陕西师范大学2009年博士学位论文;毕经纬:《问道于器:海岱地区商周青铜器研究》,上海古籍出版社,2019年。
④ 路国权:《东周青铜容器谱系研究》(上、下),上海古籍出版社,2018年。
⑤ 吴伟华:《东周时期海岱地区青铜器研究》,南开大学2012年博士学位论文。
⑥ 刘延常等:《山东出土青铜器概述》,刘延常主编:《中国出土青铜器全集》5·山东(上),科学出版社,2018年。
⑦ 王青等:《铜枳(卮)起源的初步研究》,吉林大学边疆考古研究中心:《新果集(二):庆祝林沄先生八十华诞论文集》,科学出版社,2018年。
⑧ 杜宇、孙敬明:《考古发现与战国齐兵器研究》,《管子学刊》1992年第2期;黄盛璋:《燕、齐兵器研究》,《古文字研究》第19辑,中华书局,1992年;刘延常、徐倩倩、刘桂峰:《山东地区青铜殳研究》,《中国国家博物馆馆刊》2015年第3期;梁法伟:《山东东周兵器研究》,山东大学2006年硕士学位论文。
⑨ 王清雷:《山东地区两周编钟的初步研究》,《文物》2006年第12期;米永盈:《东周齐国乐器研究》,山东大学出版社,2015年;朱晓芳:《山东地区两周乐钟研究》,山东大学2013年博士学位论文。
⑩ 王青:《海岱地区周代墓葬研究》,山东大学出版社,2002年;王青:《海岱地区周代墓葬与文化分区研究》,科学出版社,2012年。
⑪ 蓝秋霞:《山东地区西周陶器研究》,山东大学2004年硕士学位论文。
⑫ 徐波:《山东地区西周陶器编年问题的再认识》,山东大学2009年硕士学位论文。
⑬ 杜在忠:《山东胶莱地区的素面陶鬲》,苏秉琦主编:《考古学文化论文集》(二),文物出版社1989年。
⑭ 王锡平:《试论山东地区的素面陶鬲》,中国考古学会编:《中国考古学会第九次年会论文集》,文物出版社,1997年。
⑮ 张森:《海岱地区周瓦初探》,山东省文物考古研究所等编著:《保护与传承视野下的鲁文化学术研讨会论文集》,上海古籍出版社,2019年。
⑯ 刘艳菲:《山东邹城邾国故城遗址新出陶量与量制初论》,《考古》2019年第2期。
⑰ 孙庆伟:《周代用玉制度研究》,上海古籍出版社,2008年。

风格变化显著,具有明显的时代特征。① 吉琨璋先生对山东地区周代墓葬中出土的部分玉器的功能与用途进行了简单讨论。② 陈启贤先生对济阳刘台子西周墓地出土的玉器进行了工艺技术与工艺微痕研究,③以及红外光谱与矿物学研究。④ 黄翠梅先生对西周至春秋玉璜组佩和梯形牌联珠串饰进行了统计,其中包括济阳刘台子遗址出土的玉璜组佩和鲁故城出土的梯形牌联珠串饰。⑤ 李京震先生探讨了包括山东地区在内的周代玉鱼的形制和功用。⑥

器物研究尤其是青铜器和陶器的研究是文化谱系研究的基础,许多学者在讨论器物的形制、分期、年代、文化因素等问题时其实已经涉及了文化谱系的问题,如王恩田、王青、毕经纬、路国权等,上文已有介绍,此处不再赘述。

4. 古文字研究

研究对象主要是青铜器铭文和陶文。

青铜器铭文方面,罗振玉《三代吉金文存》、曾毅公《山东金文集存·先秦编》、郭沫若《两周金文辞大系图录考释》等都对山东地区的部分周代铜器铭文进行了辑录和释读,并对年代、国别、人名、地望等问题进行了考证。山东省博物馆编撰的《山东金文集成》收集了千余幅山东地区青铜器铭文拓片,并详细记录了拓片的来源、释文和著录。吴镇烽先生编著的《商周青铜器铭文暨图像集成》及其续编搜集了大部分山东地区出土的周代青铜器,对图像、释文、背景资料等进行了较全面的收录。苏影先生对山东出土金文进行了梳理。⑦ 郭克煜先生对鲁国金文进行了系统著录。⑧ 徐倩倩先生讨论了山东地区周代铜器铭文所反映的诸侯国婚姻关系。⑨ 陈青荣、赵缊先生编著的《海岱古族古国吉金文集》,收集了山东金文,配以铭文图录、释文、主要特征、收藏和著录情况。⑩ 除此之外,铭文的专题研究更为丰富,包括古国古族名、地望的考证、诸侯国关系、部分历史事件的考证、相关礼仪制度的研究、文字的鉴赏分析和训诂等,此处不再展开叙述。

陶文的研究成果也较多,清末陈介祺首先对山东地区的战国陶文进行收藏与研究,⑪

---

① 杨建芳:《西周玉器分期初探——中国古玉断代研究之三》,《杨建芳古玉研究论文集》,众志美术出版社,2010 年。
② 陆建芳主编,吉琨璋著:《中国玉器通史·周代卷》,海天出版社,2014 年。
③ 陈启贤:《刘台子西周墓地出土玉器工艺技术与工艺微痕研究》,山东省文物考古研究所等编:《山东济阳刘台子玉器研究》,众志美术出版社,2010 年。
④ 陈启贤:《刘台子西周墓地出土玉器近红外光谱与矿物学研究》,山东省文物考古研究所等编:《山东济阳刘台子玉器研究》,众志美术出版社,2010 年。
⑤ 黄翠梅:《彤云皦日·珠玉交辉——西周至春秋时期的玉璜组饰》,中国社会科学院考古研究所、良渚博物馆:《天地之灵——中国社会科学院考古研究所发掘出土商与西周玉器精品展》,浙江古籍出版社,2013 年;黄翠梅:《流光溢彩·翠绕珠围——西周至春秋时期的梯形牌联珠串饰》,陈光祖主编:《金玉交辉——商周考古、艺术与文化论文集》,中研院历史语言研究所,2013 年。
⑥ 李京震:《商周时期玉鱼浅析》,《东南文化》2020 年第 1 期。
⑦ 苏影:《山东出土金文整理与研究》,华东师范大学 2014 年博士学位论文。
⑧ 曲阜师范学院孔子研究所等编:《鲁国金文编注》,1983 年。
⑨ 徐倩倩:《青铜器铭文所见两周时期山东古国婚姻关系》,《东方考古(第 14 集)》,2017 年。
⑩ 陈青荣、赵缊:《海岱古族古国吉金文集》(1—6 册),齐鲁书社,2011 年。
⑪ 李学勤:《山东陶文的发现和著录》,《齐鲁学刊》1982 年第 5 期。

《铁云藏陶》《梦庵藏陶》《陶玺文字合证》《邹滕古陶文字》等清末民初的著作也偶有收录。周进先生的《季木藏陶》对战国时期齐、邾、滕等诸侯国的陶文进行了系统收录,"其地位和作用,正像罗振玉的《三代吉金文存》之于铜器铭文的著录"。① 后来的新编本由周进先生的亲属周绍良先生提供了原书有文字部分的全套拓本,李零先生进行了分类整理并加以考释。② 王恩田先生也对齐国陶文进行了整理和研究。③ 山东大学历史文化学院考古系等单位合著的《新泰出土田齐陶文》对新泰市区内出土的战国时期的田齐陶文进行了整合。④ 徐在国先生编著的《新出齐陶文图录》对齐陶文整合分类,分为新泰、沂水、临淄陶文,并附有释文,具有重要资料价值。⑤ 孙刚先生对包括陶文在内的东周齐系铭文进行了整理和考释。⑥ 刘建峰先生分析了齐地玺印文字形体的特点,以及文字形体演变所带来的字义变化。⑦ 成颖春编著的《齐陶文集成》对齐地17个地域出土的陶文进行汇辑和分类整理,是目前较全面系统地汇辑、整理、增补和考订的齐陶文研究著作。⑧

5. 盐业考古研究

盐业考古在近十几年来成为研究热点。据调查结果统计,山东地区发现的商周制盐遗址有近千处,主要集中于山东北部的小清河下游一带。⑨ 经过发掘的周代遗址有寿光大荒北央、⑩双王城、⑪机械林场、⑫广饶南河崖、⑬昌邑唐央⑭五处。王青先生和燕生东先生根据发掘材料对鲁北地区晚商至西周中期的制盐工艺进行了复原。前者认为这一时期的制盐工艺为淋煎法(又称淋灰法),分为摊灰淋卤和煎卤成盐两个环节。⑮ 后者则认为其制作工业是先挖井获取地下卤水,通过沉淀和蒸发提高卤水浓度,然后设灶煎卤,破罐取盐。⑯ 两者的分歧在于遗址发现的草木灰的用途,前者认为其主要用于"摊灰淋卤"环节,即在平整地面上用草木灰铺设摊场,然后将卤水泼洒在摊场上,借助日晒使盐花析出附着于草木灰表面。后者则认为草木灰是植物燃料煮盐后产生的垃圾。崔剑锋和彭鹏先生通过采样分析,认为晚商和西周提纯卤水的方法不同,晚商是通过蒸发池和蓄卤池提

---

① 周进:《新编全本〈季木藏陶〉》,中华书局,1998年。
② 李零:《齐、燕、邾、滕陶文的分类与题铭格式——新编全本〈季木藏陶〉介绍》,《管子学刊》1990年第1期。
③ 王恩田:《陶文图录》,齐鲁书社,2006年。
④ 山东大学历史文化学院考古系等:《新泰出土田齐陶文》,文物出版社,2014年。
⑤ 徐在国:《新出齐陶文图录》,学苑出版社,2015年。
⑥ 孙刚:《东周齐系题铭研究》,吉林大学2012年博士学位论文;孙刚:《东周齐系题铭研究》,上海古籍出版社,2019年。
⑦ 刘建峰:《战国玺印文字构形分域研究》,山东大学2012年博士学位论文。
⑧ 成颖春:《齐陶文集成》,齐鲁书社,2019年。
⑨ 王青:《关于山东北部盐业考古的新思考》,山东大学文化遗产研究院:《东方考古(第12集)》,科学出版社,2015年。
⑩ 山东大学东方考古研究中心等:《山东寿光市大荒北央西周遗址的发掘》,《考古》2005年第12期。
⑪ 山东省文物考古研究所等:《山东寿光市双王城盐业遗址2008年的发掘》,《考古》2010年第3期。
⑫ 资料现存于山东省文物考古研究院,未正式发表。
⑬ 山东大学考古系等:《山东东营市南河崖西周煮盐遗址》,《考古》2010年第3期。
⑭ 山东省文物考古研究院等:《昌邑火道——廒里遗址群01(唐央)遗址发掘简报》,《海岱考古(第十辑)》,科学出版社,2017年。
⑮ 王青:《山东北部商周时期海盐生产的几个问题》,《文物》2006年第4期。
⑯ 燕生东:《商周时期渤海南岸地区的盐业》,文物出版社,2013年。

纯,西周开始采用"摊灰淋卤"的方法。① 这在一定程度上调和了前两者的观点。另外,王青先生和燕生东先生分别对南河崖4号盐灶和双王城盐灶的煮盐场景进行了复原。② 多位学者就盔形器的用途、年代、分布、形制变化等问题提出了自己的看法,③付永敢先生根据制盐遗址的聚落分布情况,分析了晚商西周时期鲁北地区食盐生产组织和选址的变化,及反映的齐国盐业管理政策在不同阶段的特点。④ 李慧冬先生根据南河崖制盐遗址出土文蛤的切片和生长线,对煮盐季节进行了推测。⑤ 王青、朱继平、史本恒先生讨论了盐产地的问题。⑥ 燕生东先生的《商周时期渤海南岸地区的盐业》⑦和王青先生的《环境考古与盐业考古探索》⑧都对盐业生产的起源、产地、聚落变迁、工具、制盐工艺、文献记载等内容做了深入研究,是山东商周盐业考古的总结性著作。

6. 其他重要研究

除上述几项外,齐长城研究、科技考古研究、手工业考古研究、经济考古研究、古国古文化研究等也是重要的学术课题。

齐长城研究方面,王献唐先生首先对齐长城建造的原因、方法、起点、分布路线、完工时间等问题进行了全面考证。⑨ 之后诸多学者对齐长城的建造年代、地势、建造结构等问题提出了各自的认识。⑩《中国军事史·兵垒》从军事战略战术、作战兵器、战争形式等角度研究历代长城的作用。⑪ 张华松编著的《齐文化与齐长城》结合历史文献与考古资料,对齐长城多方面的问题进行了综合研究。⑫ 山东省文物局等单位编著的《齐长城资源调查工作报告》对齐长城的范围、重要遗迹、保存情况、残损原因进行了详细的调查记录。⑬

---

① 崔剑锋:《山东寿光双王城制盐遗址的科技考古研究》,《南方文物》2011年第1期;彭鹏:《鲁北莱州湾沿岸商周时期制盐工艺初探》,《南方文物》2012年第1期。
② 王青:《关于山东北部盐业考古的新思考》,《东方考古(第12集)》,科学出版社,2015年;燕生东:《商周时期渤海南岸地区的盐业》,文物出版社,2013年。
③ 任相宏等:《青州盔形器之研究》,1992年山东省考古学会年会论文;曹元启:《试论西周至战国时代的盔形器》,《北方文物》1996年第3期;王青、朱继平:《山东北部商周时期盔形器的用途与产地新探索》,《考古》2006年第4期;方辉:《商周时期鲁北地区海盐业的考古学研究》,《考古》2004年第4期;朱继平等:《鲁北地区商周时期的海盐业》,《中国科学技术大学学报》2005年第1期;李水城等:《莱州湾地区古代盐业考古调查》,《盐业史研究》2003年第1期;张礼艳:《关于盔形器的两个问题》,《文物春秋》2007年第4期。
④ 付永敢:《山东北部晚商西周煮盐作坊的选址与生产组织》,《考古》2014年第4期。
⑤ 李慧冬:《南河崖西周煮盐遗址贝类采集季节的初步分析》,《华夏考古》2012年第3期。
⑥ 王青:《〈管子〉所载海盐生产的考古学新证》,《东岳论丛》2005年第6期;王青、朱继平、史本恒:《山东北部全新世的人地关系演变:以海岸变迁和海盐生产为例》,《第四纪研究》2006年第4期。
⑦ 燕生东:《商周时期渤海南岸地区的盐业》,文物出版社,2013年。
⑧ 王青:《环境考古与盐业考古探索》,科学出版社,2014年。
⑨ 王献唐:《山东周代的齐国长城》,《社会科学战线》1979年第4期。
⑩ 鲁海、鲁军:《齐长城考略》,《管子学刊》1990年第3期;刘德春:《齐长城综述》,《管子学刊》1994年第3期;张维华:《中国长城建置考(上编)》,中华书局,1979年;王国良:《中国长城沿革考》,商务印书馆,1930年;罗勋章等:《齐长城考略》,《海岱考古(第四辑)》,科学出版社,2011年;华松:《齐长城起始区巨防及诸地望考》,《管子学刊》1991年第2期;景爱:《关于长城附属设施调查的有关问题》,《中国文物科学研究》2007年第3期;李居发:《齐长城边陲军事重镇安陵城探考》,《文博》2009年第4期;刘镇宗:《从沂山地区齐长城遗存看古齐国的战略防御》,《中国长城博物馆》2010年第4期;国光红:《齐长城肇建原因再探》,《历史研究》2000年第1期。
⑪《中国军事史》编写组:《中国军事史·兵垒》,解放军出版社,1991年。
⑫ 张华松:《齐文化与齐长城》,中国戏剧出版社,2000年。
⑬ 山东省文物局等编:《齐长城资源调查工作报告》,文物出版社,2017年。

山东省古建筑保护研究院编著的《齐长城遗址保护与研究》介绍了齐长城遗址保护的成果和案例。①

科技考古研究,涉及动物、植物、冶金等多方面内容。宋艳波先生对山东地区几处周代墓葬出土的动物遗存进行了种属鉴定。② 张雪莲、仇士华、钟建、梁中合等学者对前掌大墓地出土人骨的碳、氮稳定同位素分析。③ 陈雪香、方辉等学者对2006年冬及2007年冬在日照和胶南地区采集的浮选土样进行了植物分析。④ 靳桂云、安静平、郭荣臻等学者对山东地区青铜时代农作物状况进行系统讨论。⑤ 王鑫光、李秀辉等学者对青铜器的合金成分和铸造技术进行科学分析⑥等等。

除此之外,近年来形成了手工业考古、经济考古、古国古文化研究等比较大的研究课题,由于这些课题均涵盖范围很广,包括城址、墓葬、器物、文字、科技等诸多子课题,而且相互之间存在研究内容重合的现象,所以本文不再对这些课题展开论述。

(三)学术会议与出版物

随着田野考古工作的广泛开展,相关的学术活动也逐步增多。

1978年夏秋,苏秉琦考察曲阜潍坊烟台黄县长岛等地,提出鲁文化的形成应当有商代东方大国的基础,在烟台提出山东古国古文化的分区问题。⑦

1982年,山东历史学与考古学界召开第一次山东古国史学术讨论会,并成立"山东古国史研究会"。1983年,召开第二次山东古国史学术讨论会。1986年5月,在滕州召开"山东古国史研究会暨第三次学术研讨会",共出版了两部会议论文集《东夷古国史研究》。⑧

1996年,出版《山东省志·文物志》。

1998年,山东历史学会东夷古国专业委员会在济宁成立。

1999年,中国先秦史学会等单位举办的"全国首届杞文化学术研讨会"在新泰召开,并出版会议论文集。⑨

2000年,山东省文物事业管理局编著《山东省文物大事记》。

---

① 山东省古建筑保护研究院编:《齐长城遗址保护与研究》,齐鲁书社,2020年。
② 宋艳波:《山东地区几个周代墓葬随葬动物分析》,《考古与文物》2011年第5期。
③ 张雪莲、仇士华、钟建、梁中合:《山东滕州市前掌大墓地出土人骨的碳、氮稳定同位素分析》,《考古》2012年第9期。
④ 陈雪香、方辉等:《鲁东南几处先秦遗址调查采样浮选结果分析》,《东方考古(第6集)》,科学出版社,2009年。
⑤ 安静平、郭荣臻、靳桂云:《山东地区青铜时代农业考察—基于植物考古的证据》,《三代考古》(七),科学出版社,2017年。
⑥ 王鑫光等:《滕州前掌大墓地"于屯"村ⅢM308出土铜器的科学分析》,《中国文物科学研究》2014年第1期;王鑫光等:《山东滕州前掌大墓地部分青铜器制作技术的初步考察》,《铸造技术》2018年第7期。
⑦ 佟佩华、张振国:《苏秉琦先生与山东考古》,《海岱考古(第二辑)》,科学出版社,2007年。
⑧ 刘敦愿、逄振镐主编:《东夷古国史研究》第一辑,三秦出版社,1988年;刘敦愿、逄振镐主编:《东夷古国史研究》第二辑,三秦出版社,1990年。
⑨ 王尹成主编:《杞文化与新泰:全国首届杞文化研讨会文集》,中国文联出版社,2000年。

2005年出版《山东20世纪的考古发现与研究》。

2011年4月,山东省文物局等单位举办的"中国盐业考古国际学术研讨会"在寿光召开。

2015年4月,山东省文物考古研究所在新泰召开"山东地区周代考古座谈会"。

2015年,世界历史科学大会在山东召开,其中"莒文化专题研讨会"在山东大厦举办,在淄博召开"蹴鞠与齐文化"的卫星会议,并出版《蹴鞠与齐文化——第22届国际历史科学大会淄博卫星会议文集》。

2014年,山东省文物考古研究所承办的中国考古学会两周专业委员会成立大会在曲阜举办。

2015-2019年,山东省文物考古研究院(2018年之前为山东省文物考古研究所)联合相关单位举办一系列的周代学术会议,且每次会议都将论文集结出版,取得了很好的学术效果。2015年12月,山东省文物考古研究所等单位举办的"青铜器与山东古国学术研讨会"在莒县召开,同时成立"山东青铜文化研究会",并出版会议论文集。① 2016年11月,山东省文物考古研究所等单位在曲阜举办"保护与传承视野下的鲁文化学术研讨会",并拟出版会议论文集。② 2017年10月,山东省文物考古研究所等单位在淄博举办"传承与创新:考古学视野下的齐文化学术研讨会",并出版会议论文集。③ 2018年10月,山东省文物考古研究院等单位在潍坊举办"青铜器、金文与齐鲁文化学术研讨会",并出版会议论文集。④

2018年11月,由山东博物馆举办的"鲁南古国青铜器与金文研究学术研讨会"在济南召开。2019年8月,山东省文物考古研究院等单位在滕州市举办"苏鲁豫皖地区商周时期考古学文化学术研讨会",拟出版会议论文集。⑤ 2020年11月,中国社会科学院考古研究所、山东省文物考古研究院等单位在淄博举办"手工业考古·临淄论坛——以城市手工业考古为中心",并出版会议论文集。2020年11月,山东省水下考古研究中心等单位在泰安举办"考古学视野下古代泰山文明学术研讨会",并出版论文集。⑥

除了学术会议和会议论文集,省内的各类期刊和辑刊也是山东地区周代考古研究的前沿阵地,包括山东省文物考古研究院主编的《海岱考古》,山东大学东方考古研究中心主编的《东方考古》,山东大学主办的《文史哲》,山东博物馆主编的《山东博物馆辑刊》,山东省理工大学主办的《管子学刊》,曲阜师范大学主办的《齐鲁学刊》,山东社会科学院主办的《东岳论丛》,山东省社会科学界联合会主办的《山东社会科学》等等。

---

① 山东省文物考古研究所等编:《青铜器与山东古国学术研讨会论文集》,上海古籍出版社,2017年。
② 山东省文物考古研究院等编:《保护与传承视野下的鲁文化学术研讨会论文集》,上海古籍出版社,2018年。
③ 山东省文物考古研究院等编:《传承与创新:考古学视野下的齐文化学术研讨会论文集》,上海古籍出版社,2019年。
④ 山东省文物考古研究院等编:《青铜器、金文与齐鲁文化学术研讨会论文集》,上海古籍出版社,2020年。
⑤ 山东省文物考古研究院等编:《苏鲁豫皖地区商周时期考古学文化学术研讨会论文集》,待刊。
⑥ 山东省水下考古研究中心等编:《考古学视野下古代泰山文明学术研讨会论文集》,上海古籍出版社,2021年。

(四)工作展望

虽然过去的工作取得了一系列丰硕成果,但我们应该认识到目前的工作仍存在一些不足,如部分考古资料公布不及时、部分课题偏向性明显、多学科交流不够充分、跨区域合作开展不够等等。这些不足将督促我们不断创新和改进,从而更好地建设中国特色中国风格中国气派的考古学。

第一,积极推进"考古中国"项目,开展"齐鲁文化研究",对齐故城、鲁故城等重点遗址持续开展考古工作,对齐文化、鲁文化、莒文化、莱文化、珍珠门文化、邾文化等进行深入研究,深入阐发齐鲁文化的内涵、价值以及形成机制,弘扬传承齐鲁文化的优秀传统。

第二,国家、省级管理部门要发挥宏观的管理作用,发挥高校、科研院所的作用,推进学术研究的团队建设,开展考古学术交流活动和学术研讨活动,推动考古学的人才队伍建设。

第三,有组织有计划的推动考古资料的整理与发表,积极推动各市、县将周代文物、考古发掘资料发表出来。

第四,要出版周代考古、齐鲁文化的大型系列丛书和研究性著作。积极推动创办考古学杂志、发表各地的考古学资料和研究性文章。

第五,有计划地开展相关的专题研究,如东周古国都城的寻找,贵族墓葬的调查和研究,各古文化分区与文化内涵,齐鲁文化与中原、江淮、北方、辽东、朝鲜半岛等周边古国文化交流融合等。

大 事 记

年 份	发 现	研 究
1797		毕沅、阮元主编《山左金石志》刊刻
1857	胶州灵山卫出土"齐氏三量",即子禾子铜釜、陈纯铜釜和左关铜𨪐	
1933	董作宾主持滕县(今滕州市)安上遗址的发掘,并对薛国故城进行调查	
1943		孙浔、孙鼎主编《季木藏陶》出版
1955	山东省文物管理处对沾化杨家东周窑址群进行了试掘	
1958	山东省文物训练班对齐故城进行调查、钻探和试掘;国家文物局在曲阜举办文物培训班	

续表

年　份	发　　　现	研　　究
1959		《山东文物选集(普查部分)》出版
1946－1966	山东省文化主管部门组织文物工作队对临淄齐国故城进行全面勘察、钻探和试掘	
1971	山东省文物干部培训班对齐故城进行试掘,查明了故城的形制、范围及城墙保存情况,以及城内地层堆积、交通干道、排水系统、手工业作坊、宫殿建筑等遗存的分布状况,还发现2处墓地和1处大型殉马坑	
1972	山东省博物馆临淄文物工作队清理临淄河崖头东周殉马墓	
1973	烟台市文物管理委员会发掘长岛王沟东周墓群	
1975	山东省博物馆发掘莒南大店春秋时期莒国殉人墓;山东省博物馆、长清县文化馆清理长清岗辛战国墓	
1977	1977－1978年,曲阜鲁故城进行大规模考古勘探和"多点"试掘	山东省博物馆《临淄郎家庄二号东周殉人墓》在《考古学报》1977年第1期发表
1978	济宁地区文物组对薛国故城遗址进行调查、钻探和试掘,并对部分东周墓葬进行了发掘	苏秉琦考察曲阜潍坊烟台黄县长岛等地,提出鲁文化的形成应当有商代东方大国的基础,在烟台提出山东古国古文化的分区问题
1980		《王献唐遗书》由齐鲁书社陆续出版;《长清岗辛战国墓》发表
1981	中国社会科学院考古研究所山东工作队对前掌大商周墓地进行首次发掘,到2001年,共进行了8次发掘;山东省文物考古研究所发掘沂水刘家店子春秋墓;山东省文物考古研究所对临沂凤凰岭东周墓进行发掘	
1982	山东大学考古专业发掘新泰郭家泉战国墓	山东省文物考古研究所主编《曲阜鲁国故城》出版;山东省历史学会主办的第一次"山东东部古国及东夷文化学术讨论会"在淄博召开;山东省考古学会在荣成县(今荣成市)石岛成立
1983	1983－1985年,山东省文物考古研究所及国家文物局田野考古领队培训班对兖州西吴寺遗址进行多次发掘	山东省历史学会主办的第二次"山东东部古国及东夷文化学术讨论会"在黄县(今龙口市)、长岛召开

续表

年份	发现	研究
1985	泰安市文物局发掘泰安康家河村战国墓；山东省文物考古研究所对长岛王沟东周墓地进行第三次发掘	张学海《试论鲁城两周墓葬的类型、族属及其反映的问题》在《中国考古学会第四次年会论文集》发表
1986		山东省历史学会，山东省博物馆等主办的"山东古国史研究会暨第三次学术研讨会"在滕县（今滕州，下同）召开；山东省古国史研究会在滕县成立
1988	山东省文物考古研究所对淄博辛店东周墓进行发掘	山东省兖石铁路文物考古工作队主编《临沂凤凰岭东周墓》出版；刘敦愿、逢振镐主编《东夷古国史研究》第一辑出版
1989	山东省文物考古研究所发掘章丘宁家埠、章丘王推官庄遗址；山东济青公路工程文物考古队对临淄赵王战国墓进行发掘	山东省文物考古研究所、齐城遗址博物馆《临淄两醇墓地发掘简报》在《海岱考古（第一辑）》发表；山东省文物考古研究所主编《海岱考古》辑刊创刊；《山东新泰郭家泉东周墓》发表；《兖州西吴寺》出版
1990	山东省文物考古研究所发掘章丘女郎山战国大墓；济青公路工程文物考古队发掘淄博后李官庄春秋车马坑；山东省文物考古研究所发掘临淄淄河店东周墓地	山东大学历史系考古专业教研室主编的《泗水尹家城》出版；国家文物局考古领队培训班主编《兖州西吴寺》出版；刘敦愿、逢振镐主编《东夷古国史研究》第二辑出版
1991		山东省济宁市文物管理局《薛国故城勘探和墓葬发掘报告》在《考古学报》1991年第4期发表
1992	淄博市博物馆、齐故城博物馆对临淄商王村战国至汉代墓群进行了发掘	郑一钧等著《齐国史》出版
1993	山东省文物考古研究所对薛国故城遗址进行试掘；山东省文物考古研究所对田齐王陵进行调查与勘探	山东省文物考古研究所主编《济青高级公路章丘工段考古发掘报告集》出版
1994	烟台市文物管理委员会、海阳市博物馆发掘海阳嘴子前春秋墓群；山东省文物考古研究所发掘临淄后李官庄春秋车马坑	
1995	山东大学考古专业发掘长清仙人台邿国墓地	《中国青铜器全集》共16卷出版
1996	山东省文物考古研究所发掘章丘孙家两周遗址；山东省文物考古研究所发掘临淄相家战国墓地	山东省地方史志编撰委员会主编《山东省志·文物志》出版

续表

年　份	发　现	研　究
1997		淄博市博物馆、齐故城博物馆主编《临淄商王墓地》出版
1998	山东省文物考古研究所发掘沂南县西岳庄西周遗址及春秋大型墓葬；山东省文物考古研究所对临淄墓葬进行调查	山东大学考古系《山东长清县仙人台遗址发掘简报》《山东长清县仙人台周代墓地》《山东长清县仙人台周代墓地及相关问题初探》《长清仙人台五号墓发掘简报》于《文物》1998年第9期发表；周进主编《新编全本〈季木藏陶〉》出版；山东历史学会东夷古国专业委员会在济宁成立
1999	山东省文物考古研究所发掘滕州东康留战国墓地	国家文物局考古领队培训班主编《兖州六里井》出版；路宗元主编《齐长城》出版；中国先秦史学会等单位主办的全国首届"杞文化学术研讨会"在新泰召开
2000		焦德森主编《山东省志·山东文物事业大事记(1840-1999)》出版；王尹成主编《杞文化与新泰：全国首届杞文化研讨会文集》出版
2001	山东大学考古系发掘寿光大荒北央盐业遗址群	印群著《黄河中下游地区的东周墓葬制度》出版
2002	山东省文物考古研究所发掘新泰周家庄东周墓群；枣庄市文物管理办公室发掘东江小邾国贵族墓地；山东省文物考古研究所等单位对郯城县大埠周代遗址及墓地进行发掘；山东省文物考古研究所对薛故城进行勘探和试掘；北京大学等单位开展莱州湾盐业考古调查	烟台博物馆、海阳博物馆主编《海阳嘴子前》出版；王青著《海岱地区周代墓葬研究》出版
2003	山东省文物考古研究所对新泰周家庄东周墓地进行了发掘；2002-2003年，山东省文物考古研究所等单位对枣庄东江墓地进行了发掘	李光雨、张云《山东枣庄春秋时期小邾国墓地的发掘》在《中国历史文物》2003年第10期发表
2004	山东省文化厅等单位发掘寿光双王城盐业遗址群；山东省文物考古研究所发掘青州西辛战国大墓；山东省文物考古研究所发掘临淄淄河店战国至汉代墓群	张光明著《齐文化的考古发现与研究》出版；山东大学主编《东方考古》辑刊创刊；山东省历史学会东夷古国专业委员会等单位主办的"中国·山亭——小邾国文化学术研讨会"在枣庄召开
2005		中国社会科学院考古研究所主编《滕州前掌大墓地》出版；山东省文物考古研究所主编《山东20世纪的考古发现与研究》出版

续表

年　份	发　　　现	研　　究
2006		任相宏等主编《淄川考古：北沈马遗址发掘报告暨淄川考古研究》出版；王恩田主编《陶文图录》出版
2007	美国哥伦比亚大学、山东省文物考古研究院等单位对龙口归城遗址进行调查勘探；北京大学、山东省文物考古研究所对渤海南部沿岸地区盐业遗址进行调查；中国社会科学院考古研究所等单位对枣庄偪阳故城进行勘探；山东省文物考古研究所发掘莒南县东上涧春秋大墓	山东省文物考古研究所主编《临淄齐墓》（第一集）出版；山东省博物馆主编《山东金文集成》出版
2008	山东省文物考古研究所等单位发掘寿光双王城商周盐业遗址；山东省文物考古研究所发掘高青陈庄—唐口商周遗址；山东大学考古系等单位发掘东营南河崖西周煮盐遗址	
2009	山东省文物考古研究所发掘高青陈庄西周城址；山东省文物考古研究所发掘青州西辛战国墓	
2010	山东省文物考古研究所发掘高青陈庄西周城址	滕州市博物馆《滕州前掌大村南墓地发掘报告（1998-2001）》在《海岱考古（第三辑）》发表；山东省文物局等举办的"中国盐业考古国际学术研讨会"在寿光召开
2011	2011-2016年，山东省文物考古研究所对曲阜鲁故城展开全面考古勘探和重点地点的发掘，发掘宫城、郭城、望夫台等地点；山东省文物考古研究所对临淄安平故城、潍坊杞国故城进行试掘	枣庄市博物馆、枣庄市文物管理办公室《枣庄市东江周代墓葬发掘报告》在《海岱考古（第四辑）》发表
2012	山东省文物考古研究所发掘沂水纪王崮春秋大墓和鲁故城周公庙建筑群	王青著《海岱地区周代墓葬与文化分区研究》出版
2013	山东省文物考古研究所发掘沂水纪王崮二号墓	山东省文物考古研究所主编《临淄齐故城》出版；济南市考古研究所主编《章丘女郎山》出版；燕生东著《商周时期渤海南岸地区的盐业》出版
2014	山东省文物考古研究所发掘淄博市隽山战国墓	山东省文物考古研究所、新泰市博物馆编著的《新泰周家庄东周墓地》出版；枣庄市博物馆等《山东枣庄徐楼东周墓发掘简报》在《文物》2014年第1期发表；山东大学历史文化学院考古系等单位合著的《新泰出土田齐陶文》出版；王青著《环境考古与盐业考古探索》出版

续表

年份	发现	研究
2015	山东省文物考古研究所承办中国考古学会两周考古专业委员会成立大会;山东大学考古专业对邹城邾国故城遗址第一次正式发掘	徐在国著《新出齐陶文图录》出版;路国权著《东周青铜器容器谱系研究》出版;北京大学震旦古代文明研究中心等单位主办的"青铜器与山东古国学术研讨会"在莒县召开
2016		山东省文物考古研究院等单位主办的"保护与传承视野下的鲁文化学术研讨会"在曲阜召开
2017	山东大学考古专业对邹城邾国故城遗址进行第二次正式发掘;2017至2019年,山东省文物考古研究院发掘滕州大韩春秋晚期至战国晚期墓群	山东省文物考古研究所等《沂水县纪王崮一号春秋墓及车马坑》在《海岱考古(第十辑)》发表;山东省文物局等单位主编《齐长城资源调查工作报告》出版;山东省文物局等编《齐长城资源调查工作报告》出版;山东省文物考古所等编《青铜器与山东古国学术研讨会论文集》出版;许宏著《先秦城邑考古》出版;山东省文物考古研究院等单位主办的"传承与创新:考古学视野下的齐文化学术研讨会"在山东临淄召开
2018	山东省文物考古研究院发掘曲阜市杏坛学校东周墓地;山东大学考古专业对邹城邾国故城遗址西城墙进行解剖,发掘西岗1号战国墓	山东省文物考古研究院主编的《临淄齐墓》(第二集)出版;山东大学历史文化学院考古系、邹城市文物局《山东邹城市邾国故城遗址2015年发掘简报》在《考古》2018年第3期发表;中国社会科学院考古研究所、哥伦比亚大学东亚语言和文化系、山东省文物考古研究院编著《龙口归城胶东半岛地区青铜时代国家形成过程的考古学研究(公元前1000－前500年)》出版;《山东省志·文物志1986－2005》出版;山东省文物考古研究所等编《保护与传承视野下的鲁文化学术研讨会论文集》出版;山东省博物馆主办的"鲁南古国青铜器与金文研究学术研讨会"在济南召开;山东省文物考古研究院等单位主办的"青铜器、金文与齐鲁文化学术研讨会"在潍坊召开

续表

年份	发 现	研 究
2019	山东大学考古专业发掘邹城邾国故城遗址西岗2号战国墓;山东省文物考古研究院试掘临淄齐故城大城南墙、滕州滕故城南墙	山东大学历史文化学院考古与博物馆学系《山东济南长清仙人台周代墓地M4发掘简报》在《考古》2019年第4期发表;山东大学邾国故城遗址考古队《山东邹城邾国故城遗址:2017年发掘简报》在《东南文化》2019年第3期发表;毕经纬著《问道于器:海岱地区商周青铜器研究》出版;孙刚著《东周齐系题铭研究》出版;山东省文物考古研究院等单位举办的"苏鲁豫皖地区商周时期考古学文化学术研讨会"在滕州市召开;《传承与创新:考古学视野下的齐文化学术研讨会论文集》出版
2020	山东省文物考古研究院对临淄齐故城小城西门西侧夯土基址、郯国故城遗址、邹平东安遗址、滕州东莱墓地、济南梁王遗址进行发掘	山东大学历史文化学院考古系、邹城市文物局《山东邹城市邾国故城西岗墓地一号战国墓》在《考古》2020年第9期发表;中国社会科学院考古研究所等编《临淄齐故城冶铸业考古》出版;山东古建筑保护研究院主编《齐长城遗址保护与研究》出版;山东大学历史文化学院等编《八主祭祀研究》出版;袁俊杰、贾一凡著《小邾国历史文化的考古学研究》出版;山东省文物考古研究院等编著的《青铜器、金文与齐鲁文化学术研讨会论文集》出版;中国社会科学院考古研究所、山东省文物考古研究院等单位主办的"手工业考古·临淄论坛——以城市手工业考古为中心"在淄博召开;山东省水下考古研究中心等单位主办的"考古学视野下古代泰山文明学术研讨会"在泰安召开

(原发表为刘延常、刘艳菲、刘智:《齐鲁文化的考古发现与研究》,《中国考古学百年史》第二卷中册,中国社会科学出版社,2021年,第1066–1103页)

齐鲁文化的考古学解读

齐鲁文化泛指今天山东地区的古代传统文化,狭义的概念则是周代以齐国、鲁国为代表的东方地域文化,因多种文化及其因素的互动与融合,形成了以孔子与儒家学说为代表的思想文化体系,汉代以后逐渐成为中华传统文化的核心组成部分。本文以考古发现与研究为基础,解读齐鲁文化的构成要素、形成背景和形成过程,旨在深入挖掘、阐发、弘扬和传承齐鲁文化,发挥考古学的独特作用,对讲清楚中华民族传统文化的渊源、文化心理认同和价值理念的传承延续具有重要的学术价值和现实意义。

一、齐鲁文化内涵的考古学文化构成

本文齐鲁文化内涵主要包括山东地区周代考古学文化、古国文化遗存和周边周代文化遗存,这三大部分文化遗存的演变、交流与融合,是齐鲁文化形成的内因。

(一) 山东地区周代考古学文化

包括齐文化、鲁文化、莒文化、莱文化、珍珠门文化和泗河中游地区的周代文化,各考古学文化具有自己的特征、时空变化和发展轨迹,相互之间的交流融合日趋频繁,考古学文化发展变化与交流融合是齐鲁文化形成的基础。

1. 齐文化

关于齐文化,其考古资料最丰富,研究成果最丰硕。齐文化发展是动态的,范围不断扩大,形成于西周中晚期,春秋时期快速发展,战国时期最为繁荣。西周中晚期齐文化主要分布在以临淄为中心的鲁北地区中部,向西至高青县、广饶县,向东发展到青州市、昌乐县,文化面貌彰显出自己的特点;齐文化在春秋早中期向东到达潍水以西地区,向西分布至济水以东济南地区,向东南部到达沂山山脉以南区域;春秋晚期则重点向齐国的西南——汶河上游地区扩张,向东扩展至胶东半岛;战国早中期齐文化已经分布至汶河中游,向东南扩展至沂沭河上游地区;战国晚期向东已经到达长岛列岛,向西至济水以西区域,向东南达鲁东南地区腹地和苏北地区[①](图一、二)。

---

① 刘延常、王子孟:《考古学视野下的齐文化发展与融合》,《管子学刊》2019年第2期;刘智:《鲁东南苏北地区的东周齐文化遗存及相关问题浅析》,山东省文物考古研究院等编:《传承与创新:考古学视野下齐文化学术研讨会论文集》,上海古籍出版社,2019年。

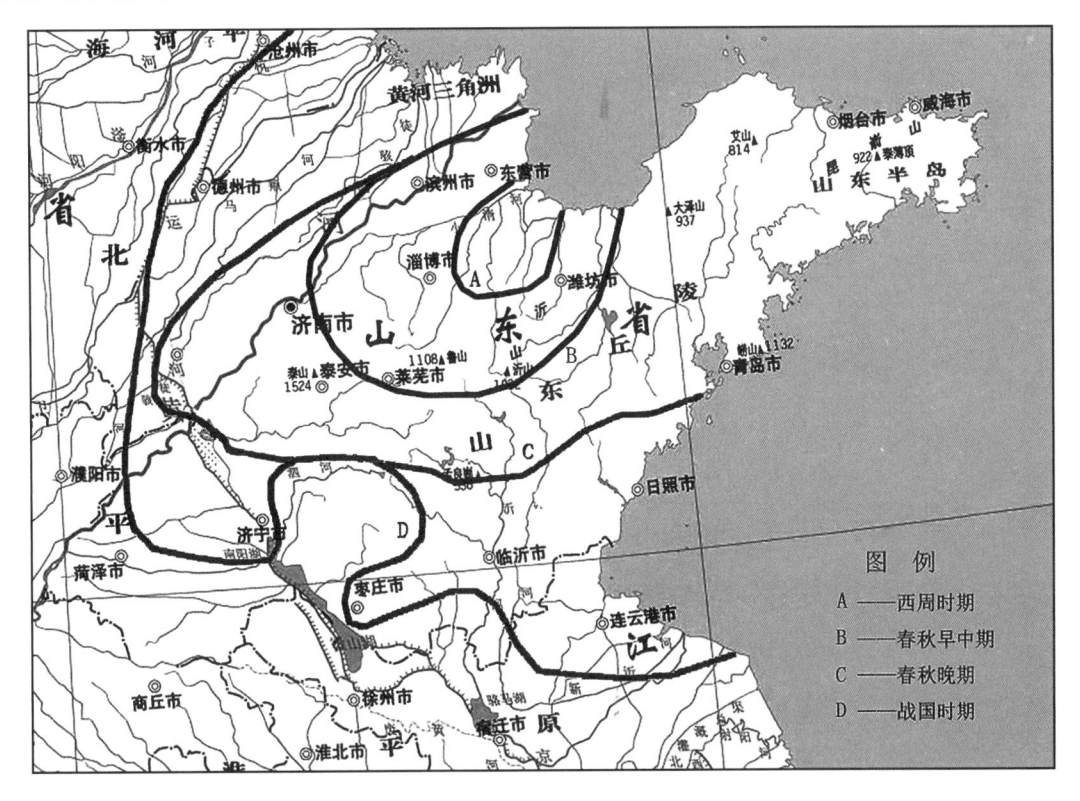

图一　齐文化动态发展分布示意图

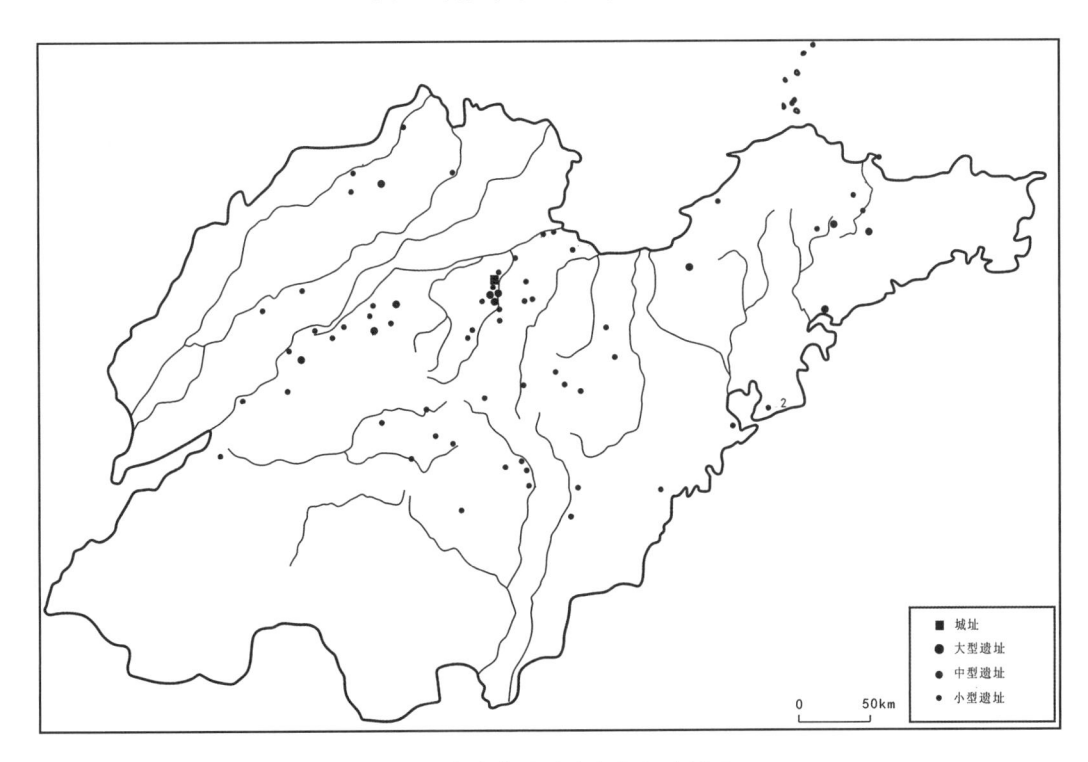

图二　齐文化重要遗存分布示意图

以临淄为中心的鲁北地区在商代晚期其文化面貌即由商文化与土著文化融合形成了一种新的地方文化,有商文化因素、夷人文化因素(珍珠门文化)和融合的文化因素。西周早中期周文化与夷人文化融合、共存,西周中晚期形成齐文化——以周文化因素为主,东周时期齐文化地域特点形成——具体体现在墓葬、陶器组合及其特征、青铜器群及其特征等诸方面。齐文化早期吸收商文化、周文化因素较多,东周时期则呈现出更多的东夷文化特点,如夹砂素面红褐陶器从商代晚期至战国早中期不同程度地存在,所以说齐文化区的基因是东夷文化,同时接受商文化、周文化因素形成的。

齐文化与胶东半岛的莱文化在西周中晚期至春秋中晚期是并行的,春秋晚期以后齐文化代替了莱文化;齐文化与鲁东南地区的莒文化在西周中晚期至春秋晚期是并行的,战国早期以后齐文化代替了莒文化;齐文化与其西南部、西部的鲁文化在西周中晚期至春秋晚期早段是并行的,春秋晚期晚段以后至战国时期,齐文化覆盖了鲁文化北部的广大区域。因此,齐文化与莱文化、莒文化、鲁文化有密切关系,其中就包括莱国、纪国、莒国、鲁国等诸多文化因素,在齐文化区域内也发现诸多吴、越、楚、燕、宋、赵、魏、韩等古国文化因素。

总之,齐文化是以东夷文化为基础不断扩展的,与周边文化不断交流融合的,自始至终是包容开放、兼收并蓄的文化,是齐鲁文化的核心组成部分。

2. 鲁文化

鲁文化主要分布在汶泗流域,其发展变化是动态的,随着从西周早期到春秋早期再至战国时期的发展,其空间分布也由小变大再缩小。西周晚期至战国早期,鲁文化向南至邹城市北境,从最近两年发掘的邹城邾国故城、枣庄东江遗址出土陶器分析,战国中晚期鲁文化向南至滕州市中南部、枣庄山亭区;从新泰市周家庄春秋晚期至战国晚期墓葬的发掘分析,泰安市、莱芜市境内大汶河支流——牟汶河流域及新泰市境内柴汶河流域出土较多的战国中晚期齐文化墓葬、兵器,证明鲁国势力及鲁文化已退缩至大汶河中游一带;费县故城及浚河流域鲁文化则延续至战国早中期[①](图三)。

从墓葬特征和陶器群及其要素分析,鲁文化是周文化的继承与传承,这与文献记载也是符合的,鲁国因继承周人的礼乐典章制度和推行周王室政策而享誉诸侯,进入东周之后更是周文化的代表,与齐文化、莒文化等明显不同。春秋时期鲁文化最为繁荣,向北到达济南西部,向东至沂河以西,对莒文化和泗河中游地区影响较大,如陶盂及其变体分布范围很大。鲁文化中少量陶甗为莒文化因素,少量盂、豆等为齐文化因素,部分楚文化因素如青铜鼎、蚁鼻钱、陶大口鬲等,少量越文化因素如青铜鼎、原始瓷罐、葬俗等。鲁国铭文青铜器在山东滕州、山亭、邹城、泰安、济南、莒县,河南登封等地均有发现,反映了鲁国通过姻亲、会盟等交好策略与邾国、小邾国、莒国、郑国等诸侯国的友好交流。

山东新泰、济宁、兖州、邹城、滕州等地发现的西周早期青铜器,具有晚商文化遗风,或可证明有殷遗民存在。从商代至西周,与鲁北地区不同,鲁文化区域内不见夷人文化遗

---

① 刘延常、戴尊萍:《曲阜鲁国故城、鲁文化与传统文化》,《保护与传承视野下的鲁文化学术研讨会论文集》,上海古籍出版社,2018年。

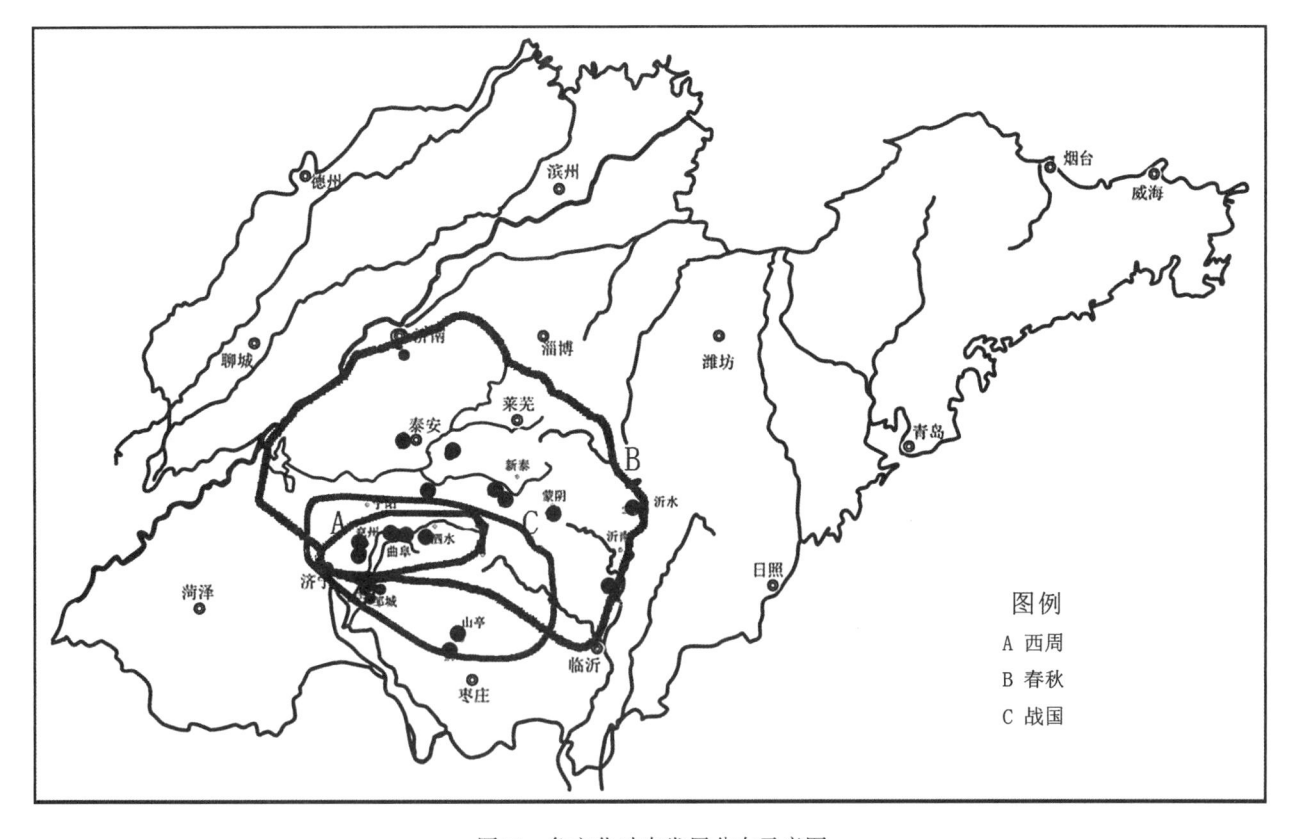

图三　鲁文化动态发展分布示意图

存。换句话说,汶泗流域在商代、西周初期,中原文化替代夷人文化比较彻底。

总之,鲁文化是周文化的延续,曲阜鲁故城及其发现是核心内容,鲁文化因素对鲁东南和鲁中南地区影响较大,鲁文化是孔子和儒家思想产生的土壤,对周文化传统的继承与传播、促进文化交流融合发挥了重要作用,是齐鲁文化的核心组成部分。

3. 莒文化

莒文化是分布于鲁东南地区西周中晚期至战国早期的考古学文化,该区域文献记载的古国包括莒国、向国、鄢国、阳国、郯国、鄫国等,以莒国势力最为强大,结合金文发现"莒"字等,将这支考古学文化称为莒文化。莒文化在西周中晚期形成自己的特点,主要表现在陶器方面,分布于日照市境内;莒文化在西周晚期、春秋初期主要分布于鲁东南地区北部,青铜器开始形成自己的特点;莒文化在春秋早期、中期分布最广,也是莒国势力最强盛的时期,北部基本是与齐国的分界线,西部基本是与鲁国的分界线,南部至郯城北部;春秋晚期、战国早期,莒文化主要分布在鲁东南地区南部、东南部,战国早期以后基本消亡[①](图四)。

莒文化在西周时期继承吸收周文化,形成了自己的特点,春秋时期又吸收了齐文化、

---

① 刘延常:《莒文化解读——一种文化发展模式的思考》,《李下蹊华——庆祝李伯谦先生八十华诞论文集》,科学出版社,2017年。

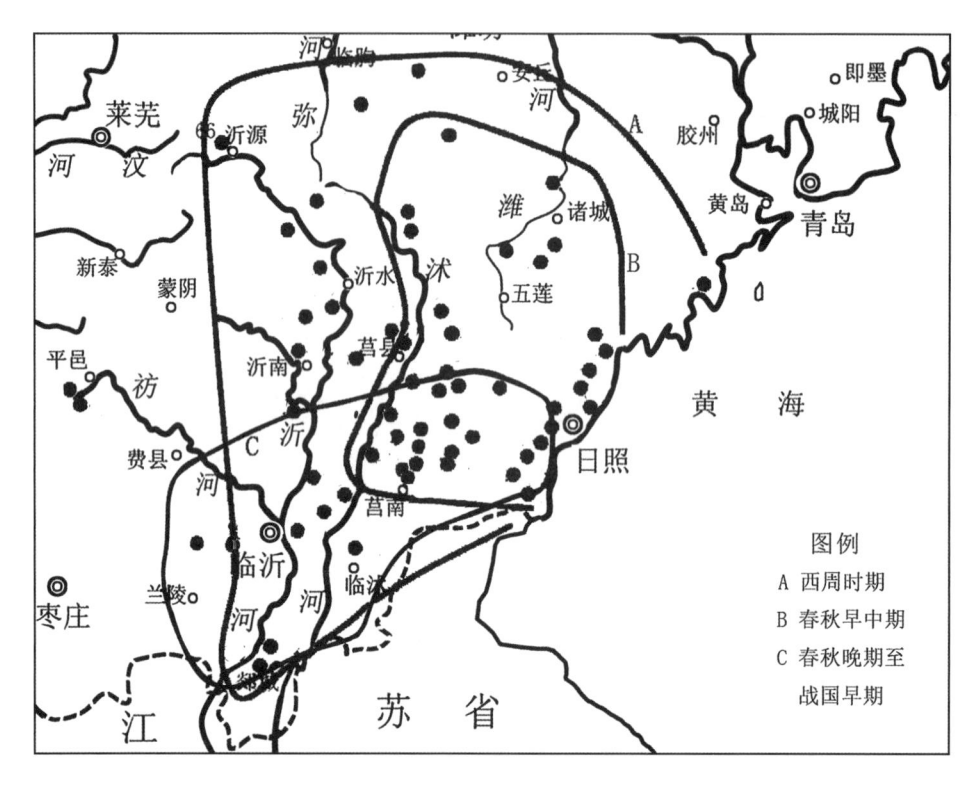

图四　莒文化动态发展分布示意图

鲁文化、楚文化、吴文化、越文化因素。莒文化区包括了阳国、鄟国、郯国、鄅国等文化遗存，还出土齐国（莒县西大庄西周墓葬）、莱国（日照崮河崖西周墓葬）、陈国、黄国（沂水刘家店子春秋墓葬）、江国（沂水纪王崮春秋墓葬）铭文青铜器等，应为媵器，或为赠贿品，或为战利品与赠品。

莒文化陶器群、部分青铜器（如鬲）与江淮地区的淮夷文化关系密切，莒文化区域是春秋时期东土青铜器群的主要分布区域，许多新的器类产生于这里，对外传播交流较多，对东周时期青铜器种类、组合、形制、功能等产生了重要影响。

莒文化区域在商代以商文化遗存为主，而夷人文化——珍珠门文化遗存极少；[①]之后周文化较早地到达这里，西周早期东夷文化因素亦很少。西周中晚期莒文化陶器呈现出周文化为主的现象，开始形成自己的特点，西周晚期至春秋初期青铜器出现自己的特点，之后莒文化大放异彩，具有鲜明的地方特色，如墓葬规模较大、棺椁重数多、殉人数量多、器物组合及其形态极具个性。

总之，莒文化受莱文化与齐文化的影响较多，与淮夷及相关古国关系密切，对鲁文化和泗河中游区域及邾、小邾等古国影响较大。莒文化具有相当活力，是齐鲁文化的重要组成部分。

[①]　刘延常、赵国靖、刘桂峰：《鲁东南地区商代文化遗存调查与研究》，《东方考古（第11集）》，科学出版社，2015年；刘延常：《从鲁东南地区商文化遗存的发现谈商人东征》，《中华之源与嵩山文明研究》（第三辑），科学出版社，2017年。

4. 莱文化

莱文化主要分布于胶东半岛,形成于西周晚期,春秋早中期最为丰富,陶器和青铜器均具有地方特色,彰显出夷人文化的特点,目前王青先生对莱文化已有所论述①(图五)。西周早中期,胶东半岛存在两种文化系统:一是周文化系统,以龙口归城为中心,周边和招远等地出土诸多铭文青铜器,②证明周王室委派启、芮、齐等贵族征伐莱夷与镇抚胶东半岛,陶器群明显是周文化风格;二是珍珠门文化为代表的夷人文化系统,③以夹砂素面褐陶为代表的土著文化,代表了文化小传统。西周晚期,随着周王室的衰亡,齐国王室的内乱,莱国、纪国的复苏和回归,胶东半岛成为莱文化的核心。莱文化以周文化为主,融合土著文化而呈现出自己的特点,出现了一些新的青铜器,如折线纹壶与瓶、舟、提链小罐等,其中器类、纹样等均具有自己的特点,并传播影响至鲁东南、江淮等区域,是东土青铜器群的重要源头和主要组成部分。④ 春秋晚期,胶东半岛则成为齐文化分布区。

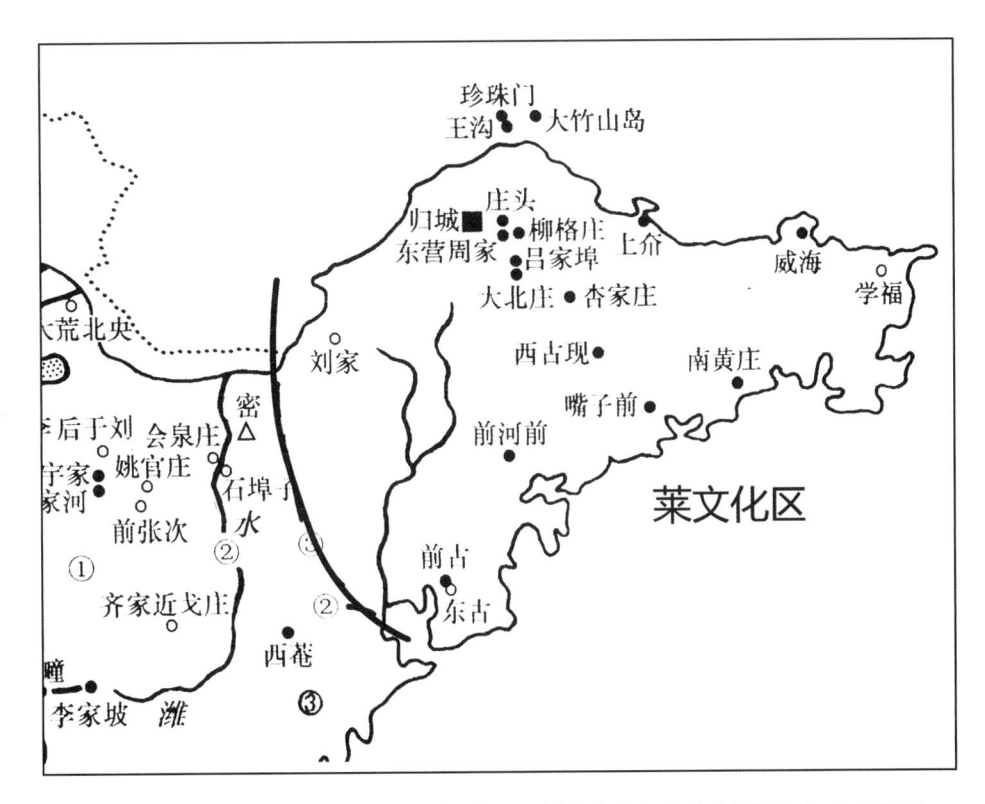

图五 莱文化分布示意图(采自王青《海岱地区周代墓葬与文化分区研究》,略有修改)

---

① 王青:《海岱地区周代墓葬和文化分区研究》,科学出版社,2012年。
② 中国社会科学院考古研究所、哥伦比亚大学东亚语言和文化系、山东省文物考古研究院:《龙口归城——胶东半岛地区青铜时代国家形成过程的考古学研究(公元前1000—前500年)》,科学出版社,2018年。
③ 刘延常:《珍珠门文化初探》,《华夏考古》2001年第4期。
④ 刘延常、徐倩倩:《西周晚期至春秋早期山东地区东土青铜器群的转变与传承》,《青铜器与金文(第一辑)》,上海古籍出版社,2017年。

胶东半岛是商代、西周初期莱夷等土著势力聚居地,随着周王室的军事打击与控制,周文化强势进入胶东半岛,同样以怀柔策略统治夷人,形成了周文化与夷人文化并存、融合的现象——周文化背景下的东夷文化风格,具有边地文化的非凡活力。莱文化是莒文化的重要源头,与莒文化、淮夷文化相关古国,泗上十二诸侯国等交流密切,春秋晚期以后融入齐文化。

总之,莱文化的特征、影响和形成过程反映了周代文化融合的大趋势,体现了周文化与土著文化的融合,莱文化与齐文化的融合反映了齐文化的发展过程,莱文化是齐鲁文化的重要组成部分和主要基因。

5. 珍珠门文化

珍珠门文化是岳石文化之后的商代晚期至西周早中期的夷人文化遗存,分布于胶东半岛、鲁北东部和鲁东南地区,以夹砂素面褐陶为代表的陶器群是其主要特征,聚落等级低,文化发展水平落后[1](图六)。随着商王朝、周王朝的向东扩张,珍珠门文化逐渐东退,在鲁北地区与地方文化融合比较密切,其孑遗延续至战国早期。根据目前考古发现,珍珠门文化遗存在潍坊以东和胶东半岛分布比较密集,鲁东南地区只发现8处[2](沭河以东至

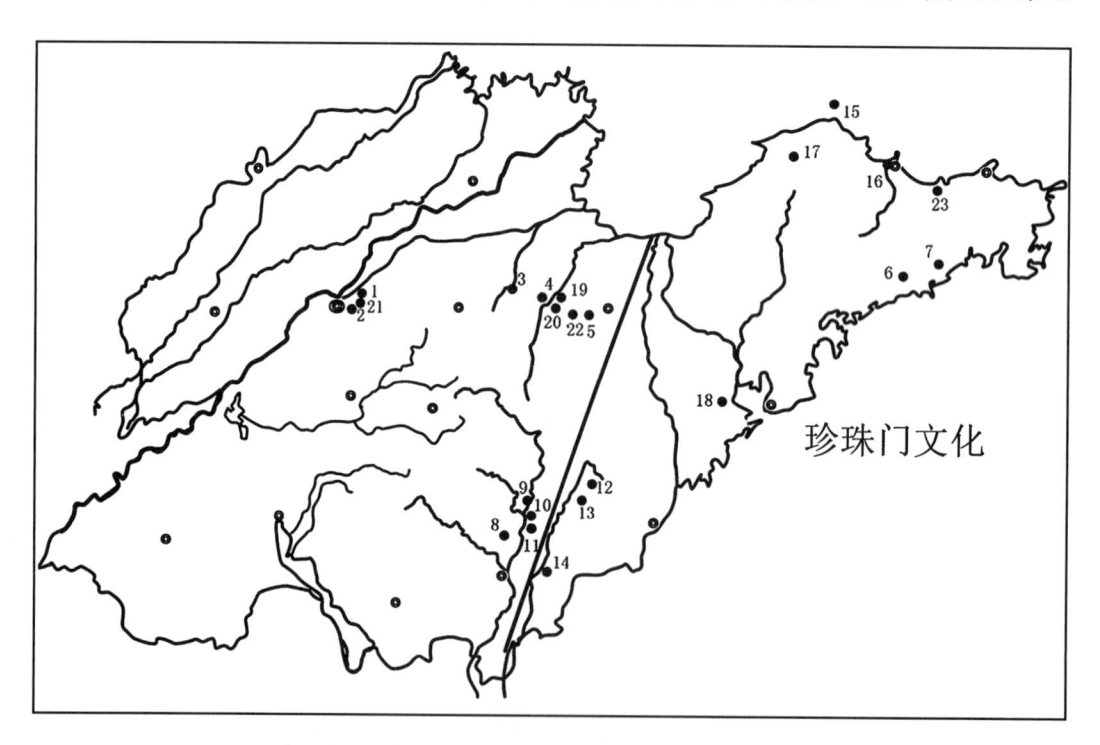

图六 珍珠门文化和商代夷人遗存分布示意图

1. 济南大辛庄 2. 济南唐冶 3. 淄博临淄后李 4. 青州赵铺 5. 昌乐后于刘 6. 乳山寨山 7. 乳山南黄庄 8. 沂南高家坊庄 9. 沂南埠子顶 10. 沂南孙家黄疃 11. 沂南榆林 12. 莒县西苑 13. 莒县石龙口 14. 莒南王家坊庄 15. 长岛珍珠门 16. 烟台芝水 17. 黄县归城 18. 胶州西菴 19. 寿光达字刘 20. 寿光呙宋台 21. 章丘王推官 22. 青州郝家庄 23. 牟平照格庄 24. 莒县塘子(21-24为岳石文化中晚期)

[1] 刘延常:《珍珠门文化初探》,《华夏考古》2001年第4期。
[2] 刘延常、赵国靖、刘桂峰:《鲁东南地区商代文化遗存调查与研究》,《东方考古(第11集)》,科学出版社,2015年。

大海的区域,商文化、西周早中期遗存更少),鲁北地区以临淄为中心的青州、寿光、昌乐、淄川等区县发现众多珍珠门文化遗存,但是多与商文化、周文化以共存形式出现,呈现出文化融合的繁荣景象。近几年在济南历城区唐冶街道的唐冶遗址发现了单纯的珍珠门文化遗存,目前仅此一例,可以视为东夷势力的反弹。

珍珠门文化在鲁北地区与商文化的融合,是齐文化形成的基础,而土著文化是齐文化、莱文化的基因。威海市乳山南黄庄墓地年代为西周晚期至春秋早中期,其夹砂素面红褐陶器,是珍珠门文化的发展延续,是东夷文化遗存,分布范围局限于胶东半岛东南沿海,有学者称其为南黄庄文化。① 苏北地区的沭阳万北遗址出土商代晚期素面鬲,鲁南地区枣庄二疏城出土西周晚期素面鬲等,或许说明鲁南南部与苏北地区亦是东夷文化分布区。江淮地区及江南地区出土的周代素面鬲,一般认为与淮夷文化相关,也应该表明东夷文化与淮夷文化有渊源关系。而处在胶东半岛与江淮地区之间的鲁东南地区莒文化分布区,不见素面鬲为代表的夷人文化遗存,这对我们深入分析东夷文化与淮夷文化的关系、周王朝对东夷和淮夷的征伐控制策略等具有重要启发意义。

总之,珍珠门文化、南黄庄文化是商代和周代夷人文化的代表,尽管范围越来越小,文化发展水平不高,但是它们反映了东夷文化的持续存在,反映了东夷文化与商文化、周文化的融合过程与方式,是齐文化、莱文化的基因,是莒文化的重要源头,与淮夷文化关系密切,是齐鲁文化的底色之一。

6. 鲁中南泗河中游区域考古学文化

鲁西北、鲁西南绝大部分地区被黄河淤积土覆盖,考古发现极少,导致了商周时期考古学文化面貌不清楚,虽然其他地区的文化遗存丰富、考古资料众多,但也存在研究不平衡的问题。随着近几年鲁中南泗河中游地区周代考古发现的增多,以及周边区域考古学文化研究的逐渐深入,我们对该地区考古学文化面貌有了基本认识。泗河中游地区地处鲁中南山地西侧,河流密布且均向西注入泗河,泗河以西地区属黄泛区,北接曲阜、南至徐州。该区域北部为鲁文化分布区,东部为莒文化分布区,南部则先后为徐文化、吴文化、越文化和楚文化分布区,西部为宋国等中原文化区。

目前该地区周代主要考古发现有:西周时期的滕州前掌大、庄里西墓地;东周时期的邹城邾国故城,②滕州薛国故城、③滕国故城、庄里西墓地、④大韩墓地、⑤东康留墓地、⑥东

---

① 王锡平:《胶东半岛夷人文化考》,《东夷古国史研究》(第一辑),三秦出版社,1988年。
② 山东大学历史文化学院考古系、邹城市文物局:《山东邹城市邾国故城遗址2015年发掘简报》,《考古》2018年第3期。王青、路国权、郎剑锋等:《山东邹城邾国故城遗址2015-2018年田野考古的主要收获》,《东南文化》2019年第3期;山东大学邾国故城遗址考古队:《山东邹城邾国故城遗址2017年发掘简报》,《东南文化》2019年第3期;山东大学历史文化学院、山东大学文化遗产研究院、邹城市文物局:《山东邹城市邾国故城遗址2017年J3发掘简报》,《考古》2018年第8期。
③ 山东省济宁市文物管理局:《薛国故城勘查和墓葬发掘报告》,《考古学报》1991年4期。
④ 滕州市博物馆:《山东滕州庄里西战国墓》,《文物》2002年第6期。
⑤ 郝导华、张桑、刘延常:《山东滕州大韩东周墓地发掘获重要发现》,《中国文物报》2018年7月27日。
⑥ 山东省文物考古研究所、滕州市博物馆:《山东滕州东康留周代墓地发掘简报》,《文物》2013年第4期。

小宫墓地,①枣庄峄城徐楼、②东江贵族墓地、③横岭埠墓地、④徐州邳州九女墩墓地、⑤梁王城遗址⑥等(图七)。根据墓葬头向、葬具、殉人等葬俗,陶器群、组合、器物形态、陶色等要素,青铜器群、组合、形态、铭文等要素,结合文献记载和其他学者研究成果,我们对泗河中游地区周代考古学文化遗存有如下认识:

图七 泗河中游周代主要考古发现分布示意图

1. 曲阜鲁国故城 2. 邹城邾国故城 3. 滕州庄里西滕国贵族墓地 4. 滕州大韩墓地
5. 滕州薛国故城 6. 枣庄东江小邾国贵族墓地 7. 枣庄徐楼东周墓 8. 邳州九女墩墓地
9. 邹城栖驾峪 10. 滕州东小宫 11. 山亭区前台 12. 滕州官桥镇善庄 13. 滕州官桥镇安上 14. 滕州官桥镇北辛 15. 滕州官桥镇坝上 16. 枣庄伊家河(邳伯罍)

---

① 山东省文物考古研究所、滕州市博物馆:《山东滕州市东小宫周代、两汉墓地》,《考古》2000 年第 10 期。
② 枣庄市博物馆、枣庄市文物管理委员会办公室、峄城区文广新局:《枣庄市峄城区徐楼东周墓葬发掘报告》,《海岱考古(第七辑)》,科学出版社,2014 年。
③ 枣庄市博物馆、枣庄市文物管理办公室:《枣庄市东江周代墓葬发掘报告》,《海岱考古(第四辑)》,科学出版社,2011 年。
④ 2016 年山东省文物考古研究所发掘资料。另外,缴获被盗铭文青铜器,现存山亭区公安局。
⑤ 徐州博物馆、邳州博物馆:《江苏邳州市九女墩春秋墓发掘简报》,《考古》2003 年第 9 期;四川大学历史文化学院、江苏省邳州市博物馆:《江苏邳州市九女墩三号墩的发掘》,《考古》2002 年第 5 期。
⑥ 南京博物院、徐州博物馆、邳州博物馆:《邳州梁王城遗址 2006－2007 年考古发掘收获》,《东南文化》2008 年第 2 期。

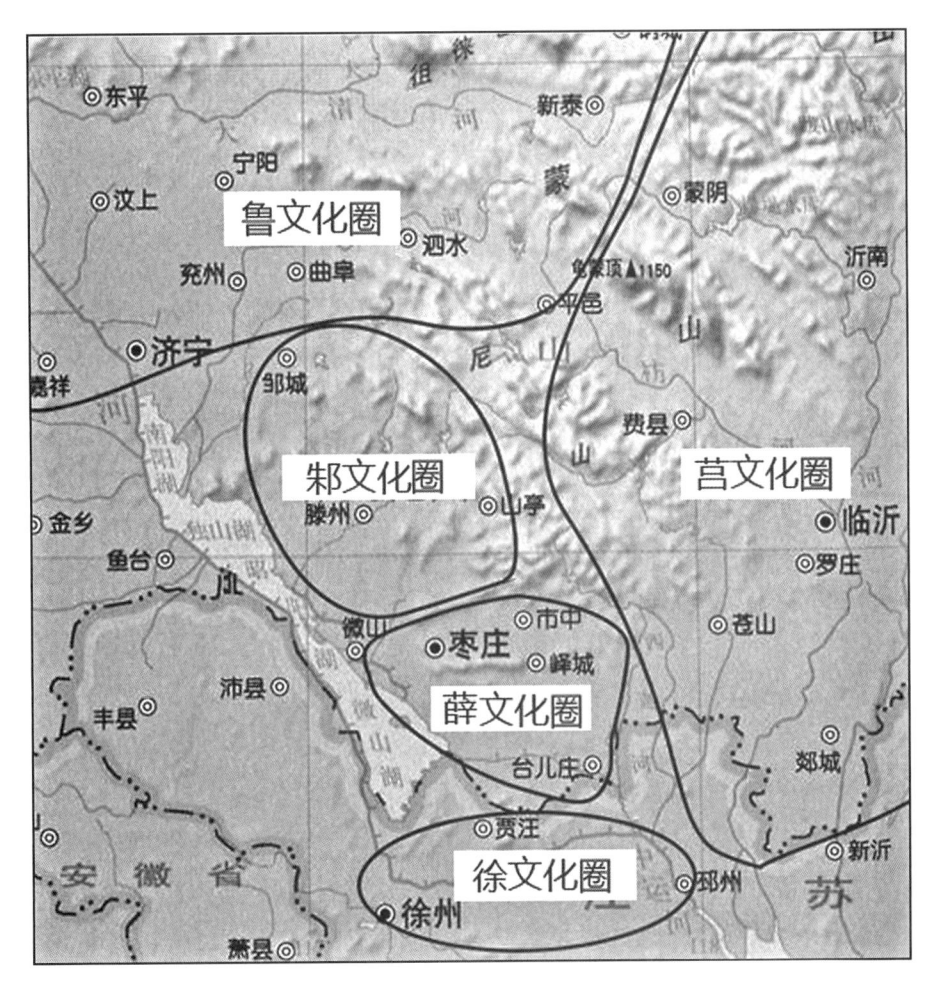

图八　泗河中游文化分布示意图

西周早中期的滕州庄里西贵族墓葬及铭文青铜器,包括2019年解剖的滕国故城,属滕国文化遗存;以滕州前掌大贵族墓葬为代表的文化遗存,自晚商延续下来,我们倾向于其与薛国有关,薛国故城发掘有西周中晚期城址及丰富的遗存,证明了薛国文化遗存的存在;北部以曲阜鲁故城为中心,属鲁文化遗存。春秋早期至战国早期分为两个文化区:北部以邹城邾国故城、栖驾峪墓葬、滕州东小宫墓地、东江贵族墓地、大韩墓地为代表,墓葬头向东、设器物箱、殉人较多,陶器多黑皮陶,陶器组合为鬲(盂)、豆、罐和鼎、豆、壶,器物形态有自己的特点,不同于鲁文化、莒文化和滕州南部同时期文化遗存,从出土青铜器铭文和文献记载可知,这里分布着邾国、小邾国,因此我们暂时称其为邾文化(将专文论述)(图八);滕州南部和枣庄地区,春秋时期以薛国故城、峄城徐楼墓葬为代表,墓葬要素、陶器、青铜器均有自己的特点,也与周边文化不同,我们暂时称其为薛文化(将专文论述)(图八)。以徐州邳州九女墩墓地和梁王城遗址为代表的文化遗存,与鲁南地区差别明显,我们同意林留根先生的意见,暂时称其为徐文化(2016年曲阜"保护与传承视野下的鲁文化学术研讨会"发言与提交论文)(图八)。

战国中晚期,邾文化基本消失,被鲁文化所取代;以大韩墓地、薛故城为中心的区域,呈现多种文化面貌,有邾文化、薛文化、齐文化、楚文化和燕赵文化因素等,具有自己的特点。根据徐州邳州梁王城遗址出土的战国中晚期齐国陶文等,结合周边齐文化遗存和文献记载分析,这里应属齐文化范畴。

总之,泗河中游地区自然地理上属于南北交通要道,是商、西周王朝向东扩张的重要前沿,东周时期为泗上十二诸侯国的腹地,古国众多、交流频繁,文化消长、融合是其主要特点,体现了传统文化的形成过程,是邹鲁之风、墨家学说的发源地,是齐鲁文化的重要组成部分。

(二)山东地区周代古国文化遗存

自周初分封齐、鲁等国家镇抚东方以来,山东地区就分布着众多古国,至春秋时期见于文献记载的就达六十余个。从考古学文化时空关系和都城、大型墓葬、出土青铜器及其铭文等方面综合分析,目前基本能够确认的有齐、逄、纪、莱、莒、鄣、郯、邿、鲁、滕、薛、小邾、邾等13个古国文化遗存①(图九)。还发现芮国、黄国、江国、华国、陈国、吴国、燕国、杞国、曾国、宋国、邳国等古国的有铭文青铜器。

对周代古国有如下认识:不断发展变化、融合,从属古文化的古国,如齐国、鲁国和莒国。发现国君墓葬和有铭青铜器,直接证明为古国文化遗存的,如逄国、邿国、小邾国、滕国、纪国、薛国、莱国。根据都城、墓葬规格并结合文献证明为古国文化遗存的,如鄣国、郯国、邾国。发现铭文青铜器、大量文化遗存或文化因素,结合文献记载为占领或有战争关系的古国,如楚国、燕国、吴国、越国、韩国、魏国、赵国等。为媵器或赠品类,如陈国、黄国、华国、江国、宋国、芮国。出土有铭文青铜器,但无其他依据,目前不能确定地望的,如杞国、费国。

从属性来分析,鲁国、滕国是姬姓,齐国是姜姓,但都来自关中地区;纪国、莱国、莒国、邿国、邾国、小邾国、鄣国、郯国等为本土古国,属东夷文化;薛国、杞国、费国、鄫国等源自上古,逐渐本土化。西周早中期的古族古国,包括殷遗民和归降类等。受周王室委派征伐、镇抚东夷的,如芮等。与江淮地区古国来往密切的,如陈国、黄国、江国、樊国、徐国,体现了其与东夷古国的渊源关系。随着春秋争霸、战国称雄的进程,会盟、人员往来、战争、贸易等密切交流,山东地区周代古国与周边古国交流频繁,如吴国、越国、楚国、魏国、韩国、赵国、燕国;与中原地区郑国、宋国、晋国等,有姻亲或赠赙往来。

总之,目前发现的古国以东周时期为主,春秋时期最多。西周早中期和战国时期古国数量少,反映了西周早中期分封、西周晚期一些古国复苏、春秋时期王室衰弱诸侯四起和战国时期战争兼并的历史背景。既有古老的本土东夷古国,也有商代古族古国,西周分封

---

① 刘延常、徐倩倩:《山东地区周代古国文化遗存研究》,《两周封国论衡——陕西韩城出土芮国文物暨周代封国考古学研究国际学术研讨会论文集》,上海古籍出版社,2014年。

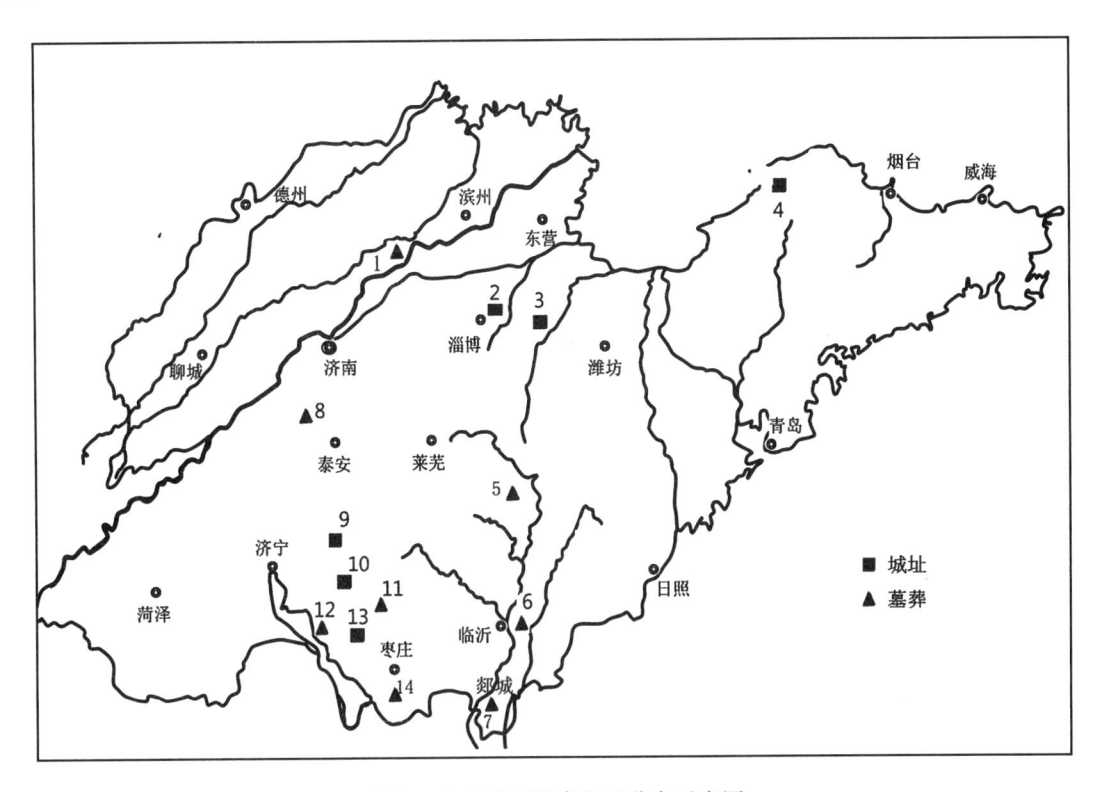

图九　山东古国遗存发现分布示意图

1. 逄国：济阳刘台子西周墓　2. 齐国：临淄齐国故城　3. 纪国：寿光纪侯台　4. 莱国：龙口归城　5. 莒国：沂水刘家店子　6. 鄅国：临沂凤凰岭春秋墓　7. 郯国：郯国故城　8. 邿国：长清仙人台　9. 鲁国：曲阜鲁故城　10. 邾国：邹城邾国故城　11. 小邾国：枣庄山亭区东江墓地　12. 滕国：滕州庄西里墓地　13. 薛国：滕州薛国故城　14. 枣庄峄城区徐楼墓地

的姬姓国家、异姓古国等。山东地区本土古国具有东夷文化基因，分封的姬姓古国传播周文化，和中原、南方、北方地区古国往来交流密切，作为文化大传统的古国文化遗存，是齐鲁文化形成的主导力量，与考古学文化代表的文化小传统相得益彰，构成了齐鲁文化融合发展的内涵与特点。

(三) 山东地区周边周代文化遗存

除了考古学文化、古国文化遗存以外，山东地区还发现了比较丰富的周边地区古文化、古国文化遗存，以东周时期为主，主要有青铜礼乐器、兵器、钱币、原始瓷器、印纹硬陶等典型器物，其中诸多具有铭文纪年的标型器。其文化属性包括吴文化、越文化、楚文化、三晋文化、燕文化等，结合文献记载分析，这些古国与山东地区诸国有会盟、婚姻、人员往来、战争、赠赙、馈赠等交流方式，有的古国或长或短统治、占领山东某一区域。这些文化遗存和文化因素，是齐鲁文化融合形成的重要因子和催化剂。

1. 山东地区吴文化遗存

主要分布于泰沂山脉以南的鲁东南和鲁中南地区，年代集中在春秋晚期，以吴国兵器遗存为主①(图一○),其中新泰市周家庄东周墓葬出土兵器最为集中。② 兵器的形制、纹样、铸造工艺等如剑首为同心圆纹(一般 11 周)、剑身与矛饰菱形纹、复合剑都是典型的吴国兵器特征,更有几件剑的铭文直接为吴王夫差和诸樊之子通等,出土吴国兵器的墓葬属于齐国、莒国、鄅国、邾国等诸多古国。吴国兵器主要出土在鲁东南地区、汶泗流域和胶东半岛,与文献记载吴国北上和齐国争霸的路线吻合,如吴国以水师伐齐国、艾陵之战等,新泰市周家庄东周墓葬出土数量较多的吴国兵器就是很好的例证。文献记载吴国季扎巡礼、季扎挂剑、子贡出使吴国、齐国庆封奔吴、齐国国君女儿嫁吴、孙武任吴国军师等,也说明吴国与山东地区古国交流密切。

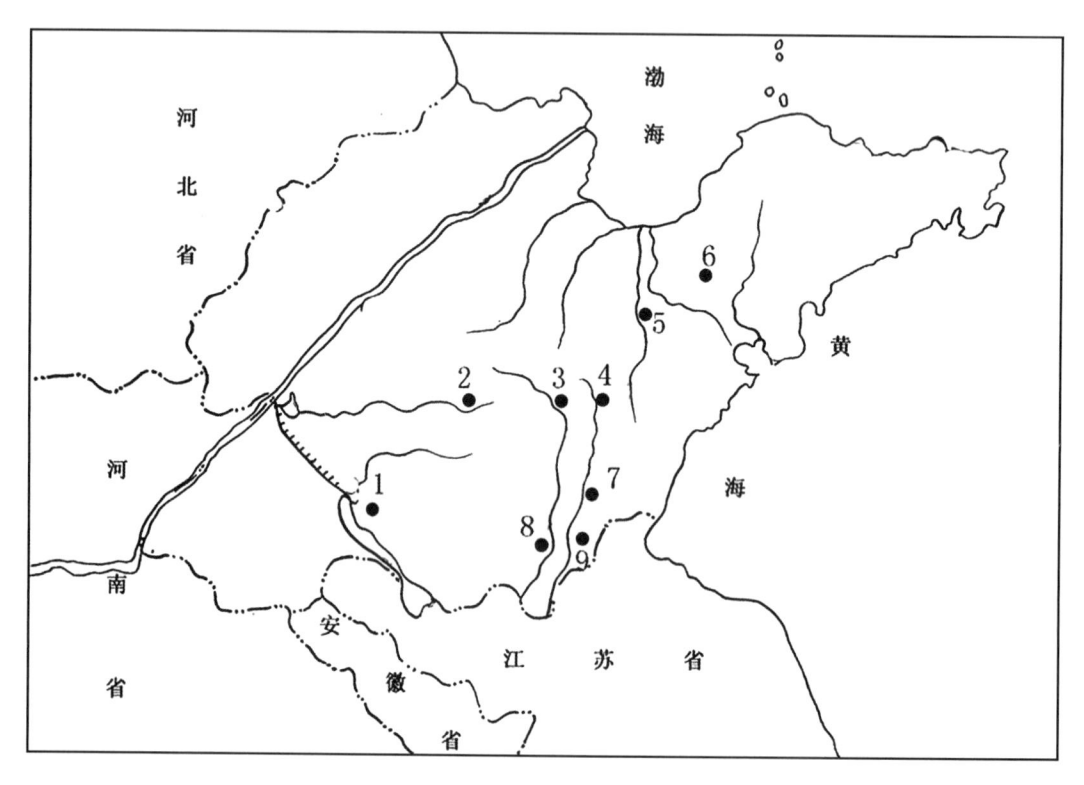

图一○ 山东地区吴文化因素分布示意图

1. 邹城城关镇 吴王夫差剑 2. 新泰周家庄 3. 沂水诸葛镇 吴王剑 4. 莒县东莞镇大沈刘村 矛 5. 临朐县冶源镇湾头河村 剑 6. 平度 吴王夫差剑 7. 莒南县坪上镇东南沟村 铜钵 8. 临沂凤凰岭 9. 临沭北沟头 印纹硬陶

2. 山东地区越文化遗存

山东地区越文化遗存集中在春秋末期、战国早中期,主要发现于鲁东南南部、鲁中南地区和鲁北齐国故城附近,青铜器应是馈赠品或战利品,印纹陶和印纹硬陶则是日常生活

---

① 刘延常、曲传刚、穆红梅:《山东地区吴文化遗存分析》,《东南文化》2010 年第 5 期。
② 山东省文物考古研究所、新泰市博物馆:《新泰周家庄东周墓地(上、下)》,文物出版社,2014 年。

用品,属舶来品①(图一一)。近两年,我们在临淄齐文化博物院见到临淄齐故城南部几个遗址新出土的几件越国青铜剑,有的剑首镶嵌绿松石、错金银铭文、同心圆纹,剑身为菱形纹。

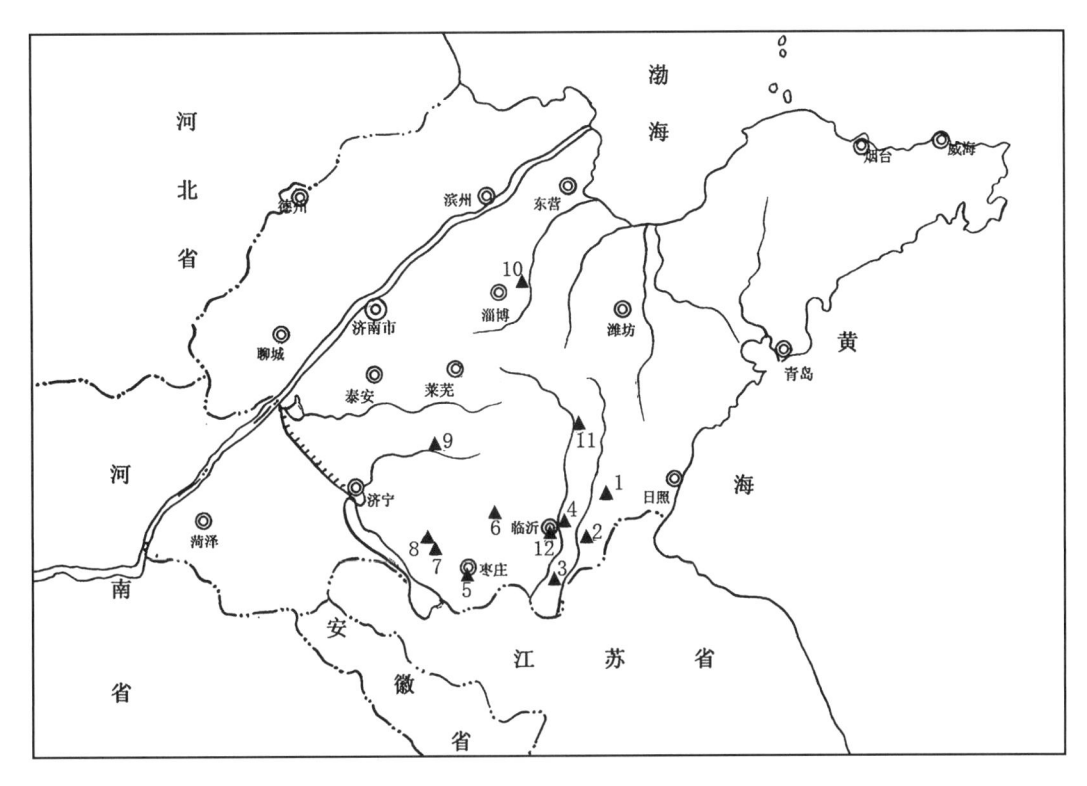

图一一 山东地区越文化因素分布示意图

1. 莒南县城子 2. 临沭北沟头 3. 郯城县古城 4. 临沂市河东区故县村 5. 费县故城 6. 枣庄市南郊青铜戈出土地点 7. 滕州坝上 8. 滕州市庄里西 9. 曲阜市西百村 10. 临淄区阚家寨 11. 沂水县鸟篆文戈出土地点 12. 临沂市罗庄区陈白庄

2017-2019年山东省文物考古研究院主持发掘的滕州大韩东周贵族墓葬出土了几柄越国青铜剑,其中一件铸有铭文"越王州勾",有两座墓葬出土原始瓷杯、印纹硬陶罐,四座墓葬出土越式青铜鼎(矮小长方形立耳、直腹、素面、细长足外撇)等。② 济南地区出土两批越国青铜句鑃,1992年章丘市区东南的小峨嵋山出土青铜器窖藏,其中10件为句鑃;③2017年济南市考古研究所在济南市历城区发掘梁庄战国大墓(齐国墓葬),出土青铜句鑃。④ 2018年山东大学考古系发掘邹城邾国故城,其中M1战国大墓出土原始瓷杯,亦为战国早中期越国器物。越国在春秋末期就开始了与鲁国的往来,并干预鲁国、

---

① 刘延常、徐倩倩:《山东地区越文化遗存分析》,《东方考古(第9集)》,科学出版社,2012年。
② 大韩墓葬资料正在整理过程中,文物藏山东省文物考古研究院。
③ 宁荫棠、王方:《山东章丘小峨嵋山发现东周窖藏铜器》,《考古与文物》1996年第1期。
④ 房振、刘秀玲、郭俊峰等:《济南历城发现战国大型墓葬和周代木构水井》,《中国文物报》2017年7月14日。

郑国的内务；越灭吴后，北上与齐国、鲁国会盟，取得霸王称号；战国早中期势力强大，莒国依附，伐齐、灭滕、亡郯。大量越国文物的出土，表明越国与山东地区古国的关系密切，尤其是与鲁北地区的齐国和泗上十二诸侯国往来更多，对山东地区古代文化产生了诸多影响。

3. 山东地区楚文化遗存

主要发现于鲁东南和鲁中南地区，春秋时期楚文化因素比较少，地点分散，主要出现于大中型墓葬中，应是友好交流（包括政治联盟、联姻、赠赐等方式）的结果。① 如出土春秋时期楚系的陈国、黄国、江国青铜器，墓葬自春秋早期开始多使用青膏泥、随葬漆器等，明显受楚系文化的影响，也证明了莒文化区域与江淮地区的密切关系与交流融合。战国中晚期楚文化因素较多，如铜鼎、豆、盉、罍、陶鬲、壶、罄等，有些器物是典型楚器，许多器物具有楚文化风格，尤其是众多地点出土了楚国金属货币等（图一二）。战国时期楚文化因素的特点是在楚国逐渐东进争霸的过程中形成的，楚灭鲁后疆域扩展到曲阜一

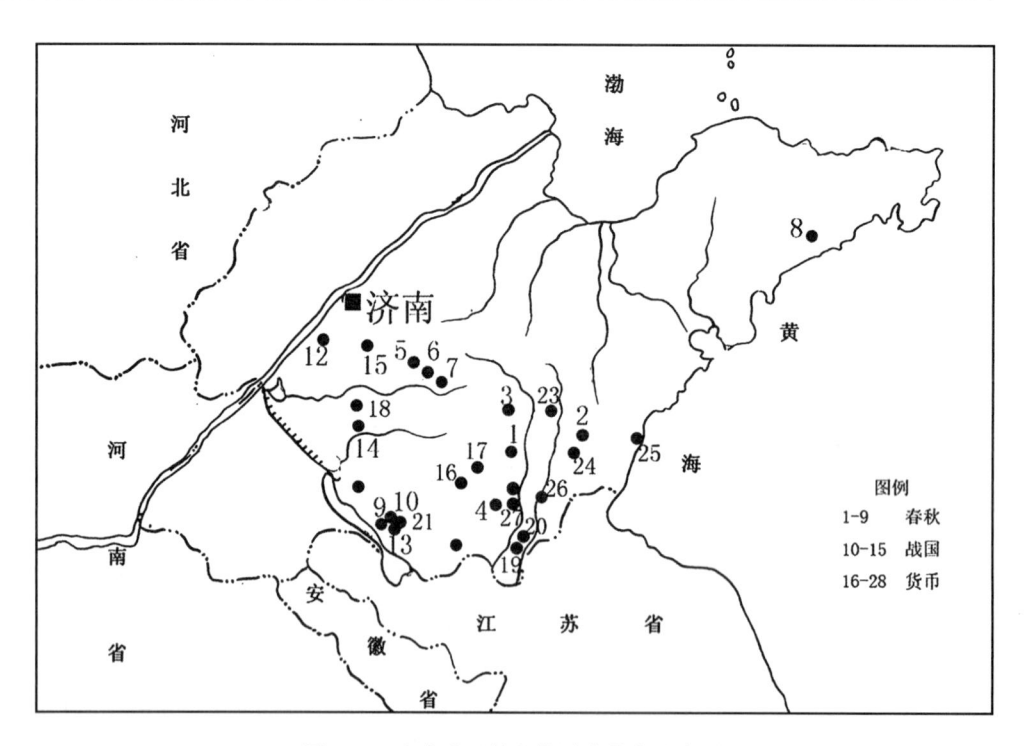

图一二 山东地区楚文化因素分布示意图

1. 沂南县西岳庄大中型木椁墓 2. 莒南大店M1 3. 沂水刘家店子M1 4. 临沂凤凰岭大墓 5. 新汶县凤凰泉小型墓葬 6. 新泰郭家泉小型墓葬 7. 新泰周家庄 8. 海阳嘴子前 9. 滕州薛故城M6 10. 滕州薛故城M5 11. 郯城二中战国墓 12. 长清岗辛战国大墓 13. 薛故城M8 14. 鲁故城M3、M8 15. 泰安东更道村 16. 费县石井镇城后村 17. 费县探沂镇城子村 18. 曲阜城北董大城村 19. 郯城县郯国故城北关五街村 20. 邹城邾国故城 21. 薛故城 22. 临沂 23. 莒县 24. 莒南 25. 兰陵苍山 26. 日照 27. 临沭县 28. 临沂义堂镇

---

① 刘延常、高本同、郝导华：《山东地区楚文化因素分析》，《楚文化研究论集》（第七集），岳麓书社，2007年。

带,鲁中南地区、鲁东南部分地区在战国中晚期属楚同占领区,考古发现与文献记载是吻合的。

4. 山东地区晋文化遗存

西周、春秋时期晋国与齐国、鲁国等交往甚多,包括会盟、通婚、人员与使者往来、战争等,但是在山东地区目前还没有发现西周和春秋时期的晋文化遗存。战国时期山东地区发现的文化遗存主要是韩国钱币、魏国和赵国兵器①(图一三)。2017－2019年山东省文物考古研究院主持发掘的滕州市大韩贵族墓葬,也出土一些赵国文化相关的器物,如青铜鬲形鼎、陶鸟柱盘等,从地域看主要是与齐国战争、贸易的遗存。

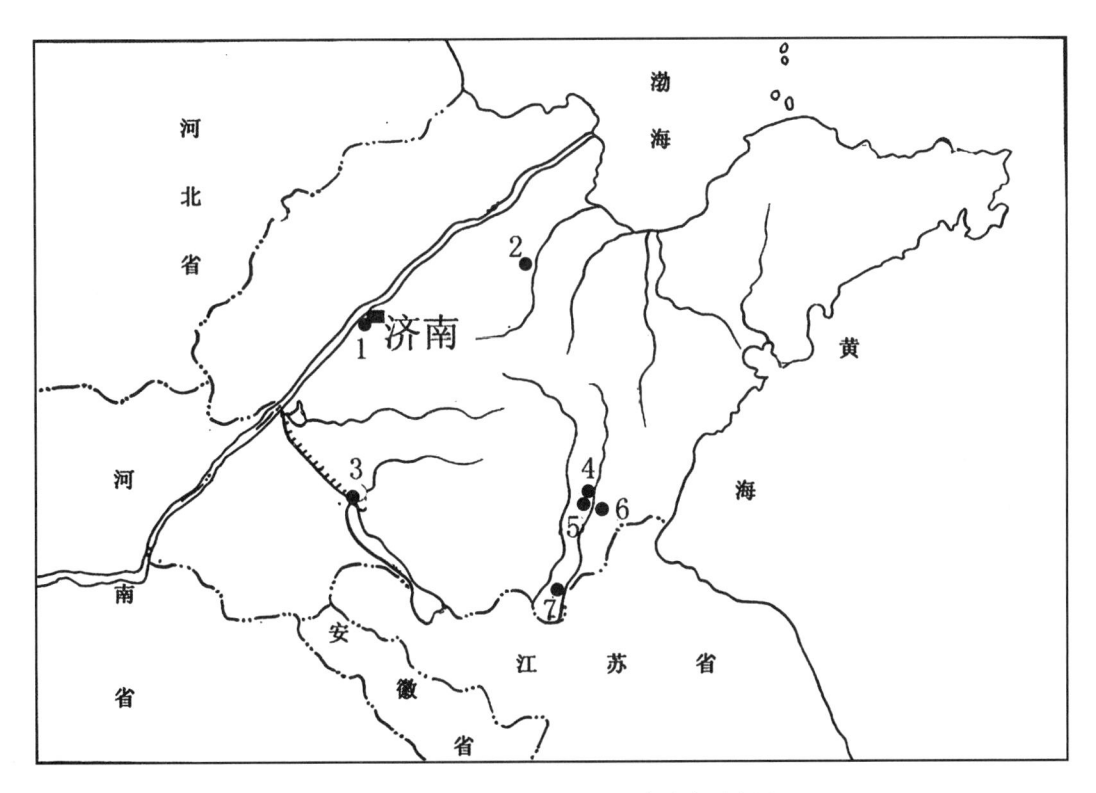

图一三　山东地区三晋文化因素分布示意图

1. 济南　魏　"元年闰"矛　2. 临淄城北　赵　建信君钗　3. 济宁　魏　虞一釿、韩一釿　4. 莒县城阳镇　韩　十年洱阳令戟　5. 莒县　赵　承德钗　6. 莒南县十字路镇　赵　十年得工钗　7. 郯城　魏　邵氏左戈

5. 山东地区燕文化遗存

山东寿张梁山出土7件西周早期燕国青铜器(梁山七器),河北易县出土春秋中期"齐侯四器"(齐国媵器),除此之外,还有春秋齐庄公时期伐燕的"庚壶",战国时期齐国伐燕的"陈璋壶",燕伐齐的"燕王职壶",以及大量燕国戈、剑和刀币等②(图一四)。2017-

---

① 刘延常:《山东地区三晋文化遗存分析》,待刊。
② 刘延常、徐倩倩:《山东地区燕文化遗存分析》,《中国考古学会第十五次年会论文集》,文物出版社,2013年。

2019年山东省文物考古研究院主持发掘滕州市大韩贵族墓葬,其中战国墓葬 M45 出土胡部有三子刺的青铜戈(戟),又增加了燕文化遗存的分布地点。山东地区发现的燕文化遗存及其他燕、齐文物证明了燕国与齐国之间较多往来的事实,与文献记载相对照,反映出两国相互之间文化的交融,包括战争、婚姻、会盟、人员往来等。特别是山东广大地区出土较多战国晚期燕国文化器物,集中在临淄齐故城、莒县莒国故城、平度即墨故城周围,以兵器、小刀币为主,与文献记载公元前 284 - 前 279 年燕国占领齐国、围攻莒邑和即墨城等相吻合。长岛王沟战国墓葬、滕州大韩战国墓葬出土的刻纹青铜器,临淄淄江花园战国墓葬出土的镶嵌红铜壶等,应是燕国文化遗存。

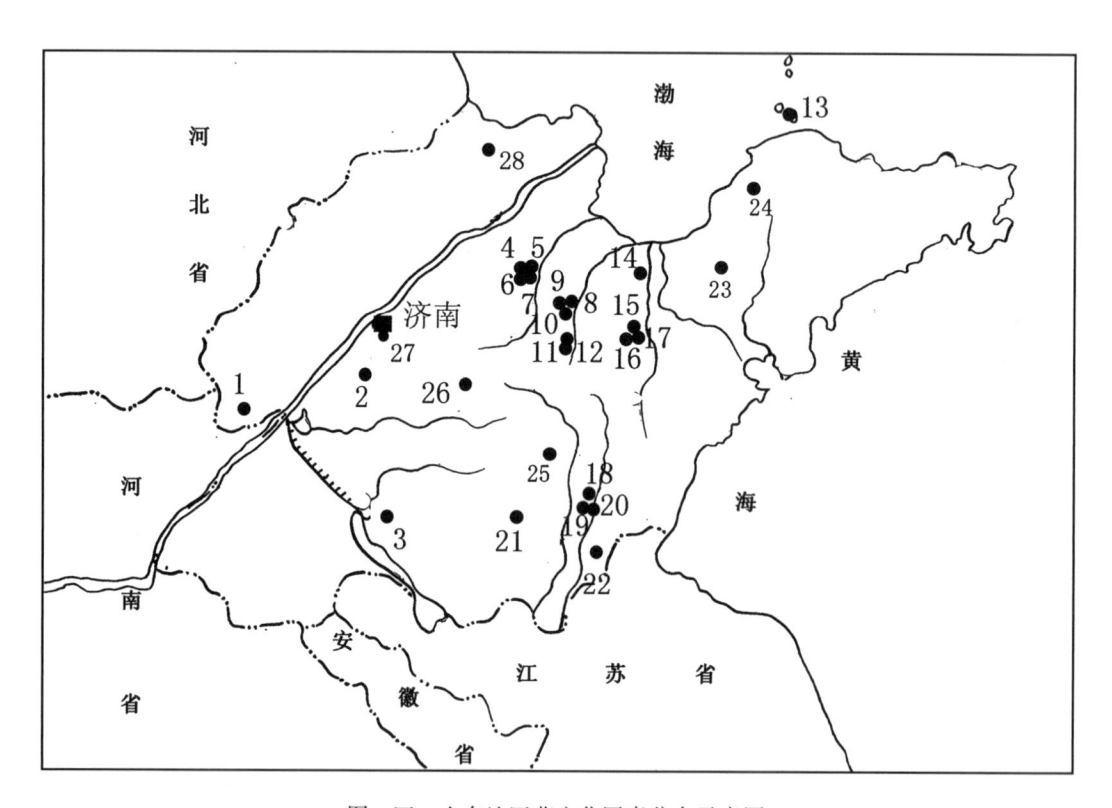

图一四 山东地区燕文化因素分布示意图

1. 寿张 梁山七器 2. 肥城店子村 戈 3. 邹城小胡庄 戈 4－7. 临淄齐故城 剑、尖首刀 8－10. 青州 博山刀、矛 11、12. 临朐 矛、尖首刀 13. 长岛王沟东周墓 戈 14. 昌邑 明刀 15－17. 潍坊 戈、刀币、玺印 18－20. 莒县 刀币、刀范、戟 21. 费县 戈 22. 临沭 戈 23. 平度 刀范 24. 招远 刀币 25. 沂水袁庄乡 戈 26. 泰安东更道村"右冶尹楚高"罍 27. 济南附近出土 28. 沾化县冯家乡西堑村 戈

另外,战国晚期秦文化遗存在山东地区亦有发现,如临淄商王墓地出土青铜蒜头壶、青州西辛大墓出土银豆等,说明了秦文化与齐文化的交流。

总之,山东地区出土众多东周时期古国文化遗存,表明其与周边古国之间的往来密切,形成了文化融合的繁荣局面。与周边古文化的交流与融合是齐鲁地域文化形成中必不可少的外在动力,体现了包容开放、兼收并蓄的特点。

二、齐鲁文化形成机制——内部文化
融合与周边文化互动

通过以上考古学文化遗存的梳理与分析,周代七百多年的历史画卷在山东地区徐徐展开,可谓波澜壮阔、绚丽多彩,为我们解读齐鲁文化找到了金钥匙——文化融合。

西周早中期周王室对东方的分封、控制,使得周文化与商文化、夷人文化在山东地区初步融合,促进了夷商文化因素后期的融合,进一步奠定了土著文化基因,也奠定了齐文化、鲁文化、莒文化的格局。之后,莱文化、莒文化的兴盛消亡,齐文化的扩展,促进了周文化与地方文化的融合,新的地域文化闪亮登场。鲁文化对周文化礼乐文明的继承、传播和坚守,在争霸称雄的时代赋予了新生;邾文化、薛文化的发展、传承,与江淮地区、中原地区的交流融合显示出了区域活力。考古学文化的产生、发展、演变与互动,代表了大众的、民众的文化,是齐鲁文化形成的基础。

山东地区周代古国众多,渊源有自,互动频繁,并与周边古国交流融合,如会盟、婚姻、人员往来、战争、赠赙、馈赠等。这种贵族文化及古国间的交流,对文化传播与融合产生了积极带动作用,奠定了齐鲁文化的文化大传统。齐国争霸称雄,文化扩展,是齐鲁文化交流融合的集大成者;鲁国对周礼继承、传播,是礼崩乐坏、战乱时代的精神砥柱,是文化传统的坚守与传承,是齐鲁文化重要特点的创造者;其他众多古国均是文化的传播者、文化融合的积极参与者,是齐鲁文化灿烂的组成部分和融合催化剂。

东周时期周边古国之间的互动,体现了社会变革阶段的时代特征——争霸称雄,促进了文化艺术的繁荣,也促进了地缘文化的融合。

总之,考古学文化的融合演变、古国文化遗存的交流融合及周边古文化古国的互动交流,为齐鲁文化的最终形成搭建了成功的平台,是孔子、儒家思想和诸子百家学说诞生的良好土壤。

三、齐鲁文化形成的历史背景——
纵向继承与传承

同时期文化充分融合是齐鲁文化形成的内因,而对传统文化的继承发展,同样是齐鲁文化形成的必要条件。东夷文化是山东地区古代文化基因,龙山文化逐鹿中原与中原地区及其他文化融合,商文化东渐与东夷文化再度融合,形成不同区域特点。周文化与东夷文化、商文化和地方文化第三次融合,夷、商、周文化的融合与继承,是齐鲁文化形成的历史背景。

1. 东夷文化是齐鲁文化的基因

山东地区史前时期文化序列为后李文化—北辛文化—大汶口文化—龙山文化,山东龙山文化是传说时代的东夷族团,东夷文化谱系一脉相传:大汶口文化—龙山文化—岳石文化—珍珠门文化。山东地区史前时期文化谱系完整、自成体系,文化发展水平极高,是中华文化多源之一,是文明发祥地之一。大汶口文化中晚期开始出现了城址、大墓、玉器、祭祀、阶层分化等文明要素,显然已经进入古国阶段,并大规模向中原、南方地区扩展与传播;龙山时代城址林立,山东地区进入万国林立的传说时代,龙山文化时代中后期参与"逐鹿中原",与华夏族团、南蛮族团大规模融合;三大族团联合建立夏代国家政权,东夷族团曾一度"后羿代夏",形成夷夏东西对立局面,山东地区则全部演变为岳石文化。夏代及以前,东夷文化是山东地区古代文化的基因,并积极进行文化融合。

2. 商文化东渐,与夷人文化融合是齐鲁文化形成的基础

商王朝建立后,迅速向东扩展,商文化东渐,中原地区商文化与东夷文化大规模融合。至商代晚期,商文化向东扩展至潍水至沂河一线以西地区,东部地区为夷人文化——珍珠门文化分布区。而商文化分布区的文化面貌也不尽相同,鲁北地区夷商文化共存、关系密切;鲁中南地区则不见夷人文化,商文化替代了东夷文化;鲁东南地区西部为商文化、东部为珍珠门文化(图一五)。

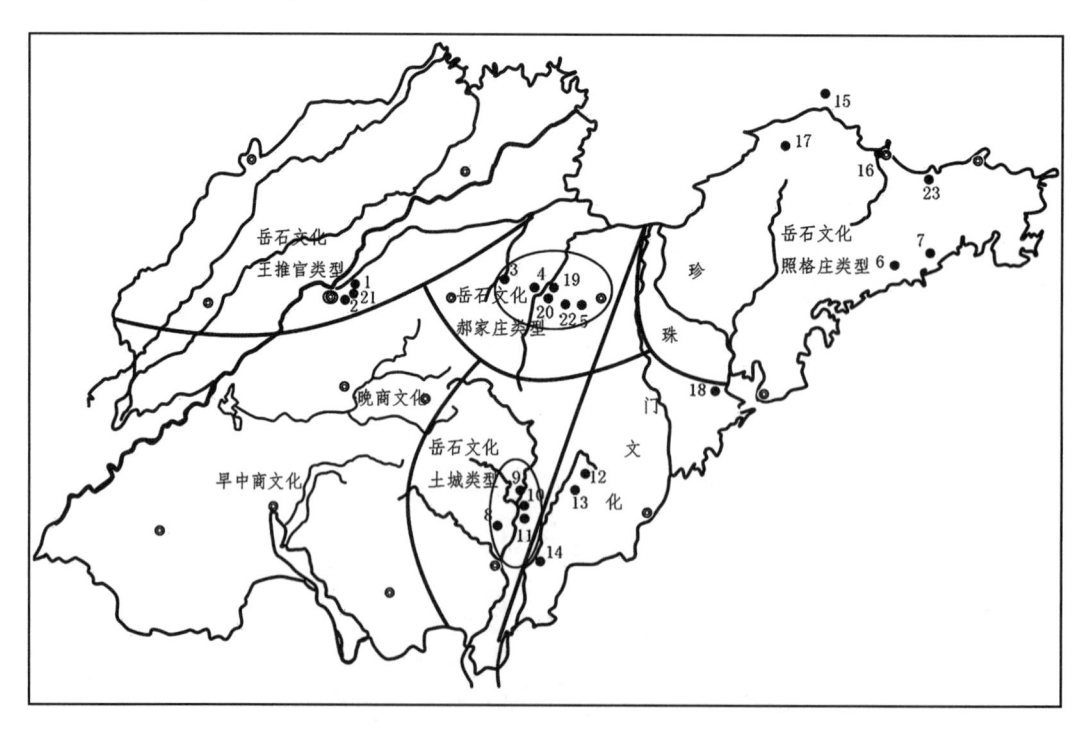

图一五 山东地区商代夷人文化遗存分布示意图

1. 济南大辛庄 2. 济南唐冶 3. 淄博临淄后李 4. 青州赵铺 5. 昌乐后于刘 6. 乳山市寨山 7. 乳山市南黄庄 8. 沂南高家坊庄 9. 沂南埠子 10. 沂南孙家黄疃 11. 沂南榆林 12. 莒县西苑 13. 莒县石龙口 14. 莒南王油坊庄 15. 长岛珍珠门 16. 烟台芝水 17. 黄县归城 18. 胶州西庵 19. 寿光达字刘 20. 寿光呙宋台 21. 章丘王推官 22. 青州郝家庄 23. 牟平照格庄

山东地区商文化遗存丰富,是商文化的重要组成部分。古族和方国众多,是商王朝的东土,聚落、人口密度大,军事势力强大。夷商文化融合和商代晚期的文化格局,影响了周公东征后的分封及其统治策略,如齐国"因其俗,简其礼"、鲁国"变其俗,革其礼",军事政治制度与统治措施奠定了齐文化、鲁文化的走向和基础。

3. 周王室分封齐、鲁和对东土的控制,周文化与商文化、夷人文化的融合,是齐鲁文化形成的必要条件

周公东征后,成王分封齐、鲁、滕等国家镇抚山东地区,周王室又派出启、芮等贵族势力镇抚胶东半岛夷人势力,再派出王师帮助齐国镇抚鲁北地区,在临淄、寿光、寒亭、桓台、淄博等地亦布局贵族势力,帮助齐国稳定鲁北局势后,又在齐国西部边缘地区册封归降的逢国。

分封滕国和归顺的薛国镇抚鲁南地区,分封鲁国掌控鲁中南地区,济宁、邹城出土西周早中期青铜器,说明周王室在此布局贵族势力与鲁国共同稳定局势。泰安龙门口、新泰府前街出土西周早期青铜器应属归顺的商贵族,布局在鲁国北部边缘区域(图一六)。

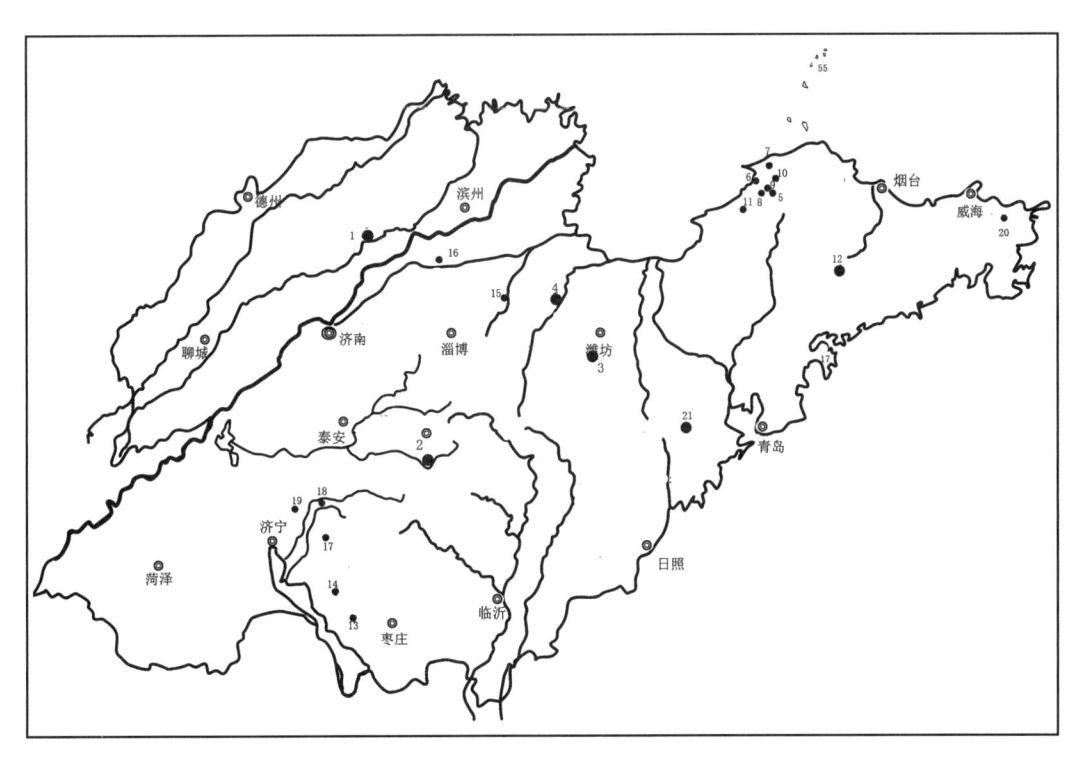

图一六 西周早中期青铜器出土地点示意图

1. 济阳刘台子 2. 新泰市府前街市政府宿舍 3. 寒亭鞠家庄(现为坊子区) 4. 寿光呙宋台 5. 龙口归城姜家村 6. 龙口海云寺徐家村 7. 龙口归城和平村 8. 龙口东营周家村 9. 龙口韩栾村 10. 龙口归城小刘庄 11. 招远东曲城村 12. 海阳尚都(现为上都村) 13. 滕州官桥镇前掌大村 14. 滕州庄里西村 15. 临淄河崖头村 16. 高青陈庄 17. 邹城小西苇村 18. 曲阜荀家村 19. 兖州嵫山南(现为兹山) 20. 荣成学福村 21. 胶州西皇姑庵

西周早期周王室控制山东地区的模式主要分为北部和中南部两大部分。分封齐国镇

抚稳定鲁北地区,同时采取诸多措施稳定局势(派出贵族势力、王师、册封归顺的小国稳定边区局势,布局贵族势力拱卫齐国地位)。分封鲁国镇抚鲁中南地区,周边布局贵族势力拱卫稳定鲁国局势,同时分封滕国协助镇抚鲁南地区,北部、南部边缘地区则布局归顺的商贵族。

在此基础上,齐国、鲁国根据地利和文化格局分别走向了不同的发展道路,和各自地方文化不断融合,形成了齐文化、鲁文化,同时影响了其他文化的消长与演变,随着时代与形势的变化,古国、古文化不断交流融合,最终形成了齐鲁文化。

四、加强齐鲁文化的研究与弘扬——考古学应发挥其独特作用

1. 齐鲁文化是产生儒家思想和诸子百家学说的摇篮

我们认为齐鲁文化有三个显著特点:一是东夷文化是其底色和基因,二是其是周文化的继承与延续,三是多种文化因素融合最为充分。在时代背景和齐鲁文化基础上才能产生孔子儒家思想、诸子百家学说,经战国时期诸子百家的交流融合、儒家学派的发展,最终形成了齐鲁地域思想文化,西汉"罢黜百家,独尊儒术"后,以新儒家思想为核心的齐鲁文化上升为中华传统文化的主流文化。

孔子创立儒家学说,上承三代,祖述尧舜,宪章文武,集文化之大成。孔子以前两千多年的文化在山东地区历经多次充分大融合、积累沉淀,是齐鲁文化形成产生的历史背景,也是孔子儒家思想产生的历史背景,更是中华优秀传统文化的形成过程。

战国晚期开始"齐鲁"并称,汉代因之,并与"山东"关联,概指齐鲁文化融合、儒家思想与儒学盛行之风,后世沿用至今,以齐鲁文化著称。

2. 考古学在研究、阐发、弘扬和传承传统文化方面具有独特作用

本文以考古学视野对齐鲁文化进行了系统解读,彰显了考古学的独特作用,同时证明考古学能够为历史文献、思想文化、哲学、儒学研究和弘扬传承齐鲁文化等诸多方面提供可视可触可用的资料。考古学在研究古代社会文明的核心内容——制度文物、礼仪风俗(如聚落布局、建筑、墓葬、器用制度、礼俗、生产、技术、生活、军事、艺术等文化遗存),在研究文化互动与交流因素——媵器、赗赙、赠品、战利品、贸易商品、技术输入与输出品,在研究文化大传统——贵族文化和文化小传统——大众平民文化等方面,能够发挥独特作用。

结　　语

在当今中华民族伟大复兴的中国特色社会主义建设过程中,应加强对中华优秀传统文化的研究阐发、保护传承与交流弘扬,这对提高文化素养、凝聚共识、坚定文化自信,对

建设经济文化强国等具有重要的现实意义。

齐鲁文化代表了周代山东地区的传统文化,其充分融合形成的文化传统,彰显了地方地域特点,与东周时期中原地区的晋与三晋文化、关中地区的秦文化、长江上游地区的巴蜀文化、中游地区的楚文化、下游地区的吴越文化、北方地区的燕文化一样成为重要的地域文化,是中华传统文化的重要组成部分,对研究中华传统文化和文化传统的形成与传承具有重要价值。

如何让文物活起来,如何弘扬和传承齐鲁文化与中华优秀传统文化,值得我们持续思考、关注与努力。应加强考古学科体系、学术体系和话语体系的建设,发挥考古学优势作用,考古学要与历史学、哲学、社会学等结合,跨学科、多部门联合攻关、综合研究,为挖掘、阐发、弘扬和传承中华优秀传统文化作出更大贡献。

(原发表为刘延常、刘智:《齐鲁文化的考古学解读》,《传承与创新:考古学视野下的齐文化学术研讨会论文集》,上海古籍出版社,2019年)

考古学视野下的齐文化发展与融合

齐文化是周代山东地区的一支考古学文化,具有鲜明的地方文化特点,是齐鲁文化的重要组成部分。关于齐文化的考古与研究,工作开展早、资料积累多,有关齐文化的内涵、时空框架、都城、墓葬、陶器、青铜器、瓦当、陶文、金文、钱币等研究成果丰硕;同时,在历史学、文献学、思想史、哲学等方面亦取得了众多成果,为进一步从考古学视野下开展齐文化研究奠定了很好的基础。

近年来,在临淄及其周边、鲁北、胶东半岛、鲁东南、鲁中等区域陆续发现了丰富的齐文化遗存,许多具有突破性和填补空白价值的新发现。伴随着经济社会的快速发展、人民群众的文化需求和考古学的发展,齐文化考古和研究取得诸多新成就,促进了山东地区商周考古、古国文化、齐鲁文化和传统文化的深入研究。相关成果也逐渐走进公众视野,引起了国内外学术界和社会各界的广泛关注。

一、齐文化的重要考古新发现与基础研究

(一)重要考古发现

围绕齐故城的考古发现主要有东古城遗址西周早期居址、墓葬,[①]河崖头东周殉马坑下发掘的3座西周早期墓及其带铭文青铜器,[②]齐故城东周时期冶铁、铸镜、铸钱等遗存,[③]齐故城小城战国宫殿区,[④]临淄范家商末周初城址,[⑤]临淄南部区域刘家村、[⑥]辛店二号墓、[⑦]国家村[⑧]战国墓葬等。

[①] 资料现存山东省文物考古研究院。
[②] 临淄区文物局等:《临淄齐国故城河崖头村西周墓》,《海岱考古(第六辑)》,科学出版社,2013年。
[③] 中国社会科学院考古研究所等:《山东临淄齐国故城内汉代铸镜作坊址的调查》,《考古》2004年第4期;杜宁等:《山东临淄齐国故城东北部冶铁遗址的调查与研究》,《江西理工大学学报》2011年第6期;山东省文物考古研究所:《临淄齐故城》,文物出版社,2013年;中国社会科学院考古研究所等:《山东临淄齐故城秦汉铸镜作坊遗址的发掘》,《考古》2014年第6期。
[④] 山东省文物考古研究所等:《山东临淄齐国故城10号建筑基址发掘简报》,《文物》2016年第8期。
[⑤] 资料现存山东省文物考古研究院。
[⑥] 临淄区文物管理局:《淄博市临淄区刘家村战国墓葬M38、M39的发掘》,《海岱考古(第九辑)》,科学出版社,2016年。
[⑦] 临淄区文物局:《山东淄博市临淄区辛店二号战国墓》,《考古》2013年第1期。
[⑧] 淄博市临淄区文物局:《山东淄博市临淄区国家村战国墓》,《考古》2007年第8期。

处于齐国近畿地带的考古发现有淄博市高青县陈庄西周早中期城址、贵族墓葬、车马坑、祭坛和带铭文青铜器等,[①]淄博市淄川区北沈马遗址西周早期夷、周文化遗存,[②]淄博市沂源县姑子坪遗址东周文化遗存,[③]青州市西辛战国末年贵族墓[④]等。

还有位于鲁北地区小清河流域的济南长清区王府遗址东周时期遗存,[⑤]历城区梁二村战国大墓,[⑥]章丘区孙家东南遗址东周时期遗存;[⑦]鲁中地区的新泰市周家庄东周墓地,[⑧]及大汶河的支流——柴汶河、牟汶河流域泰安市与莱芜市的战国墓葬;鲁东南地区莒县西大庄春秋墓葬及其出土齐侯器,[⑨]五莲丹土、[⑩]沂水埠子村[⑪]等战国早中期墓葬及其陶器;胶东半岛烟台市招远曲城西周早中期"齐中"簋,[⑫]长岛王沟战国大中型墓葬[⑬]等;鲁北滨海平原商周盐业遗址群的调查与发掘[⑭]等(图一)。

各地博物馆藏的诸多东周时期青铜器,丰富了齐国青铜器内涵,并且在进一步的梳理过程中发现许多吴国、越国、燕国等青铜器。

(二)基础研究

在考古新材料和前人研究基础上,许多学者细化了齐文化陶器编年研究和青铜器研究,文化分区、文化因素、聚落考古等研究逐步深入,齐文化基础研究得到深化。

关于齐文化的形成问题。考古表明,淄河流域晚商至周初夷商文化遗存丰富,如临淄后李、[⑮]范家、[⑯]东古城、[⑰]青州赵铺、[⑱]昌乐后于刘、[⑲]淄川北沈马[⑳]遗址均发现珍珠门文化与商、周文化共存的墓葬和居址。相比其他地区,这里夷商关系非常融洽,聚落与人口密

---

① 山东省文物考古研究所:《山东高青县陈庄西周遗存发掘简报》,《考古》2011年第2期。
② 任相宏等:《淄川考古:北沈马遗址发掘报告暨淄川考古研究》,齐鲁书社,2006年。
③ 山东大学考古系等:《山东沂源县姑子坪遗址的发掘》,《考古》2003年第1期。
④ 山东省文物考古研究所等:《山东青州西辛战国墓发掘简报》,《文物》2014年第9期。
⑤ 山东省文物考古研究所:《山东济南王府遗址发掘报告》,《山东省高速公路考古报告集1997》,科学出版社,2000年。
⑥ 房振等:《山东济南历城再次发现大型战国墓葬》,《中国文物报》2017年11月3日8版。
⑦ 山东省文物考古研究所:《山东章丘市孙家东南遗址的发掘》,《华夏考古》2005年第4期。
⑧ 山东省文物考古研究所等:《新泰周家庄东周墓地》,文物出版社,2014年。
⑨ 莒县博物馆:《山东莒县大西庄西周墓葬》,《考古》1999年第7期。
⑩ 刘延常等:《五莲丹土大汶口文化、龙山文化城址和东周时期墓葬》,《中国考古学年鉴2001》,文物出版社,2002年。
⑪ 沂水县博物馆:《山东沂水县埠子村战国墓》,《文物》1992年第5期。
⑫ 李步青等:《山东招远出土西周青铜器》,《考古》1994年第4期。
⑬ 烟台市文物管理委员会等:《山东长岛王沟东周墓》,《考古学报》1993年第1期。
⑭ 山东大学东方考古研究中心、寿光市博物馆:《山东寿光市大荒北央西周遗址的发掘》,《考古》2005年第12期;山东大学考古系等:《山东东营市南河崖西周煮盐遗址》,《考古》2010年第3期;山东省文物考古研究所:《山东寿光市双王城盐业遗址2008年的发掘》,《考古》2010年第3期。燕生东:《商周时期渤海南岸地区的盐业》,文物出版社,2013年。
⑮ 济青公路文物考古队:《山东临淄后李遗址第一、二次发掘简报》,《考古》1992年第11期;济青公路文物考古队:《山东临淄后李遗址第三、四次发掘简报》,《考古》1994年第2期。
⑯ 资料现存山东省文物考古研究院。
⑰ 山东省文物考古研究所:《临淄齐故城》,文物出版社,2013年。
⑱ 青州市博物馆:《青州市赵铺遗址的清理》,《海岱考古(第一辑)》,山东大学出版社,1989年。
⑲ 潍坊市博物馆:《昌乐县后于刘遗址发掘报告》,《海岱考古(第五辑)》,科学出版社,2012年。
⑳ 任相宏等:《淄川考古:北沈马遗址发掘报告暨淄川考古研究》,齐鲁书社,2006年。

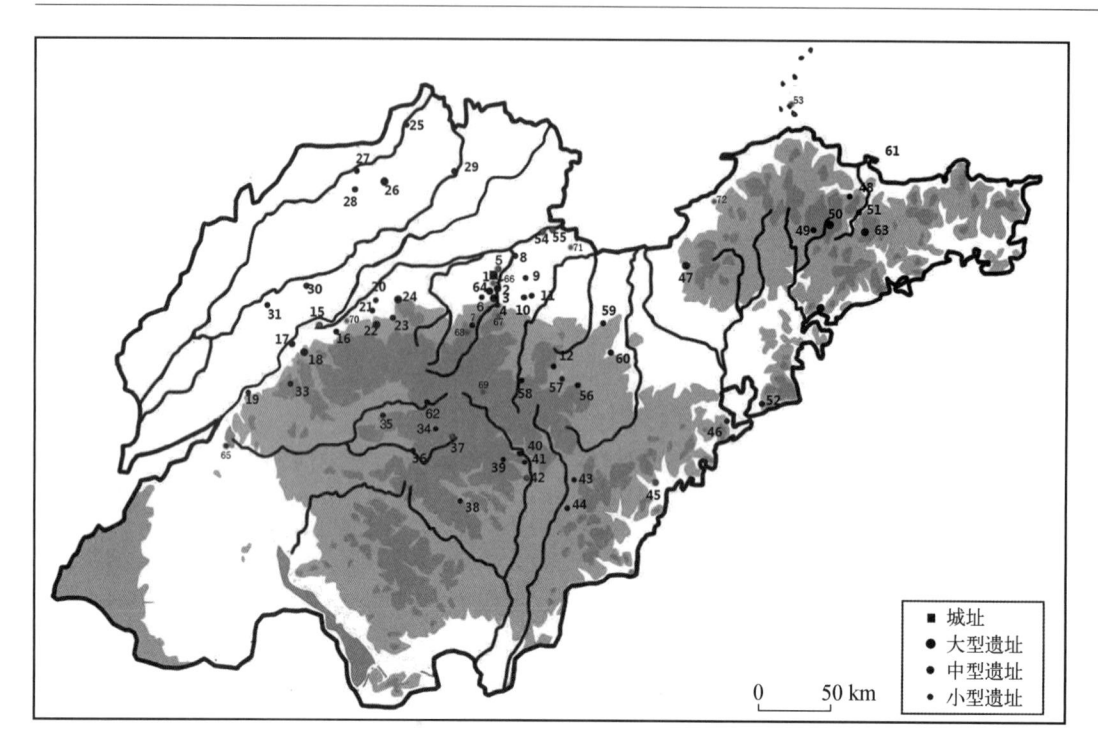

图一 齐文化重要遗存分布示意图

1. 临淄齐故城 2. 临淄淄河店 3. 临淄郎家庄 4. 临淄后李 5. 临淄东古 6. 临淄两醇 7. 淄川南韩 8. 广饶五村 9. 青州凤凰台 10. 青州赵铺 11. 青州戴家楼 12. 昌乐岳家河 13. 诸城葛布口 14. 诸城臧家庄 15. 济南王府 16. 济南千佛山 17. 长清月庄 18. 长清岗辛 19. 平阴臧庄 20. 章丘宁家埠 21. 章丘王推官庄 22. 济南左家洼 23. 章丘孟白 24. 章丘女郎山 25. 庆云孟张 26. 阳信西北村 27. 乐陵家上 28. 乐陵惠王冢 29. 沾化西封 30. 禹城周引 31. 茌平南陈 32. 邹平小巩 33. 肥城王庄 34. 莱芜戴鱼池 35. 泰安康家河 36. 新泰郭家泉 37. 新泰周家庄 38. 蒙阴后里 39. 沂水马兰 40. 沂水下泉村 41. 沂水上常庄 42. 沂水埠子 43. 莒县大朱村 44. 莒县杭头 45. 五莲丹土 46. 黄岛灵山卫 47. 平度东岳石 48. 栖霞金山 49. 栖霞大丁家 50. 栖霞杨家圈 51. 栖霞石门口 52. 青岛乐安 53. 长岛王沟 54. 寿光郭井子 55. 寿光莱央子 56. 昌乐前张次 57. 昌乐河西 58. 临朐十字路口 59. 潍坊大崖头 60. 潍坊东上虞河 61. 烟台大瞳 62. 莱芜西上崮 63. 海阳西古现 64. 临淄乙烯 65. 梁山土山 66. 临淄范家 67. 青州西辛 68. 淄川北沈马 69. 沂源姑子坪 70. 历城梁二村 71. 寿光双王城 72. 招远曲城

度大，齐国分封至此"因其俗，简其礼"，迅速稳定了局面，为齐国快速发展奠定了基础。考古学文化吸收和保留了商文化和夷文化特点，是齐文化形成的渊源和传统。

关于齐国始封地的问题。临淄齐故城城墙解剖有层位关系和出土陶器证明能够早至西周早期，[①]东古城遗址发现商代晚期、西周早期车马器等青铜器；[②]河崖头殉马坑下发掘3座西周早期晚段时期的贵族墓并出土铭文青铜器，[③]齐故城南4千米处发现商末周初的范家城址[④]等。根据以上诸多考古发现，我们认为早期齐国都城和齐文化遗存应分布在齐故城及其周围，齐国始封地应在以临淄齐故城为中心的区域内探寻。

---

① 山东省文物考古研究所：《临淄齐故城》，文物出版社，2013年，第532、547-549页。
② 山东省文物考古研究所：《临淄齐故城》，文物出版社，2013年，第528-531页。
③ 临淄区文物局等：《临淄齐国故城河崖头村西周墓》，《海岱考古（第六辑）》，科学出版社，2013年。
④ 资料现存山东省文物考古研究院。

关于齐文化遗存时空演变问题。在济南地区、胶东半岛等地方发现的西周早期遗存，应是周王室以齐国为中心采取的对东夷的控制据点；西周中晚期齐文化遗存发现较少，应是齐文化发展的稳定期。春秋早中期齐文化遗存向西抵达济水以东的济南地区，向南到达沂山山脉南北区域，向东到达潍水以西地区；春秋晚期则重点向齐国的西南——汶河上游地区扩张。战国晚期已经稳定占据汶河上中游，向东南扩展至沂沭河上游地区，向东已经到达长岛列岛。齐文化的动态发展，显示了齐国不断向外扩张的态势。

二、齐文化专题研究

（一）盐业考古与研究

处于鲁北滨海平原地区的滨州、东营、潍坊等地盐业遗址的系统调查、勘探和考古发掘工作取得重要收获，尤其是2008年–2010年间，山东大学等单位对广饶南河崖 GN1 遗址和山东省文物考古研究所等单位对寿光双王城水库四处盐业遗址的大规模发掘工作，比较完整的揭示了晚商和西周早中期制盐作坊的面貌。① 由各个学科介入的后续研究也迅速展开，确认了商周时期煮盐器具盔形器的用途和产地，诸多学者对盐业的生产流程、制作工艺、组织管理、贸易流通等进行了研究，并就规模化生产、专业化水平、物资流动、经销网络等背后所映射的经济、政治、社会内容进行了深入探讨（图二、三）。

（二）齐长城考古与研究

以齐长城人文自然风景带规划建设为契机，结合第三次全国不可移动文物普查工作的开展，对齐长城沿线进行了专题调查、测绘，并形成专题报告。② 根据考古新资料和出土文献，相关学者对齐长城的起源、建置、年代、建造材料与方法、结构与附属设施以及古国之间关系等进行了深入研究。

（三）齐国八主祠调查发掘与研究

中国国家博物馆、山东大学与山东省文物考古研究所合作对齐地八主祠遗存开展了考古调查、发掘及研究工作，③"八主"是指天、地、兵、阴、阳、月、日、四时八种祭祀对象，是齐地思想家于周代血缘制政治制度崩塌境地的战国晚期，把当时盛行宇宙构成论中的八种物质升格为神祇的祭祀体系，是秦汉以来国家祭祀体系郊祀制的思想源头。④ 相关成

---

① 山东大学东方考古研究中心、寿光市博物馆：《山东寿光市大荒北央西周遗址的发掘》，《考古》2005年第12期；山东大学考古系等：《山东东营市南河崖西周煮盐遗址》，《考古》2010年第3期；山东省文物考古研究所：《山东寿光市双王城盐业遗址2008年的发掘》，《考古》2010年第3期。燕生东：《商周时期渤海南岸地区的盐业》，文物出版社，2013年。
② 山东省文物局等：《齐长城资源调查工作报告》，文物出版社，2017年。
③ 山东大学历史文化学院、山东省文物考古研究院、故宫博物院考古部编著，王睿、林仙庭、聂政主编：《八主祭祀研究》，文物出版社，2020年。
④ 王子孟等：《齐文化研究的新收获与新视野》，《管子学刊》2018年第3期。

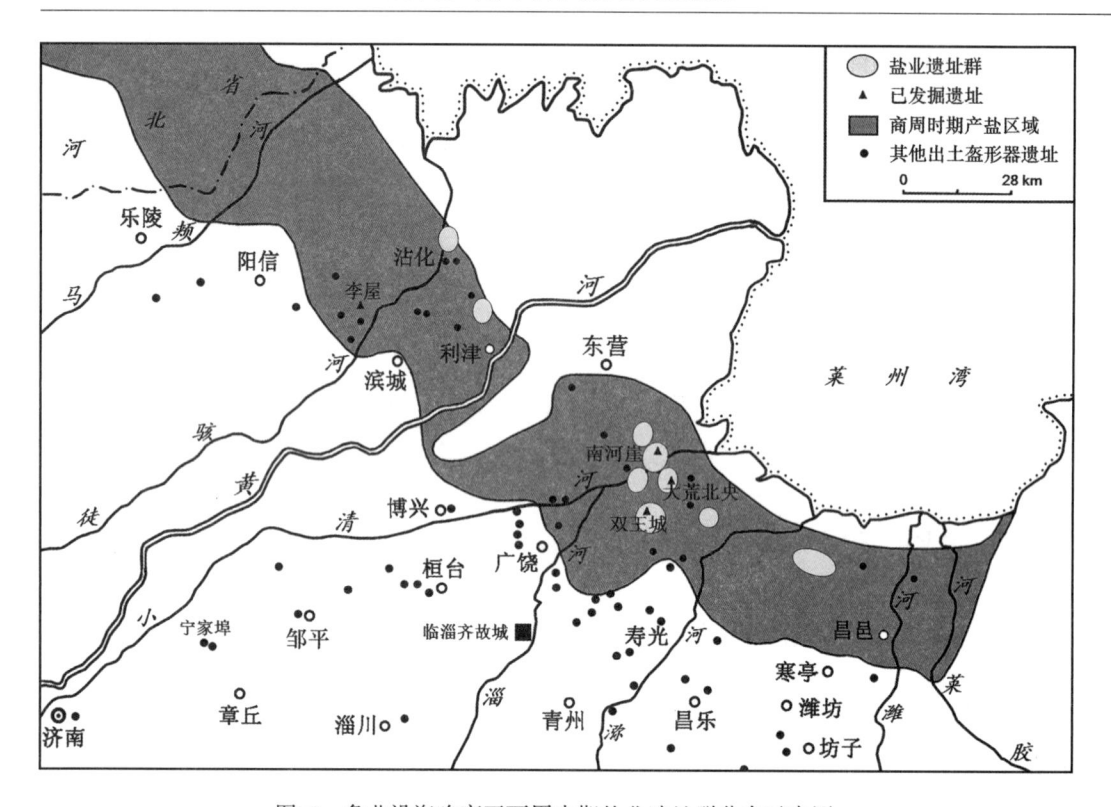

图二 鲁北沿海晚商至西周中期盐业遗址群分布示意图

(引自王青《关于山东北部盐业考古的新思考》,《东方考古(第12集)》,第150页)

果对促进齐国祭祀体系的内涵、意识形态及其对后世影响的研究具有重要推动作用。

(四) 手工业考古与研究

临淄齐故城内冶铁、铸镜、铸钱等手工业遗存点的考古调查、发掘与研究,[1]对临淄齐故城的布局、周代齐国和秦汉齐郡地区手工业乃至社会经济的研究颇有助益,并在手工业考古框架内,实践、树立了相关研究方法、理念和范式。对新泰市周家庄东周墓葬出土青铜器铸造工艺(如薄壁铸造技术、大量使用垫片芯撑技术)的研究等,[2]使我们进一步加深了齐国手工业技术之精、生产力之发达的认知。

(五) 青铜兵器研究

通过对新泰市周家庄东周墓葬出土兵器研究,[3]促进了对齐国军事组织、兵器装备、

---

[1] 中国社会科学院考古研究所等:《山东临淄齐国故城内汉代铸镜作坊址的调查》,《考古》2004年第4期;杜宁等:《山东临淄齐国故城东北部冶铁遗址的调查与研究》,《江西理工大学学报》2011年第6期;山东省文物考古研究所:《临淄齐故城》,文物出版社,2013年;中国社会科学院考古研究所等:《山东临淄齐故城秦汉铸镜作坊遗址的发掘》,《考古》2014年第6期。

[2] 山东省文物考古研究所等:《新泰周家庄东周墓地(上、下)》,文物出版社,2014年。

[3] 丁忠明等:《山东新泰出土东周青铜复合剑制作技术研究》,《文物保护与考古科学》2012年第24卷增刊;王青:《研究东周时期齐国南疆城邑的典型标本——〈新泰周家庄东周墓地〉读后》,《考古》2017年第1期。

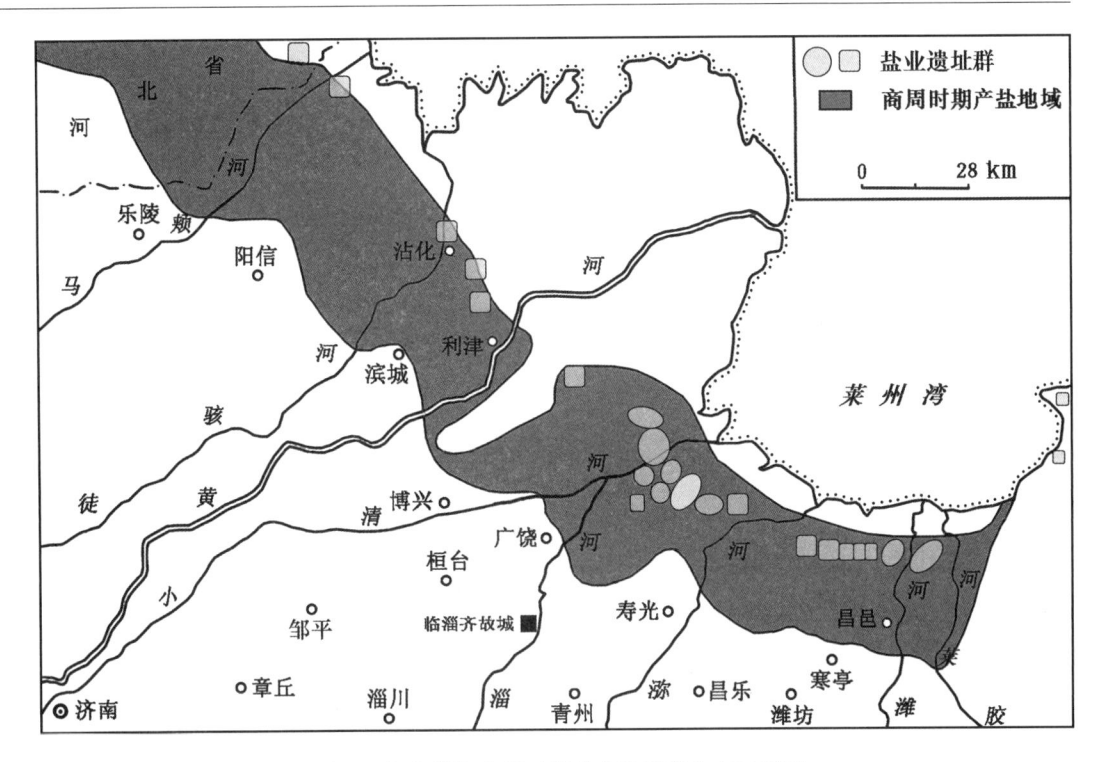

图三　鲁北沿海东周时期盐业遗址群分布示意图

(改绘自王青《关于山东北部盐业考古的新思考》,《东方考古(第12集)》,第150页)

兵器种类、兵器特征、铸造工艺等方面的认识。通过对周家庄东周墓葬青铜殳的研究,[①]认为其是齐国五兵之一,除了具有指挥、军旌标识和壮军威的功能外,还有仪仗和打击功能;结合文献中对殳的记载,认为从一个侧面证明《考工记》主要是对齐国手工业工艺的记述,为《考工记》是齐人所著增添了新证据。

三、齐文化与社会发展研究

(一) 考古学文化遗存反映的齐国经济和社会发展

1. 经济与技术

近年来盐业考古表明,[②]齐国从西周直到东周,盐业经济十分发达。齐国至少在西周晚期即有自己的青铜器制造业,不仅青铜器数量多,而且铸造精美,工艺先进;战国时期刀币出土数量相当多,也出土一定数量的青铜镜,近年来在齐故城考古发掘出土战国时期青

---

① 刘延常等:《山东地区青铜殳研究》,《中国国家博物馆馆刊》2015年第3期。
② 燕生东等:《渤海南岸地区发现的东周时期盐业遗存》,《中国国家博物馆馆刊》2011年第9期;王青:《关于山东北部盐业考古的新思考》,《东方考古(第12集)》,科学出版社,2015年。

铜镜范等铸造遗存。齐文化博物院藏战国早中期铁戈、铁剑证明齐国的铁器铸造开始较早(图四)。批量精致陶器和陶文的出土,[①]证明齐国拥有规模化的制陶手工业。齐故城内的大夫观遗址出土战国时期精美丝织品,[②]说明了齐国丝织业的发展。战国时期出土大量水晶装饰品,反映了玉石业的发展。众多车马坑、殉马坑的发现,说明了齐国的养马业、车辆制作等手工业的繁荣。

图四 齐文化盐业、青铜器与铁器铸造等典型器物举例

1. 晚商时期陶盔形器:寿光市双王城遗址出土 2. 西周早期陶盔形器:广饶市南河崖遗址出土
3. 东周时期陶大口圜底尊:昌邑市唐央遗址出土 4. 战国铁剑:临淄齐文化博物院藏(征集) 5. 战国中期青铜竹:新泰市周家庄战国墓葬出土 6. 战国早期铁戈:临淄齐文化博物院藏(征集) 7. 战国晚期青铜壶:临淄紫江花园墓葬出土 8. 战国晚期青铜牺尊:临淄商王墓地出土 9. 春秋晚期铜舟:临淄齐文化博物院藏(征集)

以上表明齐国拥有先进全面的手工业体系,经济与技术优势奠定了齐国称霸争雄的基础。

2. 聚落与社会

众多齐文化遗址、墓地的调查、发掘,大量遗迹、遗物的出土和考古研究成果等基本能够明晰齐国各阶段的社会变迁。都城、采邑、封邑、边邑和一般村落的时空分布,能够反映

---

① 孙敬明:《从陶文看战国时期齐都近郊之制陶手工业》,《古文字研究》第二十一辑,中华书局,2011年。
② 文物编辑委员会:《文物考古工作十年》,文物出版社,1990年。

齐文化各个社会阶段的人口密度和聚落等级、组织结构及王室对边地的控制策略。墓葬等级与墓主人的研究,能区分国君、卿、大夫、上士、中士、下士、平民、奴隶的不同,反映性别、年龄、病理、人群分工等差异。墓葬结构、葬俗和随葬品能够反映出齐国的丧葬制度(棺椁、用鼎、殉牲)、器用制度(种类、组合及其数量的变化)、礼乐制度的发展变化。

(二) 齐文化的发展

齐文化的时空分布与文化演变揭示了其动态的发展进程,对研究齐国的扩张与齐文化传统的形成、发展、融合与交流等大有裨益。

1. 齐文化的形成期

西周早期齐文化集中分布在以临淄齐故城为中心的区域,此时齐国只局限于临淄区域,不过方百里,齐文化呈现的是贵族与军事政治特点,属于典型的周文化,还没有形成自己的文化特色。高青陈庄西周早期城址、青铜器遗存,鲁北西部地区济阳刘台子逢国青铜器,① 济南市章丘地区众多文化遗存,胶东半岛龙口归城出土众多青铜器等西周早期文化遗存的发现,② 应是周王室以齐国为中心采取的对鲁北地区东夷势力的控制措施的物质文化反映。西周中晚期齐文化分布向西到高青县、广饶县,向东发展至青州市、昌乐县,这一时期齐文化有所扩展,齐文化面貌发展成为自己的特点。

2. 齐文化的发展期

从墓葬形制、结构、葬俗、器物组合尤其是陶器组合及其形态特征总结的齐文化面貌,同时与鲁文化、莒文化比较分析,齐文化在春秋早中期向东到达潍水以西地区,向西分布至济水以东济南地区(遗址数量较多,如济南长清区王府、章丘区宁家埠、孙家东南遗址等),向南东部到达沂山山脉南北区域(临朐泉头春秋早期墓葬)。以上显示的齐文化的向东、向西发展,与齐国向东灭纪国、向西灭谭国及齐桓公称霸("九合诸侯,一匡天下")相关。

春秋晚期则重点向齐国的西南——汶河上游地区扩张,如新泰市周家庄东周墓地发现齐国军事性质的墓葬,③ 向东扩展至胶东半岛,如海阳嘴子前发现贵族墓葬。④

3. 齐文化的繁荣期

战国早中期齐文化已经分布至汶河上游,在柴汶河、牟汶河流域的新泰市、莱芜市及泰安市东部发掘诸多齐文化墓葬,向东南扩展至沂沭河上游地区(如五莲县丹土、莒县杭头、沂水埠子等齐文化墓葬、莒故城遗址等)。《史记·齐太公世家》:"康公二年,韩、魏、

---

① 德州行署文化局文物组等:《山东济阳刘台子西周早期墓发掘简报》,《文物》1981年第9期;陈骏:《山东济阳刘台子西周墓地第二次发掘》,《文物》1985年第12期;山东省文物考古研究所:《山东济阳刘台子西周六号墓清理报告》,《文物》1996年第12期。
② 王锡平等:《山东黄县庄头西周墓清理简报》,《文物》1986年第8期。
③ 山东省文物考古研究所等:《新泰周家庄东周墓地(上、下)》,文物出版社,2014年。
④ 海阳县博物馆:《山东海阳嘴子前村春秋墓出土铜器》,《文物》1985年第3期;马良民等:《海阳嘴子前春秋墓试析》,《考古》1996年第9期。

赵始列为诸侯。十九年,田常曾孙田和始为诸侯,迁康公海滨。"战国晚期向东已经到达长岛列岛(如王沟墓葬),向西至济水流域,如长清区岗辛墓葬、①东平湖梁山土山大中型战国墓②的发现,向南达鲁东南地区腹地和曲阜以北的鲁中南地区。

(三)齐文化与周边文化的融合

1. 与夷人文化的融合

早期齐文化以临淄为中心,与东夷文化融合、共存,③形成了自己的特点,也是姜太公就封及齐国早期统治策略的反映。以夹砂素面褐陶系为代表的东夷文化因素,一直延续存在于齐文化当中,从西周早期至春秋晚期,在鲁北地区小清河流域、淄弥河流域和胶东半岛发现诸多遗址和墓葬中都出土一定数量的素面鬲,临淄以东地区至战国中期个别遗址还出土素面鬲,构成了齐文化的特色文化因素,也是区别于鲁文化、莒文化的重要指标。

2. 与周边古国文化的交流

新泰市周家庄东周墓葬出土较多的吴国兵器,其中尤以 M11 出土春秋晚期"攻吴王诸樊者反之子通自作元用"青铜剑,胶东半岛平度市出土吴王夫差剑等、④东岳石村战国墓葬出土越国青铜剑(图五)最为典型。新泰市周家庄春秋墓葬出土部分鲁国陶器,⑤临淄齐国故城及其周边出土莒文化青铜鬲、春秋晚期宋国仲喆青铜豆、战国时期越国青铜剑等。齐国故城出土战国中晚期越国印纹硬陶罐⑥等。战国晚期,在临淄、博山,胶东、鲁东南的沂水、莒县、临沭等地相继出土了诸多燕国的剑、戈、刀币、印章等。⑦ 临淄淄江花园战国晚期墓葬、⑧临淄商王墓地⑨等出土楚国、燕国和秦国文化等青铜器(图六)。当然,齐国器物在其他地区亦有出土,如春秋晚期齐侯盂在洛阳出土,⑩春秋中期齐侯四器在河北省出土⑪等。

考古学文化因素分析结果表明,齐国在不同时期,在都城、边邑等地均与周边古国关系密切,表现为战争(战利品)、人员往来赠品、姻亲(媵器)、赠赙、贸易等多种形式,是齐文化繁荣、融合与交流的见证,为齐文化"包容开放、吸收发展"特征的形成奠定了基础。

---

① 山东省博物馆等:《山东长清岗辛战国墓》,《考古》1980 年第 4 期。
② 山东省文物考古研究所:《山东梁山县东平湖土山战国墓》,《考古》1999 年第 5 期。
③ 刘延常:《珍珠门文化初探》,《华夏考古》2001 年第 4 期。
④ 刘延常等:《山东地区吴文化遗存分析》,《东南文化》2002 年第 7 期。
⑤ 山东省文物考古研究所等:《新泰周家庄东周墓地》,文物出版社,2014 年。
⑥ 刘延常、徐倩倩:《山东地区越文化遗存分析》,《东方考古(第 9 集)》,科学出版社,2013 年。
⑦ 刘延常、徐倩倩:《山东地区燕文化遗存分析》,《中国考古学会第十五次年会论文集》,文物出版社,2013 年。
⑧ 临淄区文物局:《淄博市临淄区范家南墓地 M112、M113 的发掘》,《海岱考古(第七辑)》,科学出版社,2014 年。
⑨ 淄博市博物馆等:《临淄商王墓地》,齐鲁书社,1997 年。
⑩ 河南省文化局文物工作队:《洛阳兴建中州大渠工程中发现珍贵文物》,《文物》1960 年第 4 期。
⑪ 孙志新等:《美国大都会艺术博物馆藏中国青铜器》,《美成在久》2017 年第 6 期。

图五 齐文化文化融合与交流——典型器物举例(一)

1. 春秋晚期吴国青铜剑：新泰市周家庄 M11 出土 2. 春秋晚期吴国多戈戟：新泰市周家庄 M3 出土 3. 战国晚期燕国戈：临淄两醇墓地出土 4. 战国时期越国青铜剑：临淄淄江花园墓葬出土 5. 战国时期越国青铜剑：临淄国家村出土 6. 战国晚期郾王剑：齐都镇龙贯村村东淄河滩出土 7. 战国时期越国青铜剑：平度市东岳石墓葬出土

图六 齐文化文化融合与交流——典型器物举例(二)

1. 西周早期陶器：临淄东古 M1002 2、3. 春秋晚期宋国青铜豆：临淄敬仲镇白兔丘村出土 4. 临淄两醇春秋晚期 M3143 随葬陶器 5. 春秋早期莒文化鬲：临淄齐都镇葛家村出土 6. 战国晚期秦国青铜蒜头壶：临淄商王墓地出土

余论、思考与展望

持续不断的考古工作，层出不穷的新发现，累积了丰富的考古资料，为研究齐文化内涵、齐国历史与社会提供了可靠依据。不仅重视齐文化的基础研究，更加注重资源、环境、技术、艺术、思想等方面的研究，从考古到历史、从微观到宏观、从文化到社会，在研究理念、理论与方法、科技手段等多方面均取得了诸多新的进展。在新时代背景下，在考古发现与研究成果的推动下，齐文化遗产的保护与传承逐渐得到政府重视和公众认同，政府主导、社会参与的体系基本完善，"齐文化传承与创新示范区建设"正在推进实施，已经彰显出文化自信与自觉的良好局面。

综观目前齐文化的研究状况，我们认为值得关注和着重研究的问题主要有：齐国早期都城、始封地需要持续探索；齐文化是动态发展的，其区域类型研究值得关注；加强中小型居址、墓葬，贵族采邑和封邑及其所在区域的聚落考古研究；齐国与周边地区古文化的关系需要拓宽研究领域，如海外交流、技术与贸易流通、古国互动等；战国晚期齐文化的发展与影响，如孟尝君封于薛地、其文化面貌及与周边文化关系的研究。

今后应加大考古资料整理与出版力度，扎实做好基础工作；加强平台建设，整合多方资源与研究力量，多学科合作、联合攻关，继续加强对不同时期齐文化特质的研究，提炼齐文化优秀传统基因；深化齐文化在齐鲁地域文化和优秀传统文化的形成过程中的地位、作用及其融合机制的研究。

考古学应该发挥其独特作用，促进齐文化的挖掘、研究、阐发、弘扬与传承，为社会持续发展做出应有的贡献。

（原发表为刘延常、王子孟：《考古学视野下的齐文化发展与融合》，《管子学刊》2019年第2期）

曲阜鲁国故城、鲁文化与传统文化

中国山东省曲阜市是国家历史文化名城,以世界文化遗产——孔庙、孔府、孔林而闻名于世,孔子、儒学是曲阜城市的特质,以曲阜鲁国故城为核心的众多文化遗产是城市魅力的源泉。

结合鲁国历史与文化,从鲁国故城包含的城市文明、贵族文化等方面和从鲁文化包含的时空关系、文化属性等方面,去把握鲁国故城和鲁文化之间的点面关系、文化大传统和小传统之间的统一关系,对解读齐鲁文化的形成、孔子及其儒家思想的形成,对文化遗产的保护、阐发、弘扬与传承等具有重要学术价值和现实意义。

一、曲阜鲁国故城的考古发现与价值

(一) 鲁国都城考古发现

1. 既往考古发现

鲁国故城是1961年国务院公布的第一批全国重点文物保护单位,位于曲阜县城及其周边(图一),简称为曲阜鲁故城。鲁故城考古工作开展早、基础较好、影响大,尤其以1977-1978年的全面勘探与多点试掘成果最多,解剖了城墙、试掘7处遗址、发掘4处墓地,还发现了汉代鲁城,基本搞清楚了鲁故城的布局、文化内涵等,城址年代自西周早期至战国晚期。以此勘探与试掘成果,划分了36处重点文物保护区,为鲁故城的保护与研究奠定了非常好的基础[1](图二)。

2. 2011-2018年考古发现

为开展曲阜鲁故城国家考古遗址公园建设,又做了多次考古勘探与发掘工作,并取得诸多新成果[2](图二)。周公庙建筑群基址发现春秋晚期至战国中晚期的宫城,解剖城墙、壕沟、揭露城门和大型建筑、发现排水管道等,大城套小城(郭城、宫城)格局至少在春秋晚期率先在这里建成。郭城有三次大规模的变化,春秋早中期筑城、战国早中期扩建、战国晚期在城墙内侧挖壕沟以增筑城墙。

---

[1] 山东省文物考古研究所、山东省博物馆、济宁地区文物组、曲阜县文管会:《曲阜鲁国故城》,齐鲁书社,1982年。
[2] 韩辉等:《曲阜鲁故城考古新发现及其相关问题的认识》,《保护与传承视野下的鲁文化学术研讨会论文集》,上海古籍出版社,2018年。

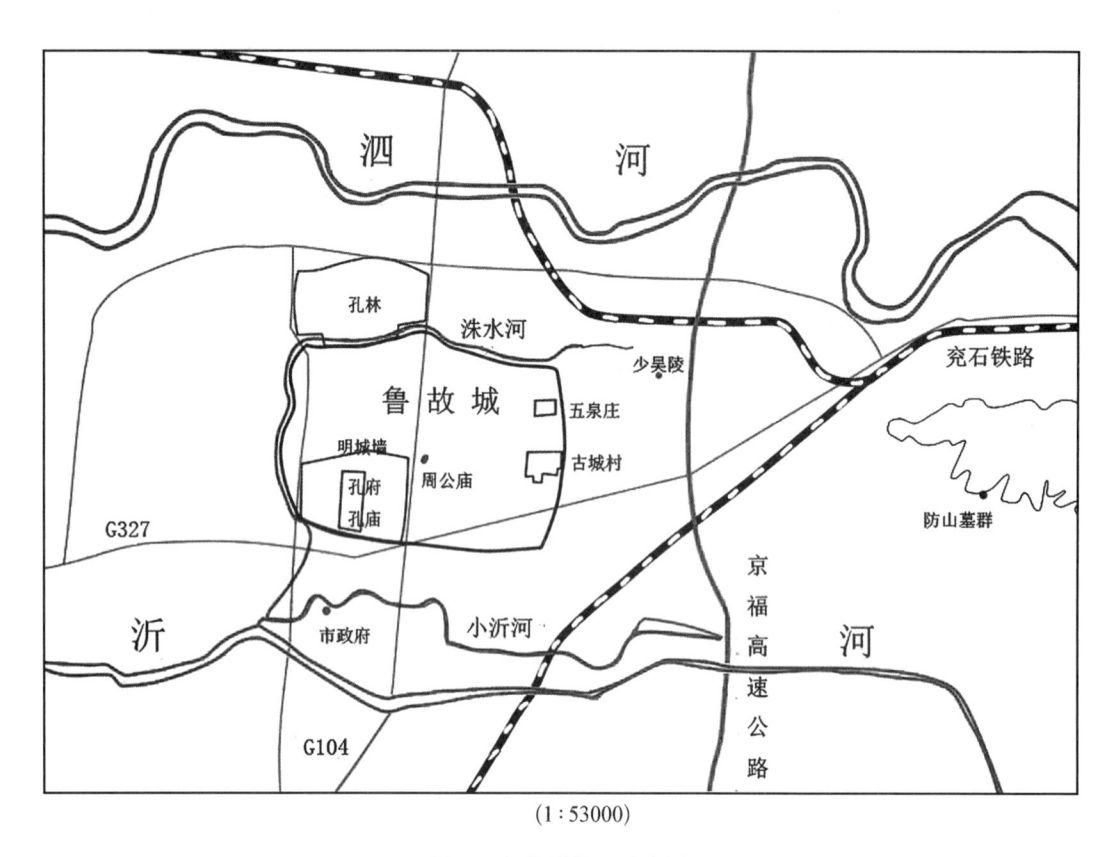

图一 鲁故城位置示意图

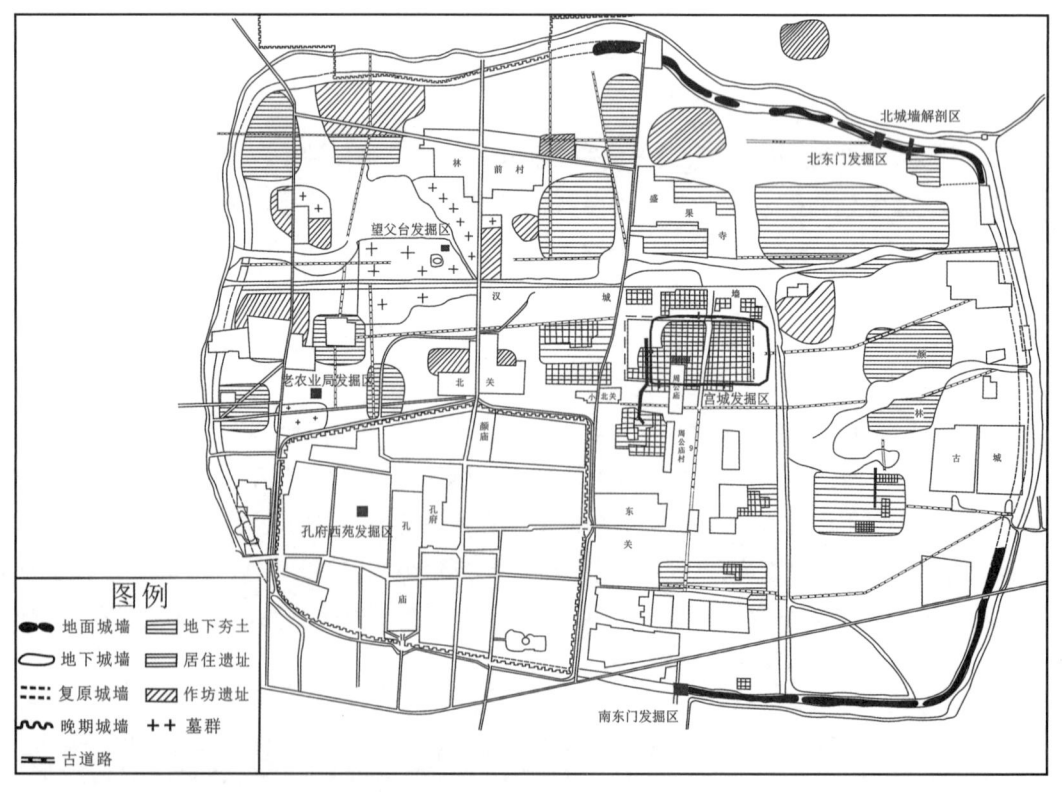

图二 鲁故城内遗迹分布示意图

（其中，黑色区域为近几年发掘区）

宫城位于全城最高处的周公庙台地上，总体呈长方形，西北角略内折，东西长约480、南北宽220－250米，城内面积约12万平方米；已发现西门、南门、东门、道路、排水道；城墙仅余基槽，西南部保存最好，宽约13米，外侧城壕宽约11米；西城门宽约12米，东周时期路土通道南侧为水沟，为城门排水设施（图三）。

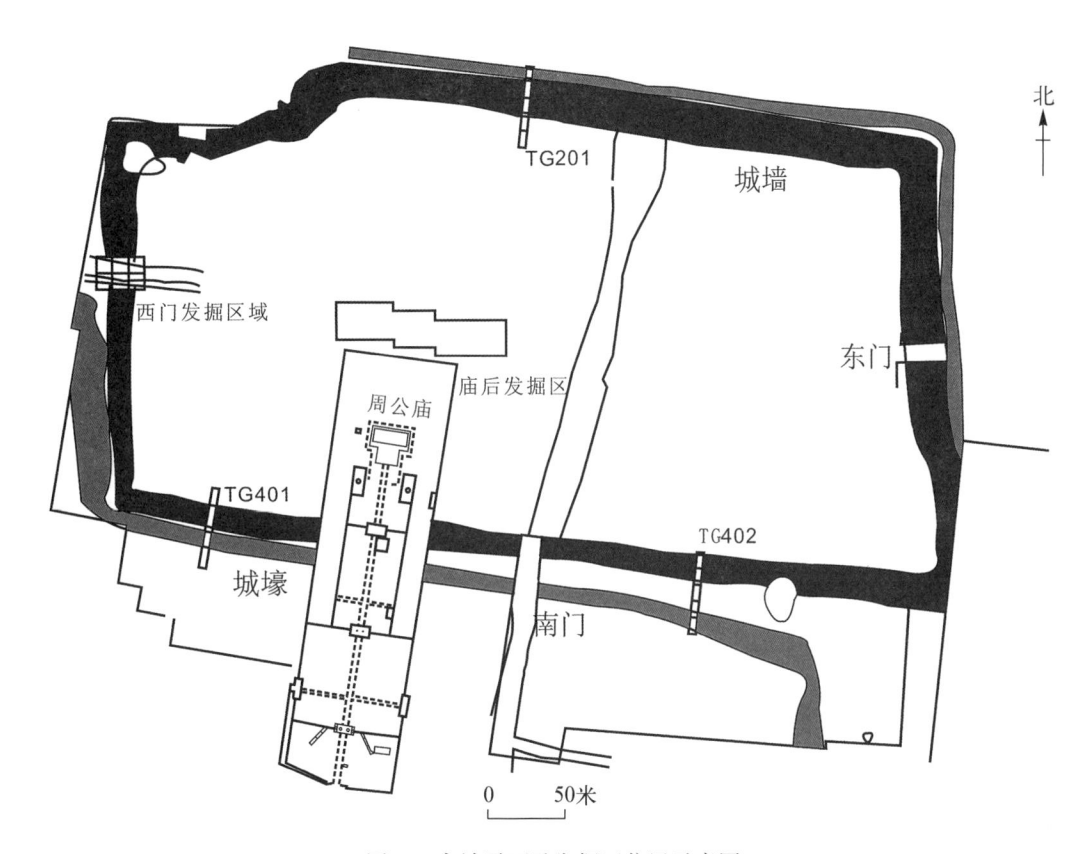

图三　宫城平面及发掘区位置示意图

东周、汉代夯土基址群分布较有规律，规模较大；宫城西南部全面揭露东周时期大型夯土基址一处（F8），现仅存墙基部分，平面呈东西长方形（方向186°），长85、宽约11.37米。面阔6间，中部四大间，东西各一小间；汉代大型房址F6筑于F8基槽之上，现尚存残墙、前披厦、石柱础和散水（图四）。F8、F6的布局、位置，与唐代房址、宋代、清代周公庙建筑中轴线一致，或许为太庙遗存。

北城墙解剖部位城墙保存最好，总宽约38、现存高度6米；结合层位关系、城墙夯土夯窝、夯土出土陶片、壕沟出土陶片等综合分析，城墙与壕沟对应共分为六期，包括春秋早期至战国晚期；春秋时期外城壕宽度约20－22、战国时期外城壕宽约40余米（图五）。城墙内侧壕沟宽28、深距地表3.8米，其时代为战国晚期晚段，内侧城壕的勘探发掘是重要收获之一，为修筑城墙取土所致，作为排水渠延续至汉唐。

鲁故城东北角居住址，清理灰坑、墓葬、窑址、水井、灶、沟等，时代主要为春秋早至晚

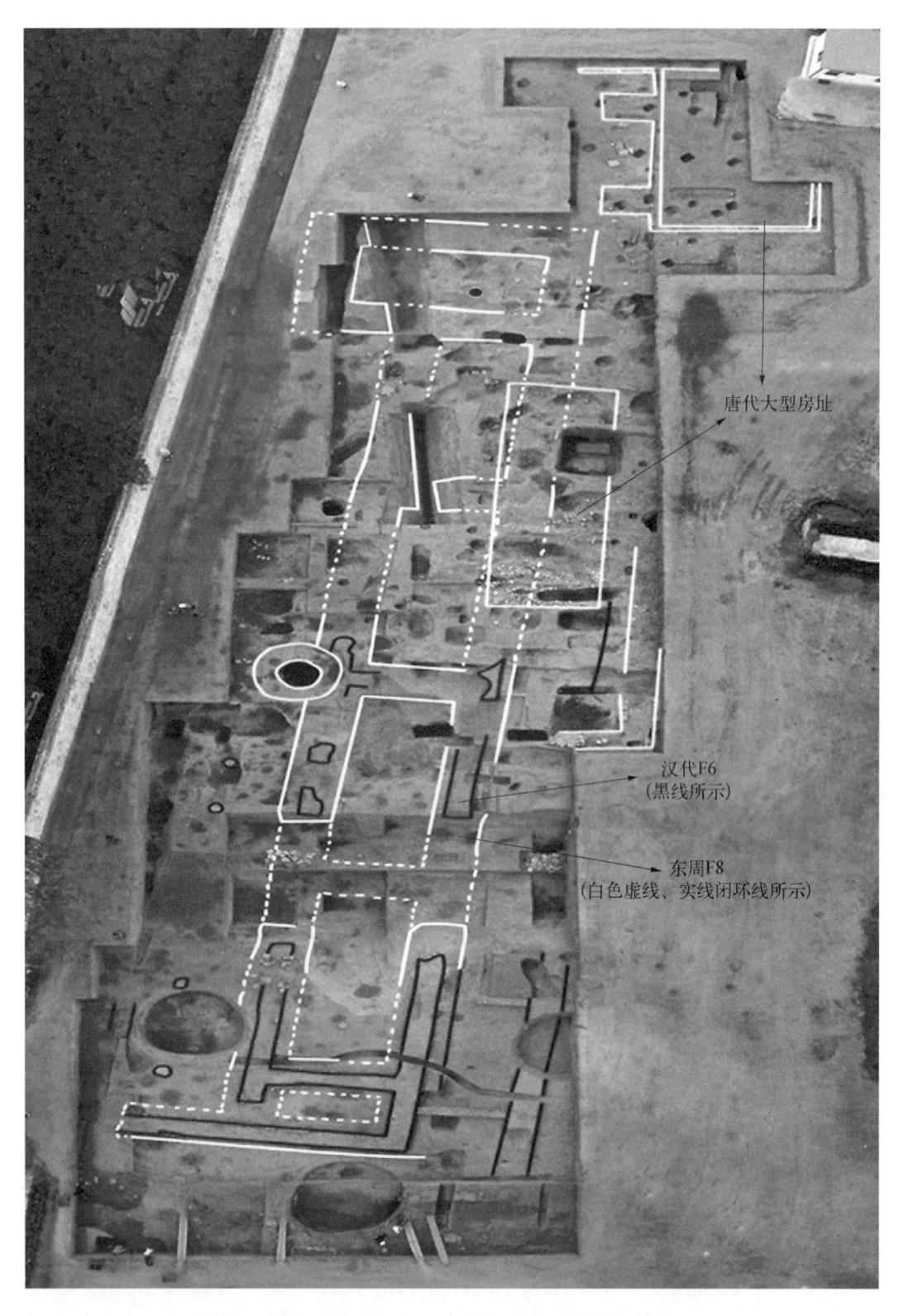

图四　东周(F8)、汉代(F6)、唐代大型房址（由东向西拍摄）

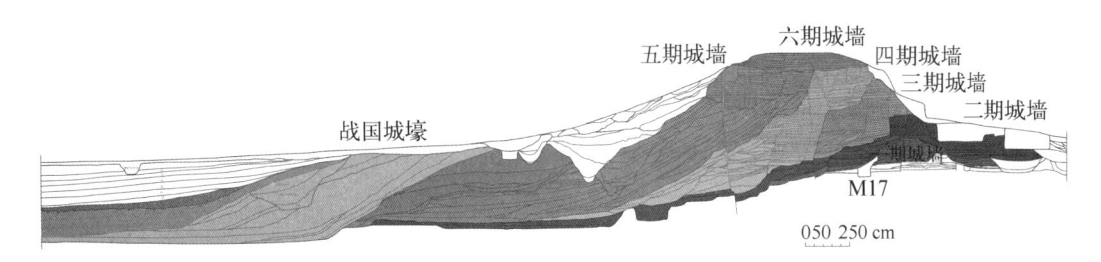

图五　鲁故城北东城墙解剖东壁剖面示意图

期,有少量战国晚期遗迹。窑址应专门生产陶鬲,与南部水井(J5)、墓葬(M14等)具备共存、共时性。还发现春秋时期土坑竖穴墓葬,一棺一椁,随葬簋和盂等陶器。

老农业局遗址发现比较丰富的春秋早中期遗存,主要为窖穴仓储区;遗址还发现少量龙山早期遗存。

孔府西苑遗址发掘有较少的西周中期晚段遗存,春秋中晚期和战国遗存最为丰富,重要发现是大型堆筑土台基。

老农业局墓地时代从春秋晚期一直延续到战国早期。主要为中小型墓,多南北向竖穴土坑墓,葬具多为一棺一椁,常见夫妻并穴,随葬器物有铜器、陶器、玉石器、骨角器等。就墓地布局来看,至少有南北3排,东西并列,北部较早,南排较晚。

望父台墓地发掘春秋晚期至战国时期中小贵族墓葬17座,春秋早中期大型夯土基址1处。墓葬与二十世纪发掘的墓葬同属乙组墓,与林前村墓葬应为一个大的墓地。

除1977-1978年发现的望父台、林前村、斗鸡台、药圃、县城西北角、孔府后花园墓地外,近些年又在坊上、北关、老农业局、孔府西苑、周公庙东部、鲁故城东北角遗址发掘一些墓葬,在调查过去出土器物地点和勘探过程中,还在周公庙西遗址、周公庙台地东部、南池遗址、立新联中发现东周墓葬。

3. 鲁国故城考古发现的学术价值

目前郭城最大面积为春秋早期建成,我们认为与鲁僖公时期的城市扩建相关;第二次大规模的扩建发生在战国早期,或与防御越国北上扩张争霸有关;第三次扩建与内侧壕沟的挖掘是统一的,应与楚国灭鲁前后应急事件的筑城相关。宫城始建于春秋晚期,应与宫室和三桓矛盾加剧、筑城以卫君相关;同时,形成了宫城、郭城的回字形城市布局,影响了各诸侯国都城的规划建设。西周早中期文化遗存主要分布于鲁故城西北部,出土青铜器的卿大夫贵族墓只有望父台一处,西周时期的中心应该在这一带(图六)。西周时期是否有城,西周早期的城是否在曲阜,春秋早中期有无宫城、在哪个区域等等问题,都需要持续考古与研究。在鲁故城内又发现了多处春秋晚期至战国晚期墓地,反映了城郭内人口尤其小贵族数量增加;宫城南部、东南部夯土基址群比较多,或说明卿大夫贵族集中居住分布于这里。甲、乙组墓葬的区分是鲁故城重要的发现,应与鲁文化区域内其他墓地进行比较研究,对研究文化融合、鲁国统治策略等具有重要意义。

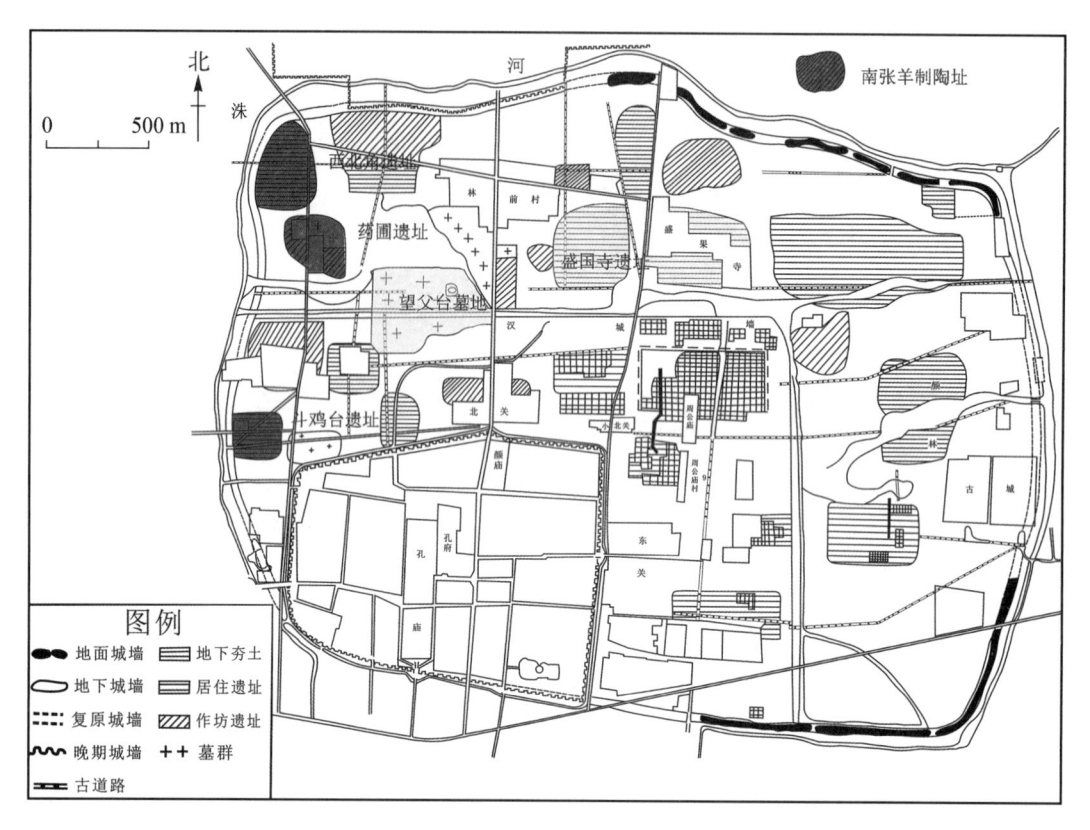

图六 鲁故城西周早中期遗存分布示意图

鲁故城系列考古新发现,为深化研究鲁故城周代文化内涵,细化研究鲁文化的分期与年代、文化因素等,提供了丰富的资料,也提出了诸多问题,为今后考古工作的开展明确了方向。

(二)鲁故城遗址的聚落演变、历时性发展,奠定了曲阜城市的传统文化

鲁故城遗址文化遗存丰富,延续时间长,至少包括三层概念:一是周代鲁国的都城,二是汉代鲁国都城或郡县的治所,三是包含周代、汉代、魏晋、唐代、宋代、明代、清代等各个时期文化遗存。周代鲁故城考古发现与汉代鲁城的发现如前所述;2017年发掘的曲阜市老农业局遗址中,还发现了龙山文化早期遗存。

近几年来,在鲁故城宫城遗址内发现了魏晋时期大墓、沟等遗存,发现了丰富的唐代文化遗存,填补了曲阜城市文化连续发展的空白。宋代在原来太庙的基础上修建周公庙,现在的周公庙是清代康熙年间扩建的。至明代建县城以卫庙,逐渐形成了以"孔府、孔庙和孔林"为代表的系列尊孔祭孔文化遗产。

从目前的考古发现得知,鲁故城遗址自龙山文化早期就有先民居住,西周早期至汉代为鲁国都城,魏晋、唐代遗存丰富亦为聚落中心,宋代、明代、清代则以尊孔、祭孔遗存为

主,形成了围绕鲁故城遗址为核心连续发展的区域文化中心,以周代礼制、汉代至清代尊孔尚儒为代表的传统文化保护与传承体系。

(三)鲁故城国家考古遗址公园建设和众多文化遗产的保护与弘扬,成为曲阜城市的文化底蕴和文化品牌

鲁故城于2010年经国家文物局立项公布列为"国家考古遗址公园",自2011年至今山东省文物考古研究院负责考古工作,2014年遗址公园正式挂牌,考古工作取得了诸多重要成果,促进了鲁故城、鲁文化的深入研究和遗产的保护及其展示。鲁故城考古遗址公园建设遂成为"曲阜片区"(《国家文物博物馆事业发展"十二五"规划》)建设的关键点和核心项目。目前,鲁故城遗址本体保护、环境整治、考古发掘、公园建设等快速推进并取得良好效果,彰显了遗产保护、研究及其惠及民众的社会效益。

鲁故城内坐落着县城及明故城和10余处村、镇,居民近10万人,近年来县城逐渐向南部扩建、迁建。明代县城位于鲁国故城西南隅,占地1.67平方千米,仅占鲁故城面积的1/7。除明故城占压西南部外,鲁故城其他区域文化堆积比较丰富,其中划分了城墙、城门、遗址、墓地等36处重点保护区。包括明故城在内,位于鲁故城内的文物保护单位就有19处,其中4处国保(三孔同时为世界文化遗产)、2处省保、1处市保、12处县保;鲁故城周边1.5千米范围内分布文物保护单位13处,其中国保1处、省保4处、市保1处、县保7处(图七)。

鲁故城与曲阜城市因丰富的文化遗产而完美结合,形成了鲁故城考古遗址公园、"三孔"、儒学为核心内容的传统文化的保护、弘扬与传承体系,成为曲阜城市的文化底蕴和文化品牌。

二、鲁文化研究及其意义

鲁文化是以周代鲁国为代表的一支考古学文化,考古发现主要有曲阜鲁故城、曲阜董大城、兖州西吴寺、兖州六里井、泗水尹家城、泗水天齐庙、新泰郭家泉等遗址和墓地,另有10余处遗址、墓地经过小规模发掘,在曲阜、兖州、泗水、邹城等地调查发现众多遗址,汶泗流域其他县市区文物普查中亦发现丰富的鲁文化遗存(图八)。文化因素以周文化为主,又融合形成了自己的特点,不同于齐文化、莒文化。[①]

---

① 山东省文物考古研究所、曲阜市文物管理委员会:《曲阜董大城遗址的发掘》,山东省文物考古研究所:《海岱考古(第二辑)》,科学出版社,2007年;国家文物局考古领队培训班,《兖州西吴寺》,文物出版社,1990年;国家文物局考古领队培训班:《兖州六里井》,科学出版社,1999年;山东大学历史系考古专业教研室,《泗水尹家城》,文物出版社,1990年;山东省文物考古研究所、泗水县文物管理所:《2000年泗水尹家城遗址发掘报告》,山东省文物考古研究所:《海岱考古(第二辑)》,科学出版社,2007年;国家文物局考古领队培训班,《泗水天齐庙遗址发掘的主要收获》,《文物》1994年第12期;山东大学历史系考古专业、山东省新泰市文化局:《山东新泰郭家泉东周墓》,《考古学报》1989年第4期;韩辉等:《曲阜鲁故城考古新发现与初步认识》,《保护与传承视野下的鲁文化学术研讨会论文集》,上海古籍出版社,2018年。

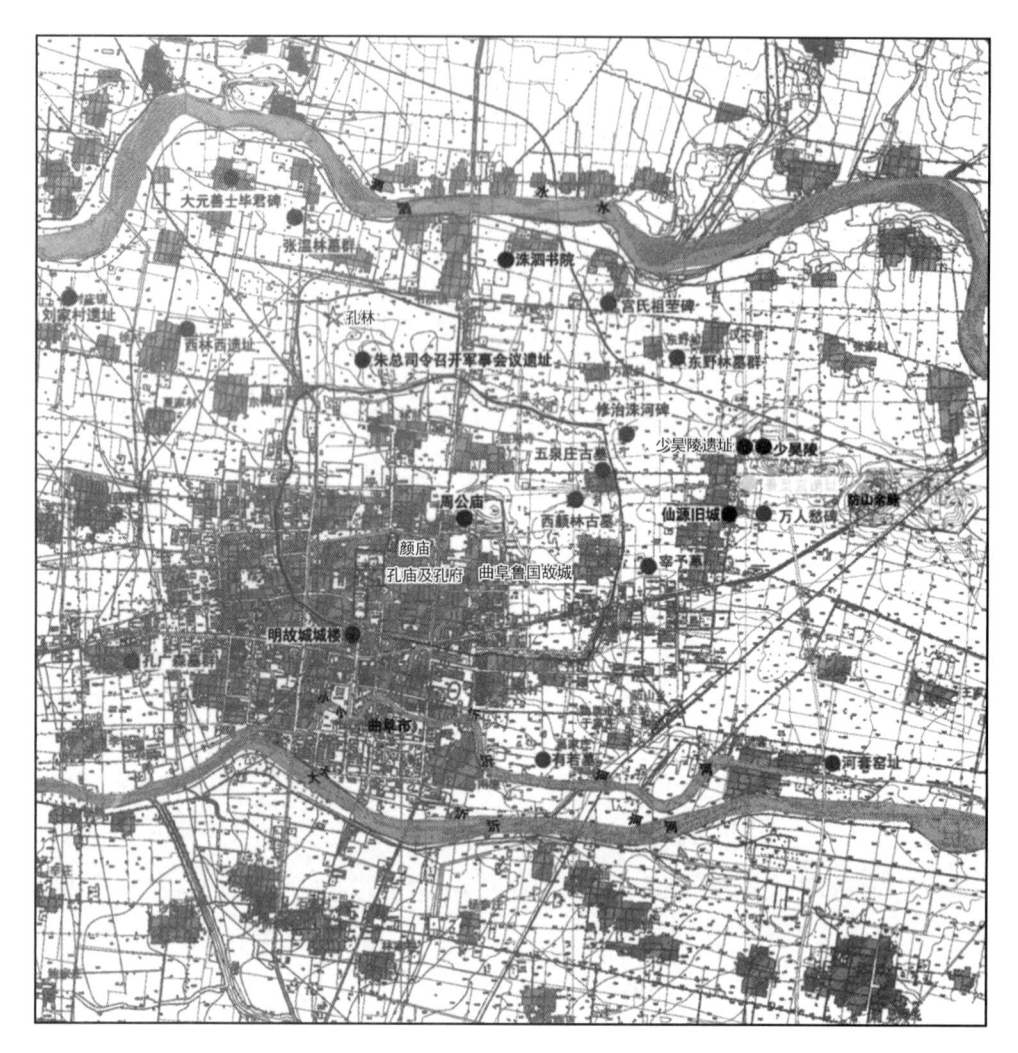

图七 鲁故城、三孔、少昊陵等文物保护单位与曲阜城市关系示意图

(一) 时空分布

检索以往发现的考古资料,参考文献记载有关鲁国城邑、会盟、战争地点等位置,二者的范围基本一致,从而基本确定了鲁文化的范围。鲁文化主要分布于山东地区中南部的汶泗流域,东部达到沂河西岸,包括泰安市、济宁市、枣庄市、菏泽市东部、临沂市西北部。随着从西周早期到春秋早期再至战国时期的发展,鲁文化空间分布也由小变大再缩小的变化,但大致以汶泗流域为中心的鲁中地区和鲁西南部分地区。西周晚期至战国早期,鲁文化向南至邹城市北境,与文献记载和郳国为邻相吻合;从最近两年发掘的邹城邾国故城、枣庄东江遗址出土陶器分析,战国中晚期鲁文化向南影响到滕州市中南部、枣庄山亭区,或许与儒学的传播有关。从新泰市周家庄春秋晚期至战国晚期墓葬的发掘,泰安市、

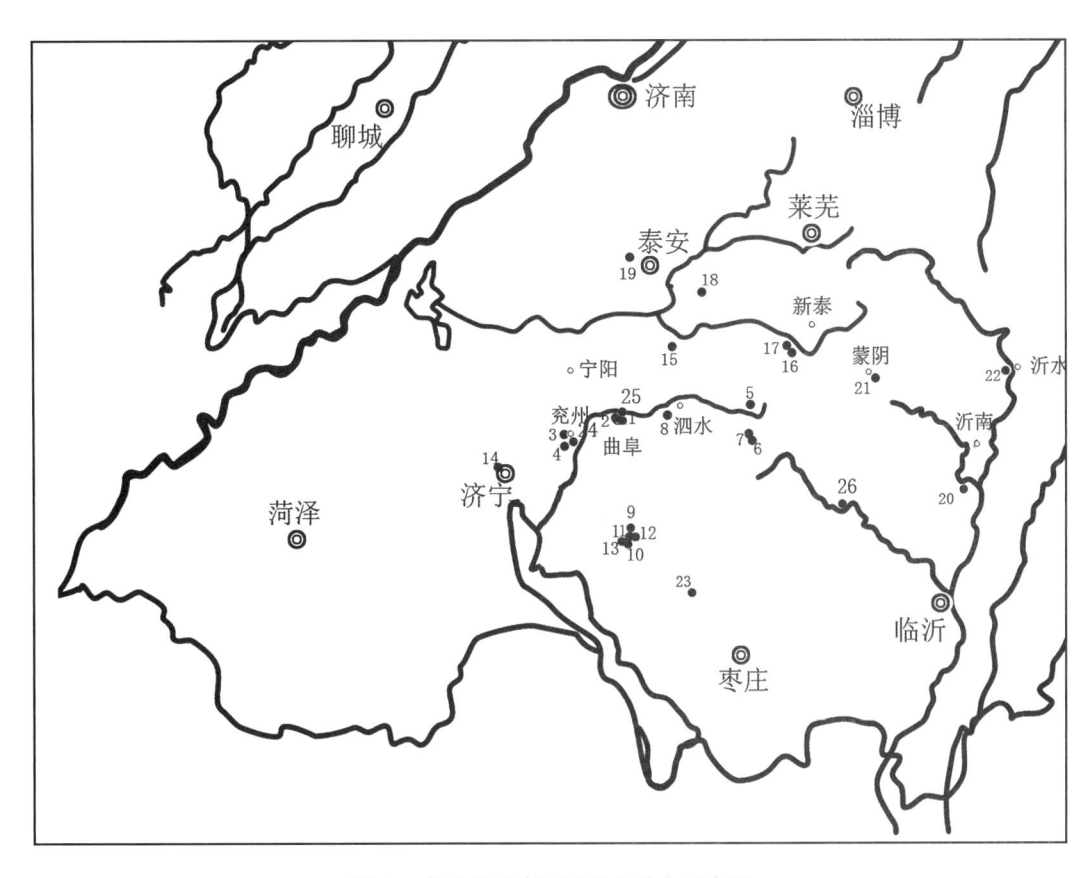

图八　鲁文化遗存重要发现分布示意图

1. 曲阜鲁故城　2. 孔林东　3. 兖州西吴寺　4. 兖州郭家村　5. 泗水泉林古城　6. 泗水天齐庙　7. 泗水姑蔑城址　8. 泗水尹家城　9. 邹县七家峪(栖家峪)　10. 邹城邾国故城　11. 邹城灰城子　12. 邹城康王城　13. 邹城前瓦屋　14. 济宁商业局　15. 宁阳郕城　16. 新泰凤凰泉　17. 新泰郭家泉　18. 泰安城前村　19. 泰安龙门口　20. 沂南西岳庄　21. 蒙阴后里　22. 沂水东河北　23. 枣庄东江　24. 兖州六里井　25. 曲阜董大城　26. 费县故城

莱芜市境内大汶河支流——牟汶河流域及新泰市境内的柴汶河流域出土较多的战国中晚期齐文化墓葬、兵器，证明鲁国势力及鲁文化已退缩至大汶河中游一带。费县故城及浚河流域鲁文化面貌则延续至战国早中期。

（二）文化特征

从墓葬、陶器群和青铜器等特征分析，鲁文化具有自己的特点，与周文化面貌基本一致，而与东部的莒文化、北部的齐文化等不同。以曲阜鲁故城乙组墓为代表的应是周人系统，以贵族为主；而甲组墓则规格较低，应是殷移民或土著的代表。[①] 陶器的研究比较深入，主要体现在鲁故城、西吴寺、六里井、尹家城遗址、凤凰泉墓地等考古报告中。鲁国的

---

① 张学海：《试论鲁城两周墓葬的类型、族属及其反映的问题》，中国考古学会编辑：《中国考古学会第四次年会论文集1983》，文物出版社，1985年。

青铜器过去整体研究较少,有自己的种类、组合及其特点;①西周早期较少、春秋早期最多,以炊煮器、盛食器为主,国君级别青铜器发现少,卿大夫级别多见,媵器、赠赙青铜器较多则反映了鲁国的对外联盟友好策略,"鲁大宰""鲁宰""鲁大司徒""鲁伯父"等青铜器,其官职与周王室系统一致。

（三）文化因素

鲁文化中少量陶鬲为莒文化系统,少量盂、豆等齐文化陶器,部分楚文化系统因素如青铜鼎、蚁鼻钱、陶大口鬲等,少量越文化器物如青铜鼎、瓷罐、葬俗等。泰安、新泰、济宁、兖州、邹城、滕州等地发现的西周初期和早期早段青铜器,证明具有晚商文化遗风,或可证明有殷移民存在。

（四）与文献记载的结合,彰显鲁国、鲁文化的特点

鲁文化因鲁国而命名,西周初年周王朝分封周公之子伯禽于曲阜,鲁国享有祭祀文王、郊外祭天和用天子礼乐等权利,并分得众多典籍、器物,可以使用天子职官系统等,积极推行周王朝政治经济文化制度,逐渐奠定了鲁国地位。春秋以后,鲁国因保存与继承了众多周礼而成为周文化在东方的代表,如在诸侯中享誉班长地位,如"犹秉周礼""周礼尽在鲁矣"等记载。春秋晚期孔子学习、推广周礼,逐渐创立儒家学说,儒学根植于鲁国,形成于鲁文化之中,成为齐鲁地域文化和中华传统文化的核心内容与组成部分。

费县故城遗址的发掘或可证明三桓专政历史的存在,新泰市周家庄东周墓葬的发掘或可证明了齐国、吴国艾陵之战,"平阳"城邑的更替、"汶阳田"的变换之历史真实。

三、儒家思想等传统文化形成背景的解读

（一）周礼、儒家思想的摇篮

周代鲁国都城如上所述,已经考古发现证实,周王室的礼乐文明、典章制度等的继承,历史的变迁和周礼的延续,孔子的为官、好学,崇敬周公、秉承周礼,为师教育、修学传播等,为儒家思想的创建奠定了内在基础。

汉代鲁国一直延续鲁故城为都城,并建有富丽堂皇宫殿。孔子居之地——阙里、孔庙及孔子墓地均在汉代鲁国都城内,祭孔、尊孔风气不减。汉高祖刘邦过鲁,"谒孔庙",祭祀孔子;汉武帝时期,更是"罢黜百家,独尊儒术",孔子与儒学地位成为国学与显学,鲁国都城的礼制与儒学品格得到不断提升。

文献记载唐代武则天曾到曲阜"谒周公庙"。宋代设仙源县县城在鲁故城东约3千米

---

① 毕经纬:《鲁国铜礼器的初步整理与研究》,《考古与文物》2018年第1期。

的少昊陵前侧,大中祥符元年(1008年)在鲁故城内在鲁太庙基础上重建周公庙,并尊周公为"文宪王"进行祭祀。同时,宋代也重视佛教、道教,使传统文化在曲阜得到融合与传播,宋代"鲁国之图"中文宪王庙在中间、胜果寺在东侧、白鹤观在西侧就是例证。

明代正德年间,为防止农民起义军破坏,明王朝下令"移城以卫庙",筑造县城保护孔庙。随着皇家和统治者的重视,孔家地位不断得到提升,祭孔建筑不断扩建,祭祀活动不断扩大规模,不断提升规格,逐渐形成了现在以"孔庙、孔府、孔林"三孔为主要特色的曲阜文化品牌和城市特质。[①]

(二) 国家政治与贵族文化,是儒家思想形成的大传统与小环境[②]

周王朝分封国于曲阜,周文化东渐并逐渐形成鲁文化,礼乐文明扎根鲁故城。从西周最初在此营城,符合都城建设原则,"非于大山之下,必在广川之上",鲁国都城在泗水与沂河之间,远处周边三面环山,既考虑了农业发展之利,又考虑了军事战略,远离夷人、商奄旧部势力核心区域。

城内布局包括城门12座、道路、排水、墓地、手工业、市等,功能区分明确,新发现的东周时期宫城更是充分利用了地形地势制高点,城内布局也比较清楚,尤其是太庙的修建应在宫城内。考古发掘与研究区分出了甲、乙组墓葬,代表了地方人群和周人两个系统,鲁故城及其他地点出土的青铜器证明了鲁国使用的周王室职官命名系统。

孔子在其父去世后迁至鲁国都城内阙里居住,孔子成长在鲁国都城,深受贵族文化和鲁国政治的熏陶与影响,自幼学习周礼,"入太庙,每事问""郁郁乎文哉,吾从周""不复梦见周公矣",孔子以推广周礼为己任,并开办学堂教授六艺,修经著史,创立儒学。孔子崇拜周公,推崇周礼,在鲁国都城、鲁国和诸侯国产生了巨大影响。孔子去世后更受尊敬,建立孔庙祭祀,墓地周边也成为学习儒学的场所。

总之,鲁国政治、都城、宗法、宗庙、制度,贵族政治与文化,以及鲁国在诸侯国中的地位,反映了鲁国的礼乐文明是西周文化在东方的延续与代表。这种现象从文化理论来说可理解为大传统和内在环境,是孔子创立儒家思想的内在基础。

(三) 文化大背景和小传统[③]

鲁文化继承了周文化,从西周早期至战国晚期以汶泗流域为主要分布地域,体现出了民众性、普遍性和时代性,与齐文化、莒文化不同而又互相融合,是齐鲁文化的重要组成部分,是儒家思想形成的大环境。这种现象从文化理论来说可理解为小传统,而实际是文化大背景,是孔子与儒家思想形成的时空背景。

---

① 刘延常:《曲阜鲁故城与文化传承》,孔子研究院:《孔子学刊》第6辑,青岛出版社,2015年。
② 刘延常:《解读儒家思想形成的背景——以鲁文化研究为例》,《儒家文明论坛》(第二期),山东人民出版社,2016年。
③ 刘延常:《解读儒家思想形成的背景——以鲁文化研究为例》,《儒家文明论坛》(第二期),山东人民出版社,2016年。

"启以商政,疆以周索"应理解为尊重地方文化习俗,而贯彻周王室的政治宗法制度,是怀柔政策与变革礼制的统一体现。

总之,从儒家思想内容与形成背景来看,孔子吸收、总结、归纳与提炼了上古时期至春秋时期中华历史文化的传统优秀基因,代表了中华民族的文化根脉。尽管孔子创立的儒家思想在春秋战国时期未被统治者重视与利用,而实际上却孕育着先进文化的基因,成为后世文化价值与取向,是社会发展的必然。

结　　语

如上所述,我们通过考古学解读鲁故城考古发现、鲁文化研究,以此为基础研究鲁文化与齐文化、莒文化和周边其他文化、古国文化遗存的融合,再结合文献记载,对齐鲁文化、儒家思想等文化传统的发展传承有了清晰的认识。

齐鲁文化是周代山东地区地域文化的泛称,包括齐文化、鲁文化、莒文化、珍珠门文化(土著文化)等考古学文化,及众多的古国文化遗存和周边古文化遗存。齐鲁文化的融合,邹鲁之风的形成,独尊儒术的统一,齐鲁地域文化在思想、文化传统方面逐渐上升为中华传统文化的核心组成部分。

曲阜城市内在的品格是周代以来,或许可以追溯到商奄或少昊时期,以传统文化尤其是周礼、儒学、孔子、城市要素的传承为特质的。当前,以"曲阜鲁国故城国家考古遗址公园"建设为契机,对鲁故城开展保护、利用与展示,让文化遗产活起来,让文化遗产保护成果惠及民众,鲁故城与曲阜城市更加紧密结合在了一起,再度彰显出了文化传承的魅力。

今后我们将加强合作交流与多学科研究,持续推进鲁故城、鲁文化的深入研究,发挥考古学的独特作用,为挖掘、研究、阐发、弘扬与传承优秀传统文化做出新贡献。

(原发表为刘延常、戴尊萍:《曲阜鲁故城、鲁文化与传统文化》,《保护与传承视野下的鲁文化学术研讨会论文集》,上海古籍出版社,2018年)

莒 文 化 探 析

莒文化,在有识之士和专家的倡导、努力下得以提出,并达成共识,[1]这是件了不起的事情。要确立莒文化,深入研究莒文化,除历史学和其他学科外,考古学应发挥着主要作用。同一考古学文化,须具备三个条件:同一时代,一定地域和具有共同的地方性特征的遗迹、遗物。莒文化,有三个关键环节,一是鲁东南地区考古学文化的一致性,二是周代,三是以历史上的莒国为主体也包括其他诸小国。

本文试析鲁东南地区周代考古学材料,对莒文化的分布、特征、分期与年代及有关问题进行归纳、探讨,以期促进莒文化的深入研究,如能够对莒文化的确立和文物工作以及对弘扬莒文化有所裨益就达到目的了。不当之处,敬请大家批评指正。

一、鲁东南地区周代文化遗存的发现

鲁东南地区是指沂山山脉以南,蒙山山脉以东至海的区域,包括沂、沭河中上游流域及东部沿海地区,行政区划覆盖临沂市全境、日照市全境及沂源县、安丘市、临朐县、诸城市和胶南市的一部分。这一区域宽广,周代文化遗存较为复杂。

莒县开展工作较早,发现材料最多。1963年天井汪出土了一批青铜器,有列鼎5、盖鼎1、罍2、壶1、鲍壶1、盘1、鉴1等;[2]1955年龙山镇王家山出土一件铜鬲,1956年出土一件铜鼎;1964年在小店镇卢家孟堰清理一座墓,出土陶鼎、鬲、豆,另外采集了一件直耳蹄形足重环纹铜鼎;1969年在老营村清理一春秋墓,出土铜鼎3、鬲1、罍2、盘1、提梁壶1;1974年中楼镇崔家峪出土一件有铭文铜匜;1988年在于家沟清理一座春秋殉人墓,出土陶罍、豆、罐,铜鼎、豆、盘、敦、鲍壶,其中鲍壶有铭文"莒大叔……";1988年二十里堡乡栗林村出土一件陶鬲;1982年山东省文物考古研究所和莒县博物馆共同发掘了钱家屯遗址,清理50座小型墓葬,出土陶鬲、豆、盖罐、罍和铜剑等。[3]

为配合丝绸大酒店的建设,莒县博物馆清理了一座大型春秋墓,墓葬边长10米,殉人10个;1992年中国社会科学院考古研究所山东队和莒县博物馆共同发掘了马庄遗址,清

---

[1] 政协莒县文史资料委员会:《莒文化研究专集》(一)、(二),《莒县文史资料》第十辑(1999年)、第十一辑(2000年)。
[2] 齐文涛:《概述近年来山东出土的商周青铜器》,《文物》1972年第5期。
[3] 苏兆庆等:《莒县文物志》,齐鲁出版社,1993年。

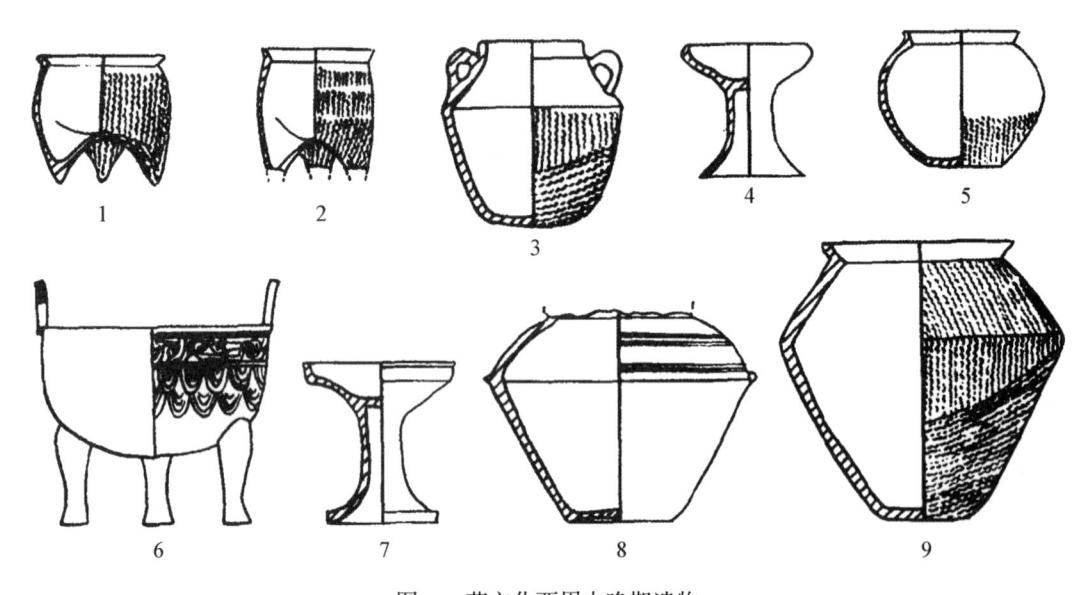

图一　莒文化西周中晚期遗物

1、2. Ⅰ式鬲　3. C型罐　4、7. Ⅰ式豆　5. BcⅠ式罐　6. Ⅰ式铜鼎　8. BaⅠ式罐　9. BbⅠ式罐
（1-3、9. 揪齐园　4、5、7. 尧王城　6. 邱前村　8. 岗河崖）

理了一批小型墓葬，出土陶鬲、豆、罐等；①1983年山东省文物考古研究所和莒县博物馆发掘了杭头遗址，清理了3座小型周代墓葬，出土陶鬲、罐、瓮和曡等；②1993年莒县博物馆在东莞镇大沈刘庄清理了一座"凸"字形春秋墓，出土陶鼎、豆、壶、敦、扁壶和铜剑、戈、矛、带钩、车軎、马衔、盖弓帽，还有石贝等；③1996年莒县博物馆在店子集镇西大庄清理一座西周墓，出土铜器41件，有鼎3、鬲1、甗1、簋4、壶1、匜1、盘1、舟1、戈2及车马器构件；④莒县博物馆1995和1996年两次发掘了莒故城刀币铸造遗址，发现了许多春秋时期的"莒"刀币以及陶钱范。⑤另外，莒县博物馆还保存了众多调查得到的实物资料。

1975年山东省博物馆等单位在莒南县大店镇发掘了老龙腰M1、花园村M2两座大型东周墓葬，出土大量陶器、铜器（礼器、乐器、兵器和车马器等）及骨贝和绿松石等随葬品，M2出土钮钟有较长的铭文"……莒叔之仲子平自作铸其游钟……"。⑥1982年莒南县博物馆在十字路镇尤家庄子清理一座中型墓，棺椁周围填白膏泥，头向东，随葬品置于一侧，出土陶鬲、簋和铜提梁壶、舟、戈、剑等；在柳沟乡卢范大庄清理一座墓，出土陶鬲、罐和铜鼎、匜等；陡山乡陡山村出土两件陶鬲，矮领、鼓肩、弧裆、细高实足，腹以下饰绳纹；北园乡

---

① 1998年笔者在莒县工作期间，承蒙莒县博物馆苏兆庆、刘云涛先生介绍并查看了发掘资料和实物。
② 山东省文物考古研究所等：《山东莒县杭头遗址》，《考古》1988年第12期。
③ 张开学、刘云涛：《山东莒县大沈刘庄春秋墓》，《考古》1999年第1期。
④ 莒县博物馆：《山东莒县西大庄西周墓》，《考古》1999年第7期。
⑤ 苏兆庆、刘云涛：《莒刀探源》，《莒文化研究专集》（一），《莒县文史资料》第十辑（1999年）。
⑥ 山东省博物馆等：《莒南大店春秋时期莒国殉人墓》，《考古学报》1978年第3期。

虎园村出土一件罐,鼓肩、曲收腹。①

沂水县清理了较多的墓葬。1978年山东省博物馆等单位在院东头镇刘家店子发掘了两座大型春秋墓葬和一车马坑,出土大量陶器、铜器(礼器、乐器、兵器和车马器等)和玉石器等;②50年代李家庄出土一批精美铜器,有鬲、罍、卣、盘、匜等;③1982年沂水博物馆在黄山铺乡东河北村清理一墓葬,出土陶鬲、豆、罐、器盖,铜鼎、鬲、舟、戈、削;④1983年沂水博物馆在诸葛镇略疃村清理一墓,出土陶鬲、鼎、豆、盆,铜舟、剑、戈;⑤1988年在杨庄镇李家坡调查征集一座墓的铜器,有鼎、鬲、罍、盘。⑥

1982年、1983年山东省兖石铁路文物工作队在临沂市相公镇凤凰岭发掘一座大型春秋墓、一器物坑和一车马坑,出土300余件随葬品,包括陶器、铜器(礼器、乐器、兵器和杂器)、玉石器。⑦ 1984年临沂市博物馆在汤河乡中洽沟清理了三座春秋墓,出土陶鬲、簋、

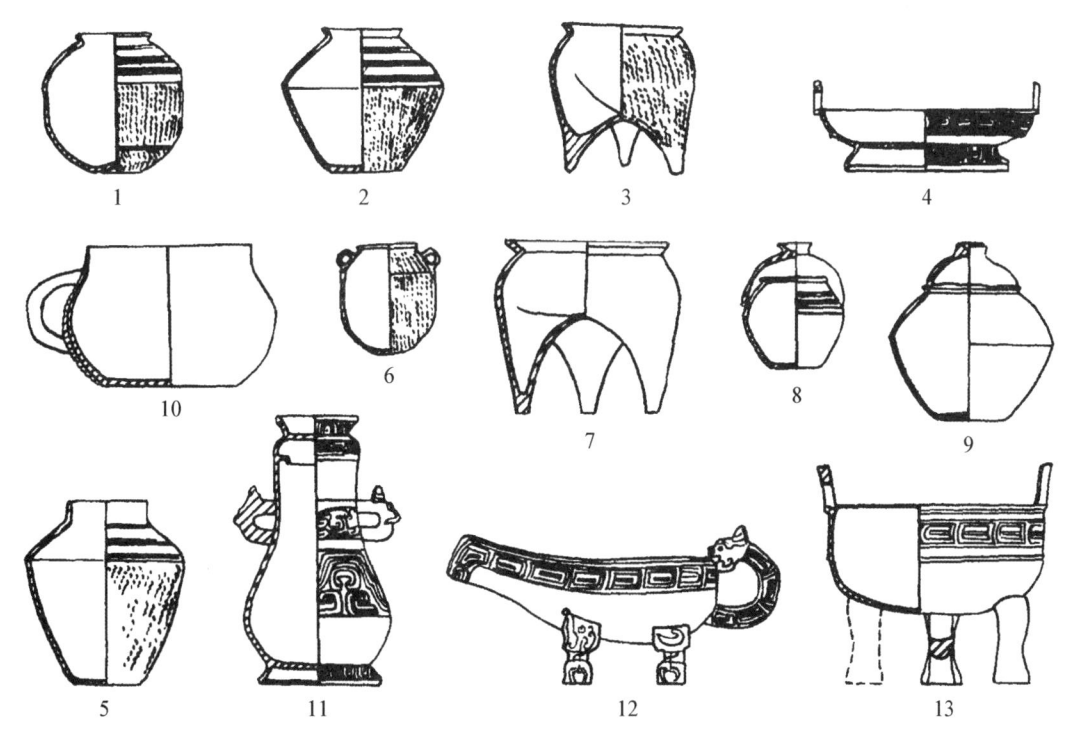

图二 莒文化西周晚期遗物

1. 深腹圈底罐 2. BbⅡ式罐 3. 鬲 4. Ⅰ式铜盘 5. Ⅰ式瓮 6. C型罐 7. Ⅰ式铜鬲 8. BcⅡ式罐 9. BaⅡ式罐 10. Ⅰ式铜舟 11. A型铜壶 12. Ⅰ式铜匜 13. Ⅱ式铜鼎
(1—3、5、8、9. 杭头M2 2、6. 杭头M1 3、4、7、10—13. 西大庄)

---

① 1999年12月笔者在莒南工作期间,承蒙莒南博物馆庄虔玉、吴瑞吉先生介绍并看到了实物。
② 山东省文物考古研究所等:《山东沂水刘家店子春秋墓发掘简报》,《文物》1984年第9期。
③ 山东省博物馆:《山东文物选集(普查部分)》,文物出版社,1959年。
④ 马玺伦:《山东沂水发现一座西周墓葬》,《考古》1986年第8期。
⑤ 沂水县文物管理站:《山东沂水发现工虗王青铜剑》,《文物》1983年第12期。
⑥ 孔繁刚:《山东沂水县出土一批青铜器》,《考古与文物》1992年第2期。
⑦ 山东省兖石铁路文物考古工作队:《临沂凤凰岭东周墓》,齐鲁书社,1987年。

盂、罐、铜鼎、鬲、盘、匜等。① 临沂河东区涧头出土一陶鬲,鼓肩、分裆;临沂大范庄出土陶鬲,鼓肩、弧裆、细高实足;临沂李官庄、太平东张屯、苍山仲村西辛庄出土铜鬲,鼓肩、高实足。② 1966年临沂花园公社出土一批铜器,有鼎3、鬲1、盘1、匜1、罍1、编钟一组9件、削1、镞6等共23件。③

1989年临沂文物管理委员会等在郯城县第二中学清理了三座墓葬,出土陶鼎、鬲、豆、瓮和铜鼎、凿、锛等。④

日照崮河崖1976年、1983年分别清理一座墓,出土铜器17件,有鼎、鬲、壶、盆、盘、匜等。⑤ 日照市还有21处周代遗址,出土陶器28件,有鬲、盂、豆、罐;铜器59件,有鼎、鬲、壶、盘、剑、戈、镞、削、锛等,绝大部分为墓葬随葬品,其中较重要的有揪齐园、赵家庄、陶家村、董家滩、邱前村、松竹村、小村、六甲庄、尧王城、两城镇等遗址。⑥

1994年在安丘南部柘山乡东古庙村清理一座春秋墓,出土一批青铜器,有鼎5、鬲2、斗2、罍4、觯2、盘、匜、壶、舟及凿、削、镞等。⑦

1998年山东省文物考古研究所在沂南县砖埠镇西岳庄发掘了两座大型春秋墓葬(被盗),出土了一批陶器、铜器、玉器、骨器和漆木器,陶器有鬲、簋、豆、罐、瓮等;1999年又发掘了西岳庄遗址,获得了丰富的西周时期文化遗存,陶器有鬲、簋、豆、罐、盂、盆、瓮等;西岳庄附近的季家庄、孙家黄瞳遗址也有类似的遗物出土。⑧

五莲县潮河镇丹土村出土陶鬲,鼓肩、弧裆,还有铜鼎、鬲;中至镇留村出土陶鬲、铜鬲;石场乡青山村出土陶鬲;街头镇罗家丰台出土陶鬲。⑨

通过检索以上考古资料,我们发现鲁东南地区周代考古学文化具有较强的一致性,也具有地方特点,这是莒文化研究的基础。下面具体分析其文化特征。

二、莒文化特征

考古学文化遗存主要表现在遗迹和遗物两方面,墓葬及其随葬品最能反映文化的特点、传统和习俗。鲁东南地区未大规模地发掘遗址,房址等其他遗迹还不甚清楚。目前发现资料多数是墓葬及其随葬品,实际各市县还有较多调查采集的零散材料没有被识别出来,也没有整理和发表。下面根据已发表的材料和笔者在工作、学习中见到的实物,对莒

---

① 临沂市博物馆:《山东临沂中洽沟发现三座周墓》,《考古》1987年第8期。
② 1999年11月笔者在临沂工作期间,承蒙李玉亭先生介绍并参观文物库房见到了实物。
③ 齐文涛:《概述近年来山东出土的商周青铜器》,《文物》1972年第5期。
④ 刘一俊、冯沂:《山东郯城县二中战国墓的清理》,《考古》1996年第3期。
⑤ 杨深富:《山东日照崮河崖出土一批青铜器》,《考古》1984年第7期。
⑥ 杨深富等:《山东日照市周代文化遗存》,《文物》1990年第6期。
⑦ 安丘市博物馆:《山东安丘柘山镇东古庙村春秋墓》,《文物》2012年第7期。
⑧ 笔者在1998年12月、1999年3月主持发掘了西岳庄春秋墓和西岳庄遗址,工作之余在附近诸葛亮故居博物馆内又看到了采集的其他遗址的标本。
⑨ 2000年4月笔者在五莲县工作期间,承蒙王学良先生介绍并在博物馆展柜内见到了实物。

文化特征加以分析、归纳(遗迹只介绍墓葬)。

1. 墓葬

皆长方形土坑竖穴墓,依据面积大小,参考随葬铜礼器的多少,将墓葬分为大、中、小三个类型。依次总结其特征。

(1) 大型墓。面积在30平方米以上,多数100余平方米。主要有莒南大店M1、M2,莒县丝绸大酒店M1,沂水县刘家店子M1、M2,临沂凤凰岭东周墓,沂南县西岳庄M1、M2。墓室多南北长、东西宽,口大底小,斜壁,大店M1有夯筑墓壁。墓道在东边北侧或南侧,较短窄(没有墓道的多因为上部破坏严重所致)。墓向均向东。填土为夯筑花土,墓底填较厚的青膏泥或白膏泥。墓室多熟土二层台,个别墓一边有生土二层台。

墓室分椁室和器物库两部分,其上覆盖席子,周边用青膏泥封盖。椁室底部铺有枕木和垫板,多两椁一棺或一椁两棺,用方木和木板构筑,结构复杂。器物库用方木构筑而成。绝大多数墓葬有5-40殉人,一般10-14人,多葬在椁室周围,有棺;有的葬在椁室和器物库上部,无棺。椁室底部多有腰坑,内殉狗。

随葬品主要放置在椁室、器物库或器物坑内,车马坑内也放置部分随葬品。棺内放置玉器、石器和骨器等装饰品,椁室内随葬部分铜礼器及剑、戈、镞等,器物库内随葬陶器、铜器(包括礼器、乐器、兵器、车马器和杂器)、玉石器、骨器及漆木器。

陶器组合为鬲、簋、豆、罐、瓮和器盖,或为鼎、鬲、豆、壶、罐、瓮、甗、投壶和器盖,或为鼎、豆、敦、罐、甗和器盖,每墓鼎7件,鬲6-8件,壶、敦、罐分别在6件以上。铜礼器组合为鼎、鬲、甗、簋、壶、盘、舟、匜、罍,或为鼎、甗、盆、壶、盘、舟、敦、卣。鼎随葬7、9、16件不等,多数鼎的形制和大小相同,鬲随葬一组9件,形制和大小相同。乐器有编钟(钮钟、甬钟),编镈,錞于,钲,铎;钟随葬1-4组,每组4-9件,大小相次;镈随葬1-2组,每组4-6件,大小相次。礼器和乐器常饰有铭文,有的较长。兵器有剑、戈、矛和镞。杂器有斤、斧、削等。车马器有害、辖、节约、盖斗、盖弓帽等。玉石器有戈、琮、璧、璇玑、璜、玦、珮、环、石磬、石贝、玛瑙珠和绿松石珠等。另有骨贝、骨珠等串饰。除杂器外,各器类数量较多。

(2) 中型墓。面积10-30平方米。主要有莒县西大庄、大沈刘庄、丁家沟墓葬,沂水略疃墓,临沂中洽沟三座墓,日照崮河崖M1、M2,安丘东古庙墓葬,莒南尤家庄子墓。

墓室多南北长、东西宽,墓壁垂直。多数无墓道。墓向多向东。有熟土二层台。一棺一椁,椁底铺有枕木和垫板,椁室周边填白膏泥。椁室底部有腰坑,殉狗。于家沟墓殉葬2人。随葬品多放置在边箱或头箱内,有陶器、铜器(包括礼器、兵器、杂器、车马器)、玉石器和木器等。各器类数量较少。

陶器组合为鬲、簋、罐,鼎、鬲、豆、罐,鼎、豆、壶、敦三种。铜礼器组合为鼎、鬲、甗、簋、壶、盘、匜、舟,鼎、鬲、盘、匜,鼎、壶、盘、敦、舟三种。鼎每墓随葬2-4件,大部分形制相同,个别墓的鼎大小相次;个别器物有简短铭文。兵器有剑、戈、镞。车马器有害、辖、衔、镳等。个别墓随葬削、带钩等杂器及石贝。

（3）小型墓。面积在6平方米以下。主要有东河北墓葬、杭头M1和M2、郯城二中三座墓葬。这类墓葬还可再分，因受资料限制，归为一类概括。

墓葬平面东西长、南北宽，墓向东。葬具为一棺或一棺一椁，有的墓底填白膏泥。人骨架仰身直肢，随葬品放置在左侧。随葬品有陶器、铜器，数量较少。

陶器组合为鬲、罐（包括盖罐）、瓮，鬲和盖罐，鼎、鬲、豆、簋、罐、瓮三种。有的墓为几件罐（大小或形制不同），二中M1随葬陶磬13件。少部分墓随葬铜器，有鼎、鬲、舟、盆、编钟、削、镞、锛、凿、锯。

2. 遗物

由于许多材料是调查采集的，可能有不是墓葬出土的；另外莒故城还发掘铸币遗址，出土过莒刀币。因此，尽管绝大多数是随葬品，我们还是按遗物为题介绍。出土遗物非常丰富，主要有陶、铜、玉、石、骨和漆木器等，其中陶器、铜器数量最多。下面选择富有特征、演变规律比较清楚的典型器物进行概括分析。

（1）陶器。以往的工作中一是由于随葬陶器火候低，不宜保存，另一个是大家对陶器重视不够，对破碎陶片弃之不要或不予修复，是莒文化研究的一大损失。实际上陶器是遗物中最富有地方特征、最具普遍性、发展变化最快、演变顺序清楚的典型器物，下面主要介绍鬲、簋、豆、罐、瓮、鼎、器盖。

鬲　鼓肩，弧裆，高实足根。是莒文化指征性器物之一。分9式。

Ⅰ式（揪齐园）—Ⅱ式（杭头M2）—Ⅲ式（中洽沟采Ⅰ）—Ⅳ式（西岳庄M1）—Ⅴ式（凤凰岭）—Ⅵ式（大店M2）—Ⅶ式（二中M3）—Ⅷ式（二中M1）—Ⅸ式（大范庄、陡山采集）。其演变规律为：口沿由窄折沿、宽斜折沿、卷沿、平沿短颈到矮领变化；肩部由圆鼓、较鼓、明显鼓出到高鼓肩发展；腹壁袋足部分由弧壁、内收、斜内收到曲收腹演变；实足部分由矮小、锥状、柱状、高柱状到细柱状变化。

簋　多称豆形簋，亦有人称豆。是莒文化指征性器物之一。分6式。

Ⅰ式（中洽沟采25）—Ⅱ式（中洽沟采24）—Ⅲ式（西岳庄M2）—Ⅳ式（凤凰岭）—Ⅴ式（大店M2）—Ⅵ式（二中M1）。其演变规律为：盘由盆形、盂形到碗形发展，腹由深变浅；口沿由宽斜折沿、窄斜折沿、卷沿到平沿演变；柄由粗矮向细高变化；圈足由大喇叭向小喇叭形状发展。

豆　常见器形，浅盘、高柄。分6式。

Ⅰ式（尧王城）—Ⅱ式（西岳庄M2）—Ⅲ式（凤凰岭）—Ⅳ式（大店M2）—Ⅴ式（大店M1）—Ⅵ式（二中M1）。其演变规律为：豆盘由深变浅，柄由粗矮向细高发展。

罐　绝大多数带盖，数量最多，形制多样，是莒文化常见器形。分三型。

A型　器体较高，鼓肩，曲收腹。是莒文化指征性器物之一。有的称壶或瓮。分5式。

Ⅰ式（西岳庄M1）—Ⅱ式（凤凰岭）—Ⅲ式（大店M2）—Ⅳ式（大店M1）—Ⅴ式（二中M1:12、M1:24）。A型罐的演变规律为：口部由宽卷沿、窄卷沿、短颈向高颈发展；肩部

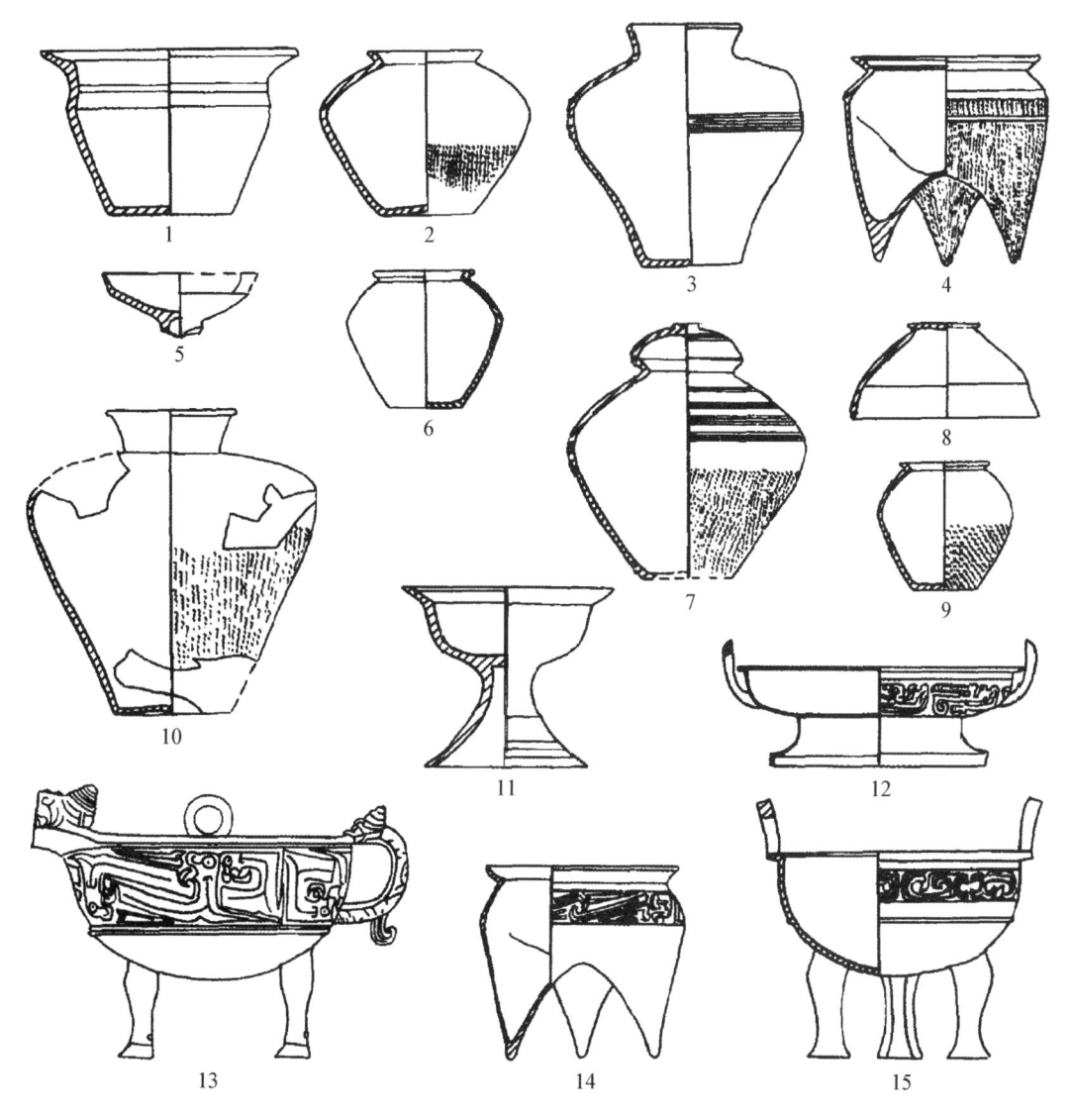

图三 莒文化春秋早期遗物

1. 盂 2、9. BcⅢ式罐 3. AⅠ式罐 4. Ⅲ式鬲 5. Ⅱ式豆 6. BaⅢ式罐 7. BbⅢ式罐 8. 器盖 10. Ⅱ式瓮
11. Ⅰ式簋 12. 铜盘 13. 铜匜 14. Ⅱ式铜鬲 15. Ⅲ式铜鼎
（1、2、4-7、9、11-15. 中洽沟 3、5、8、10. 西岳庄春秋墓葬）

由圆鼓、鼓到耸肩演变，最大径逐渐上移；腹部由内收到曲收腹变化，腹逐渐变长。

B 型　器体矮胖，鼓腹。有的称罍。分3个亚型。

Ba 型　素面，或肩部饰凹弦纹。是莒文化指征性器物之一。分6式。

Ⅰ式（尧王城）—Ⅱ式（杭头 M2：7）—Ⅲ式（西岳庄 M1、中洽沟采 14）—Ⅳ式（东河北）—Ⅴ式（大店 M2）—Ⅵ（二中 M2、M3）。Ba 型罐的演变规律为：由折腹、鼓腹到圆腹发展。

Bb 型　饰绳纹,或肩部饰凹弦纹、腹部饰绳纹,器体较大。分6式。

Ⅰ式(揪齐园)—Ⅱ式(杭头 M1∶4、M2∶4)—Ⅲ式(中洽沟采6)—Ⅳ式(西岳庄 M2)—Ⅴ式(刘家店子 M1)—Ⅵ式(大店 M1)。Bb 型罐的演变规律为:由折腹、鼓腹到圆腹变化,最大径由高变低。

Bc 型　肩部素面,腹部饰绳纹,器体较小,圆腹。是莒文化指征性器物之一。分5式。

Ⅰ式(揪齐园)—Ⅱ式(杭头 M2∶10)—Ⅲ式(中洽沟采18)—Ⅳ式(中洽沟采17、东河北)—Ⅴ式(大店 M1)。Bc 型罐的演变规律为:口沿由宽斜折沿、窄折沿到卷沿发展;腹由圆腹、鼓腹到扁圆腹变化,腹最大径逐渐下移。

另外,杭头、揪齐园还出土深腹圜底罐。

C 型　肩部有两个对称横耳,数量较少。揪齐园、中洽沟、杭头、大店都有发现。

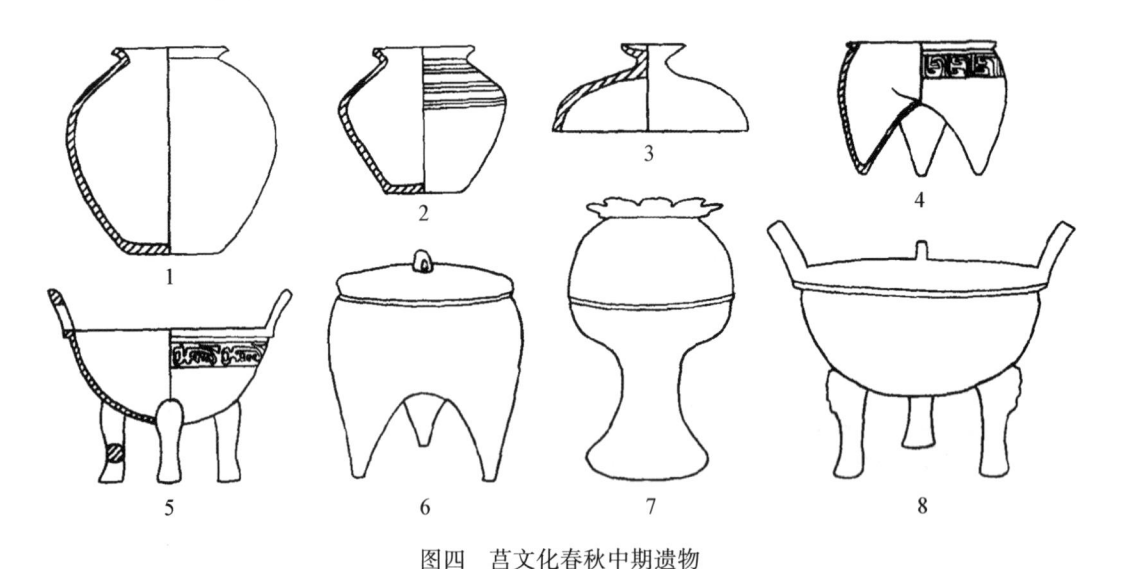

图四　莒文化春秋中期遗物
1. BcⅣ式罐　2. BaⅣ式罐　3. 器盖　4. Ⅳ式铜鬲　5、8. Ⅴ式铜鼎　6. Ⅴ式铜鬲　7. 簋
(1、2、3、4、5. 东河北　6－8. 刘家店子)

瓮　鼓肩,收腹,小平底。是莒文化指征性器物之一。分4式。

Ⅰ式(杭头 M2∶1)—Ⅱ式(西岳庄 M2)—Ⅲ式(凤凰岭)—Ⅳ(二中 M1∶14、M1∶26)。瓮的演变规律为:口部由高领、宽卷沿、窄卷沿到敛口发展;肩部由折肩、圆鼓肩、鼓肩到高鼓肩变化,最大径逐渐上移;腹壁由斜直、内收到曲收腹演变,腹部变长。

鼎数量较少。分3式。Ⅰ式(大店 M1)—Ⅱ式(二中 M1)—Ⅲ式(二中 M2)。鼎的演变规律为:腹由弧壁、浅腹到深腹发展,蹄形足足根、足尖逐渐突出,足安装位置上移。

器盖　数量多,常覆盖于罐、瓮、鼎之上,是莒文化指征性器物之一。器盖的演变规律为:腹由深变浅,顶部由弧壁向平顶发展。

另外,大店 M1、M2 出土甗,大店 M2、二中 M2 出土投壶,揪齐园、中洽沟出土盂,大店

M1、大沈刘庄等出土敦。数量极少。

（2）铜器。出土数量较多,但由于墓葬多被盗,规格较高的墓出土铜器在各地区往往具有相似性,并且铜器演变时间比较缓慢。因此,铜器反而不如陶器反映的时代特征敏感,也比不上陶器具有文化特征广泛的代表性。尽管如此,莒文化铜器从类别、组合、数量、器形和纹饰等方面富有自己的特点,是莒文化礼俗的主要代表。铜器主要有礼器、乐器、兵器、车马器和杂器,这里主要介绍礼器,有鼎、鬲、甗、壶、盘、匜、罍、盆、舟、敦等。

鼎　主要器物组合之一,分两型。

A型　立耳。分7式。

Ⅰ式(邱前村、崮河崖)—Ⅱ式(西大庄)—Ⅲ式(小村)—Ⅳ式(中洽沟)—Ⅴ(刘家店子、东河北)—Ⅵ式(赵家庄)—Ⅶ式(凤凰岭)。A型鼎的演变规律为：腹由深鼓腹到浅收腹发展,蹄形足逐渐明显、突出,且由细高到粗矮,耳由微侈逐渐外斜。

B型　附耳。分6式。

Ⅰ式(崮河崖)—Ⅱ式(刘家店子)—Ⅲ式(陶家村)—Ⅳ式(凤凰岭)—Ⅴ(大店M1)—Ⅵ(二中M1)。B型鼎的演变规律为：由直口、平沿发展为子母口,腹由深渐浅,蹄形足由细高到粗矮、足根渐突出,足安装位置渐上移。

鬲　鼓肩,弧裆,形状与陶鬲相同,是莒文化指征性器物之一。分7式。

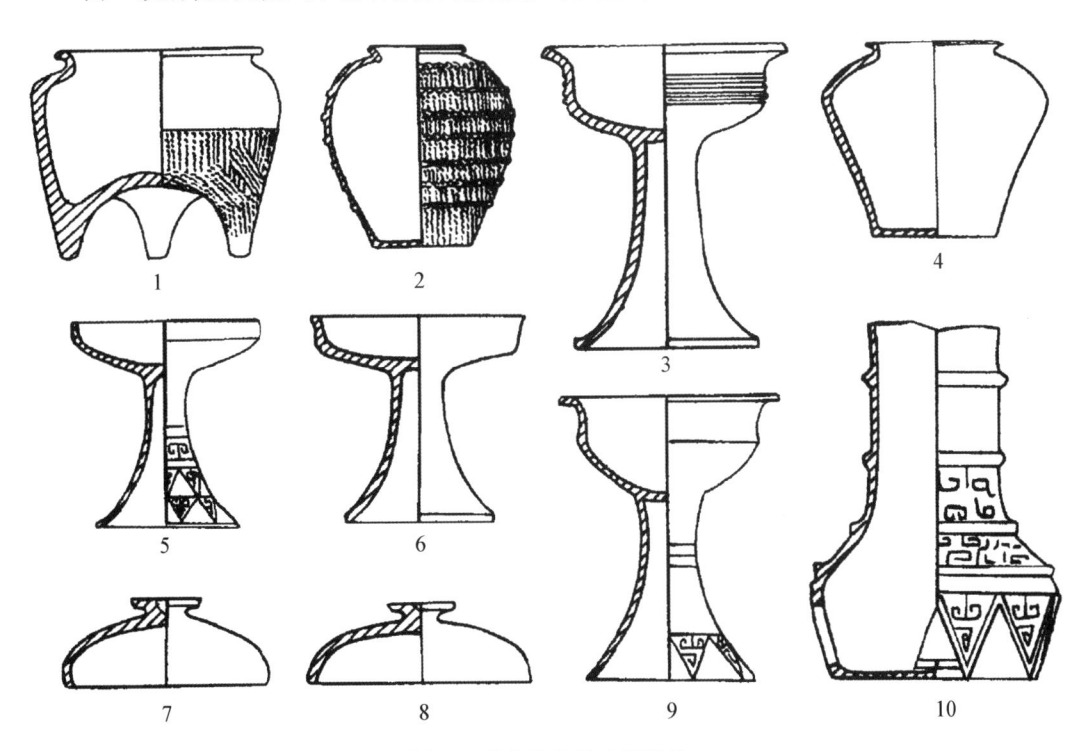

图五　莒文化春秋晚期遗物

1. Ⅴ式鬲　2. Ⅲ式瓮　3. Ⅳ式簋　4. AⅡ式罐　5. Ⅳ式豆　6. Ⅲ式豆　7、8. 器盖　9. Ⅴ式簋　10. 投壶
(1-4、6-8. 凤凰岭　5、9、10. 大店M2)

Ⅰ式(西大庄)—Ⅱ式(中洽沟、李家庄)—Ⅲ式(董家滩)—Ⅳ式(东河北)—Ⅴ式(刘家店子M1)—Ⅵ式(赵家庄)—Ⅶ式(陶家村)。鬲的演变规律为：口沿由斜折沿、窄折沿发展为平沿,肩由圆鼓到高鼓再发展为短颈。

盘　分5式。

Ⅰ式(西大庄)—Ⅱ式(中洽沟、李家庄)—Ⅲ式(刘家店子)—Ⅳ式(凤凰岭)—Ⅴ式(大店M1)。盘的演变规律为：耳由方形立耳、方形附耳、环耳发展为环耳加附珥,腹由浅渐深,由收腹、圆腹发展为折腹,圈足由高大渐矮小。

匜　分3式。

Ⅰ式(西大庄)—Ⅱ式(董家滩)—Ⅲ式(赵家庄)。匜的演变规律为：流由宽渐窄、由低渐高,腹由瓢形发展为椭圆形。

图六　莒文化春、战之际遗物
1. 敦　2. 甗　3. Ⅰ式鼎　4. Ⅶ式鬲　5. Bc Ⅴ式罐　6. 铜盘　7. Ⅴ式豆　8. AⅣ式罐
(1—3,5—8. 大店M1　4. 二中M3)

舟　分6式。

Ⅰ式(西大庄)—Ⅱ式(赵家庄)—Ⅲ式(刘家店子)—Ⅳ式(凤凰岭)—Ⅴ式(大店M2)—Ⅵ式(大店M1)。舟的演变规律为：形状由圆形、椭圆形到舟形发展,口部由敛口、窄折沿束颈到大口演变,腹由圆腹、鼓腹到收腹变化。

盆　分2式。Ⅰ式(刘家店子)—Ⅱ式(凤凰岭)。

敦　分2式。Ⅰ式(凤凰岭)—Ⅱ式(大店M1)。

罍　李家庄、刘家店子、天井汪出土,以饰兽面纹、鸟兽纹而著称。

壶　主要器物组合之一,形制多样,分四型。

A型　长颈,鼓腹。崮河崖,西大庄,刘家店子出土。

B 型　瓿形壶。崮河崖,六甲庄,于家沟,天井汪出土。

C 型　短颈,圆腹。李家庄,陶家村,凤凰岭出土。

D 型　提梁壶。大店 M1 出土。

另外,个别墓葬还出土甗、簋、卣、盉等。

（3）其他遗物。有玉器、石器、骨器、漆木器等,其中石贝、骨贝、骨珠、绿松石珠数量较多。

三、分 期 与 年 代

根据典型遗址、典型墓葬出土的陶器、铜器组合及其演变顺序,对莒文化遗存进行分期;然后着重讨论几处主要墓葬的年代,通过比较确定各期的年代。下面将典型陶器的组合及其演变序列和分期结果列表(表一)。

我们再将典型单位的铜器组合及其演变关系和分期结果列表(表二)。

我们依据类型学将陶器和铜器进行了分型、排序、分期,从表一、表二可知,中洽沟、刘家店子、凤凰岭、大店 M1 和 M2、二中 M1 等典型墓葬,它们的相对年代序列一致,说明分期是基本正确的。现在讨论相关单位的年代。

表一　典型单位陶器组合、型式及其分期表

单位＼型式＼陶器	鬲	簋	罐 A	罐 Ba	罐 Bb	罐 Bc	罐 C	豆	瓮	盂	鼎	敦	分期
揪齐园、崮河崖、尧王城	Ⅰ			Ⅰ	Ⅰ	Ⅰ	✓	Ⅰ		✓			一
杭头 M2、M1	Ⅱ			Ⅱ	Ⅱ	Ⅱ	✓		Ⅰ				二
中洽沟	Ⅲ	Ⅰ Ⅱ			Ⅲ	Ⅲ	Ⅲ Ⅳ	✓		✓			三
西岳庄	Ⅳ	Ⅲ	Ⅰ		Ⅲ	Ⅳ		Ⅱ	Ⅱ				四
刘家店子					Ⅴ								五
凤凰岭	Ⅴ	Ⅳ	Ⅱ					Ⅲ	Ⅲ				六
大店 M2	Ⅵ	Ⅴ	Ⅲ		Ⅴ			Ⅳ					
大店 M1			Ⅳ		Ⅵ	Ⅴ	✓	Ⅴ			Ⅰ	✓	七
二中 M1	Ⅶ	Ⅵ	Ⅴ					Ⅵ	Ⅳ		Ⅱ		八

表二　典型单位铜器组合、型式及其分期表

单位\铜器型式	鼎 A	鼎 B	鬲	盘	匜	盆	舟	壶 A	壶 B	壶 C	壶 D	分期
邱前村	Ⅰ											一
崮河崖	Ⅰ	Ⅰ						✓	✓			一
西大庄	Ⅱ		Ⅰ	Ⅰ	Ⅰ		Ⅰ					二
中洽沟	Ⅳ			Ⅱ	Ⅱ							三
东河北	Ⅴ		Ⅳ									四
刘家店子	Ⅴ	Ⅱ	Ⅴ	Ⅲ		Ⅰ	Ⅲ					四
陶家村		Ⅲ	Ⅶ							✓		四
凤凰岭	Ⅶ	Ⅳ		Ⅳ		Ⅱ	Ⅳ			✓		五
大店 M2							Ⅴ					六
大店 M1		Ⅴ		Ⅴ			Ⅵ				✓	七
二中 M1		Ⅱ										八

西大庄出土的鼎与长清仙人台①M3 出土鼎相近,匜、盘、舟与齐故城东故城②M1 出土同类器相近,东故城 M1 还出土陶鬲、豆、罐,其时代定为西周晚期比较适宜;因此,西大庄墓的年代与这两座墓的年代接近,为西周晚期。邱前村、崮河崖出土铜鼎与鲁故城③M48 铜鼎相近,应定为西周中晚期。中洽沟 M1 铜鼎、盘与洛阳中州路④东周墓 M2415 出土同类器相近,鼎还与长清仙人台 M6∶B3 接近或略早,这两座墓的年代均为春秋早期,因而中洽沟 M1 的年代亦应为春秋早期。刘家店子 M1 出土鼎、"公簋"明显晚于仙人台 M6 出土鼎和盖豆(与"公簋"形制相同),诸多铜器纹饰华丽、繁缛,又出土"黄太子伯克盆",所以将刘家店子墓定为春秋中期前段比较合适。凤凰岭墓出土铜鼎与临朐杨善公社⑤出土铜鼎形制相同,依据杨善同出的"公孙灶壶"将其年代定在春秋晚期是可信的;大店 M2 陶鬲、簋、豆、A 型罐与凤凰岭出土同类器接近或略晚,亦应为春秋晚期。大店 M1 陶器组合为鼎、豆、敦、壶(A 型罐),豆为浅盘、细高柄;铜器组合为鼎、敦、壶、盘、舟,盘为折腹、矮小圈足、两对称小环耳又附大环珥,与济南左家洼⑥出土铜盘相近,具有战国早期

---

① 山东大学考古系:《山东长清县仙人台遗址发掘简报》,《考古》1998 年第 9 期。
② 齐国故城遗址博物馆:《山东临淄齐国故城西周墓》,《考古》1988 年第 1 期。
③ 山东省文物考古研究所等:《曲阜鲁国故城》,齐鲁书社,1982 年。
④ 中国科学院考古研究所:《洛阳中州路》(西工段),科学出版社,1959 年。
⑤ 齐文涛:《概述近年来山东出土的商周青铜器》,《文物》1972 年第 5 期。
⑥ 济南市文化局文物处:《山东济南市左家洼出土战国青铜器》,《考古》1995 年第 3 期。

的特征;同时,陶双耳罐、鼓腹绳纹罐及瓿的肩部均为春秋晚期的特点,因此将大店 M1 的年代定为春秋战国之际。二中 M1 出土陶鼎与昌乐岳家河[①] M135 出土鼎相近,二中 M1 铜鼎及陶鼎、豆明显晚于大店 M1 同类器,其年代当在战国早期。

总之,综合陶器和铜器的分期和断代,将莒文化遗存分为如下几个期段:

西周中晚期　以揪齐园、崮河崖、尧王城出土遗存为代表,主要器物见图一。

西周晚期　以西大庄、杭头 M2 和 M1、小村的文化遗存为代表,主要陶器、铜器见图二。

春秋早期　以中洽沟、董家滩、李家庄、西岳庄出土遗物为代表(其间还能再分为前、后两段),主要器物见图三。

春秋中期　以刘家店子、东河北、李家坡、陶家村、赵家庄出土遗物为代表,主要器物见图四。

春秋晚期　以凤凰岭、大店 M2、略疃墓出土遗物为代表,主要器物见图五。

春秋战国之际　以大店 M1、二中 M3、大沈刘庄出土遗物为代表,主要器物见图六。

战国早期　以二中 M1、M2 出土遗物为代表,主要器物见图七。

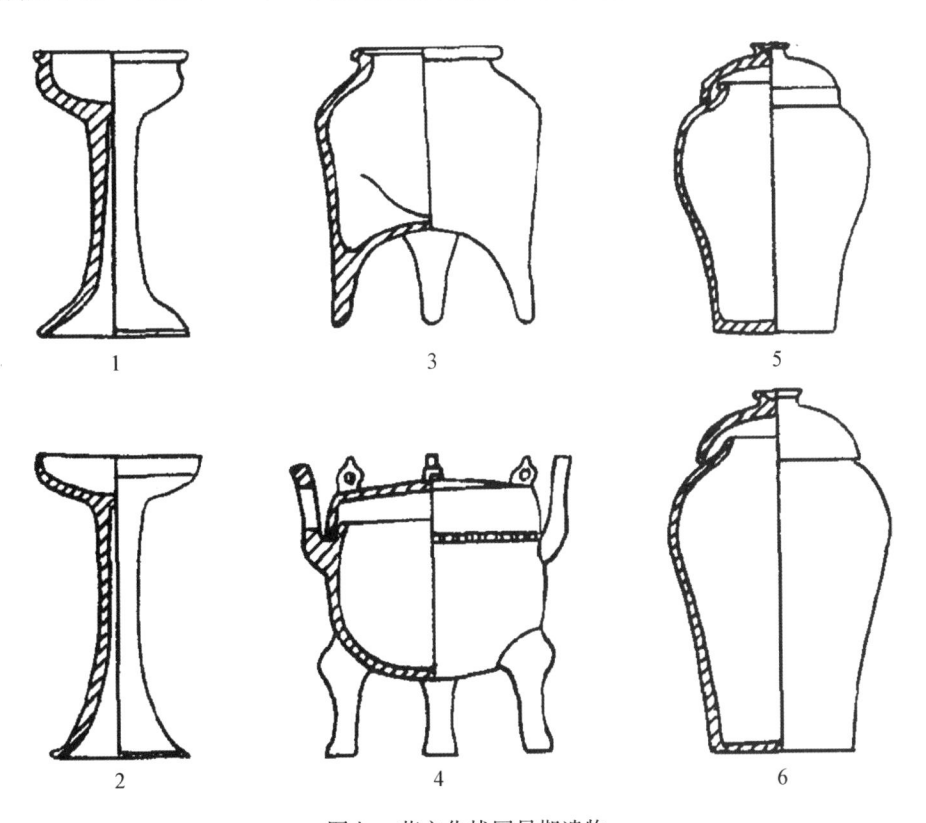

图七　莒文化战国早期遗物

1. Ⅵ式簋　2. Ⅵ式豆　3. Ⅶ式鬲　4. Ⅱ式鼎　5. AⅤ式罐　6. Ⅳ式瓮(均为二中 M1 出土陶器)

---

① 山东省潍坊市博物馆等:《山东昌乐岳家河周墓》,《考古学报》1990 年第 1 期。

经过上述分析基本确定了莒文化的大体年代框架,再根据分期和器物组合及其型式的划分就可以对其他墓葬和遗物进行断代了。

四、莒文化相关问题的认识和讨论

1. 莒文化的确立

经过上文对莒文化遗迹、遗物的分析,大家已经认识了莒文化特征。我们需要强调的是莒文化核心内容和基本特征有以下典型器物为代表:陶器组合相对固定,陶鬲为鼓肩、弧裆、附高实足,簋为豆形簋,盘为盆或碗形,A 型罐为鼓肩、曲收腹,还有瓮和器盖;铜器组合中,鬲为鼓肩、弧裆、高实足根。墓葬和器物的文化特征在鲁东南地区有广泛的代表性,分布范围北至安丘市、临朐县、诸城市和胶南市的南部,西到沂河西侧,沂水县、沂南县、临沂市和苍山县的西部,南达苏北的邳州市、东海县一线,东至海;分布中心在莒县和莒南县。时代集中于西周晚期至战国早期。

莒文化与同时期周边地区的齐文化、鲁文化和楚文化在墓葬形制结构、方向、墓道、棺椁、殉人、随葬品摆放位置及随葬品特征等诸方面均有不同,以下简要比较典型器物的差异。莒文化铜器中不见盖豆、盨,莒文化常见的铜鬲在其他文化中不见或少见,鸟兽纹装饰较为多见,出土镈、钲、铎、錞于等乐器较多。体现在陶器方面的主要差异有:鲁文化以曲阜鲁故城和新泰郭家泉[①]为代表,春秋时期陶器组合为鬲、盂、豆、罐,鬲为鼓腹、袋足、足尖较矮小,盂为小盆形、平底,豆为矮柄,罐为束颈、溜肩、收腹;战国时期组合为釜、罐、壶或鼎、盖豆、罐,鲁故城甲组墓鬲、簋、豆、罐组合中各器物形态与莒文化同类器差别亦较大。齐文化以章丘宁家埠[②]昌乐岳家河为代表,春秋早期陶器组合为鬲、簋、豆、罐,春秋中期至战国早期组合为鬲、盂、豆、罐,鬲为鼓腹、袋足、矮联裆,盂为钵形,鼓腹、圜底或小平底,罐为溜肩、鼓腹小罐;战国早中期组合为鼎、豆、盖豆、壶、盘、盂、匜。楚文化[③]铜器中鼎为束腰大平底和小口罐形,还多见簠、簋、敦、壶;陶器组合为鬲、盂、豆、罐或鼎、簠、缶、鼎、敦、壶,楚式鬲为大口和小口、高实足,豆为浅盘,盂为束颈、鼓腹、平底,罐为长颈。

刘家店子 M1 出土"公簋""公铸壶""莒公戈",大店 M2 出土一组编钟有铭文"……莒叔之仲子平自作铸其游钟……",于家沟春秋殉人墓出土匏壶铸有铭文 28 字"莒大叔之孝于平……",莒故城铸币遗址还出土"莒"刀币;传世铜器有"莒侯簋""莒小子簋""莒大史鼎"等,均考释为莒国铜器。文献记载,周代鲁东南地区有莒、向、曾、郯、鄅、阳等诸多小国,其中以莒国的势力最强大,最为活跃,疆域最宽广,经传记载有关莒的内容非常丰富。[④] 莒国春秋初年迁莒,公元前 431 年被楚国灭亡,从目前发现的考古资料看与文献是

---

① 山东大学历史系考古专业等:《山东新泰郭家泉东周墓》,《考古学报》1989 年第 4 期。
② 济青公路文物考古队宁家埠分队:《章丘宁家埠遗址发掘报告》,《济青高级公路考古发掘报告集》,齐鲁书社,1993 年。
③ 郭德维:《楚系墓葬研究》,湖北教育出版社,1995 年。
④ 尹均科:《春秋莒国大事记》,见《莒文化研究专集》(一),《莒县文史资料》第十辑(1999 年)。

互为相证的。

综上所述，莒文化基本特征一致，分布区域相同，是以莒国为主体的，与周边同时期诸文化不同。文献与考古学文化相结合，按照历史时期考古学文化命名原则，我们认为将鲁东南地区周代考古学文化称为莒文化是成立的。

2. 莒文化因素分析

由于目前西周早中期莒文化面貌不是很清楚，还找不到其直接来源。墓葬形制结构和葬俗比较有特点，应是源自当地文化传统，同时受楚文化的影响。铜器绝大部分与齐鲁及中原一致，又有自己的特点，如鬲是莒文化典型器物，应受陶鬲的影响；鼎多带盖并且形制、大小相同；中洽沟、李家庄出土匜为圆形、两立耳、三写真蹄形足、兽首形封口流；罍盖饰鸟兽等。陶鬲应是周式袋足鬲和仿铜柱状足鬲或受鼎的影响融合形成的，在西周中晚期周代文化遗存中发现线索，如揪齐园、西岳庄遗址有所发现；簋应是当地的传统，大的范围属夷人文化系统，商代和西周早中期在鲁北、胶东都有发现，东周时期在鲁故城甲组墓、仙人台、鲁北、胶东也有发现；豆为折腹、浅盘、高柄，具有鲁文化和齐文化的双重特点；A、Ba 型罐是莒文化的典型器物，盂、深腹圜底罐和 C 型罐为周文化因素，Bb 罐应来自鲁北地区，Bc 型罐具融合的特点；鼎、敦与齐文化的相同；Ⅸ式鬲与楚文化小口鬲相近。总之，莒文化是继承了当地文化传统，吸收了西周时期齐、鲁文化因素，又受东周时期齐、鲁、楚文化影响，形成了极具特点的莒文化。

周边地区也发现莒文化因素，如诸城臧家庄①发现一中型墓，出土铜器组合及其形态均为齐文化特点，据铜器和陶豆分析为战国中期；同时，墓葬特点与莒文化中型墓相同，还出土一组编钟，其铭文为"莒公孙……"，从这两点来看应是莒国的后裔。江苏东海县焦庄遗址②出土陶簋与中洽沟出土簋相近，邳州梁王城发掘墓葬中出土陶簋、瓮，③南京浦口④出土铜鬲等均为莒文化的典型器物。

3. 莒文化分布区内其他周代文化遗存的发现与认识

沂水东河北 M5 出土陶鬲、豆、罐，为春秋早中期；沂水埠子村 M4 出土陶鼎、豆、盆（盂）、圈足壶，沂水刘家山宋村⑤ M3 出土陶鬲、豆、罐，为春秋中晚期。以上发现与新泰郭家泉春秋墓及其随葬品一致，是鲁文化特征。

莒县杭头 M6 出土陶高领罐、盂、浅盘豆，大朱家村三座墓葬⑥出土陶鼎、浅盘豆、盖豆、盂、盘、匜，沂水上常庄、马兰村⑦墓葬出土陶鼎、豆、盖豆、壶、方座簋，以上发现为战国中期；沂水埠子村⑧墓葬出土鬲、鼎、豆、盖豆、敦、簋（报告称钵形器及龙头、牛头和鸟形

---

① 山东诸城县博物馆：《山东诸城臧家庄与葛布口村战国墓》，《文物》1987 年第 12 期。
② 南波：《江苏省东海县焦庄古遗址》，《文物》1975 年第 8 期。
③ 2000 年 9 月笔者在徐州博物馆展柜内见到实物，又承考古部盛先生介绍。
④ 南京市文物保管委员会：《南京浦口出土一批青铜器》，《文物》1980 年第 8 期。
⑤ 沂水县博物馆：《山东沂水县发现五座东周墓》，《考古》1995 年第 4 期。
⑥ 何德亮：《山东莒县大朱家村发现战国墓》，《考古》1991 年第 10 期。
⑦ 沂水县文物管理委员站：《山东沂水发现两座战国墓》，《文物》1986 年第 6 期。
⑧ 沂水县博物馆：《山东沂水县埠子村战国墓》，《文物》1992 年第 5 期。

饰),沂水下泉村①M1出土鼎、盂、豆,以上发现为战国晚期。上述战国中晚期墓葬随葬品与鲁北地区同时期墓葬陶器组合及其形态一致,是齐文化的特征。

鲁文化墓葬主要分布在沂水西北部,文献记载这一区域被鲁莒互为占领,从考古资料分析,尽管有刘家店子莒国高规格墓葬,但一般平民百姓墓却体现为鲁文化,文化传统表明这里早期或春秋时期绝大部分是鲁的辖区。齐文化面貌主要体现于战国中晚期,沂水、莒县都有分布,反映了莒被楚灭后又很快为齐国辖区的历史史实。

春秋时期莒国与诸多国家交好的记载在考古材料中也有反映,如崮河崖出土"莱伯鬲",刘家店子M1出土"黄太子伯克盆""陈大丧史钟",西大庄出土甗上有铭文"齐侯作宝",城东前集出土"司马南叔匜"等说明莒与莱国、黄国、陈国、齐国和鲁国都有较好的往来关系。

结　　语

通过上文对鲁东南地区考古材料的检索、梳理、分析、归纳和论证,无论在地域、年代、内在文化特征、历史文献等方面,还是与周边同时期诸文化的不同,都证明莒文化的确立条件是比较充分的。如能够使大家在以后的工作和研究中有所参考、借鉴,以促进莒文化的研究,那就是本文写作的收获。鲁东南地区未受商文化的影响,西周时期是被周王朝征伐的主要对象之一,莒文化又与齐、鲁、楚文化不同,应是夷人文化的代表。

我们深感莒文化底蕴深厚和博大精深,需要工作和研究的内容颇多:第一,加大考古工作力度,各地、市、县文物部门尽快将有关资料整理发表出来;发掘莒国城址、居址和大型墓葬,促进莒文化特征和编年研究。第二,探索莒文化的源头,研究莒文化是如何形成的,也是研究夷人文化课题的重要组成部分。具体地讲就是注重鲁东南地区商代和西周早中期的考古学文化研究,从而探索夷周关系。第三,注重与同时期齐文化、鲁文化、莱文化和薛文化的研究,加强苏北、鲁南地区和徐国关系的研究。第四,研究莒文化的归宿和莒文化对汉文化的贡献。

(原发表为刘延常:《莒文化探析》,《东南文化》2002年第7期)

---

① 沂水县博物馆:《山东沂水县发现五座东周墓》,《考古》1995年第4期。

莒文化解读
——一种文化发展模式的思考

  莒文化是周代山东地区极具地方特色的考古学文化,是新世纪开始逐渐被认识与确立起来的,填补了区域考古学文化空白。近些年来,莒文化考古新资料不断涌现,学术研究活动纷呈,考古与研究成果的展示水平日益提高,并逐渐成为惠及民众的公共文化品牌,对研究诸多古国历史、重新认识和深入研究齐鲁文化等具有重要意义。本文通过考古发现进一步解读莒文化,并探讨其对传统文化融合发展的启示,以期为莒文化的深入研究与弘扬添砖加瓦。

一、关于莒文化概念

  莒文化一经确立,立即引起了众多考古界、文博界、史学界、文化界学者广泛关注与探讨,纷纷撰写研究文章。[①] 但是,关于莒文化的概念与内涵还存在一些不同的认识,如有的认为莒县一带以陵阳河遗址墓葬出土图像文字为代表的大汶口文化遗存为莒文化;有的将莒县一带出土众多周代青铜器与文献记载的莒国联系,把莒国历史文化认为是莒文化;有的将史前文化、周代文化合起来称为莒文化,有的则含糊地合并称为莒地文化;有的则把鲁东南地区商代文化至战国时期的文化均划归为莒文化;有的则以凡莒国历史均为莒文化。凡以上认识举例等等,存在莒文化概念不清、时空关系错位、文化内涵混淆等问题,对相关专业学生学习、深入研究、宣传教育等产生不良影响。

  首先要清楚莒文化是一支考古学文化,关于考古学文化的命名在1980年代考古学界就已经形成共识,基本原则是同一时代、一定地域和具有共同特征的文化遗存。史前时期的考古学文化一般是以第一次发现的遗址或墓地所在的现代最小村名来命名,如仰韶文化、北辛文化、大汶口文化等;而商周时期的考古学文化则以某族创造及其他族群共同使用的文化来命名,如商文化、周文化等;还有以历史文献记载中该文化区域内势力最强大的国家来命名,如楚文化、晋文化、齐文化等,莒文化则属于后者。

  莒文化是分布于鲁东南地区西周中期至战国早期的考古学文化,文化遗存目前主要

[①] 中国先秦史学会、政协莒县委员会编:《莒文化研究文集》,山东人民出版社,2002年;苏兆庆、刘云涛:《莒文化与中华文明》,中国社会科学出版社,2012年。

是墓葬反映的形制结构、丧葬习俗、器物种类与组合、器物形态等比较一致,该区域文献记载的古国包括莒国、向国、鄢国、阳国、郯国、鄫国等,以莒国势力最为强大,结合金文"莒"字等,我们将这支考古学文化称为莒文化。① 莒文化是周文化与地方文化融合或土著文化受周文化影响融合形成的地方文化,它不同于周边的齐文化、鲁文化、吴文化、越文化、楚文化,经调查发现鲁东南地区商代考古学文化主要是商文化遗存及少部分珍珠门文化(土著)遗存,②不属莒文化范畴。同时,要区分区别莒文化与古国文化遗存的不同,与古国史的不同,也不能将莒文化的渊源或归宿与莒文化混为一谈。

二、莒文化考古发现与研究

1. 既往发现与研究

莒文化的研究可分为两个阶段:20 世纪 50 年代至 90 年代,主要是对"莒小子簋"等传世青铜器金文的释读及零星出土青铜器的报道,又有 1975 年发掘莒南县大店镇老龙腰、花园庄春秋大墓,1978 年发掘沂水刘家店子春秋大墓、1981 年发掘临沂市凤凰岭春秋大墓等,引起学术界对鲁东南地区周代墓葬的关注,并结合出土莒国铭文青铜器,对莒国史等进行了研究。1980-1990 年莒县的考古发现为多,新资料陆续公布,③考古学研究文章不断增多,④经常举办学术研讨活动(如 2000 年、2009 年在莒县举办两次莒文化研讨会,2012 年在济南举办莒文化高峰论坛,2014 年在日照举办中华莒文化研讨会等),莒文化研究进入综合研究阶段,主要成果收录在《莒文化研究文集》和《莒文化与中华文明》两本文集中。

目前,从考古学文化角度对莒文化的考古发现、分布范围、文化特征、分期与年代、文化因素、文化区域内的相关古国、相关金文等进行了基本研究。⑤ 许多研究文章把莒文化放在鲁东南区域历史发展过程中考察,有些对莒国史以及鲁东南地区地域的相关文化进行研究。2015 年 8 月第 22 届世界历史科学大会在山东济南召开,"莒文化与文明起源"作为专题会议进行研讨,2015 年 12 月在莒县召开"青铜器与山东古国"全国性学术会议,以上述专题会议为标志,莒文化逐渐为中国和世界文物考古与历史学界所关注,莒文化已经被纳入山东省文化遗产保护战略框架体系中。因此,解读莒文化,探讨其融合发展模式,对研究阐发齐鲁文化和优秀传统文化具有重要的历史与现实意义。

---

① 刘延常:《莒文化探析》,《东南文化》2002 年第 7 期。
② 刘延常等:《鲁东南地区商代考古学文化遗存调查与研究》,《东方考古(第 11 集)》,科学出版社,2014 年。
③ 苏兆庆编著:《莒县文物志》,齐鲁书社,1993 年。
④ 政协莒县文史资料委员会:《莒文化研究专辑》(一)、(二),《莒县文史资料》第十辑(1999 年 1 月)、第十一辑(2000 年 1 月);苏兆庆著:《考古发现与莒史新征》,山东省日照市新闻出版局(1999)第 1 号,2000 年。
⑤ 刘延常:《莒文化探析》,《东南文化》2002 年第 7 期;禚柏红:《莒文化研究》,《东方考古(第 6 集)》,科学出版社,2009 年。

2. 考古新发现

近十余年来，鲁东南地区又陆续发掘了一些墓葬和遗址，以前的资料也相继发表，我们在鲁东南地区工作与学习过程中也注意观察发现了些莒文化特征的青铜器、陶器。新发现与新资料的公布，推动着莒文化研究不断深入。

1987年安丘市郚山镇贾孟村出土西周晚期典型莒文化青铜鼎、鼓肩高弧裆鬲；①1994年安丘市柘山镇东古庙村春秋墓出土一批西周晚期青铜器，有典型的莒文化青铜鼎、鬲、盘、匜、罍、舟等；②1983年清理莒南涝坡镇卢范大庄、2004年清理十字路镇中刘山春秋早期中型墓、2011年发掘大店镇后官庄春秋大墓，出土青铜鼎、鬲、盘、匜、壶、舟及陶鬲、鼎、簋、豆、罐、罍和石编磬等；③1998年发掘沂南县砖埠镇西岳庄春秋大墓；④2000年发掘五莲县潮河镇丹土东周中小型墓葬；⑤2002年发掘郯城庙山镇大埠村春秋大墓；⑥2007年发掘莒南县文疃镇东上涧春秋大墓；⑦2012年发掘沂水县泉庄镇纪王崮春秋大墓。⑧

我们在相关县、区博物馆考察见到的莒文化实物资料有：黄岛区大珠山镇顾家崖头出土春秋早期青铜鼎、鼓肩高弧裆鬲；诸城市皇华镇杨家庄子东河岸出土西周晚期青铜鬲、盘、匜，皇华镇黄沟村出土春秋早期青铜鬲，枳沟镇小埠头村出土春秋早期青铜瓠壶，解留镇新九台村出土西周晚期青铜鬲、鼎；临朐县辛寨镇大峪遗址出土春秋时期鼓肩高弧裆青铜鬲；临沭县临沭镇西朱车村出土春秋早期陶簋、青铜罍；平邑县铜石镇锅泉林场出土西周晚期青铜鼎、鬲，平邑镇蔡庄村出土鬲、盘、匜、簋等；沂南县湖头镇陆家庄出土春秋早期青铜鼎、鬲、盘、匜、舟，界湖镇西明生村出土青铜鬲（图一）。

3. 莒文化遗存的特点

目前发现的莒文化遗存主要是墓葬资料，有以下四种情况：一种是因被破坏而被发现后进行发掘的大型墓葬，如莒南县老龙腰、花园村、东上涧、后官庄，沂水刘家店子、纪王崮春秋大墓等；一种是配合工程建设发掘的大型墓葬，如临沂凤凰岭、沂南县西岳庄、郯城县大埠春秋大墓；一种是各有关县文物部门抢救清理的残墓，这类情况占较大比例，墓葬形制基本清楚，但随葬品组合、件数不全，如莒县西大庄、天井汪、于家沟等，多为贵族墓，出土数量不等的青铜器；一种是少量经过科学发掘的墓葬，如五莲县丹土小型墓葬、沂源

---

① 安丘县博物馆：《山东安丘发现两件青铜器》，《文物》1989年第1期。
② 安丘市博物馆：《山东安丘柘山镇东古庙村春秋墓》，《文物》2012年第7期。
③ 张文存编著：《莒南文物志》第十章"文物考古发掘"，青岛出版社，2014年。
④ 刘延常、高本同：《西岳庄大墓——解读一段东夷小国的历史》，《文物天地》2004年第6期。
⑤ 山东省文物考古研究所：《五莲县丹土大汶口文化、龙山文化城址和东周时期墓葬》，《中国考古学年鉴2001》，文物出版社，2002年。
⑥ 山东省文物考古研究所等：《郯城县大埠二村遗址发掘报告》，《海岱考古（第四辑）》，科学出版社，2011年。
⑦ 刘延常：《莒南县春秋大型墓葬》，《中国考古学年鉴2008》，文物出版社，2009年；张子晓等：《山东莒南县发掘春秋大型木椁墓葬》，《中国文物报》2008年7月4日。
⑧ 山东省文物考古研究所等：《沂水纪王崮一号春秋墓及车马坑》，《海岱考古（第六辑）》，科学出版社，2013年。

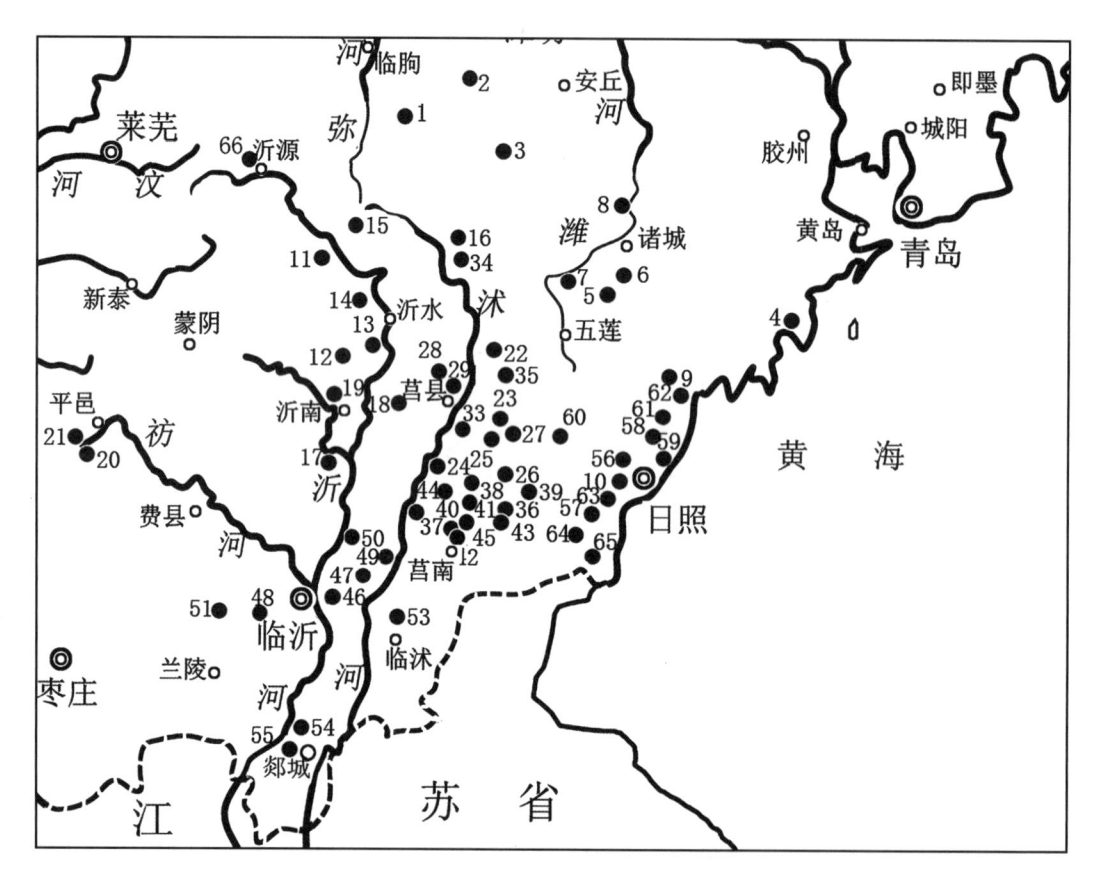

图一 莒文化遗存地点分布示意图

1. 临朐县辛寨镇大峪 2. 安丘市郚山镇贾孟村 3. 安丘市柘山镇东古庙村 4. 黄岛区大珠山镇顾家崖头 5. 诸城市皇华镇杨家庄子东河岸 6. 诸城市皇华镇黄沟村 7. 诸城市枳沟镇小埠头村 8. 诸城市解留镇新九台村 9. 五莲县潮河镇丹土 10. 日照崮河崖 11. 沂水县泉庄镇纪王崮 12. 沂水县院东头镇刘家店子 13. 沂水李家庄 14. 沂水县黄山铺乡东河北村 15. 沂水县诸葛镇略疃村 16. 沂水县杨庄镇李家坡 17. 沂南县砖埠镇西岳庄 18. 沂南县湖头镇路家庄 19. 沂南县界湖镇西明生村 20. 平邑县铜石镇锅泉林场 21. 平邑县平邑镇蔡庄村 22. 莒县果庄乡天井汪 23. 莒县龙山镇王家山 24. 莒县小店镇卢家玄晏 25. 莒县寨里河乡老营村 26. 莒县中楼镇崔家峪 27. 莒县中楼镇于家沟村 28. 莒县二十里堡乡栗林村 29. 莒县城阳镇钱家屯 30. 莒故城刀币铸造 31. 莒县丝绸大酒店 32. 莒县马庄（30-32均位于莒县城） 33. 莒县陵阳镇杭头 34. 莒县东莞镇大沈刘庄 35. 莒县店子镇西大庄莒南涝坡镇卢范大庄 37. 莒南十字路镇中刘山 38. 莒南大店镇后官庄 39. 莒南县文疃镇东上涧 40. 莒南县大店镇老龙腰 41. 莒南县大店镇花园村 42. 莒南县十字路镇尤家庄子 43. 莒南县柳沟乡卢范大庄 44. 莒南县陡山乡陡山村 45. 莒南县北园乡虎园村 46. 临沂市相公镇凤凰岭 47. 临沂市汤河乡中恰沟 48. 临沂市罗庄区涧头 49. 临沂市大范庄 50. 临沂太平东张屯 51. 临沂市兰陵县仲村 52. 临沭县临沭镇西朱车村 53. 郯城庙山镇大埠村 54. 郯城县第二中学 55. 日照揪齐园 56. 日照赵家庄 57. 日照陶家村 58. 日照董家滩 59. 日照邱前村 60. 日照松竹村 61. 日照两城镇 62. 日照尧王城 63. 日照六甲庄 64. 日照小村 65. 日照东灶子村 66. 沂源姑子坪

县姑子坪周代墓葬。大型墓葬大多数属早期被盗，目前只有沂水刘家店子、临沂凤凰岭春秋墓葬和纪王崮 M1 保存较好。

相关县区博物馆所藏有的典型莒文化青铜鬲、陶鬲等资料，多是过去调查清理所得，征集或群众上缴的，一般无出土单位，这类资料占有一定比例。

关于城址和居址的资料比较少。城址只有莒国故城一例，没有做过勘探与正式发掘工作,《莒县文物志》中有对莒国故城城垣、手工业作坊遗址的叙述,从布局和遗物年代分析应是战国时期齐国莒邑和汉代城阳国都城,是否为西周、春秋莒国都城还需要重点勘探与发掘来证明。郯城县大埠遗址发现属于春秋时期的环壕,①面积不足2万平方米,根据壕沟出土陶豆分析,应与大墓年代同时,如此则推测为军事性质的环壕聚落。经过发掘的有沂南县西岳庄遗址,包括西周早中期至春秋初期,前者属比较典型的周文化遗存,后者则有莒文化特点,但仅有部分窖穴和灰坑资料,出土遗物不丰富;沂源县姑子坪遗址发掘,由于资料尚未全部发表,是否有属莒文化的居址资料还不清楚。

三、莒文化特征解读

随着新资料的增多和研讨活动的增加,大家对莒文化的认识逐渐深入,归纳总结莒文化的特质十分必要,这将有利于促进莒文化的比较研究、展示与利用,也便于文博工作者更好地把握,读者、观众与广大民众更加容易理解。

1. 莒文化分布与年代

从行政区划分析,莒文化分布以莒县、莒南县为中心,北境到达临朐县南部、安丘市南部,东北至诸城市中南部、黄岛区,西北达沂源中部;西境到沂水县西部、沂南县西部,西南部至平邑县中东部;南部至郯城县南部、江苏省连云港市北部,西南至兰陵县西部;东部包括日照市全境。

从自然地理分析,莒文化的分布以沂河、沭河流域为中心,北部基本在沂山山脉以南,西部在蒙山山脉以东,东至黄海,南部至连云港市北部山地、平原交界地区。在西部,莒文化遗存基本沿沂河上游、沂河中游及其支流分布。

从历史地理(包括政治地理、人文地理)分析,莒文化北部与齐文化、莱文化(主要与齐国、纪国、莱国)相邻,西部与鲁文化(主要与鲁国、郯国)相连,西南部、南部与徐文化、吴文化、越文化、楚文化(主要包括徐国、吴国、越国、楚国)接壤。

从年代来分析,莒文化西周中晚期形成自己的特点,主要表现在陶器方面,分布于日照市境内;莒文化在西周晚期、春秋初期主要分布于鲁东南地区北部,青铜器开始形成自己的特点;莒文化在春秋早期、中期分布最广,也是莒国势力最强盛的时期,北部基本是与齐国的分界线,西部基本是与鲁国的分界线,南部至郯城北部;春秋晚期、战国早期,莒文化主要分布在鲁东南地区南部、东南部,战国早期以后基本消亡。

2. 大型墓葬埋葬地点

目前莒文化大墓(包括出土规格高的青铜器地点)主要有沂水县纪王崮、刘家店子,莒县丝绸大酒店、天井汪、于家沟,莒南县东上涧、后官庄、老龙腰、花园村、中刘山,郯城县大埠,临沂凤凰岭,沂南县西岳庄等10余处,除纪王崮大墓在山顶、丝绸大酒店大墓在平

---

① 山东省文物考古研究所等:《郯城县大埠二村遗址发掘报告》,《海岱考古(第四辑)》,科学出版社,2011年。

原外,其他均分布在高地。主要埋葬在山前坡地、高地或岭地上(多为山脊或岭脊尾端),地处山地、丘陵与平原交接地带,距离河流不远,土层深厚。地势居高临下,视野开阔,易守难攻。

大墓分布较散,目前发现于沂水、沂南、莒县、莒南、临沂、郯城、兰陵等县、区境内。

大墓往往成双对出现,间隔距离比较近,根据随葬品等分析,应是夫妇异穴合葬墓。

3. 墓葬形制结构

根据临沂凤凰岭大墓的发掘,大型墓葬一般应有封土,但大多数已经被破坏;墓道较宽短、较浅,在东部,多数因被破坏而无存;大型墓葬规模较大,边长一般都在10米以上,除少部分为方形外,多呈南北长、东西宽的长方形,口大底小、斜壁;绝大部分为熟土二层台。

中小型墓葬近方形,一般设有边箱,与椁室面积基本相同。

4. 葬具与埋葬习俗

大型墓葬棺椁一般3－5重,其中又有灵活变化,如木材保存较好的沂南县西岳庄M1四椁一棺、莒南县东上涧M2三椁一棺,有的为两棺两椁。棺椁构筑细木工工艺精致而复杂。大型墓葬多在椁室北部或南部设器物库(器物库面积大小与椁室往往相同),个别大墓在椁室两侧有对称两个器物箱。

大型墓葬头均向东。殉人比较普遍,少者3－5个殉人(西岳庄殉5人、纪王崮殉3人、东上涧殉5人、大埠殉4人)、有的殉人数量较多(丝绸大酒店殉10人、凤凰岭殉14人、刘家店子殉葬39人、后官庄殉葬49人),殉人多为独木棺且有随葬品,应是生活侍从,其中有些应为杀殉奴隶。棺椁四周往往施青膏泥。车马坑的设置较为灵活,有的在墓葬外部,有的在墓室内,随葬车和马,有的随葬马骨骼。器物库内往往随葬马骨或牛骨,应为随葬马、牛牲肉的体现。多设腰坑,内殉狗。

中小型墓葬头向东,多一椁一棺,施少量青膏泥,个别墓葬随葬1件青铜鼎和剑或戈,陶器组合为鬲、簋(豆形)、豆、罐,有的墓葬随葬1对玉玦。

5. 用器制度

大型墓葬随葬青铜器组合与种类比较齐全,包括炊煮器、盛食器、酒器、乐器、兵器、车马器等。礼器主要有鼎、甗、盉、鬲、铺、簠、舟、盘、匜等,乐器有錞于、镈钟、钮钟、甬钟等,兵器有戈、剑、殳、镞等。鼎与鬲往往搭配使用,且往往带盖;青铜鼎包括有镬鼎、升鼎、馑鼎等,鼎多构成列鼎,但是其形制、大小相同,花纹不尽相同,常见平盖鼎,纪王崮大墓5个馑鼎的形制、花纹不完全相同;青铜罍和舟随葬普遍。随葬乐器较多,且成套,如錞于、甬钟、钮钟、镈钟。青铜礼器中鼎、鬲、铺、簠往往7件套,甬钟、钮钟一般为9件套。青铜器在西周晚期形成了莒文化的区域特点,战国早期(含)不见莒文化特点的青铜器。青铜器组合与种类中常见楚文化系统和江淮地区特点的青铜器,除媵器外,应主要为赠赙现象的体现。兵器主要有戈、剑、镞,沂水出土吴王剑和越国鸟篆文戈。车马器主要有车軎、马衔、盖弓帽、车构件等。

陶器组合比较固定,早期为鬲、豆、罐,春秋以后为鬲、簋(豆形)、豆、罐,大型墓葬增加鼎,罐的种类多,包括圆肩、鼓腹、深腹大罐,鼓肩、曲收腹大罐与小罐,圆肩、扁腹罐,折肩罐等。大型墓葬随葬陶鼎、鬲、簋、豆、罐等,多为7件套。陶器从西周中晚期开始形成莒文化区域特点,延续至战国早期。早、晚期遗存目前均分布于东南部区域。

大型墓葬常随葬漆器;有的大墓随葬石编磬,有的大墓随葬大量精美玉器,还见随葬古代玉器现象。

6. 代表性典型器物

莒文化指征性器物有青铜鬲、陶鬲,鼓肩、高弧裆、瘦袋足及高实足;鼓肩、曲收腹陶罐;深腹、豆形陶簋。青铜罍器型较大,瓦棱纹,耳、盖多兽首,舟也是常见随葬品。裸人足裸人钮方奁,盘、匜的足、耳、把手等部位多兽形装饰;多种多样的窃曲纹是其特点,常见鸟形纹、兽形纹、瓦纹,素面也是其特色之一。陶器多为黑皮陶,常施红色彩绘。青铜投壶与陶质投壶出土数量较多(图二至图六)。

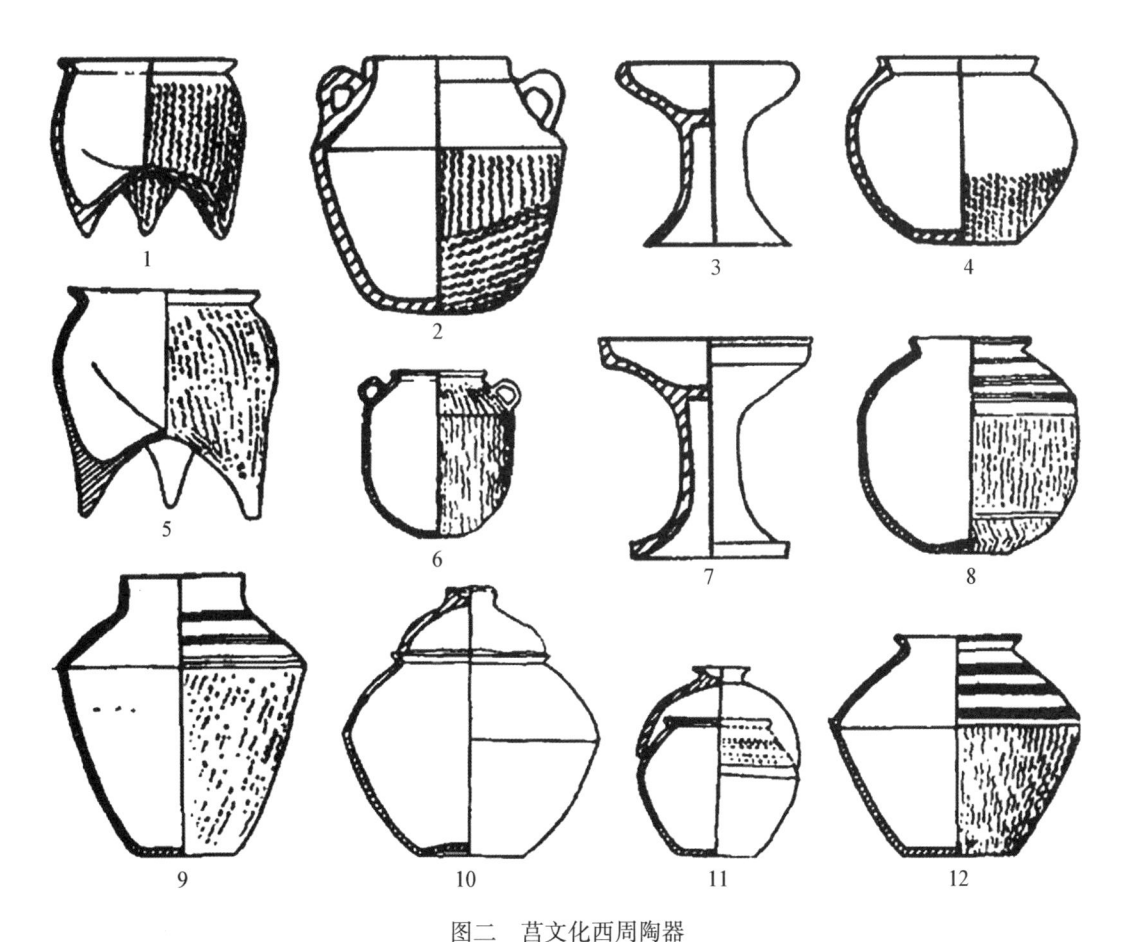

图二 莒文化西周陶器

1、5. 鬲　2、4、6、8、9、12. 罐　3、7. 豆　10、11. 罍
(1、2. 日照揪家园　3、4、7. 日照尧王城,余为莒县杭头)

图三 莒文化西周铜器

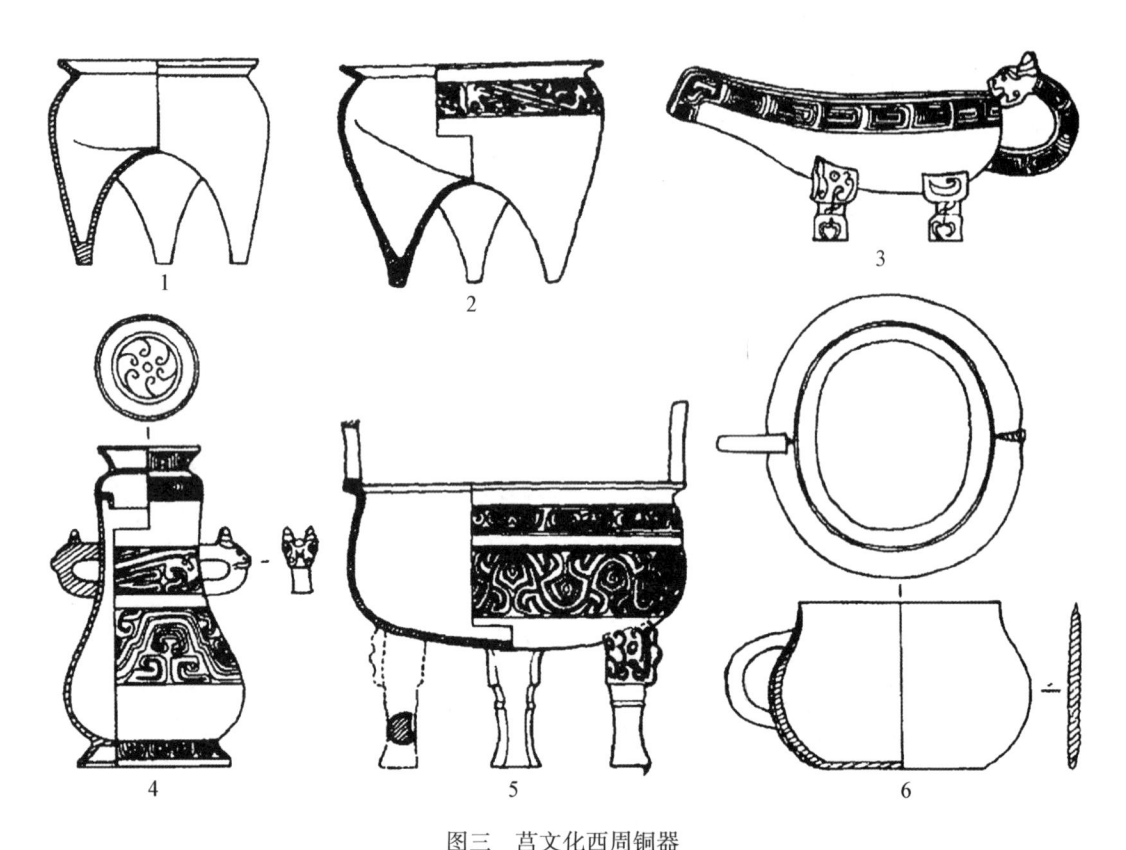

1、2. 鬲 3. 匜 4. 壶 5. 鼎 6. 舟
（1、3、4、6. 莒县大庄 2、5. 安丘贾孟）

7. 丰富的考古学文化及古国文化因素

莒文化在西周时期继承吸收了周文化而创造形成了自己的特点，春秋时期又吸收了齐文化、鲁文化、①楚文化、②吴文化、③越文化④因素，莒文化区域内包括阳国、⑤鄅国、⑥郯国、⑦曾国⑧等文化遗存，还包括齐国（莒县西大庄西周墓葬）、莱国（日照崮河崖西周墓葬）、

---

① 刘延常：《莒文化探析》，《东南文化》2002年第7期。
② 刘延常等：《山东地区楚文化因素分析》，《楚文化研究论集》第7辑，岳麓书社，2007年。
③ 刘延常等：《山东地区吴文化遗存分析》，《东南文化》2010年第5期。
④ 刘延常等：《山东地区越文化遗存分析》，《东方考古（第9集）》，科学出版社，2011年。
⑤ 刘延常、高本同：《西岳庄大墓——解读一段东夷小国的历史》，《文物天地》2004年第6期。
⑥ 山东省兖石铁路文物考古工作队：《临沂凤凰岭东周墓》，齐鲁书社，1987年。
⑦ 根据文献记载郯国在今山东省临沂市郯城县，郯国故城为第七批国保单位，先后经过四次解剖，应是战国晚期至汉代。郯城县大埠二村春秋早期偏晚阶段的大中型墓葬，从墓葬形制、结构、葬俗与随葬品分析，属莒文化范畴。《考古》1996年第3期载《山东郯城县二中战国墓的清理》中报道三座中小型墓葬，其中出土青铜器。我们认为郯国应在郯城县为中心的区域，期待更多的考古资料证实。
⑧ 笔者参考第七批国保单位鄫国故城、兰陵县博物馆2012年关于曾国故城的考古调查资料和临沂市沂州考古研究所2014年鄫国故城考古勘探资料。2014年11月笔者参加由清华大学、北京大学和湖北省博物馆在北京举办的"曾国文化学术研讨会"，介绍"山东地区曾国文化遗存的发现与认识"。根据文献记载和鄫国故城、春秋晚期大墓及费县出土春秋早期曾子鼎等的发现，我们认为山东省兰陵县、费县与平邑一带应存在姒姓的曾国，从鄫国故城大墓的形制结构与葬俗等分析，属莒文化范畴。

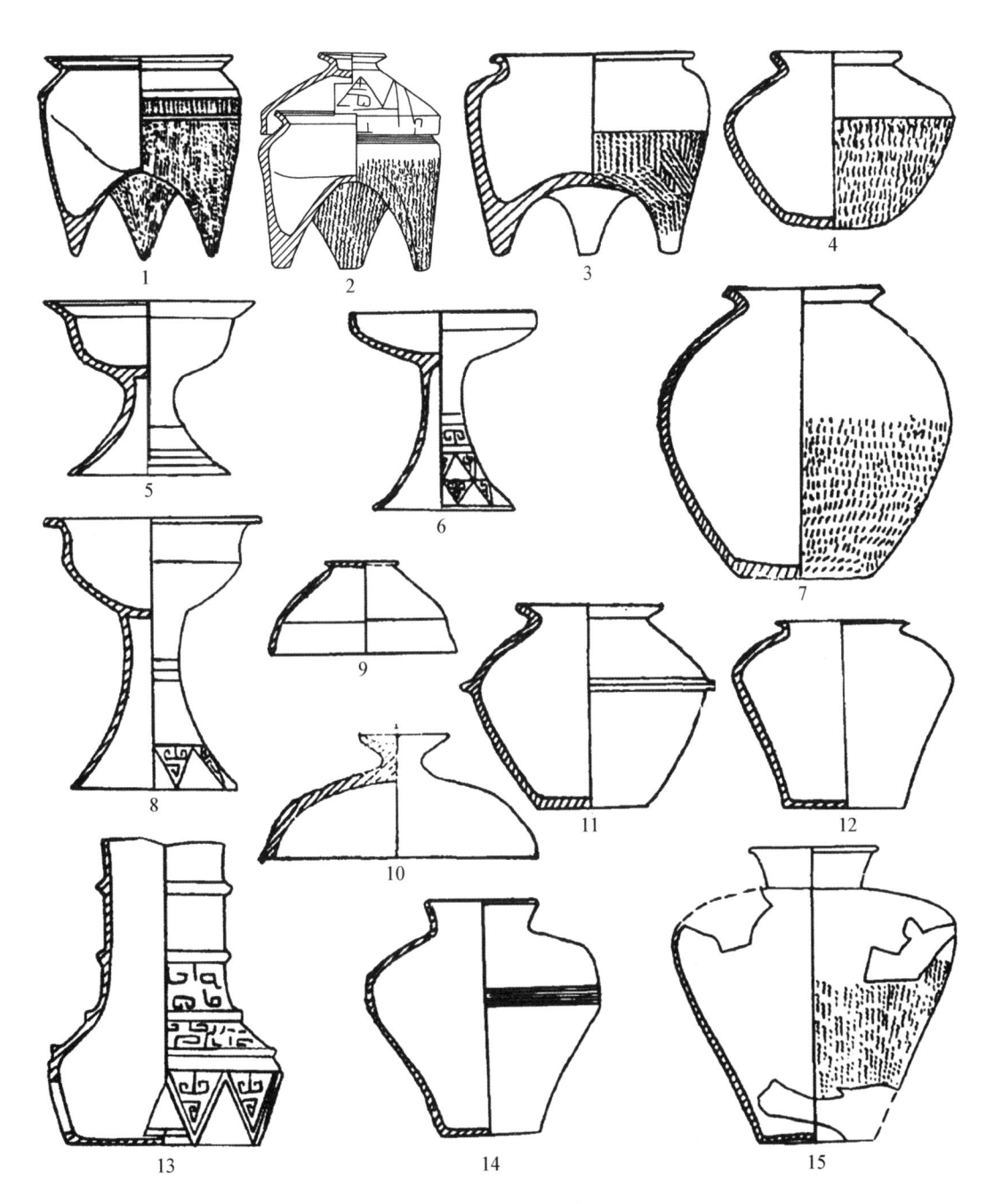

图四　莒文化春秋陶器

1、2、3. 鬲　4、7、11、12、14、15. 罐　5、8. 簋　6. 豆　9、10. 器盖　13. 投壶
（1、5. 临沂中洽沟　2. 郯城大埠二村　3、12. 临沂凤凰岭　4、7、10、11. 沂水东河北村　6、8、13. 莒南大店　9、14、15. 沂南西岳庄）

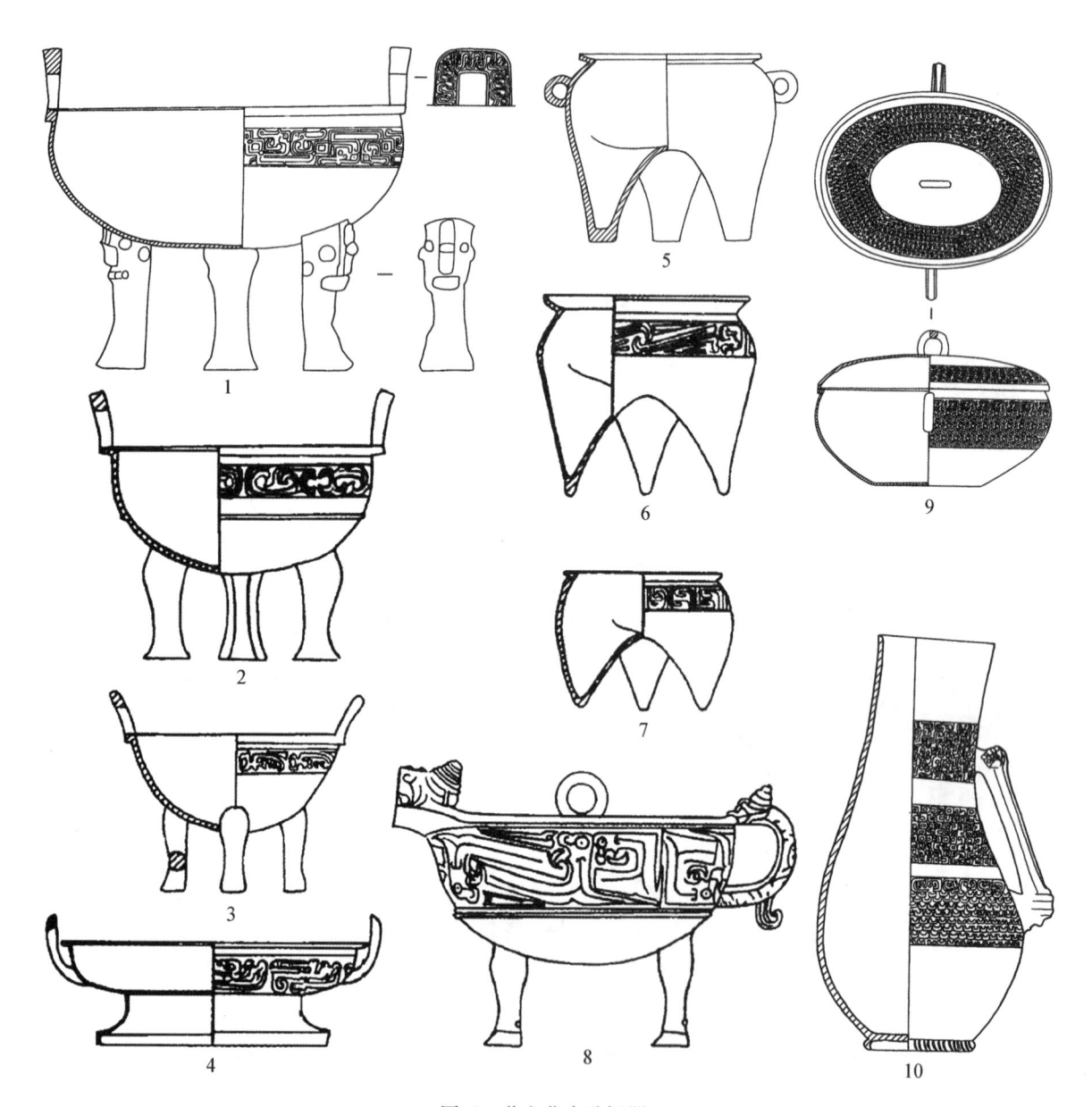

图五　莒文化春秋铜器

1、2、3. 鼎　4. 盘　5、6、7. 鬲　8. 牺鼎　9. 舟　10. 瓠壶
(1、5、9、10. 郯城大埠二村　2、4、6、8. 临沂中洽沟　3、7. 沂水东河北村)

图六 莒文化战国陶器

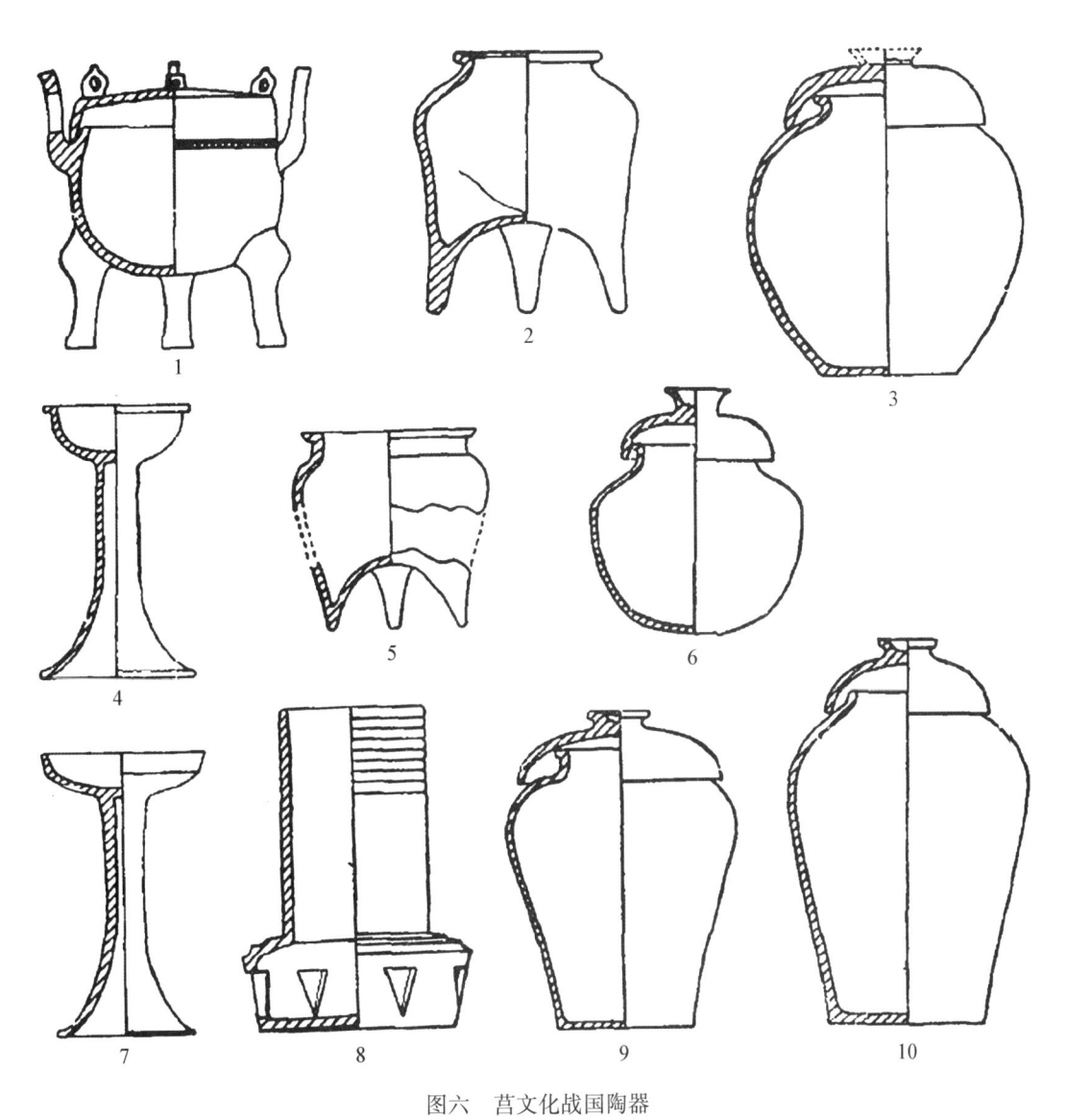

1. 鼎　2、5. 鬲　3、6. 罍　4. 簋　7. 豆　8. 投壶　9、10. 高领罐
(均为郯城二中出土)

陈国、黄国(沂水刘家店子春秋墓葬)、江国(沂水纪王崮春秋墓葬)铭文青铜器等,应为媵器,或为赠赗品,或为战利品与赠品。

四、莒文化形成、发展与消亡之分析

根据莒文化的时空关系、主要特征和文化因素等分析,我们发现与周边的齐文化、鲁文化、吴文化、越文化、楚文化等不同,莒文化具有多种文化因素融合的特点,这与其形成的多元性有关,而其消亡是被齐文化替代所致。莒文化区域内小国较多,又与周边众多古国关系密切。

1. 莒文化来源的多元性

(1) 西周中晚期在鲁东南地区南部形成莒文化的特点——文化小传统出现

文化大传统、小传统的概念引自美国人类学家罗伯特·芮德菲尔德在《农民社会与文化——人类学对文明的一种诠释》一书中的论述,国内学者也不断探索与引用,①联系考古学文化特点,我们赞同文化大传统代表贵族阶层文化、文化小传统代表平民大众阶层文化。考古发现证明商王室对鲁东南地区进行了有效控制,对夷人征伐打击力度极大,东夷势力向南迁移,商代晚期夷人文化遗存极少。② 沂南西岳庄西周早期周文化遗存的发掘,证明周王朝已经推进至沂河西岸,分封齐国同时经营莱国,基本控制了胶东半岛和鲁东南地区,而西周早期在鲁东南地区基本不见夷人文化遗存,③结合西周王朝对淮夷不断的征伐,说明夷人主要势力也已南迁。西周中晚期鲁东南地区南部陶器代表的莒文化特点,应是苏北地区、皖北地区一般聚落接受周文化融合形成的淮夷文化的组成部分,是陶器为代表的一般聚落的文化小传统,也是莒文化发展的基础要素。

(2) 西周晚期贵族墓在周边出现——莒文化大传统形成

以出土典型莒文化青铜鬲等为特征的贵族墓葬在西周晚期才出现在鲁东南地区,但是比较分散,其级别有大夫、士等,各不相同。如鲁东南地区东北部的诸城市皇华镇杨家庄子、解留镇新九台村,位于北部的安丘市郚山镇贾孟村、柘山镇东古庙村,位于西北部的沂源县姑子坪,位于中部的莒县西大庄,位于西部的平邑县铜石镇锅泉林场,位于东南部的日照崮河崖等遗址。这些地点都出土了典型的莒文化青铜鬲,青铜器纹样也多窃曲纹等,同时陶器群随之丰富而扩大,证明莒文化区域性基本形成;但是从发掘墓葬规模和青铜器等分析,这些墓葬中青铜器种类、组合和其他青铜器的形态不尽相同。从代表文化大传统的青铜器来分析,这些分布在众多地点的贵族墓葬显然来自不同方向和国家。莒县西大庄墓葬应该为大夫级别,比较典型的周文化特点,其中的甗为齐侯作器,应是来自齐国的贵族;西北部的沂源姑子坪遗址自西周中期即比较丰富,西周晚期墓葬出土青铜器具有地方特点;东北部的诸城、东南部的日照(崮河崖出土莱伯鬲)出土青铜器应来自莱国;西部的平邑县青铜器或与鲁国相关。

结合文献记载分析,西周晚期周边贵族向鲁东南地区迁徙应与当时历史背景有关,王室衰微而诸侯独立性增强,王室与诸侯矛盾上升,齐、纪、莱、鲁等国贵族内部亦不断分裂,而鲁东南地区比较空白的政治军事空间为他们提供了机会。贵族墓、青铜器等为代表的

---

① 徐良高:《中国三代时期的文化大传统与小传统——以神人像类文物所反映的长江流域早期宗教信仰传统为例》,《考古》2014年第9期。
② 刘延常等:《鲁东南地区商代考古学文化遗存调查与研究》,《东方考古(第11集)》,科学出版社,2014年;又见刘延常:《从鲁东南地区商文化遗存的发现谈商人东征》,《古都郑州》2015年第3期。
③ 据我们调查分析,鲁东南地区龙山文化晚期和岳石文化聚落数量急剧减少,而商代、西周早期珍珠门文化遗存依然很少。这对探讨族群迁徙,军事力量与物质文化的对应关系提出了新的认识线索。

文化大传统在西周晚期陆续四面开花,带动了文化小传统在鲁东南地区的迅速发展,莒文化特征与时空关系基本形成。

(3)"大"莒国与诸多小国并存——松散的政体构成与联合

而沂水刘家店子、莒县于家沟、莒南大店等春秋大墓出土数件莒国国君铭文青铜器,文献记载莒国势力最强大,因此学术界将周代鲁东南地区的周代具有相同文化特征的考古学文化称为莒文化。时代最早的属莒国的刘家店子墓葬为春秋中期偏早时期,之前的莒国在哪里?西周早中期莒国青铜器也有传世品,如"莒小子簋"等,文献记载莒最初被封于计斤(计斤在今胶州一带),后徙莒(今莒县县城一带),从考古发现和周边古文化古国形势分析,我们倾向于早期莒国在胶州湾一带。关于早期莒国的研究,还须期待着新的考古发现。

目前发现的春秋莒国国君墓空间也比较分散,还发现了比较多的诸侯国国君大墓,是莒国国君墓还是其他小国国君墓?还需要考古发现与研究证明,我们认为莒国国君墓葬分布分散的原因,或存在级别相同但不属执政者的情况,这也是莒国内部矛盾多、不凝聚而导致较早灭亡的原因之一。根据墓葬规模、结构、葬具、用器、殉人等,结合历史地理和文献记载分析,从属莒文化的小国有春秋早期晚段的阳国、郯国,春秋晚期的鄅国、曾国,还有《春秋》经传记载"莒人入向"的向国尚未被考古发现证明,证明莒文化区域内的政治军事形势允许诸多小国存在,换言之——国家间的关系比较松散。

2. 莒文化发展具有融合的特点

(1)遵循礼制的共性方面

莒文化区域内诸侯国国君墓葬体现出了遵循礼制的特点。如贵族规模比较大,一般长度超过 10 米。使用多重棺椁(有的符合文献记载共使用五重),使用器物边箱,附设车马坑。用器制度中,首先陶器中夹砂灰陶绳纹鬲为主,绳纹罐、甗、豆数量较多,器物组合数量为七件套,符合诸侯国君等级。青铜器使用列鼎,配用镬鼎、馐鼎,使用甗,盛食器使用铺、敦、舟,盥洗器使用盘和匜,酒器使用瓠壶、罍、鐳;亦随葬车马器,兵器;随葬多套乐器,如青铜编甬钟、钮钟、镈钟,编石磬。殉人比较普遍,与齐国贵族墓葬俗比较相近。

(2)融合礼制创新的特点

莒文化在遵循礼制的基础上创新,形成自己的特点。如棺椁使用多重,但是椁的重数多,一棺为主;使用比较大器物库放置随葬品,中小型墓葬边箱与椁室面积相同。黑皮陶多,火候比较低,鼎、鬲搭配较多,鬲、簋(豆形)、豆、罐组合比较稳定,其中罐的类型较多(应与好酒且种类多有关,亦与随葬粮食种类多有关)。青铜列鼎与鬲搭配,少见或不见列簋,列鼎(升鼎)大小一致,有的则花纹不尽相同,包括馐鼎的种类也不尽相同,有搭配成组的主观意图,铺、敦较少,普遍使用舟。青铜乐器一般两套以上,使用錞于比较普遍(好战,具有鸣金功能),投壶礼比较流行(大墓、小墓,青铜、陶质投壶都有出土)。春秋时期殉人较多,各大墓殉人数量不同。

(3) 融合较多的周边古国文化因素

如上文所述，莒文化大传统贵族阶层自形成开始就来自不同方向与国家，春秋时期小国并存，从古国文化遗存因素分析有陈国、黄国、江国、吴国、越国、楚国等，众多贵族墓葬出土青铜器具有浓厚的楚系文化风格，还有相当部分青铜器为江淮地区风格，无论是媵器、赗赙还是赠品或许还有战利品与掠夺品，关系友好密切是其主流，我们认为与源于史前、商西周时期的东夷迁徙及其与淮夷关系密切相关。文献记载莒国与齐国、鲁国、曾国、向国等有姻亲关系，包括会盟、战争、人员往来等交流。

3. 莒文化的消亡

莒文化到战国早期消亡，存续时间不长，其消亡的内因是缺乏礼制约束、缺乏文化传承凝聚，导致了分散、分裂、不团结；外因是内因形成的内讧、脆弱，无法抵御外力入侵。

莒文化大墓体现出了诸多小国并存，同时分布较散的国情，其棺椁制度、器用制度、丧葬习俗等也表明礼制约束比较松散。沂水纪王崮春秋晚期大墓在海拔500余米的山崮之上，说明战争的残酷性；沂水刘家店子、莒南县后杨官庄春秋大墓殉葬数十人，证明奴隶制依然发达，文献有莒国好战而草菅人命的记载。春秋晚期晚段势力明显收缩至东南部，联系文献记载，应是来自齐国和鲁国的胁迫压力。

春秋晚期莒国内乱不断，齐国、吴国、越国北南挟削，鲁国在西部逼迫。根据目前报道的资料，以及鲁东南地区各县博物馆文物库房看到的标本中，战国中期偏早至晚期明显是齐文化遗存了，如陶鼎、浅盘豆、盖豆、壶、盂等，莒文化的下限定在战国早期是比较准确的，如莒县杭头、五莲丹土、沂水东河北等墓葬为战国中期偏早阶段的齐文化遗存。除莒南县个别遗址见越文化因素外，其他县区比较少见楚文化、越文化遗存。

史记等文献记载莒国在战国早期为楚国所灭，战国策等记载莒国为齐国所灭，综合分析我们倾向于莒国被齐国灭亡。自春秋晚期吴国北上争霸、越国灭吴国后北上争霸，而楚国在战国中晚期才进占鲁东南地区西南部。战国时期齐、魏马陵之战就发生在南部的郯城县，战国晚期乐毅率师伐齐最后的莒邑即春秋时期的莒国都城（今莒县县城一带），这里也是齐国对付越国、楚国、魏国等强国的重要南鄙。

五、莒文化解读的启示——一种文化发展模式的思考

通过分析莒文化特征、来源与形成、消亡及其与周边古文化、古国关系，我们发现莒文化与周边的齐文化、鲁文化、楚文化等完全不同，有自己的发展模式，具有边缘区域、文化交界区的特点，体现出了断裂与连续的发展特点、"学在四夷"的特点。这种文化发展模式，是华夏文化融合的途径之一，在解读中国历史发展规律的过程中具有一定的共性启示。

(1) 边缘区域与文化交界区

莒文化分布的鲁东南地区地处中国大陆最东缘,东临黄海、北部为东西向的沂山山脉,西部为南北向的蒙山山脉,是一个相对独立封闭的地理边缘区域。边缘区域由于地形地势和交通区位的缺陷与限制,经济发展相对缓慢与落后,导致文化发展与中心区域融合交流较少。

从目前考古发现看,鲁东南地区自新石器时代的后李文化、北辛文化、大汶口文化、龙山文化到岳石文化、商代、周代,文化遗存数量普遍比较少,其中出现两个高峰发展阶段,一是大汶口文化晚期至龙山文化中晚期,另一个就是莒文化,前一个高峰时期体现的是东夷族团与南蛮族团、华夏族团融合的一段历史,与苏北、皖北、豫东地区文化融合互动,或成为淮夷文化渊源,或联系密切,或影响深远,以至于到春秋时期莒国与这里的诸多国家交好。

商王朝东扩进程中,鲁东南地区体现更多的是与夷人军事力量交战的拉锯战,商文化未能深入至沂河以东区域。[①] 在周代,莒文化区的北部是齐国不断扩张形成的齐文化区(地方文化——融合周文化的代表),西部是鲁国以继承与传播周文化为特征的鲁文化区(周文化为主),南部则为徐淮文化(淮夷文化——地方文化为主)。由于莒文化地处东部边缘区域,商王朝、周王朝东扩征伐,东夷与淮夷势力的迁徙与演变,使得鲁东南地区的人文历史是起伏变化的,夷商、夷周文化在这一区域未能连续的融合;周边又处在齐文化、鲁文化、楚文化的包围圈内,属于文化交界区,莒文化既得不到与商文化、周文化的直接充分融合,而又受周边文化较多的影响。

(2) 文化断裂与连续

鲁东南地区在商代与西周早中期,商文化、周文化、夷人文化遗存较少,区域文化基础相对空白,莒文化不可能在当地丰厚文化基础上融合产生,这是莒文化的断裂性特点。这种断裂性特点是莒文化形成的客观基础,于是莒文化小传统在局部地区悄然形成,在周边国家形势变化背景下,莒文化大传统逐渐形成,又在大传统的带动下莒文化迅速繁荣发展。

莒文化发展又体现出了连续性。文化小传统是文化形成发展的基础,以陶器为代表的莒文化小传统应属淮夷文化,而淮夷文化又是东夷文化迁徙发展形成的,其传统本身又是连续的。春秋时期莒文化区域的古国普遍与楚系文化东北部国家、江淮地区的古国来往交流密切,是莒文化的重要特点与组成部分,这也是文化连续性的表现。莒文化消亡后,战国时期齐国的莒邑,秦代的莒,西汉时期的琅琊郡、东海郡的莒等均是鲁东南地区发展的重要区域中心,这体现出了莒文化的传承与延续。

莒文化的断裂与连续是一对辩证发展的关系,相互促进,变异与发展,传承与延续,成为边缘区域和文化交界区文化发展模式的典型案例之一。

---

① 刘延常等:《鲁东南地区商代考古学文化遗存调查与研究》,《东方考古(第11集)》,科学出版社,2014年;又见刘延常:《从鲁东南地区商文化遗存的发现谈商人东征》,《中华之源与嵩山文明研究》第三辑,科学出版社,2017年。

结　　语

  莒文化的分布空间相对稳定,形成的过程多源,消亡比较快,文化特征突出,文化因素复杂,受时代先进性周文化礼制的影响,更多地融合形成了自己的地方特点,与淮夷文化关系密切。莒文化有中原文化与东夷文化最后融合阶段的特点,对齐文化、鲁文化的形成产生一定的影响,是齐鲁地域文化的重要组成部分,对研究齐鲁文化的形成具有重要意义。

  解读莒文化是解剖区域文化演变进程的极好案例,其发展模式应代表了周代"四夷"地区的共性——具有边缘区域和文化交界区文化融合的特点,对探讨华夏文化的形成过程和解读中华优秀传统文化具有很好的启示启发意义。实际上诸多学者已经强调"非中心地"的研究,从边缘地区把握历史,在社会体系的边缘存在着明显的、活跃的社会变异的潜力,"变异"正是边缘地带最具特长的历史贡献。[1] 纵观中国社会发展的不同历史发展阶段,均存在众多地域性文化,或大或小,或长或短,但都以不同的融合与传承方式成为统一的中国多民族国家历史文化的一部分。

  讲清楚莒文化的渊源、历史地位和文化传承,任重而道远,敬请专家与学者多加关注、共同研究。

（原发表为刘延常:《莒文化解读——一种文化发展模式的思考》,《李下蹊华——庆祝李伯谦先生八十华诞论文集》,科学出版社,2017年)

---

[1] 唐晓峰:《"边缘"的价值》,《环球人文地理》2015年第7期。

山东地区吴文化遗存分析

春秋战国时期是华夏文化形成与发展的重要阶段,齐鲁文化以山东地区的齐、鲁、莒文化及相关古国文化遗存为主体,同时吴、越、楚、晋、燕文化及相关古国文化遗存或文化因素对其产生重要影响,它们相互影响、相互融合,使齐鲁文化成为内容丰富、特点鲜明的地域文化,并在中华优秀传统文化中占有核心地位。考古发现与文献记载都证明了吴文化对齐鲁文化产生过诸多影响。

一、山东地区吴文化遗存的发现

检索目前已发表的资料和笔者在实际工作中注意考察到的实物,吴文化遗存主要分布在山东东南部和鲁中山区南部。现将有关发现情况介绍如下。

1. 1965年从平度县废品收购征集吴王夫差剑一件,[①]现藏山东省博物馆。剑身相对较宽,锋尖,剑身起脊,前锷内收。剑身有铭文2行10字:"攻吴王夫差,自乍其元用。"通体长57.8、宽5.4厘米(图一,1)。

2. 1991年4月邹城城关镇朱山西侧的二级台上出土吴王夫差剑一件,[②]沟西壁有墓坑残壁痕迹。剑通长60厘米,宽5厘米;圆首、圆茎、双箍;格作兽首倒凹字形,原嵌有绿松石,已脱落;剑身瘦长,锋尖,隆脊,斜从而宽,前锷收狭,锷峰锐利。剑身有铭文2行10字"攻吴王夫差,自乍其元用"(图一,2)。

3. 1983年1月,沂水县诸葛镇一座古墓出土吴王剑,[③]伴出铜钟1、戈1、镞5件和陶器等,此墓为长方形土坑竖穴墓,残宽3.6米。铜剑通体呈墨绿色,剑刃锋利,剑身长30、宽3-4厘米。剑身无饰纹,中部起凸脊。断茎残存3厘米,呈扁圆形。剑身两侧有铭文两行十六字,阴文篆书"攻吴王乍元巳用,□江之台,北南西行"(图一,3)。根据伴出器物的形制,此墓应属春秋晚期。

4. 1982-1983年在临沂市凤凰岭发掘一座大型东周墓葬,[④]包括器物坑、车马坑,墓口长11.2、宽9.45米,出土兵器172件,其中器物坑出土2件矛:长窄叶,身起脊成棱,椭

[①] 山东省博物馆编:《山东省博物馆藏珍》,山东文化音像出版社,2005年,第49页。
[②] 胡新立:《山东邹县发现一件吴王夫差剑》,《文物》1993年第8期。
[③] 沂水县文物管理站:《山东沂水县发现工吴王青铜剑》,《文物》1983年第12期。
[④] 山东省兖石铁路文物考古工作队:《临沂凤凰岭东周墓》,齐鲁书社,1988年。

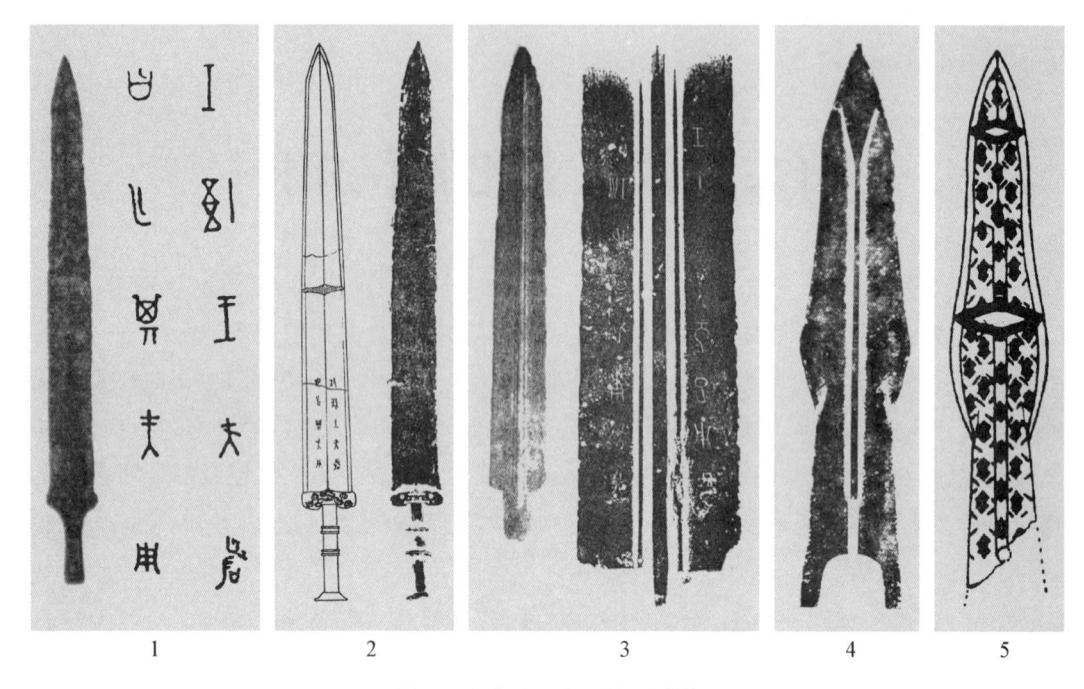

图一　山东地区出土吴国兵器

1. 平度出土吴王夫差剑　2. 邹城出土吴王夫差剑　3. 沂水出土吴王剑　4. 临沂凤凰岭出土矛　5. 莒县大沈刘庄出土矛

圆形銎直透前端,尾部呈半圆双尾叉形;1 件饰暗菱形纹,1 件为素面(图一,4)。该墓年代为春秋晚期。

5. 1993 年 4 月,在莒县东莞镇大沈刘庄清理墓葬一座,①墓长 5.88、宽 4.72 米,属中型墓葬。随葬陶器有鼎、豆、敦、壶、扁壶等,有铜剑、戈、矛、带钩、车䡇、马衔等。其中铜矛 1 件,两翼较宽,菱形,突脊,矛身饰有几何形暗纹,残长 26.1 厘米(图一,5)。墓葬年代为春秋晚期晚段。

6. 新泰市周家庄东周墓葬出土较多吴国兵器。② 根据墓葬结构、埋葬习俗(如流行殉葬狗、流行腰坑)、随葬品组合(多呈偶数组合)与形态和出土大量兵器等分析,墓葬年代为春秋晚期至战国中晚期,是具有浓厚军事色彩的齐国墓葬。

发掘的 78 座墓葬中有 42 座随葬青铜兵器 350 余件,有戈、剑、矛、戟、殳、镞、匕首、铍、钜、镈和镦,随葬兵器的多少是区分身份等级的主要标准之一,随葬兵器越多,墓葬规格越高。其中有 10 座墓葬随葬 17 件吴国兵器,有剑 13、戈 2、矛 1、戟 1。

(1) 剑 13 件。剑身饰暗菱形网格纹、首为同心圆纹、格镶嵌绿松石,剑身为银白色、

---

① 张开学等:《山东莒县大沈刘庄春秋墓》,《考古》1999 年第 1 期。
② 刘延常等:《山东新泰周家庄东周墓葬出土大量吴国兵器》,《中国文物报》2003 年 11 月 5 日 1 版;《齐国墓再现春秋争霸——山东新泰周家庄东周墓葬》,《文物天地》2004 年第 2 期;山东省文物考古研究所、新泰市博物馆:《新泰周家庄东周墓地(上、下)》,文物出版社,2014 年。

硬度高、锋利,有铭文剑,双色剑等。

M2:24,剑身为暗菱形网格纹,首为同心圆纹,格镶嵌绿松石(图二,6;图四,4-5)。

M61:3,剑首为同心圆纹,格镶嵌绿松石(图二,10;图五,4)。

M1:54,剑身为暗菱形网格纹,格镶嵌绿松石(图二,2;图四,3)。

M1:55,剑首为同心圆纹,格镶嵌绿松石(图二,3;图四,2)。

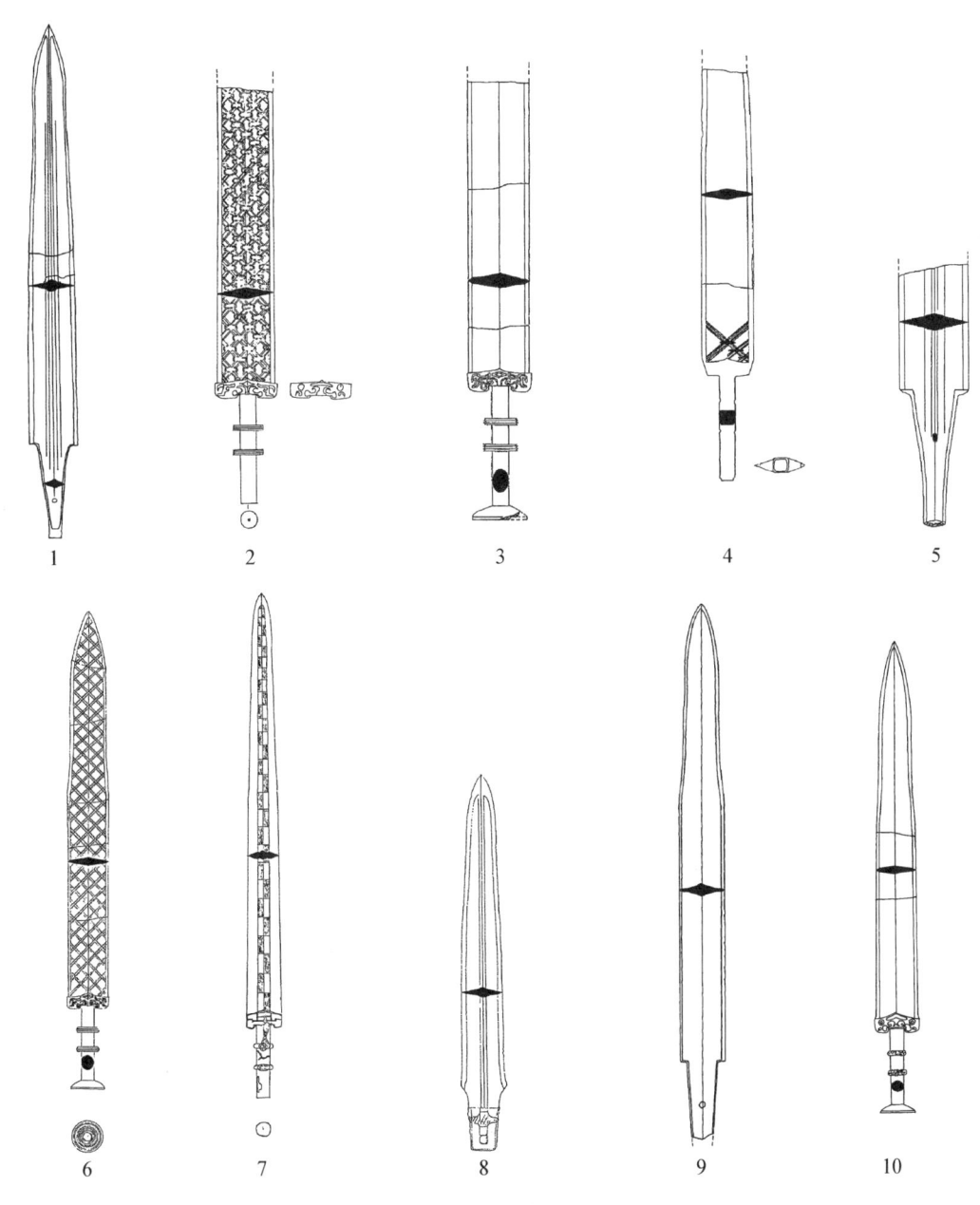

图二 新泰市周家庄墓葬出土吴国青铜剑

1. M1:53 2. M1:54 3. M1:55 4. M1:56 5. M1:57 6. M2:24 7. M4:14 8. M10:6 9. M11:23 10. M61:3

M4:14,剑脊宽血槽,两侧为对称双色长方形暗纹,格镶嵌绿松石(图二,7;图五,3)。

M1:56,剑身为暗菱形网格纹(图二,4;图四,6)。

M52:2,剑身为银白色、硬度高、锋利,首内侧残存同心圆内圈(图三,5;图五,7)。

M65:19,扁圆形茎、中空、凸棱形脊,剑身为银白色、硬度高、锋利(图三,3)。

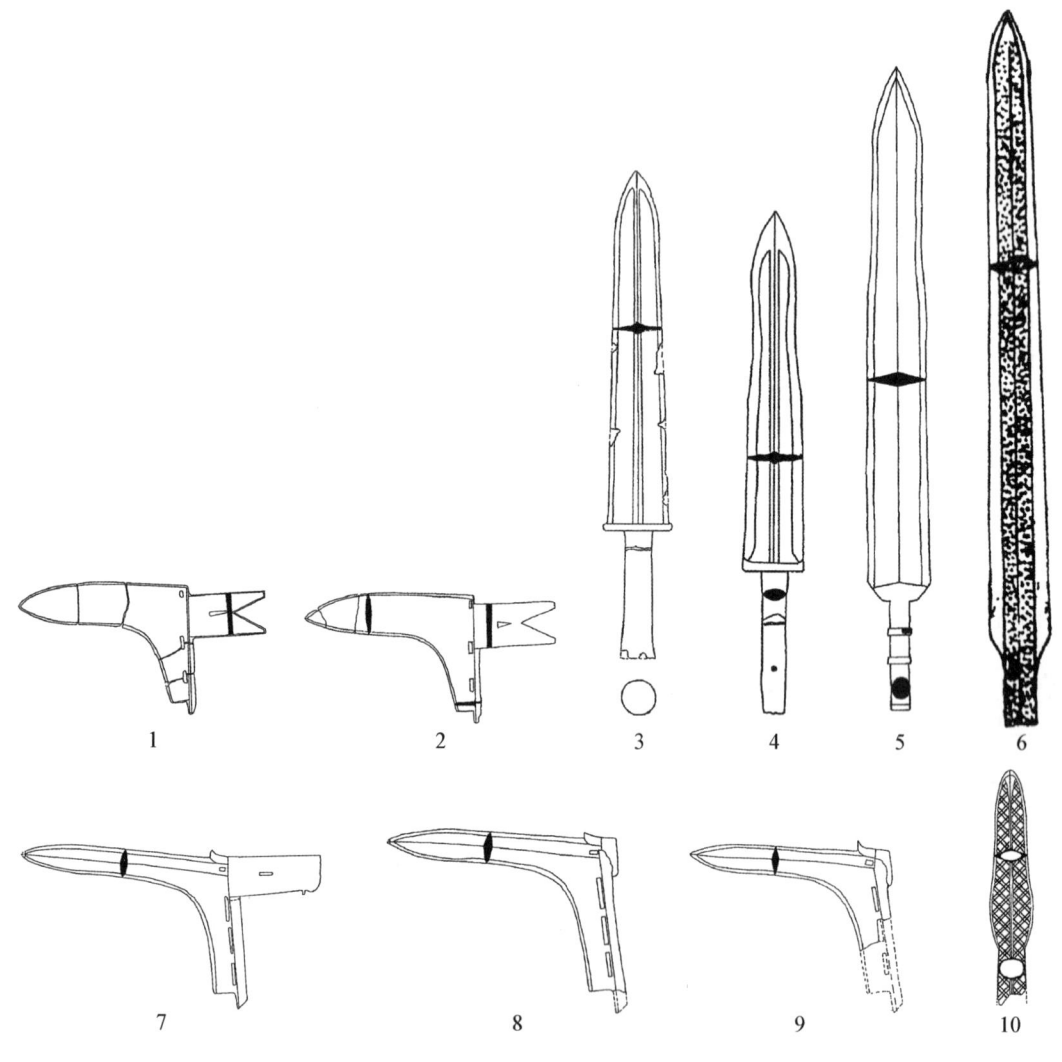

图三 山东地区出土吴国兵器

1-2. 戈(M56:2、M56:3) 3-5. 剑(M65:19、M38:37、M52:2) 6. 剑(临朐县湾头河出土) 7-9. 多戈戟(M3:39、38、37) 10. 矛 M61:1(1-5,7-10为新泰市周家庄出土)

M11:23,扁茎,线形剑脊,横断面为菱形。剑身修长,银白色、硬度高、锋利,剑身下端脊两侧铸有两行14字"攻吴王诸樊者反,之子通自作元用"(图二,9;图五,5-6)。

M38:37,扁茎,凸棱形剑脊,剑身为银白色、硬度高、锋利(图三,4)。

M10∶6,短剑,无格,凸棱脊,剑身为银白色、硬度高、锋利(图二,8)。

剑脊为双色。2件,均残。M1∶53、M1∶57,剑脊为铁青色、两侧为暗红色(图二,1、5;图四,1)。

图四 新泰市周家庄墓葬出土吴国兵器

1. M1∶53 复合剑局部   2. M1∶55 剑首同心圆纹   3. M1∶54 菱形暗网格纹局部   4. M2∶24 菱形暗网格纹局部
5. M2∶24 剑首同心圆纹   6. M1∶56 菱形暗网格纹局部

(2) 矛1件,M61∶1,矛身为暗菱形网格纹(图三,10)。

(3) 多戈戟1件,M3∶37-39,由大小递减的3件戈组成,两件无内,均呈暗红色,一内部饰蟠螭纹,上端有鼻饰(图三,7-9;图五,1-2)。

(4) 燕尾戈2件,M56∶2-3,内呈燕尾状(图三,1-2;图六,1-2)。

7. 1957年在临沭县北沟头遗址出土1件印纹硬陶罐,①口径12.7、底径12.1、高14.1厘米(图六,3)。

---

① 2007年11月,笔者在莒南县博物馆文物库房考察时注意到这件印纹硬陶罐,并蒙莒南县博物馆文物保管人员介绍。

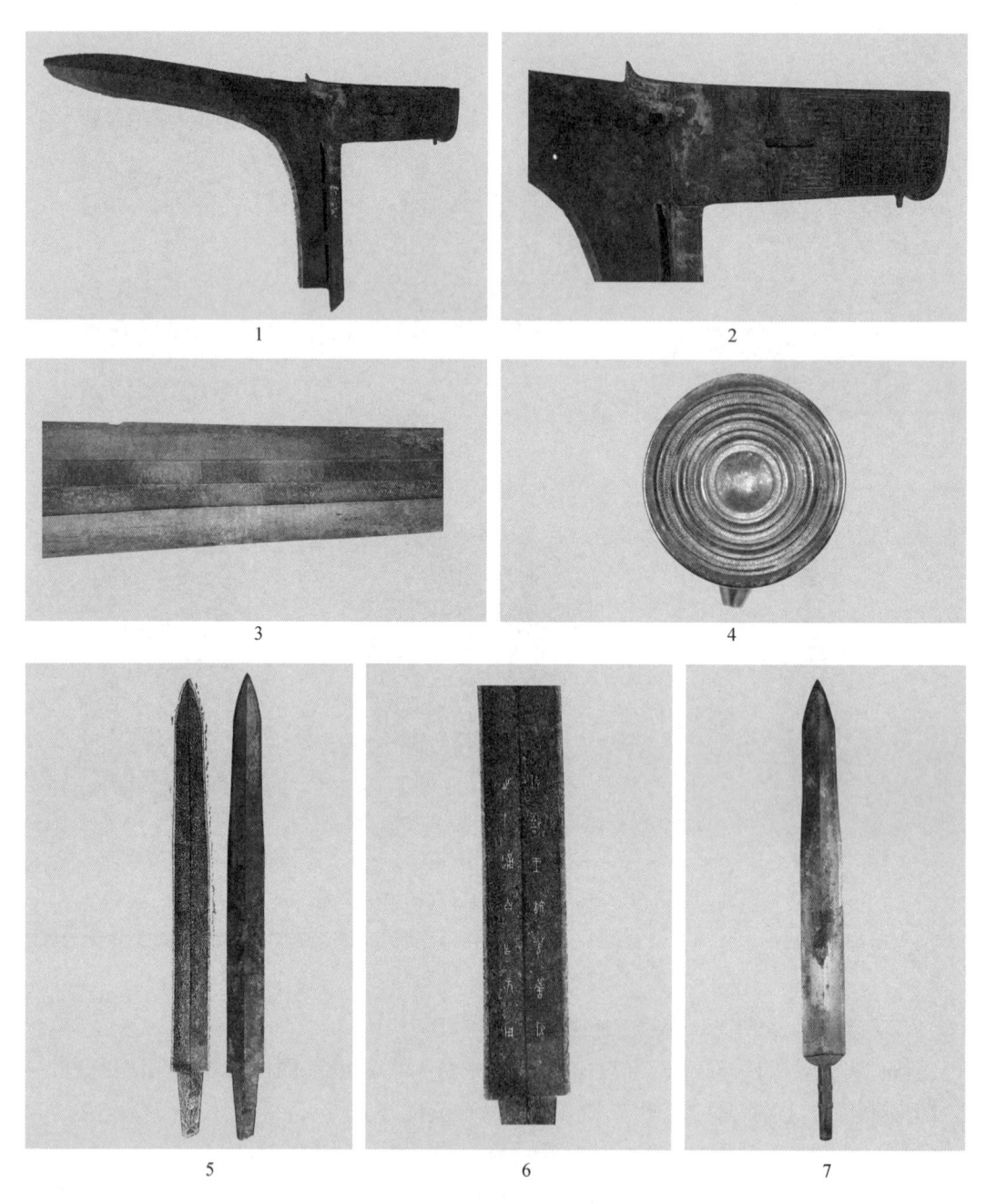

图五 新泰市周家庄墓葬出土吴国兵器

1~2. 多戈戟（M3：39 戈及其内部） 3. M4：14 剑身图案局部 4. M61：3 剑首同心圆纹 5~6. M11：23 吴王太子通剑 7. M52：2（剑首残存同心圆内圈）

图六 山东出土部分吴文化器物

1-2. 燕尾戈(新泰市周家庄 M56∶2、M56∶3) 3. 印纹硬陶罐(临沭县北沟头出土) 4. 青铜钵(莒南县东南沟出土)

8. 1986 年在临朐县冶源镇湾头河村发现 1 座古墓,①长 27、宽 16 米,出土陶罐 1、剑 2、戈 2、镞 6、车舎 2、马衔 2 件等,其中 1 剑身瘦长、凸脊、扁茎,自茎至前锋全身为凸点纹。长 54.3、茎 5.2 厘米(图三,6)。年代为春秋晚期。

另外,在莒南县、滕州市博物馆文物库房还见到几柄剑,圆首内为同心圆、圆茎、双箍、厚格、镶嵌绿松石。

从目前掌握的资料看,在平度县、沂水县、莒县、莒南县、临沂市、新泰市、邹城市、滕州市等地发现有吴文化遗存,以兵器为主,亦有个别印纹硬陶。主要分布于泰沂山脉以南的鲁东南和鲁中南地区,个别出土在胶州湾以北地方,其中尤以新泰市周家庄东周墓葬出土兵器最为集中。

二、吴文化遗存的特征与年代

山东地区吴文化遗存以兵器为主,它们铸造精美,保存较好,诸多宝剑级别较高。兵

---

① 宫德杰:《山东临朐县湾头河春秋墓》,《考古》1999 年第 2 期。

器的形制、纹样、铸造工艺等如剑首为同心圆纹（一般11周）、剑身与矛饰菱形纹、复合剑都是典型的吴国兵器特征,更有几件剑的铭文直接表明属于吴王和太子。上述兵器绝大部分出土于墓葬,大型墓1座、中型墓2座,其余为中小型墓葬;墓葬随葬兵器较多,同时伴出车马器等,随葬品比较丰富,墓葬规格较高,说明都是贵族,规格较高,一般为士一级,亦有大夫、小诸侯国君等。根据墓葬结构、葬俗、随葬品组合及形态等判断,出土吴国兵器的墓葬属于齐国、莒国、郳国、邾国等。

根据吴国兵器本身、墓葬随葬品组合尤其是陶器的分析,兵器的年代一般比墓葬年代要早,有长时间多次使用痕迹,我们认为由于吴国兵器优良,将士均爱不释手,因而长期使用。

新泰周家庄M3出土多戈戟是典型的吴国兵器,由三戈组成,第二、三戈无内,援狭长、长度由上而下依次递减,胡上端有鼻饰,与江苏谏壁王家山出土的双戈戟相近,①年代应为春秋晚期偏早;M3随葬绳纹陶鬲及出土其他器物,在墓地中较早,墓葬年代可定为春秋晚期。李学勤先生从铭文的结构与流行用语、"工吴"字体的特点等方面分析,认为沂水出土吴王剑的年代为春秋中晚期;②从墓葬出土的莒文化陶鬲形态分析,属春秋晚期,如此,可以将其年代大致定在吴王寿梦的晚期或吴王诸樊时期。新泰周家庄M11出土吴王诸樊之子通剑,从"攻吴"字体分析其年代应晚于沂水出土吴王剑,铭文本身也说明此剑为诸樊的儿子铸剑,任相宏先生推断此剑的年代在诸樊为王时所铸（公元前560 - 前548年）;③从M11随葬的绳纹陶鬲、鼎、豆、罐的形态分析,墓葬年代属春秋晚期,比"吴太子剑"的年代晚。以上三件吴国兵器均出土于墓葬中,与它们共出的随葬品铜器、陶器的年代则都比吴国兵器的年代略晚。临沂凤凰岭墓葬属春秋晚期,出土矛的形态也较早,明显比夫差早一个时期;莒县大沈留庄墓葬为春秋晚期晚段,出土矛也略晚;新泰周家庄M61随葬绳纹陶鬲等,年代应为春秋晚期晚段,出土矛也晚于凤凰岭墓葬矛的年代。从随葬陶器及有关随葬品的组合与形态分析,新泰周家庄出土吴国兵器的墓葬中M11、M3、M10、M61的年代为春秋晚期偏晚阶段,M2、M38、M52、M56为春秋末期,M1、M4、M65为战国早期。周家庄M56出土的两件燕尾戈与河北省邢台市葛家庄10号墓出土的错金鸟篆文戈④的形制基本一致,年代定为春秋末,李学勤先生释读称为"玄镠戈",认为是吴国兵器;⑤与此戈相近的还有1980年在山西忻州上社村出土的"玄膚戈",铭文亦为错金鸟篆文,年代为春战之际,是吴国兵器无疑。⑥

---

① 镇江博物馆:《江苏镇江谏壁王家山东周墓》,《文物》1987年第12期。
② 李学勤:《试论山东新出青铜器的意义》,《文物》1983年第12期。
③ 任相宏等:《吴王诸樊之子通剑及相关问题探讨》,《中国历史文物》2004年第5期。
④ 河北省文物研究所等:《河北邢台市葛家庄10号墓的发掘》图五2、3,《考古》2001年第2期。
⑤ 李学勤:《论邢台葛家庄玄镠戈》,《三代文明研究》（一）,科学出版社,1999年。
⑥ 陶正刚:《山西出土的吴越地区青铜器研究》图六,《吴越地区青铜器研究文集》,两木出版社,1997年;李学勤:《论邢台葛家庄玄镠戈》,《三代文明研究》（一）,科学出版社,1999年。

三、山东地区吴文化遗存分析

山东地区吴文化遗存的年代集中在吴国崛起之后和争霸时期,与《春秋》《左传》《国语·吴语》《史记》《吴越春秋》等文献记载吴国和山东地区古国之间往来交流(包括会盟、战争、人员往来等)的时间相符,吴文化遗存出土的区域也主要集中在鲁东南地区、鲁中南地区,应反映出了基本历史事实。

1. 会盟

春秋中晚期吴国强大之后就开始与中原及山东地区的古国开始联系了。

寿梦元年(公元前585年),寿梦称王,北上中原朝见天子,与齐、鲁、晋、宋、卫、郑等国在钟离(今安徽凤阳)会见,鲁成公详尽地陈述了周公制作的礼乐,并演奏了夏、商、周三代的乐曲。寿梦十八年(公元前568年)吴国在戚地(今河南濮阳)与鲁、宋、陈、卫等国会盟;二十三年(公元前563年)与齐、鲁、薛、宋等国在柤地(江苏邳县)会盟。

《春秋》襄公十四年(公元前559年):"十有四年春(诸樊二年),王正月,季孙宿、叔老会晋士匄、齐人、宋人、卫人、郑公孙虿、曹人、莒人、邾人、滕人、薛人、杞人、小邾人会吴于向(向,今安徽怀远)。"《左传》襄公十四年:"十四年春,吴告败于晋。会于向,为吴谋楚故也。"

《左传》哀公七年(公元前488年):"夏,公会吴于鄫(今山东枣庄东)。吴来征百牢。"《史记·鲁周公世家》:"七年,吴王夫差强,伐齐,至鄫,征百牢于鲁。季康子使子贡说吴王及太宰嚭,以礼诎之。吴王曰:'我文身,不足责礼。'"

《左传》哀公十二年(公元前483年):"公会吴于橐皋(今安徽淮南逯遒县)。吴子使大宰嚭请寻盟。"

《左传》哀公十三年(公元前482年):"夏,公会单平公、晋定公、吴夫差于黄池。"吴、晋争先歃血,最后吴国争得霸主地位。

2. 人员往来与交流

《左传》哀公九年(公元前486年):"秋,吴城邗沟,通江、淮。"公元前486年,夫差组织人力修筑邗城,开挖邗沟,把长江与淮河两大水系连通。《国语·吴语》:"阙为深沟,通于商鲁之间,北属之沂,西属之济。"公元前483年又将邗沟向北延伸到沂水,向西开拓到济水,目的是开水道北伐,也因此与山东地区更加紧密地连接起来了。

《史记·吴太伯世家》:"余祭三年(公元前545年),齐相庆封有罪,自齐来奔吴。吴予庆封朱方之县,以为奉邑,以女娶之,富于在齐。"

"四年,吴使季札聘于鲁。请观周乐。……歌《齐》,曰:'美哉!泱泱乎,大风也哉!表东海者,其太公乎?国未可量也。'……去鲁,遂使齐"。

"季札之初使,北过徐君。徐君好季札剑,口弗敢言。季札心知之,为使上国,未献。还至徐,徐君已死,于是乃解其宝剑,系之徐君冢树而去"。这就是著名的"季札挂剑"的故事,一方面说明季札的人品讲求信誉,一方面说明吴国宝剑君子好求。

《吴郡图经续记》:"吴王阖闾建城之始,立陆门八,以象八风……北曰齐门者,齐景公女嫁吴世子者,登此以望齐也。"吴太子波娶齐景公之女,阖闾城北门取名"齐门"以慰齐女思乡之心,死后又将其葬于虞山之顶以纪念。

《史记·孙子吴起列传》:"阖闾知孙子能用兵,卒以为将。西破强楚,入郢,北威齐、晋,名显诸侯,孙子与有力焉。"公元前512年,伍子胥推荐孙武到吴国,拜为将军。孙武严格教宫女练兵的故事家喻户晓。

《史记·吴太伯世家》:"鲍子与悼公有郤,不善。四年,吴、鲁伐齐南方。鲍子弑悼公,赴于吴。"

《左传》哀公十一年(公元前484年):"使于齐,属其子于鲍氏,为王孙氏。"吴国在哀公十一年伐齐之前,伍子胥力谏吴王不能伐齐,但吴王不听;于是,伍子胥"私使人至齐属其子,改姓为王孙,欲以辟吴祸"。

《史记·仲尼弟子列传》:"田常欲作乱于齐,惮高、国、鲍、晏,故移其兵欲以伐鲁。"子贡受命出使齐、吴、越、晋国,利用儒家学说游说,促成吴国北伐齐国,决战艾陵,大败齐师。达到了"子贡一出,存鲁,乱齐,破吴,强晋而霸越。子贡一使,使势相破,十年之中,五国各有变"的目的与效果。

3. 战争

《左传》成公七年(寿梦二年,公元前584年):"七年春,吴伐郯,郯成。季文子曰:'中国不振旅,蛮夷入伐……'"迫使郯与吴媾和。当时,季文子虽然称吴国为蛮夷,但足见吴国已经强大。

《左传》哀公七年(公元前488年):"秋,伐邾……师宵掠,以邾子益来,献于亳社……邾茅夷鸿以束帛乘韦,自请救于吴。"

《左传》哀公八年(公元前487年):"三月,吴伐我。"吴军攻鲁,经武城(费县西南),走险道攻占东阳(费县境),与鲁士军战于夷(泗水境),杀鲁二将,进抵泗上。鲁国与吴国签订和约后吴军退还。

《左传》哀公八年(公元前487年):"齐侯使如吴师,将以伐我。乃归邾子。邾子又无道,吴子使大宰子余讨之。"这次是吴国讨伐邾国。

《春秋》哀公十年(公元前485年):"公会吴伐齐。"《左传》哀公十年:"公会吴子、邾子、郯子伐齐南鄙,师于鄎。齐人弑悼公,赴于师。吴子三日哭于军门之外。徐承帅舟师,将自海入齐,齐人败之,吴师乃还。"

《左传》哀公十一年(公元前484年):"公会吴子伐齐。五月,克博(今山东泰安东南),壬申,至于嬴(莱芜西北)。……甲戌,战于艾陵(莱芜东北,一说泰安东南),展如败高子,国子败胥门巢。王卒助之,大败齐师。获国书、公孙夏、闾丘明、陈书、东郭书,革车八百乘,甲首三千,以献于公。"这就是著名的艾陵战役,前期齐军与吴军互有胜负,最终齐军大败。

4. 山东地区吴文化遗存分析

从文献记载看,吴国崛起之后不久就与山东地区的古国(齐、鲁、莒、郯、向、滕、薛、邾、小邾等)开始了密切的联系,直至吴国灭亡也没有间断,主要集中于两大时间段内。一是寿梦称王之后到诸樊诸王时期,这个时期的联系主要是友好的、和平的,包括会盟、出使、婚姻、人员往来等;二是阖闾、夫差称霸时期,以战争方式为多。

从出土文物分析,山东东南部在春秋时期属莒文化分布区域,①包括莒国、郯国、鄅国、向国等古国,出土较多的吴国典型器物如临沭县出土的印纹硬陶罐、莒南县出土的青铜钵(图六,4),都是吴国贵族常用器皿;沂水出土吴王剑,临沂、莒县出土青铜矛等,说明春秋晚期吴国与这一区域联系比较密切,应以友好交流为主。

根据新泰市周家庄墓葬、新泰市一中出土陶文等文化遗存分析,我们认为周家庄一带是鲁国的"平阳城",②春秋晚期齐国向南扩张争霸,占领"平阳城"作为军事重镇,③作为齐国的"南鄙"与鲁国、吴国等开展军事斗争。周家庄东周贵族墓葬出土较多的吴国兵器,年代集中在春秋晚期晚段,正是齐国与吴国交往的历史证明,这些吴国兵器有作为珍品馈赠,之后又长期使用的,更多的或许是战利品。

结　　语

目前在山东地区发现的吴文化遗存以兵器为主,《考工记》《吴越春秋》《越绝书》《国语》《战国策》等诸多文献记载,吴国极其重视青铜兵器的冶铸,铸造的青铜剑名冠诸侯国,被当时的贵族、将士视为珍品。山西、河南、湖北等地出土不少吴王剑,证明了吴国活动、交流的区域,山东地区出土大量吴国兵器印证了文献记载。

吴国与山东地区诸多古国有多种方式的联系和交流,相互之间必然产生了深远影响,学界期待着更多考古发现去印证和阐释这段历史,可以从历史学、民俗学等多方面、多角度的综合研究。

山东地区与江淮地区自新石器时代就有密切联系,到商代、西周中期,苏北、鲁南地区还同是夷人文化分布区,是南北文化交汇、与中原文化交汇的地区,今后应加大考古工作的力度,促进吴文化与"齐鲁文化"相互关系的深入研究。

(原发表为刘延常等:《山东地区吴文化遗存分析》,《东南文化》2010年第5期)

---

① 刘延常:《莒文化探析》,《东南文化》2002年第7期。
② 《春秋》宣公八年"城平阳",杜预注:"今泰山有平阳县。"
③ 刘延常等:《山东省新泰市周家庄周代墓葬出土兵器的初步研究》,《孙子的军事思想与中国古代军事历史论文集》,中国公共安全出版社,2007年。

山东地区越文化遗存分析

越国是春秋五霸之一,也是战国早期四大强国之一,势力比较强大,文化也具有浓郁的地方特色,对周边产生一定的影响。山东地区发现的印纹陶和青铜器等越文化遗存,结合文献记载,应与越灭吴后与山东地区的古国往来有关,随之产生文化交流,对齐鲁文化的形成具有积极影响,也促进了民族融合和文化融合。本文结合历史文献对山东地区越文化遗存做简要分析。

一、山东地区越文化遗存的发现

目前山东地区考古学文化序列比较清楚,有关文化因素也比较明确。检索已发表的考古资料,结合实际工作与研究中注意考察到的实物,主要在山东南部的一些遗址和博物馆内发现部分越文化遗存(图一)。现做简要介绍:

(1)莒南县涝坡镇城子遗址采集到较多的印纹陶和印纹硬陶片,[1]有灰色、红褐色、黑褐色,印纹多小方格纹、"米"字纹、填线菱形纹、复线菱形纹等(图二),器型有罐、坛等。遗址位于莒南县城北部约 15 千米,马鬐山南侧,北与莒县接壤。

(2)临沭县北沟头遗址采集到填线方格纹印纹硬陶片[2](图三,1)。遗址位于县城北约 4 千米。

(3)2006 年在郯城县泉源乡古城遗址采集到印纹硬陶片,[3]褐色,填线方格纹(图三,2)。遗址位于县城东北近 20 千米的沭河东岸。

(4)临沂市河东区汤河镇故县村遗址采集到印纹陶和印纹硬陶片,[4]红褐色、灰色,小方格纹、"米"字纹(图三,5、6)。遗址位于区政府以东约 14 千米。

(5)费县故城遗址采集到"米"字纹灰色印纹陶片[5](图三,3)。遗址位于县城以北约 10 千米。

---

[1] 2007 年笔者亲赴临沂市博物馆、莒南县博物馆等单位多次进行实地考察并采集较多文物标本。实物资料现存莒南县博物馆。又见吴峰等:《渠丘邑城刍测》,《东南文化》2002 年第 9 期。
[2] 2006 年绍兴理工大学和临沂市博物馆调查资料。
[3] 2006 年绍兴理工大学和临沂市博物馆调查资料。
[4] 2006 年绍兴理工大学和临沂市博物馆调查资料。
[5] 2008 年临沂市文管办普查资料。

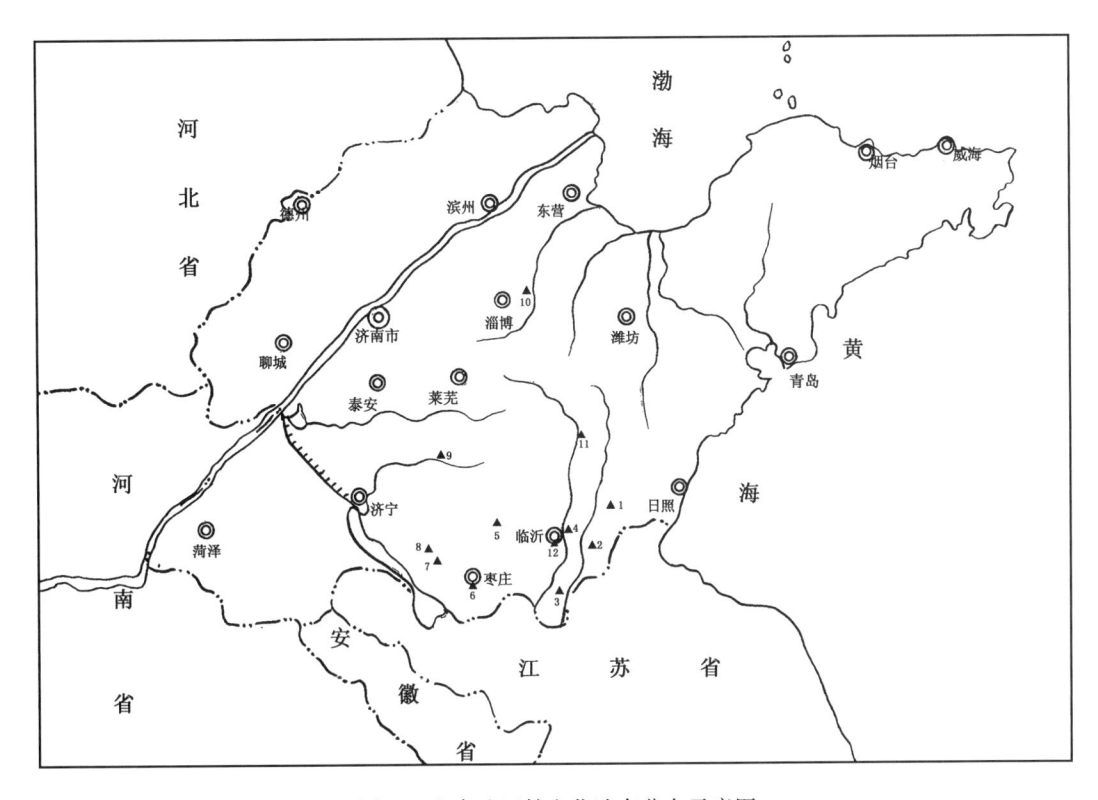

图一 山东地区越文化遗存分布示意图

1. 莒南县城子 2. 临沭县北沟头 3. 郯城县泉源乡古城 4. 临沂市河东区故县村 5. 费县故城 6. 枣庄市南郊青铜戈出土地点 7. 滕州市坝上 8. 滕州市庄里西 9. 曲阜市西百村 10. 临淄区阚家寨 11. 沂水县鸟篆文戈出土地点 12. 临沂罗庄区陈白庄

(6) 1983年枣庄市南郊出土1件鸟篆文青铜戈,[①]援及胡部两侧各有5字铭文(图四,2)。

(7) 2009年第三次全国文物普查时在滕州市官桥镇坝上遗址采集到印纹硬陶片,[②]红褐色,小方格纹(图三,4)。遗址位于滕州南部约20千米,东南距枣庄市约25千米。

(8) 滕州市姜屯镇庄里西遗址是滕国贵族墓地,1995年发掘的M34内出土1件越式青铜鼎[③]。直口,直腹,长方形立耳较小,饰绳索纹,细长足外撇,素面(图四,3)。遗址位于滕州西北部约8千米,北距邹城市邾国故城遗址不足25千米。

(9) 曲阜市南辛镇西百村遗址采集到米字纹印纹硬陶坛片[④]。遗址位于曲阜市东南部约25千米。

---

① 李锦山:《枣庄市拣选一件战国铭文铜戈》,《文物》1987年第11期。
② 2009年滕州市博物馆普查资料。
③ 1995年山东省文物考古研究所考古发掘资料,实物现在山东省文物考古研究院。
④ 转引自林华东:《越都丛考》,《百越民族研究》,江西教育出版社,第370页,1990年。

图二 莒南县城子遗址出土越文化印纹陶片（拓片）
1、7. 填线菱形纹　2、3、5、8. 小方格纹　4. 米字纹　6. 复线菱形纹

（10）1965年北京大学发掘临淄齐故城内阚家寨遗址，其中在H10内出土3片印纹硬陶①，红褐色、黑褐色，米字纹，应是罐残片（图三，7）。

（11）1982年，沂水县文物管理站从县土产公司废品收购站拣选铜戈、剑各一件。铜戈残断，修复后铭文稍残，缺内。援长16.5、胡长11厘米。阑侧3穿，胡上一鸟篆文字，初释为"蒙"②（图四，1）。

---

① 1965年北京大学历史系考古专业发掘资料，实物现在山东省文物考古研究所临淄工作站。
② 沂水县文物管理站：《山东沂水县发现战国铜器》，《考古》1983年第9期。

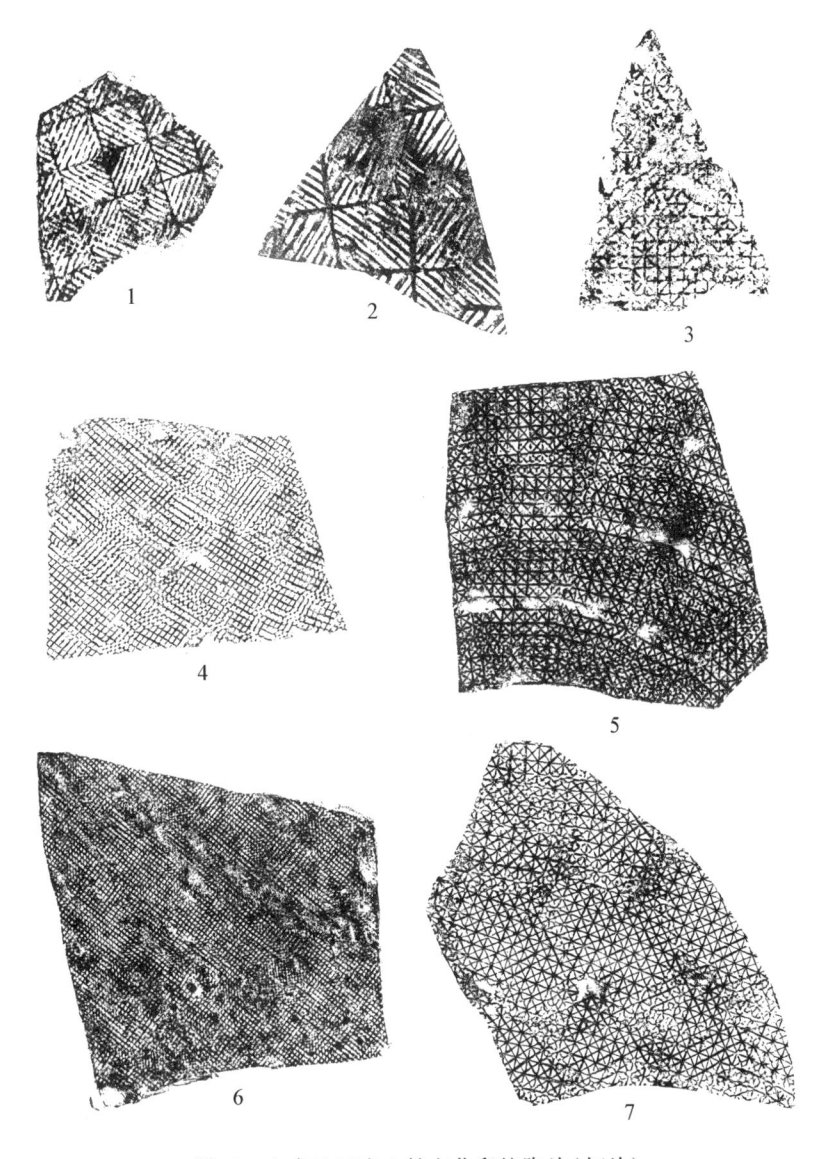

图三 山东地区出土越文化印纹陶片(拓片)

1. 临沭北沟头 2. 郯城县泉源乡古城 3. 费县故城 4. 滕州市官桥镇坝上
5、6. 临沂汤河镇故县村 7. 临淄阚家寨 1965 年 H10 出土
(1、2. 填线方格纹 3、5、7. 米字纹 4、6. 小方格纹)

(12) 临沂市博物馆在文物普查时,在罗庄区陈白庄遗址采集到 1 件米字纹陶片,胎色砖红[①]。

(13) 2006 年 3 月,绍兴理工大学张志立、彭云与临沂市博物馆李玉亭、冯沂等同行,针对越国迁都琅琊课题对临沂市部分古城遗址进行专题调查,同时在河东、郯城、莒南等

---

① 转引自冯沂:《琅琊史迹钩沉》,待刊。实物现存临沂市博物馆。

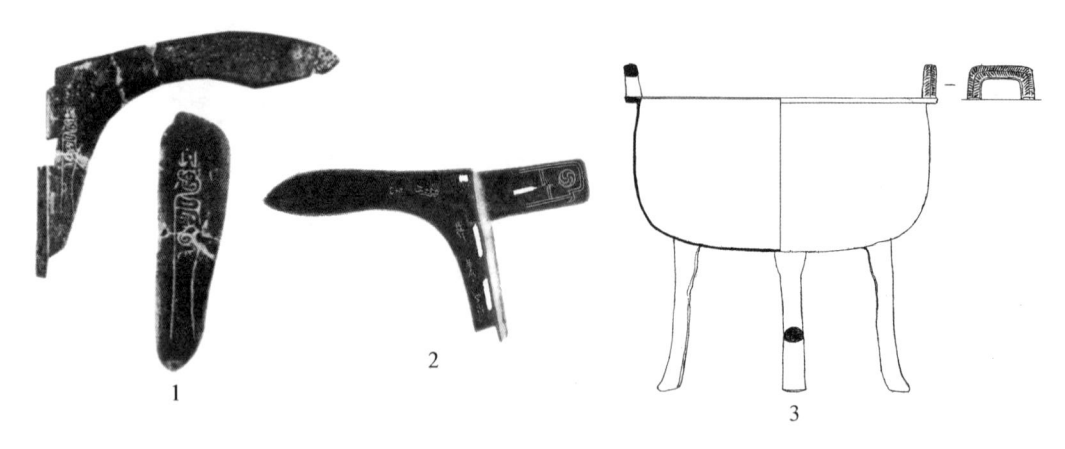

图四 山东地区出土越文化青铜器

1. 沂水县出土鸟篆文戈 2. 枣庄市南郊出土鸟篆文戈 3. 滕州市庄里西遗址青铜鼎 M34∶3

县区采集到典型的越文化几何印纹陶。采集标本有坛、罐等印纹陶和硬陶残片,胎色有灰、褐、紫褐色等,纹饰有方格纹、米筛纹、麻布纹等①。

从目前发现情况看,越文化遗存主要分布在鲁东南地区南部和鲁中南地区西部,整体呈东南-西北走向,包括郯城县北部、临沭县、莒南县、沂水县、临沂市河东区和罗庄区、费县、枣庄市、滕州市、曲阜市。向北没有到达莒县、蒙阴县、宁阳县境内,向西未超过津浦铁路一线。其他地区只有远在鲁北的齐国故城内1处遗址。

越文化遗存中印纹陶和印纹硬陶数量较多,出土地点分布范围较广,以考古调查采集品为主,其中以莒南县城子遗址最为丰富,只有齐故城阚家寨遗址是经过科学发掘的;两件鸟篆文青铜戈是当地出土的,而青铜鼎是墓葬随葬品。

二、山东地区越文化遗存的特征与年代

1. 年代

印纹陶和印纹硬陶中的"米"字纹、细小方格纹、麻布纹等纹饰是战国时期越文化的典型特征。②

枣庄出土的鸟篆文青铜戈,胡、内较长、较窄,胡外斜,内微上翘。戈的形制是典型战国早期特征。

与庄里西遗址M34青铜鼎共出的随葬品还有2件陶罐、4件方座圈足陶簋等,是典型战国早期遗物。青铜鼎与绍兴县西施山遗址出土的同类鼎形制相近,③与绍兴县福全镇

---

① 张志立等:《越王勾践迁都琅琊考古调查综述》,绍兴市越文化研究会编:《越风》,西泠印社出版社,2008年。
② 周燕儿等:《绍兴出土的东周印纹硬陶和原始瓷器》,《中国柯桥——越国文化高峰论坛文集》,浙江人民出版社,2011年。
③ 刘侃:《绍兴西施山遗址出土文物研究》,《东方博物》第三十一辑,浙江大学出版社,2009年。

洪家墩遗址出土原始青瓷盆形鼎的形制基本相同,①年代为战国时期(图四,3)。

沂水县出土的鸟篆文青铜戈,援较长且明显上扬,前部较宽、后部较窄,其年代为战国早期晚段或中期早段(图四,1)。

齐故城内阚家寨遗址 H10 出土的陶盆、钵、盂、浅盘豆、半瓦当等陶器标本是典型的战国中期晚段齐文化器物,因此与它们共出的印纹硬陶的年代也相同(图三,七)。②

总之,山东地区发现的越文化遗存的年代以战国早期为主,能够晚到战国中晚期,早者或到春秋末期。

2. 文化特征

目前山东发现的越文化遗存主要是考古调查采集所得,青铜器和阚家遗址印纹硬陶是发掘出土品。

越文化遗存均为遗物,主要是印纹陶,有 3 件青铜器。印纹陶以硬陶为主,多红褐色、黑褐色,表面亮度大、近似瓷器,硬度高;印纹中"米"字纹较为常见,另有小方格纹、填线方格纹、复线菱形纹;器型有坛、罐等。其他印纹陶有红陶、灰陶,印纹主要有"米"字纹、小方格纹、方格纹、填线菱形纹,器型主要有罐。

戈铸有的鸟篆文是典型的越文化特点,青铜鼎与越文化战国早期青铜鼎及青瓷鼎的形制基本一致。

沂水县发现的青铜戈,铭文书体结构大致分为三部分,其上两部分应属装饰,其下为鸟形,似是"戉",可能为"越",其为越国兵器。③ 枣庄出土的鸟篆文青铜戈,铭文中有"堇"字,李锦山先生认为:"'堇',似为越国地名。越有鄞邑,《国语·越语》:'勾践之地,南至于句无,北至于御儿,东至于鄞,西至于姑蔑,广运百里。'越又有赤堇山,在绍兴东南 15 千米,是欧冶子为越王铸剑处。《越绝书》卷十三载:'赤堇之山,破而出锡。'"④

三、山东地区越文化遗存反映的历史背景

山东地区越文化遗存都具有典型的越文化特征,年代集中在战国时期,分布有一定规律,这种现象应反映一定的历史事实。印纹陶是比较常见的生活用品,发现地点较多并且分散,说明有一定的分布与影响;而硬陶则是精品,应是广为流传的,如印纹硬陶更是传到齐国的都城,可见文化影响是深远的。越国的青铜兵器在当时是名冠诸侯的,在鲁南、鲁东南腹地发现越国鸟篆文戈就是很好的证明,无论是交流赠品或为战利品都是珍品。我们认为山东地区越文化遗存与越国灭吴后北上争霸、干预山东地区有关古国的事件相关,

---

① 绍兴县福全镇洪家墩遗址出土原始青瓷盆形鼎,笔者在 2010 年 9 月在绍兴县越国文化博物馆展柜内看到实物。
② 山东省文物考古研究所承担整理编写《齐国故城》发掘报告,2010 在临淄工作站整理北京大学 1965 年发掘阚家寨遗址的陶器标本时发现 H10 出土印纹硬陶片和齐文化陶器标本。
③ 孙敬明:《沂蒙先秦兵器铭文集释绎论》,《考古发现与齐史类征》,齐鲁书社,2006 年。
④ 李锦山:《枣庄市拣选一件战国铭文铜戈》,《文物》1987 年第 11 期。

随之而来的是文化交流与影响,从历史文献记载可窥见一斑。

1. 越灭吴以前与鲁国、邾国的往来

《左传》哀公二十一年:夏五月,越人始来(《集解》:越既胜吴,欲霸中国,始遣使适鲁)。

《左传》哀公二十二年:夏四月,邾隐公自齐奔越,曰:"吴为无道,执父立子。"越人归之,大子革奔越(《集解》:邾隐公八年为吴所囚,十年奔齐)。

《左传》哀公二十三年:秋八月,叔青如越,始使越也。越诸鞅来聘,报叔青也。

越国开始与山东地区古国往来,与吴国的势力对比发生了变化,处于灭吴前夕。首先交好鲁国,并干预邾国内政,为伐吴与称霸做外交准备。

2. 越灭吴后与齐、鲁等国会盟及称霸

《史记·越王句践世家》:句践已平吴,乃以兵北渡淮,与齐、晋诸侯会于徐州,致贡于周。周元王使人赐勾践胙,命为伯。勾践已去,渡淮南,以淮上地与楚,归吴所侵宋地于宋,与鲁泗东方百里。当是时,越兵横行于江、淮东,诸侯毕贺,号称霸王。

《吴越春秋》卷十勾践伐吴外传:勾践乃使使号令齐楚秦晋,皆辅周室,血盟而去。秦桓公不如越王之命,勾践乃选吴越将士,西渡河以攻秦。军士苦之。会秦怖惧,逆自引咎,越乃还军。军人说乐,遂作河梁之诗,曰:"渡河梁兮渡河梁,举兵所伐攻秦王。孟冬十月多雪霜,隆寒道路诚难当。陈兵未济秦师降,诸侯怖惧皆恐惶。声传海内威远邦,称霸穆桓齐楚庄。天下安宁寿考长,悲去归何无梁。"自越灭吴,中国皆畏之。

3. 越国称霸后干预鲁国、邾国内政并调解之间的关系

《左传》哀公二十四年:邾子又无道,越人执之以归,而立公子何。何亦无道(《集解》:何,大子革弟)……闰月,公如越,得大子适郢(《集解》:适郢,越王大子),将妻公,而多与之地。公孙有山使告于季孙。季孙惧,使因大宰嚭而纳赂焉,乃止。

《左传》哀公二十五年:六月,公至自越。

《左传》哀公二十六年:夏五月,叔孙舒帅师会越皋如、后庸、宋乐茷,纳卫侯。……司徒期聘于越,公攻而夺之币。期告王,王命取之。期以众取之。公怒,杀期之甥之为大子者。遂卒于越。

《左传》哀公二十七年春:越子使后庸来聘,且言邾田,封于骀上。二月,盟于平阳。三子皆从……公欲以越伐鲁,而去三桓。秋八月甲戌,公如公孙有陉氏,因孙于邾,乃遂如越。

《史记·鲁周公世家》:公欲以越伐三桓。八月,哀公如陉氏。三桓攻公,公奔于卫,去如邹,遂如越。国人迎哀公,复归。

《吴越春秋》卷十勾践伐吴外传:种谏曰:"臣所以在,朝而晏罢若身疾作者,但为吴耳。今已灭之,王何忧乎?"越王默然。时鲁哀公患三桓,欲因诸侯以伐之。三桓亦患哀公之怒,以故君臣作难。哀公奔陉,三桓攻哀公。公奔卫,又奔越。鲁国空虚,国人悲之,来迎哀公。

《吴越春秋》卷十勾践伐吴外传:(勾践)二十六年,越王以邾子无道而执以归,立其

太子何;冬,鲁哀公以三桓之逼来奔。越王欲为伐三桓,以诸侯大夫不用命,故不果耳。二十七年,冬,勾践寝疾,将卒,谓太子与夷曰:"吾自禹之后,承允常之德,蒙天灵之佑、神祇之福,从穷越之地,籍楚之前锋,以摧吴王之干戈,跨江涉淮,从晋齐之地,功德巍巍。"

4. 越国与莒国、缯国、滕国、郯国的关系

《墨子·非攻中》记载,莒国东面,"越人夹削其壤地"。曹金炎先生考证"能原"镈,认为铭文记载的是越国主持莒国与郳国分界之事,说明莒国、郳国依附于越国。①

《战国策·齐策五》:昔者莱、莒好谋,陈、蔡好诈,莒恃越而灭,蔡恃晋而亡。

《史记·越王勾践世家》司马贞《索隐》引《竹书纪年》:越王朱勾三十四年(前414年),越国灭滕,翌年又灭郯。

《战国策·魏策四》:缯恃齐以悍越,齐和子之乱而越人亡缯。

5. 与齐国的往来及越国的灭亡

《史记·越王句践世家》:王无强时,越兴师北伐齐,西伐楚,与中国争强。

当楚威王之时,越北伐齐,齐威王使人说越王……越王曰:"所求于晋者,不至顿刃接兵,而况于攻城围邑乎?愿魏以聚大梁之下,愿齐之试兵南阳莒地,以聚常、郯之境,则方城之外不南,淮、泗之间不东,商、于、析、郦、宗胡之地,夏路以左,不足以备秦,江南、泗上不足以待越矣。"

于是越遂释齐而伐楚。楚威王兴兵而伐之,大败越,杀王无疆,尽取故吴地至浙江,北破齐于徐州。而越以此散,诸族子争立,或为王,或为君,滨于江南海上,服朝于楚。

今本《竹书纪年》:(周显王)三十六年,楚围齐于徐州,遂伐于越,杀无强。

《越绝书·越绝外传记吴地传》曰:楚考烈王并越于琅邪。

总之,越国在春秋末期就开始了与鲁国的往来,并干预莒国、郳国的内政。越灭吴后,北上与齐国、鲁国会盟,取得霸王称号。战国早期势力强大,莒国依附,调解鲁国与郳国、莒国与郳国等之间的关系,伐齐,灭滕,亡郯,后又灭缯。从山东地区发现的越文化遗存分析,基本符合越国与山东地区古国交往的时空关系;时间集中在春秋末期、战国早中期,主要发现于鲁东南南部、鲁中南地区,青铜器应是馈赠或为战利品,印纹陶和印纹硬陶则是日常生活用品;说明越文化与山东地区古国的交流,不仅体现在国家、上层贵族层面,也已经深入到日常生活,其文化影响是相当深远的。

四、越国迁都之琅邪不在山东

从历史文献记载和考古学文化遗存分析,越国迁都之琅邪不在山东。

1. 琅邪在东周时期是齐国东南境的封邑

从文献记载可以知道,琅邪在齐国东南境,在春秋时期到战国中期是齐国的一个

---

① 曹锦炎:《再论"能原"镈》,《故宫博物院院刊》1999 年第 3 期。

封邑。

《管子·戒》：桓公将东游,问于管仲曰。我游犹轴转斛,南至琅邪。

《孟子·梁惠王下》：齐景公问于晏子曰,吾欲观于转附,朝儛,遵海而南,放于琅邪。

《史记·田敬仲完世家》记载：平公即位,田常为相。……齐国之政皆归田常。田常于是尽诛鲍、晏、监止及公族之强者,而割齐自安平以东至琅邪,自为封邑。封邑大于平公之所食。

朱熹《孟子集注》：琅邪,齐东南境上邑名。

2. 汉代及其以后的文献记载不能证明越国迁都之琅琊在山东

《史记·秦始皇本纪》：南登琅邪,大乐之,留三月。乃徙黔首三万户琅邪台下,复十二岁。作琅邪台,立石刻。颂秦德,明得意。

《地理志》：越王勾践尝治琅邪县,起台馆。《括地志》：诸城县东南百七十里有琅邪台,越王勾践观台也,台西北十里有琅邪故城。

《水经注》、《山海经》等文献也记载琅琊在胶南,或即琅琊台。

《越绝书》卷八：勾践伐吴,霸关东,从琅邪起观台,台周七里,以望东海。

《吴越春秋》：越王既已诛忠臣,霸于关东,从琅邪起观台,周七里,以望东海。死士八千人,戈船三百艘。

通过考古调查,山东胶南县琅琊台是人工夯筑而成,发现秦代刻石等遗存,[①]应是秦始皇东巡所登琅琊台。这里自古就是重要的城邑,齐国八神中的"四时主祠"就立在琅琊山上,历代的许多帝王曾来祭拜。琅琊台也是秦代方士徐福率数千童男女东渡日本的启航地之一。因此,胶南县琅琊台自古出名,使得历代多有记载或附会。

《地理志》《水经注》和《山海经》等文献记载包含了许多传说,而《越绝书》和《吴越春秋》也未指明琅琊在何处。

3. 考古学文化遗存证明越国迁都之琅琊不在山东

山东东南部地区在周代属莒文化分布区,至迟延续到战国早期,之后发现的便是齐文化遗存。[②]

胶南县琅琊台位置偏北,向南为五莲县、日照东港区、莒南县。在实际工作中我们多次考察这两个区域的库房文物与标本,未发现印纹硬陶片,山东大学与美国合作对这一区域包括胶南县进行了系统的调查,也未发现有关越文化遗存。[③] 笔者在莒南县博物馆帮助梳理了所有陶器标本300余筐,仅发现城子1处遗址有印纹陶片。我们在郯城县、苍山县考察库房文物标本时也没有见到更多的越文化遗物。

2006年绍兴理工大学张志立先生等人调查山东和江苏两省各地,结果在诸城、胶南、

---

① 青岛市史志办公室、青岛市文物局：《青岛文物志》,中国出版社,2004年,"琅琊台遗址"23-24页,"琅琊台刻石"119-120页；王志民主编：《山东省历史文化遗址保护现状调查报告》,齐鲁书社,2008年,第241-244页。
② 刘延常：《莒文化探析》,《东南文化》2002年7期。
③ 蔡凤书等：《山东日照市两城地区的考古调查》,《考古》1997年第4期。

日照、莒县境内没有发现任何吴越文化遗物。①

文献记载越王勾践灭吴迁都琅琊是公元前468年,而这个时间的山东南部还存在莒、郯、缯等古国,尤其莒国的势力还比较强大。

因此,我们认为越国迁都之琅琊不在山东胶南、诸城等地。越国越过诸多小国迁都至较远的齐国境内有悖情理,也不符合实际需要,更没有考古学材料的支持,未见越国与齐国打仗和掠夺城邑的记载。也没有证据说明在山东南部其他地方。

文献记载,越国干涉鲁国和邾国内政,调解鲁国与邾国、莒国与邾国之间的关系,莒国、邾国依附越国,越国势力强大。典型越文化遗存的发现证明山东南部受越国较大的影响,其势力到达莒南县北部。诸多历史文献也记载越国迁都琅琊,或许越国灭吴后北上争霸过程中,曾在苏北地区建立过军事统治中心,向北侵占到莒国东南部,有些学者对越国迁都琅琊的认识包含很多合理意见。②

余　　语

通过梳理分析山东地区越文化遗存,可以说明越国在春秋末期至战国中期势力一度强大,与山东地区有较多的联系,和文献记载相吻合。无论是战争占领,还是会盟外交等,都促进了越国与山东古国的往来,体现在文化的交流和相互影响,从而对齐鲁文化的形成具有重要意义。

从考古资料来看,山东省东南部、南部是越国文化最北部的波及区,并没有长时间占领,或与军事推进活动有关的迹象。要深入研究越文化对山东地区的影响及越国迁都琅琊等问题,需要加大山东南部地区的考古工作力度,加大苏北地区连云港市、徐州市的考古与研究工作力度,开展与越文化中心区域的比较研究。

毋庸置疑,包括吴文化、越文化、楚文化等都对山东地域文化产生过诸多影响,也体现了南方文化与山东地域文化的交流与融合,这是研究齐鲁文化和中华民族传统文化的重要课题。

(原发表为刘延常等:《山东地区越文化遗存分析》,《东方考古(第9集)》,科学出版社,2012年)

---

① 2006年绍兴理工大学和临沂市博物馆调查资料。
② 太田麻衣子:《越迁都琅琊新考》,刘洪石等:《也谈越王勾践徙都琅琊》,均见《中国柯桥——越国文化高峰论坛文集》,浙江人民出版社,2011年。

山东地区楚文化因素分析

楚国为春秋五霸、战国七雄之一，其疆域广阔、势力强大几乎统领中国南部半壁江山，也创造了极具特色和灿烂辉煌的文化，对周围地区文化的融合和华夏文化的形成产生了重大影响。随着楚国的东进和北扩，楚文化对山东地区也产生了一定的影响，根据文献记载，战国时期楚国还占领并统治了山东南部地区一段时间，诸多史籍所述都得到了考古学成果的印证。

山东地区周代考古学文化以齐、鲁、莒文化为代表，间有诸多古国文化遗存，具有鲜明的区域特征，还存在许多其他文化遗存，其中就有楚文化因素。检索目前山东地区周代考古资料，楚文化因素主要发现于鲁东南和鲁中南地区，个别存在于鲁北和胶东地区（图一）。探讨

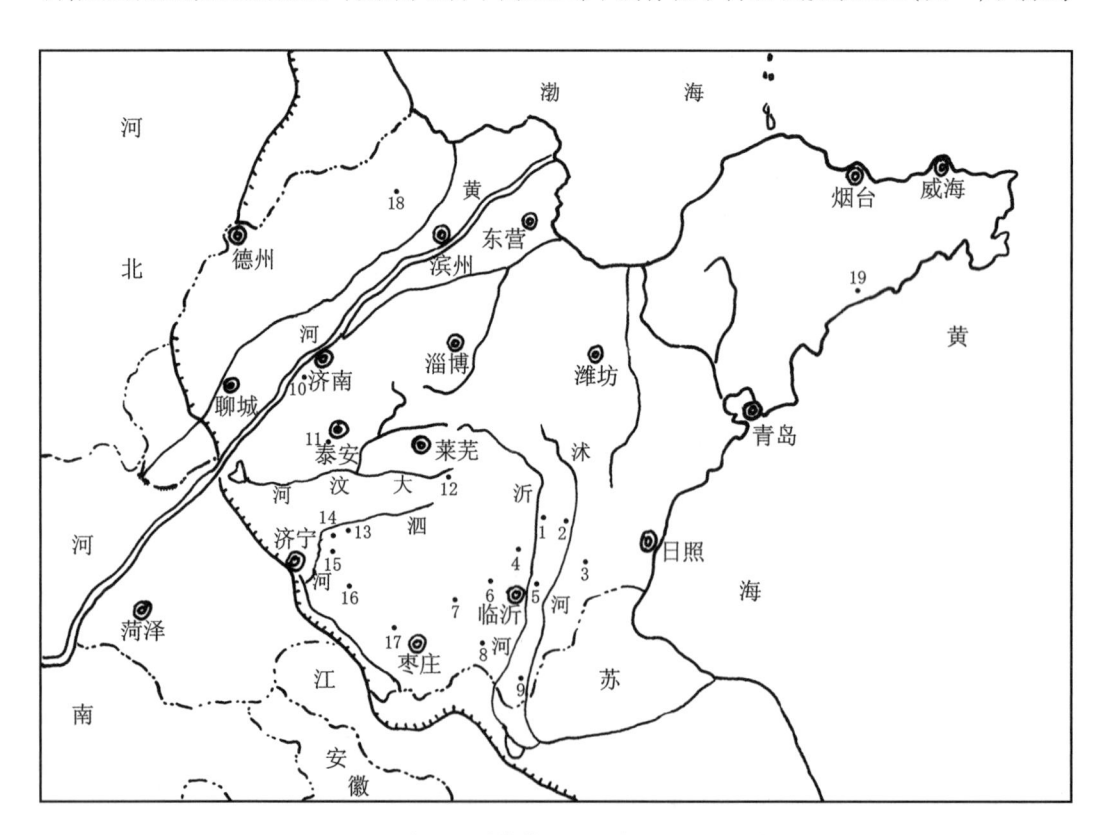

图一 山东地区周代楚文化遗存出土位置示意图

1. 沂水刘家店子春秋墓 2. 莒县 3. 莒南大店东周墓 4. 沂南西岳庄春秋墓 5. 临沂凤凰岭东周墓 6. 费县城子村 7. 费县城后村 8. 苍山 9. 郯城二中墓葬 10. 长清岗辛战国墓 11. 泰安东更道村 12. 新泰郭家泉 13. 曲阜董大城村 14. 曲阜鲁故城 15. 邹城邾国故城 16. 滕州 17. 薛故城 18. 阳信城关镇战国墓 19. 海阳县嘴子前春秋墓

山东地区楚文化因素,对研究楚文化、研究山东地区周代考古学文化以及楚国与山东地区古国关系等诸多学术课题均具有重要意义。本文就有关问题进行初步分析,不当之处,敬请学仁指正。

一、春秋时期楚文化因素的发现

墓葬椁室周围普遍施青膏泥(或白膏泥)是楚系墓葬的一个显著特点,春秋时期以后对山东地区的墓葬产生了一定的影响。1998年12月发掘的沂南县西岳庄春秋早期两座大中型木椁墓椁室周围皆施青膏泥,[1]其中M1椁室及器物库周围施较厚的青膏泥,尤其底部青膏泥厚达1米余,因而棺椁保存极好。1975年发掘的莒南大店春秋晚期墓葬M1椁底部填青膏泥达1.22米。[2] 1981年发掘的沂水县刘家店子春秋中期M1椁室和器物库四周填充0.04-0.4米厚的青膏泥。[3] 1982年发掘的临沂凤凰岭春秋晚期大墓,器物坑周围皆施白膏泥,四周施0.2米、上下施0.6米厚的白膏泥;椁室底部夯筑0.4米厚的白膏泥。[4] 1987年发掘的新汶县凤凰泉东周时期小型墓葬,[5]1982年发掘的新泰市郭家泉东周时期小型墓葬木椁室周围一般都施青膏泥,厚度一般在0.15-0.2米左右。[6] 2002-2004年发掘的新泰市周家庄东周墓葬,规格较高墓葬的椁室周围多施青膏泥,规格越高施青膏泥越厚。[7] 在胶东半岛的海阳县嘴子前发掘四座春秋中晚期中型墓葬,椁室周边均施青膏泥。[8]

墓葬中随葬大量精美漆木器也是楚文化的显著特点之一。在上述的几处大中型墓葬中也出土精美漆器,也正是因为椁室周围填充较厚的青膏泥才得以保存下来。海阳县嘴子前M1出土漆木器50余件,漆器主要有罐、编钟木架、俎、梳等。沂南县西岳庄M1出土大量漆木器构件,因墓葬被盗,漆木器毁坏严重,而漆木器的盖钮、器耳等保留下来,其中多为动物造型,如龙、虎、麒麟、鸭、鸟等。临沂凤凰岭春秋墓随葬漆盒、弓等,还见漆器残部件。莒南大店M1出土残漆盘1件。沂水县刘家店子M1出土嵌金漆勺1件。山东地区周代出土漆木器不多,主要集中于鲁东南和鲁中南地区,多发现于规格较高的墓葬中,漆木器做工考究、色泽明亮、纹样精美,是珍贵的随葬品。

临沂凤凰岭春秋墓葬出土陶鬲,大口、鼓肩、弧裆、柱状足(图二,6);莒南大店M2出土的6件陶鬲,大口、鼓肩、弧裆、柱状足(图二,2);以上两墓出土陶鬲与江陵地区出土的

---

[1] 刘延常等:《西岳庄大墓——解读一段东夷小国的历史》,《文物天地》2004年第6期。
[2] 山东省博物馆等:《莒南大店春秋时期莒国殉人墓》,《考古学报》1978年第3期。
[3] 山东省文物考古研究所等:《山东沂水刘家店子春秋墓发掘简报》,《文物》1984年第9期。
[4] 山东省兖石铁路文物考古工作队:《临沂凤凰岭东周墓》,齐鲁书社,1987年。
[5] 泰安地区文教局等:《山东新汶县凤凰泉东周墓发掘简报》,《考古》1983年第11期。
[6] 山东大学历史系考古专业等:《山东新泰郭家泉东周墓》,《考古学报》1989年第4期。
[7] 山东省文物考古研究所等:《山东新泰周家庄东周墓葬发掘》,《2003年中国重要考古发现》,文物出版社,2004年。
[8] 烟台市博物馆等:《海阳嘴子前》,齐鲁书社,2002年。

"楚式鬲"[1]接近。莒南大店 M1 出土铜鼎(图三,2),三蹄形足外撇,足根饰兽面纹,与安徽寿县蔡侯墓出土铜鼎相似;[2]M1 出土陶鼎(图二,4)足根印圆圈纹,高足外撇,与长沙浏城桥一号墓出土陶鼎相似。[3] 薛故城 M6 出土陶鬲(图二,7),与江陵地区出土大口"楚式鬲"风格相近;滕州薛故城出土铜鼎(M6∶1)鼎盖上有六柱形环形提手,足根饰兽面纹(图三,6),与寿县蔡侯墓及淅川下寺 M1 出土铜鼎相近。

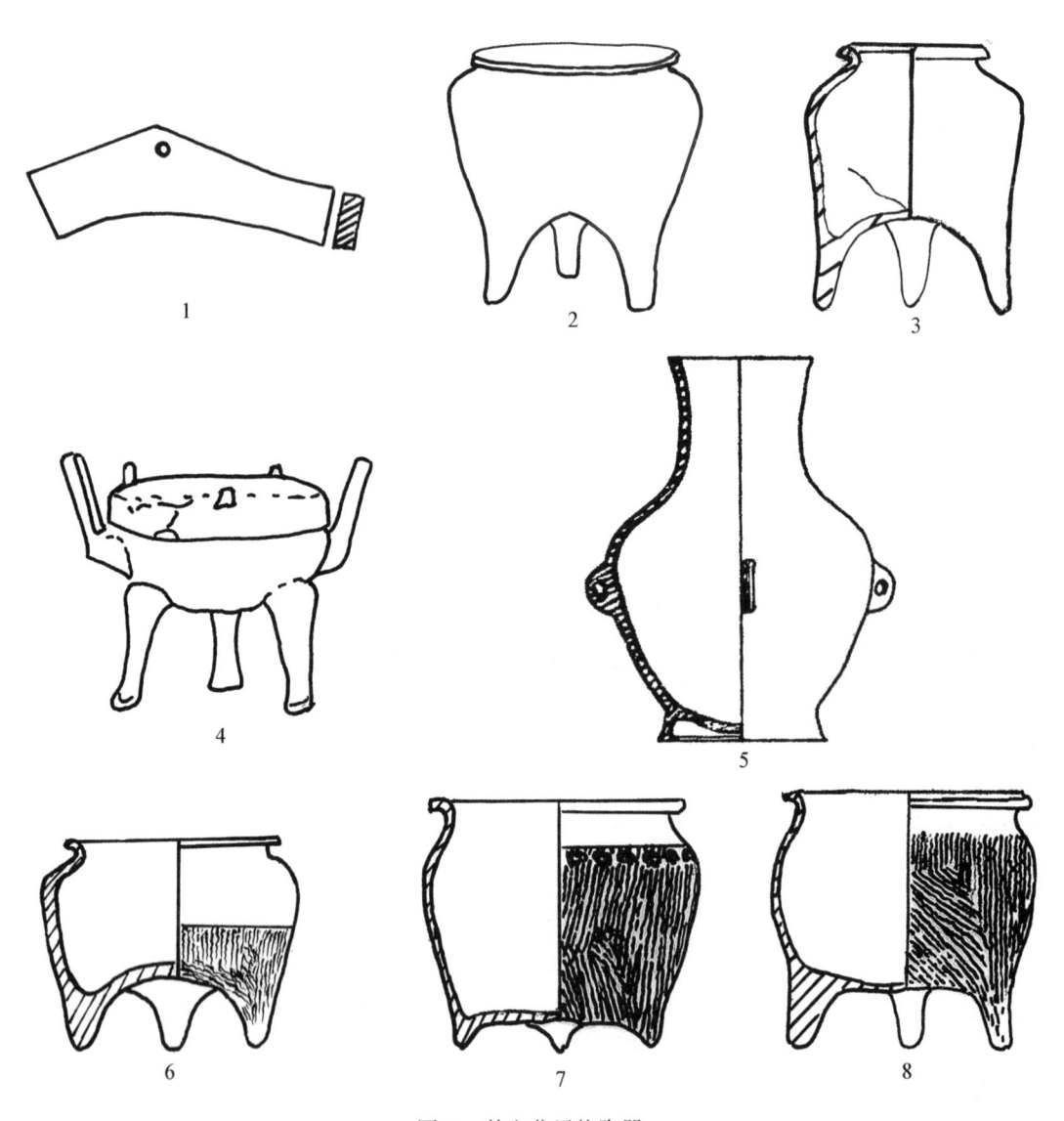

图二 楚文化风格陶器

1. 磬(郯城二中 M1) 2. 鬲(莒南大店 M2) 3. 鬲(郯城二中 M1) 4. 鼎(大店 M1) 5. 壶(薛故城 M8∶11) 6. 鬲(临沂凤凰岭墓葬) 7. 鬲(薛故城 M6) 8. 鬲(薛故城 M5)

---

[1] 郭德维:《楚系墓葬研究》,湖北教育出版社,1995 年。
[2] 安徽省文管会:《寿县蔡侯墓出土遗物》,科学出版社,1956 年。
[3] 湖南省博物馆:《长沙浏城桥一号墓》,《考古学报》1972 年第 1 期。

二、战国时期楚文化因素的发现

薛故城 M5 出土陶鬲(图二,8),大口、圆鼓腹、裆较平、高柱状足,①与"楚式鬲"大口鬲形态近似。郯城二中战国墓 M1 出土陶鬲(图二,3),小口、束颈、鼓肩、弧裆较高、高柱状足②,与"楚式鬲"小口鬲的形态相似;M1 出土的一套陶编磬(图二,1)在山东极少发现,其形制与安徽六安县城西窑厂 2 号楚墓出土陶磬近似。③ 1977 年发掘的长清县岗辛战国大墓,④出土四件铜豆,盖面及腹壁饰几何勾连云纹,纹饰由黄铜丝与绿松石镶嵌而成(图三,7),这四件铜豆的形制及铸造工艺与湖南省湘乡出土的勾连云纹铜豆如出一模。⑤ 滕州薛故城 M6 出土铜豆的形制亦相近(图三,3)。薛故城 M8 出土两件陶壶(图二,5),鼓腹、圈足,上腹部饰四环形耳,其风格与形制和湖北江陵溪峨山楚墓 M3 出土同类器相近。⑥ 鲁故城 M3、M58 还随葬山字纹铜镜,是楚系文化的习俗;M58 出土铜镳壶与安徽楚幽王墓出土的铜盉极其相似。⑦ 1954 年在泰安城西南的东更道村发现 6 件铜罍和 1 件大铁盘,有两件罍的口沿有刀刻"楚高"铭文,⑧罍的形制与楚器中浴缶的形制极为相似,盖与腹部饰圆饼形凸饰(图三,8),如荆门包山 M2 出土浴缶。阳信县城关镇西北村出土的铜罍,其形制及器盖结合方式也与楚浴缶相同⑨(图三,1)。

在鲁东南和鲁中南地区出土战国时期楚国金属货币的地点比较多,有金币、铜蚁鼻钱和布钱,其中蚁鼻钱发现地点和数量最多。1980 年在费县石井公社城后村出土 1 件正方形金块,⑩有阴文篆字"郢爰"戳记(图三,4),重 17.5 克,含金量 94%。费县探沂镇城子村出土"陈爰"。⑪ 1972 年曲阜城北董大城村出土一批蚁鼻钱,⑫重 19.2 公斤,计 15978 枚,蚁鼻钱上模铸 1 个阴文"贝"字。1982 年在滕县木石公社出土带文字的楚贝 527 枚。⑬ 20 世纪 80 年代在郯城县郯国故城北关五街村发现蚁鼻钱。⑭ 1983 年泗水县官元村出土了 95 枚蚁鼻钱⑮(图三,5),大小轻重相当悬殊,一般重 3 克,最大者重 3.8、最小者重 1.5 克。曲阜鲁故城、周公庙、汉灵光殿,邹城邾城,滕州薛故城,临沂,莒县,莒南,苍山兰陵,日照

---

① 山东省济宁市文物管理局:《薛国故城勘查和墓葬发掘报告》,《考古学报》1991 年第 4 期。
② 刘一俊等:《山东郯城县二中战国墓的清理》,《考古》1996 年第 3 期。
③ 安徽省六安县文物管理所:《安徽六安西窑厂 2 号楚墓》,《考古》1995 年第 2 期。
④ 山东省博物馆等:《山东长清岗辛战国墓》,《考古》1980 年第 4 期。
⑤ 文物出版社编著:《中国古青铜器选》,文物出版社,1976 年。
⑥ 湖北省博物馆江陵工作站:《江陵溪峨山楚墓》,《考古》1984 年第 6 期。
⑦ 山东省文物考古研究所等:《曲阜鲁国故城》,齐鲁书社,1982 年。
⑧ 袁明:《山东泰安发现古代铜器》,《文物参考资料》1954 年第 7 期;杨子范:《山东泰安发现的战国铜器》,《文物参考资料》1956 年第 6 期。
⑨ 惠民地区文物普查队等:《山东阳信城关镇西北村战国墓器物坑清理简报》(图版五),《考古》1990 年第 3 期。
⑩ 刘心健等:《山东费县发现"郢爰"》,《考古》1982 年第 3 期。
⑪ 朱活:《古钱新探》,齐鲁书社,1984 年,第 317 页。
⑫ 孔繁银:《曲阜董大城村发现一批蚁鼻钱》,《文物》1982 年第 3 期。
⑬ 朱活:《古钱新探》,齐鲁书社,1984 年,第 16 页。
⑭ 黄新忠等:《郯史考略》,《郯文化研究》,山东海天国际文化传播有限公司,2002 年,第 126 页。
⑮ 赵宗秀:《山东泗水县出土蚁鼻钱》,《考古与文物》1987 年第 2 期。

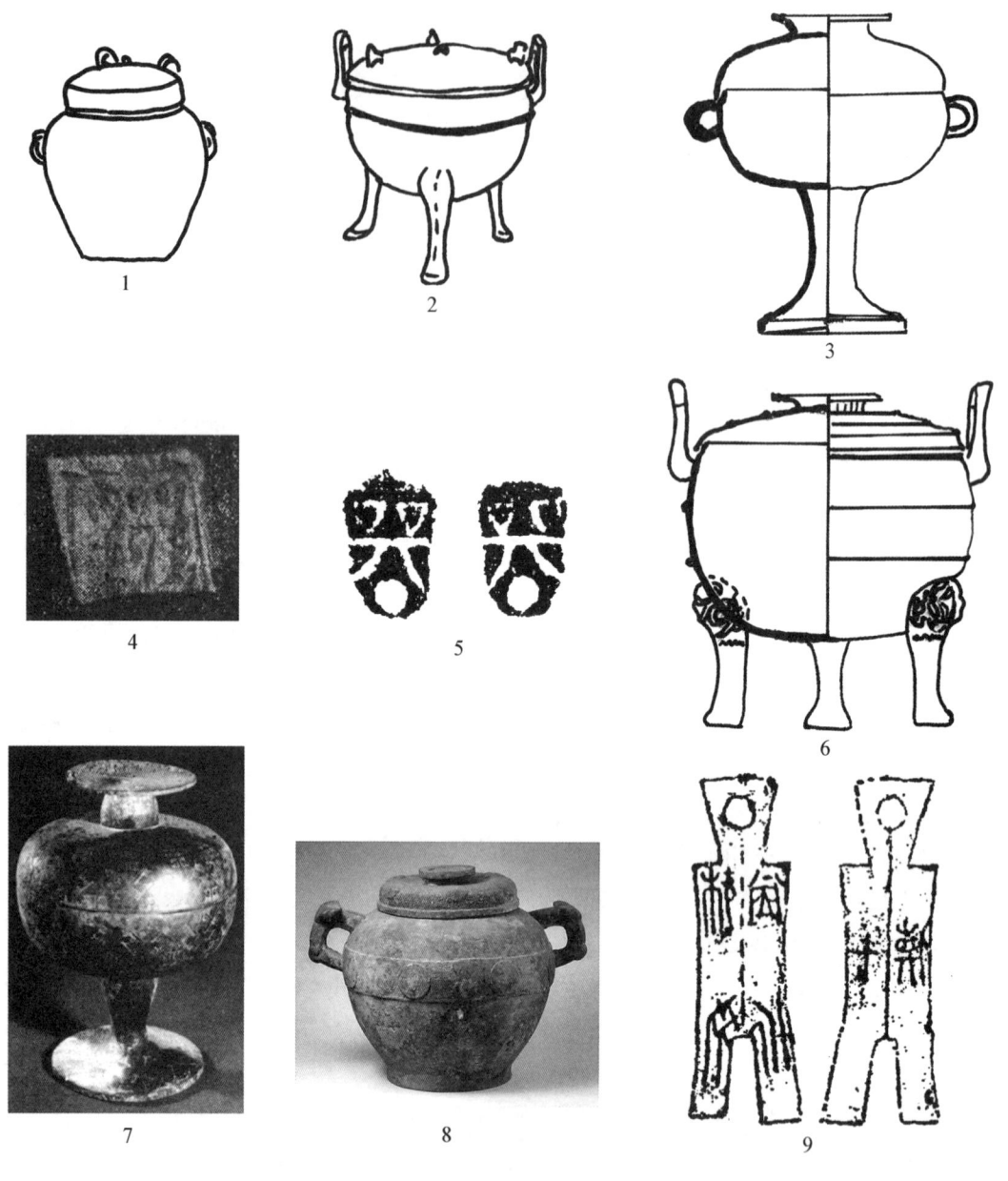

图三 楚文化风格铜器、金器

1. 罍（阳信城关镇） 2. 鼎（莒南大店M1） 3. 豆（滕州薛故城M6） 4. 郢爰金币（费县城后村） 5. 蚁鼻钱（泗水县官元村） 6. 鼎（薛故城M6） 7. 豆（长清岗辛战国墓） 8. "楚高"罍（泰安东更道村） 9. "旆布当釿"铲形布（临沭县）

等地均出土过楚国蚁鼻钱。① 1983年临沭县文物部门收购1枚楚国铲形布，②重35克，

---

① 朱活：《蚁鼻新解——兼谈建国以来山东出土的楚贝》，《中国考古学会第二次年会论文集》，文物出版社，1982年，第103页。
② 王亮：《山东临沭发现战国楚币》，《考古》1985年第11期。

面、背铸有阴文,正面文为"旆布当釿",背文为"十货"(图三,9),据献币者云:该币是1960年在临沭县与郯城县交界处挖沭河时出土,当时共数十枚。20世纪50年代在临沂市西义堂公社砚台岑古遗址出土两枚"旆布当釿"布钱。①

三、楚文化因素分析

春秋时期楚文化因素主要发现于鲁东南和鲁中南地区,其特征在春秋早中期表现为墓葬施青膏泥和随葬漆木器等方面,春秋晚期则出现了一些楚文化风格的青铜器与陶器,但仅体现在铜鼎、陶鬲等少数器物上。总之,春秋时期楚文化因素比较少,地点分散,主要出现于大中型墓葬中,应是友好交流包括政治联盟、联姻等方式形成的,多是与受楚文化影响较深的国家交流的结果,如沂水县刘家店M1随葬来自陈国的"陈大史丧铃钟"和来自黄国的"黄大子伯克盆";海阳县嘴子前M4随葬铜甗、盂,从铭文与作器风格看,当为陈国之器。文献记载陈国灭亡陈氏入齐后为田氏,此墓当为齐国田氏卿大夫之墓。春秋时期鲁东南地区主要是莒国、鄟国、郯国,鲁中南地区主要是鲁国、薛国、邾国等国家,从楚文化因素的发现说明楚文化体系的古国与东夷文化体系的古国已经互相联系了,并产生了一定的影响。

战国时期楚文化因素发现较多,大致分布在鲁东南地区沂、沭河中游主要包括日照东港区、莒县南部、莒南、临沭、郯城、苍山、临沂、费县等地域,鲁中南地区南四湖以东及汶、泗河中游主要包括枣庄、滕州、邹城、曲阜、泗水、平邑等地域,个别达到泰山脚下、泰山西北麓。楚文化因素不仅分布范围扩大,而且文化遗存地点数量增加,并且密度相对集中。文化因素涉及面多,如墓葬习俗、铜鼎、豆、盂、罍及陶鬲、壶、罄等,有些器物是典型楚器,许多则具楚文化器物风格,尤其是众多地点出土楚国金属货币等。这些典型楚器年代绝大部分是战国中晚期,如朱活先生分析的山东地区出土蚁鼻钱的"贝"字与苏北、皖北、皖东出土的比较一致,郢爰和"旆布当釿"布钱也是楚国特有的货币,属战国中晚期。

战国时期楚文化因素的特点是楚国逐渐东进争霸形成的,文献记载与考古发现能够相互印证,为研究古国史提供了宝贵的实物资料。楚惠王四十四年(公元前445年)灭杞以后,东浸广地至泗上(《史记·楚世家》:楚东浸,广地至泗上),简王元年(公元前431年)灭莒,宣王二十四年(公元前346年)灭邾,考烈王八年(公元前256年)灭鲁。《史记·鲁世家》:"顷公十九年楚伐我,取徐州。"集解引徐广曰:"徐州在鲁东,今薛县。"又《郡国志》曰:"鲁国薛县,六国时曰徐州。"又《纪年》云:"梁惠王三十一年下邳迁于薛,故名曰徐州。"蚁鼻钱等楚文化因素集中出土于曲阜鲁故城一带,楚灭鲁后疆域扩展到曲阜一带,有学者认为泰山东更道村出土的"楚高"罍就是楚占领鲁地后北上祭祀泰山用器。整个鲁中南地区属楚国占领区。

---

① 朱活:《蚁鼻新解——兼谈楚国地方性的布钱"旆钱当釿"》,《古钱新探》,齐鲁书社,1984年,第204页。

《荀子·强国》载荀卿说齐相曰："楚人则乃有襄贲、开阳以临吾左。"《水经·沂水注》："又南过开阳县东,又东过襄贲县东。"襄贲,《汉志》属东海,今山东苍山县东南;开阳,《汉志》属东海,今山东临沂县北15里。《史记·荀卿列传》："荀卿乃适楚,而春申君以为兰陵令。"《汉志》兰陵属东海郡,《史记正义》云："今沂州承县有兰陵山。"可见兰陵是因山而得名,故城在今苍山县西南兰陵镇。由此可以证明,今苍山、郯城、临沂一带的鲁东南地区在战国中晚期属楚国统治疆域。

《淮南子·兵略训》："昔者楚人地南卷沅湘,北绕颖泗,西包巴蜀,东裹郯邳。"山东地区楚文化遗存主要发现于鲁东南和鲁中南地区,与楚国在战国晚期占领统治以上两个地区的文献记载相吻合。

四、相关问题的认识

山东地区发现大量的楚文化因素是有一定渊源的,早在大汶口文化晚期,以莒县为中心的鲁东南地区就是当时发达的地区之一,已进入文明的门槛,有学者认为是较早进入文明的地区之一,或许已发现古国。其中以莒县凌阳河、诸城前寨出土的大口尊刻划图像符号为代表的族群,是东夷族少暤氏的一支,这支族群向南发展延伸到安徽江淮地区,安徽蒙城尉迟寺遗址出土相同的大口尊刻划图像符号及其大汶口文化遗存证明了是同族同源。大汶口文化遗存还延伸到河南省平顶山市,龙山文化时期东夷势力继续保持强盛,逐鹿中原,史前时期共同的文化基础渊源为以后的融合交流奠定了基础。

夏代的岳石文化及以后的商代,东夷文化在鲁东南、苏北地区表现出相同的特征,到西周时期,东夷族在上述地区一直保持强大势力,商、周王朝不断征伐。西周至春秋时期,以莒国为代表的鲁东南地区诸古国,以薛国、鲁国为代表的鲁中南地区诸古国,与安徽江淮地区、河南东北部地区许多古国古族保持着密切的关系,这些古国势力相对均衡,表现在考古学文化上是相互影响,这时楚文化影响相对较少。

春秋以降,周王室衰微,诸侯争霸称雄,众多小古国不复存在。随着楚国势力膨胀,不断侵入山东南部,文献记载的就有灭莒、灭邾、占薛、灭鲁等,期间发生诸多政治联盟、联姻、战争等事件,如《左传·成公二年》载楚侵鲁,鲁"赂之以执斫、执针、织纴,皆百人……楚人许平。"随着强秦的扩张,楚国则不断向东迁移,战国中晚期后占领了鲁东南和鲁中南地区大部,上文所述的楚文化因素的发现也证明了这个问题。因此,战国时期楚文化因素的形成是军事战争,是楚国占领统治的结果,实际上楚文化是山东地区周代考古学文化的重要组成部分。由于是军事占领的统治方式,因此规格较高的墓葬出土楚文化因素多,代表经济发展、商业贸易的货币发现较多,而寻常百姓还保留着自己的土著文化面貌,说明楚国并没有大规模的移民。因此典型的楚系墓葬和典型楚器发现较少。

楚文化遗存的发现与文献记载相吻合,说明楚国在战国中晚期后占领了鲁东南和鲁中南地区,其割据与当时的形势相关,北面是强齐,西临赵、魏。齐、楚争霸而鼎立,齐筑长城以拒楚,齐国在长城以南的鲁中山区和沂、沭河中上游区域的地位相当巩固,这些区域不仅未发现楚文化遗存,却考古发现了典型的齐国文化遗存,就是很好的证明。如曲阜北部的新泰市境发现齐国东周墓葬、齐国陶文等,证明了新泰区域是齐国在春秋晚期至战国晚期的军事战略前沿。莒国故城及其以北也不见楚文化遗存,相反却是齐国文化遗存,战国时期墓葬属于典型的齐文化特征。而曲阜、滕州以西也未见楚文化遗存,相反地发现了赵国、韩国文化遗存。

文献记载楚国在战国早期先后灭杞、灭莒,但目前没有考古发现相印证,战国早期楚文化遗存发现较少。是否是楚灭了莒?灭莒后是否立即撤离而没有占领该区域?这些问题还有待新的更多的考古发现来证明。有学者主张东周杞国在山东新泰,由此说明楚灭杞,地广之泗上,即楚的疆域在战国早期已达到曲阜及其以北,目前的考古发现也没能够证明。一方面新泰市区周围考古发现已证明是齐国文化遗存,在这里也没有发现战国早期楚文化遗存,另一方面《淮南子·兵略训》记载楚国疆域"北绕颖泗,东裹郯邳",显然颖泗不在山东范围,而郯邳则是上述楚文化因素发现比较集中的区域。公元前333年楚威王败越,公元前306年进占江东东境,楚国逐渐北上与齐国争霸,到战国晚期如前所述,楚国已占领了鲁东南和鲁中南地区,由于连横合纵的策略,楚、齐也相对稳定几十年,直至相继被秦国灭亡。

战国晚期楚国统治鲁东南西部和鲁中南地区,直接影响了汉代这两个地区与苏北地区考古学文化面貌的一致性,具有众多的楚文化风格,如大中型墓葬的椁室分割成多个边箱及头箱等,随葬大量精美漆木器等。

余 论

本文通过对山东地区楚文化因素的分析,基本廓清了楚文化遗存在山东地区的特征、分布、年代以及形成的背景和原因,证明了楚文化是山东地区周代考古学文化的重要组成部分,并对汉代文化产生了直接影响。深入研究山东地区的楚文化因素,对研究楚文化、对研究齐鲁文化、对研究古国史以及对研究民族、文化的融合与交流等课题具有重要意义。

本文只是对楚文化因素的初步分析,却也得出了重要结论并提出了许多学术课题。楚文化研究的一个重要内容就是楚文化向四周的扩展和对外的影响情况如何?楚文化与周边古文化相互交流、相互融合情况如何?其中,战国时期山东地区的楚文化面貌就是很值得研究的一个实例。

山东地区周代考古学文化尤其是古国史研究亟待深入,周代山东地区不仅是齐、鲁、莒、莱、薛、滕等古国文化遗存,还涉及楚、吴、越、宋、晋、魏、赵等古国文化遗存,表现在考古学文化方面都实际存在,但目前还没有梳理清楚。楚文化因素在山东为什么呈带状分布在鲁东南和鲁中南地区?因为北部、东部有强齐,西部有魏、赵等古国,受当时局势的限制,无法扩展。

所有课题的研究都需要加大考古工作力度,进行考古调查、发表有关地区的资料,促进考古学文化研究。以考古学文化研究为基础,深入研究齐鲁文化形成的历史过程和背景,对经济、文化、思想、艺术及民族融合等进行综合研究。

（原发表为刘延常等：《山东地区楚文化因素分析》,《楚文化研究论集》第七集,岳麓书社,2007年）

山东地区燕文化遗存分析

西周初年周王朝分封召公于燕地,镇抚北方,周文化与当地文化逐渐融合形成燕文化;战国时期燕国成为七雄之一,燕文化成为特色鲜明的北方地域文化。燕国与齐国环渤海相邻,史籍记载与齐国等关系密切,燕文化与齐鲁地域文化相互影响与融合,成为中华传统文化的重要组成部分。本文对山东地区燕文化遗存进行分析,并与文献记载相对照,旨在解读燕文化与齐鲁文化的关系。

一、山东地区燕文化遗存的发现

检索已发表的考古资料,山东地区出土了比较丰富的燕文化遗存(图一)。

《济州金石志》中著录清代道光年间在山东寿张县出土大保七器,[1]即常称的"梁山七器"(大保方鼎一、大保方鼎二、大保簋、召伯丰鼎、伯丰盉、大史友甗、小臣艅犀尊)。多件均有铭文,除小臣艅犀尊之外,都和召公奭有关。《史记·周本纪》叙述周初开国历史,指明成王时:"召公为保,周公为师,东伐淮夷,残奄,迁其君薄姑。"召公为保,当为成王时,所谓大保也可能是指第二代至第三代大保,但是从器形上考察,大保诸器的年代,其上限应定于西周初年。[2] 大保诸器与传世的奄侯铜器都应是燕召公家族之物(图四,7)。

《金文分域编》著录在今潍坊青州、临朐出土郾王职矛,根据铭文分析应是燕国器物。[3]

《莒县文物志》记载1988年夏庄镇刘家苗蒋村民发现战国晚期的"不降戟",内为三面刃,两行铭文10个字"不降戟余子之口铸右军"(注:实为戈)。孙敬明先生根据戈的铭文内容、格式,推断为燕器。[4]

长岛王沟墓M10出土一件燕式戈。援略上扬,胡部三子刺而形成三锋。内有刃,中间一长方形穿,通长30.8厘米[5](图二,7)。M10的年代为战国早中期。

山东费县发现战国铜戈1件,传出土于临沂县西乡一带。援之尖部断缺,残长13厘

---

[1] 转引自陈寿:《大保簋的复出和大保诸器》,《考古与文物》1980年第4期。
[2] 陈寿:《大保簋的复出和大保诸器》,《考古与文物》1980年第4期。
[3] 孙敬明:《沂蒙先秦兵器铭文集释绎论》,《考古发现与齐史类征》,齐鲁书社,2006年;苏兆庆:《莒县文物志》,齐鲁书社,1993年。
[4] 孙敬明:《沂蒙先秦兵器铭文集释绎论》,《考古发现与齐史类征》,齐鲁书社,2006年。
[5] 烟台市文物管理委员会:《山东长岛王沟东周墓》,《考古学报》1993年第1期。

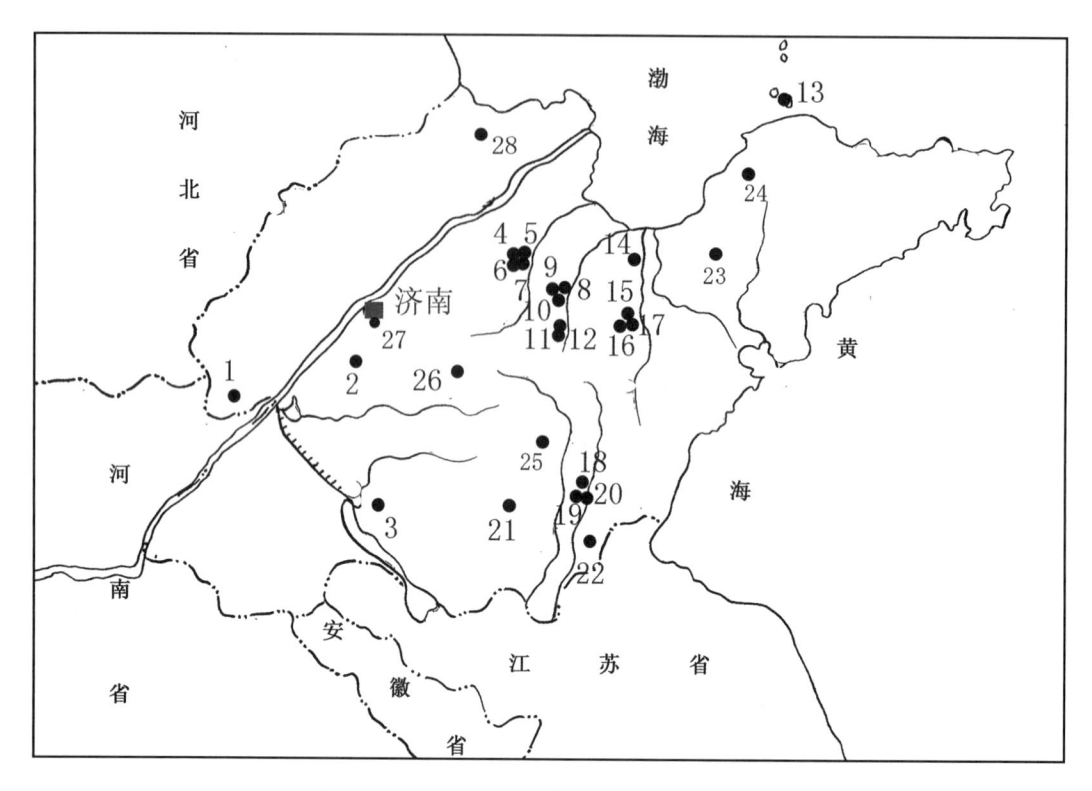

图一 山东地区发现的燕文化遗存分布示意图

1. 寿张 梁山七器 2. 肥城店子村 戈 3. 邹城小胡庄 戈 4、5、6、7. 临淄齐故城 剑、尖首刀 8、9、10. 青州 博山刀、矛 11、12. 临朐 矛、尖首刀 13. 长岛王沟 戈 14. 昌邑 明刀 15、16、17. 潍坊 戈、刀币、玺印 18、19、20. 莒县 刀币、刀范、戟 21. 临沭 戈 22. 费县 戈 23. 平度 刀范 24. 招远 刀范 25. 沂水县袁庄乡 戈 26. 泰安东更道村 "右冶尹楚高"罍 27. 济南附近出土 28. 沾化县冯家乡西鄑村

米;胡刃部有子刺,胡上有铭文阴文三字"郳左□"①(图二,2)。

山东肥城老城镇店子村发现一件有铭铜戈,戈援微上扬,援中部起脊,长胡,三长方形穿,胡刃部有一波状子刺;直内、三面有刃,有两行 7 字铭文,见"郾王职"字样②(图二,5)。据李学勤先生考证,这种形制的铜戈应是"燕王的侍卫徒御"所使用,时代应在战国时期。③

1975 年,在临沭县收集到铜戈一件。全长 22 厘米,胡部有三子刺形成三锋,内部尾端有铭文三字"□右冶"。④ 孙敬明先生认为是战国晚期燕军于齐国乘邑所造(图二,8、10)。⑤

1990 年在沂水袁庄乡埠子村西发现一座墓葬,出土铜戈一件(M4:16),援瘦长,中间起脊,内斜微上翘,胡呈波浪式三锋。通长 31 厘米(图二,6)。M4 的时代为战国晚期。⑥

---

① 心健、家骥:《山东费县发现东周铜器》,《考古》1983 年第 6 期。
② 张彬:《山东肥城市发现一件战国有铭铜戈》,《考古》2002 年第 9 期。
③ 李学勤:《战国题铭概述》(上),《文物》1959 年第 7 期。
④ 刘心健、王亮:《山东临沭出土的铜器》,《考古》1984 年第 4 期。
⑤ 孙敬明:《沂蒙先秦兵器铭文集释绎论》,《考古发现与齐史类征》,齐鲁书社,2006 年。
⑥ 沂水县博物馆:《山东沂水县发现五座东周墓》,《考古》1995 年第 4 期。

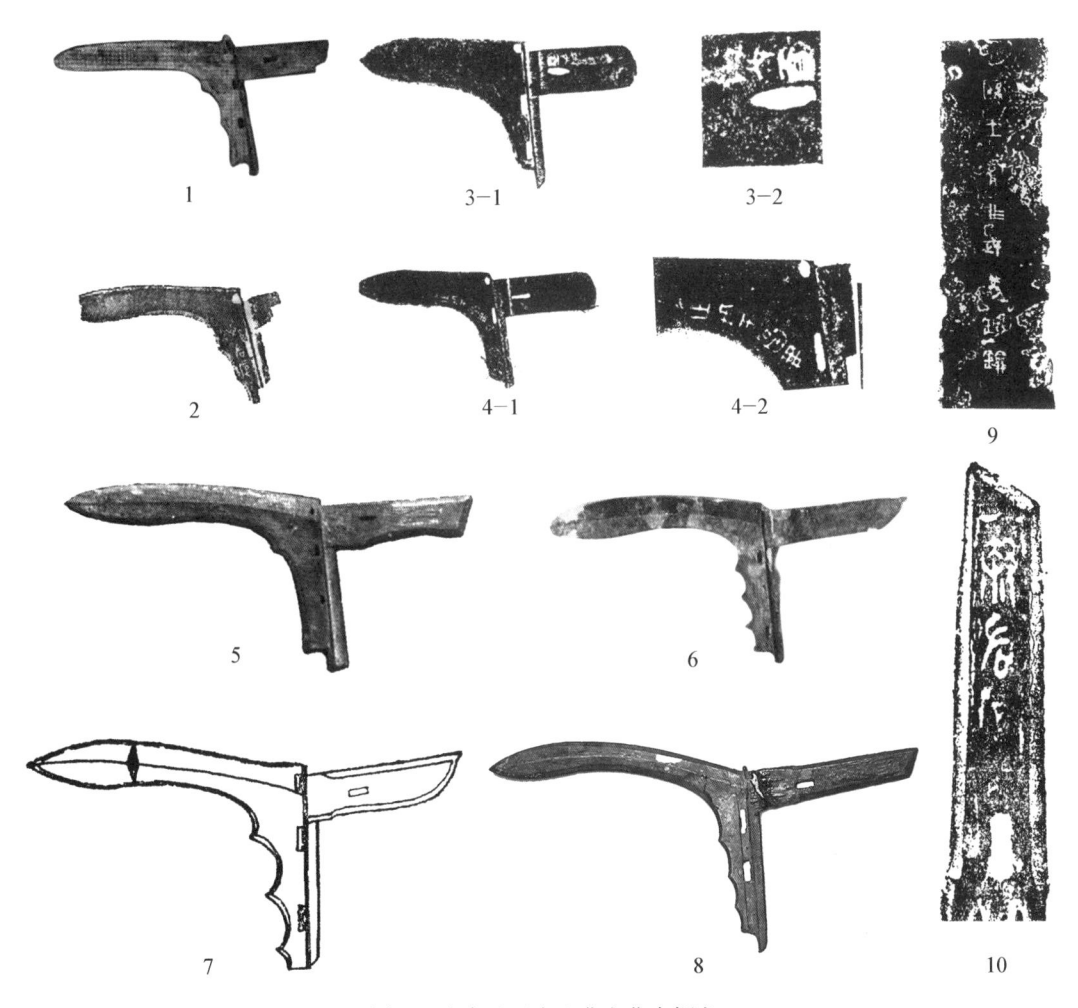

图二 山东地区出土燕文化青铜戈

1.沾化冯家乡西堼村出土 2.费县出土 3、4.潍坊博物馆藏 5.肥城老城镇店子村 6.沂水埠子村出土（M4∶16） 7.长岛王沟出土（M10∶11） 8、10.临沭征集铜戈及其铭文拓片 9.临淄出土郾王职剑

1991年，沾化县冯家乡西堼村出土战国青铜戈一件。① 援微上扬，中部起脊；长胡，刃部有两子刺；直内，后缘呈弧形，下角有缺口。通长28.5厘米（图二,1）。

济南市附近出土一件戈，援中部起脊、上下有血槽，残胡部有一子刺，直内无刃，下角有缺，内部铸有"郾王职作□萃鋄"7字。②

潍坊市博物馆收藏的采集品中有两件燕式铜戈。一件戈为1968年群众捐献，通长19厘米，援上翘、内平伸、短宽胡，内一穿，胡部阑侧三穿，援、胡间刃缘多呈齿状；胡部有铭文曰"□□御戈五百"（图二,3）。另一件戈为1965年群众捐献，通长16厘米，援、内平伸、

---

① 李建荣等:《山东沾化县发现一件战国铜戈》，《考古》1996年第5期。
② 于中航:《郾王职兵器与昭王伐齐》，(台北)《故宫博物院》1996年总第154期。

援中部起脊,内一穿,胡部阑侧三穿;援、胡间刃侧有铭文五字:"乍(作)用于匽(郾)弗(鉘)。"据研究,这两件可能都是燕国的,应是燕昭王伐并齐国时在齐地所作①(图二,4)。

1997年在淄博市临淄区齐都镇淄河滩内挖沙时发现一柄青铜剑,扁茎、薄格、宽平脊。剑身有8字铭文,为"郾王职作武□□"。剑通长59.1厘米。这是首次在齐故城内发现郾王职剑②(图二,9)。

1965年在临淄崖付庄H1中出土山形纹半圆形瓦当一件,底边长19、高9.5厘米。由一些直线和阶梯式线条构成五层山纹图案,③为战国时期。

山东地区出土的燕文化遗物还有大量刀币。在济南、淄博、潍坊、烟台、青岛、日照、泰安市的有关县区出土较多的"齐明刀"、尖首刀、截首刀、刀范等(图三)。

考古发现的博山刀分布情况:济南市千佛山北柴油机厂出土齐明刀200余枚;淄博市博山香峪村出土过窖藏,周村出土11枚;青岛市城阳镇、平度各出土1枚;泰安市肥城张店出土百余枚;青州市桃园乡拾甲村出土17枚;昌邑市邹家村出土完整者约96枚;烟台程郭乡出土61枚,牟平曾出土7枚;莒县于家庄发现1枚。④

1975年,临淄齐故城西的东石桥村,出土一批尖首刀化,约80枚,去刀的头部。⑤ 在此以前,在招远、即墨、寿光等地也有少量或零星的发现。⑥ 朱活先生认为尖首刀化是燕国境内"殷遗""夏遗"的铸币,认为齐故城出土的尖首刀化是齐与燕商业交往的实物证据。

1982年11月,昌邑县宋庄公社邹家大队出土"明"字刀币,完整者96枚。⑦ 原报告未确定刀币的年代,但指出这些刀币的形制与尺寸大部分与燕下都出土的Ⅰ式刀相似。

1990年,平度市有群众捐献一件战国时期"明"刀的钱范。⑧

有学者还撰文就烟台地区古货币进行研究,指出明刀在烟台地区的长岛、蓬莱、黄县、牟平等地皆有出土。⑨

2002年7月,山东临淄齐故城出土燕明刀刀范⑩(图三,2)。

1960年济南五里牌坊出土一瓮齐国刀币和圜钱,其中有燕国圜钱一枚,面文为"一化",为战国晚期。⑪

---

① 潍坊市博物馆:《潍坊市博物馆征集的部分青铜器》,《文物》1986年第3期。
② 张龙海、张爱云:《山东临淄齐国故城发现郾王职剑》,《考古》1998年第6期。
③ 李发林:《齐故城瓦当》,文物出版社,1990年,第102页。
④ 陈隆文:《从乐毅伐齐的进军路线看博山刀的国属》,陈隆文:《先秦货币地理研究》,科学出版社,2008年。
⑤ 朱活:《谈山东临淄齐故城出土的尖首刀化——兼论有关尖首刀化的几个问题》,《考古与文物》1980年第3期。
⑥ 朱活:《谈山东临淄齐故城出土的尖首刀化——兼论有关尖首刀化的几个问题》,《考古与文物》1980年第3期。另外还见于其他文章,例如朱活:《谈山东济南出土的一批古代货币》,《文物》1965年第1期,第57页;招远县博物院、自然科学史研究所:《招远切头尖首刀及其科学考察》,《中国钱币》1987年第3期。
⑦ 姜龙启:《山东昌邑发现"明"字刀币》,《文物》1985年第6期。
⑧ 杨树民:《山东平度发现战国"明"刀钱范》,《考古与文物》1994年第5期。
⑨ 李步青、林仙庭:《烟台地区出土古货币及其有关问题》,《山东金融研究·钱币专刊1》,1987年。
⑩ 陈旭:《山东临淄出土燕明刀范》,《中国钱币》2001年第2期。
⑪ 孙敬明:《考古新得齐燕泉讯三则跋》,《齐鲁钱币》2011年第3期。

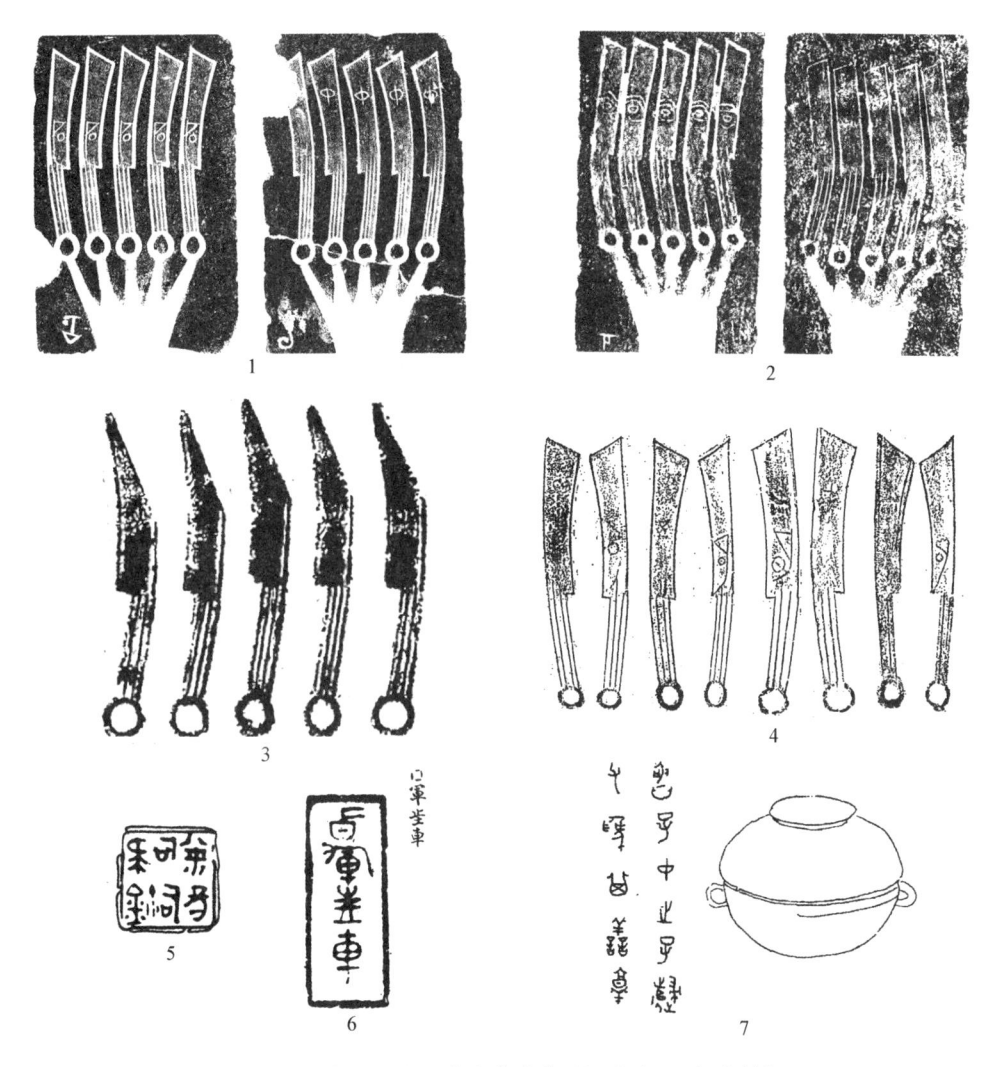

图三　山东地区出土燕文化遗物及河北出土"归父敦"

1. 莒县出土刀币陶范　2. 临淄出土刀币陶范　3. 招远出土的截去首部的尖首刀化　4. 青州出土明刀
5. "日庚都萃车马"铜烙印　6. "口军生车"玺印　7. 归父敦

《续齐鲁古印捃》《金文分域编》等都著录有"日庚都萃车马"铜烙印[1](图三,5)。根据考证,认为是易州或山东潍县出土之燕器。在《古玺汇编》中著录的"口军生车"也是燕国玺印[2](图三,6)。

1950年,泰安东更道村发现铜器7件,[3]从器物形制看应为楚器,在口沿处有刀刻铭文,有"右冶尹楚高"字样,从铭文看应为燕人所为。

---

[1] 转引自石志廉:《战国古玺考释十种》,《中国历史博物馆馆刊》1980年第2期。
[2] 故宫博物院:《古玺汇编》,文物出版社,1981年,0368号玺印。
[3] 袁明:《山东泰安发现古代铜器》,《文物参考资料》1954年第7期,第128–129页。

二、山东地区燕文化遗存特征与年代分析

在山东地区发现的燕文化遗存主要是戈、戟、剑、矛、玺印和刀币,以刀币和戈的数量最多。戈的胡部一般1-3个有子刺,胡部或内部见有铭文;戟、剑、矛、印等皆有铭文,字体及行文特点或具体所指均可证明为燕器;从刀币形体较小,重量较轻,铸造粗糙,含铅量高,及字体不同等方面可以证明山东地区出土的"齐明刀"应是燕国在齐地铸造的货币。"梁山七器"铭文中有6件直接标明为燕器。

从齐境内发现的博山刀、燕刀与齐刀的考古发现情况来看,博山刀与燕刀之间有密切关系,而与齐国刀币的联系则不甚显著。博山刀多与燕刀、截首刀同出;迄今所见齐刀币多为窖藏出土,未见墓葬出土,而齐境之中所发现的博山刀与燕明刀则多见于墓葬。显示出齐境之内本土货币与外来货币文化的巨大差异。已有学者指出,博山刀应是燕军伐齐、"留循齐五年"之遗物,其应为燕铸之币无疑。①

周详先生对"齐明刀"进行了专题研究,②对比分析山东各地出土齐明刀及刀范和河北肖家楼出土刀币、灵寿故城的铸币陶范之后,对齐明刀得出以下的认识:齐明刀在形制上可能更多的是受齐国自铸刀币的影响,而采用"明"的面文,只是燕国在特定的历史条件下便于在齐地进行商贸活动。

从以上出土燕器形态、铭文字体与内容、共存器物年代等方面分析,它们的年代基本属战国晚期。只有清代道光年间出土于山东寿张梁山下的"梁山七器"为西周初期。

从燕器发现的区域看,主要集中在鲁北临淄、潍坊和鲁东南莒县一带,除"梁山七器"在鲁西平原外,还零星分布于济南、胶东和汶泗流域。

三、与燕、齐、鲁国相关联的其他文化遗存

清光绪十八年(1892年)河北易县出土春秋中晚时期的"齐侯四器"(鼎、敦、盘、匜),经考证为齐国嫁女于燕的媵器③(图四,1-4)。

河北唐县出土青铜器"归父敦"一件,④王恩田先生考证其年代为春秋中晚期,铭文有"鲁子中之子归父"字,应为鲁国器物⑤(图三,7)。

台北故宫博物院藏有春秋晚期"庚壶"一件,铸有铭文百余字,张政烺先生考证铭文记录的是齐国齐庄公时期伐燕国的内容。⑥

---

① 陈隆文:《从乐毅伐齐的进军路线看博山刀的国属》,陈隆文:《先秦货币地理研究》,科学出版社,2008年。
② 周详:《齐明刀相关问题研究》,《钱币博览》2001年第4期。
③ (美国)福开森(John. C. Ferguson), *The Four Bronze Vessels of the Marquis of CH.I*, 1928年。
④ 王敏之:《河北唐县出土西周归父敦》,《文物》1985年第6期。
⑤ 王恩田:《跂唐县新出归父敦》,《文物》1985年第11期。
⑥ 1793年《西清续鉴甲编》(卷十六第9页)著录;张光远:《春秋晚期齐庄公时庚壶考》,台北《故宫季刊》第十六卷第三期(83-106页);以上两则资料均转引自张政烺:《庚壶释文》,《出土文献研究》,文物出版社,1985年。

图四　燕、齐文化青铜器

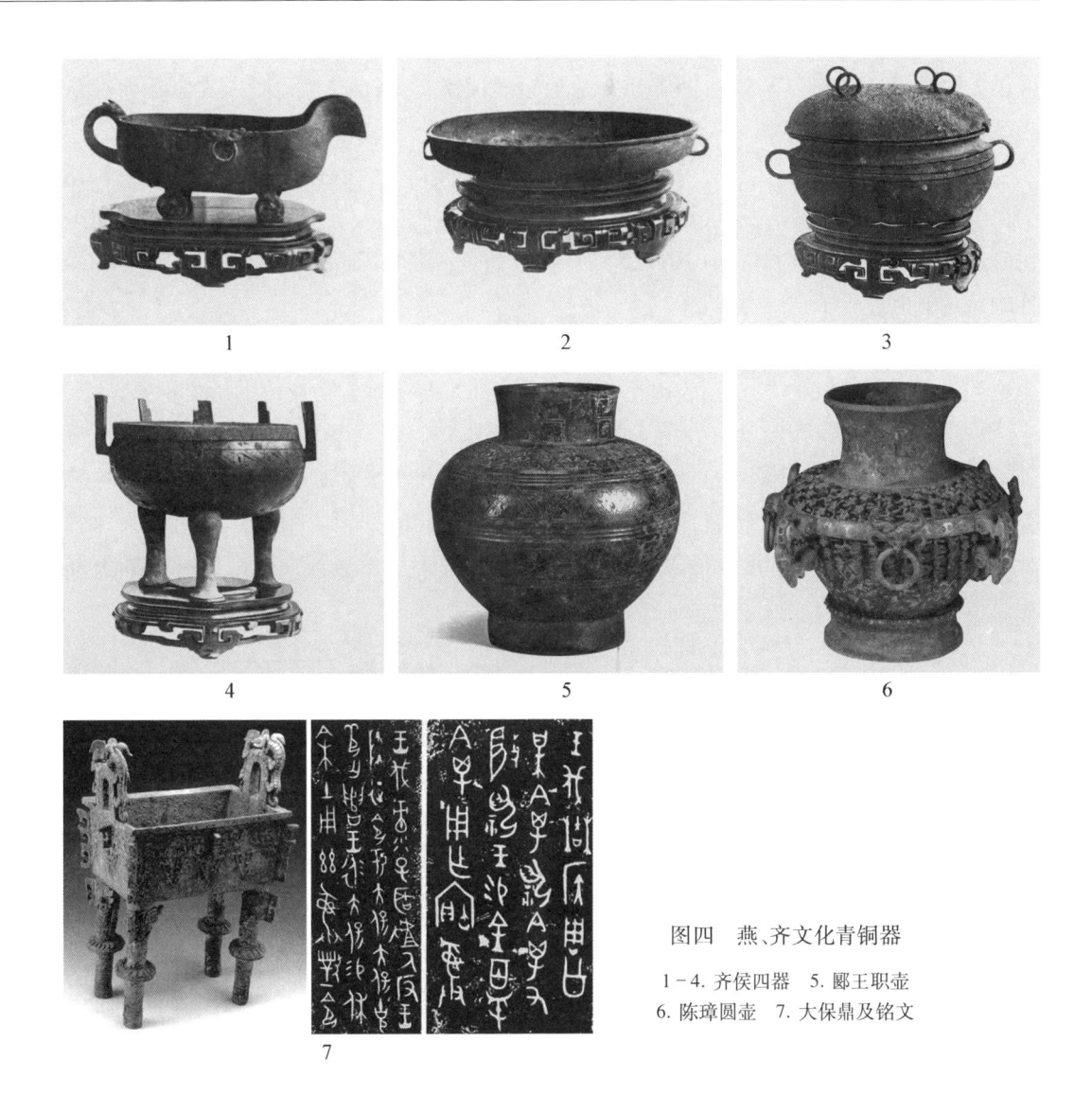

1-4. 齐侯四器　5. 郾王职壶
6. 陈璋圆壶　7. 大保鼎及铭文

美国宾夕法尼亚大学博物馆收藏一件战国中晚期"陈璋方壶",为陈介祺旧藏,清末出土于山东,属燕器而后刻齐铭,记载了齐国将领伐燕获胜之事件。[①]

1982年,江苏盱眙县南窑庄发现一处窖藏中出土"错金银梅花钉饰虬龙套铜壶",原报告将其定为楚物(图四,6)。[②] 多位先生撰文研究铜壶形制并考释其铭文,[③]现多将其称为陈璋圆壶,与陈璋方壶同样属于燕器齐铭。共三处铭文:口沿与圈足内侧的铭文均

---

① 铭文见于《三代吉金文存》卷十二;马承源主编的《商周青铜器铭文选4》亦对其铭文著录。
② 姚迁:《江苏盱眙南窑庄楚汉文物窖藏》,《文物》1984年第10期。
③ 吴蒙:《盱眙南窑铜壶小议》,《文物》1982年第11期;黄盛璋:《盱眙新出铜器、金器及相关问题考辨》,《文物》1984年10期;李学勤、祝敏申:《盱眙壶铭与齐破燕年代》,《文物春秋》1989年创刊号;周晓陆:《盱眙所出重金络醽陈璋圆壶读考》,《考古》1988年第3期;曲英杰:《陈璋壶铭匽亳解》,《历史文献》第4辑,上海科学技术文献出版社,2001年。

为燕铭,口沿上的铭文被凿除。圈足外铭文记录田齐将领陈璋的记功铭文,反映齐国伐燕取得大胜的历史事件。李学勤、祝敏申先生通过考证铭文,结合文献、历法、文字的研究认为此器为战国中晚期器物。

上海博物馆收藏一件"郾王职壶",已有学者对于其铭文及反映的问题进行研究。铭文记载的是:燕王职东征齐国,在壬午这一天,攻其国毁其城,是发现的首件记载燕昭王伐齐这一历史事件的实物资料(图四,5)。① 董珊等先生从古文字角度对于铭文记载的燕齐战争之事也进行了详细考证。②

1990年安徽亳州市城父镇村民在取土时发现一些齐明刀。③ 城父镇处于楚国北疆,无论这些齐明刀以何种方式流传于此,都反映出当时楚与齐地经济交流的历史现象。

易县燕下都采集陶鼎及盖,④鼎为直立附耳、子母口、浅腹、蹄足较高,鼎盖较平、上有三矩形钮,与齐国春秋晚期至战国早期同类器一致。河北涞水县永乐村墓出土铜盖豆、敦等,⑤环形钮盖豆属齐文化特点,敦有环形钮,和战国中期的齐国"午侯敦"相近。天津张贵庄M3出土陶鼎、壶、折盘豆等,⑥抚宁邴各庄出土陶盖豆等与齐文化战国晚期同类器相近。⑦

四、文献记载反映文化遗存的历史背景

历史文献记载燕国与齐国往来较多,较为著名的是齐伐燕、燕伐齐的战争事件,即公元前315年齐宣王时期30天攻破燕国、公元前284－前279年燕昭王时期攻占齐国70余城并占领5年。齐桓公时期齐国攻伐山戎救燕,邹衍于燕、苏秦于齐等也常见于史书。燕国与齐国往来内容包括会盟、人员往来、通婚、战争等,许多记载事件能够得到出土文物的印证。

齐国伐山戎救燕国。《史记·燕召公世家》"二十七年,山戎来侵我,齐桓公救燕……燕君送齐桓公出境,桓公因割燕所至地予燕";《史记·匈奴列传》"山戎越燕而伐齐,齐釐公与战于齐郊。其后四十四年,而山戎伐燕,燕告急于齐。齐桓公北伐山戎,山戎走"(注:公元前664年)。

会盟与通婚。《左传》襄公二十八年,"夏,齐侯、陈侯、蔡侯、北燕伯、杞伯、胡子、沈子、白狄朝于晋,宋之盟故也"(注:公元前545年,据《燕世家》为燕懿公)。

《左传》昭公七年春:王正月,暨齐平,齐求之也。癸巳,齐侯次于虢。燕人行成

---

① 周亚:《郾王职壶铭文初释》,《上海博物馆集刊》第八期,上海书画出版社,2000年。
② 董珊、陈剑:《郾王职壶铭文研究》,《北京大学中国古文献研究中心集刊(第三辑)》,北京大学出版社,2002年。
③ 石卫东:《亳州市城父镇出土齐明刀》,《安徽钱币》2000年第11期。
④ 引自胡传耸:《东周燕文化与周边考古学文化的关系研究(下)》,《文物春秋》2007年第2期。
⑤ 胡传耸:《东周燕文化与周边考古学文化的关系研究(下)》,《文物春秋》2007年第2期。
⑥ 云希正、韩嘉谷:《天津东郊张贵庄战国墓第二次发掘》,《考古》1965年第2期。
⑦ 邸和顺、吴环露:《河北省抚宁县邴各庄出土战国遗物》,《考古》1995年第8期。

曰："敝邑知罪，敢不听命？先君之敝器，请以谢罪。"公孙晳曰："受服而退，俟衅而动，可也。"二月，盟于濡上。燕人归燕姬，贿以瑶瓮、玉椟、斝耳，不克而归（注：公元前535年）。

《左传》哀公五年：齐燕姬生子，不成而死。

《史记·秦本纪》：惠文王后元七年：韩、赵、魏、燕、齐帅匈奴共攻秦（注：公元前318年）。

人员往来。《左传》襄公二十一年，"齐侯使庆佐为大夫，复讨公子牙之党，执公子买于句渎之丘。公子鉏来奔，叔孙还奔燕"（注：燕文公三年，公元前552年）。

《左传》襄公二十九年：秋九月，齐公孙虿、公孙灶放其大夫高止于北燕。《史记·燕召公世家》：惠公元年，齐高止来奔（注：公元前544年）。

《史记·燕召公世家》六年：惠公多宠姬，公欲去诸大夫而立宠姬宋，大夫共诛姬宋。惠公惧，奔齐（公元前539年）。

《春秋经》哀公十五年：夏五月，齐高无平出奔北燕（注：公元前480年）。

《战国策·燕策》："燕昭王收破燕后即位，卑身厚币，以招贤者，欲将以报仇……乐毅自魏往，邹衍自齐往，剧辛自赵往，士争凑燕。"《说苑·君道》：燕昭王问于郭隗……郭隗曰："王诚欲兴道，隗请为天下之士开路。"于是燕王常置郭隗上坐南面。居三年，苏子闻之，从周归燕；邹衍闻之，从齐归燕；乐毅闻之，从赵归燕；屈景闻之，从楚归燕。四子毕至，果以弱燕并强齐（注：公元前312年）。

战争。《史记·燕召公世家》：四年，齐高偃如晋，请共伐燕，入其君……惠公至燕而死，燕立悼公（注：公元前536年，战争因燕示好而未发生）。

《史记·司马穰苴列传》：齐景公时，晋伐阿、甄，而燕侵河上。齐师败绩，景公患之……景公召穰苴，与语兵事，大说之，以为将军，将兵扞燕晋之师……病者皆求行，争奋出为之赴战。晋师闻之，为罢去；燕师闻之，度水而解。于是追击之，遂取所亡封内故境而引兵归（注：公元前516年）。

《史记·田敬仲完世家》：桓公午五年，秦、魏攻韩，韩求救于齐。齐桓公召大臣而谋……田臣思曰："秦、魏攻韩，楚、赵必救之，是天以燕予齐也。"……齐因起兵袭燕国，取桑丘（注：公元前380年）。

《史记·燕召公世家》：釐公三十年，伐败齐于林营。釐公卒，桓公立（注：燕伐齐，公元前373年）。

《古本竹书纪年》梁惠成王十六年：齐师及燕战于泃水，齐师遁（注：公元前355年）。

《战国策·燕策》：燕文公时，秦惠王以其女为燕太子妇。文公卒，易王立。齐宣王因燕丧攻之，取十城。武安君苏秦为燕说齐王……齐王大说，乃归燕城（注：公元前333年）。

《史记·燕召公世家》燕昭王二十八年：燕国殷富，士卒乐轶轻战。于是遂以乐毅为上将军，与秦、楚、三晋合谋以伐齐。齐兵败湣王出亡于外。燕兵独追北，入至临淄，尽取其宝，烧其公室宗庙。齐城之不下者，独唯聊、莒、即墨，其余皆属燕，六岁。昭公三十三年卒,子惠王立……及即位,疑毅,使骑劫代将。乐毅亡走赵。齐田单以即墨击败燕军,骑劫死,燕兵引归,齐悉复得其故城(注:公元前284年)。

《史记·乐毅列传》:乐毅于是并护赵、楚、韩、魏、燕之兵以伐齐,破之济西。诸侯兵罢归,而燕军乐毅独追,至于临淄……燕昭王大说,亲至济上劳军,行赏飨士,封乐毅于昌国,号为昌国君。于是燕昭王收齐卤获以归,而使乐毅复以兵平齐城之不下者。乐毅留徇齐五岁,下齐七十余城,皆为郡县以属燕。唯独莒、即墨未服。

五、文化遗存与历史文献印证燕、齐、鲁国关系

山东地区发现的燕文化遗存及其他燕、齐文化遗存证明了燕国与齐国之间较多往来的事实,与文献记载相对照,反映出来相互之间文化的交融。"梁山七器"应反映了西周初期燕国的封地及与齐、鲁等关系密切,共同镇抚北方、东方;有学者认为是齐国伐燕掳掠的宗庙宝器。"齐侯四器"是齐国嫁女至燕的媵器,文献中不见记载,反映了春秋中晚期齐国与燕国交好的历史,是极其重要的实物资料,也是齐器的断代标准器。文献记载春秋晚期齐国与燕国往来密切,如齐国贵族大夫多次奔燕避难、燕惠公避难于齐等,也从而导致了之间的多次征伐,以及齐景公娶燕姬、赠送宝器物品等,反映了燕、齐关系往来频繁,文化融合与影响成为必然。"归父敦"在河北出土,说明春秋中晚期燕国与鲁国有一定联系。"陈璋方壶"和"陈璋圆壶"证实战国中晚期齐国伐燕的事件,齐国几乎灭亡燕国,造就了陈璋的辉煌;事件本身又使燕国与齐国结下了仇恨,为之后燕国伐齐几乎灭齐埋下种子。"郾王职壶"铭文记载了燕国伐齐取胜的辉煌,印证了乐毅率五国之师伐齐,最后攻下齐国70余城,几乎灭齐战争的发生。以上3件有铭的青铜器,印证了史籍记载的著名的历史事件,也说明了在战国时期掠夺他国青铜器刻铭记功的现象,这对分析青铜器断代与文化因素等具有重要意义。

山东地区出土大量燕国兵器如戈、剑等,说明军事战争事件的发生,兵器的遗留或交流,说明了燕国青铜戈也是有自己特点、质量上乘。戈的形制大致分为两种:一种戈整体较长、援上扬、中部起脊、内部较长、三面有刃,胡部较长、多3戈子刺;这种戈显然是战国晚期器,出土比较分散如临沭、邹城,应是燕国伐齐的证明。一种戈的援微上翘,内部较直、个别有刃,子刺较少,且有的在援部与胡部交接处;这种戈的时代应较早,根据共存器物判断为战国中期或略早,应是齐国伐燕时的战利品。

大量燕国铸造刀币在山东的发现,多出土于济南、淄博、潍坊、胶东地区,尤以临淄、莒县一带较多,其分布的地点、线路,可以印证乐毅伐齐并占领达5年并且最后攻即墨与莒城不下的历史记载,为研究燕国伐齐的区域、路线等提供了重要实物资料,对研究贸易经济、军事统治、货币铸造与流通等具有重要意义。

河北和天津出土部分青铜器、陶器与齐国同类器比较一致,说明了春秋晚期至战国晚期,齐国与燕国之间人员往来、战争等方式使齐文化对燕文化产生过一定影响。

结　　语

通过对山东地区燕文化遗存和其他燕、齐、鲁国文化遗存的分析,其文化特征、年代、分布区域清楚,与文献记载相吻合,真实地反映了燕文化与齐鲁地域文化的关系,也弥补了历史记载的缺失。

以燕国为中心的北东方地区和以齐国为中心的鲁北地区,夏代时期文化关系密切,也是商王朝的重要方国区域,历经西周、春秋、战国,方术仙说等思想意识形态也非常流行,历史人文传统比较一致。相同的环渤地理环境,经济生业发展具有相似性,刀币经济文化圈的形成是其例证。春秋争霸、战国称雄的大背景下,各国贵族内部斗争激烈,并受连纵游说的影响,燕国与齐国之间人员交往频繁,战争更是多有发生。

无论地理环境、历史文化传统,还是通婚、人员往来、发生战争,燕文化对民族融合、文化交融及齐鲁地域文化的形成具有重要影响,共同成为中华传统文化的重要组成部分,加强燕赵文化与齐鲁文化的研究是环渤海考古的重要课题。

(原发表为刘延常、徐倩倩:《山东地区燕文化遗存分析》,《中国考古学会第十五次年会论文集(2012)》,文物出版社,2013年)

山东地区西周封国的考古发现与研究

山东位于中国东部沿海、黄河下游,境域包括半岛和内陆两部分。山东半岛突出于渤海、黄海之中,同辽东半岛遥相对峙;内陆自北而南与河北、河南、安徽、江苏4省接壤,总面积15.71万平方千米。

山东地区是东夷部族的主要聚居地,在新石器时代,就已建立了从后李文化延续至龙山文化的考古学文化序列。其后的岳石文化,是承接海岱龙山文化而发展起来的一支青铜时代文化,对中原地区、辽东半岛、江淮流域等地都产生广泛影响。商代早期商人就已经开始在山东地区活动;从商代中期开始,山东地区成为了商人经略的重点区域,在青州苏埠屯、济南大辛庄、滕州前掌大等地发现了大规模的商代聚落或高规格墓葬。周人灭商之后,周王室在其领土范围内分封了大量的同姓亲族、异姓贵族及其他贵族。山东地区存在诸多殷商遗民和东夷土著,因此周人在山东地区进行了大分封,如太公封齐、周公封鲁、错叔绣封滕、叔振铎封曹等,是为"封建亲戚,以藩屏周"。

目前,山东地区发现的西周封国主要有齐、鲁、滕、薛、夆、郜、纪、莱、莒等,周王室在分封诸侯的同时,也将周人的文化传统带至东方,并与当地土著文化结合,形成了齐、鲁、莒、莱等几个大的文化分区,为之后齐鲁文化的形成及儒家思想的产生奠定了基础。

一、发现与研究历程

(一) 1949年之前

进入20世纪,中国的考古事业开始起步,山东地区还未开展有关西周时期遗存的考古工作,只有零星器物发现,例如山东寿张县出土大保七器(亦称"梁山七器")、[1]黄县归城发现西周青铜器[2]等。

这一阶段由于没有开展发掘工作,相关研究甚少,仅有王献唐对齐国故城的一些描述。[3]但这一时期有多位国外学者进行相关工作,1940-1943年期间日本学者原田淑人、

---

[1] 陈寿:《大保簋的复出和大保诸器》,《考古与文物》1980年第4期。
[2] 山东省文物事业管理局:《山东文物事业大事记》,山东人民出版社,2000年。
[3] 王献唐:《临淄封泥文字叙目》,山东省立图书馆,1936年。

驹井和爱、关野雄等分别多次对齐故城、鲁故城、滕故城、薛故城进行调查并收集古代文物,还著有《曲阜鲁城遗迹》《齐国临淄调查》等。

(二) 1950－1978 年

此阶段考古工作起步并有序开展,西周时期遗存发现逐步增多。1956－1957 年进行的全省范围的文物普查工作,发现了许多西周时期的遗址、墓地和遗物。[①] 这一阶段在邹县七家峪、[②]胶县西菴、[③]临淄河崖头、[④]黄县归城曹家村、[⑤]小刘庄、[⑥]和平村、[⑦]招远东曲城、[⑧]日照崮河崖、[⑨]莱阳前河前[⑩]等地均发现了西周时期的墓葬及器物,通过对出土的有铭铜器铭文的释读,不仅确定了这些遗存分属鲁、齐、莱等国,也了解到周人东征等史实。封国的调查和发掘工作有序展开,以齐鲁两国较为重要。临淄齐故城的考古工作,始于1958 年临淄考古队的调查、钻探和试掘,[⑪]1964－1966 年又进行了普探,1971 年正式发掘。[⑫] 通过一系列考古工作对城址的形制范围、地层堆积、建筑布局及各类遗址的分布情况有了大体的了解,并在大城东北部发现了西周晚期地层及铜器墓,为探索齐故城的建筑年代提供了线索。之后的 1977－1978 年,对曲阜鲁故城开展了系统的勘探与发掘工作,基本搞清了城址的形制范围、道路交通、建筑分布等,并确定了由周公庙宫殿区、舞雩台、南门构成的中轴线模式。城内在望父台等地发现了西周时期的墓葬,根据葬俗葬式可分为甲乙两组,分属夷商和周人两个系统。[⑬] 另外,1964 年中科院考古所山东队对滕国故城进行的调查,[⑭]也是此阶段的重要工作之一。

此时期西周考古工作的开展,也依赖于考古机构与队伍的建设。1954 年,山东博物馆成立,开始在全省范围内开展工作;1958 年,山东省文化局举办文物训练班,在齐故城、鲁故城开展调查和试掘工作;1972 年,山东大学历史系考古专业创建,成为山东考古工作的一支重要力量。

这一阶段,山东地区西周时期的考古工作刚刚起步并稳步发展,齐故城和鲁故城内的西周遗存多集中在中晚期,尚未发现早期遗存,其他地区的发现以铜器为主。另外,很多调查或发展材料未能及时刊布,专门的研究工作比较少,仅在报告中略有提及。

---

① 山东省文物管理处、山东省博物馆:《山东文物选集·普查部分》,文物出版社,1959 年。
② 王轩:《山东邹县七家峪村出土的西周铜器》,《考古》1965 年第 11 期。
③ 山东省昌潍地区文物管理组:《胶县西菴遗址调查试掘简报》,《文物》1977 年第 4 期。
④ 李剑、张龙海:《临淄出土的几件青铜器》,《考古》1985 年第 4 期。
⑤ 李步青、林仙庭:《山东黄县归城遗址的调查与发掘》,《考古》1991 年第 10 期。
⑥ 齐文涛:《概述近年来山东出土的商周青铜器》,《文物》1972 年第 5 期。
⑦ 齐文涛:《概述近年来山东出土的商周青铜器》,《文物》1972 年第 5 期。
⑧ 李步青、林仙庭、杨文玉:《山东招远出土西周铜器》,《考古》1994 年第 4 期。
⑨ 杨深富:《山东日照崮河崖出土一批青铜器》,《考古》1984 年第 7 期。
⑩ 李步青:《山东莱阳县出土己国铜器》,《文物》1983 年第 12 期。
⑪ 山东省文物管理处:《山东临淄齐故城试掘简报》,《考古》1961 年第 6 期。
⑫ 群力:《临淄齐故城勘探纪要》,《文物》1972 年第 5 期。
⑬ 张学海:《论鲁城周代墓葬的类型、族属及反映的问题》,《张学海考古论集》,学苑出版社,1999 年。
⑭ 山东省文物事业管理局:《山东文物事业大事记》,山东人民出版社,2000 年。

(三) 1979－1999 年

墓葬的大量发现是这一阶段山东地区西周考古的显著特点。在济阳刘台子、①长清仙人台、②长清石都庄、③临淄河崖头、④临淄东古、⑤临淄两醇、⑥临朐泉头村、⑦新泰市府前街、⑧滕州前掌大、⑨滕州庄里西、⑩滕州后荆沟、⑪黄县周家村⑫等地均有发现，所出铜器涉及齐、鲁、郳、夆、滕、薛等国，其中不乏一些带铭文的重要铜器。随着发掘工作的开展，研究成果等不断丰富。1982 年，《曲阜鲁国故城》出版，书中不仅详细介绍了鲁故城的发掘工作，还对居址和墓葬中出土的遗物进行了文化面貌、分期断代等方面的细致研究，至今仍是研究鲁文化、周文化的重要资料。⑬

考古机构正规化、队伍建设逐步扩大。1981 年，山东省文物考古研究所成立，之后一直在山东地区的考古工作中占据主导地位；1990 年，国家文物局举办国家考古领队培训班，发掘兖州西吴寺遗址并出版发掘报告。⑭ 1991 年，国家文物局再次举办考古领队培训班，发掘兖州六里井遗址并出版发掘报告。⑮

研究刊物如《齐鲁学刊》（1974 年）、《东岳论丛》（1980 年）、《管子学刊》（1987 年）、《山东社会科学》（1987 年）、《海岱考古》（1989 年）等不断出版发行，为山东地区西周封国的研究提供了平台。学术研讨会也开始举办，如 1999 年在莒县召开"中国古都学会第十六届年会暨莒文化研讨会"，并出版会议论文集。

总体来说，这是山东地区西周时期考古发现最集中的一个时期，各封国墓葬及器物的出土，为了解山东地区的西周封国提供了大量的材料，已有学者围绕这些材料进行研究，

---

① 德州行署文化局文物组、济阳县图书馆：《山东济阳刘台子西周早期墓发掘简报》，《文物》1981 年第 9 期；德州地区文化局文物组、济阳县图书馆：《山东刘台子西周墓地第二次发掘》，《文物》1985 年第 12 期；山东省文物考古研究所：《山东济阳刘台子西周六号墓清理报告》，《文物》1996 年第 12 期。
② 山东大学考古系：《山东长清县仙人台周代墓地》，《考古》1998 年第 9 期。
③ 昌芳：《山东长清石都庄出土周代铜器》，《文物》2003 年第 4 期。
④ 临淄区文物局、临淄区齐故城遗址博物馆：《临淄齐国故城河崖头西周墓》，《海岱考古（第六辑）》，科学出版社，2013 年。
⑤ 山东省文物考古研究所、齐城遗址博物馆：《临淄东古墓地发掘简报》，《海岱考古（第一辑）》，齐鲁书社，1989 年。
⑥ 山东省文物考古研究所、齐城遗址博物馆：《临淄两醇墓地发掘简报》，《海岱考古（第一辑）》，齐鲁书社，1989 年。
⑦ 临朐县文化馆、潍坊地区文物管理委员会：《山东临朐发现齐、郳、曾诸国铜器》，《文物》1983 年第 12 期。
⑧ 魏国：《山东新泰出土商周青铜器》，《文物》1992 年第 3 期。
⑨ 中国社会科学院考古研究所山东工作队：《滕州前掌大商代墓葬》，《考古学报》1992 年第 3 期；中国社会科学院考古研究所山东工作队：《山东滕州市前掌大商周墓地 1998 年发掘简报》，《考古》2000 年第 7 期；中国社会科学院考古研究所：《滕州前掌大墓地》，文物出版社，2005 年；滕州市博物馆：《山东滕州前掌大遗址新发现的西周墓》，《文物》2015 年第 4 期。
⑩ 万树瀛、杨孝义：《山东滕县出土西周滕国铜器》，《文物》1979 年第 4 期；滕县博物馆：《山东滕县发现滕侯铜器墓》，《考古》1984 年第 4 期；滕县博物馆：《山东滕县发现"滕皇"编钟》，《人民日报》1983 年 3 月 10 日；滕州市博物馆：《1989 年山东滕州庄里西西周墓发掘报告》，《中国国家博物馆馆刊》2012 年第 1 期；山东省文物考古研究所：《滕州庄里西遗址考古发掘获重大成果》，《中国文物报》1996 年 7 月 28 日。
⑪ 万树瀛：《滕县后荆沟出土不嬰簋等青铜器群》，《文物》1981 年第 9 期。
⑫ 唐禄庭、姜国钧：《山东黄县东营周家村西周残墓清理简报》，《海岱考古（第一辑）》，齐鲁书社，1989 年。
⑬ 山东省文物考古研究所、山东博物馆、济宁地区文物组、曲阜县文管会编：《曲阜鲁国故城》，齐鲁书社，1982 年。
⑭ 国家文物局考古领队培训班：《兖州西吴寺》，文物出版社，1990 年。
⑮ 国家文物局考古领队培训班：《兖州六里井》，文物出版社，1999 年。

同时,研究机构的成立、学术会议的召开及各类出版物的发行,为今后的研究工作奠定了良好基础。

(四) 2000－2020 年

此阶段重大的发现数量不多,但是均较为重要。一是沂源姑子坪墓葬,墓葬规格较高且随葬丰富,也发现丰富的居址遗存。① 二是淄博高青县陈庄遗址,发现西周早期城址及西周时期贵族墓葬、车马坑、祭祀台等重要遗迹,为研究鲁北地区的西周封国及齐国的早期历史提供了材料。② 2011 年山东省文物考古研究所对曲阜鲁国故城进行第二阶段的主动性发掘,③发现西周时期的遗存不多,以灰坑、水井等生活类遗存为主,这只能证明在西周时期鲁故城内有生活迹象,但没有发现西周早中期的城墙、大中型墓葬等重要遗迹。2012 年在第一次全国可移动文物普查中发现了一些西周时期的重要遗物。④

国家大遗址保护项目的开展,体现的是整个社会对于文物、遗址保护理念的变化。齐故城、鲁故城成为第二批国家遗址公园建设项目,开启了这两个大遗址主动性保护、主动性考古工作的序幕。

文物修复工作日益受到重视,修复人员队伍迅速壮大,2015 年成立山东省文物保护修复中心。一些文物经过修复,重新展现其原本的风采,例如中国社会科学院考古研究所文化遗产保护研究中心对高青县陈庄遗址出土青铜器进行了保护和修复工作。⑤

国际合作也逐渐深入。继山东大学和国外研究机构合作进行日照地区两城镇周围遗址的调查之后,中国社会科学院考古研究所、哥伦比亚大学东亚语言和文化系、山东省文物考古研究院等单位在 2007－2009 年启动龙口归城周边的调查项目,并在 2018 年出版工作报告。⑥

这一阶段的研究资料不断丰富,不仅对早些年的发掘资料开展补充发布工作,⑦也出版了一些发掘研究报告⑧和金文图录。⑨ 一些地方博物馆也将自身展品集结出版,⑩其中

---

① 山东大学考古系等:《山东沂源县姑子坪周代墓葬》,《考古》2003 年第 1 期。
② 山东省文物考古研究所:《山东高青县陈庄西周遗址》,《考古》2010 年第 8 期;山东省文物考古研究所:《高青陈庄西周遗存发掘简报》,《海岱考古(第四辑)》,科学出版社,2011 年;山东省文物考古研究所:《山东高青县陈庄西周遗存发掘简报》,《考古》2011 年第 2 期。
③ 韩辉、徐倩倩、高明奎:《山东曲阜鲁国故城考古工作取得重要成果》,《中国文物报》2017 年 3 月 10 日。
④ 山东省文物局编:《文物山东:第一次全国可移动文物普查藏品集萃(全 2 册)》,中华书局,2017 年。
⑤ 中国社会科学院考古研究所:《山东高青陈庄遗址出土青铜器的保护修复》,故宫出版社,2019 年。
⑥ 中国社会科学院考古研究所、哥伦比亚大学东亚语言和文化系、山东省文物考古研究院:《龙口归城——胶东半岛地区青铜时代国家形成过程的考古学研究(公元前 1000－前 500 年)》,科学出版社,2018 年。
⑦ 滕州市博物馆:《滕州前掌大村南墓地发掘报告(1998－2001)》,《海岱考古(第三辑)》,科学出版社,2010 年;滕州市博物馆:《1989 年山东滕州庄里西西周墓葬发掘报告》,《中国国家博物馆馆刊》2012 年第 1 期;临淄区文物局、临淄区齐故城遗址博物馆:《临淄齐故城河崖头村西周墓》,《海岱考古(第六辑)》,科学出版社,2013 年。
⑧ 中国社会科学院考古研究所:《滕州前掌大墓地》,文物出版社,2005 年;中国社会科学院考古研究所、哥伦比亚大学东亚语言和文化系、山东省文物考古研究院:《龙口归城——胶东半岛地区青铜时代国家形成过程的考古学研究(公元前 1000－前 500 年)》,科学出版社,2018 年;山东省文物考古研究院:《临淄齐墓》第二集,文物出版社,2018 年。
⑨ 山东省博物馆:《山东金文集成》(上、下),齐鲁书社,2007 年;陈青荣等:《海岱古族古国吉金文集》,齐鲁书社,2011 年。
⑩ 刘云涛编著:《莒县博物馆》,文物出版社,2015 年;莒南县博物馆:《莒南县博物馆青铜器选粹》,上海古籍出版社,2019 年;日照市博物馆:《日照出土青铜器集》,齐鲁书社,2020 年。

有部分西周时期的器物,为研究者提供基础材料。

学术会议的召开是本阶段的一大特点,反映出学术交流的频繁。

2015年,世界历史科学大会在山东召开,其中"莒文化专题研讨会"在山东大厦举办,在淄博召开"蹴鞠与齐文化"卫星会议,并出版论文集。①

2015-2019年间,山东省文物考古研究院(2017年之前称为山东省文物考古研究所)联合各相关单位举办一系列的周代学术会议,且每次会议都将论文集结出版,取得了很好的学术效果。2015年,山东省文物考古研究所承办的中国考古学会两周专业委员会成立大会在曲阜举办。2015年12月,山东省文物考古研究所等单位举办的"青铜器与山东古国学术研讨会"在莒县召开,同时成立"山东青铜文化研究会",并出版会议论文集。② 2016年11月,山东省文物考古研究所等单位在曲阜举办"保护与传承视野下的鲁文化学术研讨会",并出版会议论文集。③ 2017年10月,山东省文物考古研究所等单位在临淄举办"传承与创新:考古学视野下的齐文化学术研讨会",并出版会议论文集。④ 2018年10月,山东省文物考古研究院等单位在潍坊举办"青铜器、金文与齐鲁文化学术研讨会",并出版会议论文集。⑤ 2019年8月,山东省文物考古研究院等单位在滕州市举办"苏鲁豫皖地区商周时期考古学文化学术研讨会",并计划出版会议论文集。⑥ 2018年11月,由山东博物馆举办的"鲁南古国青铜器与金文研究学术研讨会"在济南召开。2020年11月,中国社会科学院考古研究所、山东省文物考古研究院等单位在临淄举办"手工业考古·临淄论坛——以城市手工业考古为中心",并有相关的考古报告出版。⑦ 2020年11月,山东省计划水下考古研究中心等单位在泰安举办"考古学视野下古代泰山文明学术研讨会",并出版论文集。⑧ 另外还有其他与山东地区西周考古相关的会议。⑨

总体来说这一阶段的研究成果较之前有了显著的增加,研究的广度和深度都有很大提高,且有对城址、墓葬、铜器铭文及文化谱系等综合性研究,⑩并对相关历史问题形成了

---

① 齐文化博物院编著,马国庆、任相宏、张光明主编:《蹴鞠与齐文化——第22届国际历史科学大会淄博卫星会议文集》,文物出版社,2019年。
② 山东省文物考古研究所等编:《青铜器与山东古国学术研讨会论文集》,上海古籍出版社,2017年。
③ 山东省文物考古研究院等编:《保护与传承视野下的鲁文化学术研讨会论文集》,上海古籍出版社,2018年。
④ 山东省文物考古研究院等编:《传承与创新:考古学视野下的齐文化学术研讨会论文集》,上海古籍出版社,2019年。
⑤ 山东省文物考古研究院等编:《青铜器、金文与齐鲁文化学术研讨会论文集》,上海古籍出版社,2020年。
⑥ 山东省文物考古研究院等编:《苏鲁豫皖地区商周时期考古学文化学术研讨会论文集》,待版。
⑦ 中国社会科学院考古研究所、山东省文物考古研究院、淄博市临淄区齐文化发展研究中心:《临淄齐故城冶铸业考古(全三册)》,科学出版社,2020年。
⑧ 山东省水下考古研究中心等编:《考古学视野下古代泰山文明学术研讨会论文集》,上海古籍出版社,2021年。
⑨ 山东大学历史文化学院、山东大学文化遗产研究院、山东省文物考古研究院:第三届全国青年考古学者论坛,2017年,济南。
⑩ 王青:《海岱地区周代墓葬与文化分区》,科学出版社2012年;王永波、王传昌:《山东古城古国考略》,文物出版社,2016年;毕经纬:《问道于器:海岱地区商周青铜器研究》,上海古籍出版社,2019年;赖彦融:《早期齐彝铭研究》,中国社会科学院研究生院2011年硕士学位论文;曹斌:《周代的东土——山东地区西周时期的文化谱系及与文献的整合》,北京大学2012年博士学位论文;苏影:《山东出土金文整理与研究(上)》,华东师范大学2014年博士学位论文。

更加系统的认识。

二、考古与研究成果

据文献记载,周王室在山东地区分封的诸侯有数十个,目前能够依据考古发掘确定都城、墓葬及青铜器的封国并不很多,主要有鲁北地区的齐、夆、邿、纪,鲁南地区的鲁、薛、滕,鲁东南地区的莒以及胶东半岛的莱。还有一些封国如郳、郜等国,或限于一些零星发现或仅见于文献记载,对其地望还未能知晓。

(一) 齐

齐是鲁北地区的古老国度,《山海经》中载其为姜姓,甲骨文中有"齐"的记载,可见迟至商代,齐就已是东土的重要方国。晚商时期,齐地成为"薄姑氏"的领域,周公东征时,将齐与其余古国消灭,成为周代姜齐的领土。

1. 考古成果

临淄齐故城的正式发掘工作始于1971年,现存的故城主要属于东周时期,但在大城东北部发现西周晚期的地层和铜器;2014-2015年,对齐故城大城东墙进行了解剖发掘,初步将城墙主体分为四期,其中第一期被西周晚期的M11打破,可知第一期城墙年代不会晚于西周晚期。[①] 因此,基本可以判定此城为西周时期的齐都临淄。目前发现的西周时期齐国墓葬,主要有位于齐故城大城东北的东古墓地、河崖头墓地,以及故城西南方向10千米处的两醇墓地。年代方面,东古墓地中的西周墓时代较早,约为商末周初或西周早期,河崖头三座墓葬均为西周中期,两醇墓地则从西周晚期延续至战国晚期。齐国西周时期的有铭铜器目前出土不多,如齐侯甗、齐中簋等器物均不在齐故城内出土,多是通过媵嫁、赏赐、册命等方式流散各地。2009年,在淄博高青县陈庄遗址内发现了一座西周早中期城址,城中发现有贵族墓葬、车马坑、祭祀台及有铭铜器等重要遗迹遗物,这是目前在齐国疆域内发现的第一座比较完整的城址,很可能是齐国的一处封邑。

2. 研究成果

(1) 城址研究

第一,都城及地望。据文献记载,太公受武王之封于齐,因袭薄姑旧地在营丘建齐都,胡公时迁都薄姑,献公时迁都临淄。临淄的地望现已无太大争议,即位于临淄齐都镇的齐国故城,虽然城中目前只发现少量西周时期的遗迹现象,但从形制和布局看,应是齐都无疑。关于薄姑的地望,更多是在商代时期的遗址基础上进行推断,例如博兴寨卞、博兴嫌城、桓台史家、张店冢子坡、临淄范家等,大致范围均在泰沂山脉南侧的博兴一带,这也符合文献记载。也有学者认为,高青陈庄遗址是薄姑所在。[②] 关于营丘地望的争论较多,对

[①] 山东省文物考古研究院发掘资料。
[②] 李学勤:《山东高青县陈庄西周遗址笔谈》,《考古》2011年第2期。

这个问题的讨论主要集中于 20 世纪 80－90 年代,主要观点包括临淄河崖头、①昌乐河西、②张店沣水、③寿光呙宋台、④青州臧台、⑤潍县昌乐⑥或临淄、博兴一带。⑦ 2000 年以后,通过对以往材料进行重新解读以及新材料的发现,学者对寿光呙宋台、⑧潍县昌乐、⑨临淄河崖头⑩等以往观点做了进一步阐释,也有学者提出了青州苏埠屯、⑪高青陈庄、⑫高青贾庄、⑬河南荥阳⑭等新观点。也有学者通过分析齐故城的形制布局和城内遗迹遗物,对西周早期城址的建筑规制等问题进行了讨论。⑮

第二,陈庄城址研究。⑯ 陈庄城址是目前鲁北地区发现的第一座西周早中期的城址,城址面积不足 4 万平方米,城墙四周有环壕,但只有一座城门,由于构造十分特殊,加之城内发现了高等级贵族墓葬、车马坑、祭祀遗迹等,因此对城址形制及功能的讨论产生了诸多观点,包括齐都薄姑、⑰齐都营丘、⑱封邑、⑲军事城堡或军事重镇、⑳古国、㉑别都或辅

---

① 崔三益:《营丘补考》,《管子学刊》1993 年第 1 期。
② 李学训:《营丘地望推考》,《管子学刊》1989 年第 1 期。
③ 于嘉芳:《昌国即营丘考》,《管子学刊》1991 年第 4 期。
④ 张学海、罗勋章:《营丘地望考略》,《中国古都研究》,浙江人民出版社,1985 年。
⑤ 夏名采:《营丘初探》,《东岳论丛》1986 年第 2 期。
⑥ 赵守诚:《齐都古营丘续探》,《管子学刊》1992 年第 1 期。
⑦ 张达民:《营丘考》,《管子学刊》1987 年创刊号;王锡平、孙敬明:《莱国彝铭试释及论有关问题》,《东岳论丛》1984 年第 1 期。
⑧ 钱益汇:《齐文化的考古学发现与研究》,《中原文物》2014 年第 1 期。
⑨ 徐义华:《从商代政治地理与周初政治布局看齐都营丘的地望》,《甲骨学暨高青陈庄西周城址重大发现国际学术研讨会论文集》,齐鲁书社,2014 年。
⑩ 方辉:《鲁北地区出土的西周青铜器及其历史背景》,《青铜器与山东古国学术研讨会论文集》,上海古籍出版社,2017 年。
⑪ [日]黄川田修,蓝秋霞译:《齐国始封地考——山东苏埠屯遗址的性质》,《文物春秋》2005 年第 4 期。
⑫ 王恩田:《高青陈庄西周遗址与齐都营丘》,《管子学刊》2010 年第 3 期;王戎:《陈庄西周遗址与齐国西周史的几个问题》,《管子学刊》2014 年第 3 期;潘润:《从高青陈庄遗址看齐国起源的"西来说"与"东来说"》,《理论月刊》2018 年第 7 期。
⑬ 张光明:《齐国腹心地区商周时期古城古国的考古学研究与思考》,《传承与创新:考古学视野下的齐文化学术研讨会论文集》,上海古籍出版社,2019 年。
⑭ 赵缊:《姜太公首封地新考——论营丘之营即荥亦即菜》,《管子学刊》2002 年第 4 期。
⑮ 曲英杰:《先秦都城复原研究》,黑龙江人民出版社,2009 年;李振光、于美杰:《山东周、汉代城址的考古发现与研究》,《传承与创新:考古学视野下的齐文化学术研讨会》,上海古籍出版社,2019 年。
⑯ 学界已有对陈庄考古遗存及相关和研究成果的综述,参看张念征:《山东高青陈庄西周城址性质及相关问题研究》,烟台大学 2018 年硕士学位论文;李秀亮:《高青陈庄遗址研究综述》,《管子学刊》2019 年第 2 期。
⑰ 李学勤:《山东高青县陈庄西周遗址笔谈》,《考古》2011 年第 2 期。
⑱ 参看王恩田:《高青陈庄西周遗址与齐都营丘》,《管子学刊》2010 年第 3 期;王戎:《陈庄西周遗址与齐国西周史的几个问题》,《管子学刊》2014 年第 3 期;潘润:《从高青陈庄遗址看齐国起源的"西来说"与"东来说"》,《理论月刊》2018 年第 7 期。
⑲ 方辉:《高青陈庄铜器铭文与城址性质考》,《管子学刊》2010 年第 3 期;李零:《山东高青县陈庄西周遗址笔谈》,《考古》2011 年第 2 期;张学海:《陈庄西周城管窥》,《海岱考古(第四辑)》,科学出版社,2011 年;徐义华:《从商代政治地理与周初政治布局看齐都营丘的地望》,《甲骨学暨高青陈庄西周城址重大发现国际学术研讨会论文集》,齐鲁书社,2014 年。
⑳ 魏成敏:《陈庄西周城址与齐国早期都城》,《管子学刊》2010 年第 3 期;王树明:《山东省高青县陈庄西周城址周人设防薄姑说——也谈齐都营丘的地望与姜姓丰国》,《管子学刊》2010 年第 4 期;王青:《山东高青陈庄西周遗址笔谈》,《考古》2011 年第 2 期;郑同修:《高青陈庄遗址发掘的主要收获及相关问题》,《海岱考古(第四辑)》,科学出版社,2011 年;靳桂云、郑同修、刘长江、王传明、高明奎:《西周王朝早期的东方军事重镇:山东高青陈庄遗址的古植物证据》,《科学通报》2011 年第 35 期。
㉑ 孙敬明:《陈庄考古发现比较撷谈》,《管子学刊》2010 年第 3 期;曹斌:《登国小考》,《东岳论丛》2015 年第 3 期。

都、①陵园、②采邑③等。

(2) 墓葬研究

现已发现的齐国墓葬多属于东周时期,西周墓葬发现不多,主要集中于临淄和高青两地。研究成果多为综合性研究,④包括墓葬形制与葬俗等,也有对遗址内墓葬的研究。⑤

(3) 器物研究

青铜器研究。目前齐国的青铜器大都出自墓葬,有铭文者不多,但研究成果颇丰。主要有以下几类:第一类是综合研究,即以考古年代学、古文字学为基本方法,进行分期断代、⑥器用制度、⑦铭文集释⑧及聚落⑨和城址研究⑩等。第二类是专门研究,如梁山七器、齐仲簋等,以释读铭文为基础,讨论年代及相关历史问题。⑪ 第三类是对陈庄遗址所出的"丰"器与"引"簋的研究。"丰"器为陈庄 M17、M18 所出器物之概称,共 8 件,作器者为姜太公之后裔,学界对"丰""启"二字的释读颇有争论、观点不一。⑫ "引"簋出自 M35,两件

---

① 徐学琳、石鑫:《高青陈庄西周城址性质探讨》,《管子学刊》2011 年第 1 期;张国硕:《高青陈庄西周城址性质分析》,《甲骨学暨高青陈庄西周城址重大发现国际学术研讨会论文集》,齐鲁书社,2014 年。

② 任相宏、张光明:《高青陈庄遗址 M18 出土豊簋铭文考释及相关问题探讨》,《管子学刊》2010 年第 2 期;吕茂东:《解读高青陈庄西周遗址》,《管子学刊》2011 年第 4 期。

③ 李春华:《两周时期采邑制度的演变》,中国社会科学出版社,2016 年。

④ 郝导华、禚柏红、赵金:《齐墓阶段性特征及演化过程试析》,《海岱学刊》2016 年第 2 期;山东省文物考古研究院:《临淄齐墓》第二集,文物出版社,2018 年;张国文:《两周齐国贵族墓葬制与葬俗研究》,曲阜师范大学 2014 年硕士学位论文;崔盼:《东周齐墓研究》,吉林大学 2015 年硕士学位论文。

⑤ 游逸飞:《高青陈庄西周齐国遗址有铭铜器墓研究概述》,《早期中国史研究》2013 年第 1 期;张学海:《陈庄西周城蠡测》,《管子学刊》2010 年第 4 期;赵庆森:《高青陈庄引簋铭文与周代命卿制度》,《管子学刊》2015 年第 3 期。

⑥ 胡嘉麟:《临淄河崖头墓地齐国青铜器年代的认识》,《传承与创新:考古学视野下的齐文化学术研讨会论文集》,上海古籍出版社,2019 年。

⑦ 丁燕杰:《齐国用鼎制度试探》,《传承与创新:考古学视野下的齐文化学术研讨会论文集》,上海古籍出版社,2019 年。

⑧ 刘清扬:《先秦齐国青铜器铭文集释》,中山大学 2015 年硕士论文;孙刚:《齐文字编》,福建人民出版社,2010 年。

⑨ 方辉:《鲁北地区出土的西周青铜器及其历史背景》,《青铜器与山东古国学术研讨会论文集》,上海古籍出版社,2017 年。

⑩ 魏成敏、贾健:《临淄齐故城出土商周青铜器与相关问题探索》,《青铜器与山东古国学术研讨会论文集》,上海古籍出版社,2017 年。

⑪ 陈寿:《大保簋的复出和大保诸器》,《考古与文物》1980 年第 4 期;李学勤:《论西周王朝中的齐太公后裔》,《烟台大学学报》(哲学社会科学版)2010 年第 4 期;李学勤:《纣子武庚禄父与大保簋》,《甲骨文与殷商史》第 2 辑,上海古籍出版社,2011 年;王恩田:《曲城齐仲簋与"丁公伐曲城"——兼说铜资源与齐国强弱的因果关系》,《管子学刊》2016 年第 4 期。

⑫ 王恩田:《高青陈庄西周遗址与齐都营丘》,《管子学刊》2010 年第 3 期;李学勤:《论高青陈庄器铭"文祖甲齐公"》,《东岳论丛》2010 年第 10 期;张学海:《陈庄西周城管窥》,《海岱考古》(第四辑),科学出版社,2011 年;张俊成:《高青陈庄"齐公"诸器铭文及相关问题》,《出土文献》2017 年第 2 期;方辉:《高青陈庄铜器铭文与城址性质考》,《管子学刊》2010 年第 3 期;李伯谦:《山东高青县陈庄西周遗址笔谈》,《考古》2011 年第 2 期;李零:《读陈庄遗址出土的青铜器铭文》,《海岱考古》(第四辑),科学出版社,2011 年;朱凤瀚:《山东高青县陈庄西周遗址笔谈》,《考古》2011 年第 2 期;曹斌:《豋国小考》,《东岳论丛》2015 年第 3 期;林沄 2010 年 4 月 12 日济南陈庄遗址专家座谈会发言,又见王戎:《"高青陈庄西周遗址发掘专家座谈会"侧记》,《东岳论丛》2010 年第 7 期;任相宏、张光明:《高青陈庄遗址 M18 出豊簋铭文考释及相关问题探讨》,《甲骨学暨高青陈庄西周城址重大发现国际学术研讨会论文集》,齐鲁书社,2014 年;方辉:《高青陈庄铜器铭文与城址性质考》,《管子学刊》2010 年第 3 期;朱凤瀚:《山东高青县陈庄西周遗址笔谈》,《考古》2011 年第 2 期;王少林:《高青陈庄𠂤簋铭文考释及相关问题研究》,《洛阳师范学院学报》2013 年第 7 期;王恩田:《申簋考释——兼说高青陈庄齐国公室墓地的年代与墓主》,《海岱考古》(第四辑),科学出版社,2011 年。

形制相同,铭文共 73 字,学界对其的研究涵盖作器者名称、身份与族属、①齐师性质、②铭文释读、③断代④及其所反映的与齐国相关的史实⑤等诸多方面。

(二) 鲁

鲁国为周公封地,由其长子伯禽就封。西周时期鲁国的疆域主要分布在以曲阜为中心的泗水中、上游地区。鲁国作为最重要的姬姓封国之一,是周文化在东方传播的"桥头堡",并为儒家文化的产生和发展奠定了基础。

1. 考古成果

早在 20 世纪 60－70 年代,鲁故城周边地区已有零星墓葬和铜器出土,如邹县南关、小西苇村⑥等出土的西周早期青铜器,七家峪出土的鲁伯驷父鬲及兖州李宫遗址发现的"索氏"铜器等。⑦

1977 年后,鲁国故城全面系统的考古工作展开,前后历经多次发掘,可大致分为两个重要阶段。第一阶段是 1977－1978 年的全面系统勘探和重点局部发掘,发现了城墙、环壕、城门、交通干道、排水遗迹以及由周公庙建筑群、"舞雩台"和南门构成的中轴线布局模式。通过发掘可知鲁故城内的西周遗存主要集中在大城内西部、西北部,包括冶铜遗址、制陶手工业作坊址、居址和墓地。其中墓葬发现比较集中,主要为望父台、药圃、斗鸡台、孔府花园四处,可分为甲、乙两组,在葬制、葬俗和随葬品风格方面表现出较大差异。⑧20 世纪 90 年代初,曲阜市开展引泗入城项目,在鲁故城北墙外侧发现了窑址、墓葬和少量灰坑,出土一批西周时期遗物。⑨ 第二阶段是 2011－2018 年,为了配合鲁国故城国家考古遗址公园的建设,主要发掘了包括宫城、南东门门址、东北城墙及老农业局、孔府西苑、望父台等居址与墓葬,在宫城区和孔府西苑遗址发现有少量西周时期的遗存。⑩

在鲁国故城周边的董大城、⑪尹家城、⑫西吴寺等遗址都发现了西周时期从早到晚的

---

① 杨永生:《从引簋看周代的命卿制度》,《史学集刊》2015 年第 5 期;谢乃和:《高青陈庄〈引簋〉与周代军制》,《管子学刊》2015 年第 3 期;刘海宇、武健:《"引簋"释文及相关问题初探》,《海岱考古(第四辑)》,科学出版社,2011年;陈青荣:《从传世山东藏家的藏品看高青出土的青铜器》,《管子学刊》2010 年第 2 期。
② 李零:《读陈庄遗址出土的青铜器铭文》,《海岱考古(第四辑)》,科学出版社,2011 年;孙敬明:《陈庄遗存——齐地、齐师》,《管子学刊》2012 年第 2 期;朱凤瀚:《山东高青县陈庄西周遗址笔谈》,《考古》2011 年第 2 期。
③ 严志斌:《引簋铭"俘"字小议》,《甲骨文暨高青陈庄西周城址重大发现国际学术研讨会论文集》,齐鲁书社,2014 年;王祁:《高清陈庄出土引簋中"俘吕兵"为"俘莒兵"说》,《管子学刊》2017 年第 1 期。
④ 李学勤、李伯谦、朱凤瀚、李零:《山东高青县陈庄西周遗址笔谈》,《考古》2011 年第 2 期。
⑤ 李秀亮:《新出金文所见齐胡公史事订补》,《青铜器、金文与齐鲁文化学术研讨会论文集》,上海古籍出版社,2020 年。
⑥ 王言京:《山东省邹县又发现商代铜器》,《文物》1974 年第 1 期。
⑦ 郭克煜、孙华铎、梁方建、杨朝明:《索氏器的发现及其重要意义》,《文物》1990 年第 7 期。
⑧ 山东省文物考古研究所、山东省博物馆、济宁地区文物组、曲阜县文管会:《曲阜鲁国故城》,齐鲁书社,1982年;张学海:《论鲁城周代墓葬的类型、族属及反映的问题》,《中国考古学会第四次年会论文集》,文物出版社,1985 年。
⑨ 何德亮:《山东曲阜鲁故城出土周代文物》,《海岱考古(第二辑)》,科学出版社,2007 年。
⑩ 山东省文物考古研究院发掘资料。
⑪ 党浩、李玉春、杜海英、张龙:《曲阜董大城的发掘》,《海岱考古(第二辑)》,科学出版社,2007 年。
⑫ 山东大学历史系考古专业教研室:《泗水尹家城》,文物出版社,1990 年;兰玉富:《2000 年泗水尹家城遗址发掘报告》,《海岱考古(第二辑)》,科学出版社,2007 年。

遗存,从聚落考古的角度看,汶泗河流域所发现的一系列聚落和城址,均以鲁国故城为中心,这也为寻找西周早期鲁国都城遗存提供了线索。

2. 研究成果

(1) 城址研究。与齐故城相类似的是,鲁国故城目前也未发现西周早期的城墙,只能通过中晚期的遗存来判断西周时期鲁故城的大致范围。1977－1978 年发掘之后的三十年内,学界的研究主要集中于城址的形制、年代和布局等方面。① 但是受考古发现的限制,研究主要集中在对东周城的研究。2010 年之后,随着对鲁故城大规模主动发掘的进行,学界的研究转向了遗存分析、聚落形态、社会结构以及鲁文化的产生发展、传播交流等问题。②

(2) 墓葬研究。鲁故城发现的西周时期的墓葬集中在望父台、药圃、斗鸡台、孔府花园等地,均为第一阶段发掘,鲁故城发掘报告和张学海将其分为甲乙两组,甲组墓为药圃、斗鸡台、孔府花园三处,墓主头多向南,随葬品主要为陶器,有腰坑和殉狗,可能为土著人墓葬。乙组墓为望父台墓地,墓主头多向北,随葬品多置于二层台和椁盖上,无腰坑和殉狗,可能是周族人的墓。甲组墓、乙组墓分别归属夷人和周人的观点基本得到学界认可。之后的研究也大都以此为基础,对分期断代、葬俗葬制等问题展开讨论。③

(3) 器物研究:

铜器研究。鲁国西周时期的铜器在鲁故城内④及其周边地区⑤均有发现,时代主要集中于西周晚期,研究可分为两类。一类是综合研究,包括形制特点、⑥铭文集释⑦及相关历

---

① 杜正胜:《关于齐国建都与齐鲁故城的讨论》,《食货月刊》1984 年第 14 卷第 7、8 期;马世之:《关于西周都城遗址的探索》,《中州学刊》1987 年第 5 期;王恩田:《曲阜鲁国故城的年代及其相关问题》,《考古与文物》1988 年第 2 期;张学海:《浅谈曲阜鲁城的年代和基本格局》,《张学海考古论集》,学苑出版社,1999 年;许宏:《曲阜鲁国故城之再研究》,《先秦城市考古学研究》,北京燕山出版社,2000 年;张悦:《周代宫城制度中庙社朝寝的布局辨析——基于周代鲁国宫城的营建模式复原方案》,《城市规划》2003 年第 1 期;[日] 黄川田修,许宏译:《西周王朝周边文化年代的再认识》,《华夏考古》2004 年第 1 期;马俊才:《鲁国故城布局与新田模式》,《保护与传承视野下的鲁文化学术研讨会论文集》,上海古籍出版社,2018 年;曹斌:《鲁南地区西周时期遗存的分期和年代》,《海岱考古(第十一辑)》,科学出版社,2018 年。

② 刘延常、戴尊萍:《曲阜鲁国故城、鲁文化与文化传统》,《保护与传承视野下的鲁文化学术研讨会论文集》,上海古籍出版社,2018 年;韩辉、张海萍:《浅析鲁故城西周遗存》,《青铜器与山东古国学术研讨会论文集》,上海古籍出版社,2017 年;韩辉、刘延常、徐倩倩等:《曲阜鲁故城考古新发现与初步认识》,《保护与传承视野下的鲁文化学术研讨会论文集》,上海古籍出版社,2018 年。

③ 许淑珍:《齐鲁葬俗比较》,《管子学刊》2002 年第 4 期;印群:《论曲阜鲁国故城遗址西周时期殷遗民墓的腰坑殉狗》,《东方考古(第 12 集)》,科学出版社,2015 年;[美] 罗泰著,吴长青等译:《宗子维城:从考古材料的角度看公元前 1000 至前 250 年的中国社会》,上海古籍出版社,2017 年;蔡宁、雷兴山:《论曲阜鲁故城两种居葬形态》,《保护与传承视野下的鲁文化学术研讨会论文集》,上海古籍出版社;张吉:《试论曲阜鲁国故城晚期乙组墓》,《古代文明》第 14 卷,上海古籍出版社,2020 年。

④ 魏文华、孔祥仁:《曲阜县发掘两周时期的几座大墓出土一批珍贵文物》,《齐鲁学刊》1978 年第 4 期;另见齐义涛:《概述近年来山东出土的商周青铜器》,《文物》1972 年第 5 期。

⑤ 程继林、吕继祥:《泰安城前村出土鲁侯铭文铜器》,《文物》1986 年第 4 期;泰安市博物馆:《山东泰安市龙门口遗址调查》,《文物》2004 年第 12 期。

⑥ 李学勤:《西周时期的诸侯国青铜器》,《中国社会科学院研究生院学报》1985 年第 6 期;毕经纬:《鲁国铜礼器的初步整理与研究》,《考古与文物》2018 年第 1 期。

⑦ 赵平安:《山东泰安龙门口新出青铜器铭文考释》,《中国历史文物》2006 年第 2 期;孙敬明:《鲁国出土异地商周金文通释辑论》,《管子学刊》2018 年第 2 期;王文轩:《汶泗河流域商和西周青铜器研究》,陕西师范大学 2013 年硕士学位论文。

史问题。① 另一类是专门研究,如侯母壶、②鲁侯尊、③鲁侯四器等,其中以对鲁侯四器的讨论为多,这批器物最早由朱凤瀚披露,④为一件尊和三件卣,⑤铭文古奥难解,学者的释读也相去较远,一种意见认为与修筑宫殿相关,⑥另一种意见认为与驱鬼仪式相关。⑦

陶器研究。有学者在对鲁国文化进行研究时,对鲁国的陶器也进行了研究。⑧

(三) 逄

夆,文献中也作"逄"或"逢",据《左传》《国语》等记载,逄为姜姓,商代时就已立国,并在商周两代有过多次迁徙。对其地望,古今学者曾提出临淄、临朐、河南开封等说。依据目前的考古发现,济南市济阳县(现为济阳区)姜集乡一带,应为商末至西周早期逄国的所在。

1. 考古成果

1957年文物普查时在济阳县(现为济阳区)姜集乡刘台子村西约200米处发现了一处面积约2万平方米的遗址。1967年出土带铭文铜器和原始瓷器,推测出自同一座墓葬。1979年市、县文物干部对墓地进行了第一次发掘,清理墓葬M2。⑨ 1982年进行了第二次发掘,发现了4座墓葬并清理其中的M3、M4。⑩ 1985年山东省文物考古研究所进行了第三次发掘,清理墓葬M6。⑪ 墓葬的年代为西周早中期,均土坑竖穴,规模较大,墓底四周或北端有生土或熟土二层台,个别有腰坑并殉狗。随葬器物置于二层台上、棺椁之间或棺内。随葬铜器中有多件铸有"夆"字铭文,还有大量的陶器、玉器和原始青瓷等,从墓葬规格和随葬品看,这里应是西周早中期逄国的贵族墓地。

2. 研究成果

由于济阳刘台子西周墓葬的大致年代比较清楚,铭文也相对简单,国别归属也可与文

---

① 朱凤瀚:《关于西周金文历日的新资料》,《故宫博物院院刊》2014年第6期;朱凤瀚:《鲁国青铜器与周初鲁都城》,《青铜器与山东古国学术研讨会论文集》,上海古籍出版社,2017年;徐倩倩、戴尊萍:《从青铜铭文看齐、鲁两国对外婚姻关系》,《保护与传承视野下的鲁文化学术研讨会论文集》,上海古籍出版社,2018年;蒋鲁敬:《铜器铭文与楚简中所见"鲁侯"》,《保护与传承视野下的鲁文化学术研讨会论文集》,上海古籍出版社,2018年。
② 刘翔:《鲁"戎壶"小考》,《齐鲁学刊》1986年第5期。
③ 周亚:《小议鲁侯尊的定名》,《青铜器与山东古国学术研讨会论文集》,上海古籍出版社,2017年。
④ 朱凤瀚:《叔器与鲁国早期历史》,《新出金文与西周历史》,上海古籍出版社,2011年。
⑤ 其中的两件卣,朱凤瀚的原文中称为"提梁盒盒"或"两件铜木组合的桶状器",吴镇烽认为是两件直筒提梁卣,并进行了复原,参看吴镇烽:《叔作漆木铜件直筒提梁卣复原》,复旦大学出土文献与古文字研究中心网站,2012年1月31日。
⑥ 董珊:《新见鲁叔四器铭文考释》,《古文字研究》(第29辑),中华书局,2012年;侯乃峰:《新见鲁叔四器与鲁国早期手工业》,《考古与文物》2016年第1期。
⑦ 周宝宏:《鲁叔器铭文考释》,《中国文字研究》第18辑,上海书店出版社,2013年;赵燕姣:《叔器所见早期鲁国史》,山东省文物考古研究所、北京大学震旦古代文明研究中心编:《青铜器与山东古国学术研讨会论文集》,上海古籍出版社,2017年。
⑧ 韩辉、张海萍:《浅析鲁故城西周遗存》,《青铜器与山东古国学术研讨会论文集》,上海古籍出版社,2017年;刘延常、戴尊萍:《曲阜鲁国故城、鲁文化与传统文化》,《传承与保护视野下的鲁文化学术研讨会论文集》,上海古籍出版社,2018年。
⑨ 德州行署文化局文物组、济阳县图书馆:《山东济阳刘台子西周墓发掘简报》,《文物》1981年第9期。
⑩ 德州地区文化局文物组、济阳县图书馆:《山东刘台子西周墓地第二次发掘》,《文物》1985年第12期。
⑪ 山东省文物考古研究所:《山东济阳刘台子西周六号墓清理报告》,《文物》1996年第12期。

献记载相互印证,因此学界的研究主要围绕着有关逄国的历史史实①及器用制度②等问题展开。刘台子墓地出土的西周玉器是山东地区目前所见为数不多的西周玉器,也有学者对其进行了专题研究。③

(四) 邿

邿为妊姓封国,《公羊传》作"诗",《左传·襄公十三年》云:"夏,邿乱,分为三。师救邿,遂取之。"有关邿国的地望,文献中的记载极少,许慎、杜预等考证其在今济宁市唐口镇邿下郝村一带,而考古发现则说明,邿国应在今济南市长清区。

1. 考古成果

1986年4月,山东省长清县(现为长清区)万德镇石都庄发掘一座西周晚期的墓葬(M1),出土4件邿国铜器(2鼎2簋),其中一件"邿中簋"为寺中为其女孟妘所做的媵器。④

1995年,山东大学考古系对位于济南市长清县(现为长清区)城南20千米处五峰镇北黄崖村南的仙人台遗址进行了发掘,除了生活遗迹之外,在遗址的中部和西部清理出6座周代墓葬,自东向西排列有序,除M1早年被破坏外,其余均保存完好。其中M3的时代最早,约为西周晚期,M1、M2为两周之际,余为春秋时期。值得注意的是,M2、M3、M5均出土了铸有"邿"字的铜器。⑤ 依铭文分析,该地当为邿国国君和贵族墓地,同时也能证明,邿国至迟在西周晚期即已存在,并延续到春秋时期。

2. 研究成果

根据仙人台墓葬的发掘情况看,时代确定为西周时期且材料丰富的只有M3,其中出土一件"邿召簋",铭文含义清楚,为邿召为其母所作。学界的研究以发掘者为多,通过分析仙人台墓葬的棺椁形制、器用制度及随葬品特点,认为仙人台墓葬的诸多特点虽与中原地区的周代墓葬差别较大,但在黄河下游一带山东境内的某些周代墓葬中却有一些反映,这不仅说明仙人台墓葬具有周代邿国文化的主要特征,也说明其与山东地区的其他墓葬之间有着一些文化和族属上的联系。⑥ 仙人台墓地的发现,对研究邿国的历史具有重要意义。⑦ 也有学者综合仙人台和石都庄所出的铜器,对邿国的姓氏、地望及相关问题进行

---

① 朱继平:《金文所见商周逄国相关史实研究》,《考古》2012年第1期。
② 熊建平:《刘台子西周墓出土卜骨初探》,《文物》1990年第5期;高西省、秦怀戈:《刘台子六号墓的年代及墓主问题》,《文博》1998年第6期;林继来:《山东济阳刘台子西周墓的史前遗玉》,《东南文化》2002年第3期;杨博:《济阳刘台子西周墓葬青铜容礼器的器用问题简论》,《青铜器与金文(第二辑)》,上海古籍出版社,2019年。
③ 山东省文物考古研究所编著:《山东济阳刘台子玉器研究》,众志美术出版社,2010年。
④ 昌芳:《山东长清石都庄出土周代铜器》,《文物》2003年第4期。
⑤ 山东大学考古系:《山东长清仙人台周代墓地》,《考古》1998年第9期。
⑥ 任相宏:《山东长清县仙人台周代墓地及相关问题初探》,《考古》1998年第9期。
⑦ 任相宏:《邿国地望寻踪》,《中国文物报》1998年3月3日;任相宏:《仙人台邿国墓地出土铜器的初步考察》,《刘敦愿先生纪念文集》,山大学出版社,1998年;任相宏:《仙人台周代邿国贵族墓地发掘的主要收获及其对史学研究的影响》,《山东大学学报》(哲学社会科学版)2004年第1期。

了讨论。①

（五）纪

纪是东夷古国，甲骨文中有"己"或"䰙"的记载，西周时受封，春秋时被齐所灭。乾隆年间，在寿光县纪侯台出土一件"纪侯钟"，为西周早期器。② 1983年寿光益都侯城出土一批晚商青铜器，其中有三件铸"己"铭，应为纪国封爵之前的器物。③ 而铭文中的"己"可能为"纪"之初文，④说明至少在晚商时期，纪国就已存在。⑤

1. 考古成果

纪国故城位于寿光市纪台镇一带，目前还没有对纪国故城正式发掘，只是通过对城墙的几次勘探和试掘，搞清了城址在汉代时期的大致范围和城东北的一处大型土台。

目前，有关纪国的考古发现仅见于青铜铭文。1974年冬，在莱阳县前河前村一座墓葬中，出土了七件铜器，其中一件壶为西周中晚期器，铭文"己侯乍眉寿壶，事小臣台汲，永宝用"。简报中还报道了一件20世纪50年代出土于黄县的"纪侯鬲"，时代为西周晚期。⑥ 1981年当地村民曾捐献1件铜簋，铭文"己侯作縈簋"可见"己""䰙""纪"很可能通为一字，也就是姜姓的纪国。

2. 研究成果

据甲骨文记载，纪国的历史至少可以追溯至武丁时期，在之后的甲骨文、金文中，不断出现关于纪国及相关人物的记载，并一直延续至春秋中晚期，而这些记载均几乎不见于传世文献。因此，关于西周时期纪国的历史，现在只能通过出土或传世的有铭铜器进行研究。例如曾有学者主张纪和莱为一国，⑦但西周晚期的师寰簋（《集成》4313）有铭文："帅齐师、纪、莱、僰，殿左右虎臣，征淮夷。"说明至迟到西周晚期，纪国仍与周王室保持着较为密切的关系。由于现阶段关于纪国都城和墓葬的考古材料比较缺乏，因此学界对纪国国名、族属、地望等问题讨论依然莫衷一是。⑧ 另外，纪国故城所在莱州湾南岸是山东地区盐业最发达的地区，在寿光、广饶等地集中发现了一批商周时期的盐业遗址，这也为寻找

---

① 卜庆华：《邿国地望新探》，《江汉考古》2000年第2期；任相宏：《邿中簋及邿国姓氏考略》，《文物》2003年第4期；陈奇猷：《邿中簋当作止（邿）子中簋》，《文物》2004年第12期；赵平安：《邿子中盨的名称和邿国的姓氏问题》，《古籍整理研究学刊》2006年第1期；朱继平：《周代邿国地望及相关问题再探》，《杭州师范大学学报》（社会科学版）2013年第3期；耿超：《邿召簋及相关问题初探》，《中原文物》2010年第3期。

② 曾毅公：《山东金文集存·先秦编》，齐鲁大学国学研究所，1940年。

③ 寿光县博物馆：《山东寿光县新发现一批纪国铜器》，《文物》1985年第3期。

④ 王献唐：《山东古国考》，齐鲁书社，1983年。

⑤ 王永波：《"己"识族团考——兼论其、并、己三氏族源归属》，《东夷古国史研究》（第二辑），三秦出版社，1990年。

⑥ 李步青：《山东莱阳县出土己国铜器》，《文物》1983年第12期。

⑦ 王恩田：《纪、䰙、莱为一国说》，《齐鲁学刊》1984年第1期；王恩田：《再说纪、䰙、莱为一国说》，《管子学刊》1991年第1期；李学勤：《试论山东新出青铜器的意义》，《文物》1983年第12期；崔乐泉：《纪国铜器及其相关问题》，《文物》1990年第3期；王恩田：《三说纪䰙莱为一国——答郭克煜先生》，《管子学刊》1993年第3期。

⑧ 孙敬明：《考古发现与䰙史寻踪》，《东夷古国史研究》第1辑，三秦出版社，1988年；崔乐泉：《纪国铜器及其相关问题》，《文博》1990年第3期；朱继平：《周代东土纪国地望订讦》，《杭州师范大学学报》（社会科学版）2015年第5期；孔华、杜勇：《䰙国地望新探》，《中国国家博物馆馆刊》2016年第1期。

纪国所在地提供了新的线索。①

（六）薛

薛，为东夷土著古国，甲骨文中就已出现，《国语》载其为妊姓封国，后王国维对出土"薛侯匜"铭文进行考释，验之无误。在传世文献中，有关西周时期薛国地理位置的记载较多，而历史和世系较少，因此早期的研究材料仅限于"薛侯戚"鼎等少数传世青铜器。对于薛国历史的系统研究，则开始于薛国故城和滕州前掌大墓地的发现。

1. 考古成果

薛故城位于今滕州市官桥镇西南约2千米。1964年，中国科学院考古研究所山东工作队对薛故城进行了调查与测绘工作。② 1984年12月，对薛故城进行了系统的普探和试掘，初步查明了城址形制和地下文物的分布情况。③ 西周时期的薛国位于小城的东南角，根据出土遗物可知小城始建于西周时期，小城外环绕有一座中城，在其西门内及北半部都发现有西周中晚期的墓地和早期堆积，基本可以判定小城为西周时期薛国都城所在。

2. 研究成果

第一，墓葬研究。最有可能为薛国贵族墓地的就是滕州前掌大墓地。该墓地前后清理墓葬170余座，包括3座双墓道墓葬和9座单墓道墓葬，还有墓上建筑、祭祀坑、殉兽坑等遗迹，主要年代范围从商代晚期延续至西周早期，发掘者认为这是一处方国王侯墓地。④ 由于墓葬出土带有"史"字铭文的铜器较多，且"薛""史"二字曾同时出现在一件器物上，王恩田将其解释为"薛与史为同族分化"，属于复合族徽，并认为前掌大墓地是薛国的贵族墓地。⑤ 学界对前掌大墓地的性质也有不同看法，⑥认为这里并非薛国贵族墓地，可能是商代奄国都城、⑦殷商遗民"史"族封国、⑧方国遗址⑨或地方政权⑩等。2004年，在

---

① 孙敬明：《商周吉金与纪史新探》，《东方考古（第9集）》，科学出版社，2012年。
② 中国社会科学院考古研究所山东队、滕县博物馆：《山东滕县古遗址调查简报》，《考古》1980年第1期。
③ 山东省济宁市文物管理局：《薛国故城勘查和墓葬发掘报告》，《考古学报》1991年第4期。
④ 中国社会科学院考古研究所山东工作队：《山东滕州市前掌大商周墓地1998年发掘简报》，《考古》2000年第7期。
⑤ 王恩田：《陕西岐山新出薛器考释》，《考古与文物》1983年第2期；王恩田：《山东商代考古与商史诸问题》，《中原文物》2000年第4期；多有学者赞成此观点，参看冯时：《殷代史氏考》，《黄盛璋先生八秩华诞纪念文集》，中国教育文化出版社，2005年；何景成：《商代史族研究》，《华夏考古》2007年第2期；付琳：《滕州前掌大墓地分期及相关问题研究》，《华夏考古》2014年第1期；方辉：《滕州前掌大墓地的国族问题》，《东方考古（第13集）》，科学出版社，2016年。
⑥ 已有学者对前掌大墓地进行了分期断代、时空结构、性质族属等方面的综合研究，参看王钦玄：《滕州前掌大墓地分析》，山东大学2019年硕士学位论文。
⑦ 许宏：《对山东地区商代文化的几点认识》，《纪念山东大学考古专业创建20周年文集》，山东大学出版社，1992年；张长寿：《前掌大墓地解读》，载《考古一生——安志敏先生纪念文集》，文物出版社，2011年；郡望平：《〈禹贡〉"九州"的考古学研究》，《邵望平史学、考古学文选》，山东大学出版社，2013年。
⑧ 李朝远：《前掌大墓地中的"史"及其他——读〈滕州前掌大墓地〉》，《东方考古（第4集）》，科学出版社，2008年；曹斌：《前掌大墓地性质辨析》，《考古与文物》2015年第2期；王文轩：《滕州前掌大墓地所见族属及其相关问题》，《殷都学刊》2017年第1期。
⑨ 李鲁滕：《略论前掌大商代遗址群的文化属性和族属》，《华夏考古》1997年第4期。
⑩ 李楠：《前掌大商周墓地结构与族属辨析》，《青铜器与山东古国学术研讨会论文集》，上海古籍出版社，2017年。

前掌大村南南岗子墓地西北侧百余米处清理了一座西周墓葬(04M1),①由于此区域的勘探资料还在整理中,目前尚不知此墓与薛国之间的关系。

第二,铜器研究。目前,薛国西周时期的青铜器发现较少,所见铭文还未能对解决薛国的世系和历史史实提供有力证明,但也有学者从文化因素分析②和婚姻关系③等方面对薛国铜器进行研究。

(七)滕

滕国的始封之君为文王之子错叔绣,是武王克商、周公东征以后,周王朝分封在鲁南地区的另一个重要姬姓诸侯国。据《左传》《水经注》《元和郡县图志》等文献记载,滕国应位于今滕州市姜屯镇东、西滕村周围一带。

1. 考古成果

早在20世纪60年代,社科院考古研究所山东队就已开始调查滕国故城。④ 2010年10月至2011年1月,滕州市博物馆等对滕国故城进行了全面勘探。⑤ 滕国故城现确定由大城和小城组成,城墙四周皆有城壕和城门。小城内东北处有一大型夯土台基,称为"文公台",其功能尚未知晓,可能为滕国宫殿。由于覆盖和破坏的原因,只能大致判断出小城的始建年代应不晚于春秋时期,能否早至西周,尚需发掘确定,且城内的形制布局和遗迹埋藏情况也不完全清楚。

目前确定西周时期滕国地望最有力证据是庄里西墓地的一系列发现及发掘工作。该墓地位于滕州市姜屯镇庄里西村西,东南距滕国故城约1.5千米。1978年发掘一座西周早期墓葬,出土2簋1鬲,其中鬲铭"吾乍滕公宝尊彝"。⑥ 1982年发掘一座西周早期的墓葬,出土"滕侯"鼎。⑦ 1983年庄里西遗址南部发现一批铜器,其中包括一套9件的"滕皇"编钟。⑧ 1989年在遗址西侧抢救性清理了7座西周早期的墓葬,出土各类青铜器近160件。⑨ 有3件早前被盗的铜器流散海外,被美国首阳斋收藏,⑩根据铜器铭文可判断出自1989年发掘的庄里西墓葬M7。这批墓葬从所出器物和年代看,比较符合文献记载的滕国始封的时间。⑪ 1995年,山东省文物考古研究所清理了一批西周中晚期墓葬,其中

---

① 墓中出土完整铜器6件,铭文"西作父丁宝彝史",可知这批铜器为墓主"西"为其亡父"丁"所做的祭器。参看滕州市博物馆《山东滕州前掌大遗址新发现的西周墓》,《文物》2015年第4期。
② 张东峰、聂瑞安:《略论滕州古国与出土商周青铜器》,《湖南省博物馆刊》2016年第1期。
③ 邹芙都、余霞:《西周黎国政治军事地位及姻亲关系初探》,《史学集刊》2017年第3期。
④ 中国社会科学院考古研究所山东工作队:《山东邹县滕县故城址调查》,《考古》1965年第12期。
⑤ 张东峰、聂瑞安:《略论滕州古国与出土商周青铜器》,《湖南省博物馆刊》2016年第1期。
⑥ 万树瀛、杨孝义:《山东滕县出土西周滕国铜器》,《文物》1979年第4期。
⑦ 滕县博物馆:《山东滕县发现滕侯铜器墓》,《考古》1984年第4期。
⑧ 滕县博物馆:《山东滕县发现"滕皇"编钟》,《人民日报》1983年3月10日。
⑨ 滕州市博物馆:《1989年山东滕州庄里西西周墓发掘报告》,《中国国家博物馆馆刊》2012年第1期。
⑩ 首阳斋、上海博物馆、香港中文大学文物馆编:《首阳吉金——胡盈莹、范季融藏中国古代青铜器》,上海古籍出版社,2008年。
⑪ 李鲁滕:《鬲鼎及其相关问题》,《齐鲁文博——山东省首届文物科学报告月文集》,齐鲁书社,2003年。

一座小型墓M7随葬的铜器、陶器等达到250余件。①

2. 研究成果

滕国的考古发现以贵族墓地为主,现存的滕国故城也应是西周时期滕国的都城所在。已有学者根据发掘材料,围绕滕国的分封和世系、②官制③及墓葬分期④等问题展开讨论。

青铜器研究方面,已有学者对滕国铜器进行了分期断代。⑤ 目前研究较多的是夆器和不其簋。夆器最早出土于庄里西遗址西侧的西周早期墓中,包括尊、卣、觯、爵等,⑥多位学者通过释读铭文,探讨了西周的赏赐制度、⑦贵族教育、⑧甸服贡纳⑨及财政来源⑩等问题,对了解滕国历史具有重要意义。不其簋于1980年出土于滕县后荆沟的一座残墓中,铭文12行共151字,铭文与传世的不其簋盖几乎相同,似属西周晚期器。⑪ 铭文主要记载了器主不其参加抗击猃狁的战争,已有学者对铭文做了集释,⑫并对器主定名、⑬地望归属⑭等问题展开讨论。

（八）莒

莒是存在于山东半岛东南部的东夷部族,周初时受封。据文献记载,鲁东南地区存在莒、向、鄑、阳、郯、鄫等国,以莒国的势力最强,且疆域广大,至少应包括今胶州市至莒县这一区域。由于传世文献对莒国的记载不多,起初学界对莒国的了解和研究仅限于"莒小子簋"等传世青铜器,以及雪鼎（《集成》2740）、小臣逨鼎（《集成》4239）等与周王室征伐东夷相关的铜器。20世纪70年代以后,在莒南老龙腰、花园庄及沂水刘家店子等地发现了多处春秋时期的大墓,莒国的历史才逐渐公诸于世。相较之下,西周时期莒国的考古发现

---

① 山东省文物考古研究所：《滕州庄里西遗址考古发掘获重大成果》,《中国文物报》1996年7月28日。
② 王恩田：《滕国考》,《东夷古国史研究》第1辑,三秦出版社,1988年；张志鹏：《滕国新考》,《河南大学学报》（社会科学版）2011年第4期；丁燕杰、燕生东：《从出土青铜器看滕国、薛国分封》,《青铜器与山东古国学术研讨会论文集》,上海古籍出版社,2017年。
③ 孙敬明：《两周金文与滕国官制》,《保护与传承视野下的鲁文化学术研讨会论文集》,上海古籍出版社,2018年。
④ 陈公柔：《滕国、邾国青铜器及其相关问题》,《中国考古学研究——夏鼐先生考古五十年纪念论文集》,文物出版社,1986年。
⑤ 黄盛璋：《山东诸小国铜器研究——〈两周金文大系续编〉分国考释之一章》,《华夏考古》1989年第1期。
⑥ 罗新慧主编：《首阳吉金疏证》,上海古籍出版社,2016年。
⑦ 黄国辉：《〈首阳吉金〉"夆簋"新探》,《北京师范大学学报》（哲学社会科学版）2014年第3期。
⑧ 高婧聪：《首阳斋藏夆器与西周宗法社会的贵族教育》,《考古与文物》2012年第2期。
⑨ 朱凤瀚：《滕州庄里西墓滕国墓地出土夆器研究》,《中国古代青铜器国际研讨会论文集》,香港中文大学出版社,2010年；陈英杰：《读〈首阳吉金〉札记》,《文字与文献研究丛稿》,社会科学文献出版社,2011年；韩巍：《〈首阳吉金〉琐记六则》,《新出金文与西周历史》,上海古籍出版社,2011年；王峰、李鲁滕：《近见夆器铭文略考》,《中国国家博物馆馆刊》2012年第1期。
⑩ 王进锋：《夆簋铭文与西周诸侯国的财政来源》,《经学文献研究集刊》第十八辑,上海书店出版社,2017年。
⑪ 万树瀛：《滕县后荆沟出土不嬰簋等青铜器群》,《文物》1981年第9期。
⑫ 张依萍：《不其簋铭文集释及相关问题研究》,华东师范大学2019年硕士学位论文。
⑬ 李学勤：《秦国文物的新认识》,《文物》1980年第9期；孙敬明：《邳其簋的再现及相关问题》,《西周文明论集》,朝华出版社,2004年。
⑭ 陈昭容：《从滕县博物馆藏〈不其簋〉说起》,《上海文博论丛》2009年第2期；赵兆、梁云：《不其簋秦器说考疑》,《秦始皇帝陵博物院》,陕西师范大学出版总社,2015年；杜勇：《不其簋史地探赜》,《天津师范大学学报》（社会科学版）2016年第5期；王伟：《不其簋史地新考》,《兰州大学学报》（社会科学版）2019年第6期。

不多,主要以墓葬和青铜器为主。

1. 考古成果

1976年,日照崮河崖村东发现两座墓葬,出土多件西周中晚期的铜器,其中M1有4件簋,口沿皆铸"釐伯媵女子乍宝簋"铭文。① "釐"字见于史密簋(《汇编》636),与"莱"相通,这件簋是反映莒、莱两国通婚的媵器。1982年,在沂水县黄山铺区东河北村清理一座残墓,出土5件西周中晚期的铜器。② 1996年,在莒县店子集镇西大庄抢救发掘了一座残墓(M1),出土铜器包括1件"齐侯甗"和2件"山"字形器。③ 2001年,山东大学考古系等单位联合发掘了沂源县姑子坪遗址,以周代遗存最丰富,④发掘者对遗址中的各类发现有较为全面的论述和分析。⑤ 在发现的三座周代墓葬中,M1、M4时代较早,约为西周晚期,M2为两周之际或春秋早期。⑥ 特别是M1葬具为二椁三棺,随葬的铜礼器至少15件以上,均为铸造精良的实用器,形体较大,纹饰华丽,至少应是使用了五鼎四簋之制,且墓葬中腰坑、殉狗、铺朱砂的葬俗具有明显的莒文化或土著文化的特点。这是目前发现的规格最高的西周时期的莒国墓葬,墓主很可能为莒国的高级贵族。

2. 研究成果

2000年以后,随着莒国考古材料的丰富,召开了一系列学术研讨会,⑦出版了论文集、研究专著。⑧ 2010年之后,由地方文物部门编著的一些资料⑨等,都极大推动了关于莒国历史和文化的研究。总体来看,西周时期莒国的遗存发现较少,时代相对比较清楚,多在西周晚期或两周之际,但也有学者对这些墓葬的分期断代问题进行过讨论。⑩ 西周时期莒国铜器的发现情况与墓葬相类似,学界的研究,一种是分析器物形制、纹饰及文化因素的来源,以讨论莒文化的特点、交流传播及与周边文化的关系,⑪另一种是分析铜器铭文

---

① 杨深富:《山东日照崮河崖出土一批青铜器》,《考古》1984年第7期。
② 马玺伦:《山东沂水发现一座西周墓葬》,《考古》1986年第8期。
③ 莒县博物馆:《山东莒县西大庄西周墓葬》,《考古》1999年第7期。
④ 山东大学考古系、淄博市文物局、沂源县文管所:《山东沂源县姑子坪遗址的发掘》,《考古》2003年第1期。
⑤ 任相宏:《山东沂源县姑子坪周代遗存相关问题探讨》,《考古》2003年第1期。
⑥ 山东大学考古系、淄博市文物局、沂源县文管所:《山东沂源县姑子坪周代墓葬》,《考古》2003年第1期。
⑦ 1999年,中国古都学会举办莒文化研讨会。2000年,中国先秦史学会举办莒文化专题研讨会。
⑧ 政协莒县文史资料委员会:《莒文化研究专辑》(一),1999年;《莒文化研究专辑》(二),2000年;苏兆庆:《考古发现与莒史新证》,山东省日照市新闻出版局,2000年;中国先秦史学会、政协莒县委员会编:《莒文化研究文集》,山东人民出版社,2002年;中国古都学会、莒县古都学会编:《中国古都研究》(十六),研究出版社、杭州出版社,2003年。
⑨ 张文存:《莒南文物志》,青岛出版社,2014年。还有《莒县博物馆》《莒南县博物馆青铜器选粹》《日照出土青铜器集》等,详见刘云涛编著:《莒县博物馆》,文物出版社,2015年;莒南县博物馆:《莒南县博物馆青铜器选粹》,上海古籍出版社,2019年;日照市博物馆:《日照出土青铜器集》,齐鲁书社,2020年。
⑩ 高广仁:《莒文化的考古学研究》,《海岱区先秦考古论集》,科学出版社,2000年;王青:《海岱地区周代墓葬研究》,山东大学出版社,2002年;刘延常:《莒文化探析》,《东南文化》2002年第7期;禚柏红:《莒文化研究》,山东大学2003年硕士学位论文;吴伟华:《从随葬铜器墓看周代莒国贵族埋葬制度》,《文博》2009年第3期;苏辉:《莒县西大庄西周墓青铜容器的王世判定——附论玦形卷体龙纹》,《南方文物》2014年第4期;靳健:《再论莒县大西庄墓葬年代及文化属性》,《考古与文物》2019年第2期。
⑪ 刘云涛:《关于莒县西大庄的几个问题》,《中国先秦史动态研究》1989年第2期;禚柏红:《莒文化研究》,《东方考古(第6集)》,科学出版社,2009年;刘延常:《西周晚期至春秋早期山东地区东土青铜器群的传承与转变》,《青铜器与金文(第一辑)》,上海古籍出版社,2017年;刘延常、张文存、张子晓:《莒文化新发现及相关认识与思考》,《青铜器与山东古国学术研讨会论文集》,上海古籍出版社,2017年;马俊才:《莒文化青铜器浅议》,《青铜器(转下页)

以研究莒国的历史问题。①

(九) 莱

莱为东夷古国,地处山东地区胶东半岛一带,据《尚书》《左传》《史记》等传世文献及史密簋、师衾簋等铜器铭文的记载,西周时期的莱国势力强大,并且与周王室及周边国家有着十分密切的关系。早在光绪二十二年,鲁家沟和黄县就发现了与莱国相关的有铭青铜器,学界多认为这批铜器的主人就是归城的领主。1951年在黄县南埠村出土了有名的"黄县曩器",王献唐已有考证。② 对于归城认识也很早,1932年黄县修志时曾绘县图,其中就有归城城址的平面草图,且与后来的调查勘探结果相似。莱国具有悠久的历史和深厚的根基,所出器物丰富,学界对其的认识和研究很早就已开始,从目前的考古发现来看,烟台市龙口市区东南的归城一带,应是西周时期莱国的都城所在。

1. 考古成果

胶东地区的考古工作从20世纪50年代正式开展,发现的遗址和墓地主要分布于胶东北部的黄水河流域。③ 1973年,烟台地区文管会对归城城址进行了调查勘探,探明城址分为内、外二城,并发现墓葬和车马坑等遗迹,④并有学者开始对其进行讨论。⑤ 2006年中国社会科学院考古研究所、美国哥伦比亚大学东亚语言与文化系和山东省文物考古研究所组建联合考古队,从2007年至2009年对归城遗址进行了全覆盖调查,⑥在城内发现了多处夯土建筑基址,最大的一处面积达1750平方米。从采集的陶片看,既有周文化因素,也有承袭胶东半岛珍珠门文化而发展起来的本地风格,且所采集到遗物的最早年代约在西周中期,则归城的始建年代应该也在这个时间范围内。因此,结合文献记载、龙口一带所出铸有"莱"字铭文的铜器、城址周围分布有大量的周代墓葬以及城址、城墙的规模等,基本可以断定,至少从西周中期开始,归城城址就已成为莱国的统治中心。

莱国地域内发现多处西周时期的墓葬,并伴出多件有铭铜器。1965年,在曹家村南300米处的河西黄土台地上发现西周中期M1,出土铜器8件,尊、卣有铭文。⑦ 1973年,在和平村西清理西周时期M2,棺东部头箱置陶器8件,有素面鬲、绳纹鬲、簋各2件,罐、盉

(接上页)与山东古国学术研讨会论文集》,上海古籍出版社,2017年;刘维勋:《论山东莒县出土青铜器特点》,《青铜器与山东古国学术研讨会论文集》,上海古籍出版社,2017年。
① 孙敬明、徐鹏志:《两周金文与莒史补》,《齐鲁学刊》1995年第4期。
② 王献唐:《山东古代文物管理委员会收藏的黄县丁氏铜器》,《文物参考资料》1951年第2卷第8期;王献唐:《黄县曩器》,山东人民出版社,1960年。
③ 唐禄庭:《胶东黄水河流域青铜文化与古国新探》,《纪念山东大学考古专业创建20周年文集》,山东大学出版社,1992年。
④ 李步青、林仙庭:《山东黄县归城遗址的调查与发掘》,《考古》1991年第10期。
⑤ 唐禄庭:《归城古城归属问题初探》,《东夷古国史研究》第二辑,三秦出版社,1990年。
⑥ 中美联合归城考古队:《山东龙口市归城两周城址调查报告》,《考古》2011年第3期。
⑦ 齐文涛:《概述近年来山东出土的商周青铜器》,《文物》1972年第5期。

各1件,时代约为西周早中期。① 1975年,在莱阳市中荆乡前河前村进行了调查与试掘,清理5座墓葬及部分灰坑、车马坑,墓葬都有殉人,出土以陶器最多。② 1980年,在龙口市石良镇东庄头村东的黄土台地上发现一座西周墓,出土铜器17件,1981年对该残墓进行清理。墓葬大部被破坏,有熟土二层台及棺、椁灰痕。出土1件"能(熊)奚"方壶、1件"小夫"卣和2件"内(芮)公叔"簋,发掘者将时代定为西周前期。③ 1985-1986年,黄县东营周家村发现两座墓葬,其中M1出土两件双耳三足铜簋,腹底部有铭文"作朕宝簋,其万年永宝用。单",应为西周晚期器,同出的陶器也是西周晚期。M2的时代,发掘者判断为西周中期。④ 目前,胶东地区发现墓葬数量最多的是位于蓬莱市村里集镇南的村里集墓群,已调查出8处周代墓群,1976年、1977年和1984年,烟台地区文管组对墓群进行了调查、发掘,分三个墓区清理墓葬近20座,这些墓葬有的在二层台上殉葬人,个别有腰坑并殉狗。随葬器物多置于棺椁之间,主要为铜器,墓葬年代为西周中期至晚期。⑤ 另外,1978年还勘测出一处西周至春秋古城址,总面积约30万平方米,现仅存部分城墙遗迹。⑥

胶东地区单独出土或发现的青铜器也有很多。1956年,松山乡大北庄村村民在取土时发现一件有铭铜鼎,年代大致在西周晚期。⑦ 1964年,在龙口市芦头镇韩家村发现一件圆口柱状足铜鼎,腹部饰兽面纹、夔龙纹及云雷纹,铭文为"向监乍宝尊彝",时代为西周早期。⑧ 1965年在和平村东挖出一西周晚期铜鼎。⑨ 1969年,在归城小刘庄出土一批铜器,其中包括启尊、启卣,⑩因其铭文载昭王南征之史实,其年代应为昭王后期。同年,在董家村东南临近河岸的土台上挖出甗、盘、鼎、戈4件西周晚期铜器。1974年,在和平村内挖出铜甬钟2件,一件钲中部有徽识,其时代不晚于西周晚期。⑪ 1981年,在莱阳前河前村内征集到一西周早期的仿铜陶盉,器身上有鱼鹿之类刻纹,可能为文字符号,⑫且有相关讨论。⑬ 1983年,在龙口市中村镇徐家村出土了一件铜簋,喇叭形圈足,腹上部饰兽面纹,铭文中多字难以释读,年代当在穆王时期。⑭

---

① 李步青、林仙庭:《山东黄县归城遗址的调查与发掘》,《考古》1991年第10期。
② 常兴照、程磊:《试论莱阳前河前西周墓群及有铭铜盉》,《北方文物》1990年第1期。其中的M2,即为1973年清理的出土8件铜器的墓葬。
③ 王锡平、唐禄庭:《山东黄县庄头西周墓清理简报》,《文物》1986年第8期。
④ 唐禄庭、姜国钧:《山东黄县东营周家村西周残墓清理简报》,《海岱考古(第一辑)》,山东大学出版社,1989年。
⑤ 山东烟台地区文管组:《山东蓬莱县西周墓发掘简报》,《文物资料丛刊》第3集,1980年;烟台市文物管理委员会:《山东蓬莱县柳格庄墓群发掘简报》,《考古》1990年第9期。
⑥ 唐禄庭:《胶东黄水河流域青铜文化与古国新探》,《纪念山东大学考古专业创建20周年文集》,山东大学出版社,1992年。
⑦ 李步青、王锡平:《建国来烟台地区出土商周铭文青铜器概述》,《胶东考古研究文集》,齐鲁书社,2004年。
⑧ 李步青、林仙庭:《山东省龙口市出土西周铜鼎》,《文物》1991年第5期。
⑨ 李步青、林仙庭:《山东黄县归城遗址的调查与发掘》,《考古》1991年第10期。
⑩ 齐文涛:《概述近年来山东出土的商周青铜器》,《文物》1972年第5期;李步青、林仙庭:《山东黄县归城遗址的调查与发掘》,《考古》1991年第10期;董珊:《启尊、启卣新考》,《文博》2012年第5期。
⑪ 李步青、林仙庭:《山东黄县归城遗址的调查与发掘》,《考古》1991年第10期。
⑫ 李步青、吴云进:《山东莱阳发现一件罕见的仿铜陶盉》,《文物》1987年第10期。
⑬ 文金:《山东莱阳仿铜陶盉刻纹释文辨正》,《文物》1989年第10期。
⑭ 马志敏:《山东省龙口市出土西周铜簋》,《文物》2004年第8期。

2. 研究成果

在 20 世纪 80-90 年代,学界就对莱国的历史、族属、地望等问题进行过集中讨论,加之寿光地区纪国铜器的发现,又对纪国与莱国的关系、东莱和西莱等问题展开讨论。[①] 随着对龙口归城遗址的深入调查,学界对西周时期,特别是西周中期之后莱国都城的地望问题形成了比较统一的认识。2018 年,《龙口归城》考古报告集出版,集中总结了归城乃至龙口地区 1896 年至 2006 年之间已有的考古发现,归城周代城址 2007-2011 年中美联合调查的收获,以及归城遗址的碳十四数据和植物、动物标本分析结果,[②] 为更加全面的了解莱国的历史和文化特征提供了新材料。

目前发现的莱国墓葬,无论是单个墓葬还是墓葬群,葬俗葬制和年代都相对比较清楚。因此,对青铜器的研究相对较多,包括释读铭文[③]及考古学上的年代[④]和文化因素分析[⑤]等。

三、对未来考古工作和研究方向的展望

20 世纪 50 年代,山东地区西周封国的考古发现和研究工作逐步开展,历经 70 余年的时间,已经取得了诸多重要发现,就目前发现的西周封国,能够基本搞清楚封国地望及其墓葬、青铜器的形制年代和文化特征,为今后的工作的研究奠定了良好基础。未来山东地区西周封国研究还有很多重要的工作。

第一,持续开展考古工作,寻找西周早期齐国、鲁国都城,国君墓葬、贵族墓地。

第二,加强对滕国故城、薛国故城考古工作,进一步确定其西周时期的城址。

第三,加强对西周郑国都城、国君墓葬的考古工作。

第四,积极开展区域系统调查勘探工作,寻找相关古国都城遗址。

第五,加强合作研究、课题研究,推动考古资料和馆藏文物资料的发表,对西周时期的封国考古学文化开展专题研究。

第六,积极开展古国史研究,不断召开学术会议,联合考古、历史、出土文献、历史地理等学科开展综合研究。

---

① 因研究成果较多,不再逐一列举,可参看刘敦愿、逄振镐主编:《东夷古国史研究》第一辑,三秦出版社,1988 年;《东夷古国史研究》第二辑,三秦出版社,1990 年;栾丰实:《东夷考古》,山东大学出版社,1996 年;李亮亮:《归城遗址的考古学研究》,山东大学 2007 年硕士学位论文。

② 中国社会科学院考古研究所、哥伦比亚大学东亚语言和文化系、山东省文物考古研究院编著:《龙口归城——胶东半岛地区青铜时代国家形成过程的考古学研究(公元前 1000-前 500 年)》,科学出版社,2018 年。

③ 王锡平、孙敬明:《莱国彝铭试释及论有关问题》,《东岳论丛》1984 年第 1 期;李步青:《铭文初释及有关历史问题》,《东岳论丛》1984 年第 1 期;王锡平、李步青:《山东省黄县近年新出土有铭文青铜器》,《故宫文物月刊》1991 年第 6 期;王锡平:《对山东黄县庄头西周墓出土铜器铭文的初步研究》,《烟台师范学院学报》(哲学社会科学版)1991 年第 3 期;孙敬明:《莱国出土异地商周金文通释绎论》,《东方考古(第 13 集)》,科学出版社,2016 年。

④ 曹斌:《胶东半岛西周时期遗存的分期和年代》,《海岱考古(第九辑)》,科学出版社,2016 年。

⑤ 曹斌、王晓妮:《胶东半岛西周时期遗存的文化因素分析》,《东方考古(第 13 集)》,科学出版社,2016 年。

大 事 记

年 份	发 现 与 著 录	研 究
1954		山东省博物馆成立
1958	对临淄齐故城进行了调查、钻探和试掘	山东省文化局举办文物训练班
1959	山东省文物管理处、山东省博物馆编著的《山东文物选集·普查部分》出版	
1961	山东省文物管理处：《山东临淄齐故城试掘简报》，《考古》1961 年第 6 期	
1964	中科院考古所山东队调查滕国故城，并开始对临淄齐故城进行普探	
1965	邹县田黄公社七家峪出土青铜器 26 件，其中"伯驷父盘""鲁宰驷父高"等有铭铜器 5 件；王轩：《山东邹县七家峪村出土的西周铜器》，《考古》1965 年第 11 期；中国社会科学院考古研究所山东工作队：《山东邹县滕县故城址调查》，《考古》1965 年第 12 期	
1969	黄县归城小刘庄出土启卣、启尊等西周昭王时铜器 4 件，铭文记载了器主"启"参加周王南征的重要史实；齐文涛：《概述近年来山东出土的商周青铜器》，《文物》1972 年第 5 期	
1971	正式发掘临淄齐故城	
1972	群力：《临淄齐国故城勘探纪要》，《文物》1972 年第 5 期	齐文涛：《概述近年来山东出土的商周青铜器》，《文物》1972 年第 5 期；山东大学历史系考古专业创建
1973	开始对黄县归城遗址进行调查与发掘	
1974	莱阳前河前墓地出土己器	
1976	发掘胶县西菴遗址，发现西周早期车马坑；日照崮河崖村东发现两座西周中晚期墓葬，其中 M1 出土 4 件"鳌伯鬲"；开始发掘并清理蓬莱市村里集墓地	

续表

年　份	发　现　与　著　录	研　　究
1977	对曲阜鲁故城的勘探、试掘;发掘昌乐岳家河墓地;发掘临朐泉头村甲乙二墓;山东省昌潍地区文物管理组:《胶县西菴遗址调查试掘简报》,《文物》1977年第4期	
1978	滕县姜屯公社庄里西村出土"滕公鬲"等西周时期滕国铜器	
1979	首次对济阳刘台子遗址进行发掘;万树瀛、杨孝义:《山东滕县出土西周滕国铜器》,《文物》1979年第4期	
1980	滕县后荆沟出土西周不其簋;发掘临淄齐都公社东古城村齐国墓地;山东烟台地区文管组:《山东蓬莱县西周墓发掘简报》,《文物资料丛刊》第3集	
1981	清理黄县庄头西周墓M1;德州行署文化局文物组、济阳县图书馆:《山东济阳刘台子西周早期墓发掘简报》,《文物》1981年第9期;万树瀛:《滕县后荆沟出土不其簋等青铜器群》,《文物》1981年第9期	山东省文物考古研究所成立
1982	对济阳刘台子墓地进行第二次发掘;山东省文物考古研究所、山东省博物馆、济宁地区文物组、曲阜县文管会:《曲阜鲁国故城》,齐鲁书社,1982年	
1983	临朐县文化馆、潍坊地区文物管理委员会:《山东临朐发现齐、郜、曾诸国铜器》,《文物》1983年第12期;李步青:《山东莱阳县出土己国铜器》,《文物》1983年第12期;山东省烟台地区文物管理委员会:《烟台市上夼村出土㠱国铜器》,《考古》1983年第4期	李学勤:《试论山东新出青铜器的意义》,《文物》1983年第12期;王恩田:《陕西岐山新出薛器考释》,《考古与文物丛刊》1983年第2号
1984	发掘临淄两醇墓地;山东省文物考古研究所及滕县博物馆开始对薛城遗址做全面勘探、试掘;烟台地区文管组第三次发掘蓬村里集墓群;杨深富:《山东日照崮河崖出土一批青铜器》,《考古》1984年第7期	国家文物局在兖州举办田野考古领队培训班
1985	对济阳刘台子墓地进行第三次发掘;德州地区文化局文物组、济阳县图书馆:《山东刘台子西周墓地第二次发掘》,《文物》1985年第12期	张学海:《论鲁城周代墓葬的类型、族属及反映的问题》,《中国考古学会第四次年会论文集》,文物出版社,1985年

续表

年　份	发　现　与　著　录	研　　究
1986	在济南市长清县（现为长清区）万德镇石都庄发掘一座西周晚期的墓葬，出土4件邿国铜器（2鼎2簋）；王锡平等：《山东黄县庄头西周墓清理简报》，《文物》1986年第8期	
1988	在临淄河崖头东周殉马坑防水保护工程中，于马骨下1.5米处发现3座西周早期墓葬	王恩田：《曲阜鲁国故城的年代及其相关问题》，《考古与文物》1988年第2期
1989	在滕州庄里西遗址西侧抢救性清理了7座西周早期的墓葬，出土各类青铜器近160件；山东省文物考古研究所、齐城遗址博物馆：《临淄东古墓地发掘简报》，《海岱考古（第一辑）》，齐鲁书社，1989年；山东省文物考古研究所、齐城遗址博物馆：《临淄两醇墓地发掘简报》，《海岱考古（第一辑）》，齐鲁书社，1989年	黄盛璋：《山东诸小国铜器研究——〈两周金文大系续编〉分国考释之一章》，《华夏考古》1989年第1期
1990	潍坊市博物馆、昌乐县文管所：《山东昌乐岳家河周墓》，《考古学报》1990年第1期；烟台市文物管理委员会：《山东蓬莱县柳格庄墓群发掘简报》，《考古》1990年第9期；发掘兖州西吴寺遗址并出版了发掘报告	1984－1990年国家文物局在山东连续举办六届田野考古领队培训班
1991	山东省济宁市文物管理局：《薛国故城勘查和墓葬发掘报告》，《考古学报》1991年第4期；李步青、林仙庭：《山东黄县归城遗址的调查与发掘》，《考古》1991年第10期	
1995	山东大学历史系考古专业发掘长清仙人台遗址；山东省文物考古研究所在滕州庄里西遗址清理了一批西周中晚期墓葬，其中一座小型墓M7随葬的铜器、陶器等达到250余件	
1996	发掘莒县西大庄西周残墓96M1；山东省文物考古研究所：《山东济阳刘台子西周六号墓清理报告》，《文物》1996年第12期；山东省文物考古研究所：《滕州庄里西遗址考古发掘获重大成果》，《中国文物报》1996年7月28日	

续表

年 份	发现与著录	研 究
1998	山东大学考古系：《山东长清县仙人台周代墓地》，《考古》1998年第9期	任相宏：《山东长清县仙人台周代墓地及相关问题初探》，《考古》1998年第9期
1999	莒县博物馆：《山东莒县西大庄西周墓葬》，《考古》1999年第7期	中国古都学会举办"中国古都学会第十六届年会暨莒文化研讨会"
2000	山东省文物事业管理局编著的《山东文物事业大事记》出版	中国先秦史学会举办莒文化专题研讨会
2001	山东大学考古系等单位联合发掘了沂源县姑子坪遗址	
2002		《莒文化研究文集》出版
2003	山东大学考古系等：《山东沂源县姑子坪周代墓葬》，《考古》2003年第1期；昌芳：《山东长清石都庄出土周代铜器》，《文物》2003年第4期	《中国古都研究》（十六）出版
2004		李步青、王锡平：《建国以来烟台地区出土商周铭文青铜器概述》，《胶东考古研究文集》，齐鲁书社，2004年
2005	中国社会科学院考古研究所编著的《滕州前掌大墓地》出版	
2007	2007－2009年，中美联合考古队对归城遗址进行了全覆盖调查；山东省博物馆编著的《山东金文集成》（上、下）出版	
2009	山东省文物考古研究所发掘高青县陈庄遗址	
2010	滕州市博物馆等对滕国故城进行了全面勘探；山东省文物考古研究所：《山东高青县陈庄西周遗址》，《考古》2010年第8期	
2011	2011－2016年，山东省文物考古研究院对曲阜鲁国故城进行了第二阶段的主动性发掘；2011－2016年，山东省文物考古研究院对齐故城进行发掘；中美联合考古队：《山东龙口归城两周城址调查报告》，《考古》2011年第3期	陈青荣、赵缊编著《海岱古族古国吉金文集》出版；朱凤瀚：《叔器与鲁国早期历史》，《新出金文与西周历史》，上海古籍出版社，2011年
2012	滕州市博物馆：《1989年山东滕州庄里西西周墓发掘报告》，《中国国家博物馆馆刊》2012年第1期	王青出版《海岱地区周代墓葬与文化分区》；中国殷商文化学会等主办"甲骨学暨高青陈庄西周城址重大发现国际学术研讨会"

续表

年 份	发 现 与 著 录	研 究
2013	临淄区文物局、临淄区齐故城遗址博物馆：《临淄齐国故城河崖头西周墓》，《海岱考古（第六辑）》，科学出版社，2013年	
2014		《甲骨学暨高青陈庄西周城址重大发现国际学术研讨会论文集》出版
2015		山东省文物考古研究所等举办"青铜器与山东古国学术研讨会"
2016	张东峰、聂瑞安：《略论滕州古国与出土商周青铜器》，《湖南省博物馆馆刊》2016年第1期	王永波、王传昌编著的《山东古城古国考略》出版；张振谦编著：《齐系金文集成——齐莒卷》《齐系金文集成——鲁邾卷》出版，学苑出版社，2016年；山东省文物考古研究所等举办"保护与传承视野下的鲁文化学术研讨会"
2017	韩辉、徐倩倩、高明奎等：《山东曲阜鲁国故城考古工作取得重要成果》，《中国文物报》2017年3月10日	《青铜器与山东古国学术研讨会论文集》出版；山东省文物考古研究院、山东大学历史文化学院等举办"传承与创新：考古学视野下的齐文化学术研讨会"；山东大学历史文化学院等举办"第三届全国青年考古学者论坛"
2018	山东省文物考古研究院编写的《临淄齐墓》第二集出版；中国社会科学院考古研究所等单位联合编著的《龙口归城——胶东半岛地区青铜时代国家形成过程的考古学研究（公元前1000-前500年）》出版	《保护与传承视野下的鲁文化学术研讨会论文集》出版；北京大学出土文献研究所、山东省文物考古研究院等举办"青铜器·金文与齐鲁文化学术研讨会"
2019		毕经纬出版《问道于器——海岱地区商周青铜器研究》；中国社会科学院考古研究所编著的《山东高青陈庄遗址出土青铜器的保护修复》出版；《传承与创新：考古学视野下的齐文化学术研讨会论文集》出版；山东省文物考古研究院等举办"苏鲁豫皖地区商周时期考古学文化学术研讨会"
2020		山东省文物考古研究院等编著的《青铜器、金文与齐鲁文化学术研讨会论文集》出版

（原发表为刘延常、徐倩倩、张念征：《山东地区西周封国的考古发现与研究》，《中国考古学百年史》第二卷中册，中国社会科学出版社，2021年，第643-674页）

山东地区周代古国文化遗存研究

自周初分封齐、鲁等国家镇抚东方以来,山东地区就分布着众多古国。至春秋时期,见于文献记载的有齐、鲁、曹、滕、郕、郜、薛、莒、杞、费、纪、谭、邾、鄅、向、郯、莱、郳、宿、极、牟、遂、鄫、任、须句、颛臾等几十个古国,还包括卫、宋国的部分疆域。目前,考古发现已经证明十几个古国的存在,彰显了考古学的重要作用。

本文从都城、大型墓葬、有铭青铜器等方面梳理有关考古发现,结合传世青铜器和文献记载,分析山东地区周代古国文化遗存,以期促进周代考古学文化、齐鲁地域文化等诸多方面的学术研究。

一、周代古国文化遗存的发现

按照都城、大型墓葬、有铭青铜器分析,目前山东地区基本能够确认的古国有莱、纪、齐、逄、郳、莒、鄅、郯、鲁、小邾、邾、滕、薛等(图一),另外发现吴、越、楚、燕等周边古国文化遗存,还出土芮国、黄国、江国、陈国、吴国、燕国、杞国、曾国、宋国等古国的有铭青铜器。

1. 莱国

归城城址,位于龙口市姜家村一带,城址分为内、外两城,外城沿山岭修筑,内城建在盆地中部的台地上,略呈长方形,南北长 780、东西宽 450 米。[1] 内、外城墙多为夯筑而成,个别地段为石块砌成。城内堆积以内城区最为丰富,主要为西周至春秋时期的遗存。城内墓葬以和平村、南埠村北、姜家村南等处最为集中(图二)。

日照市东港区崮河崖村清理两座周代墓葬,[2]其中 M1 出土铜礼器 14 件,其中鬲口沿有铭文"莱伯□女子作宝鬲,子孙永宝用"。发掘者将两墓时代定为西周末期至春秋早期,鬲器的发现证明了莱国的存在。

1965 年,在曹家村南的河西黄土台地上发现西周中期墓葬,出土铜器 8 件。铜尊、卣有铭文。[3]

1969 年在归城小刘庄出土一批铜器,[4]其中启尊、启卣在铭文之末都有族徽,证明启

---

[1] 李步青、林仙庭:《山东黄县归城遗址的调查与发掘》,《考古》1991 年第 10 期。
[2] 杨深富:《山东日照崮河崖出土一批青铜器》,《考古》1984 年第 7 期。
[3] 李步青、林仙庭:《山东黄县归城遗址的调查与发掘》,《考古》1991 年第 10 期。
[4] 齐文涛:《概述近年来山东出土的商周青铜器》,《文物》1972 年第 5 期。

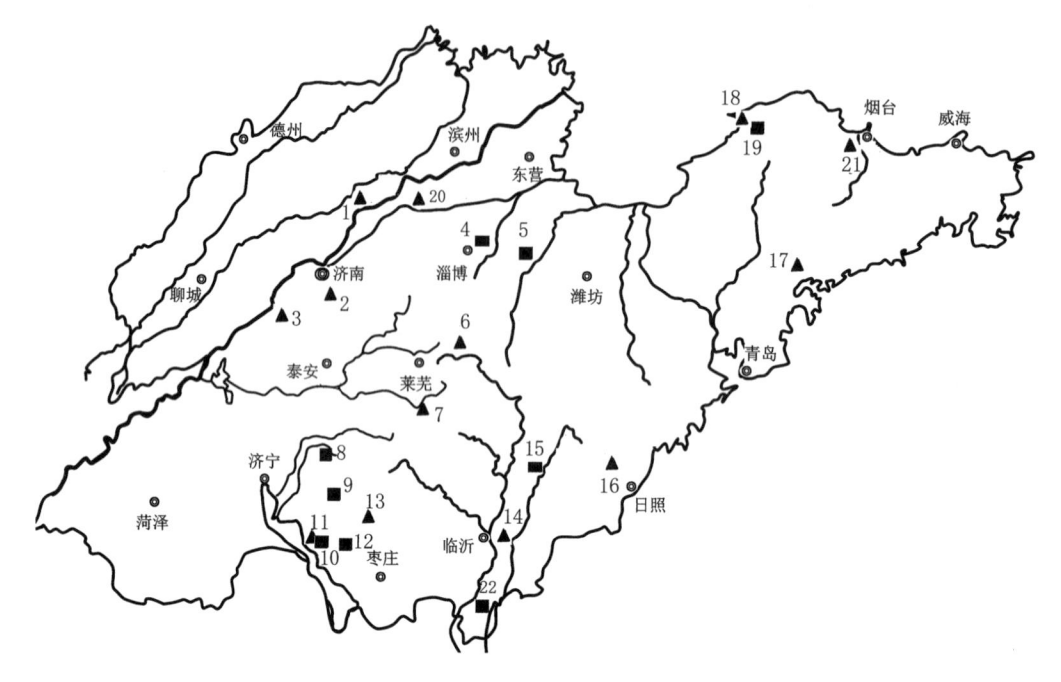

图一　山东地区周代古国文化遗存分布示意图

1. 济阳刘台子墓地　2. 山东历城北草沟墓葬　3. 长清仙人台墓葬　4. 齐国故城　5. 寿光纪侯台　6. 沂源姑子坪遗址　7. 新泰周家庄墓葬　8. 曲阜鲁故城　9. 郳国故城　10. 滕国故城　11. 滕州庄里西　12. 薛国故城　13. 小邾国东江墓地　14. 临沂凤凰岭　15. 莒国故城　16. 崮河崖墓地　17. 莱阳前河前贵族墓地　18. 黄县鲁家沟　19. 龙口归城遗址　20. 高青陈庄遗址　21. 烟台上夼贵族墓　22. 郯国故城

为海岱区的殷夷贵族，记载启随周王南征的内容。

1974 年，在和平村内挖出铜甬钟 2 件，一件钲中部有徽识，时代不晚于西周晚期。[①]

东周时期莱国的遗物有：

清光绪八年，在归城附近的大于家村，[②]出土古印玺一件。

清光绪二十二年，黄县鲁家沟曾出土一批铜器[③]，4 件有铭文，其中鼎铭文为"莱伯伯旅鼎"，由此可证是莱国器物。

2. 纪国

纪，金文作"己"，是齐国东邻的姜姓国家。据传乾隆年间寿光县纪侯台下出土过己侯钟，说明周初纪国是以寿光为中心的。

1951 年，在归城南埠村出土西周至春秋时期 8 件己器，均为己国陪送的媵器。[④] 1963 年归城出土己侯貉，其年代与南埠村出土的己器相一致。

[①]　齐文涛：《概述近年来山东出土的商周青铜器》，《文物》1972 年第 5 期。
[②]　《黄县志稿》有记载，转载王锡平、孙敬明：《莱国彝铭试释及有关问题》，《东岳论丛》1984 年第 1 期。
[③]　《贞松堂集古遗文》、《两周金文辞大系》、《海外吉金图录》、《吉金文录》、《周金文存》、《山东金文集存》、《黄县志稿》等书都有著录。
[④]　王献唐：《黄县己器》，山东人民出版社，1960 年；齐文涛：《概述近年来山东出土的商周青铜器》，《文物》1972 年第 5 期。

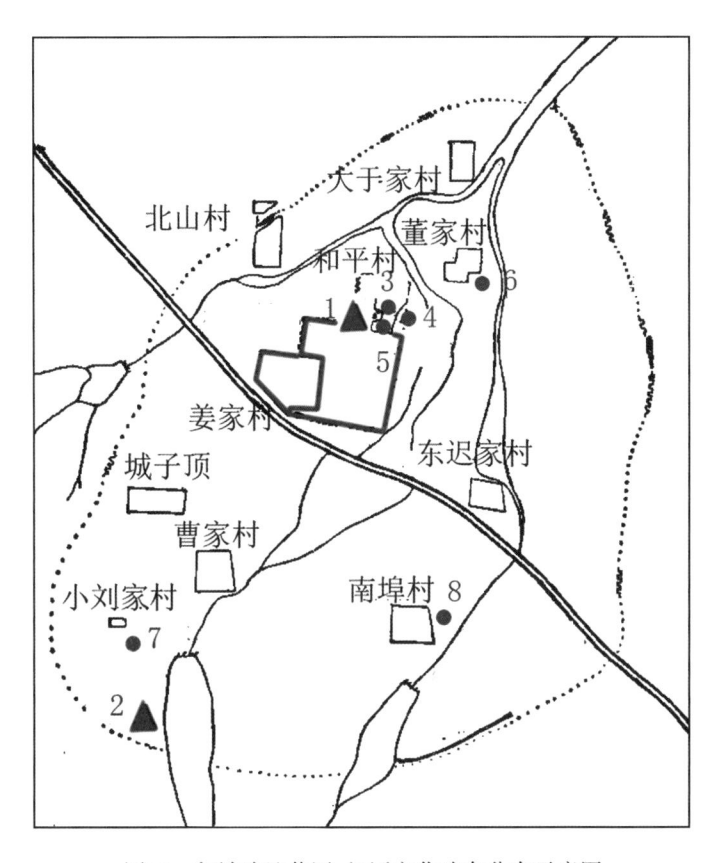

图二　归城遗址莱国、纪国文化遗存分布示意图

1. 和平村 M2　2. 曹家 M1　3. 甬钟　4. 鼎矛等　5. "己侯"鬲　6. 甗、盘、鼎等　7. 启尊、启卣等　8. "䀠伯"簋、盘、匜

1969 年,烟台上夼清理一座春秋早期贵族墓,出土一批铜器。[①] 其中两件鼎有铭文,一件铭文为"己华父作宝鼎……",另一件为"䀠侯易(锡)弟……",经考证器主应为同一人,为纪国公室人员,说明"己""䀠"均为文献中的纪国。

1974 年,莱阳前河前村发掘一座西周晚期纪国贵族墓,[②]出土的壶有铭文"纪侯作铸壶,使小臣以汲……"。

《簠斋吉金录》有山东出土的王妇纪孟姜匜,系春秋早期器,可能是公元前 703 年嫁为王后的纪女的物品。

3. 齐国

临淄齐国故城,[③]位于淄博市临淄区齐都镇西、北面。现存齐故城的大、小城垣建于淄河西南岸;南北墙外有护城壕,东西两侧以淄河、系水为天然城壕。大城呈不规则竖长

---

① 山东省烟台地区文物管理委员会:《烟台市上夼村出土䀠国铜器》,《考古》1983 年第 4 期。
② 李步青:《山东莱阳县出土己国铜器》,《文物》1983 年第 12 期。
③ 群力:《临淄齐故城勘探纪要》,《文物》1972 年第 5 期。

方形,面积约16平方千米,经历西周晚期、春秋、战国三个发展阶段。小城位于大城西南部,城墙和城内的遗存大都属于战国时期,可能是田氏代齐后始建的新宫城。城内文化遗存丰富,布局清楚(图三)。

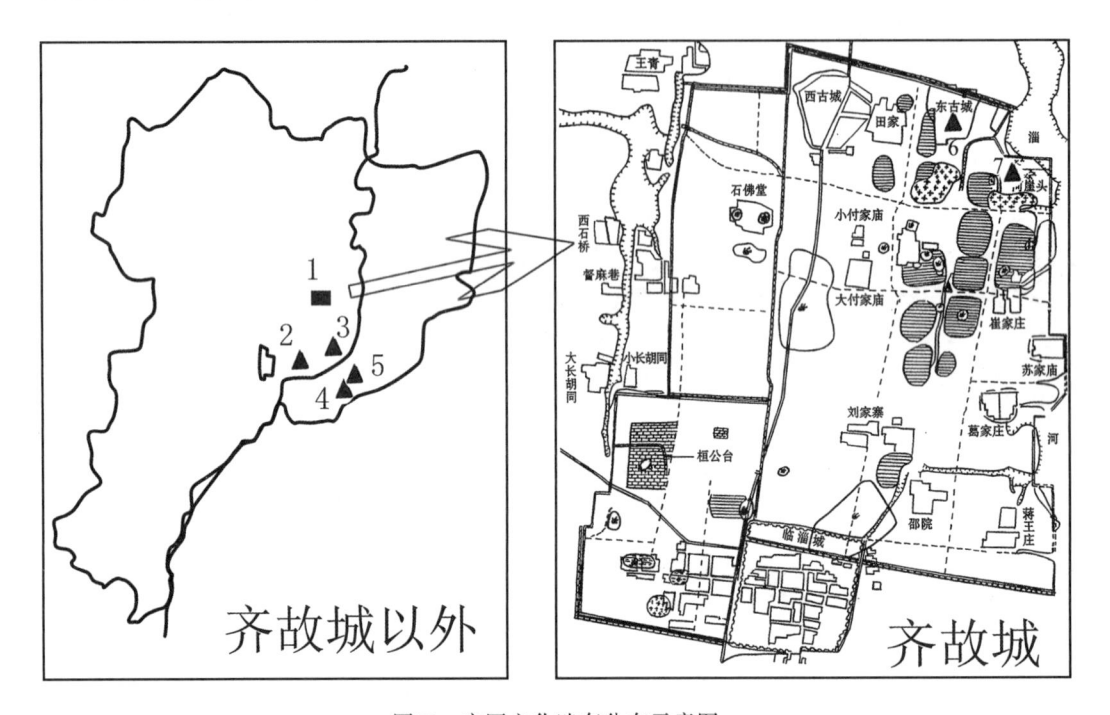

图三　齐国文化遗存分布示意图

1. 齐故城　2. 商王村墓地　3. 尧王村墓地　4. 四王冢　5. 淄河店2号大墓　6. 东古城村墓地　7. 河崖头墓地

公元1123年在齐故城发现几十件古器物应是大墓所出,其中包括著名的叔夷镈和钟。

1857年,山东胶县灵山卫出土三件青铜量器,①这组量器可能是征收盐关税时使用的。1893年,河北易县出有4件齐侯所作媵器,②鼎、敦、盘、匜各1,现藏于美国纽约大都会博物馆。见于著录的还有陈氏四器,③即齐桓公午的2件敦、1件簠及齐威王的1件敦。《商周金文录遗》还著录另一件桓公午敦,作于公元前365年。

1955年尧王村出土一批战国早期青铜器,④其中8件鼎有"国子"铭文。国氏在姜齐时期是齐国最重要的大臣之一。

1957年河南洛阳中州大渠出土齐侯鉴,⑤应是齐侯媵女之器。学者认为是灵公所作。

---

① 上海博物馆:《齐量》,上海博物馆,1959年。
② J. C. Ferguson: The Four Bronze Vessels of the Marquis Ch'I, Peking, 1928.
③ 此四器的著录情况详见徐中舒《陈侯四器考释》,《徐中舒历史论文选辑(上)》,中华书局,1988年,第405页。
④ 杨子范:《山东临淄出土的铜器》,《考古》1958年第6期。
⑤ 河南省文化厅文物志编辑室:《河南省文物志选稿》第3辑,第154页。

1964年在河崖头村发现一处铜礼器窖藏,①河崖头附近还发掘西周墓葬,出土青铜礼器和乐器等。1964—1976年在河崖头墓地西部先后发掘五座大墓,其中五号大墓附近发现大型殉马坑。②

1977年,在临朐泉头村发掘两座春秋前期墓,都有青铜器出土。③ 甲墓根据铜匜铭文可定为齐侯之子行的墓。乙墓出土5件带铭文的铜器,作器者分别为上曾太子般、齐乔父和寻仲三人,曾引起考古界关注和热烈的讨论。

20世纪六七十年代在临淄商王村附近出土战国时期镶嵌绿松石的铜牺尊、大铜镜④等,证明这一带是齐国贵族墓地。1994年发掘4座大中型战国墓葬,⑤未被盗掘的M1随葬品296件,有青铜礼器、兵器等;M2出土铜礼乐器、铜弩机、车马器等。

1990年在临淄区田齐王陵区发掘一座战国早期大墓和殉马坑,⑥出土青铜编钟58件以及多件兵器,其中一戈上有铭文"国楚造车戈"。

1990年在临淄区后李遗址发掘一座春秋时期大型车马坑。⑦

1994年在海阳嘴子前发掘春秋晚期M4,⑧规模较大,出土青铜礼器、乐器、兵器。甋有铭文"陈乐君□作其旅甋用……"。

1996年在临淄相家庄发掘了6座战国时期大型墓葬。⑨

2002、2003年在新泰市周家庄发掘一批东周时期齐国墓葬,⑩出土青铜兵器数量较多,具有浓厚的军事色彩。除吴王之子剑外,有十几件戈、矛有铭文,如"王""车戈""王国之车戈"等。

2008—2009年发掘的高青县陈庄遗址,发现西周早期城址,西周时期贵族墓葬、车马坑、祭祀台等重要遗迹。西周早期晚段M18的青铜器有铭文"丰启作厥祖甲齐公宝尊彝","丰启作文祖齐公尊彝"和"丰作厥祖齐公尊彝"等。西周中期晚段的M35出土青铜簋,铸有铭文70余字,主要内容是"引"纪念周王赏赐其统帅齐师之事。⑪ 这是第一次发现西周早期的城址和出土"齐公"铭文,对于推动齐国史的研究具有重要意义。学术界基本认为陈庄城址是齐国贵族的封邑。

---

① 齐文涛:《概述近年来山东出土的商周青铜器》,《文物》1972年第5期。
② 山东省文物考古研究所:《齐故城五号东周墓及大型殉马坑的发掘》,《文物》1984年第9期。
③ 临朐县文化馆、潍坊地区文物管理委员会:《山东临朐发现齐、郭、曾诸国铜器》,《文物》1983年第12期。
④ 齐文涛:《概述近年来山东出土的商周青铜器》,《文物》1972年第5期。
⑤ 淄博市博物馆、齐故城博物馆:《临淄商王墓地》,齐鲁书社,1997年。
⑥ 山东省文物考古研究所:《淄河店二号墓》,《临淄齐墓》第七章第二节,文物出版社,2007年。
⑦ 王守功等:《临淄后李一号车马坑发掘与保护纪实》,《文物天地》1993年第2期。
⑧ 烟台市博物馆、海阳市博物馆:《海阳嘴子前》,齐鲁书社,2002年。
⑨ 山东省文物考古研究所:《相家庄墓地》,《临淄齐墓》第六章,文物出版社,2007年。
⑩ 刘延常、徐传善:《齐国墓再现春秋争霸——山东新泰周家庄东周墓葬》,《文物天地》2004年第2期;《山东新泰周家庄东周墓葬发掘》,《2003年中国重要考古发现》,文物出版社,2004年;《山东新泰周家庄墓葬发掘简报》,《文物》2013年第4期。
⑪ 山东省文物考古研究所:《高青县陈庄西周遗存发掘简报》,《海岱考古(第四辑)》,科学出版社,2011年。

4. 逢国

刘台子墓地,位于济阳县刘台子村西约 200 米,面积约 2 万平方米。该墓地先后三次发掘,①共出土青铜器 30 多件,9 件铜礼器上有"夆"字铭文,有"夆彝""王季作鼎彝"等,推断为西周早期逢国之物。

《国语·周语》韦昭注:"逢公,伯陵之后,太姜之侄,殷之诸侯,封于齐地。"刘台子应是逢国国君和贵族墓地,这为西周逢国的确切位置找到了证据,有学者推断商末逢被薄姑所迫,西迁至济阳一带。

5. 郱国

1995 年山东大学考古系在山东长清东南仙人台发掘 6 座周代墓葬,②出土的 7 件有铭铜器中,4 件有"郱"字,此处墓地应是郱国国君和贵族墓。

M3 属西周晚期,出土铜簋铭文作"寺召乍为其旅簋,用实旅粱,用饮诸母诸兄,使爱宝母又疆",说明郱国至迟在西周晚期已在长清仙人台一带存在。

另外 5 座为东周时期,均随葬青铜器。年代为春秋晚期的 M5 出土铜盘,有铭文"寺子姜首及寺,公典为其盥盘,用旂眉寿难老,室家是保,它它熙熙,男女无期。于冬(终)又(有)卒。子子孙孙永保用之,丕用勿出"。

东周时期郱国传世的铜器有寺伯鼎、寺季鼎、寺造鼎,郭沫若曾做过考证。

6. 莒国

据《水经注·沭水》载:"其城三重……唯南开一门,内城方十二里,郭周围四十许里。"莒国故城由外郭和内城组成,外郭南北 5.5、东西 4.5 千米,内城南北 2、东西 1.5 千米,城墙均经过夯筑,护城河环绕其周围。故城内常发现东周时期遗物,城墙夯土中也常出土东周时期的陶豆、陶鬲等。③

西菴遗址位于胶州市张家屯乡西皇姑菴村,1975 年采集多件铜礼器,其中有铭文爵 2 件;清理墓葬中出土大型石磬、车马器等,应为西周贵族墓地。④

2001 年在沂源姑子坪遗址发掘一座西周晚期墓,⑤出土铜器主要为礼器和兵器。从葬俗和出土铜器、陶器分析,具有明显的莒文化特点。

传世的西周莒国有铭铜器有两件。莒小子簋,形制与中原诸国铜器大体相同;另一件传为莒县出土的西周铜方鼎,盖钮为相对的裸体男女,鼎足由 6 个裸人承托,可能是莒国自制的礼器。⑥

---

① 德州行署文化局文物组、济阳县图书馆:《山东济阳刘台子西周早期墓发掘简报》,《文物》1981 年第 9 期;《山东刘台子西周墓地第二次发掘》,《文物》1985 年第 12 期;山东省文物考古研究所:《山东济阳刘台子西周六号墓清理报告》,《文物》1996 年第 12 期。
② 山东大学考古系:《山东长清县仙人台周代墓地》,《考古》1998 年第 9 期;山东大学历史文化学院考古系:《长清仙人台五号墓发掘简报》,《文物》1998 年第 9 期。
③ 苏兆庆、夏兆礼、刘云涛:《莒县文物志》,齐鲁书社,1993 年。
④ 山东省昌潍区文物管理组:《胶县西菴遗址调查试掘简报》,《文物》1977 年第 4 期。
⑤ 山东大学考古系等:《山东沂源县姑子坪周代墓葬》,《考古》2003 年第 1 期。
⑥ 邵望平:《考古学上所见西周王朝对海岱地区的经略》,《燕京学报》2001 年第 10 期。

东周时期的莒国,发掘多座大型墓葬(图四),青铜器丰富。

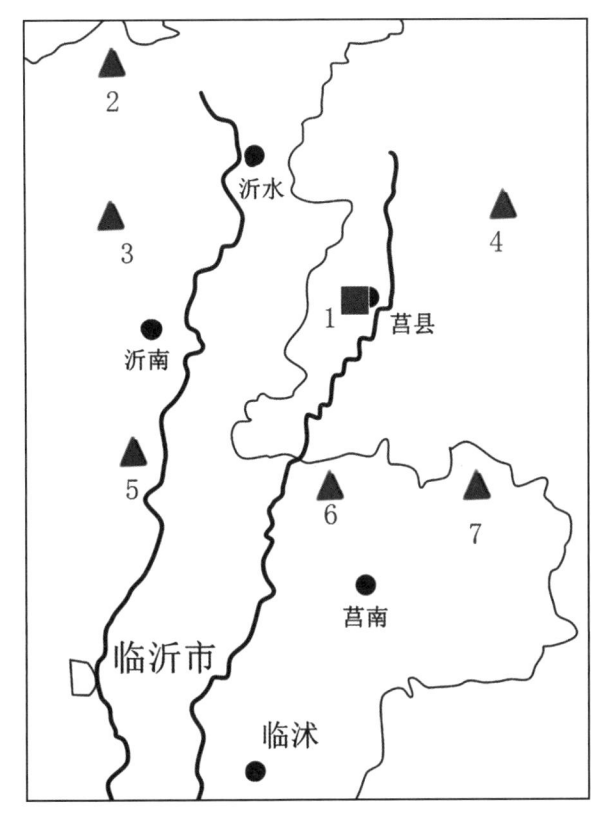

图四　莒国文化遗存分布示意图

1. 莒国故城　2. 沂水泉庄镇纪王崮春秋大墓　3. 沂水刘家店子 M1、M2　4. 莒县天井汪　5. 沂南西岳庄 M1、M2　6. 莒南大店 M1、M2　7. 莒南东上涧 M1、M2

1963 年,莒县天井汪出土一批青铜器,①属于春秋中期,多件铜礼器和乐器,显示出地方特点。

1975 年,在莒南县大店公社老龙腰和花园两地发掘两座莒墓。② 花园庄二号墓为春秋中晚期之际,出土青铜钮钟上有铭文"隹正月初吉庚午,莒叔之中(仲)子平自乍铸其游钟……",墓主应为国君级别。

1977 年沂水县刘家店子发现两座墓葬和一座车马坑,③属春秋中期,应是莒国国君及其夫人墓。一号墓随葬数量多且有成套青铜礼器、乐器及兵器,其中簠铭"公簠",壶铭"公铸壶",盆铭"隹正月初吉丁亥,黄大子伯克作其盆……",铃钟"陈大丧史中高作铃钟……",戈铭"莒公"。二号墓出土 9 件列鼎。

---

① 齐文涛:《概述近来山东出土的商周青铜器》,《文物》1972 年第 5 期。
② 山东省博物馆等:《莒南大店春秋时期莒国殉人墓》,《考古学报》1978 年第 3 期。
③ 山东省文物考古研究所、沂水县文物管理站:《山东沂水刘家店子春秋墓发掘简报》,《文物》1984 年第 9 期。

沂南西岳庄发掘春秋早期大型墓葬,棺椁五重。① 莒南县东上涧发掘 2 座春秋晚期大型墓葬,棺椁四重。②

2012 年沂水县纪王崮发掘 1 座春秋晚期大墓,③出土的华孟子鼎有铭文 5 行 27 字,应为叚氏嫁女的媵器;墓中还出土江国青铜器,出土盂有铭文 5 行 37 字。

7. 鄅国

鄅国故城位于临沂市兰山区南坊街道鄅古城村,民国《临沂县志》载"临沂县北十五里即鄅故国云。"今鄅古城村南"林子",相传为鄅子墓地。

1966 年在临沂城西涑河北岸出土一批青铜器,④其中编钟一组 9 件。

1982 年在临沂凤凰岭之巅清理一座包括车马坑、器物坑和墓室三部分组成的春秋晚期墓。⑤ 此墓虽然被盗,但还是出土了大量青铜礼器、乐器、兵器。出土青铜器的一个特点就是人为毁坏的现象非常严重。青铜器有被错磨、砍砸、敲打的痕迹,出土编钟铭文均被错磨,所余能辨认的文字仅六七字。鼎残一足,甑残、腹部被砸一漏洞,有砍砸痕迹,这种情况值得我们研究。研究者认为这是被邾国灭亡后又复国的见证。

此墓主人应是夷系的鄅国国君。

8. 郯国

郯国故城⑥在今郯城县城北,西墙和北墙保存较好,城墙周长 4670、墙基宽 40、顶部宽 15、残墙高 4 米。城墙年代为战国时期,城内遗存以春秋晚期、战国时期较为丰富。

距郯国故城不远的郯城大埠二村发现两座墓,应是春秋时期大中型夫妻并穴合葬墓。M2 被破坏得较为严重,仅存墓底,发现编钟、石磬及铜兵器;M1 发现铜鼎、鬲、盘、匜、瓠壶等,墓主人周围有 4 个殉人;两墓应为郯国贵族墓。⑦

9. 鲁国

鲁故城⑧的城墙最晚在西周晚期已经修建,平面呈不规则的横长方形,面积达 10 余平方千米。北墙和西墙沿洙水修筑,东南两面挖有护城壕,具有外城绕内城的平面结构并且至今残垣城墙犹存,城内布局基本清楚。城内有药圃、望父台、斗鸡台、县城西北角和林前村墓地,墓葬年代属于西周至战国时期。墓葬有甲、乙两种不同的葬制和葬俗,乙组墓应为周人墓,规模较大、规格较高,随葬铜器较多(图五)。

1932 年,林前村出土一批青铜器,⑨为鲁大司徒元所作,属于厚(郈)氏。1981 年在林

---

① 刘延常等:《西岳庄大墓——解读一段东夷小国历史》,《文物天地》2004 年第 6 期。
② 张子晓等:《山东莒南县发掘春秋大型木椁墓葬》,《中国文物报》2008 年 7 月 4 日。
③ 郝导华等:《山东沂水纪王崮发现大型春秋墓葬》,《中国文物报》2012 年 10 月 12 日。
④ 齐文涛:《概述近年来山东出土的商周青铜器》,《文物》1972 年第 5 期。
⑤ 山东省兖石铁路文物考古工作队:《临沂凤凰岭东周墓》,齐鲁书社,1988 年。
⑥ 宋岩泉、陈希法:《郯国故城初论》,《郯文化研究》,山东海天国际文化传播有限公司,2002 年。
⑦ 山东省文物考古研究所:《郯城县大埠二村遗址发掘报告》,《海岱考古(第四辑)》,科学出版社,2011 年。
⑧ 山东省文物考古研究所等:《曲阜鲁国故城》,齐鲁书社,1982 年。
⑨ 曾毅公:《山东金文集存·先秦编》上 15,齐鲁大学国学研究所,1940 年。

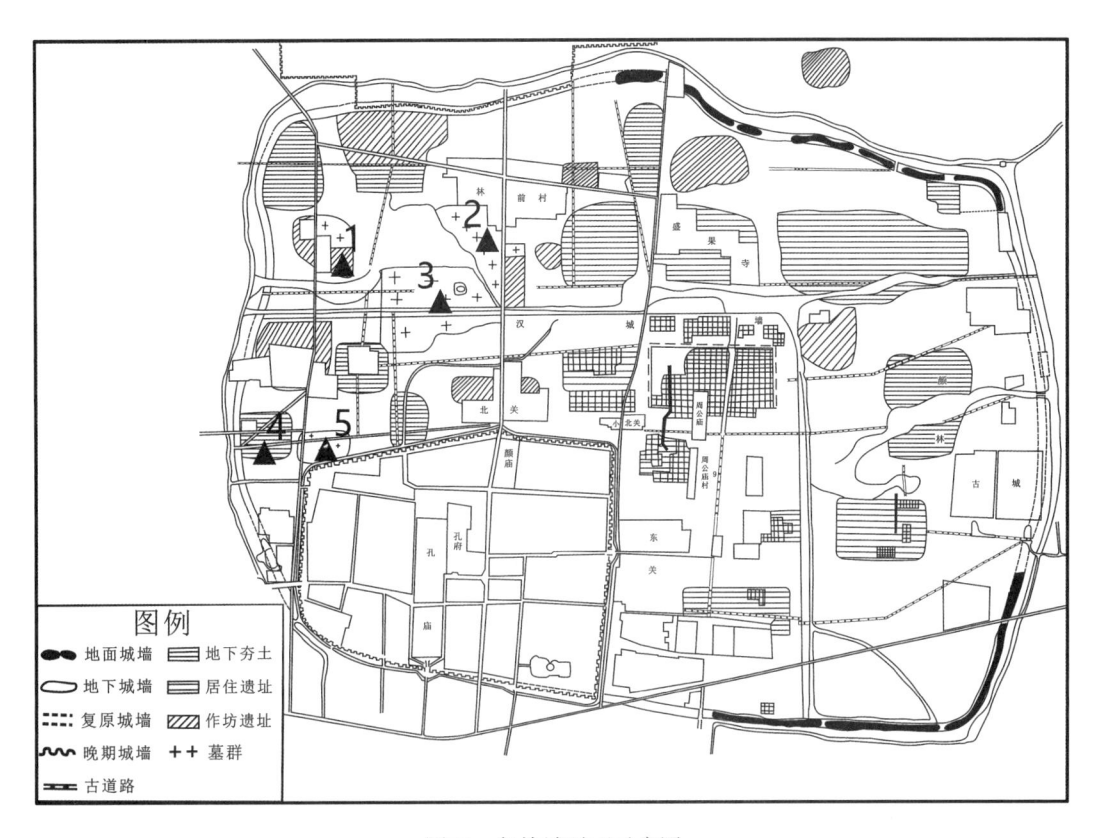

图五　鲁故城平面示意图

1. 药圃墓地　2. 林前村墓地　3. 望父台墓地　4. 斗鸡台墓地　5. 县城西北角墓地

前村发掘30座春秋墓,①有12座随葬青铜礼器,规格高者随葬5鼎。

1953年,在孔府花园发现西周早期墓。1969年,北关村发现一墓并出土西周晚期铜器。

1978年,鲁故城望父台墓地M48出土鲁仲齐鼎、鲁司徒仲齐盘、鲁司徒仲齐匜、仲齐甗、仲齐盨、侯母壶、×仲簠。望父台墓地还清理出车马坑。②

在曲阜以外出土的鲁国铜器,多是嫁女的媵器。

1965年,山东邹县七家峪发现两座墓,③出有鲁伯驷父为名沧的女子所作的媵器,时代为春秋前期偏晚。1982年泰安城前村发现一批春秋早期青铜器,其中鲁侯鼎腹内铸15字铭文,为鲁侯女儿的陪嫁品。④

1970年,历城北草沟发现一座墓,⑤为鲁伯大父所作媵器。鲁伯大父所作的媵器,

---

① 张学海:《论鲁城周代墓的类型、族属及反映的问题》,《张学海考古论集》,学苑出版社,1999年。
② 山东省文物考古研究所等:《曲阜鲁国故城》,齐鲁书社,1982年。
③ 王轩:《山东邹县七家峪村出土的西周铜器》,《考古》1965年第11期。
④ 程继林等:《泰安城前村出土鲁侯铭文铜器》,《文物》1986年第4期。
⑤ 朱活:《山东历城出土鲁伯大父媵季姬簠》,《文物》1973年第1期。

《两周金文辞大系》、《商周彝器通考》还著录过两件。《怀米山房吉金图》著录一件春秋初期鲁伯厚父盘,也是滕器。1830 年在滕县凤凰岭还出土过一批鲁人嫁女于郳国的滕器。①

10. 小邾国

2002 年对枣庄市山亭区东江古墓群进行抢救性发掘,清理三座春秋早期小邾国国君墓葬,②出土 24 件有铭文青铜器。

1 号墓出土铜鬲铭文为"郳友父朕(滕)……"。传世也有一件郳友父鬲,曾毅公曾把铭文中的"友父"释为"小邾之始封君友"。一号墓的主人可能为郳友父的后人。

2 号墓出土 10 件有铭文的青铜器,有"邾君庆壶""郳庆鬲""鲁西簠""毕仲簠""子皇母簠"等。邾君庆与郳庆的铭文青铜器共出一墓,应为同一人。

3 号墓出土 9 件有铭文青铜器,有"邾公害簠""昆君壶"等。其中铜簠上的铭文为"邾公子害自作乍簠……",铜匜形鼎的铭文为"兒(倪)庆乍秦妊匜鼎,其永宝用"。

小邾国传世铜器有:郳友父鬲、郳始鬲等。

11. 邾国

邾国故城位于邹城市峄山镇纪王城村周围,北靠峄山,南依廓山。修筑在山间高地上,城的平面近正方形,周长约 10 千米,城内中部偏北有一俗称黄台的高地,为城内的宫殿区。城内东北角,有许多大土塚,还发现出铜器的战国墓,推测这里为贵族墓区。城墙大部分保存较好,城墙夯窝多为春秋时期的棍夯。在邾国故城内发现东周陶文 2000 余件。

传世青铜器有邾伯鬲、邾公□钟等。

12. 滕国

滕国故城在今滕州市姜屯镇滕城村一带,《滕县志》记载:"城周二十里,内有子城"。外城呈长方形,现可见护城河;子城位于外城中央,略呈长方形,城内东北角有一高 7 米的台子,相传为滕国国君的寝宫基址。③

庄里西遗址,东南距滕国故城约 1.5 千米,多次发现高规格墓葬,铜器铭文多次出现"滕"字,应为滕国国君和贵族墓地。

1978 年墓葬中出土鬲 1 件,簋 2 件,④鬲上的铭文为"吾乍滕公宝尊彝",两件簋同铭。1982 年发掘出土有铭文的方鼎、簋和鬲。⑤

1980 年滕县城南西寺院村出土戟 1 件,⑥铭文作"滕侯厌之造";1982 年滕县供销公

---

① 生克昭:《滕县金石志》,北京法源寺刊本,1944 年。
② 枣庄市博物馆等:《枣庄市东江周代墓葬发掘报告》,《海岱考古(第四辑)》,科学出版社,2011 年。
③ 中国科学院考古研究所山东工作队:《山东邹县滕县古城址调查》,《考古》1965 年第 12 期。
④ 万树瀛、杨孝义:《山东滕县出土西周滕国铜器》,《文物》1979 年第 4 期。
⑤ 滕县博物馆:《山东滕县发现滕侯铜器墓》,《考古》1984 年第 4 期。
⑥ 滕县博物馆:《山东滕县发现滕侯铜器墓》,《考古》1984 年第 4 期。

社杜村发现滕侯厌豆,①铭文作"滕侯厌之御敦";此两件铜器与传世的滕侯厌戈应为同一人之物。

1983年又发掘一墓葬,出土一套9件有"滕皇"铭文的编钟,编镈4件,当为战国时期。②

1989年征集庄里西遗址一座残墓出土的一组青铜器,均为礼器,共13件,现10件藏今滕州市博物馆,7件有铭文。其中鼎铭较长,叙述作器者鸞因狩猎获示豕而获(滕)公奖赏。③ 另3件今归纽约首阳斋,均有铭,作器者均为鸞。④

1995年发掘一西周晚期的墓葬M7,出土铜礼器10余件。⑤

以往著录的滕国西周青铜器有:3件滕虎簋,昭穆时期器;滕侯苏盨,铭文19字,年代较滕虎簋稍晚。

传世的东周青铜器主要有:滕侯耆戈,山西崞县梁上椿旧藏,滕侯耆疑即春秋时的滕顷公结;滕侯厌戟,铭文作"滕侯厌之造戈"6字,据考证为滕隐公厌所造;滕之不牙剑,春秋晚期或战国早期器;滕司徒戈,应是战国早期之物。

13. 薛国

薛国故城⑥位于滕州市官桥镇西南约2千米处。经过系统勘探和试掘,分为大城和小城,小城从西周、东周,一直延续到汉代,外城大约形成于战国时期。城内布局基本清楚。

薛国墓葬主要发现于以薛故城为中心的薛河流域,经过正式发掘的有薛国故城、东小宫、东康留三处墓地。在薛故城发现甲乙两种墓葬,甲组为大型墓,出土的铜器有"薛侯""薛比"铭文,乙组规模较小,应当也是贵族墓。

滕州前掌大遗址,西去1千米为薛国故城遗址。分南北两区,北区是一处商代方国墓地;南区是西周早期贵族墓地。⑦ 墓葬保存较好,排列有序,随葬铜器较多,有铭铜器占一半以上,以"史"字最为常见。

1973年,薛城东城墙以内的狄庄村出土青铜簠4件,⑧分别为薛子仲安瑚3件、薛仲赤瑚1件,铭文中有"走马薛仲赤"字样,均为薛器。⑨

1978年,对薛国故城址进行勘探并发掘9座墓。⑩ M1－M4为薛国高级贵族墓,青铜器以礼器、车马器为主。M3出土提梁壶,有铭文"薛侯行壶";M2戈有铭文"薛比"。

---

① 滕县博物馆:《山东滕县发现滕侯铜器墓》,《考古》1984年第4期。
② 滕县博物馆:《山东滕县发现"滕皇"编钟》,《人民日报》1983年3月10日。
③ 李鲁滕:《鸞鼎及其相关问题》,《齐鲁文博——山东省首届文物科学报告月文集》,齐鲁书社,2002年。
④ 首阳斋、上海博物馆、香港中文大学文物馆编:《首阳吉金》,上海古籍出版社,2008年。
⑤ 山东省文物考古研究所:《滕州庄里西遗址考古发掘获重大成果》,《中国文物报》1996年7月28日。
⑥ 山东省济宁市文物管理局:《薛国故城勘查和墓葬发掘报告》,《考古学报》1991年第4期。
⑦ 中国社会科学院考古研究所编著:《滕州前掌大墓地》,文物出版社,2005年。
⑧ 山东省滕州市地方史志编纂委员会编:《滕县志》,中华书局,1990年。
⑨ 黄盛璋:《山东诸小国铜器研究——〈两周金文大系续编〉分国考释之一章》,《华夏考古》1989年第1期。
⑩ 山东省济宁市文物管理局:《薛国故城勘查和墓葬发掘报告》,《考古学报》1991年第4期。

传世薛国青铜器有薛侯盘、薛侯戚鼎。

14. 杞国

传世有杞白鼎,时代为穆王或略早,这是杞国至今最早的一件铜器。相传咸丰四年新泰曾出土一批杞器,①鼎铭"杞白每亡作邾曹宝鼎,子子孙孙永宝用",簋、盆、壶亦有铭文。1966年在滕州出土一件杞伯每亡鼎,②为春秋早期器。

二、周代古国文化遗存与考古学文化的关系

根据目前的发现与研究,山东地区周代考古学文化包括齐文化、鲁文化、莒文化③和珍珠门文化④(图六),而古国文化遗存从属于各有关文化。但是历史时期考古学文化则以其中的典型古国命名,二者之间的关系非常密切,又因文化、国家不同而有差别。

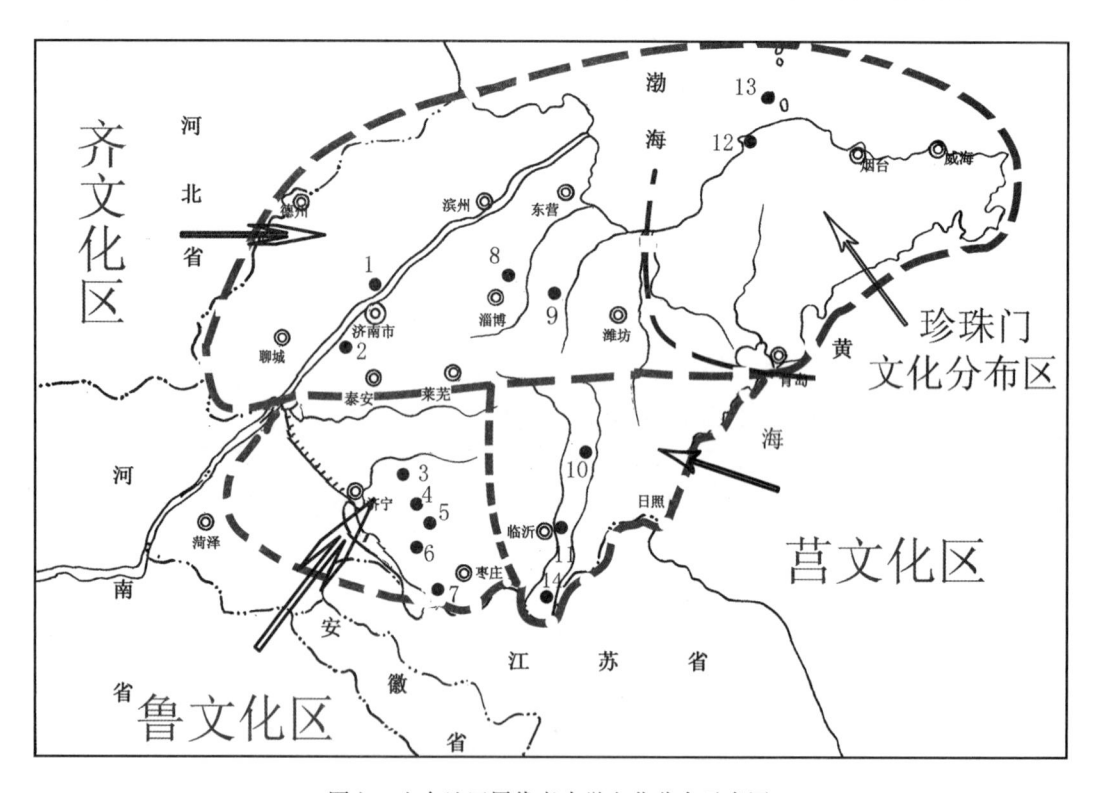

图六 山东地区周代考古学文化分布示意图

1. 逄国 2. 郭国 3. 鲁国 4. 邾国 5. 小邾国 6. 滕国 7. 薛国 8. 齐国 9. 纪国 10. 莒国 11. 鄅国 12. 莱国 13. 长岛珍珠门 14. 郯国

---

① 王恩田:《从考古材料看楚灭杞国》,《杞文化与新秦》,中国文联出版社,2000年。
② 万树瀛等:《山东滕县出土杞薛铜器》,《文物》1978年第4期。
③ 刘延常:《山东莒文化探析》,《东南文化》2002年第7期。
④ 刘延常:《珍珠门文化初探》,《华夏考古》2001年第4期。

齐、逄、纪、莱等国分布于齐文化区域内。以临淄为中心的鲁北地区在商代晚期其文化面貌即由商文化与土著文化融合形成一种新的地方文化,齐文化是周文化与地方文化融合形成的;齐文化的形成与发展是动态的,自西周早期到战国晚期范围不断扩大,主要分布在鲁北地区,战国时期扩展到鲁南及鲁东南地区。逄、纪、莱等古国文化遗存仅以城址、高规格贵族墓葬和有铭青铜器体现出来,而空间的普遍性和平民文化特征属于齐文化。

鲁文化主要分布在汶泗流域、鲁南与西南地区,以鲁国都城曲阜为中心,年代自西周早期至战国晚期。在商代这里属于商文化区域,鲁文化是周文化替代商文化形成的,也受地方文化的影响。从鲁故城布局、墓葬结构与习俗、陶器组合其形态、青铜器、货币等方面反映出了鲁文化的特征。鲁文化区域内考古发现有鲁、邾、小邾、滕、薛、郜等国,文献记载古国较多,泗上十二诸侯就分布在该区域内。尽管古国较多,贵族文化特征、族属等不同,有些还受周边文化影响,但从习俗、政治及一般文化特征上分析,多数小国应属于鲁文化范畴。

莒文化主要分布在鲁东南地区的沂沭河流域及向东至黄海的区域,以莒国都城为中心,年代自西周中晚期至战国初期。莒文化是土著文化受周文化影响形成的地方文化,墓葬结构与习俗、陶器组合及其形态、青铜器等均具有自己的特点。鄅国和郯国分布在莒文化区,具有浓厚的东夷文化风格,考古学文化提供的证据仅局限于城址和墓葬的分析。

珍珠门文化是自商代晚期至西周中晚期分布于鲁北东部与胶东半岛地区的土著文化——夷人文化,以长岛县珍珠门遗址出土遗存具有代表性,其西界分布大约至潍坊市东部。它主要以夹砂褐陶系陶器群为代表,遗迹发现较少,文化面貌比较落后。珍珠门文化早期,除了单纯的文化遗存外,还与地方文化共同存在于遗迹中;西周晚期以后多作为一种文化因素存在,至战国早期,分布范围也逐渐向东退缩。商文化和早期周文化的零星发现,所见夷人文化遗存线索,说明鲁东南地区应是珍珠门文化的分布区。莱国文化遗存和莒文化区域内的古国文化遗存明显具有东夷文化特点。

周代古国文化遗存大致分为以下几种情况:一是在本土不断发展变化和融合的,从属古文化的古国,如齐国、鲁国和莒国;二是发现国君墓葬和有铭青铜器的,直接证明其为古国文化遗存的,如逄国、郜国、小邾国、滕国、纪国、薛国、莱国;三是根据都城、墓葬规格并结合文献证明古国文化遗存的,如鄅国、郯国、邾国;四是出土有铭青铜器,但无其他依据,目前不能确定地望的,如缯国、杞国;五是有铭青铜器为媵器或赠品类,如陈国、黄国、江国、宋国、芮国。

三、对山东地区周代古国文化遗存的认识

周灭商后,周采取分封王室贵族和功臣为诸侯以屏藩自己的措施,巩固自己的统治。商代后期山东地区的方国势力和东夷势力强大,因此周王朝分封姜太公于齐、分封周公于

鲁镇抚东方,又分封姬姓小国和臣服地方小国以拱卫齐鲁,奠定了山东地区古国的基本格局。随着齐国争霸称雄、鲁国沿循周礼、各古国互动和诸子百家争鸣等,山东地区逐渐形成了具有自身特色的齐鲁地域文化。古国文化遗存,是山东地区周代考古学文化的重要组成部分,反映了传统文化的融合。

众多考古发现与文献记载结合印证了齐国的不断扩张和齐文化的形成。齐国分封于鲁北地区后"因其俗,简其礼,通工商之业,便鱼盐之利,而人民多归齐,齐为大国",及周成王少时"东至海,西至河,南至穆陵,北至无棣,五侯九伯,实得征之"。齐国从方百里不断扩张,向东灭纪国、莱国,至迟春秋中期已经统治了胶东半岛;向西灭谭国,到春秋中期越过济水到达"河东";春秋晚期开始修筑长城以防晋,并逐渐发展到达泰沂山脉以南拒吴、越和楚国;战国早中期的鲁东南地区已经属齐文化分布区。虽然国君级别的墓葬没有发现,但齐国卿大夫级别的墓葬和青铜器出土不少,传世齐器数量也很可观。

因周公的地位及其贡献,鲁国受封规格与待遇较高,因循周礼,在诸侯国中享有较高地位,到春秋晚期依然因"周礼尽在鲁矣"而影响颇大,孔子及儒学的诞生,扩大了鲁文化的影响力。考古发现基本确定了西周中期至战国时期鲁国都城在曲阜,卿大夫级别的墓葬和有铭青铜器证明了贵族墓地的存在,出土较多的媵器也证明了鲁国与诸国的交好。鲁文化墓葬、陶器等文化特征反映出了鲁国的疆域,使得鲁国与"三桓"相关的城邑也有线索可循。

莒国在春秋时期非常活跃,与鲁国等经常发生战争,还兼并小国,积极参加会盟等,体现出了夷人国家的特点。目前莒文化范围内发掘出多座大型墓葬,根据墓葬展示出的形制结构、棺椁制度、丧葬习俗、用器制度、器物形态及青铜器铭文等基本确定为国君墓葬,地域特色和东夷特点比较鲜明。但是这些大型墓葬分布零散,我们认为这反映了莒国内部矛盾激烈而势力分散的事实,因而导致了其战国初期迅速亡国。目前,尚未发现时代明确的西周时期高规格莒国贵族墓葬,都城也未开展细致的考古工作。

纪国是齐国的东邻,寿光曾经发现早期纪国有铭青铜器。商代就有纪国,西周时期纪侯受封,纪女曾嫁于周王室,纪侯曾谮齐于周,发挥监督作用。胶东半岛出土较多西周时期的纪国铜器,说明与莱国密切;春秋时期纪国铜器的发现应是公元前690年纪国被齐灭国后,纪国贵族迁至胶东的反映。此后纪国的文化遗存逐渐融入到齐文化中。

莱国是东夷古国,周初曾与太公争营丘,受封后曾随周王室南征淮夷,有铭青铜器及都城——归城遗址的发现证明了莱国的存在与其势力范围。公元前567年莱国被齐灭亡,胶东半岛呈现出齐文化特征。芮国、纪国等有铭青铜器在胶东的发现说明这些国家与莱国交往密切,"芮公"青铜簋、启卣等或反映了周王室对莱国的施政策略。近几年,中国社会科学院考古研究所、山东省文物考古研究所与美国合作开展对归城遗址的重点勘探、试掘工作,促进了对莱国文化遗存的研究。

薛国是滕国南邻,薛故城内以西周中晚期至战国时期文化遗存为主,早期文化遗存尚不能确定;前掌大遗址发掘了商代晚期至西周早期高级贵族墓葬,或许是薛国文化的渊源与早期遗存。薛国文化遗存尤其是墓葬和陶器等包含了诸多楚文化因素,同时也显示出了地域特色,考古资料丰富后或证明其可能为一个单独文化区。据文献记载,齐灭薛国后,薛国成为孟尝君的封邑,但是未见齐文化遗存。

邾国为曹姓,位于鲁、滕之间,为鲁的附庸国。春秋时期,邾分为三国,即:邾、小邾和滥,小邾又称作倪。枣庄市东江小邾国国君墓葬的发掘与大量有铭青铜器的出土,印证了文献记载。而邾国故城在邹城,应为邾国都城,有待今后考古工作的证实。

滕为姬姓国,庄里西墓地出土众多滕国国君有铭青铜器,证实了滕国西周早期至战国时期的存在。滕国故城未经过考古发掘证实,根据调查资料和地望分析应是滕国都城。

在长清县仙人台发掘的邿国国君及贵族墓葬时代为西周晚期至春秋早期。发掘地点确定了邿国的地望,解决了文献记载中的分歧,从丧葬习俗和出土陶器等分析,邿国应处于鲁文化区。

从墓葬形制、出土青铜器和陶器分析,郯国处于莒文化区。郯城大埠贵族墓地和郯国故城应是郯国贵族墓地和都城所在,更多发现有待于今后考古工作的深入开展。

目前发现的古国以东周时期为主,春秋时期最多,西周早期和战国时期国家数量少,反映了西周早期分封具有稳定性,春秋时期王室衰弱、诸侯四起和战国时期战争兼并的史实。西周早期的有铭青铜器以滕国和逄国的为多,鲁国仅有传世的鲁侯熙鬲、鲁侯簋。莒国除莒小子簋外,其他器物均为春秋时期,其他小国国君墓葬和有铭青铜器多为西周晚期至春秋晚期。战国时期发现的国君级别墓葬有滕国国君墓葬,而齐国、鲁国仅发现卿大夫级别的墓葬。

四、周边古国文化遗存在山东地区的发现与分析

除山东地区的古国文化遗存外,吴、楚、越和燕等周边古国文化遗存同样是山东地区周代考古学文化的组成部分(图七)。这不仅反映了文化的融合,也说明这些地区对齐鲁地域文化的形成产生了诸多影响。

在山东鲁中南、鲁东南地区墓葬中出土了以兵器为主的春秋晚期吴国文化遗存。[①]这些兵器铸造精美,所有者级别较高,有几把剑的铭文直接表明它们是属于吴王和太子的。出土这些兵器的墓葬规格较高,随葬品丰富;墓葬国别有齐国、莒国、鄫国、邾国等。随葬的兵器时代要早于墓葬的年代,应是长期使用流传的结果。在莒文化区域内出现这些器物,应是当时各国联姻、人员往来等活动的见证。而在周家庄墓葬出土的大量兵器,应是当时大国争霸和战争的遗留。

楚文化遗存主要包括墓葬施青膏泥习俗,随葬漆木器、楚式陶鬲、青铜鼎、蚁鼻钱等,年代以春秋战国为主,分布在鲁东南地区南部、鲁中南东部地区,北达曲阜、泰山一带。战国中晚期的楚文化遗存应是楚国占领山东地区时的遗留。[②]

---

① 刘延常、曲传刚、穆红梅:《山东地区吴文化遗存分析》,《东南文化》2010年第5期。
② 刘延常、高本同、郝导华:《山东地区楚文化因素分析》,《楚文化研究论集》第七集,岳麓书社,2007年。

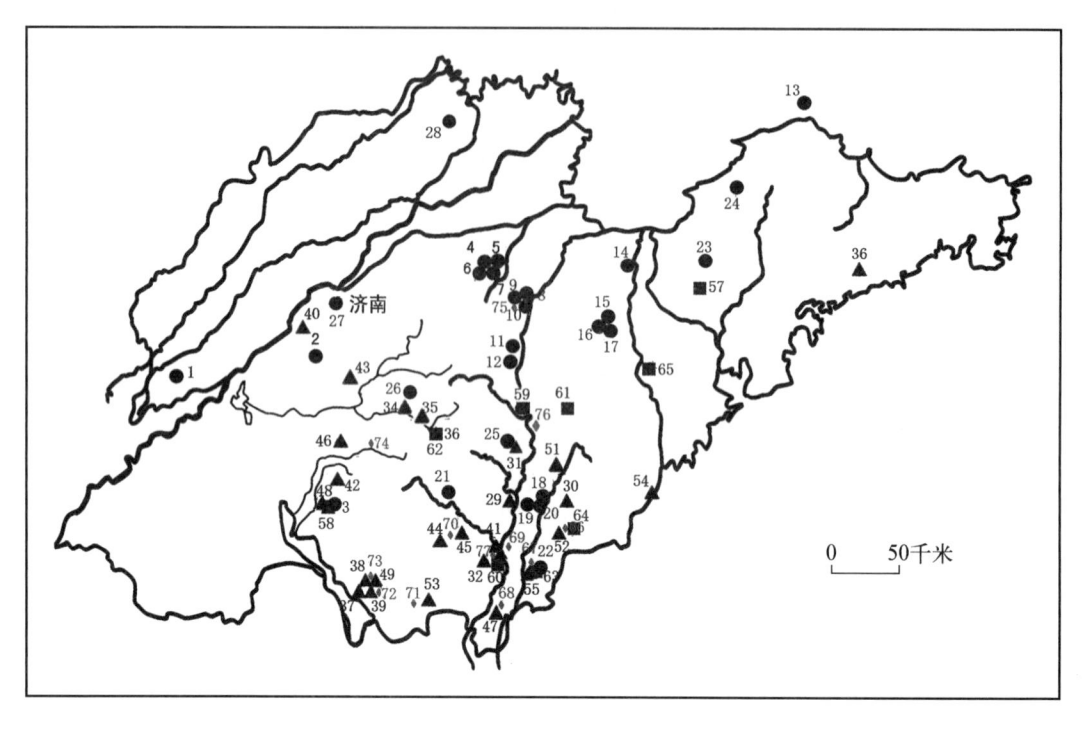

图七　周边古国文化遗存分布示意图

1-28. 燕文化遗存文物点
1. 寿张　梁山七器　2. 肥城店子村　戈　3. 邹城小胡庄　戈　4、5、6、7. 临淄齐故城　剑、尖首刀　8、9、10. 青州博山刀、矛等　11、12. 临朐　矛、尖首刀　13. 长岛王沟　戈　14. 昌邑　明刀　15、16、17. 潍坊　戈、刀币、玺印　18、19、20. 莒县　刀币、刀范、戟　21. 临沭　戈　22. 费县　戈　23. 平度　刀范　24. 招远　刀范　25. 沂水县袁家庄乡　戈　26. 泰安东更道村"右冶尹楚高"罍　27. 济南附近出土　戈　28. 沾化县冯家乡西垦村　戈

29-56. 楚文化遗存文物点
29. 沂南县西岳庄大中型木椁墓　30. 莒南大店M1　31. 沂水县刘家店子M1　32. 临沂凤凰岭大墓　33. 新汶县凤凰泉小型墓葬　34. 新泰市郭家泉小型墓　35. 新泰周家庄　36. 海阳嘴子前　37. 薛故城M6　38. 薛故城M5　39. 郯城二中战国墓　40. 长清县岗辛战国大墓　41. 薛故城M8　42. 鲁故城M3、M8　43. 泰安东更道村　44. 费县石井公社城后村　45. 费县城子村　46. 曲阜城北董大城村　47. 郯国故城北关五街村　48. 邹城邾城　49. 薛故城　50. 临沂　51. 莒县　52. 莒南　53. 苍山兰陵　54. 日照　55. 临沭县　56. 临沂西义堂公社（44-56. 为货币出土地点）

57-65. 吴文化遗存文物点
57. 平度县　吴王夫差剑　58. 邹城城关镇　吴王夫差剑　59. 沂水县诸葛镇　吴王剑　60. 临沂凤凰岭　矛　61. 莒县东莞镇大沈刘村　矛　62. 新泰周家庄　吴王通反子诸剑　63. 临沭县北沟头遗址　印纹陶罐　64. 莒南县坪上镇东南沟村　铜钵　65. 临朐县冶源镇湾头河村　剑

66-77. 越文化遗存文物点
66. 莒南县城子　67. 临沭县北沟头　68. 郯城县古城　69. 临沂市河东区故县村　70. 费县古城　71. 枣庄市南郊青铜戈出土地点　72. 滕州市坝上　73. 滕州市庄西里　74. 曲阜西百村　75. 临淄区阙家寨　76. 沂水县鸟篆文出土地点　77. 临沂罗庄区陈白庄

越国文化遗存主要包括印纹陶、印纹硬陶、青铜鼎、鸟篆文戈等，年代集中在战国早期，分布在山东南部地区，主要在滕国、薛国、莒国、郯国的范围内，基本反映了越灭吴后干预山东古国并与齐国争霸的历史。①

---

① 刘延常、徐倩倩：《山东地区越文化遗存分析》，《东方考古（第9集）》，科学出版社，2012年。

燕国文化遗存主要是戈和货币,此外有少量戟、剑、矛、玺印等,大部分为出土品,只有肥城、费县两处的戈是采集遗物,时代均为战国晚期。从发现的区域看,主要集中在齐国、莒国的范围内。[①]

周边古国文化遗存反映了它们与山东地区古国的往来和文化融合,如齐国、燕国之间的战争与互相侵占,吴国争霸,越国文化的北渐影响,楚国的统治等;嫁女媵器和馈赠青铜器等则体现了古国间的友好,如沂水刘家店子墓葬随葬黄太子伯克盆、陈大丧史铃钟,纪王崮墓葬出土江国媵器等。

结　　语

山东地区是周代的东方,地位相当重要,古国甚多,与周边古国关系密切,相互融合,共同形成了齐鲁地域文化,逐渐成为中华传统文化的核心内容之一。研究古国文化遗存是研究周代考古学文化和历史的重要内容,具有很好的启发作用,也能够提供诸多有益的研究线索。

考古工作与成果在研究古国及其文化遗存中显示出了重要性,考古证据不仅证实了古国的存在,还解决了许多悬而未决的历史诉讼。这些年,山东地区几个古国的发现就是很好的例子。但是有些问题还需要持续研究,如齐国、鲁国的早期都城还未得到确定,一些古国都城遗址没有深入开展考古工作,有些古国国君墓葬还没有发现。我们今后应以课题为指导,主动地解决与古国文化有关的学术问题。

由于古国文化遗存涉及内容极其丰富,加之我们水平所限,未能充分展开论述,本文肯定存在不足与缺陷,请大家讨论与指正。

(原发表为刘延常、徐倩倩:《山东地区周代古国文化遗存研究》,《两周封国论衡——陕西韩城出土芮国文物暨周代封国考古学研究国际学术研讨会论文集》,上海古籍出版社,2014年)

---

① 刘延常、徐倩倩:《山东地区燕文化遗存分析》,《中国考古学会第十五次年会论文集(2012)》,文物出版社,2013年。

东夷文化研究

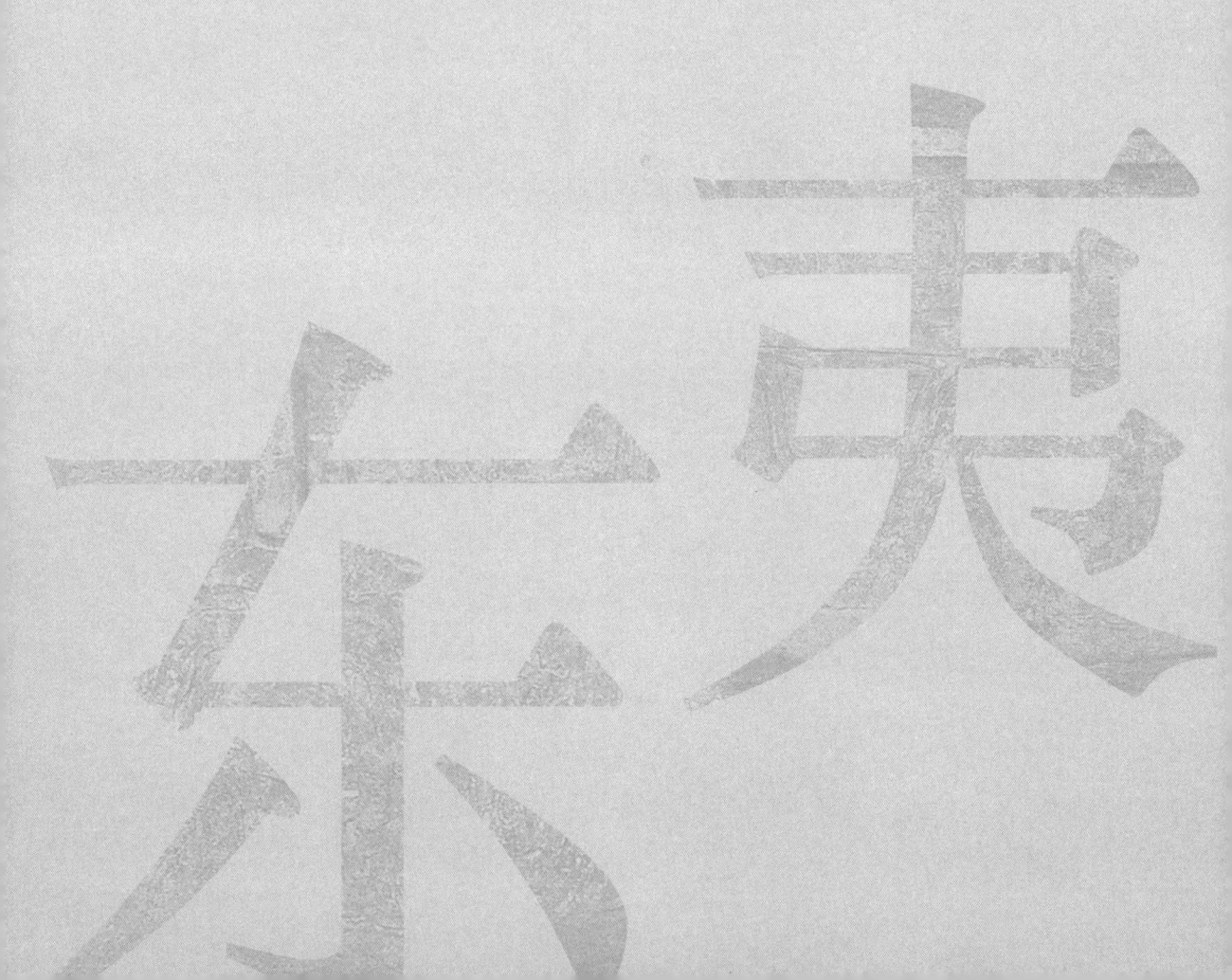

山东五莲县丹土遗址大汶口、龙山文化遗存分析

试论岳石文化王推官类型及其相关问题

珍珠门文化初探

西岳庄大墓：解读一段东夷小国的历史

试论东夷文化和日本考古学文化的关系

山东五莲县丹土遗址大汶口、龙山文化遗存分析

丹土遗址在学术界广为人知,一是因为发现早,其文化内涵属典型龙山文化鲁东类型的代表;二是因为上世纪七、八十年代出土较多的史前时期大型精美玉器;三是经过勘探、发掘,发现了大汶口、龙山文化三个连续发展的城址。丹土遗址对研究考古学发展史、史前城市发展和文明起源过程等具有重要意义,在资料全部翔实报道之前,我们选择大汶口、龙山文化文化遗存的核心内容做简要介绍。

一、丹土遗址概况

丹土遗址位于山东省日照市五莲县潮河镇丹土村周围,中南部被村子占压,西北距县城约40千米,东南至两城镇遗址约4.5千米,东距黄海约15千米(图一)。遗址地处砂土丘陵地带,地势由西南向东北倾斜,两城河自遗址西部绕北部向东流去。遗址面积约23万平方米,文化堆积厚约0.5-2米,个别深达4米以上,主要包含大汶口文化、龙山文化、东周和汉代文化遗存,其中以大汶口文化和龙山文化遗存最为丰富。

丹土遗址于清末(约1900年)由著名学者王献唐先生之父王廷霖发现。1934年在王献唐先生的提议下,中研院历史语言研究所的王湘、祁延霈先生调查了山东东部沿海地区,正式确认了五莲丹土遗址。[①] 1954年山东省文物管理处进行了调查。[②] 1957年山东大学刘敦愿先生对丹土遗址进行了调查。[③] 1977年被山东省革命委员会公布为山东省重点文物保护单位,1996年被国务院公布为全国重点文物保护单位。1989年潍坊市文物管理委员会对该遗址进行了小范围试掘,出土少量器物。[④] 1995年山东省文物考古研究所对遗址进行普探并做了试掘,发现龙山文化城壕和城墙。[⑤] 1996年至2000年山东省文物考古研究所又对该遗址进行了三次发掘,发现了由里及外的大汶口文化城、龙山文化早期城和龙山文化中期城三个连续发展的城圈,有壕沟、城墙、城门通道、出水口、蓄水池等建

[①] 方辉:《从新发现的几封书信说及两城镇等遗址的发现缘起》,《两城镇遗址研究》,文物出版社,2009年。
[②] 山东省文物管理处:《日照两城镇等七个遗址初步勘查》,《文物参考资料》1955年第12期。
[③] 刘敦愿:《山东五莲、即墨县两处龙山文化遗址的调查》,《考古通讯》1958年第4期。
[④] 曹元启:《1989年丹土遗址发掘简报》,《中国丹土:海岱第一古城》,齐鲁书社,2012年。
[⑤] 罗勋章:《五莲县丹土村新石器时代遗址》,《中国考古学年鉴》,1996年。

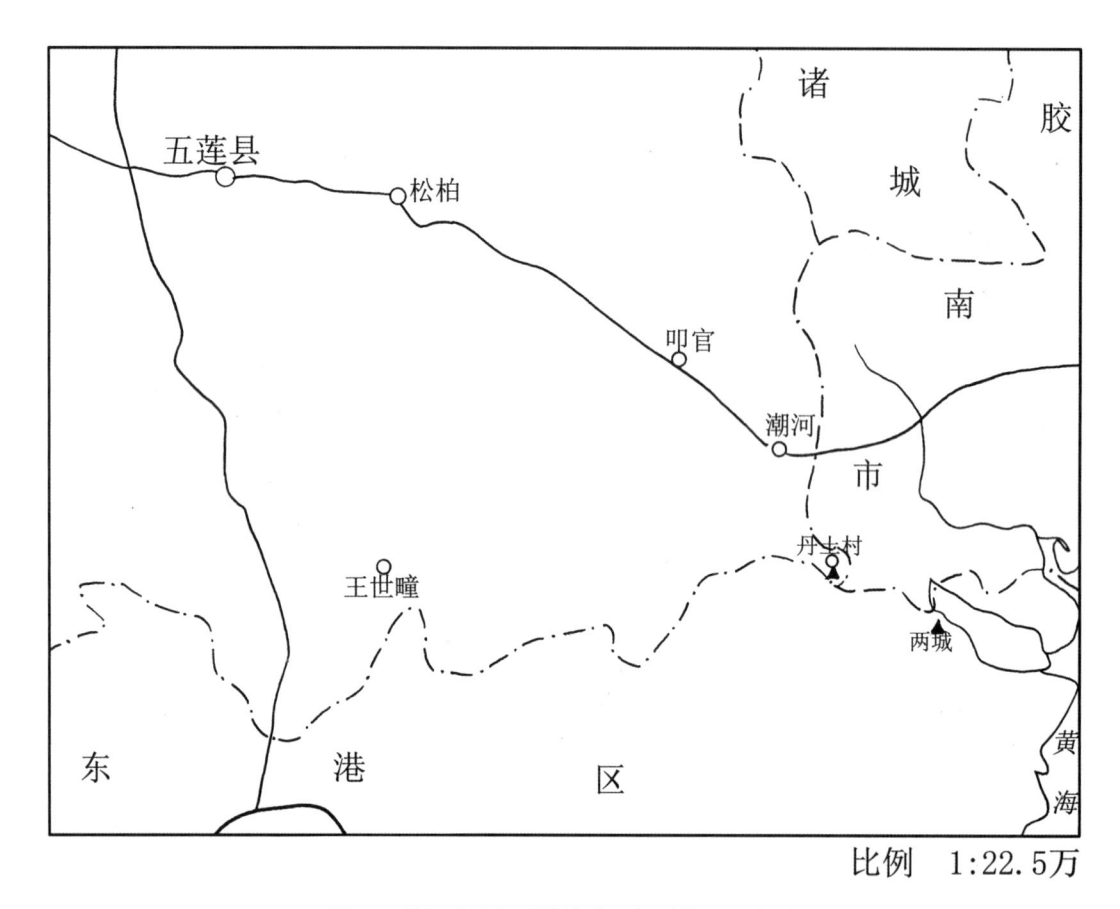

图一　丹土遗址与两城镇遗址相对位置示意图

筑设施。①

二、丹土遗址主要考古发现

1. 主要考古发现

1995 年普探与试掘,按照探区对遗址进行了普探,发现了龙山文化中期城址,在遗址东北部发现大面积夯土(房址垫土)。发掘一条探沟,证实了城墙与壕沟的存在,确认了其年代。

1996 年发掘,发现了比较丰富的龙山文化遗存,首次发现大汶口文化晚期遗存,并在东北部探沟内发现了龙山文化早期或更早期城址的线索。

2000 年春季重点勘探与发掘,经过重点勘探,发现了大汶口文化晚期、龙山文化早期、龙山文化中期三个连续扩展的城址,并在西部、北部和东部发掘四条探沟,从层位关系

---

① 山东省文物考古研究所:《五莲丹土发现大汶口文化城址》,《中国文物报》2001 年 1 月 17 日。

和出土陶器证明了三个城址的早晚关系。

2000年秋季发掘,揭露龙山文化中期西城门通道,解剖西部出水口。

以上四次发掘共发现大汶口、龙山文化遗存计有房址46座、灰坑160多个、墓葬37座,其中大汶口文化墓葬17座、龙山文化墓葬15座。丹土遗址城址北部偏东区域地势较高,有大面积夯土(应为房址垫土),1996年发掘时发现房址很多,此区域应是大汶口、龙山文化时代大型建筑所在区域。房址多保存有垫土、基槽,应为多次重复建设所致。墓葬、房址多分布于城墙内侧,并且房址、墓葬具有互相叠压打破关系,但是墓葬之间鲜有叠压打破关系,应是城内聚落有序布局的反映。

2. 大汶口文化、龙山文化城址

发现内外三重城墙夯土,从内到外分别定名为夯Ⅰ、夯Ⅱ、夯Ⅲ;与城墙夯土相对应的壕沟,分别是G8、G7、G3;城墙夯土与壕沟之间叠压打破关系是G6打破夯Ⅲ和G3,夯Ⅲ打破G7,夯Ⅱ叠压打破夯Ⅰ和G8(图二)。依据相关单位层位关系及其出土陶器的演变关系确定了城址的年代:夯Ⅰ与G8最早,为大汶口文化晚期;夯Ⅱ与G7晚于夯Ⅰ,为龙山文化早期;夯Ⅲ与G3晚于夯Ⅱ,为龙山文化中期。

三、大汶口、龙山文化遗存

根据丹土遗址大汶口、龙山文化遗存的层位关系与陶器的演变关系,将其分为五个连续发展的阶段:大汶口文化晚期中心聚落—大汶口文化晚期晚段城址—龙山文化早期城址—龙山文化中期城址—龙山文化中晚期聚落。

1. 大汶口文化晚期中心聚落

目前丹土遗址所见最早的陶器时代在大汶口文化晚期中段,其中多见大口尊残片、镂孔高柄杯、鸭嘴足形鼎、单耳杯等(图三)。丹土遗址发现数件有刻划图像符号的大口尊残片,与莒县陵阳河、诸城前寨、安徽蒙城尉迟寺遗址出土同类器一致,这表明丹土遗址在大汶口文化晚期中段已经成为中心聚落。

2. 大汶口文化晚期晚段城址

大汶口文化城址,平面略呈椭圆形,东西长400余米,南北宽近300米,城内面积约9.5万平方米。城壕宽约10米,口至底深约2.5米;城墙仅存墙基部分,墙体残宽约5、残高约1米,墙分层堆筑,夯层较平整,每层厚约0.1-0.2米。与其相对应的壕沟为G8。

大汶口文化城墙之下有大汶口文化晚期灰坑,城墙又被大汶口文化末期的房基垫土、基槽和墓葬打破;城壕被龙山文化早期城墙叠压;城壕内出土陶片中,红褐和褐色陶片占一定比例,篮纹数量最多,器形有鼎、匜形盆、豆和罐等,鼎足为宽凿形、足根较厚有1-2个按窝,匜形盆胎较薄,口沿外凸内凹,罐多见宽领高肩罐(图四);根据层位关系和出土陶器分析,主要是城壕底部出土陶器标本的比较研究,大汶口文化城的年代可定在大汶口文化晚期偏晚阶段。

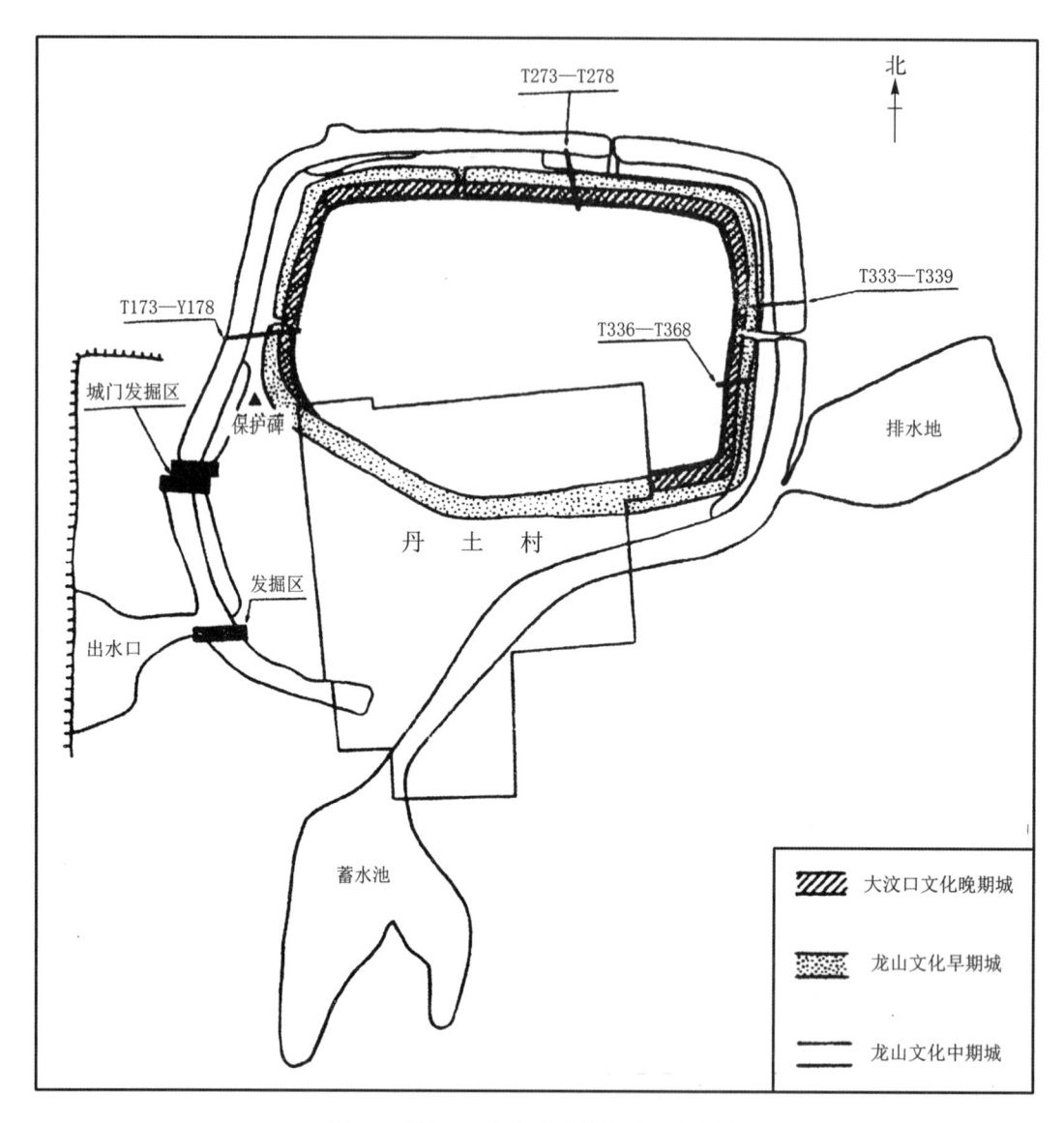

图二　大汶口—龙山文化城址平面示意图

3. 龙山文化早期城址

龙山文化早期城,平面略呈椭圆形,东西长450余米,南北宽300余米,城内面积约11万平方米。城壕宽约20、口至底深近3米;城墙建在大汶口文化城壕沟之上,仅存墙基部分,墙体残宽10、残高1.5米,系分层堆筑,分层多倾斜,夯层厚0.1–0.3米不等。在城的西、北、东三面各发现一城门通道。

龙山文化早期城墙建在大汶口文化城壕沟之上,城壕的北、东段又被龙山文化中期城墙叠压;城壕内出土陶片中,以黑陶为主,器型有鼎、甗、罐、盆、圈足盘和杯等,鼎足多见宽扁凿形,正面施加泥条,甗、圈足盘等均为龙山文化早期形态(图五)。

图三　大汶口文化晚期中心聚落出土陶器

1. 大口尊残片 T179H63　2. 大口尊残片 T277 夯Ⅱ①　3. 罐 M9∶7　4. 高柄杯 M3014∶5　5. 鼎 M9∶4　6. 单耳杯 M3014∶1　7. 豆 M9∶9　8. 鬶 M9∶10　9. 钵 M9∶1　10. 豆 M9∶3

根据遗迹层位关系、出土遗物,主要是城壕底部出土陶器标本的比较研究,确定二期城址年代为龙山文化早期。

4. 龙山文化中期城址

龙山文化中期城,平面呈不规则刀把形,北部略呈椭圆形,西南部向外凸出。东西长500余米,南北宽400余米,城内面积约18万平方米;城壕宽约28、口至底深约3米;城墙建在龙山文化早期城壕之上,残存约12、残高1.6米,墙为分层堆筑,夯层逐渐向上倾斜,夯层厚0.1–0.4米不等。在龙山文化中期城的西南、西、北、东面共发现四个城门通道,在

图四 大汶口文化城址出土陶器

1. 高柄杯 M13:6　2. 单耳壶 M13:2　3. 鼎 M13:9　4. 壶 M13:7　5. 罐 M12:2　6. 豆 M4006:6　7. 盆 M3009:4　8. 壶 M4017:12　9. 鬶 M10:5　10. 长颈壶 M12:4

西南部、西北部和东南部各发现一个出水口,城的南部发现一蓄水池。

西城门通道较宽大,城壕和城墙在这里中断,南、北两段壕沟均为圆弧形,分别向南、北两侧倾斜渐深,由此城门通道内外皆呈喇叭状,中间宽约 16 米,由于保存较差,通道内未发现路土及城门等现象,城墙地面保存很少,沟内侧护坡堆筑较好;通道中间发现一条基槽,南北连接两沟,宽约 4—6 米,口大底小,其内垫筑了粗砂、生土,夹杂淤土和个别陶

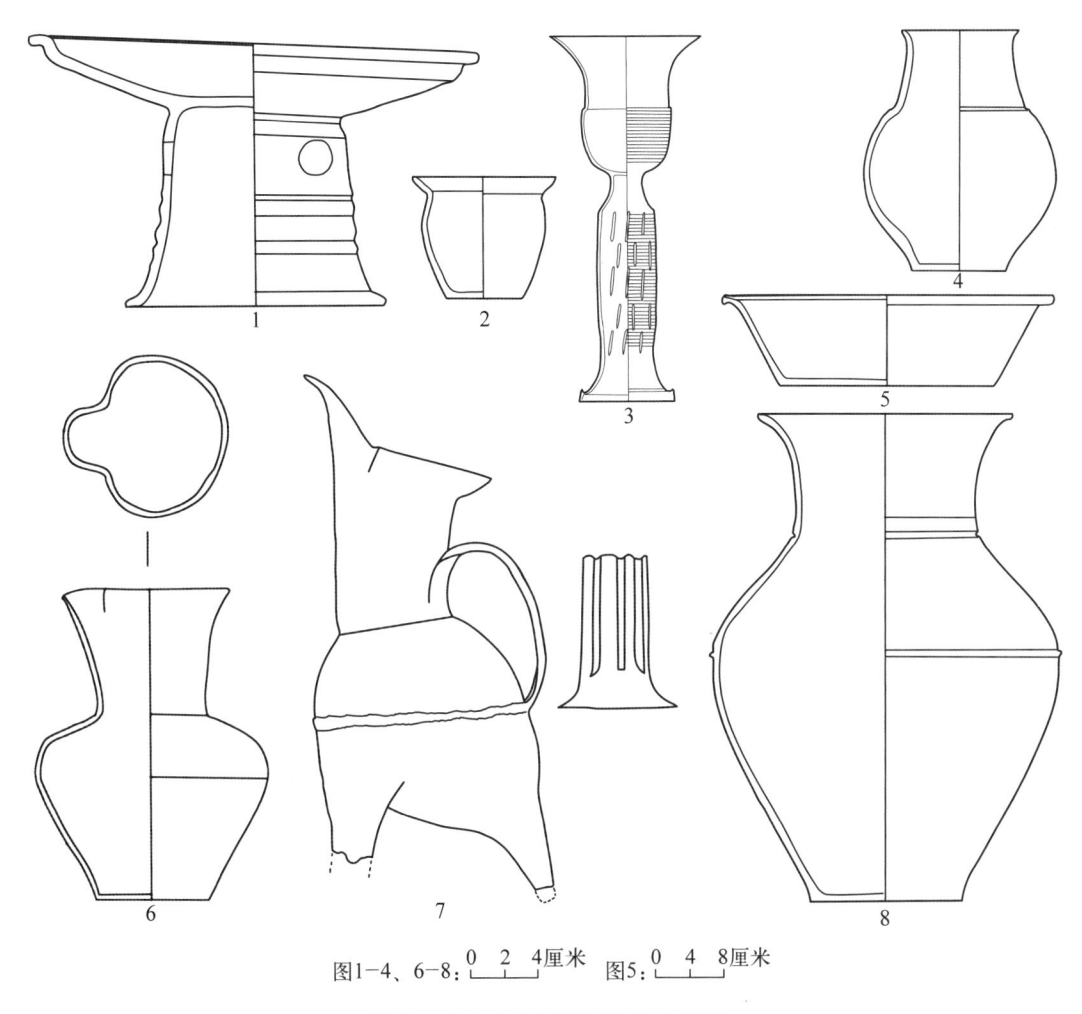

图五 龙山文化早期城址出土陶器

1. 圈足盘 M4001:7 2. 罐 M4001:9 3. 蛋壳高柄杯 M15:3 4. 壶 M4007:7 5. 盆 M4003:1 6. 带流长颈壶 M15:7 7. 鬶 M4003:5 8. 长颈罐 M4001:1

片;基槽外侧南部发现一东西向长方形房基,面积约6平方米,有垫土和柱洞。分析基槽和房基应该与城门设施有关系。

龙山文化中期城墙建在龙山文化早期城壕沟之上,其城墙、壕沟又被龙山文化中期偏晚阶段的房基垫土、柱洞和灰坑叠压、打破;城壕内出土大量陶器,有鼎、甗、鬶、罐、盆、杯和器盖等(图六)。

根据遗迹层位关系、出土遗物,主要是城壕内出土陶器标本的比较研究,确定三期城址年代为龙山文化中期。[①]

---

① 山东省文物考古研究所:《五莲丹土发现大汶口文化城址》,《中国文物报》2001年1月17日。

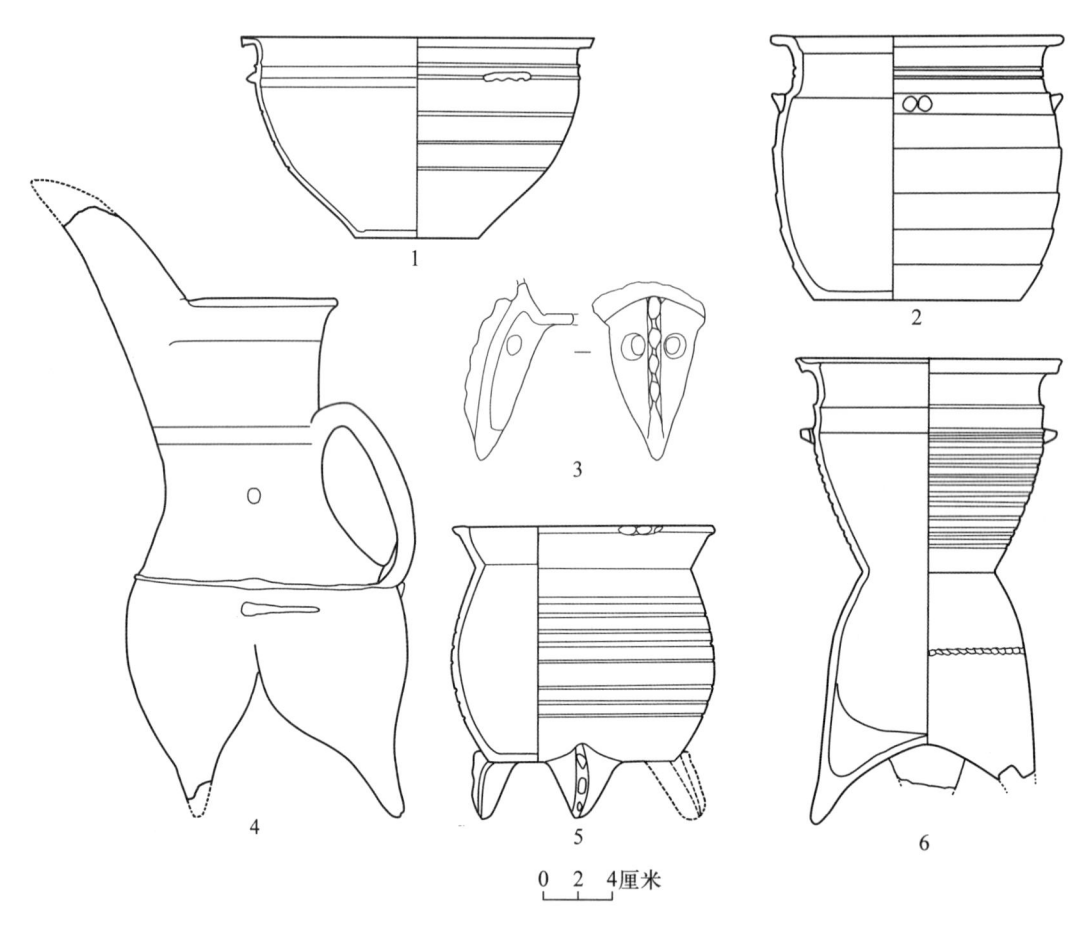

图六 龙山文化中期城址出土陶器

1. 盆 T302夯Ⅲ② 2. 盂形罐 T7381H1 3. 鼎足 T174G3② 4. 鬶 T7381H1 5. 鼎 T7381H1③：3 6. 甗 H4006

5. 龙山文化中晚期聚落

丹土遗址考古发掘表明,G6打破夯Ⅲ和G3,并且G6也被H3032打破,表明在龙山文化中期城废弃之后,丹土遗址作为一般聚落持续了一段时间。这一时期的陶器多见陶鬶、直壁盆、鸟喙足鼎、侧装三角形足鼎等(图七)。

6. 史前玉器的发现

从上世纪五十年代到八、九十年代,丹土遗址出土了众多精美玉器。[①] 目前,丹土遗址出土的史前玉器多达30件以上,玉器的种类有钺、刀、铲、琮、璇玑、镯、五边形环、鸟形饰、管等(图八)。从丹土遗址考古发掘出土玉器的形制及工艺特点,比较上世纪丹土遗址出土玉器,参考其他学者研究,这些玉器年代应属于大汶口文化晚期至龙山文化早、

[①] 刘敦愿:《山东五莲、即墨县两处龙山文化遗址的调查》,《考古通讯》1958年第4期;山东省文物管理处等:《山东文物选集(普查部分)》,文物出版社,1959年;杨波:《山东五莲县丹土遗址出土玉器》,《故宫文物月刊》1996年14卷第2期;吕常凌主编:《山东文物精粹》,山东美术出版社,1996年;杜在忠:《论潍、淄流域的原始文化》,山东省《齐鲁考古丛刊》编辑部:《山东史前文化论文集》,齐鲁书社,1986年。

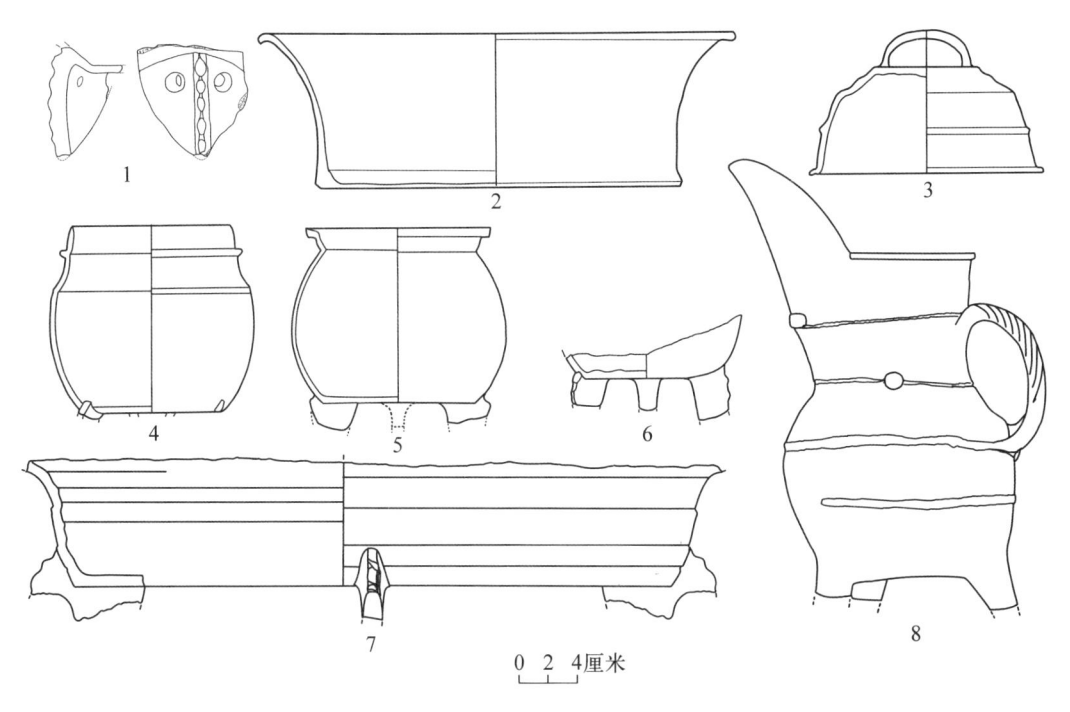

图七 龙山文化中晚期聚落出土陶器

1. 鼎足 T174G3① 2. 盆 H3017∶2 3. 器盖 T175G3①∶7 4. 鼎 H3026∶16 5. 鼎 H3035∶1 6. 鼎 H3032
7. 盘 T174G3① 8. 鬶 H3016∶4

中期。

  丹土遗址出土玉刀体薄个大、大型玉钺镶嵌绿松石、钻孔、玉璧带扉牙等,代表了海岱地区史前时期制玉最高水平和地域特点。长达51厘米的大玉刀、长达31厘米的玉钺等应是军权的象征。① 以丹土遗址出土玉器为代表的海岱地区的玉器形制、工艺等,已经广为传播,并融入中原地区的陶寺文化、二里头文化中。②

四、丹土遗址大汶口文化、龙山文化遗存相关问题认识

1. 丹土遗址反映的大汶口文化向龙山文化过渡

  陶器面貌反映了大汶口文化向龙山文化的过渡,结合鲁东南地区其他遗址的发现,可以对大汶口文化、龙山文化的年代分期进行进一步确定。丹土大汶口墓葬与陵阳河区墓葬比较,同一阶段的陶器陶质与器物形态基本一致,显示在大汶口文化晚期阶段,丹土区

---

  ① 郭公仕:《五莲文物荟萃》,齐鲁书社,2011年。
  ② 高炜:《陶寺文化玉器及相关问题》,《东亚玉器·Ⅰ》,香港中文大学中国考古艺术研究中心,1998年;栾丰实:《简论晋南地区龙山时代的玉器》,《文物》2010年第3期;邓淑苹:《晋、陕出土东夷系玉器的启示》,《考古与文物》1999年第5期。

图八　丹土遗址出土玉器

1. 五边形玉环　2. 玉管　3. 玉璇玑　4. 玉钺　5. 玉铲　6. 玉钺

与陵阳河区文化的同步演进,但与此同时陶器组合却有所差异,这种差异应属于时代变化的结果,在大汶口文化末期,虽然在陶器工艺等方面同时演进,但是丹土区在器物组合变化上显示出更早进入龙山文化阶段,并建立城址。这或许意味着一个大的时代的到来。

2. 丹土遗址大汶口文化、龙山文化城址特点

平面形状基本一致(龙山文化中期城的北部、龙山文化早期城和大汶口文化城),壕沟形状均敞口,平底,沟壁下部斜直、上部为缓坡;城墙均在清理了地表或早期城壕基础上堆筑的,用土多是挖城壕时取出,夯具不清楚,沟内侧多有护坡。龙山文化中期城墙建在龙山文化早期城壕沟之上,龙山文化早期城墙建在大汶口文化城壕之上,三个城是由里及外,由小到大,由早及晚逐渐扩建的。龙山文化中期城发现了比较清楚的蓄水池、排水池和出水口等设施,又有城的南部内收、西部外凸和西城门通道设在最高处等现象,表明当时人们考虑了地势、洪水和防御之间的关系。

城内发现丰富的大汶口文化和龙山文化遗存。常见大面积房基垫土,层层垫筑,其上再建房子,长时间连续居住,形成了复杂的层位关系。墓葬较密集,但无打破关系,形制、结构、葬俗基本一致,出土陶器丰富而精美,有鼎、鬶、罐、壶、盆、杯、高柄杯等。

3. 丹土遗址反映的聚落演变

早于一期城址年代的大汶口文化晚期遗存的发现,体现了中心聚落的突然兴起,到大

汶口文化晚期偏晚阶段逐渐发展成为城址,三个时期城址连续不断扩张发展。至三期城址废弃后,丹土遗址在龙山文化中晚期成为一般性聚落。

4. 丹土城址反映的文明化进程

人口增长,防御设施出现与加强,公共权力与特权的体现,象征军权与祭祀权的玉器集中在丹土遗址出土,证明丹土城址已经具备文明起源与发展的要素。或许揭示了大汶口文化晚期到龙山文化中期军事形势的变化,反映了社会发展明显发生了阶段性变化。

5. 区域文明化进程的认识

丹土遗址大汶口文化、龙山文化遗存延续 500 余年,反映出了快速聚集、急速膨胀和突然衰弱的过程与特点。联系鲁东南地区两城镇、尧王城龙山文化城址,江苏连云港藤花落龙山文化城址的发现,以及鲁东南地区大汶口文化末期、龙山文化早期文化遗存丰富而又集中,而龙山文化中晚期遗存急剧减少等现象,似乎有些共同规律可循。鲁东南地区岳石文化遗存更是急剧减少,而藤花落遗址发现岳石文化城址。同时,皖北、豫东地区丰富的大汶口文化、龙山文化遗存的发现,证明了东夷族群势力的强大与发展。

丹土遗址大汶口遗存与莒县陵阳河大汶口文化遗存差异较多,而与胶县三里河遗址比较一致,这种现象或许反映了鲁东南区域文化演进并非是单一群团或支系的自我演进,有可能是多族群相互竞争下的格局。鲁东南地区大汶口文化、龙山文化遗存反映的或许是东夷族团支系势力的发展、繁荣、重组、扩张,与向南发展及逐鹿中原事件相关。与良渚文化的互动,及皖北、豫东、湖北等地大汶口文化、龙山文化遗存的发现,或许是上述现象的印证。

总之,城址的快速发展,合理的建设布局,大型精美玉器集中出土等反映出了丹土城址先进生产力的发展及其比较强大的势力;但是其政治制度、管理体系远没有军事势力体现得那么先进与合理。在聚落演变、区域聚落变迁、揭示文明化进程与特点等方面,丹土遗址提供了一个很好的典型案例。

(原发表为刘延常、赵国靖:《山东五莲县丹土遗址大汶口、龙山文化遗存分析》,《中国社会科学院古代文明研究中心通讯》2015 年第 27 期)

试论岳石文化王推官类型及其相关问题

岳石文化是海岱地区介于龙山文化和商代文化之间的一支考古学文化。岳石文化遗存始见于三十年代初发掘的章丘城子崖遗址,以后陆续发现这一文化的遗物,七十年代末至八十年代初被认识和确认以来,其发现和研究工作逐渐深入,在诸如文化特征、分期、地方类型、来源、去向和族属等问题上,取得了一定成果。但由于受资料的限制,岳石文化的研究还有待深入。

地方类型的探讨是岳石文化研究的重要内容之一。目前,学术界一般将岳石文化划分为汶泗流域的尹家城类型、鲁西南地区的安邱堌堆类型、沂沭河流域的土城类型、胶东半岛的照格庄类型、潍淄流域的郝家庄类型和鲁西北地区的王推官类型等六个类型。[①]其中鲁西北地区发现的岳石文化遗址较多,并有数处遗址经过发掘,在章丘城子崖还发现了岳石文化城址,应是这一区域的中心。由于城子崖遗址发现的遗物较少,并且为了和已经被广泛接受的龙山文化城子崖类型相区别,我赞同以经过科学发掘、文化遗存具有代表性的章丘市王推官庄遗址[②]命名,称为王推官类型。

王推官类型分布的鲁西北地区,地处海岱地区的西北部,与邻近的豫北冀南地区有着密切的文化联系和接触。廓清这一区域岳石文化的文化特征、分期、来龙去脉、与周边地区的文化交流等,对研究东夷文化、夷夏关系、夷商关系及相关古史问题均具有重要意义。

一、自然环境与发现概况

王推官类型分布的鲁西北地区,南依泰沂山脉,北抵渤海,东起淄河,西至聊城;行政区划包括济南、聊城、德州、滨州四地市和淄博市的大部分及广饶县。这一区域有众多的大小河流,其中较大的河流自西而东有徒骇河、黄河、小清河、孝妇河和淄河。地貌类型有丘陵、山前平原和河流冲积平原,平原的土层较厚,土质肥沃。这一带地处暖温带,气温和降水量适中,上古时期的气候较现在暖湿,动植物资源丰富,是人类繁衍生息的理想之地。这一区域发现的古代文化遗存从早到晚自成体系,早于王推官类型的遗存依次为后李文化西河类型、北辛文化苑城类型、大汶口文化五村类型、龙山文化城子崖类型。形成了相对独立的考古学文化小区,并孕育了繁荣发达的商周文化。

---

① 栾丰实:《东夷考古》,山东大学出版社,1996年。
② 山东省文物考古研究所:《山东章丘市王推官庄遗址发掘报告》,《华夏考古》1996年第4期。

王推官类型岳石文化遗物,自1931年在章丘城子崖①就有所发现。80年代以后,陆续发现了茌平南陈庄,②广饶营子、钟家,③邹平丁公、好生店、大刘,④章丘邢亭山、乐盘、火化场、王推官庄、马彭北,⑤阳谷红堌堆、黑堌堆、黑土坑,东阿王集、冢子,⑥桓台史家⑦等岳石文化遗址。经过发掘的遗址有城子崖、丁公、邢亭山、乐盘、王推官庄和史家,其中以城子崖的岳石文化城址、⑧丁公的岳石文化城壕⑨和史家的器物窖藏比较重要。这些遗址的岳石文化面貌一致,且呈等级分布,形成了以城子崖为中心的相对集中的分布区(图一)。

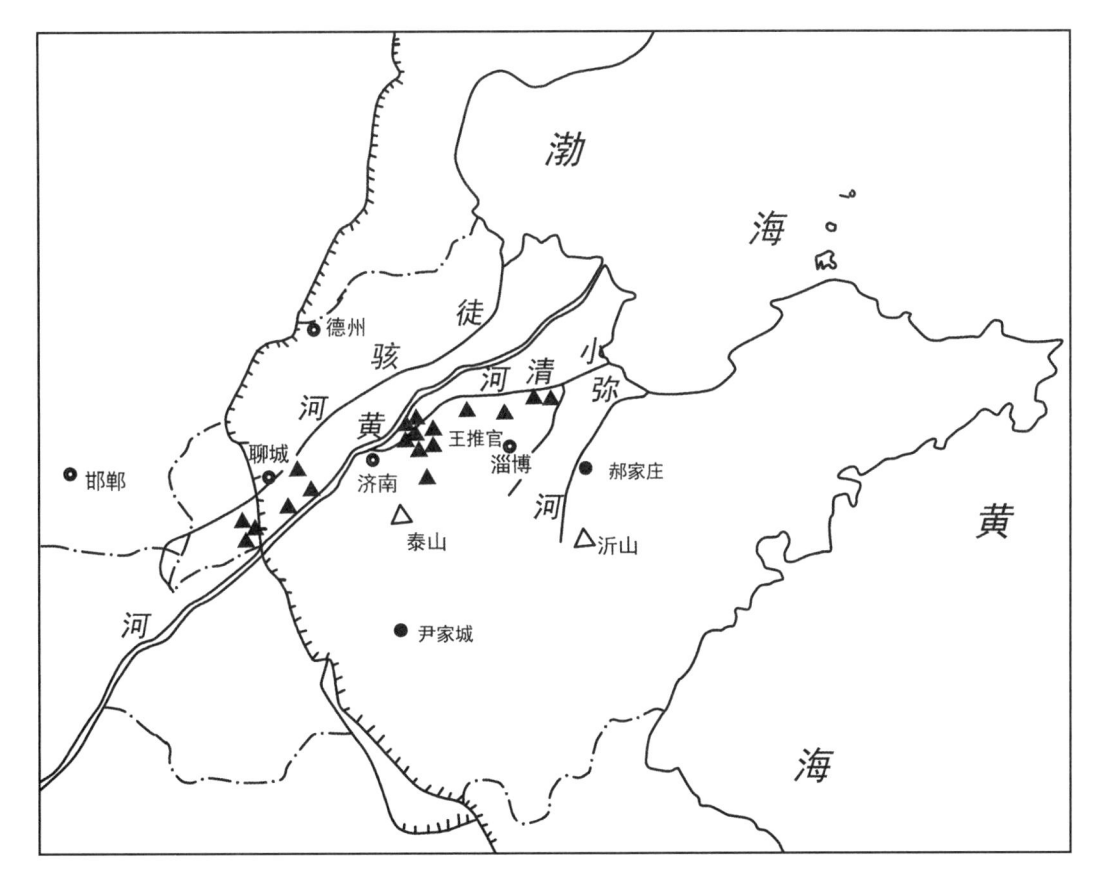

图一 王推官类型遗址分布示意图

---

① 中研院历史语言研究所:《城子崖》,1934年。
② 山东大学历史系考古专业等:《山东省茌平县南陈庄遗址发掘简报》,《考古》1985年第4期。
③ 山东省文物考古研究所等:《山东广饶新石器时代遗址调查》,《考古》1985年第9期。
④ 山东大学历史系考古专业等:《山东邹平丁公遗址试掘简报》,《考古》1989年第5期;《山东邹平丁公遗址第二、三次发掘简报》,《考古》1992年第6期;《山东邹平县古文化遗址调查》,《考古》1989年第6期。
⑤ 严文明:《章丘县乐盘大汶口文化至商代遗址》、《章丘县邢亭山大汶口文化至商代遗址》,《中国考古学年鉴》,1986年;济南市文化局文物处等:《山东章丘县西部原始文化遗址调查》,《海岱考古(第一辑)》,山东大学出版社,1989年;《山东章丘马彭北遗址调查简报》,《考古》1995年第4期。
⑥ 孙淮生、吴明新等:《山东阳谷、东阿古文化遗址调查》,《华夏考古》1996年第4期。
⑦ 光明等:《桓台史家遗址发掘获重大成果》,《中国文物报》1997年5月18日。
⑧ 张学海:《城子崖遗址又有重大发现:龙山岳石周代城址重见天日》,《中国文物报》1990年7月26日。
⑨ 栾丰实:《东夷考古》,山东大学出版社,1996年。

二、文 化 特 征

王推官类型发现遗迹最为重要。城子崖的岳石文化城址,平面近似方形,城内面积约17万平方米,城墙夯层规整,每层厚8－12厘米,夯土采用集束棍夯,夯窝密集清晰,夯土结构紧密,质地坚硬,在夯筑技术上发明了用夹板挡土的版筑方法。邹平丁公发现了岳石文化城壕。桓台史家遗址的岳石文化器物窖藏坑,长9.05米,宽7米,深4米,内有"井"字形腐朽木痕,底部厚1.1米的堆积内共存放了7层356件器物。这一类型的遗迹还有房基、灰坑和灰沟,房基发现较少,多残缺不全,但可知为地面式建筑,居住面坚硬或铺红烧土。灰坑以不规则椭圆形,圆形为主,有个别规整的圆形袋状坑,有的壁呈阶梯状。

石器发现得较多,制作以磨制为主,兼用打制和琢制的方法,器类有铲、锹、刀、凿、锛等。其中体形扁薄的石铲、半月形双孔石刀较多,尤以上窄下宽的方孔石铲、两侧带缺口的方孔石镢较有特色。骨器、蚌器数量较少,骨器有铲、锥、匕、镞等。蚌器有铲、刀和三棱形镞等(图二)。

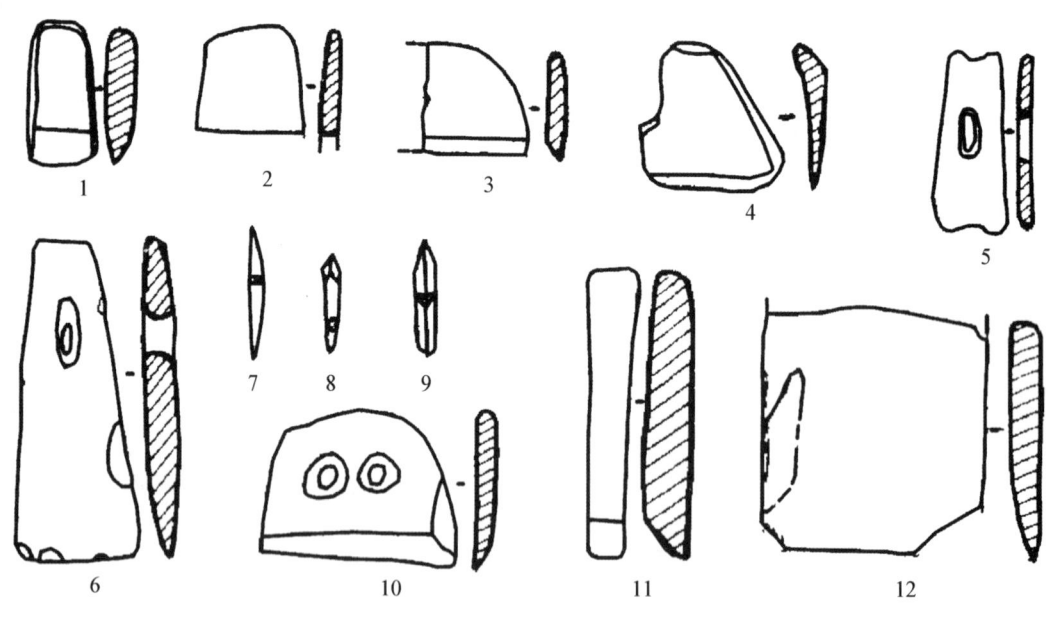

图二　王推官类型石、骨、蚌器

1、11. 石凿　2、6、12. 石铲　3、10. 石刀　4. 骨铲　5. 石镢　7、8. 骨镞　9. 蚌镞
(1、5、10、11. 广饶营子　2. 章丘火化场　3、6. 章丘摩天岭　4、7—9、12. 王推官)

陶器有夹砂和泥质两大类。夹砂陶多夹细砂,陶胎较薄,烧制火候较高;泥质陶经过淘洗,质地细腻,陶胎较夹砂陶厚,火候则较低,器表多有一层皮,易于脱落。

夹砂陶以红褐色为主,并有一定数量的褐色、黑褐色者,灰陶较少,一器多色现象较为普遍;泥质陶以灰皮陶、灰褐皮陶为主,还有黑皮陶、褐陶、灰陶和少量红陶。

夹砂陶以素面为主，器表常见篦状刮抹痕迹，罐、甗、鼎的颈部常饰锥刺纹，甗腰部往往饰按窝纹，罐腹部还见划纹，斝饰划纹、窄附加堆纹，鬲饰交叉绳纹。泥质陶以素面磨光为主，绳纹次之，约占其中30%，绳纹细密，印痕较深，多斜向或横向，不甚整齐，少部分为竖行绳纹，有个别的交叉绳纹；此外还有凸棱、弦纹、附加堆纹和小方格纹等，小方格纹系拍印而成，方格规整，印痕略深，见于大型的瓮、罐类器型；有少量朱色彩绘，由于发现不多，可辨认的纹样只有宽带纹和菱形纹等。

陶器制法以手制为主，多采用泥条盘筑（器腹内侧常见泥条盘筑痕迹）的方法制成，然后经慢轮修整。有的器物，如豆、瓮、罐、盆等，系分段制作，然后粘接。有的小型器物则直接用手捏塑而成。器口和器底一般较厚，常见粘接痕迹，豆盘与圈足、器底与鼎足等往往有刻划的沟槽，以便两相接合时使之牢固。器物成型之后，多在外表涂一层泥浆，夹砂陶多加以刮抹，泥质陶则进行打磨或拍印纹样。

器型以平底器为主，三足器、圈足器次之；流行圆唇、卷沿，叠唇和器底周缘外凸的现象较为常见，子母口、凸棱作风相对较少。主要器类有鼎、甗、斝、甑、鬲、罐、盆、豆、瓮、尊、盂、碗、钵和器盖。最常见器类有罐、盆、豆、甗和鼎，其中前三者的数量最多，子母口罐、尊形器和蘑菇纽形器盖较少。炊器以夹砂罐为主，甗、鼎次之，也有个别斝、鬲、甑。

三、分期与年代

（一）分期

王推官类型岳石文化遗址发现较多，经过正式发掘的有城子崖、丁公、邢亭山、乐盘、王推官庄和史家遗址，其中城子崖第二期发掘和史家的资料尚未发表。因此，尽管最近十年来不少学者对岳石文化进行了分期研究，但没有人涉及鲁西北地区岳石文化的分期问题。在这里，我从分析上述几处遗址的发掘资料入手，并参考其他遗址的调查资料，依据层位学，主要着眼于陶器总体特征的变化及罐、甗、鼎、豆等主要陶器的形态演变，再与其他岳石文化地方类型的分期相比较，最后对王推官类型岳石文化做出期别划分。下面着重分析王推官庄和丁公遗址。

王推官庄遗址隶属章丘市宁家埠镇，东南距章丘约16千米，遗址总面积约15万平方米。80年代以来，济南市文物处和章丘市博物馆对其进行过多次调查，1989-1990年，山东省文物考古研究所先后三次发掘该遗址，发掘面积300余平方米。王推官庄遗址包含有岳石文化、商代、西周、春秋、战国和汉代时期的文化遗存，其中岳石文化遗存最丰富。依据层位关系和陶器的变化，可以将王推官庄岳石文化遗存划分为三段：第一段以H149、H147、⑥层等单位为代表；第二段以H146、H145、H142等为代表；第三段以H143为代表。第一、二段陶器特征相似，如陶器中黑皮陶、黑褐陶较多，绳纹以横向、斜向为主，器类有夹砂鼎、甗、豆、子母口罐、盆等，可归并为一大期，是为早期；第三段，陶器以泥质灰皮陶为主,绳纹多竖行,器类有泥质盂形鼎、深腹罐、豆、盆等,可作为单独的一期,即晚期。

丁公遗址,位于邹平县苑城乡丁公村东,西南距邹平县城约13千米,遗址总面积约18万平方米。自1985年以来,山东大学历史系考古专业先后进行了六次发掘,揭露面积2000余平方米,文化内涵包括大汶口文化、龙山文化、岳石文化、商代和汉代文化遗存,尤以龙山文化、商代和岳石文化遗存为丰富。岳石文化分早、晚两期,早期以第二、三次发掘的H1001、H1002为代表,陶器多夹砂黑陶、泥质黑陶,纹饰以素面磨光为主,多见子母口、凸棱,器型有甗、鼎、罐、盆、平底尊、蘑菇纽器盖等;晚期以第一次发掘的材料为代表,陶器中灰陶较多,纹饰中竖行细绳纹,乱而密的横行绳纹较多,还有小方格纹,另外夹砂罐亦变为宽卷沿。

比较王推官庄和丁公遗址的岳石文化遗存,可以看出,丁公晚期与王推官庄早期陶器特征相近,如灰褐陶增多,黑陶减少,纹饰均出现了细密横行绳纹,罐等器物的形态亦相似,应为同一期。这样,将两个遗址的岳石文化遗存串连起来,可分为早、中、晚三期。早期以丁公H1001为代表,中期以王推官庄早期为代表,晚期以王推官庄晚期为代表。早期除丁公遗址外,还有邢亭山、乐盘等遗址;中期除王推官庄、丁公遗址外,还有马彭北、火化场等遗址;晚期除王推官庄外,还有城子崖、史家及马彭北等遗址。

王推官类型早、中、晚三期陶器特征及其变化轨迹比较明显。早期,夹砂陶多为黑褐陶,泥质陶多是黑皮陶;纹饰以素面、磨光为主,凸棱、弦纹次之,不见绳纹,流行子母口、凸棱特征;器类有鼎、甗、夹砂罐、平底尊、盆、豆、蘑菇纽器盖等(图三)。中期,夹砂陶以红褐陶为主,黑褐陶、褐陶次之,泥质陶以黑皮陶居多,灰褐皮陶次之;纹饰以素面、磨光为

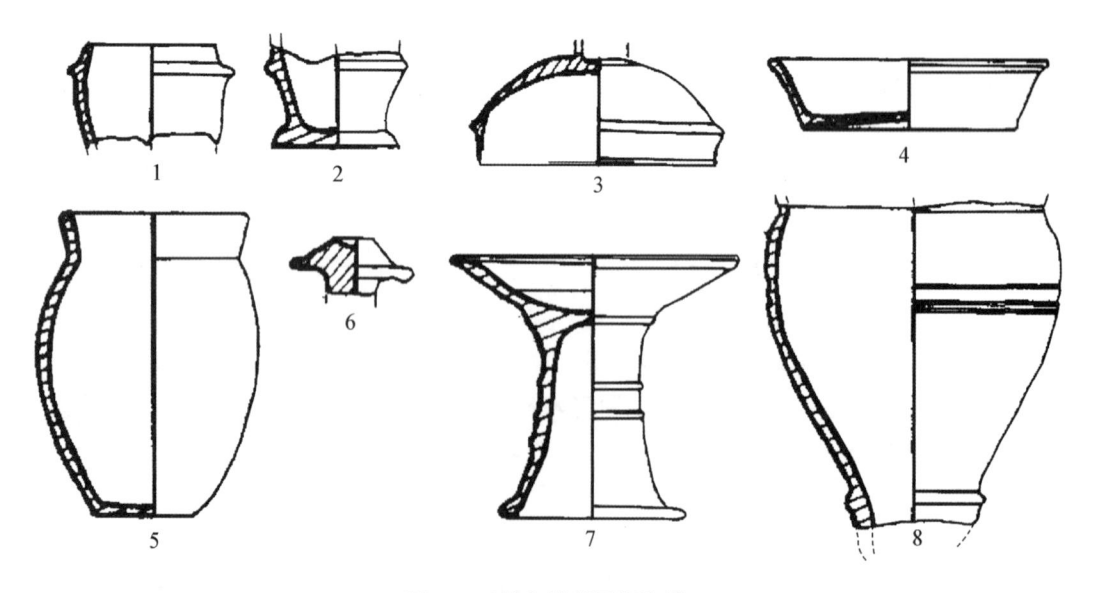

图三 王推官类型早期陶器

1、2. 尊形器　3、6. 器盖　4. 盆　5. 夹砂罐　7. 豆　8. 甗
(均为丁公遗址出土,4为H1002,余为H1001)

主,绳纹次之,绳纹为横向、斜向,纹路细密且印痕较深,并有少量交叉绳纹(饰于器底内侧),凸棱、弦纹较少,另有按窝纹、锥刺纹;器类有鼎、甗、罐、盆、豆、瓮、碗、盂,平底尊、蘑菇纽器盖相对减少,出现了鬲、甑、泥质盂形鼎,以罐、盆、豆数量最多(图四)。晚期,基本不见泥质黑陶、黑皮陶,以灰皮陶、灰陶为主,出现少量红陶,纹饰中绳纹比例有所增加,且多为竖向分布的细密或麦壳状绳纹;器类有豆、罐、盆、瓮、斝、泥质鼎等(图五)。

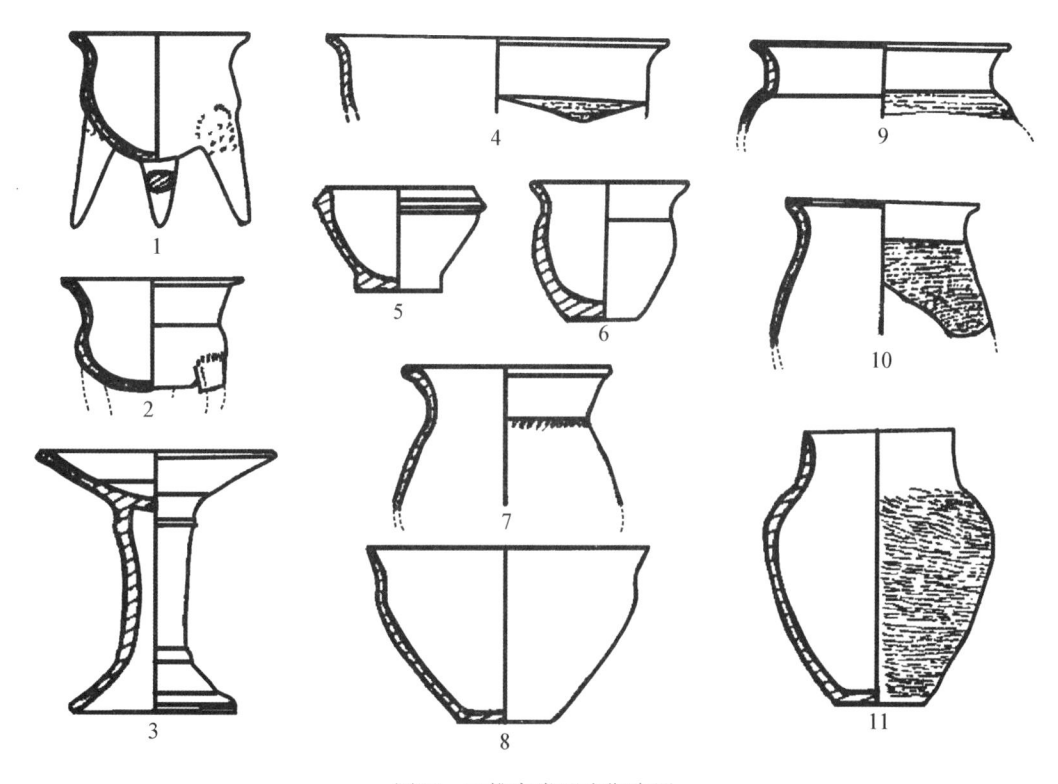

图四 王推官类型中期陶器

1. 鼎 2. 泥质鼎 3. 豆 4、8. 盆 5. 碗 6. 盂 7. 夹砂罐 9-11. 泥质罐
(1、8. 马彭北 2、5、10. 火化场 3、4、6、9、11. 王推官 7. 丁公)

由于已发表资料较少,完整陶器不多,因此,陶器分型排式诸多不便,但各期之间陶器除陶质、陶色、纹饰有所变化外,几类主要陶器的形态演变顺序也比较明显,说明将其划分为三期是比较符合实际的。如浅盘豆,盘内凸棱以内凹坑由深变浅,直至消失;夹砂罐从直口、有颈鼓腹到侈口、卷沿、深腹;泥质罐和卷沿鼓腹盆均由小卷沿、鼓腹变为宽卷沿、深腹;泥质盂形鼎由翻卷沿、弧腹发展为折沿、折腹。

综上所述,王推官类型岳石文化可以划分为早、中、晚三期。早期的甗、夹砂罐、豆、尊形器、器盖等与泗水尹家城[①]岳石文化早期同类器相似,陶器风格亦接近,时代应与之相当。王推官类型中期的甗、豆、夹砂鼎、卷沿鼓腹盆、盂、绳纹罐分别与泗水尹家城岳石文

---

① 山东大学历史系考古专业:《泗水尹家城》,文物出版社,1990年。

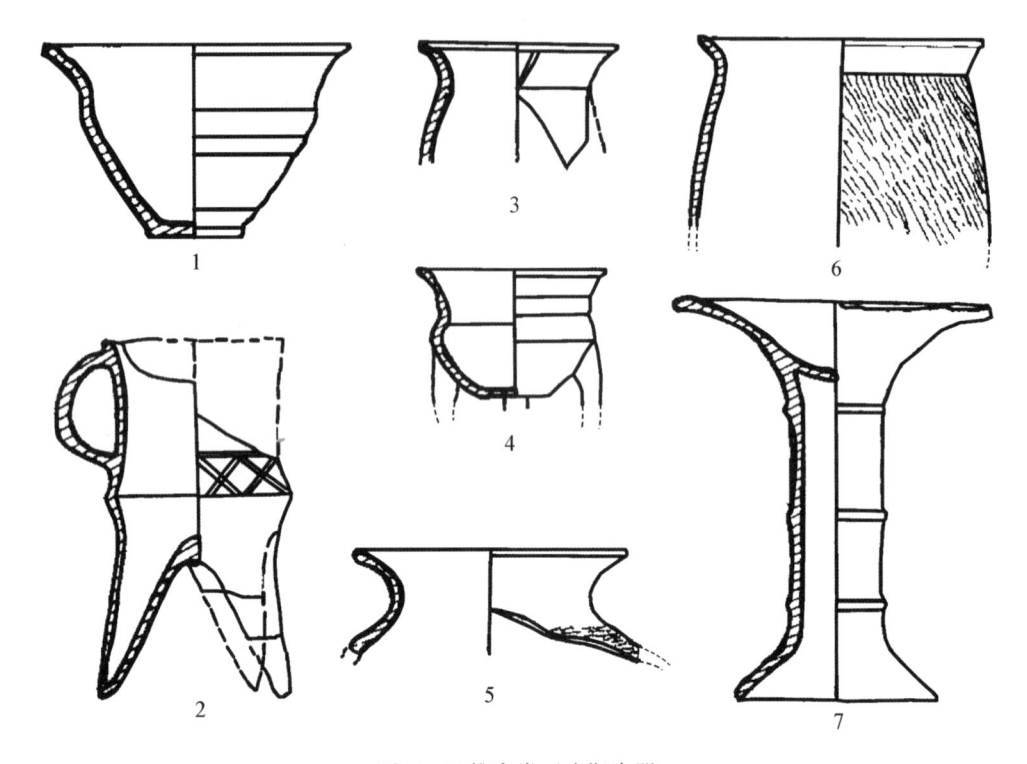

图五 王推官类型晚期陶器
1. 盆 2. 斝 3、6. 罐 4. 泥质鼎 5. 瓮 7. 豆
(1、2、7. 城子崖 3、5. 马彭北 4、6. 王推官)

化晚期、郝家庄类型早期①同类器相似，并且都出现了相同的绳纹，其时代应接近或相当。王推官类型晚期的豆、卷沿绳纹瓮、深腹盆与郝家庄类型晚期的同类器接近，时代应与之相当。

（二）年代

由陶器分期的对应关系可知，王推官类型早期与尹家城岳石文化早期相当或略晚。中期与尹家城岳石文化晚期、郝家庄类型早期及荷泽安邱堌堆岳石文化第二、三组时代接近，这一期陶器装饰中出现了大量绳纹，器类有卷沿鼓腹盆、鬲、敛口瓮等，与先商文化（目前多数人称下七垣文化）漳河型晚期相当，大约相当于二里头文化晚期。② 汶泗流域和鲁西南地区多处遗址的发现，证明了岳石文化遗存被二里岗上层文化遗存所叠压，其下限早于二里岗上层，郝家庄岳石文化早期(H14)有两个碳十四测定标本，BK84022，校正年代为距今 3440±160 年；BK84023，校正年代为距今 3505±145 年，绝对年代已进入夏代最晚期

---

① 吴玉喜：《岳石文化地方类型初探——从郝家庄岳石文化遗存的发现谈起》，《考古学文化论集》第3集，文物出版社，1993年。
② 邹衡：《论菏泽（曹州）地区的岳石文化》，《文物与考古论集》，文物出版社，1986年。

和商代前期。王推官类型晚期与中期相比,陶器变化明显,纹饰、器类及其形态均有所不同;并且城子崖岳石城和史家器物窖藏等重要遗迹均出现于这一期,表明其社会性质有所变化,亦应是划分时代的标志。在王推官类型分布的区域内,相当于二里岗上层阶段的遗址除济南大辛庄外,以东和以北地区尚无发现,茌平南陈庄、章丘邢亭山、乐盘、邹平丁公、桓台史家遗址发现的商代文化遗存,多数属于殷墟第二、三期,最早可以早到殷墟第一期,因此王推官类型晚期在年代上晚于中期,亦即晚于夏文化晚期和商代前期,应与二里岗上层时代相当,其下限有可能延至殷墟第一期。

四、相关问题的讨论

1. 与岳石文化其他地方类型的比较

岳石文化遗存的发现已遍布海岱地区,依其区域性差异,目前有学者将其划分为照格庄类型、郝家庄类型、王推官类型、土城类型、尹家城类型和安邱堌堆类型,从目前的发现和发表的资料看,这一划分基本上概括了岳石文化的区域性差异。除土城类型、王推官类型外,其余四个类型的分布、文化特征、分期和年代已基本清楚,有关论述亦较为详细。王推官类型的文化特征已如前述。下面试与邻近的郝家庄、尹家城类型进行比较,以使其区域特征更加清晰地显现出来。

王推官类型与尹家城、郝家庄类型有较多的共性,也是同为岳石文化的原因,如石器都有扁平石铲、半月形石刀;陶器中夹砂陶以素面为主,多见篦刮痕迹,一器多色现象普遍;炊器中以鼎、甗、罐为主,泥质陶中带皮陶多,以素面磨光为主,流行凸棱、子母口作风;器类有浅盘豆、盆、尊形器、盂和器盖等。

三个类型之间的差异也很明显,这是将其划分为不同类型的依据。下面主要比较三者之间的不同。

王推官类型分布于淄河以西的小清河、徒骇河流域,郝家庄类型分布于淄河以东、胶莱河以西的潍淄流域,尹家城类型则分布于汶泗流域。三者文化渊源不同,分别继承了龙山文化城子崖、姚官庄和尹家城类型。王推官类型发现的岳石文化城址、城壕及器物窖藏,目前尚未见于后两者。

王推官类型陶器中夹细砂陶较多,且火候较高,陶胎较薄,其他两类型夹砂陶的陶胎较厚,尹家城类型有用蚌壳碎片和小石子作羼和料的现象;泥质陶中,前者陶胎亦较薄,带皮陶多,且极易脱落,与其他两类型有所区别。王推官类型绳纹较多,郝家庄类型次之,尹家城类型极少;王推官类型凸棱、弦纹较少,郝家庄类型次之,尹家城类型较多;彩绘陶在王推官类型仅见朱色,图案简单,数量极少,郝家庄类型有红白复彩、图案略多,尹家城类型彩绘陶则较前两类型多。

王推官类型陶器器型以夹砂罐、泥质卷沿鼓腹罐、卷沿鼓腹盆、浅盘豆较为多见,炊器以罐为主;尊形器、蘑菇纽器盖较少;泥质盂形鼎、斝、甗、鬲中,盂形鼎不见于尹家城类型,前二类器物亦不见于郝家庄类型。王推官类型不见郝家庄类型的泥质小鼎、簋、圈足杯、碗形豆，而共有较多的卷沿鼓腹罐。郝家庄类型炊器以甗为主，甗、尊形器、盂数量多于王推官类型。王推官类型不见尹家城类型的舟形器、盒、子母口豆。尹家城类型流行凸棱、子母口作风，而少见绳纹和卷沿鼓腹盆，炊器以鼎、甗为主，子母口罐、尊形器、蘑菇纽器盖较为常见。

总之，从陶质陶色、纹饰的变化，器类的有无、多少分析，三类型之间的差异是明显的。早期，王推官类型受尹家城类型影响较大，中期后者则受前者影响大。王推官类型与郝家庄类型则主要是前者影响后者。

2. 来源问题

关于岳石文化来源，学术界目前有不同观点，或认为是外来民族创造的，或认为在主要继承了山东龙山文化的同时又吸收了周边同时期考古学文化因素而形成的，我们认为后一种意见比较可取，除了分布范围相同、年代与山东龙山文化相衔接之外，岳石文化只发现一座城址，便是在城子崖龙山文化城址的基础上建造起来的，在筑城技术上既有继承又有发展。陶器风格与山东龙山文化一脉相承，如素面、磨光、凸棱、子母口作风，器类中夹砂罐、浅盘豆、子母口罐、卷沿鼓腹盆、斜腹盆、瓮、盒、盂等直接继承了龙山文化晚期的特征。

海岱地区的北辛文化—大汶口文化—龙山文化是东夷人创造的，已被学界所承认。济南大辛庄第二类遗存[1]和胶东半岛发现的珍珠门文化，[2]均是商代夷人遗存，也为大家所接受。岳石文化上承山东龙山文化下接商代文化，前后一脉相承，前后都是东夷人创造的，因此，岳石文化为东夷文化无疑。诚然，岳石文化与龙山文化差异较大，这或许是文化替代出现的新面貌，而事实上，龙山文化晚期已逐渐发生变化，孕育了岳石文化的主要因素，两者之间或许有缺环，有待于考古资料的发现和认识的逐渐深入。同时，也有线索证明龙山文化向岳石文化过渡，如寿光火山埠龙山文化的一组器物、青州赵铺 H11[3] 和济宁程子崖 H140，[4]层位上均属龙山文化，陶器特征则既有龙山文化因素，又明显具有岳石文化特征，随着工作的开展和学科的进步，这一问题会逐渐解决的。

王推官类型分布的鲁西北地区，唯一的岳石文化城便是在龙山文化城子崖城址基础上建造起来的，并有所创新。龙山文化城子崖类型晚期泥质灰陶占多数，器表以素面磨光为主，素面鬲也主要发现于这一区域。岳石文化中的甗足与素面鬲足相似，外表都有成组的篦状刮痕，龙山文化晚期中的麦壳状绳纹、叠唇及突底现象亦被岳石文化所继承。器类中浅盘豆、卷沿鼓腹盆、浅腹盆、夹砂罐、盂、瓮等在龙山文化晚期中均有祖型，如南陈庄龙

---

[1] 山东大学历史系考古专业等：《1984 年秋济南大辛庄遗址试掘述要》，《文物》1995 年第 6 期；徐基：《从济南大辛庄遗址的第二类遗存探索岳石文化的发展去向》，《辽海文物学刊》1990 年第 1 期。
[2] 严文明：《东夷文化探索》，载《文物》1989 年第 9 期。
[3] 寿光县博物馆：《寿光县古遗址调查报告》、青州市博物馆：《青州市赵铺遗址的清理》，均载《海岱考古（第一辑）》，山东大学出版社，1989 年。
[4] 国家文物局领队培训班：《山东济宁程子崖遗址发掘简报》，《文物》1991 年第 7 期。

山文化绳纹罐、甗、盂、深腹盆,①尚庄龙山文化三期中的小罐、深腹盆、素面鬲、甗、小盆、盂,②此外丁公遗址还发现更晚的龙山文化遗存。③

王推官类型岳石文化在龙山文化城子崖类型的基础上形成之后,自中期开始吸收了大量的冀南地区的下七垣文化漳河型④文化因素,如细密竖向绳纹,小卷沿深腹罐、鬲、敛口瓮、斝、花边罐、甗等。下七垣文化来源于晋中地区的龙山文化和河北地区的龙山文化,绳纹较多,以鬲、甗最为常见,发展为早商文化早段,与岳石文化差别甚大。

3. 去向问题

众所周知,岳石文化晚于龙山文化而早于商代文化,但随着商人的东进和商文化的东渐,各类型岳石文化的下限不尽相同。在汶泗流域、鲁西南地区岳石文化之后为二里岗期早商文化,虽然亦有土著文化因素,却以商文化因素为主。鲁东南地区岳石文化及商代早期遗存不清楚,但目前还少见早商文化遗物。胶东半岛岳石文化之后发现了珍珠门文化,⑤在烟台芝水发现了岳石文化向珍珠门文化过渡的堆积,⑥其文化面貌以土著文化因素为主,如素面夹砂褐陶占据多数,器类有鼎、甗、素面鬲、簋、罐、碗等,显然直接继承自岳石文化。青州、潍坊一带基本不见早于殷墟三期的商代文化遗存,在许多晚商遗址如青州赵铺、凤凰台和昌乐、寿光境内的遗址,存在着素面鬲、高圈足簋、折肩罐等土著文化因素,并在昌乐李家庄发现纯夷人风格的陶器。

鲁西北地区,岳石文化之后除济南大辛庄遗址发现二里岗上层遗存外,基本不见早商文化遗存,多数相当于殷墟二至四期,这与王推官类型岳石文化晚期年代是前后相连的,在这些或早或晚的商代遗址中,如丁公、邢亭山、乐盘、王推官庄、宁家埠遗址,除典型的商文化因素外,普遍存在着变体鬲(圆方唇、斜卷沿、束颈、绳纹到底)、宽卷沿甗、长颈高圈足簋、卷沿鼓腹盆(绳纹为细密竖行)、夹砂素面罐、宽卷沿鼎、圈底尊等土著文化因素或与商文化融合产生的新因素,无疑是对岳石文化因素的继承和发展。在这一地区,随着商人势力的东进和商文化占主导地位的同时,夷人遗存作为土著文化便融合到商文化中去了,而单纯的夷人文化东退,济南大辛庄遗址发现的第二类遗存,陶器以夹砂褐陶为主,器表多素面,夹砂陶常见篦刮痕迹,器型中的甗、鼎、豆、尊等,这些均与岳石文化极为相似,它和晚商时期的珍珠门文化都属于商代的夷人文化。

余 论

综上所述,分布于鲁西北地区的岳石文化,其基本文化面貌与其他地区的岳石文化相

---

① 山东大学历史系考古专业等:《山东省茌平县南陈庄遗址发掘简报》,《考古》1985年第4期。
② 山东省博物馆:《山东茌平尚庄遗址第一次发掘简报》,《文物》1978年第4期;山东省文物考古研究所:《茌平尚庄新石器时代遗址》,《考古学报》1985年第4期。
③ 山东大学历史系考古专业:《山京邹平丁公遗址第二、三次发掘简报》,《考古》1992年第6期。
④ 李伯谦:《先商文化探索》,《庆祝苏秉琦先生考古五十五年论文集》,文物出版社,1989年。
⑤ 严文明:《东夷文化探索》,《文物》1989年第9期。
⑥ 张江凯:《烟台市芝水商代遗址》,《中国考古学年鉴》,1984年。

同,但又有鲜明的自身特色,有别于其他地区的岳石文化,从而可以作为岳石文化的一个地方类型——王推官类型。这一类型可以划分为早、中、晚三期,晚期的年代较其他类型要晚,大约相当于二里岗上层或略晚。王推官类型来源于龙山文化城子崖类型,同时吸收了一些冀南地区的下七垣文化的因素。晚期出现了城子崖岳石文化城、丁公岳石文化城壕及史家器物窖藏等重要遗迹,形成了以城子崖为中心的一个方国。

王推官类型分布区域之内,龙山时代便出现了许多城址,如城子崖、丁公、田旺等,可以说已进入邦国林立的时期。文献记载的后羿、寒浞等著名历史人物便活动在这一区域,并于夏朝初年出现了代夏朝而执夏政的辉煌,可以和上述发现相互印证。《左传·昭公二十年》载"昔爽鸠氏始居此地,季荝因之,有逢伯陵因之,蒲姑氏因之,而后太公因之",简要记述了齐地的历史沿革。汉代杜预注,季荝为"虞、夏诸侯,代爽鸠氏者","逢伯陵,殷诸侯,姜姓"。方辉先生考证,有逢伯陵为岳石文化时期姜姓从西方东迁的一支。[①] 文献多处记载逢蒙学射于后羿,应同是东夷系统,逢蒙显然为有逢氏。而姜姓,王献唐先生在《山东古国考》一书中考证了山东北部存在姜姓部族集团。综合文献资料和王推官类型岳石文化,我们有如下认识:龙山文化晚期,城子崖类型文化发达,邦国林立,对外交流活跃,在后羿代夏西迁过程中,有逢伯陵、寒浞等部族皆随之西迁,与冀南地区的先商文化共同相处,关系密切。少康复国,夷人失败东迁,有逢伯陵则又回到自己的故土,同时带来些先进的先商文化因素,建立起强大的方国,商代早期国家建立后成为殷代诸侯。

(原发表为刘延常:《试论岳石文化王推官类型及其相关问题》,《刘敦愿先生纪念文集》,山东大学出版社,1998年)

---

① 方辉:《浅谈岳石文化的来源及其族属问题》,《中国考古学会第九次年会论文集》,文物出版社,1997年。

珍珠门文化初探

目前,海岱地区的考古学文化序列已基本清楚。学术界一般认为,北辛文化、大汶口文化、龙山文化和岳石文化属一脉相承的一个文化系统,是东夷族团创造的。岳石文化之后的商代考古学文化,现已区分为商文化和土著文化两大系统,同时还有二者融合产生的地方文化。商文化主要是商人灭夏后逐渐东扩形成的,而土著文化则是继承了岳石文化,为东夷人创造。有学者根据发现的考古资料提出了珍珠门文化[①]的命名,以此代表胶东半岛商代夷人的文化。

通过考古工作者十余年的努力,发现了较多的与珍珠门遗存相类似的文化遗存,其分布范围和文化特征逐渐清晰,明显区别于其他考古学文化,以夹砂素面褐陶为代表的陶器群,主要器类有鬲、甗、鼎、簋、盆、罐、碗、瓮、器盖等,其文化内涵显然承袭了岳石文化,因此,我们赞同以珍珠门文化命名岳石文化以后的商代夷人文化遗存。本文试从近些年发现的考古材料入手,对珍珠门文化的发现和分布、文化特征、分期和年代、地方类型及相关问题进行论述,进而揭示东夷族的发展,探讨东夷文化与华夏文化的融合过程。

一、发现和分布

20世纪80年代初,海岱地区考古学文化序列已基本建立,即北辛文化—大汶口文化—山东龙山文化—岳石文化。这样,上溯北辛文化的源头和下寻岳石文化的去向就成为山东及关心山东地区的考古工作者的重要任务,迄今已有很大的进展。

1979年,北京大学等单位对以胶东半岛为主的地区进行了考古调查,在长岛县的王沟、店子、珍珠门、北城西、大口和大钦北村遗址发现一种富有地方特色的文化遗存。[②] 陶器多为红色或褐色,手制,素面,器型有鬲、鼎、矮圈足碗、圈足罐、平底罐,另还发现有商文化的绳纹鬲。在与当地岳石文化、商文化比较之后,得出了其是商人势力尚未到来之前的商代东夷土著文化的结论。

1982-1983年,北京大学等单位两次发掘了珍珠门遗址,更加丰富了珍珠门文化的遗存。陶器以夹砂或夹云母红褐陶为主,器类有甗、鬲、簋、碗、罐,另有少量绳纹鬲、盆。发

---

① 严文明:《东夷文化探索》,《文物》1989年第9期。
② 北京大学考古实习队等:《山东长岛县史前遗址》,《史前研究》1983年创刊号。

掘者认为,珍珠门遗存延续时间较长,大体可分为三个阶段,早段相当于商代中晚期。①
这类遗存在乳山县南黄庄和寨山、掖县刘家等遗址均有发现。烟台市西郊的芝水遗址,在
岳石文化层和珍珠门文化层之间,发现了文化面貌具有过渡性质的堆积,②由此可以证明
珍珠门遗存源于岳石文化。

1983年,北京大学考古系等单位在乳山县南黄庄墓地发掘22座墓葬,除2座结构不
详外,余皆为石椁和石棺墓,随葬品1-8件不等,随葬器物有鼎、鬲、簋、罐等陶器及铜镞、
石器。陶器以夹砂红褐陶为主,亦有夹云母者,多手制,素面,个别罐饰绳纹。陶器中,鬲、
簋等与珍珠门遗存有明显承袭关系,系由后者发展而来,年代为西周早中期。③ 这一类遗
存在乳山县的俞介庄、大浩口、合子、海疃、寨山等遗址及文登、荣城也有发现。

1984年秋山东大学历史系考古专业等单位对济南市东郊大辛庄遗址进行了发掘,并
将大辛庄文化遗存分为七期,进而认为大辛庄遗址主要是商文化遗存,同时在第一、二、三
期中还存在富有特色的第二类文化遗存。第二类文化遗存没有单独的堆积单位,混合于
商文化堆积中。④ 第二类文化遗存以素面夹砂褐陶为主,另有泥质灰陶等,器类有鬲、甗、
罐、瓮、鼎、盆、豆、碗,无论是陶质、陶色、制法还是器型均继承了岳石文化,同时也受到商
文化的强烈影响。发掘者认为,大辛庄第二类文化遗存应是商人统治下的东夷人文化
遗存。⑤

1997年7月,山东省文物考古研究所对潍坊市会泉庄遗址进行了发掘,共发现16个
灰坑,遗物除3件石刀外全为陶片。陶片主要为夹砂、夹云母(部分夹小石英石子)陶,陶
色以红褐色为主,褐色次之,颜色不均,以手制为主,素面陶占绝大多数。另有少量泥质灰
陶,个别饰绳纹、三角划纹。器类主要有甗、鼎、鬲、圈足盆、圈足罐、平底罐、平底盆、簋、
瓮、豆形器、碗、器盖等。会泉庄遗址遗迹、遗物单纯,陶器面貌与珍珠门遗存基本相似,年
代可推定在殷墟三期晚段至西周初期,为夷人文化遗存无疑。⑥

1959-1965年,南京博物院在江苏铜山丘湾遗址发现商代晚期人祭遗存,⑦有学者认
为是社祭遗迹。⑧ 杀人祭社和以犬为牲是海岱地区夷人的风俗。遗址中出土有夹砂褐陶
素面鬲、甗、半月形双孔石刀。

1981-1988年,南京博物院发掘了江苏沭阳万北遗址。在岳石文化堆积之上发现12
座商代墓葬,年代为殷墟三、四期。墓葬分为两类,其中一类随葬夹砂素面褐陶器,有鬲、
甗、罐,有的还随葬有半月形双孔石刀。⑨

---

① 王锡平:《胶东半岛夏商周时期的夷人文化》,《北方文物》1987年第2期。
② 张江凯:《烟台芝水商代遗址》,《中国考古学年鉴1984》,文物出版社,1985年。
③ 北京大学考古系等:《山东乳山县南黄庄西周石板墓发掘简报》,《考古》1991年第4期。
④ 山东大学历史系考古专业等:《1984年秋济南大辛庄遗址试掘述要》,《文物》1995年第6期。
⑤ 徐基:《从济南大辛庄遗址的第二类遗存探索岳石文化的发展去向》,《辽海文物学刊》1990年第1期。
⑥ 刘延常:《潍坊市会泉庄遗址考古发掘的意义》,《中国文物报》1998年3月25日。
⑦ 南京博物院:《江苏铜山丘湾遗址的发掘》,《考古》1973年第2期。
⑧ 俞伟超:《铜山丘湾商代社祭遗迹的推定》,《考古》1973年第5期。
⑨ 《文物研究》编辑部:《苏鲁豫皖考古座谈会纪要》,《文物研究》第七期,黄山书社,1991年。

山东省文物考古研究所等单位两次发掘了昌乐县后于刘遗址,发现商末周初文化遗存。其中几座小型土坑竖穴单人墓中,均随葬一件夹砂素面红褐陶鬲或甗,且置于头部一侧的壁龛内。鬲有大口鼓腹袋足鬲、小折沿斜腹袋足鬲两种。①

潍坊市姚官庄遗址 M3 为单人墓,随葬单件大口素面鬲。②

昌乐李家庄遗址出土有单纯夷人风格的陶器。③

潍坊狮子行遗址采集到商周时期完整的素面鬲;临朐西朱封遗址商代文化层里多处暴露小型墓葬,曾出土有素面鬲。④

寿光境内的火山埠、呂宋台、达字刘、前曹庄等遗址均出土过素面鬲;昌乐境内的河西、宇家等遗址均出土有素面鬲。⑤ 昌乐邹家庄亦出土有珍珠门文化风格的陶器。⑥

青州境内的凤凰台、赵铺遗址出土有素面鬲、瓮、罐。赵铺遗址中发现有随葬单件素面鬲的墓葬。⑦

1988-1990 年,济青公路文物考古队发掘了临淄后李遗址,发现一批商末周初时期的墓葬,有的随葬素面鬲。⑧

临淄东古墓地 M1002 随葬素面鬲,作者推测 M1002 为商末周初时期。⑨

胶县西菴 M1 出土 3 件素面鬲、夹砂罐等。⑩

黄县归城 M2 出土 2 件素面鬲及圈足罐。⑪

1987 年文物普查时在蒙阴县垛庄镇西长明遗址发现的陶片中,以夹砂素面红褐陶为主,较为单纯,器型有宽折沿罐口、泥质豆。豆盘腹壁较矮直,胎厚,柄粗,与商末周初时期豆相近。⑫

综上所述,珍珠门文化可分为两类。一类以珍珠门、会泉庄、南黄庄等遗址为代表,文化面貌较单纯,土著文化因素占主导地位,只有少量的商文化或周文化因素,主要分布在鲁北淄河以东至胶东半岛。另外,鲁东南地区发现的材料较少,但未发现商代、周初时期商文化和周文化为主的文化遗存,而蒙阴西长明遗址提供的线索表明,这一地区应是第一

---

① 山东省文物考古研究所等:《昌乐后于刘龙山文化至汉代遗址》,《中国考古学年鉴1991》,文物出版社,1992年。
② 山东省文物考古研究所等:《山东姚官庄遗址发掘报告》,《文物资料丛刊》5,文物出版社,1981年。
③ 严文明:《东夷文化探索》,《文物》1989年第9期。
④ 杜在忠:《山东胶莱地区的素面陶鬲》,《考古学文化论集》2,科学出版社,1989年。
⑤ 寿光县博物馆:《寿光县古遗址调查报告》;潍坊市博物馆等:《山东昌乐县商周文化遗址调查》,《海岱考古(第一辑)》,山东大学出版社,1989年。
⑥ 严文明:《胶东考古记》,《文物》1998年第3期。
⑦ 山东省文物考古研究所等:《青州市凤凰台遗址发掘》;青州市博物馆:《青州市赵铺遗址的清理》,《海岱考古(第一辑)》,山东大学出版社,1989年。
⑧ 济青公路文物工作队:《山东临淄后李遗址第一、二次发掘简报》,《考古》1992年第11期;《山东临淄后李遗址第三、四次发掘简报》,《考古》1994年第2期。
⑨ 山东省文物考古研究所:《临淄东古墓地发掘简报》,《海岱考古(第一辑)》,山东大学出版社,1989年。
⑩ 山东省昌潍地区文物管理组:《胶县西菴遗址调查试掘简报》,《文物》1977年第4期。
⑪ 李步青、林仙庭:《山东黄县归城遗址的调查与发掘》,《考古》1991年第10期。
⑫ 蒙阴县文管所调查材料。该遗址出土陶片较单纯,大部为夹砂素面红褐陶,陶色不匀。笔者1997年5月在蒙阴工作期间与县文管所所长孙昌盛同去遗址调查,遗址在蒙山东北麓一季节性河流北岸,保存较差,几乎不见陶片。

类分布区。另一类,有单纯的夷人文化遗存,同时又有商、周文化遗存,土著文化不占主导地位,主要分布在淄河以东、潍河以西地区和淮河以北的苏北地区。

二、文 化 特 征

珍珠门文化遗存经过发掘的主要有长岛珍珠门、烟台芝水、潍坊会泉庄、乳山南黄庄、胶县西菴庄、昌乐后于刘、潍坊姚官庄、青州赵铺、沭阳万北等遗址或墓葬,但发掘材料多未报道或报道不详。其他地点的材料相对较少,除陶器外,其他遗物并不丰富。现仅就调查、发掘材料归纳珍珠门文化特征如下。

1. 遗迹

房址、灰坑主要发现于会泉庄、珍珠门、芝水、南黄庄等遗址。南黄庄遗址发现的圆角方形灰坑,坑内堆满大量红烧土块,周围还有圆形或方形的柱洞,应为当时的房址。表明当时的人们还是半地穴式的原始居住方式。

会泉庄发现灰坑16个,比较分散,极少有打破关系。灰坑均为圆形、直壁、平底,直径2米左右,深0.2-0.4米,填灰褐土,土质较松软,包含物较少,出土物有3件梭形石刀,余皆为陶片。陶片以夹砂、夹云母褐陶为主,多手制,素面,可辨器型有鬹、鬲、鼎、罐、盆、簋、碗、器盖等。珍珠门遗址发现的灰坑亦为圆形,大的直径2-3米,底面平整,并铺有一层海砂,厚0.5-1.5厘米,或许为当时人们居住的房子。有些小灰坑内填灰烬和蛎子壳,底不平,不见海砂。芝水遗址北区属于一、二期的8个灰坑中,锅底状坑3个;芝水遗址北区属于三期的21个灰坑中,锅底状坑13个。[①]

墓葬分石椁、石棺墓和土坑竖穴墓两类。

石椁墓、石棺墓目前仅见于南黄庄,均为单人葬。石椁墓是在长方形墓穴四周用不规则石块筑成椁室,一般筑两层,内壁砌碎石,底部则不铺石,顶部用较大石板铺盖,其上再堆大小不同的石块,一般长2.7-3.4米,高2.5米左右。椁室内置木棺,有方形与井字形两种。墓向一般30°-70°。随葬品1-8件不等,均放置在椁、棺之间的高台上(高台用熟土筑成,有的用石块铺成,高0.1米左右)。器物组合有鼎、鬲、罐、鼎、罐、鼎、鬲、鬲、罐或鬲、簋。石棺墓与上述石椁墓形制基本相同,只是底部用石块铺平,内无木葬具,长2-3米,随葬品1-3件不等。

土坑竖穴墓,为长方形,单人葬。后于刘几座墓的墓主人头部一侧均有壁龛,随葬品置于龛中,随葬1件素面陶鬲或陶簋。其中一座墓有腰坑,内殉一狗。赵铺M24、M2分别随葬1件素面陶鬲、罐。沭阳万北发现的这类墓,个别墓的腰坑为殉狗,随葬品亦较少,主要有素面陶鬲、鬹、罐等。姚官庄遗址M3则为一不规则灰坑状,单人侧身屈肢葬,背部随葬1件素面鬲。胶县西菴M1,长3.6米,宽1.9米,深2.32米,一椁一棺,有熟土二层台,底

[①] 王迅:《东夷文化与淮夷文化研究》,北京大学出版社,1994年;转引何弩《1983年烟台芝水遗址(北区)发掘实习报告》,北京大学考古系资料室存。

部有腰坑,腰坑中殉狗一只。填土经夯打,内埋一狗,西南角有陶盆、残陶甗各 1 件。棺上有涂朱痕迹,内有一女性骨架,头向东。随葬品除玉鱼放置胸部外,素面陶鬲 3 件、陶罐 2 件、陶簋 1 件均置于头部,口中置玉玲。其他遗址中墓葬的随葬品与地方文化中的绳纹鬲、簋或罐共存,随葬品亦较少。如青州赵铺遗址 M1 出土有素面鬲、簋、罐。后李遗址中的墓葬随葬陶器组合为鬲、簋、罐,鬲、簋、罐。其中后李 M93,有熟土二层台,墓右侧有壁龛,龛内置鬲 1、簋 1、罐 2,填土经夯打,并见有白色棺板痕迹。

2. 遗物

目前可以确定为珍珠门文化遗物者,除陶器外,还有少量石器。

石器有半月形双孔石刀、梭形石刀和石饰。石饰,出土于南黄庄 M80 死者腰部,为黑色云母片岩磨制而成,圆角长方形,一面平,另一面略鼓,一端有孔。半月形双孔石刀,出土于大辛庄、万北,弧背、直刃、偏锋,刀身多穿双孔,孔多对钻。梭形石刀,出土于会泉庄遗址。另外,珍珠门遗址发现有较多的打击石片,据芝水遗址二、三期出土石器分析,当时人们尚未完全脱离使用石器的阶段。

陶器,发现较多,为夹砂素面褐陶系,制法以手制为主,器类主要有甗、鬲、鼎、罐(圈足、平底)、盆(圈足、平底)、簋、瓮、碗(圈足、平底)、杯、器盖等,这是识别珍珠门文化的主要依据。与上述器物群共存的还有极少量泥质灰陶器,绳纹,轮制,器类有鬲、簋、罐、盆;素面磨光灰陶器有簋、尊形器、豆等。

珍珠门文化的夹砂陶系,以夹细砂为主,大部分同时羼有云母,部分夹粗砂或小石英,陶质较硬,陶土多不经淘洗,个别盛器用土稍加选择。陶色以红褐色为主,褐陶次之,另有黑褐、灰褐陶,往往一器多色。器表以素面占绝大多数,纹饰有按窝纹、指甲纹、乳钉纹、附加堆纹、划纹,鬲、甗内外壁往往有篦状刮抹痕迹。按窝纹、指甲纹多施于甗口沿、腰部,鼎、罐、瓮颈部,罐、盆的圈足部分;划纹有网格纹等,施于簋圈足上,器表整体显得较粗糙,个别小型器物内外壁多施泥浆。制法以手制为主,多采用泥条盘筑和泥片黏接成型,有些器物内壁手制痕迹较明显,另有捏塑、慢轮修整。烧制火候不高。器类流行三足器、圈足器,平底器次之。流行卷沿、圈足作风。器型主要有甗、鬲、鼎、罐、盆、簋、瓮、碗、盒、杯、器盖等,其中鬲、罐、簋、碗有多种形制。

三、分期和年代

1. 分期

珍珠门文化遗存发现较少,材料零散,有些经过发掘的遗址尚未公布详细资料,进行细致分期尚有一定难度。但珍珠门文化陶器特征明显,内在发展序列较为清晰,同时又有共存的商文化或周文化陶器,这样就为分期与断代提供了依据。下面试分析几处遗址材料,进行对比。

珍珠门遗址经过两次正式发掘,发掘报告尚未发表,但从部分文章引用材料可知,珍珠门文化遗存延续时间较长，大致可分为三个阶段。早段有商代中晚期绳纹鬲共出，晚段如 H10、H1 出土了典型的西周早期绳纹鬲。已知资料可分为与此相对应的三组，同时，素面鬲、簋、甗等演变顺序亦较清晰。如大口素面鬲由微卷沿到卷沿较甚，鬲足由实足较高、肥胖袋足到无实足尖、袋足瘦小，裆部由高分裆到低弧裆。中段主要出土素面鬲、甗、簋、碗、圈足罐、器盖等。

烟台芝水遗址经过正式发掘，第二期遗存具有岳石文化向珍珠门文化过渡的性质。由甗、圈足罐等将其分成两段。第一段以炮弹形甗袋足为代表，具有岳石文化特点；第二段的圈足罐等，与珍珠门中段出土同类器相似。芝水三期亦为土著文化，属晚商时期。

胶县西菴 M1 出土的素面鬲与珍珠门晚期素面鬲相当。

乳山南黄庄墓葬出土的簋，窄卷沿，圆鼓腹，明显晚于珍珠门文化晚段；出土的泥质罐晚于西菴 M1 所出的泥质罐。

会泉庄遗址发现的 16 个灰坑，少有打破关系，根据出土陶器大致分为三个阶段：早段有扁圆锥状鼎足、窄卷沿大口鼓腹罐、素面鬲、小口折肩罐、高圈足簋、粗绳纹圜底尊底等，圈足罐、碗、器盖等与珍珠门中段同类器相似；中段有高实足鼎足、卷沿溜肩夹砂罐、矮裆圆袋足鬲足、簋等；晚段标本较少，有泥质宽沿簋等。

青州赵铺 M1 出土的夹砂素面罐和青州凤凰台出土的夹砂罐、瓮等与会泉庄早段同类器相似。根据出土素面鬲、绳纹簋、罐比较，后李 M93 早于 M92；M93 与东古城 M1002 出土的素面鬲相近；M92 出土的簋与会泉庄晚段出土的簋相近。

以上几处遗址与墓葬出土的陶器主要有素面鬲、甗、圈足盆（珍珠门、芝水、南黄庄等称为簋）、圈足罐、鼎、瓮、碗、器盖等，其中，素面鬲、甗、瓮、圈足盆演变关系较为明显。

素面鬲数量较多，夹砂或夹云母红褐陶，器表颜色不匀，手制，上下两部分接合痕迹明显。可分二型。

A 型：大口，鼓腹，器体上下较直。可分四式。

Ⅰ式：宽卷沿，鼓腹较明显，分裆较高，三袋足较直，高实足尖。（珍珠门）

Ⅱ式：沿外卷，鼓腹不甚明显，裆较Ⅰ式矮，矮实足尖。（珍珠门）

Ⅲ式：卷沿较窄，微鼓腹，凹裆较高，实足尖矮小。（赵铺 M24：1）

Ⅳ式：卷沿较甚，腹不明显，与袋足连为一体，弧裆，袋足瘦小，无实足尖。（珍珠门、后李 M92：21、西菴 M1：10）

B 型：小口，束颈，腹与袋足连为一体，分界不明显。可分三式。

Ⅰ式：宽折沿，最大径在袋足靠上部分，分裆较高，矮实足尖。（赵铺 M1：2）

Ⅱ式：斜折沿，最大径在袋足中部，凹裆较高。（东古 M1002、后李 M93：3）

Ⅲ式：折沿较甚，最大径在足根部，袋足无明显连接痕迹。（邹家庄、西菴 M1：9）

甗，完整器较少，多可复原鬲部。分四式。

Ⅰ式：袋足腹壁斜直，炮弹形，肩部不甚明显，高分裆。（芝水）

Ⅱ式：宽折沿，鼓腹，束腰，裆较高，肥大袋足，实足尖较高。（珍珠门）

Ⅲ式：圆肩，袋足弧壁，凹裆，矮足实尖。（会泉庄）

Ⅳ式：鼓肩（腹），袋足瘦小、内收。（珍珠门）

瓮，只见口沿部分。可分三式。

Ⅰ式：宽卷沿，口较大，口沿、肩夹角较大。（珍珠门）

Ⅱ式：宽沿，口较小，口沿与肩夹角较Ⅰ式小。（会泉庄）

Ⅲ式：口沿较窄，卷沿较甚，溜肩。（凤凰台）

圈足盆分四式。

Ⅰ式：斜沿，上腹壁较直，下腹斜收。（珍珠门）

Ⅱ式：宽沿斜折，上腹壁斜直，下腹弧收。（会泉庄）

Ⅲ式：卷沿较甚，圆鼓腹，弧壁，上下腹不明显。（珍珠门）

Ⅳ式：宽卷沿，鼓腹，最大径靠上，收腹。（南黄庄）

另外，与夹砂素面陶器共出的泥质绳纹陶器，演变更加明显，为分期提供了证据。

簋，可分三式。

Ⅰ式：三角唇，无沿，深腹斜收，圈足高直，腹饰三角划纹、绳纹。（赵铺 M1）

Ⅱ式：方唇，窄沿，弧腹，圈足外撇，饰斜行绳纹。（后李）

Ⅲ式：宽折沿，腹较浅，圈足外撇，缘外卷。（后李）

罐，分三式。

Ⅰ式：窄卷沿，折肩，收腹，下腹壁斜直，腹最大径靠上，肩饰三角划纹。（东古 M1002）

Ⅱ式：卷沿略宽，折肩，腹最大径下移，腹壁略弧。（后李 M92、西菴）

Ⅲ式：宽卷沿，溜肩，鼓腹。（西菴）

典型陶器的发展序列为我们提供了分期的依据，加上器类的增减，结合各自的共存关系和各遗存自身的分期及其对应关系，将珍珠门文化大致分为以下五期（表一）。

表一

期别＼典型陶器	鬲 A	鬲 B	甗	圈足盆	簋	泥质罐
一	Ⅰ		Ⅰ	Ⅰ		
二	Ⅱ	Ⅰ	Ⅱ		Ⅰ	
三	Ⅲ	Ⅱ	Ⅲ	Ⅱ	Ⅱ	Ⅰ
四	Ⅳ	Ⅲ	Ⅳ	Ⅲ	Ⅲ	Ⅱ Ⅲ
五				Ⅳ		Ⅳ

第一期,以珍珠门早段遗存为代表,芝水二期部分遗存亦属此期。陶器有素面鬲、甗、圈足盆、瓮、绳纹鬲(图一)。

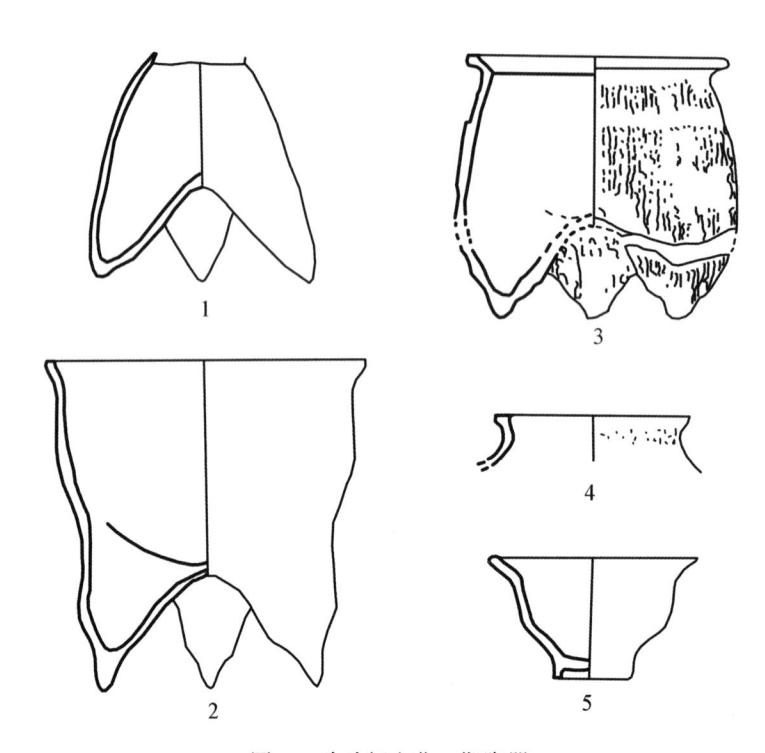

图一 珍珠门文化一期陶器

1. 甗(芝水 H1∶4) 2. 素面鬲(珍珠门) 3. 绳纹鬲(珍珠门) 4. 瓮(珍珠门 T16Ⅱ∶⑤) 5. 圈足盆(珍珠门)

第二期,以珍珠门中段、会泉庄早段遗存为代表,青州赵铺、寿光火山埠、达字刘、潍坊姚官庄等遗存亦属此期。陶器主要有素面鬲、甗、瓮、簋、罐、豆、圈足盆、圈足碗、器盖等(图二)。

第三期,以会泉庄中段遗存为代表,芝水三期、临淄东古城、后李 M93 等遗存亦属此期。陶器有素面鬲、甗、圈足罐、小罐、绳纹罐、簋、瓮、鼎等(图三)。

第四期,以会泉庄晚段遗存、珍珠门晚段遗存为代表,胶县西菴、后李 M92、昌乐邹家庄等遗存亦属此期。陶器有素面鬲、甗、罐、圈足盆、绳纹罐、簋等(图四)。

第五期,以南黄庄遗存为代表,乳山市六七处遗址有相同材料,另外,文登、荣城亦有发现。陶器有素面鬲、鼎、圈足盆、绳纹罐等(图五)。

(二) 年代

在芝水遗址发现有岳石文化向珍珠门文化过渡期的堆积,其中,炮弹形甗足明显继承了岳石文化的甗;素面鬲足为高实足尖,高裆,与中商文化鬲足、裆相近;方唇折沿绳纹鬲均与殷墟二期出土的同类器相似。因此,珍珠门文化一期的年代可大致定在殷墟二期或至一期。

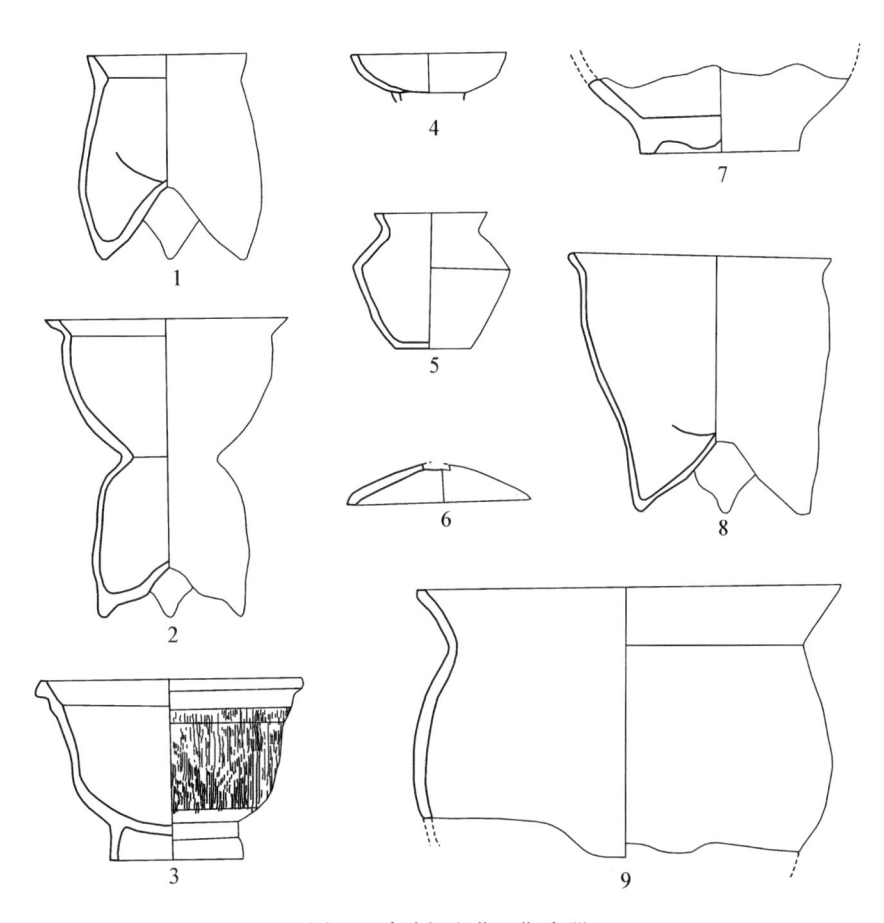

图二 珍珠门文化二期陶器

1. 鬲(赵铺 M1) 2. 甗(珍珠门) 3. 簋(赵铺 M1) 4. 豆(芝水 H11:8) 5. 罐(赵铺 M1) 6. 器盖(珍珠门) 7. 圈足罐(会泉庄 H1) 8. 鬲(珍珠门) 9. 罐(会泉庄 H1)

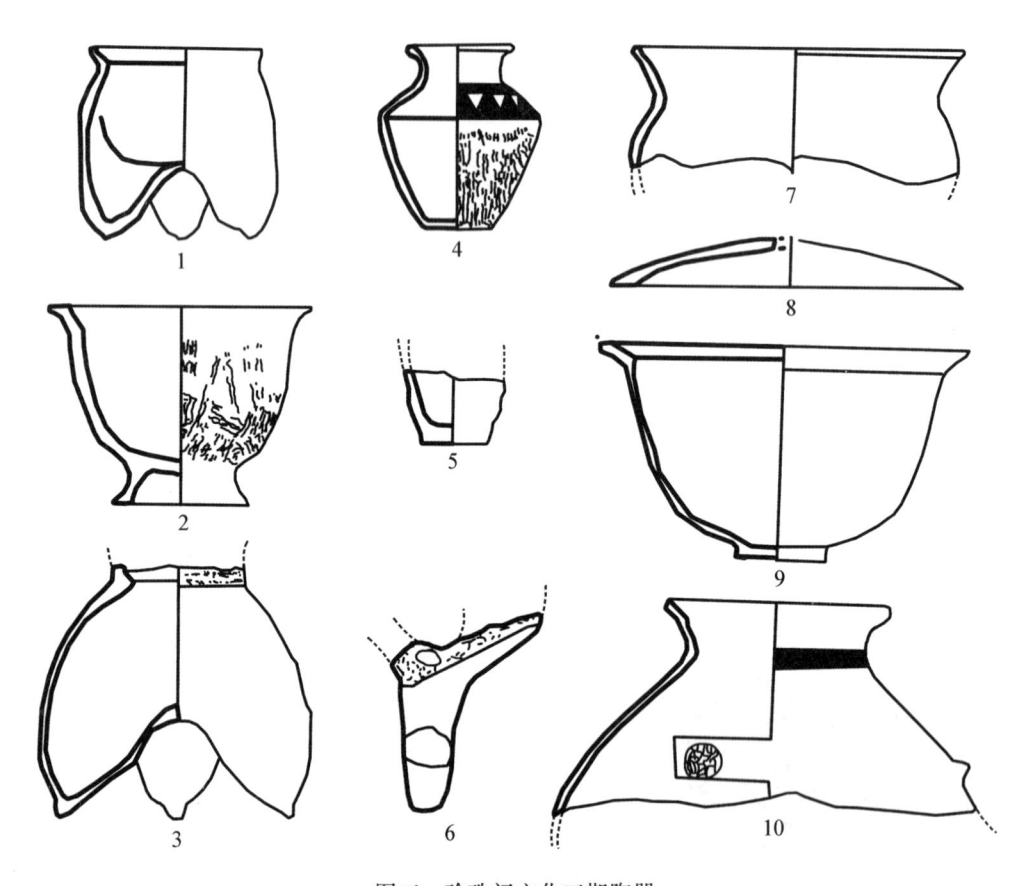

图三 珍珠门文化三期陶器

1. 鬲(后李 M93) 2. 簋(后李 M3) 3. 甗(会泉庄 H12) 4. 罐(东古城 M1002) 5. 杯(会泉庄 H16) 6. 鼎足(会泉庄 H12) 7. 罐(会泉庄 H12) 8. 器盖(会泉庄 H12) 9. 圈足盆(会泉庄 H4) 10. 瓮(会泉庄 H16)

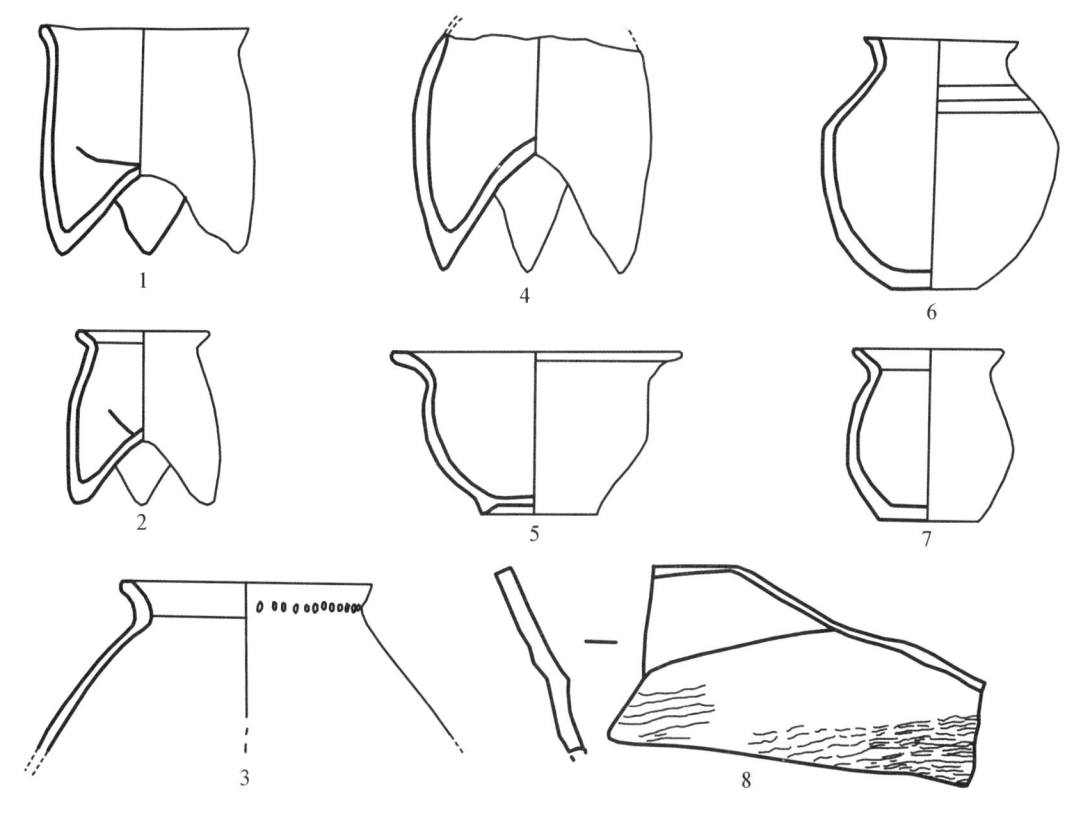

图四　珍珠门文化四期陶器

1. 鬲(珍珠门)　2. 鬲(西菴 M1)　3. 瓮(凤凰台)　4. 甗(珍珠门)　5. 圈足盆(珍珠门)　6. 罐(西菴 M1)
7. 罐(西菴 M1)　8. 簋(会泉庄 H8)

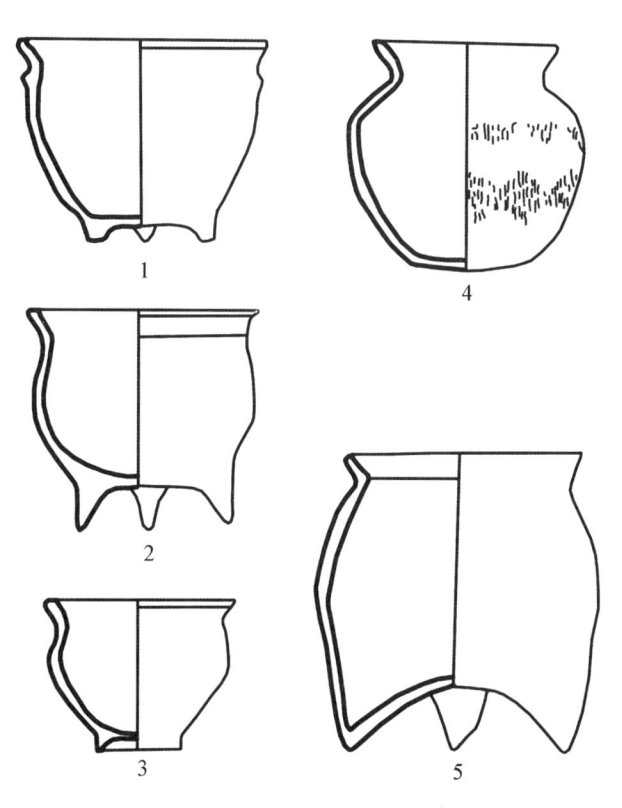

图五　珍珠门文化五期陶器

1. 鼎(南黄庄墓葬)　2. 鼎(周家)　3. 圈足盆(南黄庄墓葬)
4. 罐(南黄庄墓葬)　5. 鬲(王沟)

珍珠门文化二期出土的陶器明显晚于一期。鬲裆、实足尖均变矮；芝水出土的残豆盘（H11∶8）、赵铺 M1 出土的三角划纹簋、珍珠门出土的甗均与殷墟三期出土的同类器相近；簋与青州苏埠屯商代墓出土的簋相似。所以，珍珠门文化二期的年代可以推定为殷墟三期。

珍珠门文化三期出土的陶器晚于二期。会泉庄出土的鬲袋足为圜底，与殷墟四期低裆圆足鬲相近；泥质窄沿折肩罐、绳纹簋与殷墟四期出土的同类器相当。① 因此，珍珠门文化三期的年代可定为殷墟四期。

珍珠门文化四期，素面鬲为宽沿，袋足与腹连为一体，弧裆；绳纹鬲、绳纹罐均与西周早期（洋西）出土的同类器相近，② 且罐明显晚于三期之罐。所以珍珠门文化四期的年代可以定为西周早期。

珍珠门文化五期，新出现了鼎式鬲、鼎；簋、泥质绳纹罐（卷沿、圆肩）均晚于四期出土的同类器；南黄庄墓葬出土的铜镞，与曲阜鲁故城早期同类器相近。③ 因此，珍珠门文化五期的年代可定为西周早期晚段或中期早段。

（三）关于大辛庄第二类文化遗存的年代

大辛庄第二类文化遗存的面貌，主要表现在陶器方面。陶器分夹砂褐陶和泥质灰陶两大类，主要器类有甗、鬲、鼎、盆、瓮、豆、尊形器、器盖等，其中鼎、甗、豆、盆、尊形器与岳石文化晚期极为接近；同时出土的素面鬲、高实足尖甗，与商文化绳纹鬲、甗形制一致。大辛庄第二类文化遗存包含在大辛庄遗址商代文化遗存一期至三期中，且一期至三期出土的商文化卷沿高实足尖绳纹鬲、假腹豆、甗、盆等均与二里岗上层出土的同类器相近，因此，将大辛庄第二类文化遗存的年代定为二里岗上层时期是比较合适的。

大辛庄第二类文化遗存的分布仅见于大辛庄遗址。岳石文化王推官类型的分期研究表明，岳石文化晚期已进入早商阶段，在鲁西北已经进入二里岗上层或殷墟一期。④ 这样，大辛庄第二类文化遗存的年代应与王推官类型岳石文化三期同时。因此，大辛庄第二类文化遗存应是受岳石文化影响而形成的土著文化因素，或许也预示着岳石文化的去向。徐基先生认为，大辛庄第二类文化遗存是在商人统治下的夷人文化遗存。⑤ 正由于此，东夷与早商文化的融合便孕育了珍珠门文化。

四、地方类型的划分

珍珠门文化陶器在陶质、陶色、制法、纹饰、器形、器类等方面表现出了较强的一致性，

---

① 邹衡：《夏商周考古学论文集》，文物出版社，1980 年；中国社会科学院考古研究所：《殷墟发掘报告》，文物出版社，1987 年。
② 中国社会科学院考古研究所：《洋西发掘报告》，文物出版社，1962 年。
③ 山东省文物考古研究所等：《曲阜鲁国故城》，齐鲁书社，1982 年。
④ 刘延常：《试论岳石文化王推官庄类型及其相关问题》，《刘敦愿先生纪念文集》，山东大学出版社，1998 年。
⑤ 徐基：《从济南大辛庄遗址的第二类遗存探索岳石文化的发展去向》，《辽海文物学刊》1990 年第 1 期。

年代晚于岳石文化,具备了确定一个新的考古学文化的基本条件。另一方面,珍珠门文化分布的广大区域,不仅自然环境有较大的差别,而且各区域的文化传承亦不同。同时,珍珠门文化内涵在各遗址、墓葬中的表现亦有差异,显示出一定的地域性特点。根据目前公布的资料,将珍珠门文化划分为珍珠门类型、会泉庄类型、万北类型及鲁东南类型。万北类型主要分布在淮河以北、陇海线以南的江苏北部地区,此前的是岳石文化万北类型。[1] 万北遗址的墓葬有两类,一类随葬夹砂褐陶鬲、甗和罐;另一类则是殷墟三期的商文化墓。铜山丘湾遗址中出土有夹砂褐陶,同时出土有商代晚期人祭遗存。总之,万北类型有自己的特点,既有商文化的影响,也明显存在夷人文化遗存。由于发现资料少,发表资料不详,故无法详论。

鲁东南类型主要分布在沂沭河流域。沂沭河流域是一个相对独立的地理单元,古文化从早到晚自成一系,岳石文化时期有土城类型。据目前报道的资料可知,商文化面貌向东未超过费县一带,除沂水、郯城个别遗址发现晚商文化遗物外,腹地未见商文化遗存,但亦未见报道珍珠门文化遗存。笔者曾在蒙阴见到西长明遗址采集的标本,属珍珠门文化遗存无疑。因此,可以推断这里为土著文化分布区。因资料太少,目前对这一区域尚难做详论。

珍珠门类型分布在胶莱河以东的半岛地区,经过发掘的遗址除珍珠门外,还有烟台芝水、乳山南黄庄等遗址,另外还调查发现了众多的遗址或墓葬。珍珠门第五期文化遗存主要发现在胶东半岛东南端的乳山、文登、荣城等地,其他几期文化遗存在胶东半岛均有分布。这一类型之前是岳石文化照格庄类型。

珍珠门类型的灰坑主要为圆形,大者直径二三米,地面平整,底铺有海砂,可能作为房子居住;小者多填灰烬和蛎子壳,并不见海砂。另外还有部分锅底形灰坑。墓葬主要有石椁墓、石棺墓,为其他类型所不见,是沿海地区所特有的习俗,其渊源可追溯到史前时期。

珍珠门类型的陶器多数夹云母,质地松散,主要是红褐陶,器表除素面外,还有弦纹、乳钉纹。弦纹饰于口沿及罐的肩部,乳钉纹则饰于甗的腹部。器类有鬲、甗、鼎、圈足盆、罐、碗、豆、器盖。其中大口鼓腹素面鬲颇有特点,另一种宽卷沿罐形鬲的袋足几近消失,宽卷沿鼓腹矮足盆较多,圈足碗亦占一定比例,鼎为卷沿鼓腹盆形、高足,另有大口鼓腹弦纹罐、双耳盆等。

会泉庄类型主要分布在潍河流域,东达胶莱平原,南至泰沂山脉东段,西到淄河流域,划的范围大些也可至淄河。此前这一地区是岳石文化郝家庄类型。

会泉庄类型的灰坑为圆形、平底,直径2米左右,填灰黑土,较纯。墓葬发现于后于刘、赵铺等地,为长方形土坑竖穴墓,有壁龛、腰坑,随葬单件素面鬲。

会泉庄类型的陶器以夹砂陶为主,绝大多数夹云母,并多夹石英。器表除以素面为主外,还有指甲纹、按窝纹、网格划纹,乳钉纹、弦纹较少。器类有鬲、甗、圈足盆、罐、簋、碗、

---

[1] 栾丰实:《岳石文化的分期和类型》,《海岱地区考古研究》,山东大学出版社,1997年。

杯、鼎、器盖等。圈足器比例较大，圈足盆、圈足罐、碗数量较多；素面鬲为小折沿、斜腹乳状袋足，少见大口素面鬲；高圈足器较多，卷沿大瓮较有特色；存在部分方唇折沿罐、盆口沿，亦见有折肩罐。另有少量泥质灰陶簋、罐、圜底尊。

总之，目前珍珠门类型和会泉庄类型资料较为丰富，从文化渊源、分布范围、灰坑、墓葬及陶器诸因素看，二者都各有特点，地域性差异较大。珍珠门类型延续时间较长，直到西周早期晚段；会泉庄类型则到西周早期，同时受商文化影响较大。

五、来源与去向

1. 来源

珍珠门文化主要分布于海岱地区东部，北部包括潍淄流域、胶莱平原、胶东半岛，中部为鲁东南地区的沂沭河流域，南达淮河以北的苏北地区。这一广阔区域曾是岳石文化的分布范围，并各有不同的地方类型存在。

珍珠门文化的年代自商代晚期前段至西周早期晚段，晚于岳石文化，其上限在各自区域内均与岳石文化的下限相衔接。烟台芝水一期为岳石文化，二期、三期为珍珠门文化，从遗物和文化堆积分析，两者具有传承关系。

珍珠门文化的陶器大部分为夹砂红褐陶，器表多素面，少见的按窝纹、指甲纹常饰于甗腰及罐颈部，流行圆唇、卷沿作风，器类主要有甗、鼎、盆、罐、瓮、碗等。瘦长袋足形（炮弹形）甗、卷沿鼓腹（深腹）罐、瓮、卷沿鼓腹盆、圈足器较多。以上陶器特征无不继承了岳石文化同类器的因素，同时这些陶器特征在珍珠门文化中占有主导地位。

珍珠门文化的陶器中还存在少量绳纹鬲及部分泥质陶器，如绳纹罐、圈足簋、圜底尊等，这一类文化因素的数量较少，明显受到商文化或周文化的影响。还有部分商文化与土著文化融合形成的文化因素。如早期的大口素面鬲，卷沿，鼓腹，高分裆，高实足尖；斜长腹乳状袋足素面鬲，窄折沿；素面甗的形制与商文化甗无异；一部分夹砂陶器为方唇、折沿，有个别折肩罐、夹砂高圈足簋及少量网格划纹圈足盆等，均体现出融合的特点。

综上所述，珍珠门文化来源于岳石文化，同时吸收了商文化或周文化因素，另外还有土著文化与商文化、周文化融合而成的因素，前者文化因素占主导地位，后两者文化因素较少，居于从属地位。

2. 去向

从前述珍珠门文化分期可知，其下限在各地有所不同。会泉庄类型至西周早期，土著文化因素已占次要地位，明显属于土著因素的素面鬲已与周文化鬲的形制相近，而与珍珠门文化的长乳状袋足素面鬲迥然有别，并且数量极少，仅在个别遗址出土，如广饶五村[①]和昌乐岳家河出土的素面鬲。[②] 随着土著文化被周文化代替，陶器主要组合也随之变为

---

① 山东省文物考古研究所等：《广饶县五村遗址发掘简报》，《海岱考古（第一辑）》，山东大学出版社，1989年。
② 潍坊市博物馆等：《山东昌乐岳家河周墓》，《考古学报》1990年第1期。

绳纹鬲、豆、盆、簋、罐。但素面夹砂红褐陶鬲,一直延续到春秋战国时期,尽管形制不同,也应是土著文化的延续。而胶东半岛东南部的乳山、荣城、文登及长岛等区域,珍珠门文化则延续到西周中期早段。到西周晚期和春秋早期,如栖霞县的吕家埠、大北庄墓地和蓬莱的柳格庄,还出土夹砂素面鬲、鼎等。在胶东地区,珍珠门文化越向东,延续时间愈长,西周晚期至春秋中期,许多遗址中还存在浓厚的土著文化因素,代表了珍珠门文化的去向,即是夷人文化的孑遗。从鲁东南地区及苏北地区的莒县、沂水、蒙阴等地的材料看,到西周中晚期已是周文化了。

六、族属及其相关问题

海岱地区的大汶口文化—龙山文化—岳石文化,自成一系,是连续发展的文化体系。学术界依古史传说公认这一考古学文化体系是以少皞、祝融、太皞及其后裔为代表的东夷族集团创造的。东夷集团自古就有不同的支系,发展到夏代仍有多支,势力强大,与夏争斗不止,史书记载颇多。珍珠门文化来源于岳石文化,其族属为东夷族无疑。同时珍珠门文化不同地方类型亦反映出东夷族的不同支系。

到了商代,商王朝征伐东夷,向东方扩展已成为其主要国策。同时东夷族势也比校强大。《后汉书·东夷列传》:"至于仲丁,蓝夷作寇,自是或服或畔,三百余年。"《古本竹书纪年辑校》载"仲丁即位,征于蓝夷""河亶甲即位……征蓝夷,再征班方"。《后汉书·东夷列传》引《竹书纪年》:"武乙衰敝,东夷浸盛,遂分迁淮岱,渐居中土。"《左传》:"商纣为黎之蒐,东夷叛之……纣克东夷而殒其身。"但最后以商王朝向东推进,东夷东退为结局。山东地区商文化即是中原商文化东渐的结果。珍珠门文化与商文化的分布表明,商王朝向东推进大致到潍坊以西、淄河以东一带,再东是以珍珠门文化为代表的夷人文化。虽然夷人的势力范围缩小,但直至西周早期其势力仍然较为强大,文献记载可与考古发现相印证。《尚书·禹贡》:"海岱惟青州。嵎夷既略,潍淄其道……莱夷作牧。"嵎夷,孔安国《尚书》注谓:"东表之地称嵎夷。"《释文》引马融曰:"嵎,海嵎也。夷,莱夷也。"薛季宣《书古文训》谓:嵎夷,海隅诸夷,今登州。《禹贡锥指》引颜师古注云:"莱夷,莱山之夷也。"莱山,今黄县境内,文献中多有记载,为古代名山之一。在古青州地域内,分布着近海的嵎夷和潍淄流域、胶莱平原的莱夷,与考古学文化相对应,珍珠门类型遗存应是嵎夷创造的,会泉庄类型遗存应是莱夷创造的。

会泉庄类型是商代晚期、西周早期的莱夷文化遗存,胶县西菴墓葬可证。西周早期晚段以后,至胶东半岛中西部则是西周文化为主的文化遗存。武王克商后,分封姜太公到齐,都营丘,与莱夷打了一仗。《史记·齐太公世家》载:"莱侯来伐与之争营丘。营丘边莱,莱人,夷也。"太公打败莱夷,版图一直扩展到胶东半岛中西部。文献记载姜太公分封之初建都在营丘,并与莱夷争营丘,姜太公打败莱夷后,在营丘经营了一段时间。关于营丘的位置,目前学术界有不同看法。虽然没有充分的考古学证据来确定营丘的位置,但从上述分析可断定营丘和临淄不是一个地方。珍珠门文化会泉庄类型的发现,可确定莱夷的边界大致在白浪河一带;商文化分布的东边界则大致到潍坊西部一带。由此根据"营丘边莱"及文献记载,可基本确定营丘应在寿光、昌乐一带。

结　　语

前文叙述了珍珠门文化遗存发现和分布、文化特征、分期与年代、地方类型、来源、去向等诸问题,基本弄清了珍珠门文化分布在海岱地区东部,继承了岳石文化,年代大致在晚商至西周早期,为东夷人创造的物质文化遗存。由于商王朝的东扩和周齐的扩张,使东夷人的势力逐渐缩小,珍珠门文化的发现证明了这一点。这也是自夏朝少康以后华夏与东夷势力争斗后呈现的大趋势,东夷文化也逐渐融合到华夏文化之中。东夷族的发展史可以说是中华民族文化形成、发展的一个缩影。

珍珠门文化性质明确、年代清楚,它的确定和研究对解决海岱地区考古学文化编年、夷商关系、夷周关系及有关古史问题都具有十分重要的意义。但由于资料发现较少,有些资料尚未公布,对它进行系统研究的条件尚不成熟。尽管如此,本文还是就目前资料对珍珠门文化的基本问题进行了梳理、阐述,以期引起学术界的重视。但愿有更多的学者来关心这一课题,关心东夷族的发展史及其对中华文化的贡献。

(原发表为刘延常:《珍珠门文化初探》,《华夏考古》2001年第4期)

西岳庄大墓：
解读一段东夷小国的历史

　　山东沂南县是革命老区，历史悠久，文化灿烂。1953年考古学家曾在汶河之滨发掘了蜚声海内外的北寨汉画像石墓。在史学家考证是诸葛亮出生地的阳都故城遗址之西，由于西岳庄遗址中两座春秋大墓的发掘，一个东夷小国"阳国"的历史被揭开（图一）。

图一　西岳庄遗址及春秋大墓远景（东北—西南）

　　西岳庄隶属沂南县砖埠镇，遗址位于沂河三级台地上，地势西南高、东北低，当地群众从高到低依次将其称为"大炕""二炕"和"三炕"。其中"大炕"文化堆积较厚。考古人员在"大炕"采集到大量西周早期陶片，发现了两座比较大的东周墓葬。前者在鲁东南地区到目前为止还是第一次发现，它意味着周王朝在西周早期已扩张到沂蒙山区腹地的沂水之滨。如是，则对研究山东地区周代考古、夷周关系等具有重要意义。

　　西岳庄春秋大墓最初是由山东省文物考古研究所和沂南县文物管理所配合日照至东明

的高速公路工程进行考古调查时发现的。但在调查队员离开之后,公路施工把大墓器物库的部分盖板掘出,差点把古墓破坏掉。为此,沂南县文物管理所朱立俭所长还和破坏古墓的施工人员发生激烈冲突,古墓才得以保存下来。幸好未破坏墓葬结构,也未殃及随葬品。

一、多重棺椁,王侯气派

两墓相距约20米,皆为土坑竖穴墓。2号墓在北,南北长约6.8米、东西宽约5.6米、深4米余;斜坡墓道东西长3.2米。墓室内北部为椁室,一棺一椁,南部为器物库,内置器物箱。棺椁和器物库皆腐朽而仅存灰痕,由于被盗过,不见人骨,随葬品只见破碎的陶器。椁室底部有一小腰坑。

1号墓南北长17.8米、东西宽9米、深6.95米,墓室口大底小,斜坡墓道东西长5.8米、南北宽4.1米。墓室内北部为椁室,南部为器物库,中间有3个殉人,椁室两端各殉1人(图二)。

图二 1号墓形制与结构(北—南拍摄)

椁室共有五重棺椁。由于被盗,棺被砸乱而腐朽,遗落大量红漆。四重椁,每重椁之间无缝隙,极其严密,由内向外依次为内椁、二重椁、三重椁和外椁。内椁和三重椁有盖板,木质坚硬而保存较好,推测为楠木;二重椁和外椁无盖板且低于内椁和外椁,略有腐朽,当为柏木垒成。

每重椁的细木工筑造工艺水平高超,构筑坚固、精巧、平整而严密,从枕木、底板到椁壁和盖板,主要应用槽榫结构,还使用管脚榫、套顶榫、割肩透榫、卡腰榫、暗榫等多种结构(图三)。

图三　1号墓内椁北壁筑造结构

(中间为立柱,槽榫结构连接两侧,上为套顶榫,下为管脚榫)

器物库东西长4.4米、南北宽4.2米、高1.4米,由枕木、底板、四壁和盖板组成,皆为柏木构筑而成,构筑工艺以槽榫结构为主。器物库分南北两室,北室随葬漆木器、陶器、玉器和骨器等,南室见马腿骨。

殉人共5个,均为单棺,其中第4个殉人为独木棺,其他棺皆用薄木板构筑,主要应用暗榫、暗卯、穿梢和槽榫等工艺。中间3个殉人有随葬品,其中铜舟和皮质首饰包非常精美,人脑尚完整保存。

墓葬被盗,随葬品残存150余件,有玉器、青铜器、骨器、陶器和漆木器等(图四、图五)。玉器质地较好,晶莹剔透,主要有玉牌饰、佩饰、凤鸟饰件以及玛瑙珠管饰件等;青铜器有舟、匕、削、环及车舆构件;陶器有鬲、簋、豆、罍、罐;骨器数量较多,有笄、圆柱形饰件、骨管、牛首形骨片饰、小骨珠、挖耳勺等;漆木器多残破,可辨器型有豆、案、盘、杯和勺,还残存大量漆木器构件,见龙、麒麟、牛首、鹅、鸭、鹰等动物形象,造型生动、色彩鲜艳、纹样流畅。

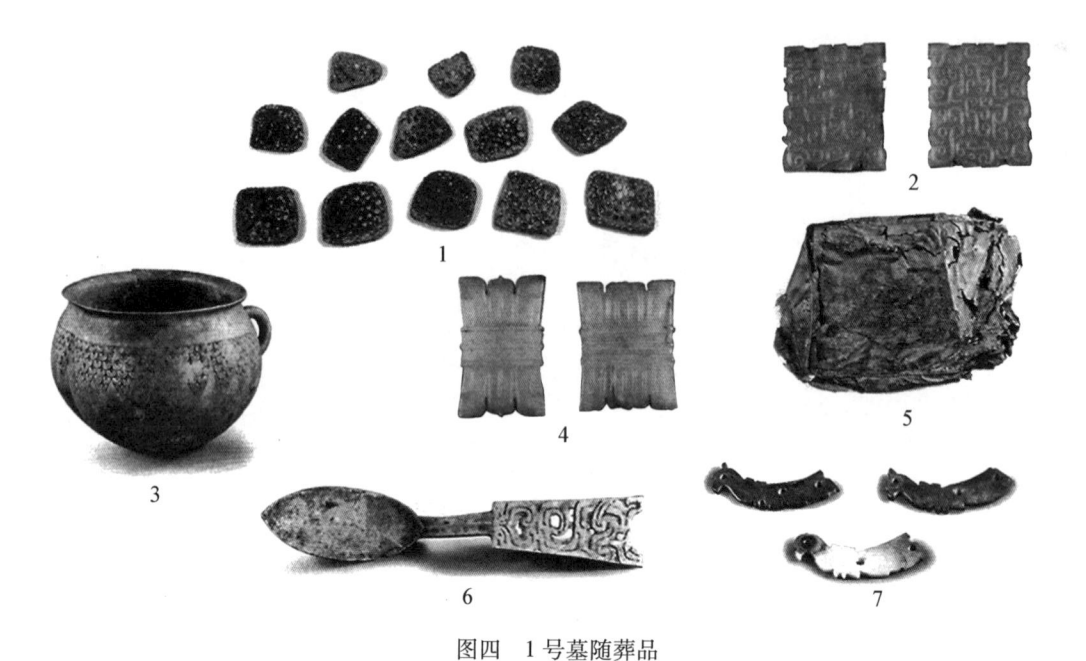

图四　1号墓随葬品

1. 鳄鱼骨（施红漆）　2. 玉片饰件　3. 殉人随葬铜舟　4. 玉牌饰件　5. 殉人随葬皮质首饰包（内装玉片串饰）　6. 铜匕　7. 玉凤饰件

图五　1号墓随葬品

1. 带纹样漆器附件　2. 牛首形漆器附件　3. 麒麟形漆器附件　4. 鸭形漆器附件　5. 龙形漆器附件　6. 殉人随葬木梳　7. 骨质挖耳勺

综合分析,1号墓的年代大致推定在春秋早期晚段,墓主当属莒文化①范畴内的一小诸侯国国君。

1号墓棺椁保存较好,目前已搬运至沂南县北寨汉画像石墓博物馆内存放,据估算构筑墓室净用木料达40余方,多重棺椁,其构筑工艺先进,在已发掘的周代墓葬中实属罕见。关于该墓棺椁问题,我们认为应该属二椁一棺,两椁即内椁与三重椁,有盖板,木料较好。五重棺椁一是象征着墓主为诸侯,另一方面二重椁与外椁用料较差并且比其他两重椁低,符合《礼记》中"筐而实之"的记载,即椁之间垒成木框以填充。

1号墓墓主为莒地小国诸侯,使用的棺椁既可以说是五重也可以说是两椁一棺,既达到了诸侯规格又不失礼制,可谓聪明绝顶。

1号墓器物库内随葬了木质的龙首、龙身和凤尾。龙身由1根长3米余的大方木略经砍凿,凿出鱼鳞状,施黑色和朱色彩绘;龙首另用一块小方木凿成,呈回首状,与凤尾相望,龙首侧面有耳,面部用黑色绘出眼睛和嘴。凤尾用一块较薄的木板略经加工而成,长0.5米左右,用黑色、朱色和黄色颜料绘出翅羽和尾羽,翅膀羽毛细小而密集,尾部羽毛长直而稀疏。龙和凤尾制作手法简洁生动,色彩鲜艳。

龙,能人地通天,能呼风唤雨,是能力、权力和神的象征;凤,是神鸟,能与天神沟通,代表吉祥如意,凤尾是凤最美丽最具代表性的部分;龙、凤同现表明拥有至高无上的权力,象征着富贵和祥瑞,是协调、顺利、幸福和美好愿望的反映。龙和凤是传说中的动物,几千年来形象多变,经久不衰,是我国传统文化中重要的组成部分。自新石器时代以来,龙、凤形象多见于考古实物中,主要表现于玉器、青铜器、陶器和漆木器实物及其纹样当中。1号墓随葬的龙凤形象,用庞大木材简洁生动、写实手法创作于墓室中,表明龙凤呈祥的观念在春秋早期已根植于东夷文化。

二、墓主可能是东夷阳国国君

西岳庄1号大墓的宽短斜坡墓道、墓室内设置器物库、有较多的殉人及随葬陶器组合等,都表明它属莒文化范畴,为东夷文化系统。周代鲁东南地区莒文化范围内存在许多小国,从墓葬规模尤其使用五重棺椁等特征分析,西岳庄1号墓当为小诸侯国国君级别的墓葬。

西岳庄一带,文献记载属阳国故地。《水经注》卷二十五沂水条"又南,桑泉水入之……又南迳阳都县故城东,县,故阳国也。齐同盟,齐利其地而迁之者也。"《汉书·地理志下》也有类似记载。遗址临沂河,汶河在此北部不远处注入沂河,《水经注》记载的"桑泉水"就是"汶河"。《中国历史地图集》标注的阳国也在附近。如此,阳都故城遗址一带是古阳国的中心,其国君在距离4千米的西岳庄一带筑造陵墓也是顺理成章的事。

---

① 刘延常等:《莒文化探析》,《东南文化》2002年第7期。

关于阳国,《路史·国名纪四》云:阳,商氏后国,"御姓,侯爵"。史籍记载周初分封了许多诸侯国,其中分封在山东地区的姬姓国家就有阳国。《春秋》闵公二年:齐人迁阳。又如上所述,我们认为西岳庄春秋大墓是阳国国君之墓,阳国属东夷古国。可见阳国是历史存在过的,并且经历了曲折的变化。

商、周王朝建立政权后皆花费大力气征伐、镇压东夷,其中向东扩张、征伐路线之一是沿蒙山南侧的浚河包括现在的泗水县、平邑县、费县逐渐向东推进的,直达沂水之滨;这一区域的商周考古研究表明,商文化、周文化的年代自西而东越来越晚,土著文化因素渐多,融合的文化特征越明显。诸多专家根据青铜器及其铭文考证,商代的"莒"在费县,那么与此比邻的东夷古国——阳国同莒一起被商王朝加封,臣服商王朝是可信的,因此史籍称阳国为"商氏后国"是有一定道理的。

此后,我们发掘了西岳庄西周时期遗址。西周早期晚段具有典型周文化特点的遗址在鲁东南地区是第一次发现,说明周王朝东扩势力已深入到夷人腹地,在沂河之滨建立了前沿据点。我们推测周王朝扩展到这里,派驻了部分嫡系贵族在此经营,并加封原来的阳国为姬姓,以此镇抚东方。

西周中期、晚期与东夷文化逐渐融合,形成了莒文化。西周末期开始,周王室衰微,夷人势力反弹,春秋时期诸侯四起,阳国复为东夷势力掌握,成为东夷古国;一号墓未有腰坑,未随葬狗,东侧二层台上随葬了一只小马,殉人只有5个(其他莒文化大墓殉人均10人以上,多者近40人),与其他莒文化大墓葬俗不同,这些现象或许受到了姬姓阳国一定的影响;墓葬随葬了大量漆木器,当受到楚文化的影响。

阳国自商代或以前就早已存在,为东夷古国,商代时期臣服商王朝被加封,周代早期其地位、势力和重要性得到加强,被封为姬姓国,春秋以后又复为东夷古国。阳国姓氏和内容几经变化,国名却未曾改变过,阳国历史的变迁反映了夷商关系、夷周关系以及古国史的演变。我们期待着更多的考古新发现。

(原发表为刘延常、高本同:《西岳庄大墓——解读一段东夷小国的历史》,《文物天地》2004年第6期)

试论东夷文化和
日本考古学文化的关系

引　　言

　　21世纪中国考古学的发展方向是面向世界,从世界史的高度研究中国历史。其中主要内容之一是加强与大陆周边国家和地区间的合作,研究相互间考古学文化的关系,从而揭示和中国文明的联系。近二十年来,中国和日本考古学界合作最多,一方面由于日本考古学文化受大陆文化影响较大,另一方面两国间的合作考古发掘和学术交流活动开展较早,有深入合作研究的基础。中国的山东地区和日本隔海相望,考古学文化面貌丰富而又独特,和日本考古学文化有密切关系,山东地区和日本考古学界合作交流也日益增多,取得了显著效果。

　　山东地区古代文化在中国历史上始终占有重要地位。半个世纪以来,山东地区的考古学发展迅速,建立起了比较完整的文化序列,其文化体系的框架被考古学界称为东夷文化。东夷文化的产生、形成、发展和衰弱的过程,从一个侧面反映了中国古代文化的形成过程,是中华文明的重要组成部分;另一方面,东夷族团迫于中国内部的战争压力而逐渐东渡朝鲜半岛和日本列岛,和其他民族一起创造了新的文化,为东方文化的形成做出了新的贡献,从这一方面分析,东夷文化又有一个传播的过程。因此,研究东夷文化及其和日本考古学文化的关系对研究中华文明和世界东方文化的关系等课题均具有重要意义。

　　笔者曾作为国际交流研修员,在山口县埋藏文化财中心研修考古学,短短几个月的时间,参观了许多遗址和大量实物资料,对日本考古学文化进行了初步学习和研究,发现了日本考古学文化中有众多的东夷文化因素,表明东夷文化和日本考古学文化有密切的关系。因此,本着促进交流,加强中日考古学比较研究的目的,把研修的感想写出来,着重探讨东夷文化和日本考古学文化的关系。由于是笔者进行的中日考古学比较研究的开始,因时间短和受资料的限制,错误和不足之处肯定不少,敬请大家批评指正。

一、东夷文化相关问题的认识

　　"东夷"的概念是以中原地区为中心的夏商周王朝对以山东省为中心的东方地区族群的称呼,是周王朝及其以后的文献记载用语,最早见于《礼记·王制》:"东方曰夷。"以后众多文献均记载夏商周王朝对东夷用兵征伐的状况,如商代前期的"仲丁征蓝夷",商代最后一个王(纣)"克东夷而陨其身",西周时期武王、成王、康王、昭王一直对夷人进行征伐,说明东夷人势力强大,史料同时也证明了东夷人主要分布在今天山东地区为中心的区域。傅斯年先生著有《夷夏东西说》①一文,论述了夷在东方并和夏王朝形成了对峙的局面;蒙文通先生著有《古史甄微》②一书,将中国历史上夏代以前的古史传说时期的民族分为三大部分,其中将以山东地区为中心的东方民族称为"海岱民族";徐旭生先生在《中国古史的传说时代》③一书中将以山东地区为中心的民族称为"东夷族团"。古史传说时代的东夷族团主要以太昊和少暤两大部族为主体,其活动范围也是以山东地区为中心;《后汉书·东夷列传》记载"夷有九种,曰畎夷、于夷、方夷、黄夷、白夷、赤夷、玄夷、风夷、阳夷",东夷族团是一个庞大的族系。总之,据文献记载和历史学家的考证,以山东省为中心的地区是古史传说时代和夏商周时期东夷族团居住的区域。

近代考古学在中国的发展,其中一个很大的特点是和中国丰富的历史文献记载相结合,解决历史问题。如王献唐先生著《山东古国考》,④严文明先生著有《夏代的东方》⑤和《东夷文化的探索》,⑥李白凤先生著有《东夷杂考》,⑦栾丰实先生著有《东夷考古》⑧和《海岱地区考古研究》,⑨王迅先生著有《东夷文化与淮夷文化研究》⑩,刘延常先生著有《珍珠门文化初探》⑪等,分别揭示了大汶口文化、龙山文化、岳石文化和珍珠门文化是东夷文化的主体。东夷文化是东夷族团创造的考古学文化,主要分布于以山东省为中心的区域,时代自新石器时代开始到西周中期结束,文化发展一脉相承,是一个相对独立的文化体系,具体对象自早到晚依次是后李文化、北辛文化、大汶口文化、龙山文化、岳石文化和珍珠门文化。

研究东夷文化需要注意的是除东夷文化主体外,其文化因素广泛存在于其他文化当中,主要包括东夷文化形成和发展时期对外影响及扩张的文化因素;商周时期由于商文化、周文化东渐和东夷文化融合而形成了各具特色的地方文化,比如周代分布于山东省东南部地区以莒国为中心的莒文化,西周中期至战国早期既不同于齐、鲁文化又不同于楚、吴文化,体现出了浓厚的地方文化风格;山东地区周代包括西周、春秋、战国时期的陶器中,夹砂素面红褐陶就是公认的东夷文化因素。东夷文化衰弱、消亡的过程,也是文化融

---

① 傅斯年:《夷夏东西说》,《庆祝蔡元培先生六十五岁论文集》(下册),历史语言研究所集刊外编第一种,1935年。
② 蒙文通:《古史甄微》,巴蜀书社,1999年。
③ 徐旭生:《中国古史的传说时代》(增订本),文物出版社,1985年。
④ 王献唐:《山东古国考》,齐鲁书社,1983年。
⑤ 严文明:《夏代的东方》,《夏史论丛》,齐鲁书社,1985年。
⑥ 严文明:《东夷文化的探索》,《文物》1989年第9期。
⑦ 李白凤:《东夷杂考》,齐鲁书社,1981年。
⑧ 栾丰实:《东夷考古》,山东大学出版社,1996年。
⑨ 栾丰实:《海岱地区考古研究》,山东大学出版社,1997年。
⑩ 王迅:《东夷文化与淮夷文化研究》,北京大学出版社,1994年。
⑪ 刘延常:《珍珠门文化初探》,《华夏考古》2001年第4期。

合的过程。

东夷文化在本土作为主体消失之后,东夷的概念在汉代以后又被赋予了新内涵,广大的中国东北北部地区、朝鲜半岛和日本列岛的国家或民族被称为东夷。上述地区的考古学文化和此前的东夷文化是既有区别又有联系,首先两者的时代不同,空间不同,文化内涵不同;东夷文化在本土衰弱的同时(由于迫于内部压力逐渐东迁),一方面与商周文化融合,一方面向东传播,因此,中国东北地区、朝鲜半岛和日本列岛不同时期的考古学文化中存在东夷文化因素。后者是本文论述的重点,也是东夷文化研究中的新课题,是21世纪中国考古学面向世界的具体内容之一。

二、东夷文化及其发展态势

后李文化[①]是目前山东地区最早的新石器时代考古学文化,绝对年代大约公元前6500年-公元前5300年,因发现于临淄区后李遗址而命名。1990年被识别出后,目前为止发现10余个遗址,主要分布于泰沂山脉北侧的山前平原地带,包括潍坊市、淄博市、济南市等区域,主要遗址有临淄后李、章丘市西河和小荆山、潍坊市前埠下遗址。后李文化分布范围较小,陶器以圜底器为主,有部分圈足器,磨制石斧也很精美。后李文化之前还应该有更古老的文化,也是山东地区新石器时代考古的重要课题。

北辛文化是继后李文化之后的新石器时代考古学文化,绝对年代大约为公元前5300年-公元前4100年,以发掘的滕州市北辛遗址而命名。北辛文化主要分布于汶泗河流域的枣庄市、滕州市和济宁地区,鲁北的济南市、滨州市、淄博市,胶东半岛地区以及江苏省的北部地区。北辛文化陶器以鼎、钵、壶为主要组合,年代一致,但反映出的地区差别较大,特别是胶东地区的白石村一期文化被学者们认为是单独的类型,苏北地区则更有学者将其归为青莲岗文化范畴。北辛文化和后李文化是东夷文化的产生时期。

大汶口文化是山东地区新石器时代晚期考古学文化,绝对年代大约公元前4100年-公元前2600年,以发掘的泰安市大汶口遗址命名。大汶口文化早期的分布范围和北辛文化分布范围大致相同或略有扩大,同时胶东地区依然具有明显的地方特色。大汶口文化中晚期则急剧膨胀,分布范围遍及全省,还包括江苏省的北部、安徽省的北部和河南省的东部地区。这一时期的文化面貌比较统一,东夷文化具有的习俗已经形成,是传说时期太昊、少暤为主的东夷族团创造的文化遗存。

龙山文化是山东地区铜石并用时期的考古学文化,绝对年代大约公元前2600年-公元前2000年,以1928年首次发现的济南市章丘市龙山镇城子崖遗址而命名。龙山文化的分布范围和大汶口文化相同,文化面貌尤其是习俗沿袭了大汶口文化,特别是陶器以黑、光、亮而闻名于世。目前发现的山东龙山文化城址近十个,文化发达程度居龙山时代

[①] 后李文化及其以下北辛文化、大汶口文化、龙山文化和岳石文化的有关资料均引自栾丰实《海岱地区考古研究》中的相关文化研究部分。

前列,是东夷文化的鼎盛时期。

　　岳石文化是山东地区青铜时代的考古学文化,绝对年代大约公元前2000年至殷墟文化一期,以平度市东岳石遗址而命名。岳石文化早期的分布范围和龙山文化一致,继续与夏王朝封立,保持着夷夏文化东西对峙的局面,早期晚段开始衰弱,被夏王朝击败。岳石文化中期以后则与商文化并存,二里岗文化晚期岳石文化分布于济南—曲阜—枣庄市一线以东地区;到殷墟文化一期岳石文化在鲁北地区则分布于淄河以东地区。随着商王朝对夷人的东征,商文化的东渐,岳石文化逐渐向东退缩,呈现出衰弱的现象。

　　珍珠门文化①是继岳石文化之后的东夷文化,以发掘的烟台市长岛县珍珠门遗址命名,年代自殷墟文化二期开始至西周中期结束。商代晚期到西周初期主要分布在潍坊市西部以东至胶半岛地区,淄河、弥河流域则呈现出"插花地"式分布,即这一地区既有商、周文化遗址,又存在珍珠门文化遗址,在商周遗址中也存在珍珠门文化遗迹、遗物。西周早期晚段至西周中期珍珠门文化仅分布于胶东半岛的长岛县和东南部的乳山市、海阳市和文登市。另外,广大的鲁东南地区未发现商文化和西周早期遗存,也未发现珍珠门文化遗存,这一区域应该是珍珠门文化的分布范围,只是考古调查、发掘工作较少未发现而已。珍珠门文化是东夷文化的衰弱阶段,已退缩到半岛的最东端,文化面貌也较原始,陶器几乎全部是夹砂素面红褐陶,铜器和石器发现较少。

　　以上所述是东夷文化的主体框架,自早到晚年代序列衔接密切,文化面貌一脉相承。后李文化是其产生期,但其文化面貌比较发达,年代属新石器时代中期,后李文化之前应该有距今12000年-9000年的新石器时代早期考古学文化,目前中国的河北省徐水县、江西万年县和湖北省等地分别发现了一万年以上的新石器时代考古学文化,因此山东地区新石器时代早期考古学文化的发现和研究是一个重要学术课题,也是探讨东夷文化产生的重要课题。北辛文化时期明显存在着较大的差异,但区域发展明显扩大,趋向统一。大汶口文化早期尽管胶东地区地方文化特色浓厚,但文化的一致性开始体现,到大汶口文化中期和晚期则完全统一,如相同陶器的组合,流行猪下颌骨随葬、拔牙习俗等;尤其是晚期,大汶口文化出现了城址(五莲县丹土遗址),大口尊陶器上刻有图像文字符号,并且势力扩展到安徽省北部和河南省东部,应当是东夷文化的初步繁荣时期,是传说时期的太昊、少暤部族为主体的东夷族团制造的。龙山文化时期是东夷文化的繁荣和鼎盛时期,文化面貌统一性更强,出现10余座城址,陶器以黑光亮为特征,创造了举世闻名的蛋壳陶,出现了两椁一棺的大型墓,有精美的玉器,尤其是邹平县丁公遗址出土了陶文。种种文化特征表明龙山文化时期已产生了方国,与华夏族团逐鹿中原,夏代初期即龙山文化晚期曾经取代夏王朝,即文献记载的东夷领袖后羿"因夏民以代夏政",夏王朝则是"太康失国"事件。东夷势力曾辉煌一时。

　　岳石文化和龙山文化相比明显衰退,与二里头文化相比更是落后,标志着东夷势力开

---

① 刘延常:《珍珠门文化初探》,《华夏考古》2001年第4期。

始衰弱,这一现象应该与夏代"少康中兴"事件有关,少康复兴夏王朝,打败东夷。商王朝替代夏王朝后四处扩张,二里岗上层文化迅速推进,向东达到山东地区津浦铁路线以东左近地区,岳石文化则向东退缩。之后,商王朝不断地征伐东夷,向东推进,殷墟文化一期时在鲁北地区达到淄河以西地区。殷墟文化二期以后商王朝更是在鲁北建立了"薄姑"、鲁中南地区建立了"奄"这两个著名的方国,这时期东夷文化向东退缩到潍坊市以东,文化面貌表现为珍珠门文化。周王朝之后在山东分封齐国、鲁国威镇东夷,并授予齐国征伐大权,齐国向东扩张,征伐莱夷、嵎夷为代表的东夷势力,西周早期晚段在胶东地区分封建立莱国之后,珍珠门文化为代表的东夷势力退居半岛东端沿海地区。

随着商周王朝东扩和商周文化的东渐,东夷文化逐渐衰弱直至消亡。东夷文化衰退的同时,除了表现为其主体文化面貌衰弱、分布范围缩小并向东移动外,还体现在和商周文化的融合方面,二里岗文化晚期的济南大辛庄遗址商文化遗址中存在着第二类文化遗存,文化面貌和岳石文化相近;商代晚期的商文化越向东包含的东夷文化因素越浓,遗址规格越低东夷文化因素越浓,并且和商文化融合产生出新的地方文化;周代齐文化更是保存、融合了夷人文化因素,胶东半岛直至春秋时期还明显地保留夷人风格的陶器;继承周礼的鲁文化中,曲阜鲁故城遗址中也有明显属于夷人的墓地,即所谓的甲组墓;广大的山东省东南部,商文化和西周早期的周文化至今没有发现,似乎商周王朝未扩张到这一地区,西周中期至战国早期这里是莒文化分布范围,不同于周文化、齐文化,也不同于鲁文化、楚文化和吴文化,我们认为莒文化主要是周文化和当地夷人文化融合形成的一种地方文化,主要是东夷族团或其后裔创造的。另外,山东地区商周文化中,直到战国时期广泛存在着夹砂素面红褐陶器,考古学界公认为东夷文化因素。总之,东夷文化衰退的过程也是中国古代文化的融合过程。

东夷文化衰退的同时,由于商周王朝的不断征伐,相当一部分东夷人陆续东迁朝鲜半岛和日本列岛避难,也带去了先进的文化和生产技术。文献记载徐福东渡日本的故事就是很好的例子,传说中徐福率众渡海的出发点无论是连云港还是胶南市琅琊台或烟台市蓬莱,都是东夷文化的分布区,《史记》记载徐福也是齐国人。东夷人同当地民族以及其他地区渡来的民族共同制造了新的文化,为东方文化的形成做出了新的贡献。总之,东夷文化主体衰退的同时也是文化传播的过程,也是我们研究东夷文化新的重要内容之一。

三、东夷文化和日本考古学文化的关系

日本绳纹文化[①]是分布于日本列岛的新石器时代考古学文化,年代分为6期:草创期(绝对年代大约公元前 10000 - 前 8000 年)、早期(绝对年代大约公元前 8000 - 前 4000 年)、前期(绝对年代大约公元前 4000 - 前 3000 年)、中期(绝对年代大约公元前 3000 - 前 2000 年)、后期(绝对年代大约公元前 2000 - 前 1000 年)和晚期(绝对年代大约公元前

---

① 日本第四纪学会小野昭等:《图解日本の人类遗迹》,东京大学出版会,1992年。有关绳纹文化和弥生文化的资料均参考此书。

1000－前400年），经济以采集、狩猎和渔捞为主，陶器器表多饰有各种绳纹，为其主要特征，到晚期在西日本分布着以"黑色磨研土器"为主要特征的陶器圈（器表以黑色素面磨光为主）。

日本弥生文化[①]是以稻作农耕为主要特征的考古学文化，因1884年首先发现于东京都弥生町遗址而命名，年代分为4期：早期（公元前4世纪中期-公元前3世纪）、前期（公元前3世纪-公元前2世纪）、中期（公元前2世纪-公元1世纪）和后期（2－3世纪），分布于除北海道和南西诸岛以外的日本列岛地区，经济以稻作农业和饲养为主，广泛使用磨制石器，开始使用金属器，环壕聚落比较发达，与朝鲜半岛和中国大陆开始有了密切联系。

东夷文化与日本的绳纹文化、弥生文化持续时间都很长，文化内涵都很丰富，我们只选择东夷文化中的主要文化因素，同时在日本绳纹文化或弥生文化中也存在，或相同或相似的现象进行简要介绍和比较。

后李文化的陶器中圜底釜占85%以上，整体形状和绳纹文化早期尖圆底深钵相似。东亚地区北部新石器时代早期可以分两大大区域：中国的东北地区、朝鲜半岛北部和俄罗斯沿海州、日本的北海道地区分布着以平底圆筒罐（平底圆筒形深钵）为主的文化圈；山东地区、朝鲜半岛大部分地区和日本列岛大部分地区分布着以尖圆底釜（深钵）为主的文化圈。后李文化陶器中圈足器已有一定数量，如高圈足盘（台腹浅钵），还出土双耳罐等，也出土精美的磨制石斧。

后李文化和北辛文化都出土大量磨制石磨盘和石磨棒，其形状和用途和绳纹文化石皿及磨棒相似，应是加工粮食和其他植物食料用具。

山东半岛东端沿海地区发现20余个贝塚遗址[②]（据袁靖：《貝冢─中国の二つの地域にぉける貝冢》《季刊考古学》第54号），距今7000－6000年，属北辛文化和大汶口文化早期。绳纹早期也有更多的贝塚遗址，应该与海进有关，是人们以贝类为生业的产物。

环壕聚落发达的弥生文化时期的社会状态相当于中国夏王朝建立之前的龙山时代，龙山文化发现的城，其结构有壕沟、夯土墙、城门以及排水和进水设施，山东地区目前发现五莲县丹土遗址大汶口文化晚期和龙山文化早期、中期城址，[③]日照市两城镇遗址、[④]邹平县丁公遗址、[⑤]临淄田旺遗址、[⑥]章丘市城子崖遗址、[⑦]阳谷县景阳岗遗址[⑧]都发现了龙山

[①] 日本第四纪学会小野昭等：《图解日本の人类遗迹》，东京大学出版会，1992年。有关绳纹文化和弥生文化的资料均参考此书。

[②] 中国社会科学院考古研究所编：《胶东半岛贝丘遗址环境考古》，社会科学文献出版社，1999年。

[③] 山东省文物考古研究所：《五莲丹土遗址发现大汶口文化城址》，《中国文物报》2001年1月17日。

[④] 山东大学考古系和美国耶鲁大学、芝加哥自然历史博物馆合作发掘日照两城镇遗址，2000年秋季发现了城壕、城墙。

[⑤] 栾丰实：《丁公龙山城址和龙山文字的发现及其意义》，《文史哲》1994年第3期。

[⑥] 魏成敏：《临淄区田旺龙山文化城址》，《中国考古学年鉴》，1993年。

[⑦] 山东省文物考古研究所：《城子崖遗址又有重大发现：龙山岳石周代城址重见天日》，《中国文物报》1990年7月26日。

[⑧] 山东省文物考古研究所等：《山东阳谷县景阳岗龙山文化城址调查与试掘》，《考古》1997年第5期。

文化城址。丁公遗址和城子崖遗址还发现了岳石文化城址。周代城址更是发达，比较著名的有齐国故城、①鲁国故城、②薛国故城、③莒国故城④和莱国故城⑤等。东夷人很早就掌握了筑城技术，城的发达也是东夷文化的特征之一。

龙山文化发现的稻作农业遗存，主要有栖霞市杨家圈遗址、⑥日照市尧王城遗址、⑦滕州市庄里西遗址⑧以及同属山东龙山文化的江苏省连云港市藤花落遗址，⑨这些发现为稻作农业传播到日本经由山东半岛这一观点提供了证据。

绳纹文化以及弥生文化土井ヶ浜遗址⑩中见到的合葬墓，大汶口文化中比较常见，有男女合葬、夫妇合葬、同性多人合葬等；还流行二次葬和迁葬。如1997年发掘的潍坊市前埠下遗址⑪大汶口文化墓葬中发现两座多人合葬墓，其中一人为完整骨架，其余分别迁来13个头骨和18个人骨架；而附近的小型墓中有的仅见零星指骨或趾骨和随葬陶器，显然是被迁走进行了第二次埋葬。合葬墓反映了家庭或家族的血缘关系，反映了当时社会发展阶段。

弥生文化石棺墓与山东省乳山市南黄庄墓地⑫中石板墓相似，用较薄的石板组成箱式石棺，南黄庄墓地属西周中期到春秋早期的夷人墓葬，规格高的石板墓内还葬有木棺。

绳纹文化和弥生文化流行拔牙习俗，大汶口文化流行生前拔除侧门齿。大汶口文化和龙山文化流行用猪下颌骨随葬的习俗，江苏邳县刘林遗址大汶口文化的灰沟中集中堆放了20个猪牙床。⑬弥生文化多处遗址发现集中存放猪下颌骨现象，并且用木棒串起来，是祭祀用品；⑭另外，奈良县鸭都波遗址（弥生时代中期）发现用猪下颌骨随葬的墓葬。⑮

东夷族是以鸟为图腾的部族。《左传》记载郯子对孔子讲自己的祖先是少暤氏，曾以鸟名命官的故事。龙山文化中常见的陶鬶的造型是鸟或鸡的形状，影响到后来商代铜器，邹衡先生称其为鸡彝。龙山文化陶器器盖的捉手常见一种鸟首形状，龙山文化中晚期最常见的一种鼎，其鼎足呈鸟喙形状。弥生文化崇拜鸟、和鸟有密切关系的习俗也反映了与

---

① 群力：《临淄齐国故城勘探纪要》，《文物》1972年第5期。
② 山东省文物考古研究所等：《曲阜鲁国故城》，齐鲁书社，1982年。
③ 山东省文物考古研究所等：《薛国故城勘探试掘获重大成果》，《中国文物报》1994年6月26日。
④ 苏兆庆等：《莒县文物志》，齐鲁书社，1993年。
⑤ 李步青等：《山东黄县归城遗址的调查与发掘》，《考古》1991年第10期。
⑥ 北京大学考古系等编：《栖霞杨家圈遗址发掘报告》，《胶东考古》，文物出版社，2000年，第198页。
⑦ 中国社会科学院考古研究所：《尧王城遗址第二次发掘有重要发现》，《中国文物报》1994年1月23日。
⑧ 孔昭宸等：《山东滕州市庄里西遗址植物遗存及其在环境考古学上的意义》，《考古》1999年第7期。
⑨ 《江苏连云港藤花落遗址》，《2000中国重要考古发现》，文物出版社，2001年。
⑩ 土井ヶ浜遗址・人类学ミュージアム：《土井ヶ浜遗址の弥生人たち》，平成13年3月15日发行，第9—21页。
⑪ 山东省文物考古研究所等：《山东潍坊前埠下遗址发掘报告》，《山东省高速公路考古报告集1997》，科学出版社，2000年。
⑫ 北京大学考古系等编：《乳山南黄庄石椁墓》，《胶东考古》，文物出版社，2000年。
⑬ 南京博物院：《江苏省邳县刘林新石器时代遗址第二次发掘》，《考古学报》1965年第2期。
⑭ 春成秀尔：《豕の下颚骨悬架——弥生时代における辟邪の习俗》，《国立历史民俗博物馆研究报告》1993年第50集；《冈山市南方（済生会）遗址》，《考古学研究》第42卷第2号。
⑮ 大阪府立弥生文化博物馆：《平成8年春季特别展：卑弥呼の动物ランド》，1996年4月20日发行，第62页。

东夷人相同的信仰,山口县土井ケ浜遗址的弥生文化中期一老年女性墓葬中,胸前有一鸟骨架,被称作巫女,鸟作为人与神沟通的工具;大阪府池上曾根遗址1969年发现了弥生时代中期木制鸟形制品,大阪府雁屋遗址弥生时代中期的墓的周围出土鸟形制品;弥生土器上也描绘着鸟装人物。①

大汶口文化、龙山文化和岳石文化的石器中,石刀数量最多,其中,岳石文化的半月形双孔石刀最有特点。大汶口文化和龙山文化中穿孔石斧、石钺是夷人文化特点,以后钺发展为王权的象征;1995年山形县羽黑町的绳纹文化遗址出土的有孔石斧,②与大汶口文化、龙山文化穿孔石斧相同。

龙山文化泥质陶器以黑光亮为主要特征,器型以盆、罐最多,器表以素面磨光为主,弦纹较多;绳纹文化晚期分布于西日本的黑色研磨器器表纹样较少,多浅线纹,器物多深钵和浅钵,口沿多为平沿等特征和龙山文化相近。

龙山文化红陶鬶器表多涂有一层红色陶衣,这种现象是弥生文化中期须玖式陶器的主要特征,器表鲜艳光亮,非常漂亮。岳石文化夹砂陶绝大部分是素面红褐陶,之后的珍珠门文化更是90%以上是夹砂素面红褐陶,商周时期直到战国时期存在夹砂素面红褐陶就是东夷文化因素。这种陶器特征对朝鲜半岛的无纹陶器和日本的弥生文化陶器有很大影响。龙山文化晚期素面鬲以及岳石文化夹砂陶器器表常见篦刮纹,是用篦状木质或竹质工具刮抹遗留下的痕迹,与绳纹后期开始常见的刷目纹相同。

龙山文化盛行用破陶片制作网坠捕鱼,这种现象在绳纹文化晚期分布于东北地区北部的龟ケ冈文化③中也常见,即用陶片制作土锤。绳纹文化后期比较发达的磨消绳纹和山东地区商代、西周早中期流行的抹绳纹的形状非常相似。龟ケ冈文化的台腹钵器和山东地区商代晚期的簋极其相近,仅口沿不同;龟ケ冈文化中的注口器与大汶口文化、龙山文化中的盉相似,功能相同。

中国商周时期的甲骨文闻名于世,除了官方用来刻字记事外,被广泛用来占卜、定凶吉,多用牛、羊等动物的肩胛骨,或灼或钻或凿,或同时并用,根据出现的裂纹来分析凶吉和决定行动。这一习俗在龙山文化中就有发现,济南市大辛庄商文化遗址中发现大量卜骨,④桓台县史家遗址殷墟一期遗存出土卜骨,⑤还刻有符号,有学者认为是文字,1997年发掘的长清县王府遗址⑥出土了西周中期卜骨,这一习俗在中国源远流长,有的学者认为起源于东方夷人文化系统。日本弥生文化、古坟时代(三世纪后半至七世纪)和奈良时代

---

① 大阪府立弥生文化博物馆:《平成8年春季特别展:卑弥呼の动物ランド》,1996年4月20日发行,第50—52页。
② 川崎利夫:《大陆と日本列岛を结ぶ日本海》,《战后50年"古代史发掘总まくり"》,朝日新闻社,1996年4月1日发行,第251页。
③ 伊东信雄等编:《古代日本》8"东北",角川书店,昭和45年19月发行,第14—16页。
④ 徐基:《1984年秋季济南大辛庄遗址试掘述要》,《文物》1995年第6期。
⑤ 张光明等:《桓台史家遗址发掘获重大成果》,《中国文物报》1997年5月18日。
⑥ 山东省文物考古研究所等:《济南市王府遗址发掘报告》,《山东省高速公路考古报告集1997》,科学出版社,2000年。

(八世纪至九世纪)近百个遗址出土卜骨、卜甲,[①]其中以弥生文化发现最多,制作方法、使用方法与中国相同。

山形县鸟海山麓出土的绳纹晚期的青铜刀子,[②]其形状和山东地区齐文化、莒文化春秋墓出土的相似,尤其殉人墓中多见。青森县今津遗址出土绳纹晚期鬲状三足器,[③]和莒文化春秋时期陶鬲特别相近,肩部较高、饰弦纹、弧裆、足瘦高;而且今津遗址出土的鬲,器体较小并且器表涂有红色颜料,应为祭祀用品。以上两种遗物,年代和特征与莒文化相同,应是渡来人带来或制作的。另外,大分县三重町大字秋叶遗址出土绳纹晚期鬲足,青森县富ノ沢遗址也出土过鬲状器,[④]显然是渡来人制作的。

以上列举了东夷文化和日本绳纹文化、弥生文化相同或相近的文化特征,都是东夷文化系统中各个考古学文化中有代表性的文化因素,均是主体文化因素,是东夷文化特有的文化因素。关于东夷文化和日本考古学文化的关系,我们认为后李文化、北辛文化以及大汶口文化早期也就是绳纹文化草创期、早期,两者具有共性是因为地理环境相同,尤其是环邻大海;大汶口文化中期以后直到春秋战国时期,东夷文化对日本绳纹文化、弥生文化有较大的、直接的影响,尤其是绳纹文化后期、晚期也就是岳石文化、商代和周代,具有共时性的文化特征,我们推测至少有少量东夷人直接到达了日本,山形县出土的青铜刀子和青森县出土的陶鬲以及龟ケ冈文化中的类似簋的台腹钵器似乎是东夷人直接带来或是东夷人制作的。龙山文化和岳石文化的陶器风格以及大汶口、龙山文化和商周时期东夷人的习俗如拔牙、猪下颌骨随葬、卜骨和卜甲、崇拜和信仰鸟等,在绳纹文化和弥生文化中得到了继承和发展,尽管形式不完全相同,或许正是东方文化形成的新特点。因此,东夷文化在本土不断衰退、衰弱的过程,也是东夷文化逐渐向东传播的过程。

结　　语

根据中国历史文献记载和历史学家的研究,东夷族团被证明了分布在以山东省为中心的地区;山东地区的考古学文化主体框架,一脉相承,被考古学界公认是东夷族团创造的,因此称为东夷文化。东夷文化有其产生、形成、发展、鼎盛和衰弱、消亡的过程,除主体框架外,东夷文化因素还广泛存在于其他文化中。

东夷文化的衰退、衰弱出现了两个伟大的结果,一是融合的过程,融合进中华文化统一的过程当中,体现了中华文化的形成过程;另一方面是东夷文化不断向东传播的过程,东夷概念在汉代扩大到朝鲜半岛和日本列岛或许正暗示着有这个事实。

---

① 神泽涌一:《弥生时代、古坟时代および奈良时代の卜骨、卜甲について》,《日本考古学论集》3,吉川弘文馆,昭和61年10月发行。
② 《山形县庄内出土の有孔石斧と青铜刀》,月刊《考古学ジャーナル》2000年第1期。
③ 《今津遗址间沢遗址》,青森县埋藏文化财调查报告书第95集,第172－175页。
④ 《史前の玦状耳饰に就いての所见》,梅原末治:《日本古玉器杂考》,吉川弘文馆,昭和46年4月11日发行,第321页。

东夷文化对日本考古学文化的影响是明显的,尤其是反映在制陶技术和习俗信仰方面,更是有东夷文化遗物在日本出土,证明了东夷人渡来的可能性,在日本考古学文化的发展中,东夷人和东夷文化做出了新的贡献。中国考古学界先辈苏秉琦先生把中国考古学文化分为面向大陆和面向海洋两大部分,面向海洋是具有开放性、世界性,东夷文化的向东传播正是这种体现,成为世界东方文化的重要组成部分。

东夷文化研究不仅是山东地区和中国的课题,更是世界性的课题,对研究中国文明、中华文化的形成,对研究世界东方文化的形成都具有重要意义,需要国内外学者共同合作、共同研究。1997年在山口县召开了中日韩三国考古学文化专题讨论会,其标题是"黄砂和海的交响史——东夷的世界",正反映出了大家的共识。

(原发表为刘延常、孙英林:《试论东夷文化和日本考古学文化的关系》,《华夏考古》2005年第4期)

青铜器研究

山东地区古代青铜器发现与研究

山东地区先秦时期青铜器的发现与研究

西周晚期至春秋早期山东地区东土青铜器群的转变与传承

山东地区青铜殳研究

山东地区古代青铜器发现与研究

一、山东地区的环境、考古与历史

　　山东省北邻渤海、东临黄海,属中国东部沿海地区,地处黄河下游,南部地区属淮河下游,整体为黄淮下游。位于北纬34°22.9′–38°24.01′、东经114°47.5′–122°42.3′之间,属暖温带季风气候带。地势以低山丘陵为主,约占2/3面积,包括东西横亘的泰沂山系、鲁中山区、鲁中南山地,滨海低山丘陵和山东半岛低山丘陵,鲁西和鲁北为广袤平原。独特的地形地势,导致河流向四周分流或直接入海,北流入海的主要有黄河、马夹河、徒骇河、小清河、淄河、弥河、白浪河、潍河、胶莱河、湟水河等,大汶河向北流入黄河,泗河、沂河、沭河等向南注入淮河,鲁东南滨海区域和胶东半岛的河流则直接注入黄海。独特的地形地势、适宜的纬度带,形成了独立的气候地理单元。因此,山东省自古以来就是人类繁衍生息繁荣发展的理想之地。

　　山东地区是人类发祥地之一,有距今40、50万年的"沂源猿人",距今5万年的晚期智人——"新泰乌珠台人"等,有距今1-2万年的细石器文化(以鲁东南地区的凤凰岭文化和汶泗流域的东贾柏类型遗存为代表)。史前时期山东地区称为"海岱历史文化区",包括古代青州全部、兖州和徐州大部,形成了繁荣发展、谱系完善的新石器时代文化发展序列——后李文化、北辛文化、大汶口文化、龙山文化,奠定了"东夷族团"的文化传统。众多大汶口文化中晚期至龙山文化晚期城址,显示山东地区已经进入古国(酋邦)林立发展阶段;龙山文化红铜、黄铜制品或相关遗存的出土,标志着铜器产生的萌芽;图像与符号文字,礼制,阶层分化和聚落等级等迹象的揭示;考古发现与研究表明,山东地区是文明起源与早期国家形成的地区之一,是我国文化发展多元一体格局的重要组成部分。

　　青铜时代,是山东地区文化交流、融合发展阶段,中原地区商文化、周文化先后东渐,与东夷文化和地方文化融合,文化再度繁荣——逐渐形成齐鲁地域文化。岳石文化是继龙山文化之后的东夷文化,其年代与夏代和商代前期并行,东部地区晚至商代后期前段,从早到晚由西向东逐渐退缩;鲁西南、鲁西北、鲁北地区的岳石文化,与先商文化(下七垣文化)关系密切;岳石文化早期,泗水尹家城等多处遗址出土青铜工具小件,说明山东地区是青铜器初步发展的地区之一。商代,商王朝东扩和商文化东渐成为主流,既是文化替代,更是文化融合,青铜器的繁荣可以看出早商、中商和晚商阶段的征伐路线、据点等,众多古族、方国得以东迁、落户和发展,山东地区大部成为商王朝的东土,成为商文化的重要分布区域。珍珠门文化是继岳石文化之后的晚商时期至西周早中期的东夷文化,由于商王朝的东扩与征伐,其分布范围逐渐向东缩小,发展水平比较落后;珍珠门文化遗存在鲁北地区与商文化共存融合比较充分。

武王克商、周公东征、成王分封之时,山东地区是强大的商王朝东方及东夷土著势力范围;西周早中期青铜器的发现,证明了周王室采取诸多措施控制东方,如分封姜太公到齐国镇抚鲁北地区,又布局王师、王室贵族及归顺贵族等辅佐齐国,掌控鲁北和胶东半岛;分封鲁国坐镇鲁中南地区,又布局滕、薛等古国辅佐掌控鲁南局势;西周晚期,随着诸侯国势力的发展,周王室的衰亡和齐国、鲁国等诸侯国内部局面的失控,出土青铜器地点增多、地方文化因素彰显,诸多古族、古国重封、迁徙,齐文化、鲁文化、莒文化逐渐形成。

东周时期呈现出诸侯争霸称雄的国际局面,山东地区以齐国霸业发展、周礼尽在鲁矣为核心,东土古国、泗上十二诸侯国等众多古国并存。《春秋》《左传》记载春秋时期山东地区尚存 60 余个古国,目前通过城址、诸侯国国君墓葬、有铭文青铜器等研究,越来越多的古国得以证明;众多古国青铜器的出土,也证明了吴文化、越文化、楚文化、燕文化及周边诸多古国以各种方式不断与山东地区古国交流融合;青铜器逐渐形成了地域风格,即齐国青铜器、东土青铜器及其与周边古国青铜器的相互融合。

以战国末期强大齐国的延续为基础,汉高祖的故乡楚国为中心,山东地区汉代经济繁荣发展、人口密度大,郡国并行,刘姓封国较多,道家、儒家等传统文化积淀丰厚,青铜器的功能、种类、组合、纹样与铸造等均发生了重大转折。

二、发现与研究史

山东地区古代文明发达、古族古国众多、历史文化繁荣、多种文化交流融合充分、传统文化积淀深厚,传承有序,作为历史、文明、文化载体的青铜器埋藏丰富、亮点纷呈,青铜器发现早、研究多,是古代青铜器收藏、保护、研究、展示与利用的重要地区。

1949 年建国以前,是青铜器零星出土和传世青铜器著录阶段。早至在元代、清代就有青铜器的出土及记录,如 1123 年临淄齐故城出土叔夷镈等几十件青铜器、1854 年新泰市出土一批杞器、1857 年胶州灵山卫出土左关釜等 3 件齐国量器、1893 年河北易县出土 4 件齐侯媵女青铜器、1896 年黄县(龙口市)鲁家沟出土莱伯旅鼎等青铜器。1930 年滕州凤凰岭出土春秋时期鲁伯愈父鬲,1931 年青州苏埠屯出土多件商代青铜器,1932 年曲阜鲁故城林前村出土春秋时期鲁大司徒元铺。主要研究专家如陈介祺(1813-1884),系清代金石学家,山东潍县人(潍坊市),收藏众多青铜器和印章,著述《簠斋金石文考释》《簠斋吉金录》《十钟山房印举》等。曾毅公发表《山东金文集存》,[①]系统分析了山东青铜器铭文在先秦时期的变化。

---

① 曾毅公:《山东金文集存》,《图书季刊》1940 年第 4 期。

1949年至20世纪70年代,以考古发掘、抢救性清理和征集等方式获得青铜器为主,青铜器发现数量增幅较大,研究主要体现在报道青铜器资料、考释金文、研究古族古国等方面,青铜器研究属于起步和初期阶段。临淄齐国故城、曲阜鲁国故城、滕州薛国故城、青州苏埠屯、莒南大店、沂水刘家店子发掘出土一批商周时期青铜器,临淄尧王、桓台史家、济南大辛庄、历城百草沟、长清小屯、临朐杨善和泉头、诸城臧家庄、黄县(龙口市)归城、烟台上夼、莱阳前河前、胶州西菴、莒县天井汪、苍山东高尧、邹城、峄县(枣庄市峄城区)、滕州、兖州等地,考古调查与征集、群众送缴和抢救性清理墓葬获得大量商代至汉代青铜器。其中不乏重器如著名的国子鼎、牺尊、长方形大铜镜、邿伯罍、楚高罍、亚醜钺等,在《文物参考资料》《文物》《考古》《考古学报》和专题报告报道了诸多发现。主要著录有郭沫若《两周金文辞大系图录考释》、容庚《商周彝器通考》和《殷周青铜器通论》涉及山东地区相关青铜器研究,王献唐《黄县䚄器》《山东古国考》中发表《邿伯罍》文章,山东省博物馆《山东文物选集(普查部分)》[①]等,齐文涛对建国后山东地区青铜器的发现做了研究性概述。[②]

20世纪80年代至今,青铜器的发现主要是发掘出土品,数量众多,以主动考古发掘和配合经济建设工程开展的考古发掘、抢救性清理墓葬与窖穴获得为主,征集或送缴方式少见,打击盗掘古墓犯罪所获青铜器、偶见国际拍卖和国际收藏家所藏基本为盗掘流出的青铜器;青铜器研究主要体现在发表出土青铜器资料、出版青铜器图录和综合研究,青铜器研究进入繁荣和综合研究阶段。济南大辛庄和刘家庄,青州苏埠屯,滕州前掌大和庄里西,寿光益都侯城、高青陈庄、济阳刘台子、曲阜鲁国故城、龙口归城、临淄河崖头、东夏庄、相家庄、济南长清仙人台、海阳嘴子前、沂水纪王崮、临沂凤凰岭、郯城大埠、枣庄东江、新泰周家庄等重要遗址或墓地都发表资料或出版报告;还有一些博物馆针对专题展览出版青铜器图录;[③]陈佩芬、王世民、杜迺松对山东地区商周青铜器进行研究,[④]朱凤瀚在其著作中对于山东地区的青铜器多有涉及,[⑤]山东博物馆曾梳理山东地区铜器金文,[⑥]陈青荣、赵缊对相关古国的出土和传世铜器及其金文做专门整理,[⑦]中国社会科学院考古研究所编著《殷周金文集成》,[⑧]吴镇烽编著《商周青铜器铭文暨图像集成》及《商周青铜器铭文暨图像集成续编》[⑨]中有收录山东青铜器,王恩田对东周齐国铜器进行分期与断代、[⑩]刘彬

---

① 山东省博物馆编著:《山东文物选集(普查部分)》,文物出版社,1959年。
② 齐文涛:《概述近年来山东出土的商周青铜器》,《文物》1972年第5期。
③ 山东博物馆等:《惟薛有序,于斯千年——古薛国历史文化展》,浙江人民美术出版社,2018年;山东博物馆等:《大君有命,开国承家——小邾国历史文化展》,北京时代华文书局,2018年;齐国故城遗址博物馆:《齐国故城遗址博物馆馆藏青铜器精品》,文物出版社,2015年;沂源县文物管理所:《沂源文物精粹》,文物出版社,2016年等。
④ 《中国青铜器全集》,文物出版社,1998年。
⑤ 朱凤瀚:《中国青铜器综论》,上海古籍出版社,2009年。
⑥ 山东省博物馆:《山东金文集成》,齐鲁书社,2007年。
⑦ 陈青荣、赵缊:《海岱古族古国吉金文集》,齐鲁书社,2011年。
⑧ 中国社会科学院考古研究所:《殷周金文集成》,中华书局,1990年。
⑨ 吴镇烽编著:《商周青铜器铭文暨图像集成》,上海古籍出版社,2012年;《商周青铜器铭文暨图像集成续编》,上海古籍出版社,2016年。
⑩ 王恩田:《东周齐国铜器的分期与断代》,《中国考古学会第九次年会论文集1993》,文物出版社,1997年。

徽对山东东周青铜器初步研究,[①]王献唐对黄县𠵜器的研究;[②]还有一些学者将齐国金文作为学位论文研究,[③]曹艳芳在其博士论文中对商代青铜器进行研究,[④]吴伟华、毕经纬分别将海岱地区的两周时期青铜器研究作为学位论文的研究课题,[⑤]王青教授在周代墓葬研究中对青铜器也有叙述,[⑥]路国权的著作中对山东东周的容器也有分析。[⑦]

三、山东地区青铜器发展脉络

1. 龙山文化铜器的萌芽与岳石文化青铜器的初步发展

我们曾经对龙山文化和岳石文化出土铜器地点进行了介绍。[⑧] 龙山文化时期出土铜器的遗址有8处,胶县三里河发现两件锥形铜器,属于黄铜,研究者认为"很可能是利用含有铜、锌的氧化共生矿在木炭的还原气氛下得到的[⑨]";在长岛长山岛、栖霞杨家圈、诸城呈子、日照尧王城、临沂大范庄遗址发现龙山文化铜片和铜渣。目前考古发现表明,在鲁东南地区、胶东半岛的龙山文化遗址已经能够铸造黄铜和红铜铜器,说明山东地区是铜器和青铜器铸造较早发生地之一,联系龙山文化发现的众多城址、等级聚落、贫富分化和礼制器物的出现等现象,证明龙山文化时期已经进入文明和古国阶段。相信今后还会有更多遗址出土更多的铜器,或许会发现大汶口文化晚期铜制品。

岳石文化时期铜器已经较多出现,器类增多,多为锡青铜和铅青铜,并经过范铸和锻打等多项工艺制成。牟平照格庄遗址出土的一件青铜锥,经鉴定为青铜。[⑩] 泗水尹家城出土14件铜器,有镞、刀、锥、环和铜片等,经鉴定有3件红铜和6件青铜。[⑪] 青州郝家庄、[⑫]沂源姑子坪[⑬]也有发现。岳石文化是继龙山文化之后的东夷文化,考古发现证明这个时期铜器铸造得到发展并产生了青铜器,但未出土青铜容器,与二里头文化相比相对落后。研究表明,岳石文化中晚期持续东退与衰弱,联系早商晚段开始的商文化东渐与替代

---

① 刘彬徽:《山东地区东周青铜器研究》,《中国考古学会第九次年会论文集1993》,文物出版社,1997年。
② 王献唐:《山东古国考》,齐鲁书社,1983年。
③ 张振谦:《齐系文字研究》,安徽大学博士学位论文,2008年;孙刚:《东周齐系题铭研究》,吉林大学博士学位论文,2012年;赖彦融:《早期齐彝铭研究》,中国社会科学院研究生院硕士论文,2011年。
④ 曹艳芳:《山东出土商代青铜器研究》,山东大学博士论文,2006年。
⑤ 吴伟华:《东周时期海岱地区青铜器研究》,南开大学博士论文,2012年;毕经纬:《海岱地区商周青铜器研究》,陕西师范大学2013年博士毕业论文;毕经纬:《海岱地区出土东周青铜容器研究》,《考古学报》2012年第4期。
⑥ 王青:《海岱地区周代墓葬研究》,山东大学出版社,2002年;王青:《海岱地区周代墓葬与文化分区研究》,科学出版社,2012年。
⑦ 路国权:《东周青铜容器谱系研究》,上海古籍出版社,2018年。
⑧ 刘延常、郝导华:《山东地区先秦时期青铜器的发现与研究》,《青铜文化研究》2005年第4期。
⑨ 北京钢铁学院冶金史组:《中国早期铜器的初步研究》,《考古学报》1981年第3期。
⑩ 中国社会科学院考古研究所山东队等:《山东牟平照格庄遗址》,《考古学报》1986年第4期。
⑪ 山东大学历史系考古专业教研室:《泗水尹家城》,文物出版社,1990年。
⑫ 吴玉喜:《益都县郝家庄新石器时代遗址》,《中国考古学年鉴》,1984年;吴玉喜:《岳石文化地方类型初探——从郝家庄岳石遗存的发现谈起》,《考古学文化论集》第3集,文物出版社,1993年。
⑬ 任相宏:《沂源县姑子坪龙山文化至周代遗址》,《中国考古学年鉴》,1991年。

现象,说明山东地区青铜器没有独立持续发展下来。

2. 商代青铜器的繁荣

进入商代,商文化东渐和岳石文化东退,至晚商时期的东夷文化——珍珠门文化与商文化并存,与岳石文化时期相比,伴随商人东扩,青铜器进入了繁荣阶段。商代前期山东地区出土青铜器的地点有10余处,如济南大辛庄、①淄博桓台史家、②滕州大康留、③滕州轩辕庄、④滕州东郭镇辛绪村、莒南虎园水库、⑤潍坊安丘雹泉镇老峒峪、⑥济南长清区前平、滕州吕楼、莱西我乐村遗址等,青铜器类较少,主要有鼎、觚、爵、斝、罍、提梁卣、盉、斗、钺、斧等。纹样多为兽面纹或双夔龙纹组成兽面纹,还有云雷纹、连珠纹、凸弦纹、十字镂孔,有的则以云雷纹为地;纹样多装饰在鼎上腹部、觚柄部、爵和斝的颈部、卣和罍腹部,镂孔主要装饰在觚、卣、罍的圈足部位。目前尚未发现铭文青铜器。

商代后期,商文化分布的大半个山东均有青铜器发现,出土地点30余处,其中不乏高等级的遗址和高规格的墓葬。出土青铜器比较重要的地点有济南大辛庄、刘家庄、⑦济南长清小屯、⑧滕州前掌大、⑨兖州李宫、⑩青州苏埠屯、⑪沂源东安、⑫胶州西菴、⑬苍山东高尧、⑭寿光益都侯城、⑮费县朱田镇、⑯昌邑、⑰惠民大郭⑱等,器类也更加丰富,器型变化也更丰富,包括炊煮器、盛器、食器、酒器、水器、乐器、兵器、车马器、工具等,主要有圆鼎、方鼎、甗、鬲、簋、豆、爵、角、觚、斝、觯、尊、卣、壶、罍、盘、盉、斗、铙、钺、戈、矛、刀、弓形器、盔、车具、策、斧、锛、削等。

纹样更加丰富,除延续兽面纹、夔龙纹、云雷纹等主题纹样外,又增加了动物纹样、几何纹样等,主要有象纹、虎纹、蝉纹、小鸟纹、涡纹、乳钉纹、弦纹、蕉叶纹等。兽

---

① 陈雪香、史本恒、方辉:《济南大辛庄遗址139号商代墓葬》,《考古》2010年第10期。
② 齐文涛:《概述近年来山东出土的商周青铜器》,《文物》1972年第5期。
③ 万树瀛:《山东滕州市薛河下游出土的商代青铜器》,《考古》1996年第5期。
④ 陈庆峰、孙柱才、张耘:《山东滕州市发现商代青铜器》,《文物》1993年第6期。
⑤ 刘延常、赵国靖、刘桂峰:《鲁东南地区商代文化遗存调查与研究》,《东方考古(第11集)》,科学出版社,2014年。
⑥ 贾德民、徐新华、郑岩:《山东安丘老峒峪出土一件商代青铜戈》,《考古》1992年第6期。
⑦ 郭俊峰、房振、王兴华、刘剑、刘秀玲:《济南市刘家庄遗址商代墓葬M121、M122发掘简报》,《中国国家博物馆馆刊》2016年第7期。
⑧ 山东省博物馆:《山东长清出土的青铜器》,《文物》1964年第4期。
⑨ 中国社会科学院考古研究所编著:《前掌大墓地(上、下)》,文物出版社,2005年;李鲁滕:《滕州前掌大村南墓地发掘报告1998-2001》,《海岱考古(第三辑)》,科学出版社,2010年。
⑩ 郭克煜、孙华铎、梁方健、杨朝明:《索氏器的发现及其重要意义》,《文物》1990年第7期。
⑪ 罗勋章、夏名采:《青州市苏埠屯商代墓发掘报告》,《海岱考古(第一辑)》,山东大学出版社,1989年。
⑫ 沂源县文物管理所:《沂源东安古城》,文物出版社,2016年。
⑬ 山东省昌潍地区文物管理组:《胶县西菴遗址调查试掘简报》,《文物》1977年第5期。
⑭ 张鸣雪、刘心健:《山东苍山县出土青铜器》,《文物》1965年第7期。
⑮ 贾效孔:《山东寿光县新发现一批纪国铜器》,《文物》1985年第4期。
⑯ 程长新、曲得龙、姜东方:《北京拣选一组二十八件商代带铭铜器》,《文物》1982年第9期。
⑰ 孙敬明、赵仲泉:《山东昌邑出土商代邓共盉稽考》,《于省吾教授百年诞辰纪念文集》,吉林大学出版社,1996年。
⑱ 山东惠民县文化馆:《山东惠民县发现商代青铜器》,《考古》1974年第3期。

面纹有两种风格,一种是仅圆目凸出,其余部位用云雷纹表现。另一种兽面纹浮雕表现口、鼻、角等部位,以云雷纹为地;兽面纹仍是大多作为主题纹饰,其他纹饰作为辅助出现。夔龙纹多在器物口沿下、颈部或者圈足部饰一周,蕉叶纹多饰在器物口沿下、下腹部或者鼎的足根部,小鸟纹或在颈部饰一周,或是在器腹作为主题纹饰。多扉棱装饰,兽面纹以扉棱为鼻,或者以扉棱作为成组纹饰的分界,也有以浮雕兽首为界隔。凸弦纹在颈部、器身多组纹饰之间起到装饰作用,少量器物在器外底有纹样。比较有特点的例如惠民大郭出土的圆鼎,上腹部饰两虎纹,其相对又组成兽面纹,其余部位素面。有些地点出土青铜器的纹样简单,没有地纹、不够精致,器型铸造、打磨显得粗糙。

  与前期相比,开始出现铭文,出土地点、铭文数量大大增加。出土铭文的20多个地点共30多种铭文,字数不多,一般1-5字,多不识,包括出土不少动物、符号铭文,多为族徽。主要有大辛庄和兖州李宫的"索",青州苏埠屯的"亚醜""融",寿光益都侯城的"己""㚔",滕州前掌大墓葬、邹城南关、兰陵密家岭等地点出土的"史",长清小屯、胶州西菴、费县朱田出土的"举",长清小屯、兰陵东高尧、济南刘家庄出土"戈",济南大辛庄、邹城南关、兖州嶧山出土"子",济南刘家庄的"𢎺"等,桓台史家"祖戊"等铭文青铜器,另外在胶州西菴、昌邑上河头村、淄博磁村、惠民兰家、章丘东涧溪、邹城小西苇、滕州种寨、平邑洼子地等都出土铭文或符号。

  商代前期青铜器多数属早商晚段,个别属中商时期;出土地点主要集中在两个大的区域,一是济水中下游沿线并向鲁北分布,一是分布在鲁南地区;体现出了商王室向东扩展的路线与据点,早商时期迅速推进,中商时期已经征伐至鲁北的桓台、青州,个别达到潍水以东的莱西市,鲁东南地区到达沭河以东的莒南县。商代晚期山东地区的青铜器与中原商文化系统保持一致性,少部分显示出有自己的特点,是否能够说明个别方国能够铸造青铜器,还需要考古发现证明;殷墟四期青铜器数量最多、规格最高,在青州苏埠屯、沂源东安、长清小屯、济南刘家庄各出土一组3件铙和弓形器,滕州前掌大众多铭文青铜器出土,能够反映成为方国级别的有青州苏埠屯、滕州前掌大、济南大辛庄、寿光益都侯城;很多地点反映了商王室东征,如济南长清小屯、济南刘家庄、惠民大郭、桓台史家、费县朱田等出土重要青铜器;有些或与殷遗民相关,如兖州、邹城一带,兰陵东高尧,新泰府前街,胶州西菴等出土较多商末青铜器(个别地点与西周早期青铜器共存);众多铭文青铜器的出土,反映了商王室派出多支系、大量贵族东征东夷,也逐渐成为东土的重要成员,也是周代东方主要对峙力量的根源。

  3. 西周青铜器的发展

  西周时期山东地区古国较多,周王朝分封异姓功臣姜太公于齐国,分封鲁、曹、滕、成等姬姓国于鲁中南、鲁西南地区,又分封归顺的夆、莱、莒、薛、邿、纪等国,许多古国因青铜器铭文的出土得以证明其地望等历史信息。西周早中期青铜器出土地点主要有临淄河崖头、①东古城、②高青陈庄、③济阳刘台子、④龙口归城、⑤招远东曲城,龙口韩栾村,新泰府前街、⑥曲阜荀家村,滕州前掌大、⑦滕州庄里西⑧等10余处,器类主要有鼎(圆鼎、分裆鼎、方鼎)、甗、鬲、爵、簋(方座簋、圈足及其附高足簋)、卣、罍、觥、尊、觯、盉等;纹样有兽面纹、云雷纹为地纹的兽面纹、象鼻纹、大鸟纹、长尾凤鸟纹、涡纹、乳钉纹等,素面与凸弦纹占一定比例;在临淄、高青、招远出土"齐"青铜器,滕州庄里西出土"滕侯鼎"等,济阳刘台子出土"夆"青铜器,龙口归城出土"启尊""启卣""辛簋""疥监鼎""芮公叔簋"等,有的则铸有长篇铭文。

西周晚期出土青铜器地点30余处,重要的有淄博高青陈庄、曲阜鲁国故城,⑨长清仙人台、⑩泰安龙门口、滕州庄里西、莒县西大庄、⑪日照崮河崖、⑫临朐泉头村、⑬安丘东古庙、⑭沂源西鱼台(姑子坪)、⑮招远东曲城,⑯在胶东半岛的长岛、栖霞、莱阳等地均有青铜器出土。器类更加丰富、器型更为多样,有鼎、甗、鬲、簋、盨、簠、豆、壶、罍、方彝、鈚、杯、斗(瓒)、盘、匜、钟、俎、钺、刀、罗等;与西周早中期相比,诸多器类消失了,许多新的器类出现,器物组合发生了变化,鼎、壶、罍的种类多样,盛食器簋、盨、簠替换演变明显,鲁中南与鲁南地区出土较多,酒器种类形制多样化,龙门口出土豆、俎,西鱼台出土方彝形器都是山东仅见,鈚、钟开始出现,葫芦形壶、折线纹壶、双鋬附耳圈足罍都是地方特点,杯、豆出土数量极少。重环纹、波带纹、垂鳞纹、瓦纹属常见纹样,顾龙纹、窃曲纹、凸弦纹数量较多,足根常饰扉棱及兽面纹,一定数量的双首龙纹一体纹样比较有特点,少量的盘足、耳及盘内装饰兽或禽类动物。鼎、甗、鬲、簋、盨、簠、盘、匜、钺等许多器物上铸有铭文,陈庄、泉头M乙、西大庄出土齐国铭文,鲁故城乙组墓出土鲁国铭文,前河前出土纪国铭文,归城、崮

---

① 王晓莲、李琳璘:《临淄齐故城河崖头西周墓》,《海岱考古(第六辑)》,科学出版社,2013年。
② 李剑、张龙海:《山东临淄齐国故城西周墓》,《考古》1988年第1期。
③ 山东省文物考古研究所:《山东高青县陈庄西周遗址》,《考古》2010年第8期;山东省文物考古研究所:《山东高青陈庄西周遗存发掘简报》,《考古》2011年第2期。
④ 德州行署文化局文物组等:《山东济阳刘台子西周早期墓发掘简报》,《文物》1981年第9期;德州行署文化局文物组等:《山东济阳刘台子西周墓地第二次发掘》,《文物》1985年第12期;山东省文物考古研究所:《山东济阳刘台子西周六号墓清理报告》,《文物》1996年第12期。
⑤ 李步青、林仙庭:《山东省龙口市出土西周铜鼎》,《文物》1991年第5期;马志敏:《山东省龙口市出土西周铜簋》,《文物》2004年第8期;李步青、林仙庭:《山东黄县出土一件青铜甗》,《考古》1989年第3期;王锡平、唐禄庭:《山东黄县庄头西周墓清理简报》,《文物》1986年第8期;唐禄庭、姜国钧、李步青、郑祖华:《山东黄县东营周家村西周残墓清理简报》,《海岱考古(第一辑)》,齐鲁书社,1989年。
⑥ 魏国:《山东新泰出土商周青铜器》,《文物》1992年第3期。
⑦ 中国社会科学院考古研究所编著:《滕州前掌大墓地》,文物出版社,2005年;滕州市博物馆:《滕州前掌大村南墓地发掘报告1998-2001》,《海岱考古(第三辑)》,科学出版社,2010年;滕州市博物馆:《山东滕州市前掌大遗址新发现的西周墓》,《文物》2015年第4期。
⑧ 陈庆峰、万树瀛:《山东滕县发现滕侯铜器墓》,《考古》1984年第4期。
⑨ 山东省文物考古研究所等:《曲阜鲁国故城》,齐鲁书社,1982年。
⑩ 山东大学考古系:《山东长清县仙人台周代墓地》,《考古》1998年第9期。
⑪ 刘云涛、夏兆礼、张开学、王健:《山东莒县西大庄西周墓葬》,《考古》1999年第7期。
⑫ 杨深富:《山东日照崮河崖一批青铜器》,《考古》1984年第7期。
⑬ 临朐县文化馆等:《山东临朐发现齐、郯、曾诸国铜器》,《文物》1983年第12期。
⑭ 刘冠军、李景法:《山东安丘柘山镇东古庙春秋墓》,《文物》2012年第7期。
⑮ 山东大学考古系等:《山东沂源县姑子坪周代墓葬》,《考古》2003年第1期。
⑯ 李步青、林仙庭、杨文玉:《山东招远出土西周青铜器》,《考古》1994年第4期。

河崖出土莱国铭文,仙人台出土邿国铭文,泉头出土郭国和曾国铭文(此处曾应是湖北姬姓曾国的鼎),龙门口出土铸国、邹城出土费国铭文有待进一步考释研究,媵器铭文常见,其中鲁国卿大夫媵器较多。

西周早期青铜器的种类、器型、纹样基本延续了商代末期的特点,与京畿地区保持一致,新泰府前街,滕州前掌大、庄里西为西周早期,临淄河崖头、高青陈庄、龙口归城、招远东曲城、济阳刘台子为早期偏晚阶段;中期地点较少,有高青陈庄、济阳刘台子、滕州庄里西等,青铜器也发生较多变化,如鼎、簋的腹部略垂,素面与凸弦纹较多;从青铜器出土地点、铭文等分析,周王室采取分封、辅佐、招顺等措施控制东方,在鲁北地区以分封齐国于临淄一带为中心,在齐西部不远的高青陈庄派有王师、西部招顺济阳刘台子"夆",在东部以归城为中心派启、辛、疧、芮等贵族辅佐与镇抚胶东半岛;在鲁中南、鲁南地区以滕州前掌大、庄里西"滕国"为中心,包括曲阜、邹城、新泰等地出土铭文青铜器,表明对这一区域的控制(应以分封鲁国为中心,遗憾的是目前尚未出土鲁铭文青铜器)。西周晚期青铜器出土数量多,分布范围广,基本形成了以临淄为中心的齐国青铜器、以曲阜为中心的鲁国青铜器、胶东半岛、鲁东南地区等四个中心区域;后两者体现出了东土青铜器的独特风格:西周晚期东土青铜器群开始形成,齐、邿国青铜器亦包含诸多东土青铜器因素,新的器类、形制、纹样等风格对春秋时期青铜器群产生诸多影响,是两周青铜器的传承与转变阶段,也是鲁北地区齐文化、鲁中南地区鲁文化、鲁东南地区莒文化的重要内涵;各诸侯国开始闪亮登场,一些东夷古国复苏,还有媵器或赗赙青铜器方式所见古国文化交流,对研究山东地区古国史、齐鲁文化形成具有重要价值。

(四)东周青铜器地域特点的形成

东周时期山东地区古国遗存最丰富,是青铜器的最高峰,出土地点最多、分布范围最广,体现的文化交流融合因素最多。西周末期开始发展至春秋早期,本土青铜器风格业已形成,①春秋时期青铜器风格多样化和本土化并举,是齐鲁地域文化形成的核心内容和基础。

1. 春秋时期

青铜器出土地点多达60余处,重要的有济南长清仙人台,②泰安城前村,③肥城小王庄,④新泰周家庄,⑤滕州薛国故城,⑥枣庄山亭东江墓地,⑦潍坊临朐杨善,⑧临沂凤凰岭⑨

---

① 刘延常、徐倩倩:《西周晚期至春秋早期山东地区东土青铜器群的转变与传承》,见于北京大学文献研究所:《青铜器与金文(第一辑)》,上海古籍出版社,2017年。
② 山东大学考古系:《山东长清县仙人台周代墓地》,《考古》1998年第9期。
③ 程继林、吕继祥:《泰安城前村出土鲁侯铭文铜器》,《文物》1986年第5期。
④ 齐文涛:《概述近年来山东出土的商周青铜器》,《文物》1972年第5期。
⑤ 山东省文物考古研究所等:《新泰周家庄东周墓地(上、下)》,文物出版社,2014年。
⑥ 山东省济宁市文物管理局:《薛国故城勘查和墓葬发掘报告》,《考古学报》1991年第4期。
⑦ 枣庄市博物馆等:《枣庄市东江周代墓葬发掘报告》,《海岱考古(第四辑)》,科学出版社,2011年。
⑧ 齐文涛:《概述近年来山东出土的商周青铜器》,《文物》1972年第5期。
⑨ 山东省兖石铁路文物考古工作队:《临沂凤凰岭东周墓》,齐鲁书社,1988年。

及中洽沟,①沂水纪王崮②及刘家店子,③沂源姑子坪,④莒南大店,⑤莒县天井汪、老营村、于家沟,⑥海阳嘴子前,⑦蓬莱村里集辛旺集,⑧烟台上夼⑨等。器类主要有鼎、甗、鬲、簋、盨、簠、敦、铺、盂、盆、豆、钾、壶、罍、铫、鉴、盘、匜、盉、瓶、提链小罐、方奁、镈钟、甬钟、钮钟、錞于、铎、铃、车马器、剑、戈、矛、镞、殳、戟等,鼎包括镬鼎、升鼎、汤鼎和馐鼎,还有重环纹、窃曲纹、素面鼎之差异,东江和仙人台出土匜形鼎;鬲也包括多种形制,如有扉棱的莱伯鬲,带牙扉棱的齐、鲁、邾等国的鬲,鼓肩、凹弧裆的莒式鬲;簋包括圈足附足簋,豆式簋(仅见于蓬莱村里集);盨已经少见,簠在鲁中南、鲁东南地区多见;齐文化常见盆形敦,莒文化常见盒形敦;铺多见于鲁南地区;壶的种类较多,圆壶就有环耳壶、环耳衔环壶、直领壶、贯耳壶等,还有方壶、瓠形壶、小口细颈鼓腹壶、小口葫芦形壶;罍的数量与种类较多,如球形腹罍、双耳短颈鼓腹罍、双錾圈足罍、直口溜肩鼓腹罍等;出土铫的地点增加;鉴主要出土于鲁东南地区和胶东半岛,投壶亦是少见的器物类型;钾是常见器类,出土数量较多;盘有附耳盘、环耳盘,匜有鼎形匜、槽流匜、兽首封口流形匜、环足匜等;提链小罐、方奁、小盒等比较有特点,应是化妆、美容类弄器;春秋时期更是兵器大为发展的时期,兵器的数量多、种类也多、制作工艺也较高,体现了时代特色。莒文化区青铜器多鼎、鬲搭配,升鼎多形制、大小、纹样一致;仙人台墓葬存在列鼎和成对组合的鼎;东江墓葬见分葬成组的鼎;凤凰岭、薛故城墓葬出土凤首斤,薛故城出土手工工具和书写工具等有地方特点。

春秋早期多种多样和夸张的窃曲纹、变形龙纹、龙凤纹及部分波折填线纹是山东地区的特点,仍可见重环纹、垂鳞纹、波带纹、瓦纹等,部分鼎耳饰点线纹、足根依然常见饰兽面纹,少量涡纹、乳钉纹、蛇纹。春秋晚期常见蟠螭纹、蟠虺纹、云雷勾连纹、交龙纹等,铺的器盖花瓣捉手、圈足镂空成为一种重要的纹样,枣庄徐楼出土铸镶红铜青铜器,素面与凸弦纹依然占一定比例。

铭文铜器数量增多,且字数较多,形成较为固定的行文格式。从铭文识别出本土的齐、鲁、莒、邿、莱、夷、邾、小邾、滕、薛、鄢、鄩(姒姓)、杞等国,反映周边古国和其他古国媵器、赗赙或战利品或赠品或贸易品的铭文青铜器有陈、黄、江、宋、徐、曾、吴、樊国⑩等,东江墓地出土较多的铭文并显示出包括多个古国。从春秋中期开始齐国金文形成工整的细笔、排列整齐的特点,春秋晚期出现刻铭文器物。

---

① 冯沂:《山东临沂中洽沟发现三座周墓》,《考古》1987年第8期。
② 山东省文物考古研究所等:《山东沂水县纪王崮春秋墓》,《考古》2013年第7期;山东省文物考古研究所等:《沂水纪王崮春秋墓出土文物集萃》,文物出版社,2016年。
③ 山东省文物考古研究所:《山东沂水刘家店子春秋墓发掘简报》,《文物》1984年第9期。
④ 山东大学考古系等:《山东沂源县姑子坪周代墓葬》,《考古》2003年第1期。
⑤ 山东省博物馆等:《莒南大店春秋时期莒国殉人墓》,《考古学报》1978年第3期。
⑥ 苏兆庆、夏兆礼、刘云涛:《莒县文物志》,齐鲁书社,1993年。
⑦ 林仙庭主编,烟台市博物馆等:《海阳嘴子前》,齐鲁书社,2002年。
⑧ 山东省烟台地区文管组:《山东蓬莱县西周墓发掘简报》,《文物资料丛刊》第三集,文物出版社,1980年;烟台市文物管理委员会:《山东蓬莱县柳各庄墓群发掘简报》,《考古》1990年第9期;林仙庭、闫勇:《山东蓬莱市站马张家战国墓》,《考古》2004年第12期。
⑨ 李步青:《山东莱阳县出土己国铜器》,《文物》1983年第12期。
⑩ 王仕安、刘建忠、李凯:《山东日照首次发现春秋时期樊国铭文青铜器》,《中原文物》2012年第4期。

春秋时期青铜器的繁荣、发现与研究，极大地促进了山东地区古国、齐鲁文化和周边文化交流融合的深化研究。青铜器的发现体现出以齐国的向东、向西、向西南、向东南地区扩张为主，形成了齐文化青铜器群；体现以鲁国为核心发展与周边古国相关，及其附庸国青铜器；体现出胶东半岛地区为代表东土青铜器的特点，莒文化青铜器群的发现研究是重要学术收获，也是东土青铜器群的重要组成部分；体现出以滕、薛、邾、小邾等国为代表的泗上十二诸侯国区域青铜器，体现出融合的特点；体现出莒文化区和鲁南地区与吴国、江淮地区及淮河中上游地区古国往来密切；新泰周家庄、沂水略疃、邹城与平度等地点出土多戈戟、菱形纹剑、矛、双色剑和夫差剑等吴国兵器，是近年的重要考古发现。

2. 战国时期

出土青铜器地点40余处，重要的有长清岗辛村，[①]滕州薛故城，[②]新泰周家庄，[③]泰安市东更道村，[④]临淄辛店二号墓[⑤]、商王墓地、[⑥]尧王庄、行政办公中心、相家庄墓地、[⑦]齐都镇郎家庄，[⑧]诸城市臧家庄[⑨]等。器类有鼎、敦（深腹三小蹄足敦、球形腹环足敦、乳钉纹三小蹄足敦）、铺（乳钉纹三小蹄足铺、圆角长方形铺）、豆、壶（提链壶、高柄圈足壶、直领鼓腹镶嵌红铜壶、鹰首壶）、罍、缶、盉、杯、耳杯、汲酒器、餐具、盘、匜、镈、钮钟、戈、剑、矛、殳、镞、灯、量、炉、带钩、镜、印章、刀币、蚁鼻钱等，比较有特色的器型有鹰首匜、鹰首壶、牺尊、鸭形尊、灯、炉、投壶等，铜餐具在临淄勇士区等3个地点出土，牺尊、汲酒器出土于临淄商王庄，鸭形尊出土于临淄相家庄；生活用器种类、数量大增；鼎的种类与数量减少，其他礼器和乐器种类、数量也大大减少，且多非实用器，部分器物常见范土；兵器数量大增，种类、组合多样，晚期出现一些明器，临淄出现青铜与铁复合的剑、戈；器耳、足、钮、柄等流行焊接技术。

器物多见耳、钮、环、把手、提链等装饰，简洁成为器物装饰的风格，流行凸棱纹和素面，多见几何纹、云纹，有一定数量的乳钉纹，镶嵌绿松石、错金银、铸镶红铜、刻纹等装饰得到大的发展。铭文多见后刻，为媵器和赗赙用器，兵器常见物勒工名方式铸造或刻有铭文，铭文所见古国有齐（"陈"字下有"土"）、越、宋、燕、赵、韩、楚等。

以田氏齐国青铜器数量最多，形成自己的风格，如以素面为主的鼎（如国子鼎）、盖豆、豆、铺、敦、盘、鹰首壶、鹰首匜等，新出现耳杯、灯、镜、炉、刀币、量器等器类。泗上十二诸侯国青铜器体现出融合特点，既有土著的因素，又有楚系和江淮风格，融合形成自己的特点。战国早中期多见铸有鸟篆文的越国青铜器剑、戈等；战国晚期多见楚国的青铜器鼎、罍、缶、盉、蚁鼻钱等，燕国的燕职王剑、胡部带子刺的戈、尖首小刀币等，以及韩国、赵

---

① 山东省博物馆等：《山东长清岗辛战国墓》，《考古》1980年第4期。
② 山东省济宁市文物管理局：《薛国故城勘查和墓葬发掘报告》，《考古学报》1991年第4期。
③ 山东省文物考古研究所等：《新泰周家庄东周墓地》，文物出版社，2014年。
④ 袁明：《山东泰安发现古代铜器》，《文物参考资料》1954年第7期；杨子范：《山东泰安发现的战国铜器》，《文物参考资料》1956年第6期。
⑤ 临淄区文物局：《山东淄博市临淄区辛店二号战国墓》，《考古》2013年第1期。
⑥ 淄博市博物馆等编：《临淄商王墓地》，齐鲁书社，1997年。
⑦ 山东省文物考古研究所编著：《临淄齐墓（第1集）》，文物出版社，2007年。
⑧ 山东省博物馆：《临淄郎家庄一号东周殉人墓》，《考古学报》1977年第1期。
⑨ 山东诸城县博物馆：《山东诸城臧家庄与葛布口村战国墓》，《文物》1987年第12期。

国兵器与钱币,临淄辛店地区出土宋国、赵国、燕国青铜鼎及秦国蒜头壶等。出土战国青铜器表明了齐国的强势扩张,鲁国的萎缩,邾、小邾、滕、薛等泗上十二诸侯国的顽强生存,周边古国与山东地区古国多种方式的交流(如越国北上争霸、燕国伐齐、楚国灭鲁等,战国晚期临淄辛店一带出土多个古国的青铜器或与稷下学士相关),体现了齐鲁地域文化的形成过程与文化融合大势。

(五)汉代青铜器的转变

青铜时代结束,进入汉代帝国时期,实行郡国并行和地域官僚统治体系,《史记》《汉书》《后汉书》等文献记载历史比较清楚。青铜器发生重大转变,不再以青铜器的铸造、使用作为礼制和军事的核心,出土数量、种类大大减少,组合、功能均发生了变化,向生活用器转变,寻常富裕百姓也常使用,青铜货币更是成为社会流通器类。重要的出土地点有巨野红土山汉墓,[1]章丘平陵城、洛庄汉墓,[2]长清双乳山汉墓,[3]曲阜九龙山汉墓,[4]临淄齐王墓随葬坑,[5]兰陵(苍山县)柞城古城,[6]平度市六曲山墓群,[7]即墨故城,诸城前凉台[8]等,器类主要有鼎、鍪、壶、钫、扁壶、镳壶、鈁镂、錞于、镳斗、樽、盘、匜、洗、勺、量器、錞于、甬钟、钮钟、熏炉、镜、带钩、灯、镇、印章、骰子、镇墓兽、钱币、臼杵、车马具、戈、戟等,新出现许多器类,生活化的铜器得到极大发展。纹样较少,多为素面或仅有弦纹装饰,铺兽衔环、柿蒂纹流行,高等级墓葬中出现的铜器多有鎏金或者镶嵌金银、宝石、玛瑙等。铭文除印章外,多刻于器物外表,内容多为物勒工名和标注重量、尺寸。

从铭文和文献记载证明,山东地区汉代主要有巨野的昌邑国、章丘的济南国、长清的济北国、临淄的齐国、曲阜的鲁国、平度的胶东国,这些西汉王墓出土青铜礼乐器、车马器较多,铸造精美。西汉前期还延续了战国时期一些器类,如鼎、壶、盘、匜、錞于、编钟、量器等,新出现钫、镳壶、鈁镂等,刀币等原有货币消失,代之以方孔圆钱为主;西汉晚期以后新器类逐渐出现,如洗、青铜器兵器越来越少,流行灯、熏炉、席镇、钱币等。小型墓葬出土较多的铜钱、镜、带钩等。大量熏炉的出土,个别臼杵的出土,说明山东地区黄老学说、道教流传很广。

(原发表为刘延常、徐倩倩:《山东地区古代青铜器发现与研究》,《中国出土青铜器全集》5"山东上",科学出版社,2018年)

---

[1] 山东省菏泽地区汉墓发掘小组:《巨野红土山西汉墓》,《考古学报》1993年第4期。
[2] 济南市考古研究所等:《山东章丘市洛庄汉墓陪葬坑的清理》,《考古》2004年第8期。
[3] 山东大学考古系等:《山东长清县双乳山一号汉墓发掘简报》,《考古》1997年第3期。
[4] 山东省博物馆:《曲阜九龙山汉墓发掘简报》,《文物》1972年第5期。
[5] 山东省淄博市博物馆:《西汉齐王墓随葬器物坑》,《考古学报》1985年第2期。
[6] 刘心健、刘自强:《山东苍山柞城遗址出土东汉铜器》,《文物》1983年第10期。
[7] 青岛市文物保护考古研究所等:《平度六曲山墓群2011-2014年度调查勘探报告》,青岛市文物保护考古研究所编著:《青岛考古(二)》,科学出版社,2019年。
[8] 任日新:《山东诸城汉墓画像石》,《文物》1981年第10期。

山东地区先秦时期青铜器的发现与研究

一、龙山文化时代——青铜器的萌芽阶段

龙山文化时代是中国古代文明和国家产生、形成时期，青铜器的铸造和使用是标志性要素之一。山东龙山文化是龙山时代文化发达地区，是中华文明发祥地之一，青铜器也已处于萌芽阶段。

目前山东龙山文化发现铜器的遗址有八处。胶县三里河"在整理时发现两件锥形铜器"，[1]这两件标本出自两个不同的探方（T21 和 T110），似属同一件器物。据电子探针分析，含锌量为 26.4%-20.2%，属于黄铜，[2]"很可能是利用含有铜、锌的氧化共生矿在木炭的还原气氛下得到的"。[3] 经实地调查，在山东潍坊、临沂、烟台等地区，铜锌或铜锌共生矿资源十分丰富。

另外在长岛长山岛、[4]栖霞杨家圈、[5]诸城呈子、[6]日照尧王城、[7]临沂大范庄、[8]鹿邑栾台[9]和店子[10]等地遗址还发现龙山文化铜片和铜渣，不过大多资料未经分析鉴定，铜器的成分还不明确。

以上可以说明，龙山文化已出现红铜及黄铜铸造物，应属于早期铜器的开始。

二、岳石文化——青铜器的初步发展阶段

岳石文化是山东地区继龙山文化之后的青铜文化，其年代大体与中原的二里头文化同时，其晚期又和商文化前期并行。

岳石文化青铜器有新的发现，铜器地点比龙山文化分布更广。牟平照格庄遗址出土

---

[1] 昌潍地区艺术馆等：《山东胶县三里河遗址发掘简报》，《考古》1977 年第 4 期。
[2] 中国社会科学院考古研究所：《胶县三里河》，文物出版社，1988 年。
[3] 北京钢铁学院冶金史组：《中国早期铜器的初步研究》，《考古学报》1981 年第 3 期。
[4] 严文明：《论中国的铜石并用时代》，《史前研究》1984 年第 1 期。
[5] 山东省文物考古研究所等：《山东栖霞杨家圈遗址发掘简报》，《史前研究》1984 年第 3 期。
[6] 昌潍地区文物管理组等：《山东诸城呈子遗址发掘报告》，《考古学报》1980 年第 3 期。
[7] 严文明：《论中国的铜石并用时代》，《史前研究》1984 年第 1 期。
[8] 临沂文物组：《山东临沂大范庄新石器时代墓葬的发掘》，《考古》1975 年第 1 期。
[9] 河南省文物研究所：《河南鹿邑栾台遗址发掘简报》，《华夏考古》1989 年第 1 期。
[10] 严文明：《论中国的铜石并用时代》，《史前研究》1984 年第 1 期。

一件铜锥,经鉴定为青铜。① 泗水尹家城出土14件铜器,计有镞、刀、锥、环和铜片等,经鉴定包括3件红铜和6件青铜,最高的含锡量达15.1%。② 另外,青州郝家庄、③沂源姑子坪、④夏邑清凉山⑤等遗址也有发现。

岳石文化时期铜器已普遍出现,器类较龙山文化增加,多为锡青铜和铅青铜,并经范铸和锻打等多项工艺制成,可见岳石文化冶铜工艺比龙山文化时期有了大的进步,标志着山东地区已跨入青铜时代,是青铜器的初步发展阶段。

三、商代方国——青铜器的初步繁荣时期

在商代,随着商王朝势力向东扩张,夷商关系揭开了新的篇章,山东地区的青铜文化逐步进入了繁荣时期。商代晚期与商文化并存的珍珠门文化(是以夹砂素面褐陶系为代表的夷人文化遗存,主要分布于山东东部地区,随着商王朝势力的东进,夷人不断向东部沿海退缩),却极少发现铜器。

山东商代铜器发现地点达30余处,其分布形成了几个比较重要的中心区,有的还有族徽铭文。商代青铜器的发现基本反映了商王朝东扩、商文化东渐的史实,为我们研究商代山东地区的方国、古族、夷商关系提供了重要的资料。

以下着重介绍重要青铜器的发现与研究情况。

1. 济南大辛庄遗址

早年调查所得的铜斝、铜觚等礼器属中商时期的遗物。⑥ 2003年发掘17座属于此期的墓葬,⑦其中M106出土青铜器共11件,组合为觚、爵、斝、尊和壶等。说明到中商文化中期,山东已出现了稳定的铜礼器组合和规格较高的墓葬。

晚商早期阶段,大辛庄随葬的铜礼器规格有所下降,主要以铜兵器如戈、镞、钺为主。晚商晚期,铜器地位又迅速提高。1984年出土铜礼器的墓就属这一阶段。⑧ 2003年又有两处墓地10余座墓葬出土青铜器,⑨组合主要是觚、爵或觚、爵、鼎,有的墓同出青铜兵器。其中,M72出土的一件爵的鋬手下铸有一族徽文字,为以往所未见,学术价值很高。

---

① 中国社会科学院考古研究所山东队、烟台市文物管理委员会:《山东牟平照格庄遗址》,《考古学报》1986年第4期。
② 山东大学历史系考古专业教研室:《泗水尹家城》,文物出版社,1990年。
③ 吴玉喜:《益都县郝家庄新石器时代遗址》,《中国考古学年鉴》,1984年;吴玉喜:《岳石文化地方类型初探——从郝家庄岳石遗存的发现谈起》,《考古学文化论集》(三),文物出版社,1993年。
④ 任相宏:《沂源县姑子坪龙山文化至周代遗址》,《中国考古学年鉴》,1991年。
⑤ 北京大学考古学系、商丘地区文管会:《河南夏邑清凉山遗址发掘报告》,《考古学研究(四)》,科学出版社,2000年。
⑥ 齐文涛:《概述近年来山东出土的商周青铜器》,《文物》1972年第5期。
⑦ 山东大学东方考古研究中心、山东省文物考古研究所、济南市考古研究所:《济南市大辛庄商代居址与墓葬》,《考古》2004年第7期。
⑧ 山东大学历史系考古专业等:《1984年秋济南大辛庄遗址试掘述要》,《文物》1995年第6期。
⑨ 山东大学东方考古研究中心、山东省文物考古研究所、济南市考古研究所:《济南市大辛庄商代居址与墓葬》,《考古》2004年第7期。

2003年发掘出土了属殷墟文化二期至三期之间的甲骨文,①可识别的刻辞有34字,是殷墟遗址之外的第一次发现。

2. 桓台县史家遗址

遗址面积约30万平方米,自六十年代起就不断出土商代青铜器,且多有铭文。不同族徽的铭文也有十几种,如举、命、箕等,记有庙号的有六种之多。其中戍宁觚铭文长达8字之多,②年代属于晚商偏早阶段。遗址有商代贵族墓地、水井、殉猪祭坑和人殉乱葬坑。学者多认为遗址与薄姑方国有关。

3. 青州市苏埠屯遗址

遗址位于弥河流域,周围商代遗址密集。苏埠屯为一处重要的墓地,出土的青铜器不但数量多,而且非常重要。M1、M7铜器铭文多见"亚醜"族徽。③ 殷之彝先生推测为商末薄姑氏的徽号,④王献唐则认为是夏遗斟灌、斟寻的族徽。⑤ 王树明先生从古文字的角度进行了考证,⑥并得出结论,认为亚醜是斟灌族徽。M8青铜器铭文多为"融""册融",有人认为M8的主人是效命于亚醜国的融氏,官职为作册。这里应是一方国贵族墓地。

4. 寿光"纪"器遗址

寿光市博物馆于1983年在寿光以北的"益都侯城"(现在的古城)清理出青铜器64件,⑦其中有铭文的19件,基本上有"己"等三种符号。学者对其进行了考证,但是尚未形成共识。有商代己族铜器说,有纪国之"邢"氏说,有的认为己为西周新封。这里应是商代纪国都邑。

5. "举"器遗址

1957年,山东长清县南三十里的兴复河北岸,发现一批青铜器,⑧共有青铜容器15件,其中带"举"字族徽的有爵5、觚1、觯1、卣1,另外一件觯带有"戈"铭文,一件鼎也有铭文,资料未见。山东省博物馆收藏了5件长清出土的铜器,其中,鼎、贯耳卣、罍都有"举"字族徽铭文。

1981年8月北京市文物工作队拣选一组铜器及残片,⑨传为山东费县出土,完整器共27件,其中18件有"举"族铭文,一觯和提梁卣器盖与内底对铭,另外一鼎铭文缺失。另有残片大小18片,经拼接为8片,器型可能是鼎,在其中一残片的内壁有"举"字铭文。

---

① 山东大学东方考古研究中心、山东省文物考古研究所、济南市考古研究所:《济南市大辛庄遗址出土商代甲骨文》,《考古》2003年第6期;方辉:《济南大辛庄遗址出土商代甲骨文》,《中国历史文物》2003年第3期;方辉:《大辛庄甲骨文的几个问题》,《文史哲》2003年第4期。
② 韩明祥:《山东长清、桓台发现商代青铜器》,《文物》1982年第1期,第87页;王宇信:《山东桓台史家〈戍宁觚〉的再认识及其启示》,《夏商周文明研究》,中国文联出版社。
③ 山东省文物考古研究所、青州市博物馆:《青州市苏埠屯商代墓发掘报告》,《海岱考古(第一辑)》,山东大学出版社,1989年。
④ 殷之彝:《山东益都苏埠屯墓地和"亚醜"铜器》,《考古学报》1977年第2期。
⑤ 王献唐:《释醜(上)》,《山东古国考》,齐鲁书社,1983年。
⑥ 王树明:《亚醜推论》,《华夏考古》1989年第1期。
⑦ 寿光县博物馆:《山东寿光县新发现一批纪国铜器》,《文物》1985年第3期。
⑧ 山东省博物馆:《山东长清出土的青铜器》,《文物》1964年第4期。
⑨ 程长新等:《北京拣选一组二十八件商代带铭铜器》,《文物》1982年第9期。

对"举"这一族徽的认识,目前有多种意见。如王恩田和孙敬明认为"举"器为东夷所有,孙敬明进一步认为费县出土的铜器铭文"举×"第二字与"莒"字有关,举应是与莒相关的更大的族团。

6. 滕州前掌大遗址

前掌大村将遗址分割成南北两部分,村北遗址四次发掘共清理属晚商时期"中"字形大墓、"甲"字形中型墓7座,小墓20多座。① 前掌大遗址还发现商代居址、壕沟等。这里出土了大量的青铜器,有的铜器还带有铭文,有"史"字族徽。附近轩辕庄、吕楼、小康留、大康留②等遗址也出土商代青铜器。前掌大遗址在中商和晚商晚期规格很高,应是古薛国。

7. 其他有铭铜器的发现

① 滕州种寨遗址出土一件青铜鬲,③有三字铭文。王恩田认为第一字为"眉"字,眉即是微,或为微国。

② 滕州后黄庄井亭煤矿建矿时先后出土铜器30余件,其中五件有铭文,铭文作"爻""爻父丁",④时代属晚商晚期。后来又在后黄庄八一煤矿出土一铜戈,有九字铭文。王恩田考释,"爻"与戈铭第一字相同,可释为商代的"攸",即后来分封给鲁的"殷民六族"中的条氏。

③ 滕州金庄采集有墓葬出土的一件有铭铜鼎,⑤其中一字为"永"字繁体,是殷末卜辞中的贞人,又是十祀征人方途经的重要地点。

④ 兖州李宫村于1973年出土一批铜器,⑥其中爵和卣有铭文,卣铭"索册父癸",爵铭"索父癸",此处的"索"即是鲁分"殷民六族"中的索氏。

⑤ 1963年苍山县东高尧出土一组器物,⑦包括青铜爵2、觚2、尊1、簋1、觯1、钟1、戈2和釉陶罐1等,多有"戎"字族徽铭文。

⑥ 近年来,随着陶盔形器出土数量的增加,对山东鲁北地区海盐业的研究引起了进一步的重视。方辉对20世纪50年代出土于兰家的铜卣铭文进行了释读,即释为"卤"字;⑧再联系到商代甲骨文中有"卤小臣"一职,如是,则对商代的经济、职官的研究都具有重要意义。

以大辛庄遗址为中心包括济南、长清、章丘的鲁北西部分布区,自中商到晚商应是重要方国,还发现宁氏、举等古族;以史家遗址为中心包括桓台、广饶、博兴、惠民的鲁北分布

---

① 中国社会科学院考古研究所山东工作队:《滕州前掌大商代墓葬》,《考古学报》1992年第3期。
② 滕州市博物馆:《山东滕州市薛河下游出土的商代青铜器》,《考古》1996年第5期。
③ 齐文涛:《概述近年来山东出土的商周青铜器》,《文物》1972年第5期,第3—4页。
④ 孔繁银:《山东滕县井亭煤矿等地发现商代铜器及古遗址、墓葬》,《文物》1959年第12期;山东省博物馆编著:《山东文物选集》(普查部分),文物出版社,1959年。
⑤ 中国社会科学院考古研究所山东队、滕县博物馆:《山东滕县古遗址调查简报》,《考古》1980年第1期,第38页,图七:2。
⑥ 郭克煜等:《索氏器的发现及其重要意义》,《文物》1990年第7期。
⑦ 临沂文物收集组:《山东苍山县出土青铜器》,《文物》1965年第7期。
⑧ 方辉:《商周时期鲁北地区海盐业的考古学研究》,《考古》2004年第4期。

区,应是晚商时期薄姑方国;以苏埠屯墓地为中心包括青州、寿光、坊子区、安丘的鲁北东部分布区,应是晚商晚期"亚醜"方国、纪国以及其他古族的地域;以兖州、泗水、邹城、滕州北部为中心的鲁中南分布区,应是晚商时期奄国和"殷民六族"的地域;以前掌大遗址为中心的鲁南分布区,在中商和晚商晚期都是中心,应是薛国及史族的地域。

山东商代青铜器与中原商文化青铜器的组合及其形态基本一致,反映了商王朝的绝对控制力,也反映了青铜器的珍贵地位和铸造水平的发展阶段。

四、西周古国——青铜器的繁荣阶段

周王朝取代商王朝后不久,三监与商纣之子乘机叛周,周公、召公"内弭父兄,外抚诸侯",进行了第一次东征。第一次东征在镇压了管、蔡、录父之后,以奄、东夷、丰、薄姑等国为主要征伐对象。据文献记载,康王时期又进行了东征。周王朝不断封邦建国,封太公和周公之子伯禽于齐、鲁,分封曹、滕、成、郕等姬姓国,又新封了莱、莒、薛、纪、邾、郜、逄等诸侯小国。从此稳定了东方局势,缓和了夷周关系,民族和文化进一步融合,也逐渐形成了以齐鲁文化为代表的东方文化体系。

山东地区西周时期古国较多,文化繁荣,青铜器的发展进入了繁荣阶段。目前发现西周时期青铜器地点近20处。高规格的贵族墓葬、出土的大量青铜器及其铭文,对研究古国史、古国关系以及与周王朝的关系等具有很重要的作用。

以下着重介绍重要青铜器的发现与研究情况。

1. 莱国

清光绪二十二年,黄县鲁家沟曾出一批铜器,①四件有铭文,其中一鼎铭文为"莱伯作旅鼎",由此可证是莱国的器物。

1969年在黄县归城小刘庄出土一批铜器,②其中启尊、启卣有铭文。两器铭文之末都有族徽,证明启为海岱区的殷夷贵族。

1965年黄县归城姜家发现一批铜器,③据考证应为穆王时器。

近年来,黄县归城遗址又发现多处西周中晚期墓,并有铜器出土。归城及其周围可能为莱国都城。

2. 纪国

据传在乾隆年间寿光县纪侯台下出土了己侯钟,由此可以推断周初纪国是以寿光为中心的。另有多件西周时的传世铜器传为山东出土。

1969年在烟台上夼揭露了一座西周晚期的贵族墓,④出土一批铜器。其中两件鼎的

---

① 《贞松堂集古遗文》《两周金文辞大系》《海外吉金图录》《吉金文录》《周金文存》《山东金文集存》《黄县志稿》等书都有著录。
② 齐文涛:《概述近年来山东出土的商周青铜器》,《文物》1972年第5期,5—7页。
③ 齐文涛:《概述近年来山东出土的商周青铜器》,《文物》1972年第5期,7—8页。
④ 山东省烟台地区文物管理委员会:《烟台市上夼村出土曩国铜器》,《考古》1983年第4期。

形制、纹饰相同而大小稍异,都有铭文。一件铭文为"己华父作宝鼎,子子孙孙永用",另一件为"異侯易(锡)弟……",器主应为同一人,当为纪国公室人员。这说明"己""異"均为文献中的纪国。

1974年在莱阳前河前村发掘一座西周晚期纪国贵族墓,①也出土一批青铜器。一壶和甗有铭文,其中壶铭曰"纪侯作铸壶,使小臣以汲,永宝用"。

随着齐国向东的一再扩张,纪国政治中心也向东移动。

3. 逢国

1979、1982、1985年先后三次发掘了济阳刘台子西周早期墓地,②共出土三十多件青铜器,其基本组合为鼎、簋。14件铜器有铭文,因有9件铜礼器上有"夆"字铭文,从而推断为西周逢国之物。刘台子墓地及"夆"器的发现为西周逢的确切位置找到了证据。

4. 邿国

1995年,山东大学考古系在山东长清东南的仙人台发掘了6座邿国的贵族墓,属西周晚期的M3出土4件青铜器,③其中铜鼎2件、铜簋2件。其中一件铜簋的器盖和器底都有铭文,铭作"寺召乍为其旅簋,用实旅粱,用饮诸母诸兄,使爰宝母又疆"。说明邿国至迟在西周晚期已在长清仙人台一带存在。

5. 莒国

传世的西周莒国有铭铜器有两件莒小子簋,形制与中原诸国铜器大体相同。另有一件传为莒县出土的西周铜方鼎,盖钮为相对的裸体男女,鼎足由六个裸人承托,可能是莒国自制的礼器。

1975年在胶县西菴清理了一个车马坑和两座中小型墓葬。④ 其中车马坑内出土一批铜器,包括铜兵器和车马饰件等。这一带应属莒国。

1996年在莒县西大庄⑤发掘一座西周晚期墓葬,出土青铜鼎3、鬲1、簋4、壶2、盘1、匜1、甗1、铺1以及戈、削、车马器等。

2001年在沂源县姑子坪遗址发掘一座西周晚期墓M1,⑥出土铜器70余件。其中,礼器15件:鼎5、簋2、簠2、方彝1、罍1、壶1、盘1、匕2;兵器50余件:戈1、剑1、镞50多件。从葬俗和出土铜器、陶器分析,M1具有明显的莒文化特点。

6. 滕国

滕为文王之子错叔绣的封国,为武王所封。以往著录的西周滕国青铜器主要有:三件滕虎簋,为昭穆时期器;滕侯苏盨,铭文三行十九字重文一,此器年代较滕虎簋稍晚。

---

① 李步青:《山东莱阳县出土己国铜器》,《文物》1983年第12期。
② 德州行署文化局文物组、济阳县图书馆:《山东济阳刘台子西周早期墓发掘简报》,《文物》1981年第9期;德州行署文化局文物组、济阳县图书馆:《山东刘台子西周墓地第二次发掘》,《文物》1985年第12期;山东省文物考古研究所:《山东济阳刘台子西周六号墓清理报告》,《文物》1996年第12期。
③ 山东大学考古系:《山东长清县仙人台周代墓地》,《考古》1998年第9期。
④ 山东省昌潍地区文物管理组:《胶县西菴遗址调查试掘简报》,《文物》1977年第4期。
⑤ 莒县博物馆:《山东莒县西大庄西周墓葬》,《考古》1999年第7期。
⑥ 山东大学考古系等:《山东沂源县姑子坪周代墓葬》,《考古》2003年第1期。

滕州庄里西出土了两批大致为昭王时期的青铜器。1978年墓葬中出土鬲一件,簋二件,①鬲铭文七字,簋两件同铭,五字;1982年墓葬中出土簋、壶各一件,鼎、鬲各二件。②其中方鼎、簋和一件鬲都有铭文。以上铭文均带有"滕"字。

1995年发掘一西周晚期的墓葬M7,出土铜礼器10余件。③

由以上发现证明庄里西遗址应是滕国国君和贵族墓地。

7. 齐国

1965年在齐故城河崖头村一处窖藏出土了簋、瓿、盂、钟等12件铜礼器。④ 河崖头附近发掘西周墓葬,出土青铜礼器种类有鼎、鬲、簋、壶、瓿、盘、匜、盂、盉、钟等。

1984年在齐故城东北部的东古城村发现一座西周晚期墓,⑤随葬青铜器9件,鼎3、簋2、壶1、盘1、匜1、铜1。

8. 鲁国

目前仅在曲阜鲁故城发现两座西周中期墓葬和三座西周晚期墓葬出土青铜器,⑥出土铜鼎、戈、铃、鱼等,这类墓葬规模大,有车马坑,应是鲁国统治者的墓葬。

9. 1984年在新泰市清理一座墓葬,出土文物15件,⑦其中青铜器8件,鼎1、鬲2、卣1、爵1、尊1、戈1、镞1,鼎、鬲、爵分别铸"叔父癸"铭文,另一鬲有6字铭文。墓葬年代为西周早期。

西周时期山东青铜器组合及其形态与关中王畿地区基本一致,反映了中央集权的权威和对东方分封建国的控制策略。从目前青铜器的发现看,西周早中期周王朝继续以鲁北和鲁中南为中心控制东方,在鲁北以齐国为中心,另又有纪国、莱国和逄国;在鲁中南以鲁国为中心,又有滕国;到西周晚期又增加了莒国、邿国,此时已开始体现出各国铜器自己的特色。随着青铜器及其铭文的考古发现,山东地区西周古国会更加清楚地被反映出来,必将对研究古国史以及与周王朝的关系发挥重要作用。

五、东周时期——青铜器百花齐放,
由鼎盛变衰退,兵器大发展的时期

历史进入春秋,周王室衰微,诸侯四起,形成了春秋争霸局面,各国关系错综复杂。春秋时期的山东,在鲁北主要表现在齐国的四面扩张,在鲁南则主要表现为莒鲁的对抗。另外,还有纪、滕、邾、小邾、薛、杞、鄟、阳、郜等大量小国。到了战国时期则是战国称霸局面,

---

① 万树瀛、杨孝义:《山东滕县出土西周滕国铜器》,《文物》1979年第4期。
② 滕县博物馆:《山东滕县发现滕侯铜器墓》,《考古》1984年第4期。
③ 山东省文物考古研究所:《滕州庄里西遗址考古发掘获重大成果》,《中国文物报》1996年7月28日。
④ 齐文涛:《概述近年来山东出土的商周青铜器》,《文物》1972年第5期。
⑤ 齐故城遗址博物馆、临淄区文物管理所:《山东临淄齐故城西周墓》,《考古》1988年第1期。
⑥ 山东省文物考古研究所等:《曲阜鲁国故城》,齐鲁书社,1982年。
⑦ 魏国:《山东新泰出土商周青铜器》,《文物》1992年第3期。

随着兼并战争小国相继灭亡,山东主要表现为齐国据长城与楚国抗衡。

春秋时期,青铜器发现数量最多,各国都铸造青铜器,出现了百花齐放的鼎盛局面;战国时期,随着礼崩乐坏和战争的需要,青铜礼器衰退,而兵器则获得长足发展。目前山东地区东周时期青铜器发现地点达 70 余处。

以下着重介绍重要青铜器的发现与研究情况。

1. 齐国

齐国的历史虽有姜齐和田齐两个阶段,进入东周以后,齐国青铜器发现地点和数量最多。

公元 1123 年在齐故城发现的几十件古器物可能是大墓所出。其中包括著名的叔夷镈和钟,其时代为齐庄公在位时,铭文述齐灵公时事。

1857 年,山东胶县灵山卫出土三件青铜量器,[1]即丘关釜、左关釜和左关𨰻。学者指出,灵山卫出土的这组量器很可能征收盐的关税时使用的。灵山卫三件量器的出土,为齐国量制的研究提供了资料。

1893 年,河北易县出有四件齐侯所作媵器,[2]一鼎、一敦、一盘、一匜,现藏于美国纽约大都会博物馆。这是齐嫁女到燕国时所制作的。

田齐国君的青铜器,过去著录的有陈氏四器,[3]即齐桓公午的两件敦、一件簋及齐威王的一件敦。另外,《商周金文录遗》还著录另一件桓公午敦,作于公元前 365 年。

1956 年,齐故城南 3.5 千米的尧王村出土了一批青铜器,[4]共 16 件,有鼎、豆、壶等。其中八件鼎有"国子"铭文,后来判明系大墓所出。国氏传为齐国始封君太公之后,在姜齐时期是齐国最重要的大臣之一。这批铜器的年代,在战国早期。

齐侯媵女之器还有 1957 年河南洛阳中州大渠出土的齐侯鉴。学者认为是灵公所作,时在公元前 558 年。

1963 年在临朐杨善发现一批青铜器,[5]包括列鼎 5 件及壶 2、平盖鼎 2、敦 2、𨰻 1、编钟、编镈等。据考证公孙灶壶,此墓的主人公孙灶卒于公元前 539 年,墓的年代为春秋晚期。

1970 年,诸城北境的臧家庄出土一批铜器,[6]计有钟一组 9 件,镈一组 7 件,另有鼎、豆、壶等铜礼器共 38 件。经研究,出土青铜器的地方为一古墓的器物坑。铜器中钟、镈有铭文,作"陈㪃立事岁,十月己丑,莒公孙潮子造器也"。铭文中陈㪃即是陈举,此时齐国已灭亡莒国,铭文中的莒公孙潮子当为莒的后裔。此墓的年代为战国晚期。

---

[1] 上海博物馆:《齐量》,1959 年。
[2] J. C. Ferguson, *The Four Bronze Vessels of the Marquis Ch'I*, Peking, 1928.
[3] 此四器的著录情况详见徐中舒:《陈侯四器考释》,《徐中舒历史论文选辑(上)》,中华书局,1998 年,第 405 页。
[4] 杨子范:《山东临淄出土的铜器》,《考古》1958 年第 6 期。
[5] 齐文涛:《概述近年来山东出土的商周青铜器》,《文物》1972 年第 5 期,第 12 – 14 页。
[6] 山东诸城县博物馆:《山东诸城臧家庄与葛布口村战国墓》,《文物》1986 年 12 期。

1977年,在临朐泉头村发掘了两座墓,都有青铜器出土。① 这两座墓的年代接近,可定为春秋前期偏晚。其中,甲墓根据铜匜的铭文可定为齐侯之子名字叫行的墓。乙墓出土了五件带铭文的铜器,作器者分别为鼎铭上的上曾太子般、鬲铭的齐趞父和盘、匜的寻仲三人,其间的关系很费解,曾引起考古界关注和热烈的讨论。但是都承认金文的"上曾"是很重要的发现,应与湖北的曾相关。

六七十年代在临淄商王村附近出土战国时期镶嵌绿松石的铜牺尊、大铜镜②等,证明这一带是齐国贵族墓地。1994年在这里发掘了四座大中型战国墓葬,③未被盗掘的M1随葬品296件,青铜器有镜、削、带钩和礼器,礼器有鼎、盒、壶、盘、釜、耳杯等,其中鼎5件,大小相次,形态不一;M2出土铜弩机、车马器、鼎2、盘2和编钟14件。

1990年在临淄淄河店田齐王陵区发掘一座战国早期大墓和殉马坑,④墓葬尽管被盗,还出土青铜编钟58件以及戈、矛、剑、戟、镞等,其中一戈上有铭文"国楚造车戈"。

1994年在海阳嘴子前发掘的春秋晚期M4,⑤规模较大,出土青铜器有鼎、豆、壶、盘、匜、盆、盂和甗、编钟9、戈、剑、镞;其中,鼎7件,有6件大小相次,另一件形制不同。盂上有铭文7字:"□所□为下□盂",甗有铭文四行17字:"陈乐君□作其旅甗用……"

2002、2003年3-5月在新泰市周家庄发掘东周墓葬69座,⑥出土文物2000余件(组)。其中,青铜器700余件,礼器主要有鼎、甗、提梁壶、盘、匜、铏、盖豆、敦;乐器有镈、钮钟、铎和铃等;兵器主要有剑、戈、矛、匕、镞等,剑、戈数量最多;车马器有马衔、车辖、车軎、盖弓帽。出土兵器300余件,其中一部分铸造精美,含铅高,硬度大,锋利逼人,剑首内部为细密螺旋纹,有的剑身饰暗网格纹,这类兵器数量约占三分之一,明显是吴国兵器特征。又M11出土的剑铸有铭文14字,释为"攻吴王姑反诸攀之子通自乍元用",当为吴国兵器。发现有铭文铜器15件,皆铸于剑、戈和矛之上,除上述吴王之子剑外,还有"王""车戈""王国之车戈"等。其中"王"字上出头,是东周齐国文字的特点。

2. 纪国

《簠斋吉金录》有山东出土的王妇纪孟姜匜,系春秋早期器,可能是公元前703年嫁为王后的纪女的物品。1951年,山东黄县东南的南埠一座墓葬中出土了一组纪国嫁女的媵器,年代也是春秋早期。

3. 鲁国

1932年,在曲阜孔林南的林前村,出土一批青铜器,⑦为鲁大司徒元所作,属于厚

---

① 临朐县文化馆、潍坊地区文物管理委员会:《山东临朐发现齐、郱、曾诸国铜器》,《文物》1983年12期。
② 齐文涛:《概述近年来山东出土的商周青铜器》,《文物》1972年第5期,第15-16页。
③ 淄博市博物馆、齐故城博物馆:《临淄商王墓地》,齐鲁书社,1997年。
④ 山东省文物考古研究所:《山东淄博市临淄淄河店二号战国墓》,《考古》2000年第10期。
⑤ 烟台市博物馆、海阳市博物馆:《海阳嘴子前》,齐鲁书社,2002年。
⑥ 刘延常、徐传善:《齐国墓再现春秋争霸——山东新泰周家庄东周墓葬》,《文物天地》2004年第2期;刘延常等:《山东新泰周家庄东周墓葬发掘》,《2003中国重要考古发现》,文物出版社,2004年。
⑦ 曾毅公:《山东金文集存》上15,齐鲁大学国学研究所,1940年。

(郳)氏。1981年在林前村发掘30座春秋墓,①有12座随葬青铜礼器,规格高者随葬五鼎,10座墓随葬戈。1969年在县城城外近西北城角处的护城河北岸出土一批铜器,②应系墓葬所出,铜器没有铭文。

在曲阜以外出土的鲁国铜器,很多是鲁人嫁女的媵器。1965年在山东邹县七家峪发现两座墓,③出有鲁伯驷父为名沦的女子所作的媵器,时代为春秋前期偏晚。

1970年山东历城北草沟发现一座墓,④为鲁伯大父所作媵器。鲁伯大父所作的媵器,山东还曾出过两件,《两周金文辞大系》《商周彝器通考》等书都已著录。这批铜器为春秋早期。《怀米山房吉金图》还曾著录一件鲁伯厚父盘,也是鲁国媵器,伯厚父即鲁孝公的儿子惠伯革,属春秋初期。另外,1830年,在滕县凤凰岭还出土过一批鲁人嫁女于邾国的媵器。⑤

1972年,在邾城发现一件春秋前期的铜鼎,⑥是弗(费)敏父为孟妣作的媵器。费在今山东鱼台西南,为夏禹之后。

1977、1978年在曲阜鲁故城发掘四处墓地,共128座周代墓葬,⑦绝大部分为东周时期,其中有19座墓葬随葬青铜器。春秋时期主要铜器种类有鼎、簋、盨、壶、盘、匜、钾、甗、簠,战国时期主要种类有鼎、钾、盖豆、壶、盘、匜、剑、戈等。乙组墓反映的是周人文化特征,甲组墓反映的是夷人文化特征。

4. 莒国

1975年,在莒南县大店公社老龙腰和花园两地发掘了两座莒墓,⑧其中老龙腰一号墓分为南部的椁室和北部的器物箱。此墓早期被盗,除椁室出土铜剑外,其他青铜器主要在器物坑内。有鼎2、敦3、壶1、盘1、钾1、剑1、矛1、箭镞7、镈1、钮钟9、车器及其他共80多件。此墓为春秋晚期。

花园庄二号墓也早期被盗。出土青铜器有卣2、钾2、钮钟9、车辖1、铜环1。其中钮钟上有铭文,铭作"佳正月初吉庚午,莒叔之中(仲)子平自乍铸其游钟……子子孙孙永保用之"。花园庄2号墓为春秋中晚期之际。由编钟的铭文知,墓主应为"莒叔之仲子平",为莒国重要的贵族。

1963年,在莒县天井汪出土一批青铜器,⑨共21件,其中列鼎5、罍2,有盖鼎、壶、瓠壶、鉴、盘各1件,乐器有编钟6、编镈3,属于春秋中期。这批青铜器很有特色,与文献记载此地仍保留的夷俗有一定的关系。

---

① 山东省文物考古研究所发掘资料。
② 齐文涛:《概述近年来山东出土的商周青铜器》,《文物》1972年第5期,第8页。
③ 王轩:《山东邹县七家峪村出土的西周铜器》,《考古》1965年第11期。
④ 朱活:《山东历城出土鲁伯大父媵季姬簋》,《文物》1973年第1期。
⑤ 生克昭:《滕县金石志》,北京法源寺刊本,1944年。
⑥ 王言京:《山东邹县春秋邾国故城附近发现一件铜器》,《文物》1974年第1期。
⑦ 山东省文物考古研究所等:《曲阜鲁国故城》,齐鲁书社,1982年。
⑧ 山东省博物馆等:《莒南大店春秋时期莒国殉人墓》,《考古学报》1978年第3期。
⑨ 齐文涛:《概述近年来山东出土的商周青铜器》,《文物》1972年第5期,第11-12页。

1977年沂水县刘家店子发现两座墓葬和一座车马坑,①属春秋中期。

一号墓:墓分为主室和南、北两个器物库。青铜礼器主要放在南库内,北库主要陈放乐器,也有部分礼、兵器和杂器,主室棺椁间有铜戈。

随葬的青铜礼器有鼎16(有镬鼎、平盖鼎、无盖鼎、附耳鼎数种)、鬲9、簋7、壶7、盆2、盘1、铜2;青铜乐器有编钟20(可分几组)、铃钟9、编镈6。另外,还有錞于2、钲1、剑5、戈3。杂器有斤、斧、盖斗等。

其中,簋铭作"公簋",壶铭作"公铸壶",盆铭作"隹正月初吉丁亥,黄大子伯克作其薛盆,其眉寿无疆,子子孙孙永宝用之",铃钟铭作"陈大丧史中高作铃钟,用祈眉寿无疆,子子孙孙永宝用之",戈铭作"莒公"。

二号墓:出土的铜器有鼎9件,形制、大小和纹样相同,应为列鼎。

车马坑内的中部出土鼎、鬲、盆、扁壶、锛、戈、镞等铜器。

刘家店子这两座墓,应是莒国国君及其夫人的墓,车马坑是一号墓的殉葬坑。

5. 郯国

1966年在临沂城西涑河北岸出土了一批青铜器,②其中编钟一组九件。经学者研究,认为这批铜器应属古郯国。

1982年,为配合兖石铁路建设,山东省兖石铁路文物考古工作队在临沂凤凰岭之巅清理了包括车马坑、器物坑和墓室三部分组成的春秋晚期墓。③ 此墓虽然被盗,但出土了大量青铜器,包括铜礼器94。

器物坑出土的青铜器有鼎7、甗1、盆1、簠2、铜1、敦3、钮钟9、编镈9、弓4、戈14、矛14、镞1。

主墓室被盗,出土的青铜器有鼎3、舟1、盘1、簠3(修复1件)、镳盉1、壶1、卣3、铎1、凤头斤1、剑4。

另外,器物坑和主墓室还出土铜镞139件。车马坑据传有铜车马器出土,但发掘时已不见。

凤凰岭东周墓青铜器的一个特点就是人为毁坏的现象非常严重。青铜器被错磨、砍砸、敲打的痕迹,历历在目。出土编钟铭文均被错磨,所余能辨认的文字仅六七字。甗之下的鼎残一足,甑残,腹部被砸一漏洞,有砍砸痕迹。此类现象还有很多,这种情况值得我们研究。

此墓主人应是夷系的郯国国君。

6. 邿国

东周时期邿国传世的铜器有寺伯鼎、寺季鼎、寺造鼎,郭沫若曾做过考证。

---

① 山东省文物考古研究所、沂水县文物管理站:《山东沂水刘家店子春秋墓发掘简报》,《文物》1984年第9期。
② 齐文涛:《概述近年来山东出土的商周青铜器》,《文物》1972年第5期,第12页。
③ 山东省兖石铁路文物考古工作队:《临沂凤凰岭东周墓》,齐鲁书社,1988年。

1995年在长清仙人台遗址发掘的六座墓,①其中有五座属东周时期,均随葬青铜器。

M5,铜礼乐器均放置于南部的棺椁之间。② 其中铜礼器放在东部,编钟放在中部。铜礼器有鼎3、敦2、钅和2、壶1、盘1、匜1;乐器有编钟9件;杂器有带流鼎1、舟形器1,还有异形器1件、戈1件和车马器等。其中铜盘有铭文:"寺子姜首及寺,公典为其盥盘,用旂眉寿难老,室家是保,它它熙熙,男女无期。于冬(终)又(有)卒。子子孙孙永保用之,丕用勿出。"此墓的年代为春秋晚期。

M6,二层台之上的填土中有车马器等铜器;棺椁内的铜器有镞、剑等兵器;北边箱内的铜器有鼎、簠、豆、方壶、圆壶、扁壶、盘、匜、盂、提梁小罐等35件;南边箱内有铜戈2、铜矛1、甬钟11、钮钟9、剑1等。此墓的年代为春秋早期。

另外,M1、M2年代为两周之际,M4为春秋早期。

仙人台墓地中出土的7件有铭铜器中,就有4件铭文中有寺字,应是寺器。此处墓地应是邦国的国君和贵族墓。

7. 滕国

东周滕传世的青铜器主要有:

滕侯耆戈,山西峄县梁上椿旧藏,滕侯耆疑即春秋时的滕顷公结。

滕侯仄戟,铭作:"滕侯仄之造戈"六字,据考证为滕隐公仄所造。

滕之不牙剑,春秋晚或战国早期器。

滕司徒戈。应是战国早期之物。

1980年滕县城南西寺院村出土戟一件,③铭作:"滕侯仄之造"。1982年滕县供销公社杜村发现滕侯仄豆,④铭作:"滕侯仄之御敦"。此两件铜器与传世的滕侯仄戈为同一人之物。

1983年在庄里西又发掘一墓葬,出土一套九件带"滕皇"铭文的编钟,编镈4件。当为战国时期。⑤

2002年、2003年山东省文物考古研究所又两次发掘庄里西遗址,发掘50余座墓葬,虽大部分被盗,也出土部分青铜礼器和兵器,有鼎、盘、匜、戈等,多春秋时期。资料尚未发表。

8. 小邾国

邾国曹姓,位于鲁、滕之间,为鲁的附庸国。春秋时期,邾分为三国,即:邾、小邾和滥。小邾又称作倪。小邾国传世铜器有:朱友父鬲、郳姁鬲、邾公□钟、朱旂士□钟(或以为是伪器)、朱大司马之造戈等。

---

① 山东大学考古系:《山东长清县仙人台周代墓地》,《考古》1998年第9期。
② 山东大学历史文化学院考古系:《长清仙人台五号墓发掘简报》,《文物》1998年第9期。
③ 滕县博物馆:《山东滕县发现滕侯铜器墓》,《考古》1984年第4期。
④ 滕县博物馆:《山东滕县发现滕侯铜器墓》,《考古》1984年第4期。
⑤ 滕县博物馆:《山东滕县发现"滕皇"编钟》,《人民日报》1983年3月10日。

2002年6-7月,枣庄市文物管理办公室和枣庄市博物馆对枣庄市山亭区东江古墓群进行了抢救性发掘,清理了三座春秋早期的小邾国墓葬。① 三墓呈南北向排列,由南向北分别编为1、2、3号。此次发掘共出土青铜器63件,其中24件有铭文。

1号墓,已被盗,出土的青铜器有鬲4件、瓶1件。4件铜鬲上的铭文相同,为"邾友父朕(滕)其子胙曹宝鬲,其眉寿永宝用"。铜瓶上的铭文为"金父君友父作其金瓶,眉寿元疆,子子孙孙永宝用之"。从铭文看,鬲为滕器,瓶为自作器,滕器与自作器同出一墓,其原因还需进一步的研究。传世也有一件邾友父鬲,曾毅公曾将铭文中的"友父"解释为"友父即是小邾之始封君友"。一号墓的主人可能为邾友父的后人。

2号墓,墓口呈甲字形。出土青铜器39件,器型有鼎、鬲、簋、罍、壶、盘、匜、戈、剑、镞,其中10件器物有铭文。铭文内容错综复杂,有"邾君庆壶""郳庆鬲""鲁西簋""毕仲簋""子皇母簋"等。邾君庆与郳庆的铭文铜器出土一墓,可知,邾君庆与郳庆为同一人,同时也解决了邾与郳的关系。

3号墓,无墓道。出土青铜器19件,器型有鼎、鬲、罍、簋、壶、盘、匜、方盒、提梁罐、匜形鼎、刀等,其中9件有铭文。铭文内容有"邾公害簋""昆君壶"等。其中铜簋上的铭文为"邾公子害自作乍簋,其万年眉寿元疆,子子孙孙永宝用"。铜匜形鼎的铭文为"兒(倪)庆乍秦妊匜鼎,其永宝用"。

这次对小邾国墓地的发掘的同时,也对周边进行了重点考古勘探和试掘,发现了东周时期的城墙,或许为小邾国都城。

9. 杞国

传世有杞白鼎,时代为穆王或略早,这是杞国至今最早的一件铜器。

相传咸丰四年新泰曾出土一批杞器,②器型有鼎2、簋4、壶1、匜1、盆1、卣等。这批器物,鼎铭:"杞白每亡作邾曹宝鼎,子子孙孙永宝用",簋、盆、壶分别作"宝簋""宝盆""宝壶"等等。

1966年在滕州出土一件杞伯每亡鼎,③为春秋早期器。

10. 薛国

薛国任姓,历史悠久,并一直延续到战国时期。传世薛国青铜器有薛侯盘、薛侯戚鼎,但是没有确切的出土地点。1973年,在薛城东城墙以内出土青铜簋四件,均为薛器。④ 分别为薛子仲安瑚3件、薛仲赤瑚1件。

1978年,由济宁地区文物组组成薛国故城调查队,对薛国故址进行了调查钻探并发掘了九座墓。⑤ M1-4为大型墓,青铜器以礼器、车马器为主。礼器组合为鼎、鬲、壶、

---

① 李光雨、郭宝华:《枣庄发现春秋小邾国贵族墓地》,《中国文物报》2004年4月16日第2版;李光雨、张云:《山东枣庄春秋时期小邾国墓地的发掘》,《中国历史文物》2003年第5期。
② 王恩田:《从考古材料看楚灭杞国》,《杞文化与新秦》,中国文联出版社,2000年,第540-541页。
③ 万树瀛等:《山东滕县出土杞薛铜器》,《文物》1978年第4期,第94-96页。
④ 黄盛璋:《山东诸小国铜器研究——〈两周金文大系续编〉分国考释之一章》,《华夏考古》1989年第1期。
⑤ 山东省济宁市文物管理局:《薛国故城勘查和墓葬发掘报告》,《考古学报》1991年第4期。

铍、盘、匜等，其中 M1、M2 各出土鼎 8，列鼎 7，陪鼎 1；M4 出土鼎 11，列鼎 7，陪鼎 3；簋皆 6 件。M3 出土提梁壶有铭文"薛侯行壶"，M2 戈上有铭文"薛比"。M1 为春秋中期，其余为春秋晚期。这批墓葬当为薛国高级贵族墓。

11. 楚国

1954 年，在泰安西南的东更道村南发现铜器七件，①其中有几件罍有"楚高"铭文，经研究，学者认为这批铜器与楚国祭祀泰山有关。

1954 年，山东省文物管理处收到峄县文化馆送来的同铭铜罍二件，②铭作："隹（惟）正月初吉，丁亥，不（丕）白（伯）夏子自乍尊罍，用祈眉寿无疆，子子孙孙永宝用之。"此两件器形与楚器相似，说明受楚影响很深。

12. 吴国

1982 年沂水县北坪子一座残墓出土一件吴王剑，③铭文为"工吴王乍元巳用……"，根据字体推断该剑系春秋中晚期。

2003 年在新泰市周家庄发掘的 M11 出土一柄吴王剑，铭文为"攻吴王姑反诸樊之子通自乍元用"，④该墓年代为春秋末期。

东周时期山东地区青铜器出现了繁荣局面。主要体现在出土地点多，发现数量多，反映的古国多；各国均铸造青铜器，有不同的组合，有不同的特点；铭文多，反映联姻关系的媵器以及反映友好、战争关系的铜器比较多；器物种类多，铸造工艺先进。春秋时期礼器厚重瑰丽，战国时期则简洁轻巧呈衰退局势，而兵器长足发展。

青铜器反映了东周时期礼崩乐坏、诸侯称霸争雄的形势，反映了各国之间错综复杂的关系，反映了冶矿业和青铜铸造工艺水平的快速发展，与当时的政治、经济、文化、军事等息息相关。

（原发表为刘延常、郝导华：《山东地区先秦时期青铜器的发现与研究》，《青铜文化研究》2005 年第 4 期）

---

① 袁明：《山东泰安发现古代铜器》，《文物参考资料》1954 年第 7 期；杨子范：《山东泰安发现的战国铜器》，《文物参考资料》1956 年第 6 期。
② 王献唐（遗著）：《邳伯罍考》，《考古学报》1963 年第 2 期。
③ 沂水县文物管理站：《山东沂水县发现工吴王青铜剑》，《文物》1983 年第 12 期。
④ 刘延常、徐传善：《齐国墓再现春秋争霸——山东新泰周家庄东周墓葬》，《文物天地》2004 年第 2 期；刘延常等：《山东新泰周家庄东周墓葬发掘》，《2003 中国重要考古发现》，文物出版社，2004 年。

西周晚期至春秋早期山东地区东土青铜器群的转变与传承

商周时期山东地区考古学文化发生了三次大的融合：商王朝东扩，商文化东渐，山东大部分地区成为商王朝的组成部分——"大东"；西周时期，周公东征之后成王分封齐、鲁等国并采取诸多军事政治策略完全控制了山东地区，周文化影响更加普遍；东周时期，齐文化、鲁文化、莒文化及众多古国文化相互交流与融合，形成了代表东方地域特点的齐鲁文化。青铜器是贯穿文化融合始终的核心因素，它代表着先进军事、政治、文化与经济的发展。

以上三次大文化融合可分为两个大的特点与发展阶段，前两次融合是商、周文化为代表的中原文化对东方文化的影响为主，而东周时期则又形成了新的东方地域文化。文化大融合前后两大阶段的重大转变发生在西周末期至春秋初期，其中东土青铜器群的复苏与发展产生了重要影响。本文根据目前发现的青铜器资料，对这一时期的东土青铜器群做初步分析，敬请大家指正。

一、西周晚期至春秋早期东土青铜器群的发现

东土青铜器群不同于周文化青铜器，而又继承了周文化因素，发展成为地方文化因素，主要分布在山东地区东部，应是周代山东地区土著或原著古国古族贵族创造使用的。

1. 主要发现

（1）山东日照崮河崖抢救清理两座西周晚期墓葬。① 一号墓出土青铜器 14 件，包括附耳鼎 2、立耳鼎 2、鬲 4、壶 2、盆 2、盘 1、匜 1；二号墓出土方鼎 1、小圆鼎 1、壶 1。

一号墓出土青铜器属比较典型的东土青铜器，呈偶数组合，附耳鼎饰窃曲纹、足根附扉棱并饰兽面纹。鬲为筒状腹、腹部附扉棱、弧裆、柱状足，其形态与莱阳前河前出土青铜鬲形制相近。② 口沿铸有铭文，应为莱伯嫁女儿的媵器。壶整体呈葫芦瓶形、饰三角形划纹及窃曲纹、肩部与下腹分别有对称双耳、矮圈足，其形制与曲阜鲁故城 M48∶16 侯母壶③大致相同，与莱阳前河前出土 I 式壶——己侯壶的形制相近。盆有盖、素面、折腹，与

---

① 杨深富：《山东日照崮河崖出土一批青铜器》，《考古》1984 年第 7 期。
② 李步青：《山东莱阳县出土己国铜器》，《文物》1983 年第 12 期。
③ 山东省文物考古研究所等：《曲阜鲁国故城》，齐鲁出版社，1982 年，第 184 页。

周文化晚期陶盂形制基本一致,目前山东仅出土此两件。

二号墓出土长方形鼎,附耳,腹部饰窃曲纹和顾龙纹,四蹄形足,足根附扉棱,西周晚期此种形制鼎极其少见。壶为长颈、弧腹、矮圈足,颈部附两对称贯耳,其形制与山东沂源县姑子坪周代墓葬出土壶①相近(图一)。

图一 日照崮河崖墓葬出土青铜器

1-3、5.鼎 4.鬲 6.盆

(2)沂源县姑子坪遗址发掘一座西周晚期青铜器墓葬,②M1器物箱3个,腰坑殉狗。随葬青铜器71件,其中礼器15件,鼎5、簋2、簠2、方彝1、罍1、壶1、盘1。三件较大的鼎应为列鼎,前两件大鼎足根饰有以扉棱为间隔的兽面纹,腹部分别饰夔龙纹、窃曲纹。罍为细颈、斜折肩并有两对称兽耳、弧壁、底部微内凹;肩部饰变体夔龙纹、腹部饰三角形纹、内饰两变体夔龙纹,罍的形制与安丘东古庙、③邹城七家峪④出土的罍相近,属同一类型(图二)。

---

① 山东大学考古系等:《山东沂源县姑子坪周代墓葬》,《考古》2003年第1期。
② 山东大学考古系等:《山东沂源县姑子坪周代墓葬》,《考古》2003年第1期。
③ 安丘市博物馆:《山东安丘柘山镇东古庙村春秋墓》,《文物》2012年第7期。
④ 王轩:《山东邹县七家峪村出土的西周铜器》,《考古》1965年第11期。

图二　沂源姑子坪墓葬出土青铜器
1. 贯耳壶　2. 方彝　3. 罍　4. 盘

（3）临朐泉头春秋初期甲、乙墓葬,①甲、乙墓葬应为夫妇并穴合葬墓,甲为男性、乙为女性,出土青铜器既有周文化因素(如鼎饰垂鳞纹、重环纹、宽沿、筒腹鬲),也有地方文化因素。甲墓出土青铜器具有以下东土青铜器特点：铜盘饰窃曲纹,圈足下三裸体男子承托；"齐侯子行"匜饰窃曲纹,四只兽形足,曲龙形鋬；铊为椭圆形、侈口、单耳、矮圈足、素面,为早期铊的型式之一。

乙墓出土青铜器具有以下东土青铜器特点：M乙：2鼎腹部饰五组窃曲纹,之间以扉棱间隔,兽面足根；"郭中腰中女子"匜的纹样、形制与甲墓基本一致；M乙：10壶,应为提链小罐,口径8厘米、高13厘米,盖钮为一展翅小鸟,盖、腹饰交龙纹,其特点应为女性贵族化妆用品盛器,应是东土青铜器特色器类之一(图三)。

（4）莱阳前河前西周晚期墓葬,1974年出土8件青铜器,②1975年发掘墓葬编号为M2。③墓葬殉人4个,其中腰坑内殉1人并殉狗,随葬陶器数量较多,为偶数组合,鬲、簋（豆形簋)、豆、罐；青铜器8件,包括甗1、鼎2、鬲1、壶2、盘1、匜1。从墓葬习俗及器用制

---

① 临朐县文化馆等：《山东临朐发现齐、郱、曾诸国铜器》,《文物》1983年第12期。
② 李步青：《山东莱阳县出土己国铜器》,《文物》1983年第12期。
③ 常兴照等：《试论莱阳前河前墓地及有铭陶盉》,《北方文物》1990年第1期。

图三 临朐泉头村甲、乙墓出土青铜器

1—3、6. 鼎　4. 铺　5. 提链小罐

度分析,为典型的东方特点。

Ⅰ式壶总体呈葫芦瓶形,圈足铸铭文"己侯作铸壶,事小臣台以汲,永宝用",其形制与上述日照崮河崖一号墓、曲阜鲁故城 M48 出土"侯母壶"的形制基本一致。Ⅱ式壶为小侈口、短细颈、溜肩、鼓腹圜收、小平底,肩部附左右对称两环耳,下腹部附前后对称两环耳,肩部饰两层窃曲纹,下腹部饰三角纹、内为直线纹。此种壶与 1969 年烟台上夼墓葬出土的编织纹壶的形制一致,或为模仿鱼篓形状,具有浓厚的地方色彩。① 枣庄市峄城区沙河拓宽工程中出土了两件壶,形制、纹样基本一致(枣庄市博物馆藏品)。鬲与日照崮河崖一号墓出土莱伯鬲的形制相近(图四)。

(5) 安丘市东古庙西周墓葬,②原报道称为春秋墓。1994 年抢救清理青铜礼器 19 件,应为同一墓葬出土,包括鼎 5(蟠螭纹鼎 2、窃曲纹鼎 2、小镬鼎 1 件)、鬲 2(莒式鬲)、簋 4、钲 1(原报告写为方壶)、杯 2(原报告写为觯)、铺 1(原报告写为盂)、斗 2、盘 1、匜 1。墓

---

① 齐文涛:《概述近年来山东出土的商周青铜器》,《文物》1972 年第 5 期。
② 安丘市博物馆:《山东安丘柘山镇东古庙村春秋墓》,《文物》2012 年第 7 期。

图四　莱阳前河前墓葬出土青铜器
1-2. 鼎　3. 葫芦瓶形壶　4. 编织纹壶

葬还出土青铜削、凿、戈、剑、大量镞、3件黑陶罐、4件灰陶豆等。

蟠螭纹、窃曲纹鼎、鬲、錍具有比较典型的地方特点,鲁东南地区诸多地点都有出土。鬲为侈口、圆鼓腹、矮假圈足、单把,应是鬲最早的型式形态之一。錍为长方形侈口、扁圆体,肩部对称两贯耳,下腹部一横耳,颈部饰蕉叶纹,腹部饰蟠螭纹与龙凤纹。其形制、纹样与泰安角峪城前村出土的同类器基本一致。① 在山东有10余个地点出土錍,②主要分布在山东地区东部,以西周晚期至春秋早期为多,我们认为錍应起源于山东东部地区。杯为侈口,直腹,平底,素面,与史前时期大汶口文化陶觚形制相近,同样形制的杯在泰安龙门口出土一件,③济南市长清区双泉镇南付村出土一件,④其他地区少见,我们认为这种杯是东土青铜器(图五)。

---

① 程继林等:《泰安城前村出土鲁侯铭文铜器》,《文物》1986年第4期。
② 徐倩倩:《青铜錍的发现与研究》,《青铜器与山东古国学术研讨会论文集》,上海古籍出版社,2017年。
③ 泰安市博物馆:《山东泰安市龙门口遗址调查》,《考古》2004年第12期。
④ 笔者在长清博物馆考察时见到。

图五 安丘东古庙墓葬出土青铜器
1.鼎 2.鬲 3.罍 4.铋 5.铜 6.匜 7.杯

（6）临沂中洽沟春秋早期墓葬，原报告称发现三座周墓。[①] 从形制结构、葬俗及青铜器、陶器等分析，为莒文化中型墓。墓葬被破坏，8 件青铜器均出自 M1，计有鼎 4、鬲 1、盘 1、匜 1、削 1。

[①] 临沂市博物馆：《山东临沂中洽沟发现三座周墓》，《考古》1987 年第 8 期。

4件鼎的形制、大小一致,均饰窃曲纹、弦纹。铜鬲是典型早期莒式鬲的形制,肩部饰顾首交龙纹。匜身大致呈圆形,环形立耳,圜底,偶蹄足,兽首封口流,龙形鋬,饰顾龙纹,沂水县李家庄、[1]莒南县中刘山春秋墓[2]亦出土完全相同的匜,是典型的地方青铜器种类之一。应当注意与匜鼎(牺鼎)区别开来,后者的流为敞口,长方形立耳与常见鼎耳形制相同,无鋬(图六)。

图六　临沂中洽沟 M1 出土青铜器
1. 鼎　2. 鬲　3. 匜　4. 罍

(7)莒南县中刘山春秋早期墓葬,[3]2004 年抢救清理,其中 M2 为中型墓葬,出土完整青铜器 5 件,计有鼎 2、瓠形壶 1、盘 1、匜 1。青铜器均具有地方特点:鼎足均为兽面足根,并饰扉棱,其中一件饰窃曲纹。瓠形壶,歪颈较粗短,腹部较粗圆,绳索状矮圈足,腹部一侧附套接提梁,通体饰垂鳞纹,从类型学排比分析,是目前瓠形壶最早的形态。盘饰卷云纹,是比较少见的。鼎形匜与上述沂水李家庄、临沂中洽沟出土同类器基本一致(图七)。

---

[1] 山东省文物管理处等:《山东省文物选集(普查部分)》,文物出版社,1959 年。
[2] 张文存编著:《莒南文物志》第十章"文物考古发掘",青岛出版社,2014 年。
[3] 张文存编著:《莒南文物志》第十章"文物考古发掘",青岛出版社,2014 年。

图七　莒南县中刘山墓葬出土青铜器
1-2. 鼎　3. 瓠形壶　4. 鼎形匜　5. 云纹盘

2. 其他地点出土西周晚期至春秋早期青铜器

1959年沂水县李家庄①出土春秋初期青铜鬲、贯耳壶、盘、鼎形匜、提链小罐（提链或为绳类，无存），鬲为典型早期莒式鬲，匜与前述的临沂中洽沟、莒南县中刘山出土匜完全一致，提链小罐与邹城七家峪出土穿带壶基本一致。

邹城七家峪出土西周晚期青铜器②中有2件罍，肩部两兽形耳，腹部饰窃曲纹、蟠夔纹，其形制与上述安丘东古庙、沂源姑子坪墓葬出土罍基本一致。出土穿带壶的形制、纹样与沂水李家庄出土一小罐基本一致。

枣庄市东江春秋初期墓葬出土较多的东土青铜器，③其中被盗卖查获后现由安徽省博物馆收藏的蕉叶夔纹罍与上述3个地点罍的形制基本一致，另1件蕉叶夔纹罍与临沂中洽沟出土的罍形制相近，个体较大，其两耳附于肩腹之间并衔环、圈足，应称为罐。M2出土4件饰窃曲纹，上腹直、下腹鼓的鼎，与临朐泉头出土同类鼎一致；还出土罍、瓶等均具有东土青铜器特点的器物。M3出土3件相同的鼎，1件匜形鼎，2件素面球形腹罍，长

---

① 山东省文物管理处等：《山东省文物选集（普查部分）》，文物出版社，1959年。
② 王轩：《山东邹县七家峪村出土的西周铜器》，《考古》1965年第11期。
③ 枣庄市博物馆等：《枣庄市东江周代墓葬发掘报告》，《海岱考古（第四辑）》，文物出版社，2011年；枣庄市政协港澳台侨民族宗教委员会等：《小邾国遗珍》，中国文史出版社，2006年。

方形小奁,提链小罐等,种类、形制、花纹均属东土青铜器特点。

属春秋早期的长清仙人台 M6 出土饰窃曲纹 D 形鼎,钘(报告中称为扁壶)、提链小罐等①具有浓厚的东土青铜器特点。

另外,在胶东半岛长岛、蓬莱、招远、莱阳、平度、黄岛等地出土较多的西周晚期至春秋早期的东土青铜器,多为抢救清理和征集所得,包括莒式鬲、壶、钘、提链小罐、豆形簋、铒等。鲁东南地区诸城、安丘、五莲、莒南、临沂、平邑等地博物馆藏过去征集而来、许多西周至春秋早期的东土青铜器,包括莒式鬲、罍、鑐、钘、盘、匜、奁、瓠形壶、铒等,诸多资料在一些文章中有所披露。②

二、东土青铜器群的主要特点

1. 种类与组合

通过与周式青铜器、周边古国青铜器的比较,上文我们简要介绍了西周晚期至春秋早期东土青铜器的主要发现,总结其种类主要有鼎、鬲、盆、豆形簋、罍、鑐、壶、方彝、钘、杯、铒、盘、匜、提链小罐、奁、錞于等,其中鼎、鬲数量最多,壶的种类最多,有些属新出现的器型(如莒式鬲、鑐、瓠形壶、编织纹壶、钘、铒、鼎形匜等),有些是纹样的变化(如窃曲纹、兽面足根鼎,变体龙纹罍,口沿附兽的盘),有些器类数量极少(盆、豆形簋、方彝、杯、錞于、提链小罐等)。

东土青铜器群基本组合为鼎、鬲、罍、鑐、壶、铒、盘、匜、提链小罐,其中鼎、鬲为食器的固定搭配,酒器发达,包括多种盛酒器和饮酒器,盘、匜是比较稳定的盥洗器,提链小罐、奁是常见的化妆等日常用器,具有地方特点的车马器、兵器比较少见。

2. 器型与纹样

鼎:共性是足根饰兽面纹并附扉棱,腹部多饰窃曲纹、顾龙纹,多为立耳、蹄足。大多数鼎为圆形、深腹,日照崮河崖墓葬出土 1 件长方形鼎,枣庄市山亭区东江小邾国墓葬出土 1 件匜形鼎,东江墓葬与临朐泉头墓葬出土一种鼎为上腹直、下腹垂鼓。个别鼎器表为素面或饰弦纹、涡纹,部分鼎饰变体龙纹(图八)。

鬲:以莒式鬲出土地点最多,其主要特征为鼓肩、瘦袋足、高弧裆,肩部多饰窃曲纹、顾龙纹,部分为素面或附扉棱。莱阳前河前出土己侯鬲、日照崮河崖出土莱伯鬲为素面、窄折沿、直腹、矮柱状足、联裆,个别附扉棱。另外,蒙阴县出土 1 件鬲为鼓腹、锥状实足(图九)。

盆:素面小盆,仅在日照崮河崖出土 2 件(图一一)。

---

① 山东大学考古系:《山东长清县仙人台周代墓地》,《考古》1998 年第 9 期。
② 王青等:《铜铒起源的初步研究》,待刊;徐倩倩:《青铜钘的发现与研究》,《青铜器与山东古国学术研讨会论文集》,上海古籍出版社,2017 年;刘延常等:《莒文化解读——一种文化发展模式思考》,《李下蹊华——庆祝李伯谦先生八十华诞论文集》,科学出版社,2017 年。借此机会,感谢烟台市博物馆及上述市县博物馆提供相关青铜器照片等资料。

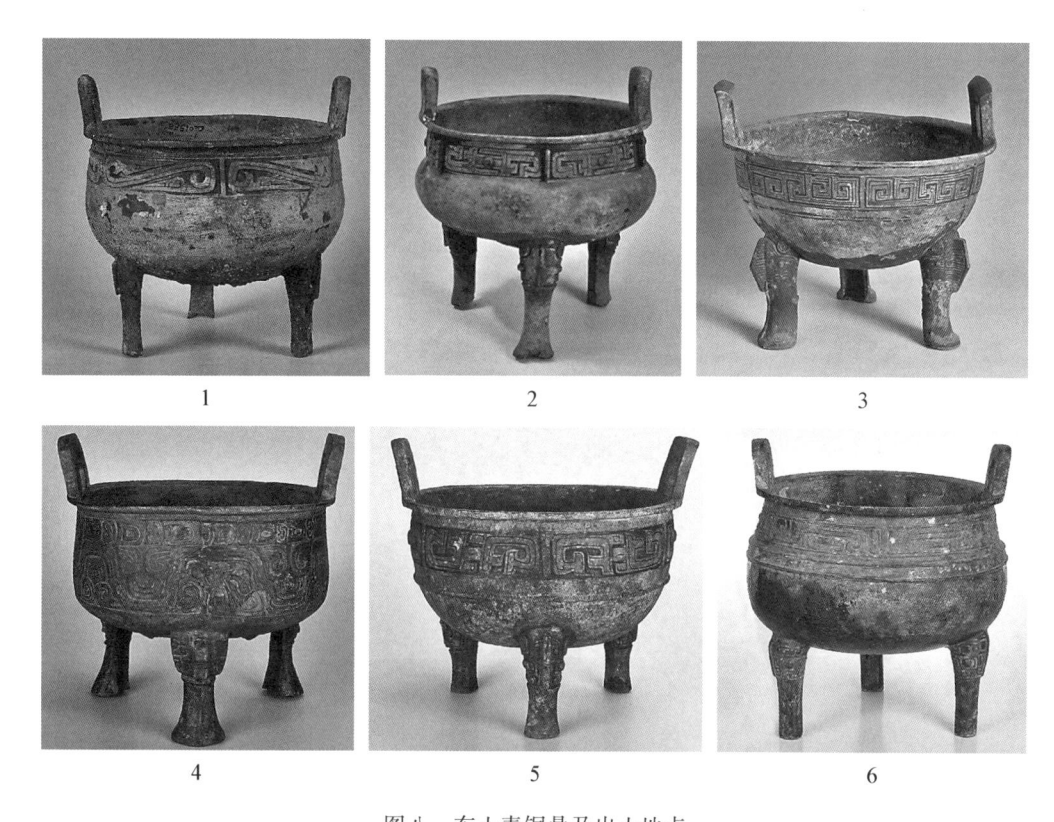

图八 东土青铜鼎及出土地点

1. 长岛县大钦岛乡北村 2-3. 临朐泉头村 4-5. 莒南中刘山 6. 招远市金岭镇西店村

豆形簋：仅在蓬莱村里集出土1件（图一一）。

罍：直口，细短颈，折肩，收腹，小平底，肩部附两兽首耳，肩部、腹部多是变体龙纹。沂源姑子坪、枣庄东江墓葬有出土（图一〇）。

罐：形制与罍相近，但器体较大，兽耳附在肩部和腹部之间，多衔环，矮圈足，肩部多素面或饰变体龙纹。临沭西王车、滕州安上村、临沂中洽沟、枣庄东江墓葬有出土（图一〇）。

瓠壶：直口，弧鼓腹，矮圈足，腹部一侧附提梁。其形制应仿自葫芦。莒南县中刘山出土瓠壶是比较早的形态（图一〇）。

方彝：仅沂源姑子坪墓葬出土1件（图一〇）。

贯耳壶：一种在海阳尚都出土的大口粗颈壶，矮圈足、素面。另一种为小口束颈壶，溜肩、垂腹、矮圈足，颈部饰窃曲纹。沂源姑子坪、日照崮河崖墓葬有出土（图一〇）。

葫芦瓶形壶：整体呈葫芦形，腹部较长，肩部和下腹部分别附两对称环耳，器体饰三角划纹、变体龙纹。莱阳前河前己侯壶、曲阜鲁故城M48侯母壶、日照崮河崖墓葬出土壶形制基本一致。其形制应仿自一种葫芦。编织纹壶：小口，细颈，溜肩，弧收腹，小平底，肩部、腹部饰折线纹或三角形纹，内为直线纹。莱阳前河前、烟台上夼和枣庄峄城区有出土，应仿自海边捕鱼的器具——鱼篓（图一〇）。

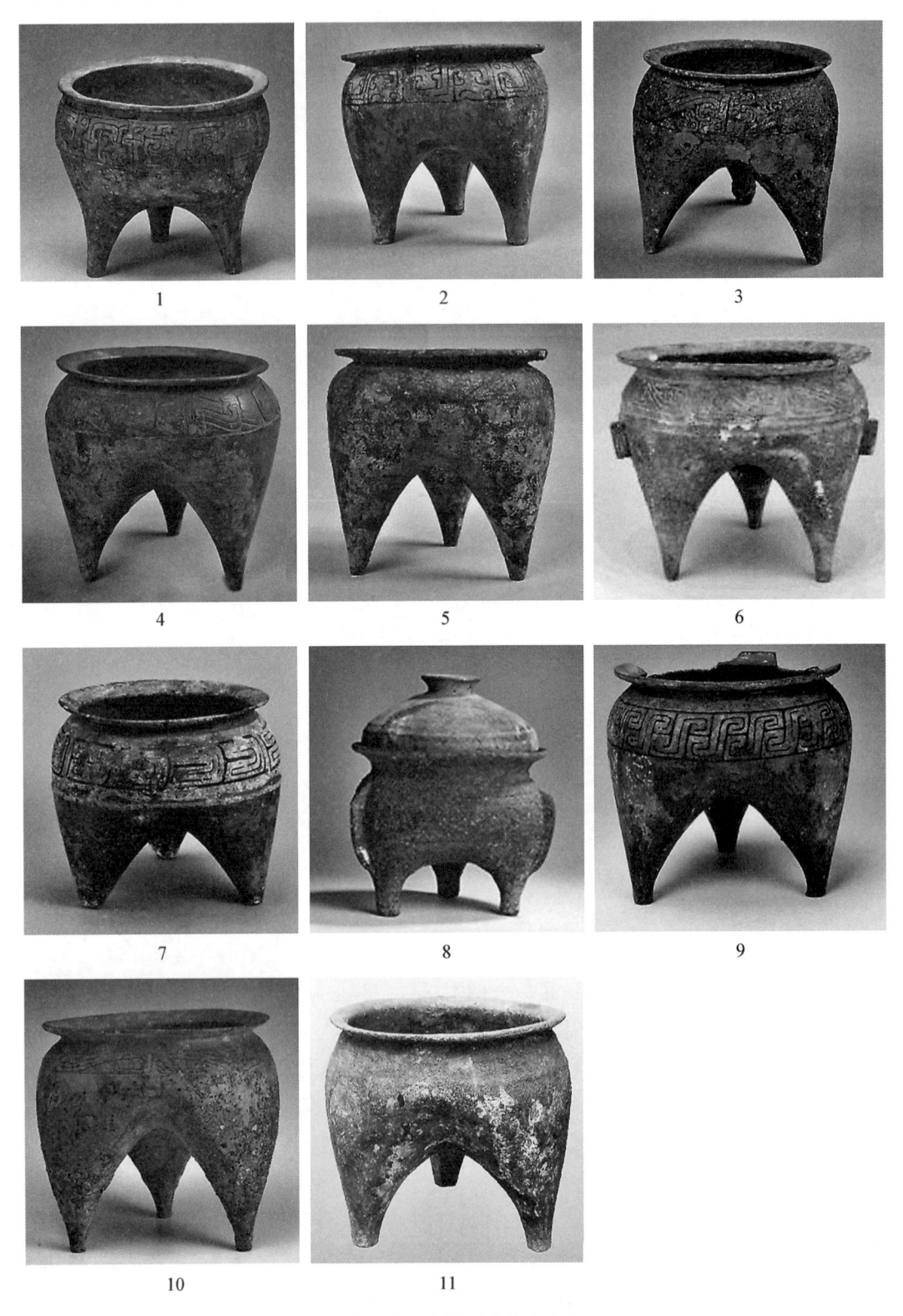

图九　东土青铜鬲及出土地点

1. 蒙阴县常路镇石峰峪村　2. 诸城市皇华公社黄沟　3. 诸城市解留新九台村　4. 诸城市太平区葛布口村　5. 安丘市吾山镇贾孟　6. 安丘市柘山镇东古庙　7. 蓬莱村里集　8. 日照崮河崖　9. 黄岛区大珠山镇顾家崖头村　10. 山亭区两河汊村　11. 平邑县铜石镇锅泉

图一〇　东土青铜酒器及出土地点

1. 瓠壶　莒南中刘山　2. 贯耳壶　海阳尚都　3. 贯耳壶　沂源姑子坪　4. 葫芦瓶形壶　日照崮河崖　5. 方彝　沂源西鱼台　6. 钘　蓬莱村里集　7. 钘　泰安城前村　8. 编织纹壶　枣庄薛河河道　9. 罍　沂源姑子坪　10. 罐　临沂中洽沟　11. 杯　安丘东古庙

图一一　东土青铜器及出土地点

1. 匜　安丘东古庙　2. 鼎形匜　临沂中洽沟　3. 盆　日照顾河崖　4. 豆式簋　蓬莱村里集　5. 提链小罐　临朐泉头村　6. 錞于　临沂后明坡　7. 盘　沂源姑子坪

钵：长方形或扁圆形口，束颈，器体呈扁圆形，肩部附贯耳或横环耳，下腹部一侧附一耳，肩部、腹部饰窃曲纹与变体龙纹。安丘东古庙、蓬莱村里集、泰安城前村有出土（图一〇）。

杯：侈口，直腹较粗，平底，素面。安丘东古庙、泰安龙门口、长清南付村有出土（图一〇）。

铺：出土地点较多，侈口、束颈、圆腹或扁圆腹，单把，平底或矮圈足，素面。胶东半岛、鲁东南地区多有出土（图三、图五）。

盘：在口沿附羊、龙等动物，裸体人足，莒县西大庄、沂源姑子坪、诸城皇华杨家庄子、枣庄山亭东江墓葬有出土（图一一）。莒南县中刘山墓葬出土1件盘，腹部饰卷云纹，高圈足（图七）。

匜：一种鼎形匜，平面呈圆形、口沿附两环耳、兽首封口流、三蹄足、龙形鋬，饰顾龙纹。莒南县中刘山、临沂中洽沟、沂水李家庄有出土（图一一）。安丘东古庙出土一种瓢形匜，三蹄足，尾端附宽鋬（图一一）。

提链小罐：一种个体较小、敛口、鼓腹、环耳、圈足、附提链，腹部饰交龙纹或变体龙纹，有盖，一般有鸟饰。出土地点较多，蓬莱村里集、临朐泉头、枣庄东江、长清仙人台墓葬有出土（图一一）。另一种，个体略大、敛口、鼓腹、贯耳、圈足、有盖并附小贯耳（腹部贯耳之间的绳索类串联为提链），多饰变体龙纹。沂水李家庄、邹城七家峪、泰安龙门口有出土。

奁：个体较小，长方形，有盖并附兽为捉手，腹饰变体龙纹。枣庄东江墓葬有出土。

錞于：临沂后明坡出土1件錞于，个体不高，平顶，附一环钮，肩部圆鼓，束腰，筒状腹，平口，素面，是目前发现最早形态的錞于（图一一）。

3. 功能

由于组合、种类不同，与周文化青铜器比较，东土青铜器的功能也具有自己的特点，并存在一器多用现象。

炊煮器中以鼎为主，同一组合中存在多种形制或纹样不同的鼎，但鼎的大小基本一致。鬲虽然为炊煮器，却与鼎搭配组合，类似中原鼎簋组合，鬲也应具有盛食器的功能。盛食器种类、数量都少，包括盆、豆形簋等，同时也证明了鬲为盛食器的可能。铺也应具有食器功能。

酒器种类、数量最多。盛酒器包括罍、罐、方彝、贯耳壶、编织纹壶、葫芦瓶形壶、瓠形壶、钺。后两种常作为外出携带的酒器，也应具有饮酒器的功能，也适用于汲水、饮水。葫芦瓶形壶中，己侯壶铭文显示其为汲器。饮酒器中以铺、杯为主，青铜器组合中盥洗器——盘、匜齐全，所以铺不应是水器。同时盛酒器种类多，而饮酒器种类少，铺个体较小、敛口、单把，适合饮酒用途，也可适用于食器、水器。

鼎形匜口沿有环耳，应是水温加热后便于及时使用而设。

提链小罐、奁多出土于女性贵族墓葬中，我们同意很多学者意见，应为洗浴化妆等生活用品的盛器。

三、东土青铜器群的时空关系与文化属性

1. 年代与空间分布

由于多数墓葬为抢救性清理，青铜器组合不甚齐全并有些残破，陶器破碎严重并不被

重视,而许多青铜器是征集所得,客观上东土青铜器有复古类型或新器类,以上诸多原因为准确判断其年代增加了困难。我们依据青铜器组合,以及组合中年代最晚的青铜器形制、纹样来推断墓葬及其他青铜器的年代,参考莒文化陶器分期与年代的划分,最终确定东土青铜器群的年代框架是西周晚期至春秋早期,大部分集中在西周末期至春秋初期。

除鲁故城 M48 为西周晚期早段外,属西周晚期晚段或末期的地点有 12 处:长岛县大钦岛乡北村、海阳尚都、莱阳前河前、蓬莱村里集、招远西店村、沂源姑子坪、安丘东古庙、泰安龙门口、邹城七家峪、莒县西大庄、日照崮河崖、临沂后明坡(图一二)。属春秋早期早段的地点有 12 处:黄岛大珠山、诸城解留九台新村、安丘邳山、临朐泉头村、沂水李家庄、莒南中刘山、临沂中洽沟、平邑锅泉林场、枣庄东江、曲阜鲁故城林前村、泰安城前村、长清仙人台 M6 等(图一三)。

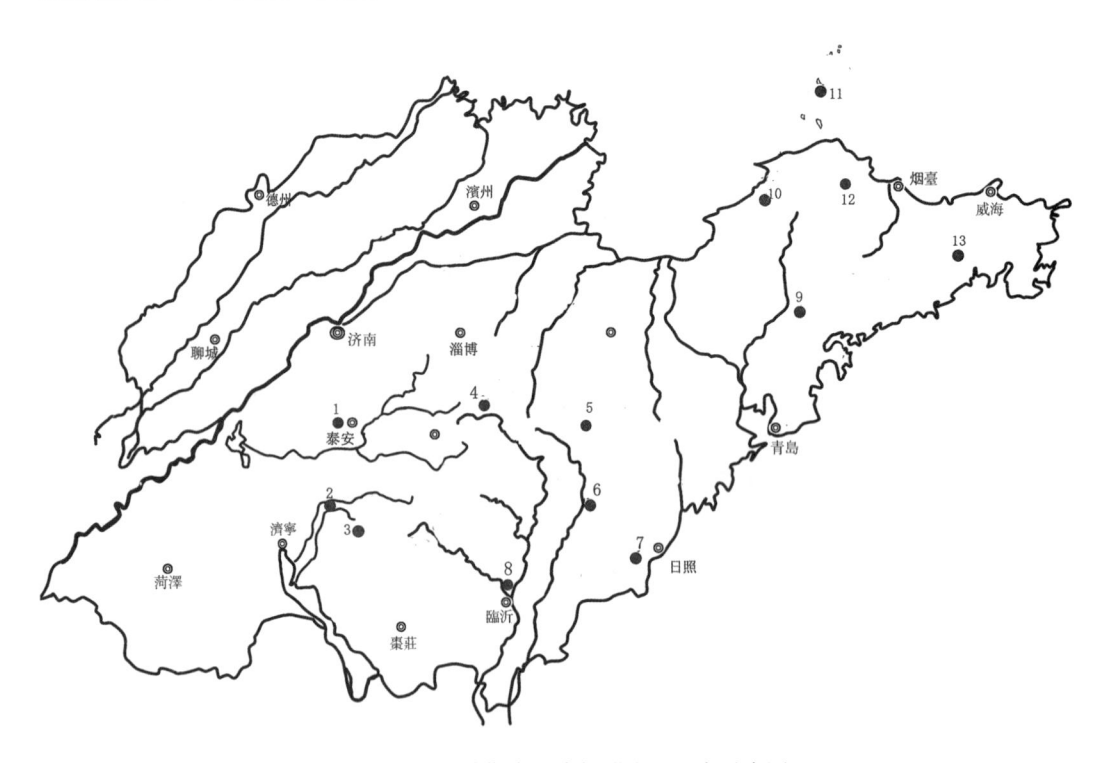

图一二 西周晚期东土青铜器出土地点示意图

1. 泰安龙门口 2. 鲁故城 M48 3. 邹城市七家峪 4. 沂源姑子坪 5. 安丘东古庙 6. 莒县西大庄 7. 日照崮河崖 8. 临沂后明坡 9. 莱阳前河前 10. 招远市金岭镇西店村 11. 长岛大钦岛北村 12. 蓬莱村里集 13. 海阳尚都

从空间分布看,西周晚期青铜器主要出土于胶东半岛、鲁东南地区北部、南部,少部分出土于汶泗流域。春秋早期青铜器则主要出土于鲁东南地区北部、中部和南部,部分出土于鲁中南地区、汶泗流域。

2. 文化属性

从文化因素分析,胶东半岛和鲁东南地区是东土青铜器的核心分布区,以东土青铜器

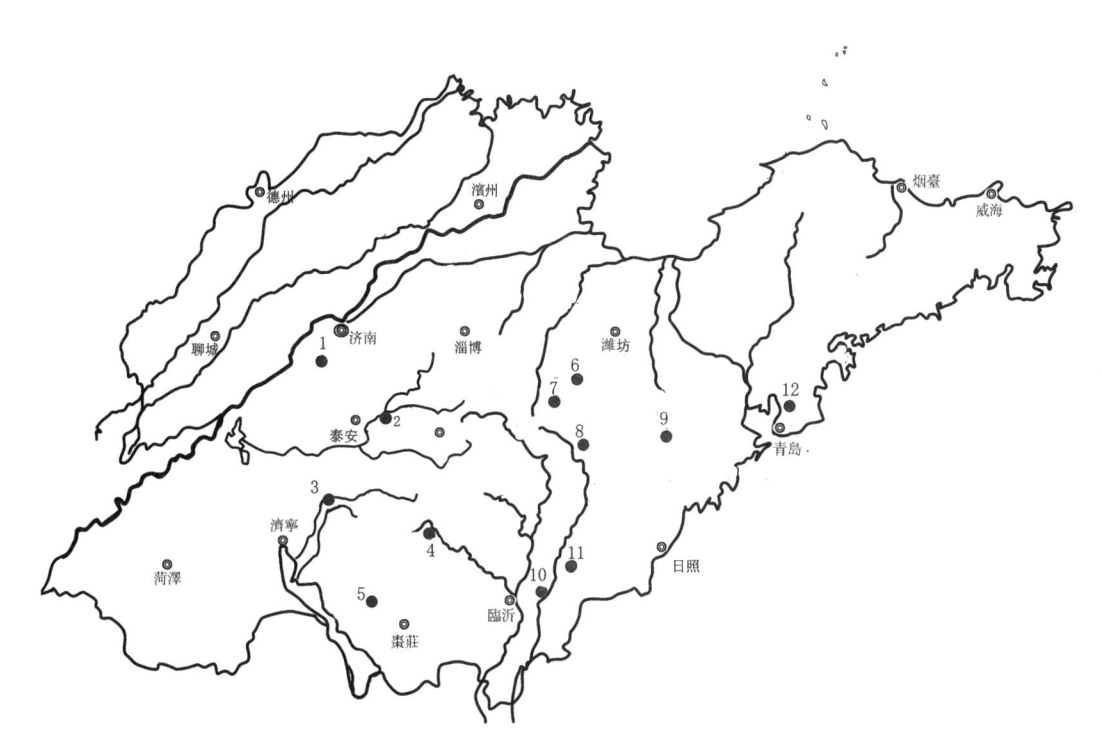

图一三 春秋早期东土青铜器群地点示意图

1. 长清仙人台 2. 泰安角峪城前村 3. 鲁故城林前村 4. 平邑铜石镇锅泉林场 5. 枣庄东江 6. 安丘邵山 7. 临朐嵩山泉头村 8. 沂水李家庄 9. 诸城解留新九台村 10. 临沂中洽沟 11. 莒南中刘山 12. 黄岛大珠山

组合为主，多是新器类，个别墓葬或组合中有少部分周文化因素。鲁中南地区、汶泗流域是东土青铜器群的直接影响区，青铜器以及墓葬形制结构、葬俗、器物组合等以周文化因素为主，如以周式鼎为主，龙纹柱足鬲多见，盛食器以簠、盨、簋为主，圆壶或方壶，重环纹、垂鳞纹圈足盘，匜等；东土青铜器有一定数量，如匜形鼎（东江小邾国墓葬）、罍、罐、鉳、盉、提链小罐、裸人足盘。鲁北地区、鲁西北地方则仅见个别东土青铜器，如齐故城出土鉳；长清仙人台M6出土窃曲纹鼎、鉳、提链小罐等；鲁国鲁故城墓葬出土葫芦瓶形壶、鉳。这些地方属东土青铜器的波及影响区。

从出土青铜器的墓葬等级来看，除枣庄东江墓葬为小邾国国君与夫人、长清仙人台M6为邿国国君外，墓主人绝大多数是大夫、上士级别的贵族，莱伯鬲、己侯壶则属媵器和赏赐器物。

从文化性质来分析，胶东半岛地区西周晚期东土青铜器分布区应为莱文化区，分别属莱国、纪国。邹城七家峪墓葬属邾国、枣庄东江墓葬属小邾国，它们介于鲁文化、莒文化之间，从陶器、青铜器、墓葬看地方文化，偏向于东夷文化属性。鲁故城墓葬、泰安龙门口、长清仙人台墓葬属鲁文化范畴，前者属鲁国，后者属邿国。广大的鲁东南地区属莒文化区，在西周晚期至春秋早期还没有明确的古国，是莒文化的形成时期，东土青铜器应属于不同的东夷古国贵族。①

莱国、纪国及莒文化区的贵族属东夷与淮夷,应包括商代古国古族后裔(旧贵族、迁徙贵族)。邾国、小邾国、郳国等虽为东夷古族,但受到周文化影响比较大,部分东夷贵族或因姻亲、赠赙等关系,保留和接受较多的东土青铜器。而鲁文化系统的鲁国则与东夷古国通过姻亲或赠赙等方式友好交往,出土个别东土青铜器。

四、东土青铜器群的转变与传承

1. 东土青铜器群的转变

东土青铜器群的转变主要包括创新创造,复古继承和融合礼制三个方面。创新方面主要是新器类、新纹样,窃曲纹、变体龙纹发达。新器类包括莒式鬲、鑂、葫芦瓶形壶、编织纹壶、瓠形壶、铍、铫、鼎形匜、提链小罐等。其中葫芦瓶形壶、编织纹壶、裸体人足与装饰动物的盘、鼎形匜属于新创造的,以前没有、以后也不见;瓠形壶、铍、铫、提链小罐、镎于属于新出现的器类,但成为以后春秋时期青铜器重要种类之一,并传播影响至其他地区。葫芦瓶形壶、瓠形壶、铍、铫应仿自植物果实——葫芦,葫芦种类较多,加以模仿与创造;编织纹壶应仿自鱼篓;莒式鬲,豆式簋,浅盘豆等应仿自陶器。总之,东土青铜器的创新主要来源于实际生产与生活。

复古继承方面是指东土青铜器在西周晚期至春秋早期还保持了部分商代、西周早中期青铜器的风格,如带扉棱的鼎足、卷云纹盘、涡纹罍、贯耳壶、杯、提链小罐(一种类似商代卣的形状的器物)。这种复古现象在鲁东南地区春秋中期、中晚期都存在,还包括复古玉器等,我们认为是东夷贵族文化传统的证明。

融合礼制方面表现在东土青铜器既遵循礼制、受礼制影响,周文化青铜器器类、纹样较少,更多的是地方特点,如前所述,青铜器组合不同,增加许多新器类,纹样创新与复古继承,器物功能也存在一器多用现象。

2. 传承与影响

纵向传承方面表现在东土青铜器发展成为春秋早中期至战国早期莒文化青铜器的主要组合和器类,是莒文化的典型特征和主要内涵。另一方面,莒式鬲、瓠形壶、铫、铍、提链小罐等也成为许多地区在春秋时期到战国时期青铜器的主要种类。

横向影响方面表现如前文所述在同时期对周边东夷古国的直接影响,又如莒式鬲对淮式鬲的影响甚大,或与渊源相同有关。对齐国、鲁国有文化影响,有的如铍、铫、盉、提链小罐等影响至江淮与中原地区。

3. 东土青铜器群形成的历史背景

西周晚期至春秋早期是社会变革时期,西周王纲解体,王室与诸侯国之间矛盾不断激

---

① 刘延常等:《莒文化解读——一种文化发展模式思考》,《李下蹊华——庆祝李伯谦先生八十华诞论文集》,科学出版社,2017年。

化。在东方齐、鲁等国的祸乱导致部分贵族向东潜逃,同时胶东半岛、鲁东南地区、苏北地区东夷贵族逐渐复苏,这里地处边缘区域和文化交界区,他们不受周王朝和齐、鲁等大国的影响,迅速重组发展,从而创造了东土青铜器群,并成为莱文化、莒文化的主要内涵和文化大传统。

从龙口归城遗址及周边遗址出土的西周早中期青铜器分析,当时周王室采取诸多措施控制了胶东半岛,但是西周晚期发生了重要转变,青铜器开始具有地方特点,结合出土金文和文献记载这里应是莱国,还包括与莱国通婚以及纪国贵族迁徙至莱国,纪、莱国融合等,成为莱文化的核心区域,繁荣之后部分贵族南迁,成为鲁东南地区莒文化的重要来源之一。

日照地区西周晚期东土青铜器群应是徐戎遗存,本身属东夷后裔,又与莱国通婚(莱伯鬲),春秋早期向西扩展至莒南、临沭、郯城、临沂等地,成为莒文化的核心区域。沂源、临朐、安邱、诸城一线在西周晚期就具有地方特点,逐渐成为莒文化的主要来源之一,并成为其北部分布区域。

胶东半岛与鲁东南地区的核心区域内东土青铜器的复苏,直接影响了周边相关东夷古国贵族,也间接影响其他古国。春秋经传记载山东地区当时古国达60余个,其中应多为东夷古国,如莱、莒、向、郯、鄣、曾、阳、费、颛臾、邾、小邾、滥、薛、寺、宿、铸、须句、嬴、牟、杞等,有些古国已经被考古发现与研究所证实,相信并期待着青铜器的研究会有新发现新贡献。

结　　语

西周晚期至春秋初期青铜器组合、种类、形制、纹样等展示出了东土诸国及其贵族遵循周礼而又创新的特点,对春秋时期青铜器的繁荣产生了很大影响,成为胶东半岛莱文化、鲁东南地区莒文化青铜器的主要内涵,对齐、鲁及泗上十二诸侯等古国青铜器产生较大影响,同时对江淮地区、中原地区等产生一定影响。

考察讨论东土青铜器群,为研究莒文化的起源与形成(青铜器显示西周晚期、春秋时期来自不同国别的中小贵族汇集鲁东南地区,其中以东夷、淮夷古族古国贵族为主,青铜器代表了文化的大传统,影响促进了莒文化的形成[①])、为研究东夷文化的发展变化过程等提供了重要资料与证据。

东土青铜器群从一个侧面证明了西周晚期晚段至春秋初期是齐鲁文化形成的重要阶段,对认识与研究齐鲁文化的内涵与传承具有重要意义,为研究华夏文化的形成与融合提供了很好的案例,其研究视野也具有重要启示意义。

(原发表为刘延常、徐倩倩:《西周晚期至春秋早期山东地区东土青铜器群的转变与传承》,《青铜器与金文(第一辑)》,上海古籍出版社,2017年)

---

① 刘延常:《莒文化解读——一种文化发展模式的思考》,《李下蹊华——庆祝李伯谦先生八十华诞论文集》,科学出版社,2017年。

山东地区青铜殳研究

殳，是周代主要的五种青铜兵器之一。文献中虽有记载，但其形制、功能不详，后世释解不尽相同，考古发现又有客观局限性，因此对殳的认识与研究在相当长时间内比较滞后。

1978年湖北省随县曾侯乙墓出土两种殳，结合出土竹简记载分为有刃殳和无刃的晋殳，其形制、功用清楚，这一发现极大地促进了殳的研究。之后多名学者撰写研究文章，但多以东周时期的楚系殳为主要对象。

近年来山东省新泰市周家庄东周墓葬出土较多的殳，使我们对殳有了新的认识，山东地区出土殳数量多且使用较为普遍，其年代、功能等更加清晰，与楚系殳不尽相同。本文对山东地区出土青铜殳进行探讨，以期促进对殳和相关问题的研究，请大家指正。

一、典型材料解读——新泰市周家庄东周墓葬出土殳

2002-2004年，山东省文物考古研究所发掘新泰市周家庄东周时期中小型墓葬78座，属齐国墓葬，42座墓葬出土青铜兵器380余件。兵器种类有戈、剑、戟、矛、殳、镞等，可大致分为6个组合，是区分墓主人等级的主要依据之一。经过对发掘资料的整理，我们认为墓地具有浓厚的军事色彩，墓地位于鲁中地区（泰安市东南部50余千米），应是齐国越过泰沂山脉向南扩张的军事重镇，是应对鲁国、吴国、越国的桥头堡。[①]

周家庄墓地有16座墓葬出土19件殳，除M1外其他墓葬分别随葬一件殳，随葬殳的位置、形态、种类、年代等使我们对殳有了比较清晰的认识。根据墓葬形制、棺椁、随葬品等研究，随葬殳的墓葬主人为大夫级别1人、士级别15人（士也能够分出等级差异），墓主人身份在墓地中是比较高的，应是不同级别的指挥官。M2、M3、M6、M10、M35、M49和M58等7座墓葬为春秋晚期，M1、M4、M5、M30、M38和M59等6座墓葬为战国早期，M16、M32和M67等3座墓葬为战国中期。

殳一般包括殳首、殳镦、木质柲及其青铜环（箍）等四部分（其中11件包括首、镦、柲、

---

① 山东省文物考古研究所等：《新泰周家庄东周墓地（上、下）》，文物出版社，2014年。

环,4件殳包括首、镦、柲,因 M1 被毁坏而出土4件殳首或殳镦),绝大部分随葬于棺椁之间,长度2.2-2.6,一般 2.3-2.4 米。殳首:长5-8厘米,下部圆筒形(銎外多一周凸箍),蘑菇形顶(圆鼓或多边形,有素面、龙纹,多有桥形钮,有的为圆孔)。殳镦:多数长 10-12 厘米,部分长 6-9 厘米,圆筒形(外部呈多边形,銎外多一周凸箍),上粗下细,素面、饰乳钉纹或兽纹。殳首与镦的銎径一般 3 厘米左右,外侧皆有圆形或方形钉孔,以固定柲(图一至图三)。

周家庄出土殳与曾侯乙墓出土晋殳形制一致,①后者之镦我们认为应是殳首。殳首较短,多圆鼓,同时顶端有钮,应为系旌旗或缨绳类物品,不适合手握与操作,因此判断为首;殳镦,圆筒形,多有装饰或为多边形以便于握牢,长度正适合手握,便于操作,因此判断为镦。许道胜和朱凤瀚先生也认为曾侯乙墓出土晋殳之圆筒形铜帽应为殳首。②

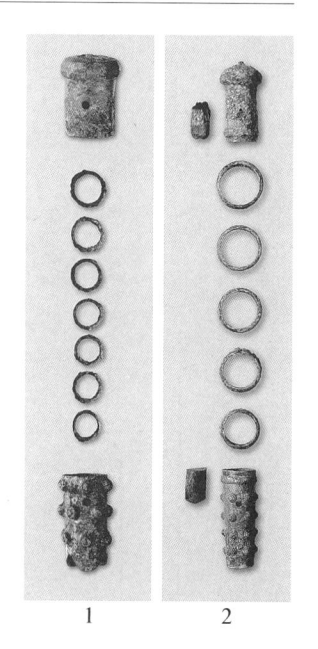

图一 新泰周家庄墓葬出土青铜殳(一)

1. M38 2. M67

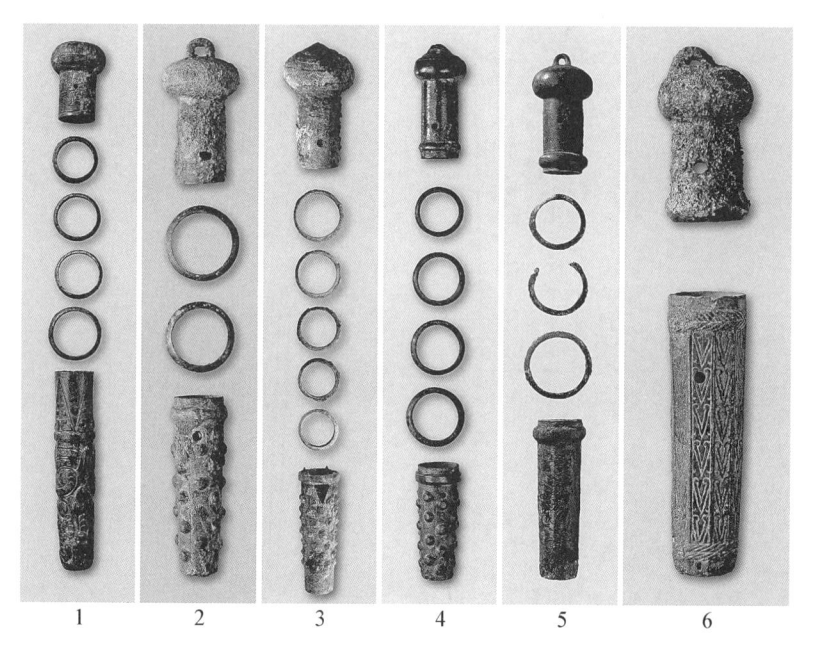

图二 新泰周家庄墓地出土铜殳(二)

1. M32 2. M58 3. M35 4. M4 5. M3 6. M49

---

① 湖北省博物馆:《曾侯乙墓》,文物出版社,1989 年,第 292-295 页。
② 朱凤瀚:《中国青铜器综论》,上海古籍出版社,2009 年,第 404、406 页;许道胜:《楚系殳(杸)研究》,《中原文物》2005 年第 3 期。

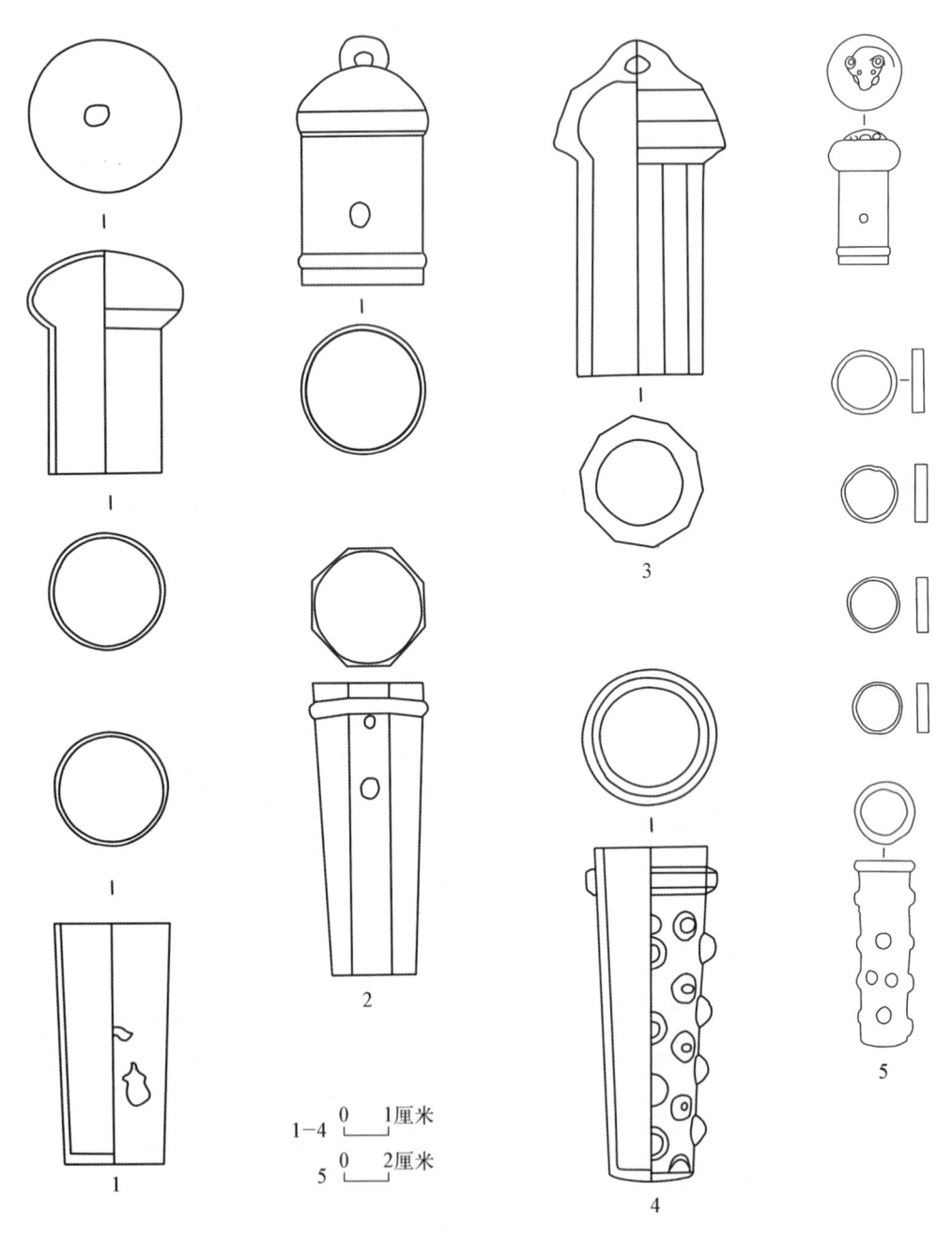

图三 新泰周家庄墓地出土铜殳（三）
1. M10 2. M6 3. M1 4. M2 5. M5

二、山东地区青铜鐏的发现与辨识

以新泰市周家庄东周墓葬出土鐏的认识为契机,参考曾侯乙墓出土鐏和楚系鐏的研究,我们检索山东地区周代考古资料,经辨析共有 17 个地点出土鐏 43 件(含新泰周家庄),数量多,分布于全省大部分地区(图四)。鐏多出土于墓葬中,一般不被认识,且将鐏首、鐏镦分开介绍,称为镦、镈、器帽、车饰、镦形器、镦形镞或铜杆顶帽等,个别称为鐏的也不详细或不准确。

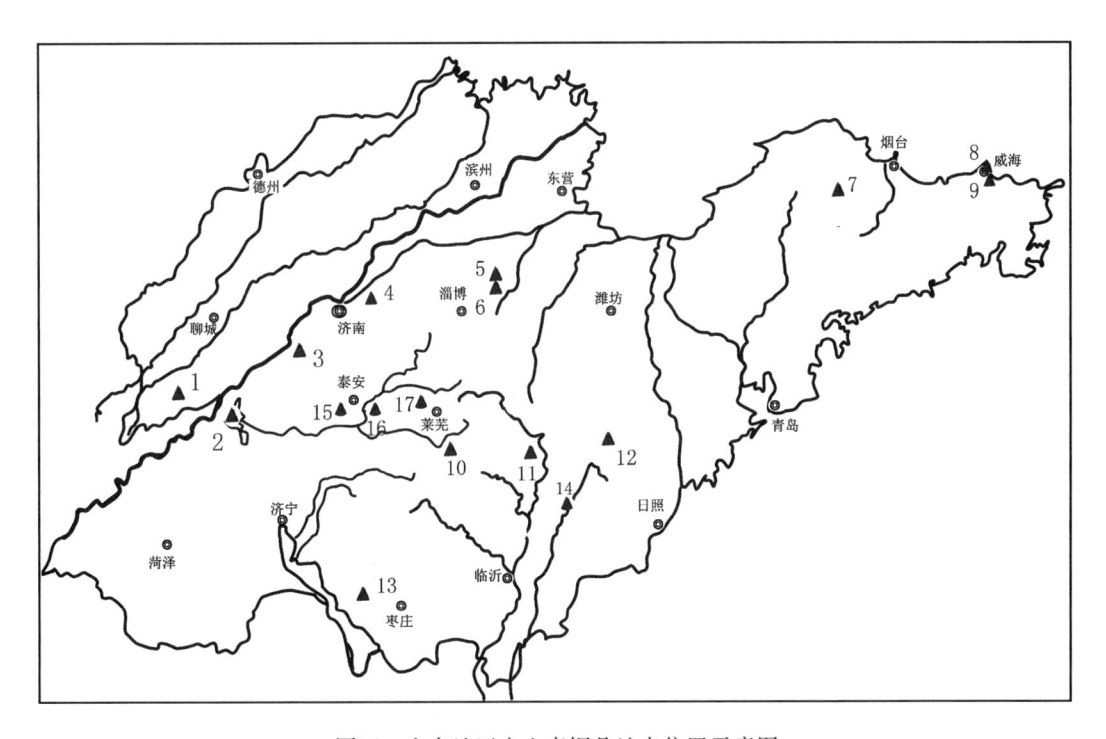

图四 山东地区出土青铜鐏地点位置示意图

1. 阳谷县景阳岗春秋墓 2. 梁山县土山战国墓 3. 长清仙人台 M6 4. 章丘女郎山战国大墓 5. 临淄相家庄 M6 6. 临淄淄河店 M2 7. 栖霞县杏家庄战国墓 8、9. 威海周代墓葬 M2、M3 10. 新泰周家庄东周墓 11. 沂水县埠子村战国墓 12. 莒县大沈刘庄春秋墓 13. 滕州薛故城 M2 14. 莒县莒国故城 15. 泰安王土店 16. 泰安黄花岭 17. 莱芜市戴鱼池战国墓

1. 阳谷县景阳岗春秋墓出土 3 件鐏[①]

原报告称为镦和器帽。

镦,1 件。粗短的三棱形,中空,三棱聚为尖顶,銎呈六角形,一方形钉孔。通长 8.9、銎长 6.5、銎径 3.3 厘米。应为锐鐏首(图五,13)。

器帽:2 件。扁长形,上粗下细,中空,横断面呈八角形,上有一孔。长 5.7,口长径

---

① 聊城地区博物馆:《山东阳谷县景阳岗春秋墓》,《考古》1988 年第 1 期。

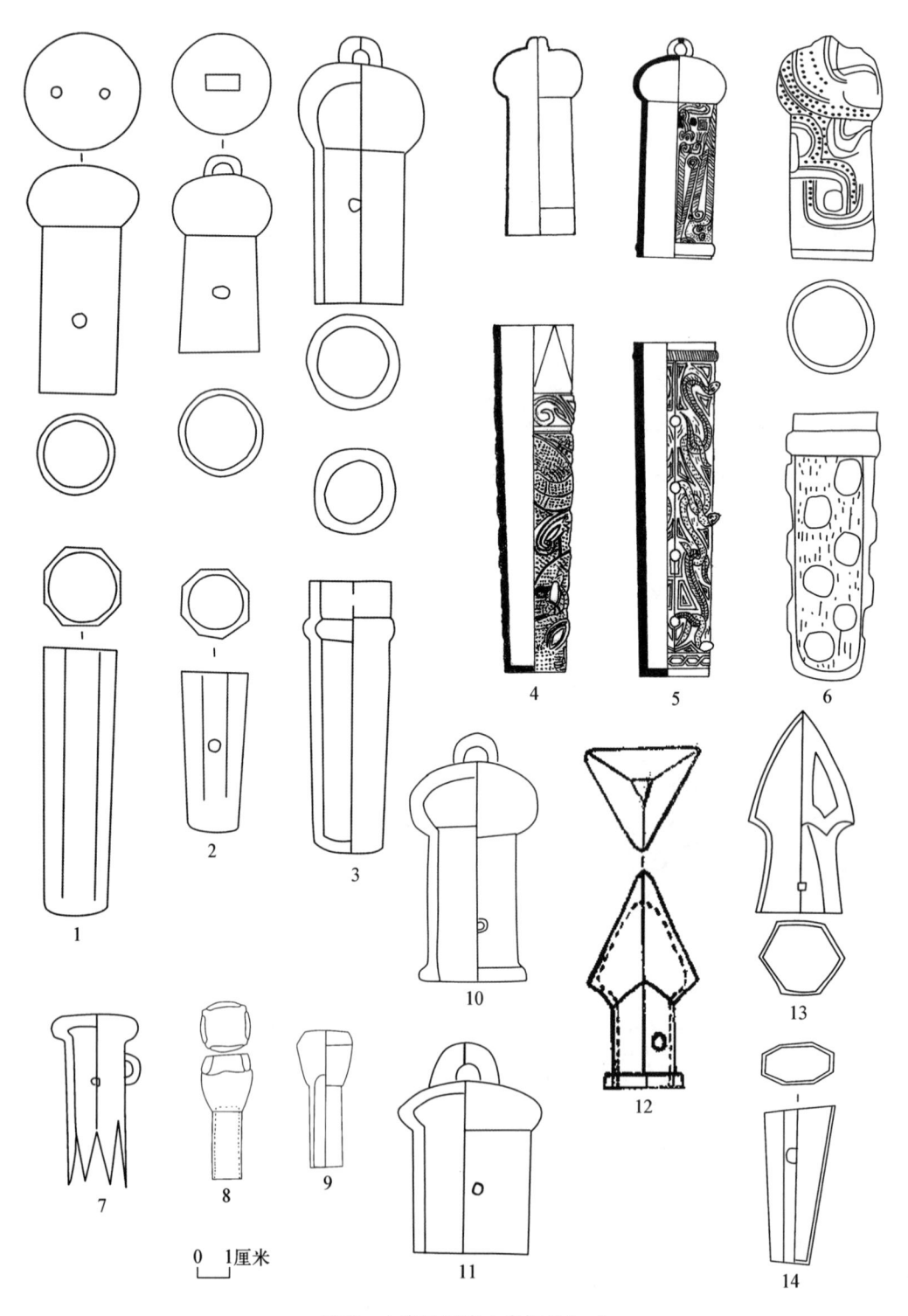

图五　山东地区出土青铜殳(一)

1、2. 梁山东平湖土山战国墓　3. 章丘女郎山战国墓　4. 泰安王土店　5. 泰安黄花岭村　6. 章丘女郎山战国墓　7-9. 滕州薛故城 M2　10. 威海周代墓葬 M3　11. 莒县大沈刘庄春秋墓　12. 莱芜戴鱼池战国墓　13、14. 阳谷景阳岗春秋墓

2.6、短径 1.4 厘米。应为殳镦(图五,14)。

殳首与殳镦不同,因此应为 3 件殳。

从墓葬形制、结构与随葬品分析,该墓为齐国春秋晚期士一级贵族墓。

2. 梁山县东平湖土山战国墓出土 3 件殳①

原报告称为镦和器帽。

镦:原报告分为二式。Ⅰ式:3 件(12－14 号)。圆筒形,平底,中部有一对穿孔。器身素面,筒内有朽木。13 号镦高 4.8、口径 2.8 厘米。当为矛镦。

Ⅱ式:3 件(15－17 号)。八棱筒形,上粗下细,平底,中部有的见一对穿孔。器身素面,筒内有朽木。3 件铜镦形制一样,大小不同。15 号镦高 10.5、口径 3.2、底径 2.5 厘米。应为殳镦(图五,1、2)。

器帽:3 件,原报告分为二式。

Ⅰ式:1 件,18 号。圆筒形,蘑菇形顶,素面。器身中下部有一对穿孔,顶部有两个间距 1.7 厘米的小圆孔。高 9、口径 3.2 厘米。应为殳首(图五,1 上)。Ⅱ式:2 件,19、20 号。圆筒形,蘑菇形顶,素面。器身中部有一对穿孔,顶部有一桥形钮。19 号器帽高 7.8、口径 3 厘米。应为殳首(图五,2 上)。

总计殳首 3、殳镦 3,实际为 3 件殳。

该墓形制较大,出土随葬品规格较高,为战国中晚期齐国大夫一级贵族墓。

3. 长清仙人台墓葬出土 1 件殳②

原报告称为镈(M6:N14),上部作扁圆球状,下部为筒形,出土时仍套在一根彩绘的木杆上。高 6.5、扁圆球直径 5.4 厘米(原报告无图)。应为殳首。

为春秋早期晚段邿国国君墓。

4. 莒县大沈刘庄春秋墓出土 1 件殳③

报告称为镈。93M1:10,环钮,椭圆形顶,下束作直筒状,有对穿圆形梢孔,通高 6.4 厘米。应为殳首(图五,11)。

属春秋晚期莒国中型墓葬,出土兵器较多,墓主为上士或下大夫级别贵族。

5. 滕州薛故城 M2 春秋墓葬出土 3 件殳④

原报告称"镦"或"镦形器"。

镦,3 件,銎内均有朽木痕。分三式:

其中"Ⅰ式"为矛镦。

Ⅱ式 M2:50,呈圆筒状,銎口部呈齿状,顶部圆鼓,体部有对穿和环形钮。高 4.9、顶径 2.7 厘米。应为殳首(图五,7)。

---

① 山东省文物考古研究所:《山东梁山县东平湖土山战国墓》,《考古》1999 年第 5 期。
② 山东大学考古系:《山东长清县仙人台周代墓地》,《考古》1998 年第 9 期。
③ 莒县博物馆:《山东莒县大沈刘庄春秋墓》,《考古》1999 年第 1 期。
④ 山东省济宁市文物管理局:《薛国故城勘查和墓葬发掘报告》,《考古学报》1991 年第 4 期。

Ⅲ式 M2：23，圆筒状，平底，齿状口，体部有一对穿。高7.8厘米。应为㲻镦。

镦形器，3件。M2：24，顶部方鼓，下部为筒状銎。长3.8－3.4厘米。应为㲻首（图五，8、9）。

M2为春秋早期晚段薛国国君墓。至少随葬3件㲻。

6. 泰安夏张镇王士店出土1件㲻①

1963年修水坝取土时出土一批青铜器，原报告中称为2件车饰的青铜器应为㲻首和㲻镦。Ⅰ式车饰，圆筒形，蘑菇圆顶、上部有环形钮，下部一周圆箍，筒身饰蝉纹，长8.6、銎径3.3厘米，应为㲻首（图五，4上）。Ⅱ式车饰，圆筒形，平底略细，饰交体蛇纹，长13.3、銎径3.3厘米，应为㲻镦（图五，4下）。

根据同出的青铜匜、豆、舟、剑、戈、车害等分析，应是士一级别的墓葬出土，为春秋末期齐国遗物。

7. 泰安市黄花岭村出土1件㲻②

1956年徂徕乡黄花岭村民取土时发现，应属墓葬出土。原报告中称为2件车饰的青铜器应为㲻首和㲻镦。㲻首，圆筒形、蘑菇形顶、略呈扁圆形，顶部有钮，周身饰盘龙纹（锈蚀严重），长7.9、銎径3.1厘米（图五，5上）。㲻镦，圆筒形，平底较细，上部饰三角纹，以下饰二盘龙纹，长13.7、銎径2.8厘米（图五，5下）。

根据同出的青铜舟、戈、剑等分析，应出自士一级别的墓葬，年代为春秋末期。与泰安夏张王士店出土的㲻形制基本一致，应为齐国遗物。

8. 莱芜市戴鱼池战国墓出土1件㲻③

1984年清理一墓葬，保存较好，出土部分青铜器，其中报告中称为镈的应为㲻首。㲻首，整体呈矛状，顶部呈等边三棱锥体、中空，下部圆筒状，底部一周圆箍，上侧一圆形钉孔，长9.2厘米（图五，12）。从墓葬平面图可以辨析㲻出土时㲻首与柲相连，保存较好，长度约2.5米。

墓葬长约4、宽约2.7米，为中小型墓葬，虽然被盗仍出土2件青铜鼎，应为士级别贵族。根据出土青铜鼎、舟、戈等分析，年代应为战国早期，应属齐国遗物。

9. 章丘女郎山战国大墓出土2件㲻④

锐㲻头，2件，形态似矛。分2型。

A型　1件。M1：24，头呈三棱状，前锋尖利，断面呈棱形，銎部有一铆钉圆孔。銎内有竹木柲痕迹。通长9.6、宽4.2厘米。

B型　1件。M1：42，器体长而宽。长10.6、宽3.8厘米。

以上应为戟之刺，非㲻首。

---

① 林宏：《泰安市夏张王士店出土一批青铜器》，《考古与文物》2008年第5期。
② 林宏：《山东泰安市黄花岭村出土青铜器》，《考古与文物》2000年第4期。
③ 莱芜市图书馆等：《山东莱芜市戴鱼池战国墓》，《文物》1989年第2期。
④ 山东省文物考古研究所：《章丘绣惠女郎山一号战国大墓发掘报告》，《济青高级公路章丘工段考古发掘报告集》，齐鲁书社，1993年。

锐殳镦　1件。M1：49，圆筒状，口部外侧有一周凸棱，器壁上有一铆钉圆孔，筒内残留有积竹木柲痕迹。长6、口径3厘米。不能确定为殳镦。

晋殳头：2件。圆筒状，口部略粗，近口部一周凸棱，其上有一铆钉圆孔。M1：87，器身装饰乳钉，长9.4厘米，应为殳镦。M1：33，圆球形顶，饰变形龙纹，顶部有一钮，出土时筒内残留有朽竹和缠绕的丝绳痕迹，通长7.4厘米，应为殳首。以上应为1件殳（图五，6）。

晋殳镦：2件。圆筒状。M1：45，长9.6厘米，应为殳镦。M1：32，顶端球形，上附一半环形钮，器中部有一铆钉圆孔，通长8.8厘米，应为殳首。以上应为1件殳（图五，3）。

根据平面图所示出土位置，M1：87与M1：31，M1：45与M1：32均相距2.7米左右，尺寸与文献中记载的晋殳一致。

该墓葬为战国中期偏早阶段的大中型墓葬，墓主为齐国大夫级别贵族。

10. 威海市城区东北部M3出土1件殳①

原报告称为镦形镞。M3：7，器身呈蘑菇状，顶有半环形钮，近口部有一圆形钉孔，内插一菌状钉，口径3.4、高7.5厘米，应为殳首（图五，10）。M3：8，筒状，器身一圆形钉孔，口径3.6、高5.9厘米，应为殳镦。该墓出土青铜敦、匜及较多兵器，应为战国早期士一级贵族。此时胶东半岛已属齐国。

11. 威海市羊亭镇南郊村南M2土1件殳②

原报告称为镦形镞。M2：5，形制如蘑菇状，顶部有四圆形孔，其下部呈圆筒状，通长2.4、口径1厘米，应为殳首（图六，6）。墓葬已全部被破坏，出土青铜鼎、镞等，为西周晚期，为上士一级贵族。此时胶东半岛为莱国范围。

12. 沂水战国墓葬出土1件殳③

原报告称为镈。1件为圆筒形，长5.5、口径2.8厘米；另1件上端为圆球状，长5、口径3厘米，内存朽木。前者当为殳镦，后者应为殳首，应为一件殳（图六，1）。

该墓出土兵器、车马器等，为战国晚期齐国士一级贵族墓。

13. 临淄淄河店战国M2出土1件殳④

原报告铜镦，8件，复原6件。5件为平底，筒形，口部有凸棱和无凸棱两种，其中有凸棱的一件应为殳镦（图六，3）。

另一件筒形，球形顶，口径3.2、最大底径4、高6.8厘米。应为殳首（图六，3）。

该墓为战国早期早段大型墓葬，墓主为齐国上卿级别贵族。

14. 临淄相家庄战国早期早段M6出土2件殳⑤

原报告铜镈1件，LXM6G：17，内圆外呈八边形，长6.2、口径3厘米。应为殳镦。

---

① 郑同修等：《山东威海市发现周代墓葬》，《考古》1995年第1期。
② 郑同修等：《山东威海市发现周代墓葬》，《考古》1995年第1期。
③ 沂水县博物馆：《山东沂水县埠子村战国墓》，《文物》1992年第5期。
④ 山东省文物考古研究所：《临淄齐墓》（第一集），文物出版社，2007年。
⑤ 山东省文物考古研究所：《临淄齐墓》（第一集），文物出版社，2007年。

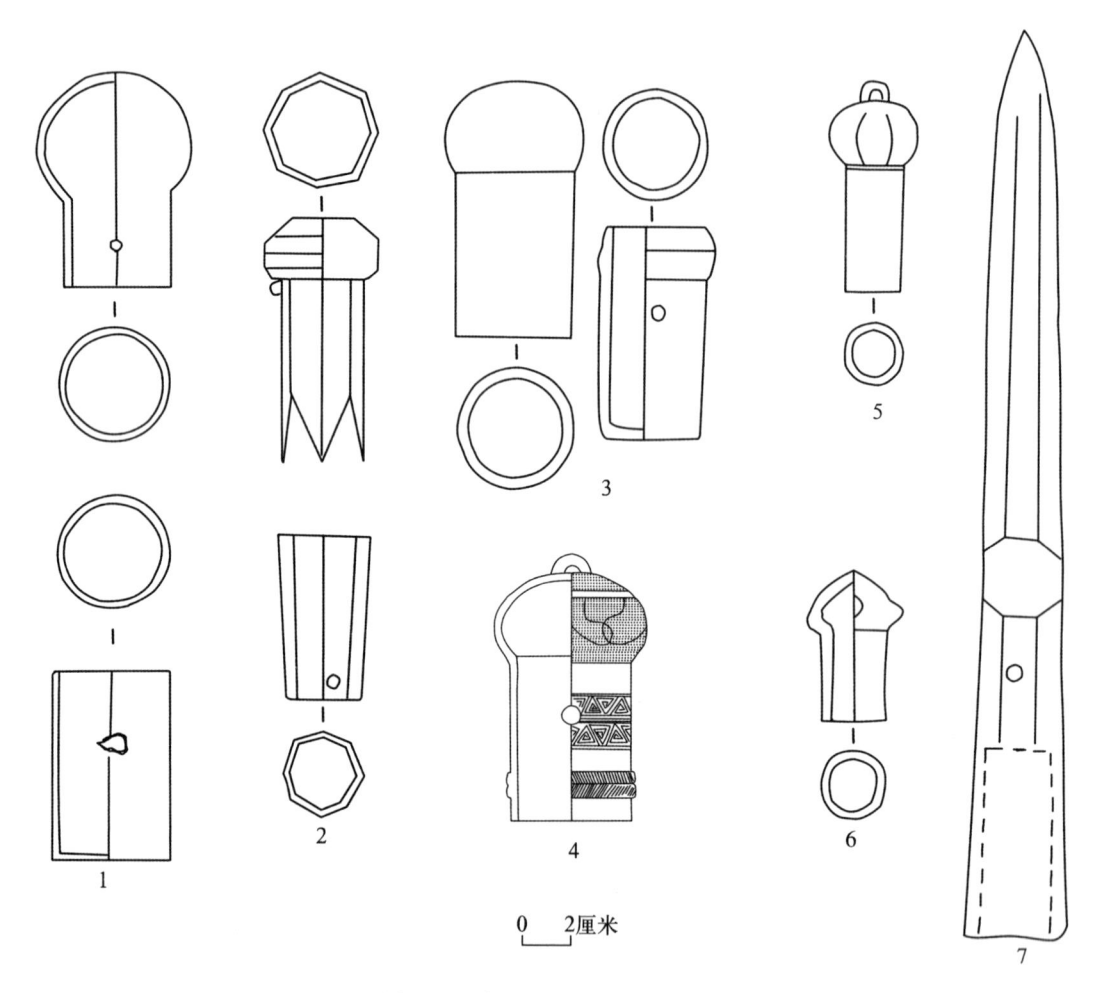

图六　山东地区出土青铜殳(二)

1. 沂水县埠子村战国墓　2. 栖霞杏家庄战国墓　3. 临淄淄河店战国 M2　4. 莒国故城　5、7. 临淄相家庄战国 M6
6. 威海周代墓葬 M2

原报告铜杆顶帽1件,LXMX:13,圆筒形,顶作八棱球形,顶正中有一环形鼻,内残存朽木。长5.3、口径1.5厘米。应为殳首(图六,5)。

铜殳头 A 型1件,LXM6G:11-2,八角尖锥状,底作圆管形,上部有一钉孔。长22.6、口径3.2厘米。应为锐殳(图六,7)。

该墓为战国早期早段,属大型墓葬,应为齐国卿级别贵族。

15. 栖霞杏家庄战国 M2 出土1件殳①

原报告所称之镦应为殳。

Ⅰ式镦,圆筒形、口部为齿边,蘑菇形顶、八边形,长约10、口径约3厘米,应为殳首

---

① 烟台市文物管理委员会等:《山东栖霞县占疃乡杏家庄战国墓清理简报》,《考古》1992年第1期。

(图六,2上)。Ⅱ式镦,圆筒形,上粗下细,外部呈八边形,长约6、口径约3厘米,应为殳镦(图六,2下)。应为一件殳。

该墓为战国早期,齐国中小型墓葬,出土较多的兵器与车马器等,为上士一级贵族墓。

16. 莒县莒故城出土一件殳首①

殳首为圆筒状,蘑菇形圆顶、上有钮,圆筒中部一圆形钉孔,顶部饰兽形纹样、锈蚀较重,圆筒中部饰两周三角回纹,下部一周绳索状圆箍。长6.6、銎径2.6厘米(图六,4)。应为莒国战国早期遗物。

三、山东地区青铜殳分析

以上介绍共17个地点出土殳43件,其中29座墓葬出土40件,另有两件为疑似墓葬出土,只有1件莒故城器为采集品。下面对山东地区出土殳做简要分析。

1. 形制

基本由殳首、殳镦组成(除周家庄外,绝大部分无法确认铜箍和柲),可以归纳为四种两类:1件较长的多边矛形殳(临淄相家M6出土),殳首较长(长22.6厘米);2件三棱锋形殳(景阳岗墓葬、戴鱼池墓葬出土),殳首较短;以上两种3件为一类,属有刃殳,可称为锐殳。

第二类为无刃殳,称为晋殳。一种2件锤形殳(薛故城M2出土),应为殳首。另一种35件,数量最多,形制比较一致,由首、镦组成,大部分柲有箍环,首、镦皆圆筒形,器表多素面,或饰有乳钉纹或兽纹;殳首较短,蘑菇形顶、个别为球形,顶部有钮或圆孔;殳镦较长、便于手握,一般上粗下细,外形有的呈多边形。

殳首至殳镦长度一般2.2–2.7米,部分殳出土时还残存了部分木质柲,经鉴定为麻栎属。

殳镦与矛镦、戈镦的形制不同。矛镦多为直筒形,较短,器壁薄,周家庄墓葬中可见许多角质材料的矛镦;殳镦多上粗下细,较长,外部形状常见多边形,或饰有纹样,制作考究;戈镦,銎多为卵圆形,形状扁长。

2. 年代与使用者身份

主要根据墓葬规模、随葬的青铜器等来判断殳的年代与墓主人身份,总的来看是比较准确的。从形制分析,无刃殳演变有些规律可循,殳首顶部从较扁到扁圆再到圆鼓变化。殳的年代在春秋晚期、战国早期最多,个别早至西周晚期,晚者至战国晚期,未见汉代出土殳的资料。

出土殳的29个墓主人身份均为贵族,以中小贵族为主,其中小诸侯国君2、卿2、大夫4、士21。

---

① 日照市莒县莒州博物馆藏,莒故城调查所得。笔者2014年1月在莒县博物馆文物库房见到实物,承蒙刘云涛馆长同意使用资料。

出土殳的墓葬分布地域较广，分属齐国、莱国、莒国、薛国、郜国等，以齐国数量最多。

3. 殳的功能

根据殳的形制、长度及墓主身份等分析，殳具有多种功能，殳是战车上的重要组合兵器之一。殳多随葬于身份较高的墓葬中，具有指挥功能。殳首顶部有钮或穿孔，应是装置旌旗以指挥作战或行军，同时以壮军威。殳2米多长，殳首圆鼓，应具有打击功能，车战时居高临下打击威力较大。

四、青铜殳相关问题认识

殳是山东地区周代一种重要兵器，与其他地区比较，出土数量多、分布范围广。以晋殳占绝大多数，与楚系晋殳有些差别，其形制与功能更符合文献的记载。以山东地区青铜殳的发现与分析为基础，谈谈对殳及其相关问题的认识。

1. 关于殳的名称

曾侯乙墓随葬的竹简之记载清楚地将殳分为殳和晋殳两种，与实物比较对照后，殳是有刃的殳，还自名"殳"，而晋殳是两端有铜套的无刃殳。① 经过对目前出土殳的形制比较，我们同意将有刃（或有刺）殳称为锐殳，②与矛相类，以击刺功能为主，兼具打击作用，应是文献所记载的五兵之一。《周礼·夏官·司兵》："司兵掌五兵。"郑玄注引郑司农曰："五兵者，戈、殳、戟、酋矛、夷矛。"将无刃殳称为晋殳，出土数量多，指挥、礼仪功能为主，兼具打击作用，是主要的兵器装备之一，文献也记载有无刃殳。《周礼·夏官·司戈盾》"祭祀授旅贲殳"，郑玄注"殳如杖，长寻有四尺"；《释名·释兵》"殳矛，殳，殊也，长丈二尺而无刃，有所撞挃于车上，使殊离也"。晋殳上端铜套称为殳首，下端铜套称为殳镦，文献中上端称为首，下端称为晋，或许"晋殳"因此而得名。《周礼·考工记》："凡为殳，五分其长，以其一为之被而围之，参分其围，去一以为晋围，五分其晋围，去一以为首围。"郑玄注曰："殳长丈二。"又曰："被，把中也。围之，圜之也。大小未闻，凡矜八觚。郑司农云，晋，谓矛戟下铜镈也。……首，殳上镦也。为矛戟之矜，所围如殳，夷矛如酋矛。"唐贾公彦疏云："殳下有铜镈，此殳首无，亦以上头为首而稍细之，以其似镦，故郑云：首殳，上镦也。"

2. 关于殳的功能

山东地区出土的殳绝大部分是晋殳，三件有刃殳（阳谷景阳岗、莱芜戴鱼池和临淄相家庄墓葬出土）为锐殳。锐殳的功能比较容易理解，主要是击刺，只是景阳岗和戴鱼池出土殳之刃较钝，而相家庄出土殳较细长，均与楚系殳不同。

关于晋殳，山东地区则出土数量最多，尤其新泰周家庄墓葬出土集中，其功能更符合文献的记载。如《诗经·卫风·伯兮》"伯也执殳，为王前驱"，《说文·殳部》"殳，以杖殊

---

① 湖北省博物馆：《曾侯乙墓》，文物出版社，1989年，第292－295页；裘锡圭：《谈谈随县曾侯乙墓的文字资料》，《文物》1979年第7期。

② 转引自湖北省博物馆：《曾侯乙墓》，文物出版社，1989年，第295页。

人也。礼殳以积竹,八觚,长丈二尺,建于兵车,旅贲以先驱",及上引《释名·释兵》记载,说明晋殳是车上兵器,主要功能之一是在行进过程中于前方疏导开道,隔离车辆与行人。从新泰周家庄出土墓葬的等级及兵器组合分析,出土殳具有指挥作用及标识功能,及具有壮军威效果。文献中也有此类记载,如《司马法》"执羽从殳",有研究者从曾侯乙墓竹简记载认为殳与旄配套使用;① 又《司马法》:"周左执黄钺,右秉白旄,所以示不进者,审察斩杀之,威也。有司皆执殳戈,示诸鞭朴之辱。"秦始皇陵第三号兵马俑坑发现的30件殳出土于"地下御林军"俑坑,尽管与晋殳形制不完全相同,一般认为同样具有指挥功能。②

3. 与楚系殳的比较

曾侯乙墓出土殳之后许多学者以此为基础对殳进行了研究,尤其对楚系殳的研究比较清楚。③ 下面将山东地区出土青铜殳与楚系殳做简要比较。

共性:出土地点多、分布地区较广,数量多,均达40余件,年代均集中于春秋晚期与战国早期,绝大部分出土于贵族墓葬中,是重要兵器之一。晋殳两端均有铜套,均有固定柲的钉孔,殳首顶端多有钮。

不同:楚系殳中锐殳较多,特征明显,由矛刺和带刺的箍组成,且一部分无鐏,而山东地区锐殳较少,为有鐏三棱矛形首。山东地区晋殳的长度2.2－2.6米、一般2.3－2.4米,楚系殳长度2.7－3.55米,还有1.6米左右的殳;山东地区开始早,结束晚,有西周晚期、春秋早期晋殳,早于楚系殳;山东地区出土殳的墓主人身份有国君、卿大夫、士,以后者为多,而楚系殳使用者身份多为下大夫级别以上;山东地区出土殳的国别以齐国为主,还包括莱国、邿国、莒国、薛国等,楚系殳则绝大部分属楚国,另有曾国出土部分殳。

余 论

经过梳理与分析山东地区出土的青铜殳,对照文献记载以及与楚系殳的比较,使我们对殳的名称、形制、年代、功能、礼制等问题有了比较清晰的认识。结合实物对比,我们认为《诗经》《周礼》《说文》等文献对殳的记载主要是对东周时期晋殳的描述,其功能主要以礼仪性为主,代表身份、具有指挥和标识功能。文献描述的殳主要是山东地区晋殳的特点,如上引文献记载"殳如杖,长寻有四尺","长丈二尺而无刃",又《周礼·考工记》"……殳长寻有四尺,崇于人四尺,谓之四等",约合齐尺236.4厘米,按汉代1尺23厘米计算殳的长度合276厘米。晋殳是在战争与军营中经常使用的重要兵器,在山东地区春秋、战国时期使用比较普遍,但鲁国范围内没有发现,对殳的记载或可从一个侧面证明《考工记》主要是对齐国手工业工艺的记述。

---

① 程欣人:《古殳浅说》,《江汉考古》1980年第2期。
② 秦俑坑考古队:《秦始皇陵东侧第三号兵马俑坑清理简报》,《文物》1979年第12期;沈融:《中国古代的殳》,《文物》1990年第2期。
③ 王明春:《楚系殳相关问题的研究——简论曾侯乙墓出土殳的学术价值》,《江汉考古》1999年第2期;许道胜:《楚系殳(杸)研究》,《中原文物》2005年第3期。

有学者介绍与论及宝鸡竹园沟出土 1 件西周早期殳、扶风县法门庄白村出土 1 件西周中期殳、在扶风召陈村征集 1 件殳,其特征为有鐏能够纳柲、殳首为带乳刺扁球体,[①]与楚系殳及山东地区的殳不同,或许是时代演变所致。有学者对汉代及其以后的殳进行了简要分析,[②]殳在秦代以后基本消失,但其形制、功能也与楚系及山东地区的殳不同。因此,结合上文对殳的分析,我们认为殳主要是东周时期的一种重要青铜兵器。至于殳在其他地区为什么少见,为什么在楚国和山东地区尤其是齐国区域流行,以及殳的起源、发展与消亡等问题都需要新的考古发现来补充与修正,需要大家共同关注与深入研究。

(原发表为刘延常、徐倩倩:《山东地区青铜殳研究》,《中国国家博物馆馆刊》2015 年第 3 期)

---

① 罗西章:《扶风出土西周兵器浅见》,《考古与文物》1985 年第 1 期;沈融:《中国古代的殳》,《文物》1990 年第 2 期;高西省:《古殳研究》,《文博》1991 年第 2 期。
② 王开文:《殳的形制及功用考辨》,《西安体育学院学报》2001 年第 3 期。

后　　记

　　文集选录了本人2021年以前发表的28篇文章,书名为"海岱地区商周考古与齐鲁文化研究",内容分为商周考古(7篇)、齐鲁文化(12篇)、东夷文化(5篇)和青铜器研究(4篇)四个专题单元,旨在集中揭示和阐释商周时期山东区域考古学文化内涵,为学术界提供更多研究资料,为学科发展、学术研究和区域传统文化的弘扬传承尽一份绵薄之力。

一

　　文集文章是基于研究内容和个人认识进行单元编排的,其中有些内容略有交叉。需要说明的是,"东夷文化研究"单元中,岳石文化的年代跨越夏代、商代,珍珠门文化年代跨越商代、西周早中期;"山东五莲县丹土遗址大汶口、龙山文化遗存分析"收入文集,一是因为大汶口文化(晚期)、龙山文化是传说时代的东夷文化遗存,二是反映了本人连续四次发掘丹土遗址的主要收获与认识;"试论东夷文化与日本考古学文化的关系"是开拓研究视野、跨区域开展比较研究的尝试,亦是我在日本山口县埋藏文化财中心研修期间的学习收获。"青铜器研究"单元,是基于考古发现与报告编写过程中逐渐培养起来的研究兴趣,随着授课、鉴定、评审和编写图录等工作的开展,对古代青铜器进行的梳理分析和个别微观研究。

　　除"山东滕州市大韩东周墓地发掘收获与认识"外,收录的文章均已正式发表,文章内容、结构和观点保持不变,仅对少部分线图进行了调整清绘,对个别文字、注释错误进行了校正。

二

　　文集文章均与本人田野考古、业务工作和学术活动相关,皆是从实践中获得、在交流学习中收获和学思践悟中的研究成果。

　　第一类研究成果是出自本人主持发掘的遗址和墓葬资料,如五莲县丹土遗址以大汶口文化与龙山文化遗存为主,章丘市王推官庄遗址以岳石文化遗存为主,潍坊市会泉庄遗址以珍珠门文化遗存为主,以及曲阜鲁国故城、沂南县西岳庄春秋大墓、新泰市周家庄东周墓地、滕州市大韩东周墓地等,都从整理发掘资料做起,发表考古简报或专题报告,从点到线再到面,拓展写成文章,主要任务是打牢考古学研究基础、解决考古学文化基本问题和提供研究资料。

第二类研究成果是基于学术研究的个人规划,一是把山东地区商周时期考古学文化谱系梳理清楚(为考古学科基础研究),二是以考古学视野解读齐鲁文化(以考古学学术体系研究区域文化),三是把东夷文化阐释清楚(以考古学话语体系研究传统文化)。

第三类研究成果源自个人研学与工作经历。如2001年在日本研修期间撰写的"试论东夷文化和日本考古学文化的关系";发掘新泰市周家庄东周墓地、曲阜鲁国故城和滕州市大韩东周贵族墓地并整理发表出土青铜器,为山东财经大学和青岛电影学院相关文物专业学生讲授古代青铜器,参加山东文物鉴定和博物馆文物定级工作(以古代青铜器为主),编纂《中国出土青铜器全集》(山东卷)、《中国青铜器全集·续集》(齐鲁燕中山卷),撰写青铜器相关研究文章;参加编写《中国考古学百年史》(撰写山东地区西周封国和齐鲁文化考古发现与研究)等。主要是拓宽研究视野,打造特色专题研究和开展相关学术史研究。

绝大多数文章是利用个人业余时间完成的,2001年至2011年任山东省文物考古研究所办公室主任、2012年2月至2020年5月任山东省文物考古研究所(院)副书记、2020年6月至今任山东省水下考古研究中心主任,繁重的管理工作影响了研究时间和精力。因此,必须时常思考规划自己的学术发展之路:一要多参加业务活动和学术会议,逼迫自己发言和撰写文章,及时了解学术动态和紧跟学术前沿;二是不能落后于同行与同事,要加班加点利用夜间和节假日学习研究;三是要努力做出自己的特点,以老师、专家为榜样,学思践悟用,跟前沿、补空白、呈特点、成体系。

三

山东地处黄淮下游,北临渤海、东临黄海,黄河在这里入海,大运河贯穿南北,泰沂山地在中部隆起、胶东半岛和鲁东南滨海低山丘陵的发育形成了众多河流水系,是人类繁衍生息的理想之地,是人类起源、史前文化发展、文明起源与早期国家形成、齐鲁地域文化和历史时期文化繁荣的重要地区。海岱地区考古工作开展较早,形成了后李文化-北辛文化-大汶口文化-龙山文化最为清晰的史前文化谱系发展脉络,其中大汶口文化和龙山文化代表的东夷文化是山东地区古代传统文化的基因。

岳石文化是山东龙山文化之后的早期青铜文化,文化属性亦为一脉相承的东夷文化,岳石文化早期相当于夏代、中晚期相当于早商和中商时期。自商代早期晚段开始,商王朝东扩,商文化东渐,从此开始了中原地区文化与山东地区文化的替代、交流与融合,商文化东渐和岳石文化东退是同步进行的。珍珠门文化是岳石文化之后的东夷文化,其年代为殷墟晚期至西周早中期,分布范围主要在潍河以东的胶东半岛地区。山东地区商代考古学文化包括岳石文化、商文化、珍珠门文化,商代山东大部分区域成为商王朝的东方,同时商文化东渐与东夷文化不断融合,前期阶段与岳石文化、后期阶段与珍珠门文化融合。

周初分封齐、鲁等诸侯国镇抚东方,从胶东半岛、鲁北地区、鲁中南、鲁南地区出土的西周早中期青铜器分析,周王室多措并举对东方的商人势力、东夷势力进行了征伐和控制,周文化与山东地区商文化、珍珠门文化及地方文化逐渐融合,西周中晚期开始形成了齐文化、鲁文化、莱文化、莒文化,珍珠门文化延续至西周中期,山东地区同时存在众多周王室分封的诸侯国、殷商旧族、东夷古国等。

随着周王室的衰退和诸侯国势力的增强,随着春秋时期诸侯争霸、战国时期诸侯称雄的战争兼并,地域文化更加凸显,东周时期山东区域文化称为齐鲁文化,其文化内涵包括齐文化、鲁文化、莒文化、南黄庄文化(珍珠门文化之后的东夷文化,年代集中在西周晚期至春秋早期,主要分布在胶东半岛东南部乳山市为中心的局部地区),诸多古国文化遗存如郭国、滕国、薛国、邿国、小邾国、鄅国等,还有吴文化、越文化、楚文化、燕文化及赵国、魏国、韩国等周边文化遗存,亦发现陈国、黄国、曾国、徐国、宋国、江国的媵器或者赗赙等性质的古国文化遗存。总之,在时代背景、"国"际背景下,周代山东地区古国的发展,促进了文化的繁荣、演变、交流、融合,因此孕育形成了诸子百家学说,奠定了以儒家思想为核心的传统文化。

海岱地区商周考古发现与研究,对促进商周考古学科、学术体系建设,对解读齐鲁地域文化,对阐释东夷文化,对研究古代青铜器、青铜文明与传统文化等具有重要学术价值和现实意义。

四

受老师、前辈的影响和考古学科发展的带动,本人自学习考古、从事考古到研究阐释考古,始终不忘"考古初心"——完善考古学文化谱系、讲清楚山东地区文化发展脉络、考古研究成果服务经济文化社会发展大局。目前个人考古与研究取得了些许成果,在某些方面提出了自己的认识,随着考古发现与学术的发展,有些观点需要完善或纠正,新的问题亦会层出不穷,但愿文集的出版能够对学术界有所裨益。学术研究永远在路上,当前正努力实现从"好之者"向"乐之者"迈进,争取发表更多研究新成果。

因工作等原因,个人主持发掘的资料尚未全部发表,为此深感内疚,如2011-2018年对曲阜鲁国故城数次考古勘探与发掘(配合国家考古遗址公园建设)、2017-2019年三次发掘滕州大韩东周墓地等,今后惟愿积极主持完成相关考古资料整理出版工作,并进行深入研究。还有一些已经发表的研究文章和撰写的"半成品",包括近几年的研究成果,再做些努力,计划退休前再结集出版。

五

本人从事田野考古、学术研究及其取得的成果,均得到了老师和专家指导、同行帮助和家人支持,值此文集出版之际表示由衷的感谢。

2004年以来,我经常参加全国商周考古学术研讨会和考古发现成果座谈会等,绝大多数会议都能够和李伯谦先生相遇相聚,记得我每次会议发言后都得到了先生的肯定与鼓励。在安徽铜陵,湖南长沙,上海博物馆,北京大学,河南郑州、洛阳、安阳、偃师,陕西西安、宝鸡,甘肃庆阳,山西侯马、襄汾,河北石家庄和山东等地方举办的学术会议和座谈会现场,都能够向先生汇报山东商周考古发现与研究情况,请教学术问题。2015年以来,李伯谦先生十数次到山东出席学术会议、考古成果论证会等活动,如2015年4月新泰"《新泰市周家庄东周墓地》出版暨山东周代考古工作座谈会"、2015年8月济南"第22届国际历史科学大会:莒文化专题研讨会"、2015年12月莒县"青铜器与山东古国学术研讨会"(并为会议论文集作序)、2016年11月曲阜"保护传承视野下的鲁文化学术研讨会"、2017年10月临淄"传承创新:考古学视野下的齐文化学术研讨会"、2019年6月滕州"山东滕州市大韩东周墓葬发掘成果专家座谈会"等。在山东召开的几次全国商周考古学术研讨会,同时还邀请到了北京大学考古文博学院刘绪教授,刘绪先生还出席了2019年8月在滕州召开的"苏鲁豫皖地区商周时期考古学术研讨会",先生百忙之中为《保护与传承视野下的鲁文化学术研讨会论文集》《传承与创新:考古学视野下的齐文化学术研讨会论文集》作序,借文集出版机会表示我对刘绪老师的敬意和怀念。李伯谦先生和刘绪先生牵头主编《中国出土青铜器全集》,我负责编纂山东上、下卷,两位先生多次听取汇报,即使在外省参加学术研讨会期间也不例外,刘绪先生多次指导、过问编纂进度,先生们付出了大量辛苦劳动。北京大学历史系教授朱凤瀚先生多次来山东考察研究古代青铜器,多次与李伯谦先生、刘绪先生一起出席在山东召开的商周考古学术研讨会,2018年10月在潍坊市我们合作召开了"青铜器、金文与齐鲁文化学术研讨会",之后朱凤瀚先生为会议论文集作序。在全国召开的多次青铜器学术研讨会上聆听了朱凤瀚先生的学术高见,在编写考古报告、编纂青铜器图录和学习青铜器过程中,经常请教朱先生,不分昼夜无论节假日,均得到了及时细致的指导。

2019年6月在山东滕州市召开大韩东周墓葬考古发掘成果论证会期间,时任北京大学考古文博学院院长的雷兴山教授(现为首都师范大学副校长)提出北京大学震旦古代文明研究中心给我出版个人研究文集,令我喜出望外、不胜感激。李伯谦先生已入耄耋之年,在百忙之中为文集作序,并题签了书名,这是最大的鼓舞,将永远激励着我继续前行。北京大学副校长孙庆伟教授非常关注山东地区商周考古发现与研究进展情况,多次到山东考察指导交流,一直关心支持文集的出版。北京大学考古文博学院张敏老师负责文集出版的具体协调联系事宜。

上海古籍出版社吴长青副社长高度重视文集出版工作,专门安排熟悉商周考古业务的张亚莉女士为责任编辑。山东省水下考古研究中心的古笑雷女士帮助搜集文章、文图转化和初步编排,与出版社张亚莉女士对接出版事宜。山东省文物考古研究院徐倩倩女士、山东省水下考古研究中心魏泽华女士帮助"一校"了部分文稿,徐倩倩女士又帮助"二校"了部分文稿。

文集即将出版,值此机会特别向关心帮助支持我成长发展和文集出版的专家、老师、同事和朋友们表示诚挚谢意!

刘延常

2022 年 10 月于泉城济南